文化部部长雒树刚、国家文物局局长刘玉珠参观“中国现代文化名人蜡像艺术展”

国家文物局局长刘玉珠出席首届中国考古学大会开幕式

国家文物局局长刘玉珠调研文物工作

国家文物局举办长城公开课

国家文物局专家组实地查勘“8·21”贺兰山山洪导致文物受损情况与灾后抢救性保护工作

“互联网+中华文明”三年行动计划培训班在重庆市举办

联合国教科文组织世界遗产委员会第40届会议审议通过“左江花山岩画文化景观”项目

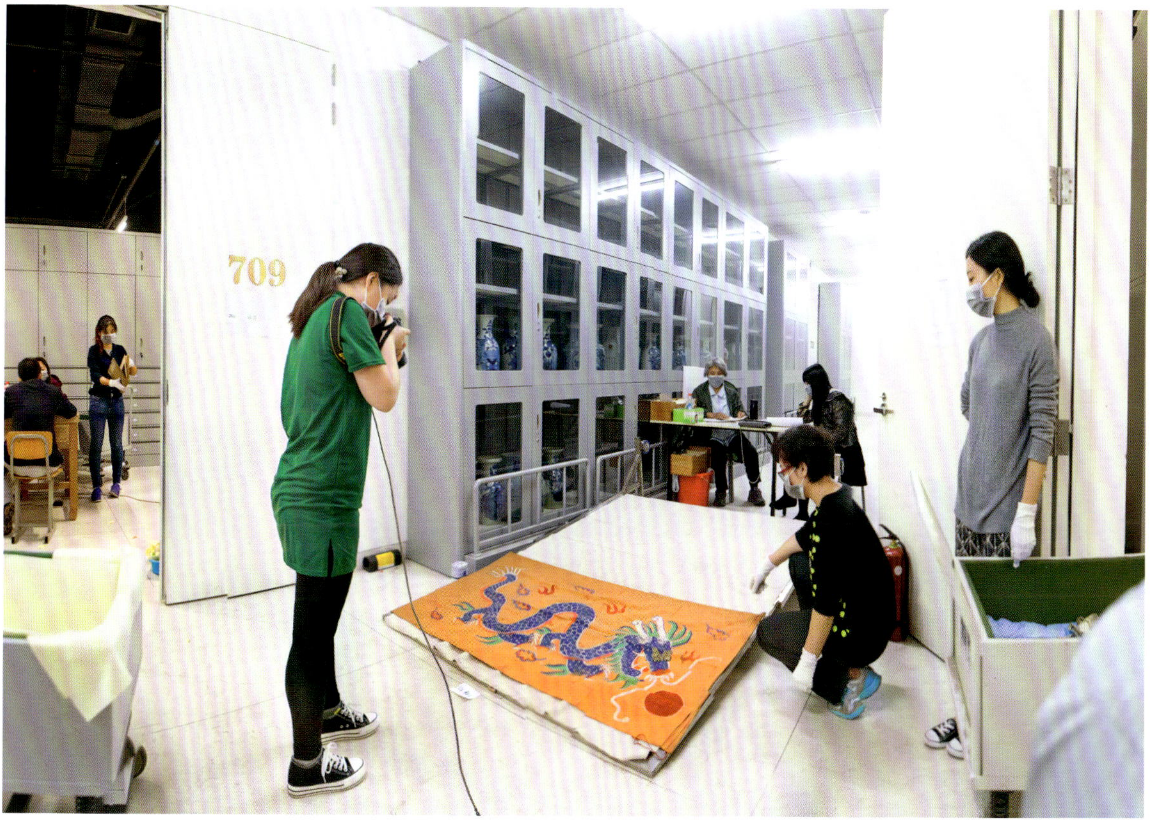

第一次全国可移动文物普查工作

多部门联合开展文物消防安全检查

“南海一号”发掘与保护工程

修缮后的武汉中共中央机关旧址

灾后闭馆抢救维修的三苏祠

"一带一路"沿线国家文化遗产保护交流合作论坛在陕西西安举办

长征文物保护利用工作会议在陕西延安召开

第七届中国博物馆及相关产品与技术博览会在四川成都举办

壁画保护修复研究

大学生志愿者参与古籍普查工作

“南昌汉代海昏侯国考古成果展”现场

博物馆青少年教育活动

博物馆公益讲座

丰富多彩的文化遗产日活动

赴卡塔尔举办“华夏瑰宝展”

文物援外工程——柬埔寨吴哥古迹茶胶寺保护修复工程

文物援外工程——尼泊尔加德满都杜巴广场九层神庙修复工程

中国文物年鉴

CHINA CULTURAL HERITAGE YEARBOOK

2017

国家文物局编

文物出版社

编辑说明

《中国文物年鉴》由国家文物局主编，各省、自治区、直辖市文物行政部门和有关文博单位共同参与编纂，文物出版社编辑出版，综合记述我国文物事业年度发展情况。

《中国文物年鉴·2017》反映我国文物、博物馆事业2016年的发展情况，分为图片、特辑、综述篇、分述篇、纪事篇和附录等部分。《中国文物年鉴》的稿件、资料来自国家文物局机关各部门、各直属单位和各省、自治区、直辖市文物行政部门以及国内相关文博机构，不包含香港、澳门特别行政区和台湾省的资料。由于编辑水平所限，《中国文物年鉴·2017》编校工作难免存在不足，希望广大读者提出宝贵意见和建议。

编者

2017年12月

编辑委员会

特约撰稿人（按姓氏笔画顺序）

丁　婷	于　丹	马永红	马晓丽	马晓雪
王　军	王志新	王武恒	王振华	支小勇
艾静芳	叶大治	田冰凌	朱慧雨	任　延
马海亭	刘木子	刘长桂	刘柏良	刘　洁
刘　昶	汤　文	汤强松	许　鑫	孙小兵
牟锦德	李　玮	李海宁	杨　安	杨益峰
杨喜圣	肖仕维	吴来明	吴　兵	何　薇
谷　雨	汪　俊	宋　江	宋智峰	陈宁欣
陈欣伟	陈　亮	陈　敏	林文珍	周立明
周　成	周　宇	赵少军	赵恬君	郝　黎
胡学才	施王欢	姜文锦	姜　波	夏慧敏
钱春峰	高梦甜	高智伟	郭子男	唐振峰
陶　鹏	黄　元	黄冬凌	梅志刚	崔　华
梁雷珽	彭跃辉	董少君	韩　洋	甄艳萍
蔡　宇	德　央	燕海鸣	魏艳丽	魏聚锋
蹇娅婷				

特辑

重要文章、讲话

重要公文

综述篇

分述篇

国家文物局直属单位

各省、市、自治区

其他

纪事篇

附录

CONTENTS

特辑

文化部部长雒树刚在贯彻落实全国文物工作会议精神座谈会上的讲话

（2016年4月12日）

全国文物工作会议刚刚闭幕，我们及时召开座谈会，专门就学习贯彻习近平总书记、李克强总理重要指示批示和刘延东副总理在全国文物工作会议上重要讲话精神进行部署。

刚才，11位专家学者和省级文物部门代表交流了对习近平总书记、李克强总理重要指示批示和刘延东副总理重要讲话精神的学习体会，对做好贯彻落实工作提出了很好的意见建议，听了很受启发。下面，我就学习领会习近平总书记、李克强总理重要指示批示和刘延东副总理重要讲话精神谈点体会，对贯彻落实工作讲几点意见。

一、深入学习领会习近平总书记和李克强总理重要指示批示精神

习近平总书记和李克强总理的重要指示批示，深刻阐明了做好文物工作的重大意义、发展形势和基本要求，思想深邃、内涵丰富、要求明确，为新时期文物事业发展指明了前进方向、提供了根本遵循。学习领会习近平总书记和李克强总理重要指示批示精神，我有四点体会。

一是深刻阐明了做好新时期文物工作的重大意义。习近平总书记强调文物承载灿烂文明，传承历史文化，维系民族精神，是老祖宗留给我们的宝贵遗产，是加强社会主义精神文明建设的深厚滋养。李克强总理指出加强文物保护，是要让优秀传统文化融入当代社会，厚植道德沃土，用文明的力量助推发展进步。习近平总书记和李克强总理重要指示批示深刻阐明了文物资源的重要作用，文物是中华文明源远流长和生生不息的实物见证，是传承中华优秀传统文化的历史根脉，是培育社会主义核心价值观的重要源泉。习近平总书记强调，保护文物功在当代、利在千秋。这使我们进一步认识到文物不仅属于我们，也属于子孙后代，要维护文物资源共享的代际公平。

二是深刻阐明了新时期文物工作面临的形势。习近平总书记和李克强总理在充分肯定文物事业的已有成就、科学研判当前文物工作所面临形势的基础上，强调文物工作依然任重道远。可以说，文物事业呈现出前所未有的良好态势，面临着前所未有的发展机遇，但是挑战依然严峻、难题依然不少、责任依然重大：一方面是基于文物大国的现实国情，文物资源具有丰富的多样性，总量庞大、年代不同、类型繁多、分布不均衡、保存状况和保护要求迥异；另一方面是基于新型城镇化快速发展的历史进程，文物保护与城乡建设的矛盾仍将长期存在。

三是深刻阐明了做好新时期文物工作的正确理念。习近平总书记和李克强总理明确要求各级党委、政府要增强对历史文物的敬畏之心，本着无愧历史、无愧未来的责任心，依法履行管理和监督职责，进一步加强新形势下的文物工作。习近平总书记强调要树立保护文物也是政绩的科学理念。保护文物，需要领导者的远见卓识，更需要对传统文化保持历史耐心。有的地方在城镇化进程中，不敬畏文物尊严，不遵循文物工作规律，拆旧建新、拆真建假，毁坏历史记忆。这些问题的实质，正如习近平总书记之前所指出的，如果说以前无知情况下的不重视还可以原谅，那么现在有认识情况下的不重视，那就是意识问题、政绩观问题。习近平总书记和李克强总理重要指示批示坚持统筹兼顾的根本方法，强调统筹好文物保护与经济社会发展，坚持统筹规划、保护为主、保用结合。我们要推进文物保护与经济社会发展的深度融合，增强文物工作的系统性、协同性和整体性。

四是深刻阐明了做好新时期文物工作的基本要求。习近平总书记和李克强总理重要指示批示，对做好新时期文物工作提出了明确要求：在保护上，要全面贯彻“保护为主、抢救第一、合理利用、加强管理”的工作方针，切实加大文物保护力度。这进一步明确了保护是前提、是底线。在利用上，要推进文物合理适度利用，充分发挥文物的公共文化服务和社会教育功能，使文物保护成果更多惠及人民群众。习近平总书记提出要努力走出一条符合国情的文物保护利用之路。这是我们必须回答的时代命题，要在理论上、实践上进行积极探索，推动中华优秀传统文化的创造性转化和创新性发展，在中国特色文物保护利用道路上实现新突破。

习近平总书记和李克强总理的重要指示批示，饱含了对中华文化的深厚感情，充满了弘扬中华优秀传统文化的历史担当，为新时期文物事业发展提供了强大的思想武器和行动指南。全面推进文物保护利用和传承发展，我们必须全面准确把握习近平总书记和李克强总理重要指示批示精神，切实提高对文物工作重要性的认识。

二、认真贯彻落实习近平总书记、李克强总理重要指示批示和全国文物工作会议精神，提高素质能力和依法管理水平，努力开创文物工作新局面

扎实推进“十三五”时期文物工作的各项任务，要以深入贯彻落实习近平总书记和李克强总理的重要指示批示精神为指引，将创新、协调、绿色、开放、共享的发展理念贯穿到文物工作的各个领域各个环节，与贯彻落实国务院《关于进一步加强文物工作的指导意见》相结合，与贯彻落实全国文物工作会议部署相结合，与组织实施文物事业发展“十三五”规划相结合，把制度建设、能力提升放在突出位置，确保重大项目、重大工程和重大政策有序开展、取得实效。当前，要突出抓好以下九个方面的工作。

第一，全面落实全国文物工作会议的总体部署。刘延东副总理的重要讲话以学习好、贯彻好、落实好习近平总书记和李克强总理关于文物工作的重要指示批示精神为主线，在总结凝练文物工作生动实践的基础上，明确提出了贯彻落实的工作要求。刘延东副总理的重要讲话，总结了“十二五”时期文物工作取得的“五大成就”，即文物资源状况基本摸清、保护力度明显加大，多措并举让文物活起来、文物价值不断彰显，文物保护能力持续提升、法律制度体系日益健全，全社会对文物保护重要性的共识逐步形成、支持力度持续加大，对外文物交流合作活跃、成为中外人文交流新亮点；强调了文物工作“三个不可替代”的重要作用，即文物资源在传承中华优秀传统文化、培育社会主义核心价值观中的作用不可替代，文物工作在全面建成小康社会、实现中华民族伟大复兴中国梦中的作用不可替代，文物事业在提高国家文化软实力、彰显文明大国形象中的作用不可替代；分析了文物工作面临形势的“三个新情况”，即城镇化进程加速、人口流动加剧，对协调推进文物保护和经济社会发展提出了新挑战，群众文化需求多元多样、推动经济社会发展，对科学合理利用好文物资源提出了新要求，文物数量倍增、社会关注度上升，对文物工作的科学化法治化水平提出了新任务；提出了新时期文物工作的“五大任务”，即切实加大文物保护力度，稳步推进文物的合理适度利用，积极发挥文物在促进经济提质增效升级方面的作用，努力推动文物保护成果惠及人民群众，积极引导和调动社会力量广泛参与；明确了新时期文物工作的“四项要求”，即全面落实文物保护责任，切实提升文物管理工作水平，健全文物保护法治保障，加强文物保护经费投入。这些新论断、新举措，既是对文物工作规律的深刻把握，也是做好新时期文物工作的重要遵循。

第二，加强文物工作在构建中华优秀传统文化传承体系中的支撑作用。中华优秀传统文化是实现中国梦的历史基石和深厚滋养，文物是中华民族悠久历史文化的实物见证和重要载体。要发挥文物工作在构建中华优秀传统文化传承体系、彰显社会主义核心价值观中的独特优势，深入挖掘和系统阐发文物资源所蕴含的讲仁爱、重民本、守诚信、崇正义、尚和合、求大同的优秀传统和时代价值，以物知史，以物见人，让文物说话，讲清楚中华文明的发展脉络、价值理念、基本走向，引导人民树立和坚持正确的历史观、价值观、文化观，增强人民大众特别是青少年的爱国热情和文化自信，增强做中国人的骨气和底气。

第三，着力提升文物保护水平，切实保护好文物的历史文化价值。国务院《意见》和全国文物工作会议，针对当前文物保护工作中存在的突出问题和明显短板，提出了一系列具体要求和重大举措。要紧紧抓住保护好文物的历史文化价值这一关键点，秉持正确的文物保护理念，把握科学的文物保护规律，全面提升文物保护水平。要高度重视文物保护基础工作，以文物资源调查为抓手，全面掌握文物保存状况和保护需求，努力推动文物保护从抢救性保护为主向抢救性保护与预防性保护并重转变，努力实现由注重文物本体保护向注重文物本体与周边环境、文化生态的整体保护转变，为实现文物保护的分类管理、精准管理奠定基础。要围绕国家重大战略，组织实施一批具有引领和示范作用的文物保护重大项目、重大工程。深入研究新型城镇化建设背景下文物保护工作的特点规律，探索文物保护工作与城乡建设有机结合，推动文物保护规划与城乡规划“多规合一”，充分发挥大遗址保护、国家考古遗址公园建设和传统村落保护的独特作用。要强化文物安全防护，实施“文物安全平安工程”。要切实加强可移动文物保护，积极推进藏品预防性保护，加快推进濒危珍贵文物抢救修复，注重馆藏革命文物的保护修复，加快推进经济社会发展变迁物证征藏工程。

第四，着力拓展文物利用途径，多措并举让文物活起来。推动文物合理利用，在保护中利用，在传承中发展，不断满足人民群众精神文化需求，既是我国经济社会发展到一定程度的阶段性特征，也是文物事业发展的内在要求和客观必然。各级文物保护单位和博物馆作为开展公共文化服务的重要阵地，要充分发挥文物的公共文化服务和社会教育功能。要不断深化博物馆免费开放，大力提升博物馆展陈水平，推动文物保护单位尽可能对公众开放。创新文博领域公共文化服务提供方式，平等对待非国有博物馆提供的公共文化服务，提高文博领域公共文化服务共建能力和共享水平，向全社会提供更多优质便捷的公共文化鉴赏服务。针对传统村落、近现代建筑等不同文物类型，大力探索既管控风险、又充满活力的分类利用模式；针对博物馆藏品资源和展陈空间的不平衡实际，完善馆际交流机制，通过巡展借展等方式，提高藏品展出率，唤醒沉睡的馆藏文物；针对现代信息传播技术的升级换代，探索在“互联网+”大数据背景下文物利用的新手段，实施“互联网+中华文明”行动计划，开发更多弘扬优秀传统文化的产品和服务，促进文化消费；针对人民群众日益增长的文化消费需求，大力开发文博创意产品。文物工作要积极服务国家外交大局，丰富文物对外交流合作的内涵和外延，构建对外展陈的策划和话语体系，扩大对外传播的渠道、平台和载体，加强与“一带一路”沿线国家在文物保护领域的实质性合作。

第五，发挥文物工作在促进文博创意产品开发中的积极作用。开发文博创意产品有经济意义，但最重要的不是经济意义，而是文化意义，要让人民群众了解文物、以物知史，通过创意产品使文物进入到人民群众的日常生活之中，人民群众在享用创意产品的同时，能够体验到文物的文化信息。文物是开发文化创意产品的珍贵财富和优质资源。要深入挖掘文物资源的价值内涵和文化元素，更加重视供给侧改革，更加注重实用性，更多体现生活气息，延伸文博衍生产品链条，进一步拓展产业发展空间，进一步调动博物馆利用馆藏资源开发创意产品的积极性，扩大引导文化消费，培育新型文化业态。要更加注重知识产权保护，鼓励众创、众筹，以创新、创意为动力，以文博事业单位和文化创意设计企业为主体，开发原创文化产品，打造文化创意品牌。当然，依法合理利用文物，促进文博创意产品开发，绝不仅仅是泛指市场化挣钱，实际上也是在传播文化、弘扬传统、滋润道德，发挥文物资源的社会教育和道德滋养功能。要坚持把社会效益放在首位、经济效益与社会效益相统一，慎提产业化口号，避免过度开发、不当开发。我们要高度重视博物馆、图书馆、美术馆、展览馆这些地方的文创产品开发。4月8日，刘延东副总理主持召开了促进文化文物单位文创产品开发的专题会议，提出了加大文博衍生产品开发、扩大文化消费的具体政策举措，抓紧出台推动文化创意产品开发的若干意见，各地文物部门要按照文件精神认真贯彻落实。

第六，着力加强精准管理，强化文物执法督察。要健全国家文物登录制度，完善文物调查、认定、登记的标准和程序。要加快研究制定文物保护补偿办法，依法确定补偿对象、补偿范围，切实解决文物资源密集地区保护资金短缺、土地置换和容积率限制等问题。要抓紧落实国务院《意见》，着力构建文物执法督察体系，优化国家文物局执法督察力量配置，坚决遏制文物违法犯罪案件和安全事故多发态势。各省级文物部门要积极争取地方政府支持，加强自身执法督察力量建设。市、县级要落实文物行政执法职能，没有独立文物行政部门的，要充分发挥文化市场综合执法队伍的作用，实现文物行政执法职能全覆盖。加强各部门行政执法联动机制和打击防范文物犯罪联合长效机制，近期要召开全国文物安全工作部际联席会议。严格责任追究，积极推动有关部门出台文件，落实文物保护责任终身追究制。

第七，着力动员社会力量，努力形成全社会参与文物保护的新格局。加快制定鼓励和支持社会力量参与文物保护的政策措施，畅通社会资金、社会力量参与文物保护利用的渠道，充分发挥公益性基金等资金渠道的作用，研究完善文物保护奖励制度，指导和支持城乡自治组织保护管理使用区域内尚未核定公布为文物保护单位的不可移动文物。积极培育以文物保护为宗旨的社会组织，完善文物保护员制度，充分发挥文物保护志愿者的作用。规范社会文物鉴定活动，鼓励民间合法收藏文物。公平对待国有博物馆和非国有博物馆，探索民办公助、政府购买服务、免费开放补贴、税费减免等方式，支持非国有博物馆健康发展。

第八，着力推动科技创新和队伍建设，为文物事业发展提供有力保障。积极推进跨部门、跨领域合作，着力实施彩塑壁画、纸质文物、纺织品等科技保护示范工程。加快文物保护装备建设，切实提高文物保护装备制造能力。加快完善文物保护技术标准和行业规范体系，提升文物工作标准化、科学化水平。加强与教育、人力资源和社会保障等部门的沟通与协调，加大紧缺人才培养力度，逐步完善紧缺人才培养制度体系。要转换观念，搭建开放平台，通过重大项目吸引优质人力资源参与文物保护，加大对基层人员的业务培训，切实解决文物保护队伍总量不足、人员结构不尽合理、专业人员比例偏低等突出问题，为文物事业科学发展提供坚实人才保障。

第九，着力加强作风建设，努力营造风清气正、干事创业的良好氛围。时刻绷紧政治纪律和政治规矩这根弦，增强政治意识、大局意识、核心意识、看齐意识，组织开展好“两学一做”学习教育，自觉践行“三严三实”要求，把改进作风与转变职能、搞好服务结合起来。要以中央巡视组巡视国家文物局为契机，加强反腐倡廉建设，正视存在问题，落实各项整改要求。坚持面向基层、重心下移，扎扎实实解决基层反映强烈、迫切需要解决的问题。改进作风是持久战，要在抓常、抓细、抓长上下功夫，努力建设忠诚干净担当的文物工作队伍。

深入学习贯彻习近平总书记、李克强总理重要指示批示和刘延东副总理重要讲话精神，是当前和今后一个时期全国文物系统的重大任务，要加强组织领导、周密安排部署。文物部门要认真抓好习近平总书记、李克强总理重要指示批示精神的传达贯彻，要将全国文物工作会议部署要求尽快传达到基层，精心组织学习贯彻，结合工作实际狠抓落实。大家回去以后，要抓紧向本地区党委、政府主要领导汇报会议精神，特别是习近平总书记、李克强总理重要指示批示精神和刘延东副总理重要讲话精神，把文物保护的各项目标任务落实到“十三五”规划中，进一步健全文物保护机制体制，进一步落实文物保护的支持政策和工作措施，进一步提高文物保护利用管理水平。对各地各部门贯彻落实情况，国家文物局要及时组织专项督察。

同志们，文物工作的大政方针已经确定，任务已经明晰，关键在于狠抓落实。要拿出踏石留印、抓铁有痕的精神，凝心聚力，埋头苦干，努力完成今年的各项目标任务，确保“十三五”文物事业发展取得良好开局。

文化部部长雒树刚在2016年全国文物局长会议上的讲话

（2016年12月23日）

在全党全国深入学习贯彻党的十八届六中全会和习近平总书记系列重要讲话精神之际，国家文物局召开全国文物局长会议，总结2016年工作，部署2017年工作，非常及时，非常必要。

党的十八大以来，习近平总书记站在实现中华民族伟大复兴中国梦的高度，对传承中华优秀传统文化、培育社会主义核心价值观、增强国家文化软实力、坚定文化自信等作出一系列重要论述，提出许多新思想、新观点、新要求。他强调，一个国家、一个民族的强盛总是以文化兴盛为支撑，中华民族伟大复兴需要以中华文化发展繁荣为条件；一个国家的文化软实力从根本上说取决于其核心价值观的生命力、凝聚力、感召力，培育和弘扬社会主义核心价值观必须立足中华优秀传统文化；提高国家文化软实力，要努力展示中华文化独特魅力，把跨越时空、超越国度、富有永恒魅力、具有当代价值的文化精神弘扬起来，把继承传统优秀文化又弘扬时代精神、立足本国又面向世界的当代中国文化创新成果传播出去；文化自信是更基础、更广泛、更深厚的自信，是更基本、更深沉、更持久的力量，中国有坚定的道路自信、理论自信、制度自信，其本质是建立在5000多年文明传承基础上的文化自信。文物工作是文化建设的重要内容，文物工作者肩负着保护珍贵历史遗产、传承优秀传统文化、坚定全民族文化自信的神圣使命。我们一定要深入贯彻落实习近平总书记系列重要讲话精神，全面推动文物事业发展再上新台阶。

下面，我谈几点意见。

一、充分肯定2016年文物工作取得的成绩

2016年，我国迈入“十三五”时期，步入全面建成小康社会决胜阶段，文物事业发展迎来了具有里程碑意义的一年。习近平总书记、李克强总理多次对文物工作作出重要指示批示；国务院印发《关于进一步加强文物工作的指导意见》（国发〔2016〕17号），召开全国文物工作会议；中央各部门和各级党委政府高度重视文物保护，全社会空前关注文物工作。一年来，全国文物系统深入贯彻落实中央领导同志重要指示批示精神，推动全国文物工作会议和国发17号文件精神的落实，凝心聚力，创新奋进，圆满完成了各项任务，突出表现在以下五个方面：

一是围绕中央巡视整改和“两学一做”学习教育，贯彻落实全面从严治党要求。国家文物局党组把巡视整改工作与“两学一做”学习教育结合起来，与学习贯彻习近平总书记关于文物工作重要指示精神结合起来，与贯彻落实国发17号文件结合起来。针对巡视中发现的问题，出台了《关于加强革命文物工作的通知》《关于促进文物合理利用的若干意见》《文物拍卖管理办法》等政策性文件，采取一系列措施，有力地促进了党中央、国务院决策部署的贯彻执行。

二是加强行业宏观指导，实施重点文物保护项目。编制《国家文物事业发展“十三五”规划》，召开考古、文物援藏、文物援外、文物科技、革命文物、长征文物等领域全国性会议，明确“十三五”时期发展目标和思路。围绕建党95周年和红军长征胜利80周年，遴选推介优秀主题展览，推出“长征——红色记忆工程”。围绕《长城保护条例》实施10周年，加强长城保护制度建设，发布《中国长城保护报告》。将“海上丝绸之路·中国史迹”确定为2018年申遗项目，加快推进前期准备工作。推动京津冀协作开展长城、大运河、京张铁路遗存保护，加强北京城市副中心建设中的文物保护与考古工作。

三是强化文物督察，有力督促地方落实保护责任。部署“文物法人违法案件专项整治行动”，公开曝光典型案件。开展长城保护专项执法督察，公布《长城保护条例》实施情况报告，督促地方政府落实责任。针对重大文物安全违法案件约谈有关地方政府，以严肃处理和有效整改促使文物安全水平提升。文物消防安全被纳入国务院消防工作考核必查内容，有力推动了省级政府落实安全责任。重点督办四川眉山“江口沉银遗址”盗掘倒卖文物案、陕西淳化系列盗掘文物案、山西大规模盗割壁画案，坚持由打个案向打系列、打零散向打团伙、打环节向打链条转变，形成严打违法犯罪威慑力。

四是紧抓文创产品开发，切实让文物活起来。积极贯彻《关于推动文化文物单位文化创意产品开发的若干意见》，加紧编制《博物馆商业经营活动管理办法》，召开全国文博单位文创产品开发工作推进会，遴选92家单位试点开发文创产品，借助成都博物馆及相关产品与技术博览会、广州国际文博版权交易博览会等平台大力推介展示文创产品。五部委联合印发《“互联网+中华文明”三年行动计划》，促进互联网创新成果与中华优秀传统文化传承深度融合。

五是扩大文物对外交流，树立负责任大国形象。文物对外交流合作纳入国家外交大局，习近平主席在乌兹别克斯坦接见中国援乌文物考古工作者代表，在秘鲁参观“华夏瑰宝秘鲁行”文物展，习近平主席、李克强总理、刘延东副总理分别见证中国与沙特、希腊、印尼签署文化遗产领域政府间合作文件。刘玉珠同志作为中国政府代表出席保护濒危文化遗产国际会议，代表中方提出四点建议。紧扣“一带一路”倡议，举办丝绸之路文化遗产国际论坛，与相关国家进行实质性磋商。对外文物保护与联合考古项目多点开花，基本覆盖我国周边国家。尼泊尔、缅甸震后文化遗产抢救保护得到受援国高度评价。

刘延东副总理前不久专门作出重要批示，这是对文物工作者的鼓舞和鞭策。在此，我代表文化部，向全国文物系统广大干部职工致以崇高敬意和诚挚问候！

二、牢牢把握当前文物事业发展面临的历史性机遇

2016年，我到福建、江西、云南、陕西、新疆、上海等地调研时，先后走访了20多家文博单位，涉及革命历史纪念地、传统村落、古建筑、考古所、博物馆等，所到之处无不感受到各地党委政府贯彻落实党中央、国务院重大决策部署的坚定决心，各级文物部门“不待扬鞭自奋蹄”，文物保护利用工作成绩斐然，工作环境、精神面貌焕然一新，文物事业发展面临着前所未有的大好形势。

一是习近平总书记重要指示批示为文物事业发展指明了前进方向。党的十八大以来，习近平总书记对文物工作作出重要指示批示20多次，涉及文物工作的方方面面，思想深邃，内涵丰富，为新时期文物事业发展指明了方向、提供了遵循。“考古批示”是对考古工作实证中华五千年文明的高度肯定和殷切期待。“申遗批示”是对申遗工作的科学指导。“中国各类博物馆不仅是中国历史的保存者和记录者，也是当代中国人民为实现中华民族伟大复兴中国梦而奋斗的见证者和参与者。”这是对新时期博物馆事业发展定位的精辟阐释和深切厚望。习近平总书记为文物事业发展指明了方向，必将对加强文物工作产生深远影响。

二是中央总体部署为文物工作注入了强大动力。李克强总理两次主持召开国务院常务会议，研究部署文物工作。国务院印发《关于进一步加强文物工作的指导意见》，对文物工作进行系统、全面、科学部署，围绕当前文物工作中存在的突出问题，在落实责任、加强保护、拓展利用、严格执法等方面提出了有力举措。刘延东副总理出席全国文物工作会议并作重要讲话，明确了新时期文物工作的指导思想、目标任务、政策措施。国务院办公厅转发四部委《关于推动文化文物单位文化创意产品开发的若干意见》，提出“十三五”时期文博单位开发文化创意产品的目标，强力推动文物活起来。

三是中央各有关部门和地方党委政府强力支持，为文物工作提供了坚实保障。中央有关部门和省级党委政府对文物工作高度重视。《国民经济和社会发展第十三个五年规划纲要》将“传统文化和自然遗产保护传承”纳入文化重大工程，中宣部实施的中华优秀传统文化传承工程将文物工作作为重要篇章，中央文明办将文物工作相关指标纳入《全国文明城市测评体系》。2016年，有15个省份的党政一把手对文物工作作出批示，17个省级人民政府召开文物工作会议，15个省份以省级人民政府名义出台了国发17号文件实施意见，已有近20个省份将文物工作纳入地方领导班子和领导干部综合考核评价体系。

四是社会各界高度关注文物工作，对文物保护利用提出了新期待。社会各界对文物保护利用集中发表意见建议，比如针对《文物保护法修订草案》建言献策；普通公众对文化服务和产品需求更加旺盛，比如在首都博物馆举办的南昌汉代海昏侯国考古成果展3个多月接待观众超过42万人次；舆论对文物热点事件关注更加持久，比如辽宁绥中长城“遭抹平”被媒体聚焦；网友参与文物保护项目积极性很高，比如中国文物保护基金会发起的“保护长城，加我一个”公募项目广受好评。

在新的历史时期，文物工作在传承中华优秀传统文化、弘扬社会主义核心价值观方面的作用更加突出；在建设社会主义文化强国、统筹推进“五位一体”总体布局、协调推进“四个全面”战略布局中的地位更加重要；在满足人民群众精神文化生活需求、促进地方经济社会发展中的效果更加显著；在促进中华文化走出去、推动世界文明交流互鉴方面的优势更加凸显。

与此同时，文物工作仍然面临着一些新老困难和问题。党中央、国务院和省级党委、政府对文物工作越来越重视，但市县以下基层仍是文物保护的薄弱环节，还存在重视不够、基础不强、防范不力等问题；文物保护工作力度总体上越来越大，但是一些地方文物保护意识仍然淡薄，对文化遗产缺乏敬畏之心，文物违法案件依然屡禁不止，文物安全事故时有发生；文物保护基础条件总体上越来越好，但在协调推进文物保护利用与经济社会融合发展方面还有待加强；文物治理体系和治理能力还需完善，文物工作者依法行政水平尚需提高。这些都需要我们集中性、创造性、持续性地加以解决。

三、努力探索符合国情的文物保护利用之路

习近平总书记强调，要统筹好文物保护与经济社会发展，切实加大文物保护力度，推进文物合理适度利用，努力走出一条符合国情的文物保护利用之路。这是党中央赋予文物工作者的新要求、新任务，指明了新形势下文物事业改革发展的目标和方向，具有深远的历史意义和重大的现实意义。我们一定要全面贯彻、积极探索、扎实推进。

一是必须坚定文化自信，增强做好新时期文物工作的使命感、责任感。这是文物事业不断向前发展的前提要求。要始终坚信中华优秀传统文化是中华民族的突出优势，中华五千年的历史长河孕育出源远流长、绵延不绝的优秀传统文化，近代百年来上下求索造就了矢志不渝的革命文化和波澜壮阔的社会主义先进文化，它们积淀着中华民族最深层的精神追求，代表着中华民族独特的精神标识。习近平总书记指出：当今世界，要说哪个政党、哪个国家、哪个民族能够自信的话，那中国共产党、中华人民共和国、中华民族是最有理由自信的。同样，我们可以说，文物工作者最有理由坚定文化自信。要进一步增强使命感、责任感，坚持以问题为导向，以改革创新为动力，切实保护好、传承好祖先留下来的珍贵历史遗产。要努力将文物中蕴含的历史、艺术和科学价值完整地阐释出来，引导人们从文物宝库中萃取精华、汲取能量，引导人民树立和坚持正确的历史观、民族观、国家观、文化观，增强做中国人的骨气和底气。

二是必须完善责任体系，持续提升文物安全水平。这是文物工作安身立命的关键所在。要始终立足于政府主导办大事的国情，抓住当前各级党委政府高度关注文物工作的大好机遇，增强各级领导干部对文物的敬畏之心，树立保护文物也是政绩的科学理念。要进一步加大执法督察力度，让有责必问、问责必严成为新常态，积极促进督察成果深度转化，借助全国文明城市测评、社会治安综合治理考核、消防安全考核等评价体系，督促各级政府落实文物保护主体责任。要完善全国文物安全部际联席会议机制，以贯彻落实国发17号文件为契机，积极在经费投入、项目实施、打击犯罪、法制建设等方面拓展部门合作空间。各级文物行政部门要深化改革，转变职能，提高履职尽责能力和依法行政水平。要加强能力建设，强化行业服务、管理和自律，加大机构队伍建设和人才培养力度。要不辱使命，守土尽责，全面加强文物安全防范能力建设，提高文博单位防灾减灾能力。

三是必须统筹保护利用，推动文物工作更好地融入经济社会发展。这是文物工作适应时代发展的核心要义。要始终坚持“保护为主、抢救第一、合理利用、加强管理”的方针，贯彻创新、协调、绿色、开放、共享的发展理念，努力实现在保护中发展、在发展中保护。要深入基层、立足国情，创新思路、突出重点，努力探索各类文物的保护利用新模式。在实施革命文物、古城、长城、大遗址、传统村落等文物保护项目时，要注意尊重文物保护规律，秉持正确理念，坚持规划先行，完善标准规范，努力实现文物优先保护和合理利用的平衡。要妥善处理文物保护与经济发展、城乡建设、人民群众生产生活的关系，促进文物事业与经济社会的和谐发展，坚决防止建设性、开发性、保护性和经营性破坏。要坚持立足于保、保用结合的科学理念，深入研究和挖掘文物价值内涵，促进文物资源与文博创意产品开发、旅游产业发展融合，充分利用信息、网络等现代科技，提供更多更好的公共文化服务和产品。要加大行业指导，允许有条件的地区在统筹文物保护利用方面大胆探索，先行先试，形成文物工作百花齐放的局面。

四是必须动员各方力量，努力形成全社会参与文物保护利用的新格局。这是文物工作发挥更大作用的有效手段。要始终注重发挥人民参与的政治优势，密切全社会与文物工作的有机联系，增强公众对于中华优秀传统文化传承的认同感、参与感、获得感、幸福感。要加强社会力量参与文物保护利用的顶层设计，为认领认养、捐资助修、义务看管、无偿捐赠、主动上交、公益诉讼等民间文保行为提供政策支持。要扩大文物资源的开放共享，加快文物领域“放管服”改革，大力推广政府和社会资本合作模式，积极培育文物保护社会组织，不断壮大文博志愿者队伍。要创新方式、因势利导，利用互联网等平台探索公益众筹等社会参与机制，拓展社会力量参与文物保护利用的新渠道。要充分发挥专家学者、社会团体、社会公众在文物公共政策制定中的作用，提高公众参与度、决策科学性。要善于利用国际古迹遗址日、国际博物馆日、中国文化遗产日等节庆活动，建立常态化、实效性的文化遗产普及传播机制，密切人民群众与文化遗产的联系。要加大政务公开和新闻发布力度，主动接受社会监督，及时回应社会关切，广泛凝聚社会共识。

五是必须配合国家大局，促进人类不同文明交流互鉴。这是文物工作发挥独特优势的必由之路。要始终围绕国家外交大局和祖国统一大业，着眼文物资源跨越时空、超越国度、富有永恒魅力、具有当代价值的特性，推动更多精品文物展览“走出去”，进一步发挥其“外交使者”“国家名片”的作用，体现国家意志，讲好中国故事，不断提升我国文化软实力。要深化我国博物馆与国际知名博物馆交流合作，有计划地做好中国文物海外巡展，推动中华文明走向世界。要在“一带一路”战略指引下，紧抓重要国家、重要节点、重要事件，加强面向沿线国家的文物保护与考古合作，凸显我国与沿线国家地理相连、历史相通、文化相融。要依托国际论坛、国际博览会等平台，展现中国历史文化底蕴和保护研究成果，向世界传递文化遗产保护的中国声音。

同志们，文物工作责任重大、使命光荣、任重道远。我们要紧密团结在以习近平同志为核心的党中央周围，认真贯彻落实党的十八大和十八届三中、四中、五中、六中全会精神，认真贯彻习近平总书记系列重要讲话特别是关于文物工作的重要指示批示精神，以更加饱满的精神状态、更加过硬的工作作风，履职尽责、勇于担当，高质量完成2017年各项重点任务，以优异成绩迎接党的十九大胜利召开，为实现“两个一百年”奋斗目标和中华民族伟大复兴中国梦作出贡献！

稳中求进　改革创新
文物事业取得长足进步

——国家文物局局长刘玉珠在全国文物工作会议上的讲话

（2016年4月11日）

在党中央、国务院的正确领导下，在各地、各有关部门和社会各界的大力支持下，全国文物系统深入贯彻党的十八大和十八届三中、四中、五中全会精神，稳中求进，改革创新，文物事业取得长足进步，文物工作取得显著成绩。

一是深入学习贯彻习近平总书记和李克强总理关于文物保护的重要论述，牢固树立正确的文物保护理念。党的十八大以来，习近平总书记就加强文物保护、传承中华优秀传统文化发表了系列重要论述。按照中宣部的统一部署，我们组织中央媒体集中开展了习近平总书记重视历史文物保护、弘扬中华优秀传统文化的主题宣传活动。李克强总理也十分重视文物工作，多次作出重要指示批示。习近平总书记和李克强总理的新思想、新观点、新论断日益深入人心，成为指导新时期文物事业发展的行动指南。刚才，刘延东副总理传达了习近平总书记和李克强总理的重要指示批示，这是对全国文物战线的亲切关怀和巨大鼓舞，更是对做好新时期文物工作的新要求，我们要坚决贯彻、全面落实。

二是各级党委政府对文物工作的重要性逐渐形成共识，支持力度持续加大。“十二五”时期特别是党的十八大以来，各级党委、政府尤其是领导干部对文物价值作用的认知显著提高，依法保护文物的意识明显增强；各级人大强化执法监督，人民政协积极建言献策；文物与外交、发改、教育、科技、工信、公安、财政、人社、国土、环保、住建、商务、文化、工商、旅游、宗教、海洋等部门的沟通协作进一步密切，政府主导、部门协作、社会参与的文物保护理念渐成共识。各级财政的投入稳步增长，“十二五”期间全国一般公共预算文物支出累计1404亿元，年均增长16.5%；其中中央财政文物支出累计607亿元，年均增长17.1%。

三是保护力度明显加大，文物保护状况显著改善。完成第三次全国文物普查，开展第一次全国可移动文物普查，文物资源状况基本摸清。实施平安故宫、承德避暑山庄、大足千手观音造像等一大批文物保护重点工程，全国重点文物保护单位保存状况良好，省级文物保护单位、市县级文物保护单位保存状况大为改善，一般不可移动文物保护得到加强。加强革命文物保护，实施延安革命旧址群保护提升工程，开展赣南等原中央苏区革命旧址修缮保护工程，完成哈尔滨侵华日军第七三一部队遗址群、阜新万人坑遗址等抗战文物保护修缮和展示利用工程，支持革命老区振兴发展。以150处大遗址为支撑的大遗址保护格局基本形成，24个国家考古遗址公园建成开放，水下文物保护机构、装备建设和考古调查取得突破。中国世界文化遗产申报连续13年屡获佳绩，中国世界遗产总数已达48项，位居世界第二。

四是加强制度建设，落实文物执法责任。加大普法宣传力度，《文物保护法》和《文物保护法实施条例》《长城保护条例》等法律法规得到有效贯彻，文物保护管理监督职责得以落实。完成《文物保护法修订草案》起草工作，施行《博物馆条例》，发布《大运河遗产保护管理办法》。加强文物执法督察，建立文物违法举报中心，严肃查处重点案件，严厉打击文物犯罪，公开曝光、执纪问责。会同工商、商务、广电等部门规范文物市场和“鉴宝”类影视节目。

五是主动服务大局，文物工作在经济社会发展中的促进作用日益凸显。坚持做好三峡工程、南水北调、西气东输、高速铁路、高速公路等国家重大建设项目中的文物抢救保护工作，确保国家重点项目实施和地方经济建设发展。深入挖掘文物的历史内涵和时代价值，推出一批弘扬社会主义核心价值观的精品展陈，故宫石渠宝笈、南昌汉代海昏侯国等文物展览和数字敦煌、公众考古日益受到普通百姓特别是大中小学生的青睐。深化博物馆免费开放，完善博物馆青少年教育功能，推动博物馆教育进校园、进社区、到基层。围绕国家新型城镇化和美丽乡村建设，加大传统村落、特色村镇的整体格局和历史风貌保护力度，大运河、云南哈尼梯田、湖南铜官窑遗址公园、浙江松阳传统村落等文物资源越来越成为区域经济发展的“金色名片”、壮大旅游业的新动能。

“十三五”时期，我们要以深入贯彻落实习近平总书记、李克强总理的重要指示批示和刘延东副总理重要讲话精神为主线，以深入贯彻落实国务院《关于进一步加强文物工作的指导意见》为重点，全面落实这次会议部署，更加自觉主动地把文物工作放在经济社会发展大局中谋划推进。坚持“保护为主、抢救第一、合理利用、加强管理”的文物工作方针，进一步推动文物保护由注重抢救性保护为主向抢救性与预防性保护并重转变，推动由注重文物本体保护向文物本体与周边环境、文化生态的整体保护并重转变；加强长城保护，做好文物援藏援疆工作。坚持依法行政，把《文物保护法》修订好、执行好，进一步完善文物保护领域基础性制度体系和标准体系，加强层级监督，加大执法问责，依法履行文物保护责任。进一步发挥文物资源在弘扬社会主义核心价值观、构建中华优秀传统文化传承体系中的独特作用，阐发时代价值，守望精神家园，凝聚发展力量；启动“互联网+中华文明”行动计划，利用市场机制和政府支持的方式，开发更多弘扬优秀传统文化的产品和服务，满足人民群众多样化需求，促进文化消费。进一步促进文博创意产业发展，完善支持企事业单位、博物馆开发文创产品的优惠政策和激励机制，打造文博创意品牌，培育新型文化业态，在拓展产业发展空间、提升文化消费品质方面实现新突破。坚持精准管理，分类制定保护方案、技术标准和管理举措，不断提高文物管理的针对性和有效性。坚持统筹兼顾，加强对文物事业发展“十三五”规划实施的组织、协调和督导，把加强制度建设、健全政策措施摆在突出位置，推动重大项目、重大工程和重大政策有序开展、取得实效，为传承中华优秀传统文化、全面建成小康社会作出新的更大贡献。

国家文物局局长刘玉珠在贯彻落实全国文物工作会议精神座谈会上的讲话

（2016年4月13日）

我们用一天的时间召开座谈会，深入学习贯彻习近平总书记重要指示、李克强总理重要批示和全国文物工作会议精神，统一思想、凝聚共识很有必要。这次全国文物工作会议是党的十八大以来以国务院名义召开的第一次全国文物工作会议，习近平总书记作出重要指示、李克强总理作出重要批示，这在历次全国文物工作会议上还是第一次，我们倍感亲切，倍受鼓舞，更加坚定了做好文物工作的信心和决心。

昨天下午，雒树刚部长重点谈了对习近平总书记重要指示、李克强总理重要批示和刘延东副总理重要讲话的学习体会，对贯彻落实工作提出了明确要求。我们在今后的工作中要认真贯彻落实。励小捷、谢辰生等老领导、老专家，以及考古、文物保护、博物馆、高校、企业等各方面的专家学者纷纷发言，既畅谈学习体会，展望文物事业发展的美好前景，也对做好新时期文物工作提出了许多很好的意见建议，我代表国家文物局对大家的发言表示诚挚的感谢。

今天上午，参加会议的省（市、区）文物局的负责同志围绕如何贯彻落实习近平总书记重要指示、李克强总理重要批示和全国文物工作会议精神，就文物工作重点任务和重大项目，尤其是针对加强长城等文物保护、破解一般不可移动文物加快消失、推进文物合理适度利用让文物活起来，以及开发文博创意产品、支持民间合法收藏文物等社会关注的热点难点问题深入讨论、出谋划策，大家踊跃发言、气氛热烈。大家一致认为，全国文物工作会议的召开，恰逢“十三五”开局之年，习近平总书记和李克强总理作出重要指示批示；国务院印发《关于进一步加强文物工作的指导意见》；刘延东副总理发表重要讲话，党中央国务院对文物工作的高度重视，可以说盛况空前、前所未有。大家一致认为，这次会议是一次求真务实、富有理论创新成果的会议，是一次解放思想、凝聚共识、破解问题、明确目标的会议，为新时期文物事业的发展指明了方向，提供了遵循，具有深远的里程碑式的重大意义。

结合雒部长的讲话和大家的发言，首先，我谈点学习体会。党的十八大以来，以习近平同志为总书记的党中央高度重视文物工作。习近平总书记多次莅临国家博物馆等文博单位，作出重要指示批示，形成系列；李克强总理也多次作出批示。这些重要指示批示内涵丰富、思想深刻、论述精辟，提出了一系列富有创见的新思想、新观点、新要求，必须深入学习、切实把握、融会贯通。

一是关于文物工作的战略定位。习近平总书记指示：文物承载灿烂文明，传承历史文化，维系民族精神，是老祖宗留给我们的宝贵遗产，是加强社会主义精神文明建设的深厚滋养。明确要求要努力走出一条符合国情的文物保护利用之路，为实现“两个一百年”奋斗目标和中华民族伟大复兴的中国梦做出重要贡献。李克强总理批示：文物是宝贵的历史文化遗产，凝聚着民族记忆，是中华文明源远流长和生生不息的见证。强调要让优秀传统文化融入当代社会，厚植道德沃土，用文明的力量助推发展进步。

这是党中央关于文物资源价值作用的新思考、新论断，是关于文物工作历史使命和时代使命的新认识、新要求，将文物资源、文物工作的重要性提到了前所未有的高度。文物不仅为中华优秀传统文化的传承提供了丰厚物质资源，而且为社会主义核心价值观的塑造提供了丰富精神滋养。文物工作不仅要为繁荣文化事业做出贡献，而且要为促进经济发展和社会进步做出新的贡献。

学习贯彻总书记重要指示和总理重要批示，落实全国文物工作会议精神，首先是要找准定位，解决好认识问题、理念问题，充分认识文物资源在传承中华优秀传统文化、培养社会主义核心价值观，在全面建成小康社会、实现中华民族伟大复兴中国梦中不可替代的作用。就是要牢固树立保护文物也是政绩的科学理念，充分认识到文物工作是文化建设的重要组成部分，是推动经济发展、社会进步的重要力量。要推动各级党委政府特别是主要领导同志提高这方面的认识，要把文物工作作为全局工作的重要方面列入议事日程，统筹文物事业与经济社会发展，真正发挥好文物资源的价值作用，传承优秀传统文化、弘扬社会主义核心价值观。正如李克强总理在今年两会答记者问时所说，现在经济领域有不少大家诟病的问题，像坑蒙拐骗、假冒伪劣、诚信缺失，这些也可以从文化方面去找原因、开药方。市场经济是法治经济，也应该是道德经济。发展文化可以培育道德的力量，我们推动现代化，既要创造丰富的物质财富，也要通过文化向人民提供丰富的精神产品，用文明和道德的力量来赢得世界的尊重。

二是关于文物保护。习近平总书记指示：保护文物，功在当代，利在千秋。我国是世界文物大国，又处在城镇化快速发展的历史进程中，文物保护工作依然任重道远。各级党委政府要统筹好文物保护与经济社会发展，全面贯彻“保护为主，抢救第一，合理利用，加强管理”的文物工作方针，切实加大文物保护力度。李克强总理批示：要进一步加强新形势下的文物保护工作，坚持统筹规划，保护为主，保用结合，让宝贵遗产世代传承。强调要编制实施文物保护规划，及时对存在重大险情的文物开展抢救性保护。

这是新的历史条件下党中央对文物保护形势的深刻分析、科学判断，是关于新型城镇化进程中加强文物保护的新思考、新要求。学习贯彻总书记重要指示和总理重要批示，落实全国文物工作会议精神，就是要既坚持保护是前提、是基础这一文物工作的基本规律，又要与时俱进，适应经济社会发展，遵循新型城镇化建设的客观规律，坚持“四个统筹”，正确处理文物保护与城乡建设的关系、文物保护与群众生产生活的关系、政府主导和社会参与的关系，切实增强文物保护的责任感、使命感。

三是关于文物合理利用。习近平总书记指示：要系统梳理传统文化资源，让收藏在禁宫里的文物、陈列在广阔大地上的遗产、书写在古籍里的文字都活起来。要注重发掘和利用，溯到源、找到根、寻到魂，找准历史和现实的结合点，深入挖掘历史文化中的价值理念、道德规范、治国智慧，推进文物合理适度利用，使文物保护成果更多惠及人民群众。李克强总理批示：要在严格保护文物的基础上有效挖掘文物蕴含的历史、文化和科学等价值，充分发挥文物的公共文化服务和社会教育功能，让宝贵遗产焕发新的光彩，为繁荣文化事业、促进经济发展和社会进步作出新的贡献。

这是党中央关于文物合理利用的最新阐释，是对文物工作十六字方针的进一步丰富和发展，具有鲜明的时代特征和现实指导意义。学习贯彻总书记重要指示和总理重要批示，落实全国文物工作会议精神，做好文物利用工作，首先，也是最根本的，就是要在文物的价值研究和挖掘上下足功夫，搞清楚文物所承载的历史信息、文化信息，所蕴含的道德力量、民族精神；其次，就是要在“让文物活起来”上见实招，切实提高文物资源特别是藏品的利用率，盘活资产，提高效能；其三，就是要在展示传播上做文章，积极顺应互联网、大数据时代，充分发挥现代科技的创新与支撑作用；其四，就是要在公共文化服务、社会教育功能的发挥上见成效，坚持分类指导，增强有效供给。同时，坚决守住道德底线，避免不当利用和过度利用。

四是关于加强文物管理。习近平总书记明确要求各级党委政府要增强对历史文物的敬畏之心，统筹好文物保护与经济社会发展。各级文物部门要不辱使命，守土尽责，提高素质能力和依法管理水平，广泛动员社会参与，努力走出一条符合国情的文物保护利用之路。李克强总理也明确要求，各地区、各有关部门要本着无愧历史、无愧未来的责任心，依法履行管理和监督职责。要建立文物保护责任终身追究制，加大责任追究。要积极动员各方面力量，努力形成全社会参与文物保护的新格局。

这是党中央治国理政新理念、新思想、新战略在文物领域的具体体现，是推进国家治理体系和治理能力现代化对文物管理工作提出的新要求，也是对领导干部政绩观的科学阐述。学习贯彻总书记重要指示和总理重要批示，落实全国文物工作会议精神，最根本的就是要按照“四个全面”战略布局和“五位一体”总体布局，落实各级党委政府的主体责任，强化文物主管部门的职责；进一步深化改革，创新体制机制，比如我们正在推进的博物馆理事会建设，吸纳有关方面代表、专业人士、各界群众参与管理，以及文物安全联席会议制度等，就是在体制机制方面的创新与探索；要进一步简政放权，提高效能，充分发挥政府、社会、市场三方面的作用，努力变文物部门“单打独斗”为“社会共治”；进一步完善法规体系，切实增强责任意识、法治意识，优化执法队伍建设，进一步加大执法督察力度，全面提升依法行政、依法管理的能力和水平。

党的十八大以来，习近平总书记站在实现中华民族伟大复兴中国梦的战略高度，在国际国内不同场合就传承中华优秀传统文化、加强文物保护发表了一系列重要论述，多次作出重要指示批示，这些重要论述和指示批示上下贯通、一脉相承，全面系统阐述了中华优秀传统文化在建设社会主义核心价值观、促进当代社会发展中的历史使命和时代价值；全面系统阐述了文物保护的正确理念，以及文物保护与新型城镇化建设的关系；全面系统阐述了文物在文化交流、文明互鉴中的传播规律。这些系列重要论述是关于文化遗产的最新理论成果，是对中国特色社会主义理论的丰富和发展，既管发展大局之“总”，又管实际工作之“用”，有着鲜明的目标导向、战略导向和问题导向。我们一定要原原本本地学，深刻把握习近平总书记系列重要论述的科学内涵和精神实质，用总书记的系列重要论述武装头脑、指导实践、推动发展。一定要坚持理论联系实际，以习近平总书记系列重要论述为指引，用科学的思想方法和工作方法，破解发展中的难题、前进中的障碍。以上是我个人学习的初步体会，与大家一起交流。

深入学习贯彻习近平总书记重要指示、李克强总理重要批示和全国文物工作会议精神，是当前和今后一个时期全国文物系统的首要任务，今天的学习座谈仅仅是一个开始，还需要持续学、深入学，学以致用，持之以恒贯彻落实。下面，我代表国家文物局就文物系统如何学习贯彻，以及做好“十三五”时期和今年的重点工作讲几点意见。

一、关于习近平总书记重要指示、李克强总理重要批示和全国文物工作会议精神的学习贯彻

第一，精心组织学习传达，准确把握精神要义。习近平总书记重要指示、李克强总理重要批示，我们将按照有关要求组织学习贯彻。刘延东副总理的重要讲话已印发大家，希望各省文物部门会后尽快组织学习贯彻。一方面，要向省、市、自治区党政主要负责同志和分管领导进行专题汇报，提出本省本部门贯彻落实的具体要求和措施。另一方面，要精心组织，做好本系统干部职工的学习贯彻，尽快将总书记重要指示、总理重要批示和全国文物会议精神传达到每一个基层文物部门、文博单位。要通过中心组学习、辅导培训、专题研讨等多种形式将学习引向深入，深刻领会总书记重要指示、总理重要批示和全国文物工作会议的核心要义，入脑入心，切实将思想和行动统一到党中央国务院的决策部署上来。

第二，深化细化分工，狠抓责任落实。各地文物部门要以学习贯彻总书记重要指示和总理重要批示为统领，针对全国文物工作会议精神和国务院《指导意见》提出的任务要求，细化分工，细化责任，制定明确的分工方案、实施计划，确保每一项任务、每一个要求、每一项举措都落到实处。对中央领导作出明确批示的，会议和文件有明确要求的，社会关注度高的热点难点问题，主要领导、部门领导一定要抓在手上，一抓到底，抓出成效。国家文物局要率先垂范，在宏观指导上发挥中枢作用，在政策落实上发挥引领作用。同时，加强与相关部委的协调配合，加强对地方文物部门的指导，加快推动重大政策、重大举措出台。

第三，坚持问题导向，抓重点、抓关键。要按照总书记重要指示、总理重要批示要求和会议精神，集中力量、集中智慧，切实解决影响文物事业发展的突出问题、重点难点问题。要树立责任意识、担当意识，对诸如法人违法、低级别文物消失加快等突出问题，对如何让文物活起来、加快文博创意产品开发、支持民间合法收藏文物等热点难点问题，以及完善法规体系建设，加强政策和制度设计等，要重点研究、重点突破。要敢于面对问题，知难而进，敢闯敢干，我们鼓励各地在法律的框架下先行先试，开展改革，进行示范。

第四，强化宣传，努力营造良好氛围。要迅速掀起深入学习贯彻的热潮，充分发挥舆论的先导作用、主旋律作用，要积极组织人民日报、新华社、中央电视台、光明日报等中央主流媒体，集中开展习近平总书记重要指示、李克强总理重要批示和全国文物工作会议精神的宣传报道，促进各级党委政府和全社会更加重视文物工作。要充分发挥传统媒体和新兴媒体的作用，扩大覆盖面，多渠道、多形式向政府部门、有关单位、社会组织和人民群众进行广泛、深入、持久的宣传，努力营造全社会关心、支持、参与文物事业的良好氛围。

二、关于“十三五”时期文物事业发展的主要任务

根据国务院部署，国家文物局组织编制了《国家文物事业发展“十三五”规划（草案）》，已经印发大家，进一步征求意见。

国家文物局对“十三五”规划的编制高度重视，整个编制过程，一是认真总结“十二五”时期我国文物事业发展的成果和经验，深刻分析新时期文物工作面临的机遇和挑战，习近平总书记重要指示、李克强总理重要批示以及刘延东副总理的重要讲话，对“十二五”时期文物工作取得的成绩给予了充分肯定，这对我们编制好“十三五”规划是极大的鼓舞；二是坚持远近结合，突出重点，既以五年为主，凝练提出一系列重大项目、重大工程和重大措施，又充分考虑更长时期的远景发展，注意上下贯通；三是坚持问题导向，着力在解决影响文物事业发展的突出问题、关键环节上提出举措，在夯实基础、补齐短板上寻找办法；四是坚持政策的系统性、连续性，注意行业规划和国家整体规划的相互衔接，部门规划和专项规划的相互衔接，充分吸纳、听取地方和基层意见。

规划草案分为8章。一是在指导思想、主要发展目标上，紧紧围绕全面建成小康社会目标，对接国务院《指导意见》要求，既注重在宏观上的顶层设计，又注重微观上的区域差异和可操作性。二是在整体布局上，既突出世界文化遗产、文物保护单位的保护，又强调对一般不可移动文物的保护；既突出抢救性保护，又强调预防性保护。同时凸显博物馆建设、文物合理利用、现代科学技术和法治建设，将其独立成章。三是在重大项目、重大工程、重大措施的凝练上，与党中央国务院决策部署相承接，提出了5个重大项目、27个重大工程、6项重大举措。特别是国家记忆行动计划、“互联网+中华文明”行动计划、长城保护、“一带一路”文化遗产长廊建设、中华优秀传统文化传承展示体验区建设等重大项目均被列入国家规划，这是前所未有的。文物登录制度、文物保护补偿制度、文物保护社会公益基金、文物督察、文物保护责任追究等重大措施被写入国务院《指导意见》，为规划的实施提供了有力保障。“十三五”规划编制过程中多次征求相关部门、地方文物部门和基层单位意见，可以说凝聚了全国文物系统的智慧，在此对大家的付出表示衷心感谢！

“十三五”规划的落实关系着文物事业的未来，关系着各地的发展，关系着全面小康目标的实现。各级文物部门要牢固树立政治意识、大局意识、核心意识、看齐意识，始终把文物工作作为文化建设的重要组成部分，作为推动经济社会发展的重要力量，放在国家大局、国家战略中来认识、来把握、来推进。今年两会上，李克强总理特别提到供给侧结构性改革，要求在适度扩大总量的同时，突出抓好供给侧结构性改革，减少无效和低端供给，扩大有效和中高端供给，增加公共产品和公共服务供给。供给侧结构性改革显然涉及文物系统，公共产品供给我们有，公共服务供给我们有，政策供给我们有。要进一步提高素质能力和依法管理水平，深化改革，简政放权，提升服务，充分调动政府、社会、市场三方面的力量，真正使文物保护成为全社会的自觉行动。要创新模式、加强协作。“十三五”规划中的许多重大项目、重点工程、重大政策都是跨部门、跨行业、跨区域的，必须在管理模式上有所创新，在资金、技术、人才管理上增强协同，主动适应市场经济要求、国际合作要求。要进一步完善“十三五”规划内容，要将习近平总书记重要指示、李克强总理重要批示和刘延东副总理重要讲话精神、国务院《指导意见》和全国文物工作会议精神贯穿到“十三五”规划内容之中，围绕习近平总书记提出的“努力走出一条符合国情的文物保护利用之路”，把加强制度建设、健全政策措施放在突出位置，切实转化成重大项目、重大工程和重大举措，做到有响应、有承接、有落实。同时要通过《中国文物志》的编纂，记述好党中央国务院对文物工作的高度重视，记述好中华人民共和国成立以来特别是改革开放以来文物事业的发展和取得的成就。

三、关于2016年的重点任务

国家文物局2016年工作要点已经印发，各地也作出了部署。这里我再强调一下今年要重点抓好的几项工作。

一要狠抓国务院《指导意见》的贯彻落实。国家文物局机关和各地文物部门要在学好文件的基础上，结合本单位的职责要求，建台账、领任务、抓落实。国家文物局已进行了梳理和分工，随后还将会同相关部门研究具体政策和事项的落实，各地也要不等不靠，主动作为，狠抓贯彻落实。

二要全面完成第一次全国可移动文物普查。可移动文物普查是国务院组织开展的一项重大国情国力调查，按照预定计划今年必须完成。各地要高度重视，加快进度，保证质量，重点推进登录进度较慢地区和文物藏品数量较大的省级博物馆、考古所等单位的普查登录工作。8月底前要全面完成普查登录任务，10月底前要全面完成对普查数据的审核。可移动文物普查办要做好收藏单位名录编制、文物资源目录公布、普查数据利用、普查成果宣传等相关工作，加大组织力度，积极筹备召开总结大会。

三要扎实推进文物保护重点工程。要围绕建党95周年和红军长征胜利80周年，重点实施一批革命文物保护利用工程，红军长征文物调查和保护展示工程。完成省级长城保护规划编制，启动一批长城修缮、抢险加固和保护设施建设项目。完成第一批51个国保省保集中成片传统村落保护利用项目，推进第二批100个项目，启动第三批项目，建设浙江松阳传统村落保护利用试验区。加快推进川渝石窟等重大文物保护工程。全力推进海上丝绸之路申遗工作，加强国内海上丝绸之路申遗城市的协作联动，深化海上丝绸之路申遗技术路线研究。

四要切实提高文物资源利用效率，大力开发文博创意产品。加快建立文物藏品共享机制，积极探索通过博物馆联盟、总分馆制、对口帮扶、借展巡展等方式，推出更多主题鲜明、感染力强的原创性精品展览，盘活博物馆藏品存量，提高展示利用率。4月8日，刘延东副总理主持召开了促进文化文物单位文创产品开发的专题会议，就落实国务院《指导意见》，加大文博衍生产品开发，扩大文化消费提出了明确要求，各地文物部门务必要高度重视，尽快研究出台支持企事业单位、博物馆开发文创产品的优惠政策和激励机制，力争年内在文创产品开发、文化消费供给方面有所突破，拓展文物资源的利用方式。

五要严格文物执法督察，集中开展几个专项行动。要发挥全国文物安全工作部际联席会议作用，召开第四次会议。集中力量组织开展一次“文物法人违法案件三年整治专项行动”，切实加大法人违法案件查处力度，集中曝光一批典型案件，约谈一批负有领导责任和管理责任的主要领导。开展一次长城执法专项督察，督促各地进一步落实长城“四有”工作，落实长城保护员和保护责任，切实扭转长城保护的被动局面。

六要以中央巡视组巡视国家文物局为契机，狠抓作风建设。当前，全党上下正在深入开展“两学一做”学习教育。“两学一做”既是坚定理想信念、加强党性修养的思想指南，也是改进工作、促进落实的行动遵循。要按照“两学一做”要求，进一步增强政治意识、大局意识、核心意识、看齐意识，时刻绷紧政治纪律和政治规矩这根弦。中央巡视组正在巡视国家文物局，并且已经指出了我局在党的建设、选人用人、工作制度、工作作风等方面存在的一些问题，我们将根据巡视组反馈的意见和要求，进一步加强党的思想建设、组织建设、作风建设、反腐倡廉建设和制度建设，对发现的问题要立行立改、即知即改。要坚持面向基层、面向文物工作的热点和难点，切实解决基层和群众反映强烈的问题，加强行业道德建设，用我们的良好作风、模范行为推动各项工作落到实处。

对各省学习贯彻习近平总书记重要指示、李克强总理重要批示和全国文物工作会议精神，落实国务院《指导意见》情况，以及上述重点工作，国家文物局将于年中和年底专门组织督促检查，通报进展情况，上报国务院。希望各地高度重视，一定要从讲政治、讲大局的角度看待我们的工作，面对我们的责任，一定要在落实、落细、落小上下功夫，勇敢担当、努力作为。

同志们，为者常成，行者常至。目标已经明确，任务已经明晰，关键在于落实。让我们以良好的精神风貌、坚实的工作作风携手努力、共同奋斗，为实现“十三五”文物事业发展良好开局，走出一条符合国情的文物保护利用之路贡献智慧和力量。

国家文物局局长刘玉珠在2016年度全国省级普查办主任工作会议上的讲话

（2016年4月14日）

在全国文物工作会议胜利闭幕之际，我们召开第一次全国可移动文物普查2016年度全国省级普查办主任会议，贯彻落实国务院对文物工作的要求，总结交流普查组织实施情况，部署普查收官之战。今年是“十三五”开局之年，《国务院关于进一步加强文物工作的指导意见》明确提出要“建立国家文物资源总目录和数据资源库，全面掌握文物保存状况和保护需求，实现文物资源动态管理，推进信息资源社会共享”。刚刚结束的全国文物工作会议和贯彻落实全国文物工作会议精神座谈会，也将完成普查作为2016年重点工作予以部署。下面，我代表国家文物局主要讲三点意见。

一、第一次全国可移动文物普查是全国文物系统认真贯彻党中央、国务院对文物工作要求的一次具体行动

（一）这次普查是落实《文物保护法》要求，加强文物保护管理的重要基础性工程

国有可移动文物是重要的国有资产和文化财富，《文物保护法》《博物馆条例》等法律法规对加强文物藏品建档备案，完善藏品管理机制都作出明确规定。这次普查是在第三次全国文物普查基本摸清我国不可移动文物家底的基础上，由刘延东副总理亲自提出并担任普查领导小组组长，由国务院组织领导，15个部委参加，各级人民政府按照属地管理原则组织实施，覆盖全部国有单位的为期5年的国家调查项目。体现了国务院对我国可移动文物保护工作的高度重视和全面加强文物工作的重要决心。

普查成为促进各级文物部门和收藏单位管理能力及水平建设的重要契机。博物馆等单位藏品管理标准化、数字化水平大幅提升，文物保管基础薄弱的考古所、文物商店和文保中心等全面清点文物、建立基础档案和账目，规范藏品管理制度，各地结合普查工作和研究需要开展专项调查。截至目前，全国已登录4848万件（合1800万件／套）文物藏品信息，上传电子照片4168万张，数据存储量超过11万GB。

（二）第一次全国可移动文物普查是促进带动整体工作，有效提升文物工作影响力的重要举措

在国务院统一部署下，普查协调机制有效发挥，中央单位和部门发挥行业主管部门指导作用，主动加强与国家文物局沟通联系，共同推进普查工作，健全文物登记管理制度。文物普查与古籍普查、国家记忆遗产名录建设、美术馆藏品普查等工作对接顺利。文物部门主导，各行业、系统积极参与文物保护工作机制初步形成并逐步发挥作用。普查工作成为带动各级政府重视和加强文物工作的重要抓手。

（三）第一次全国可移动文物普查是在文物领域解放思想、改革创新，不断开拓工作

新局面的重要实践

本次普查有效拓展了文物工作领域和范围。普查将调查对象从文博机构扩展至党政机关、事业单位、国有企业、军队四大类全部国有单位。文物系统外的国有单位首次按照国家文物藏品管理要求，集中整理登记几十年来未系统清点的文物、建立藏品账目及档案，全国新发现的文物和新登记的单位数量均大幅增长。本次普查按照“统一平台、联网直报”的技术路线实施，“大数据”“云计算”“互联网+”等现代信息技术在文物工作中得到融合应用，文物信息化工作大幅推进。

普查强调资源调查、管理与利用并重，建立庞大的志愿者队伍和社会发动机制。自普查启动以来，全国各级财政累计投入6亿余元，建立了3万人的普查员队伍，共调查各类国有单位102万家，其中有1.53万家国有单位收藏有文物，覆盖国民经济全部19个行业和领域，国家文物资源调查、认定、登记和管理、利用机制逐步确立，一大批有价值的文物得到发现和认定，纳入国家文物保护管理体系。普查评估检查和质量控制体系有效建立。全国统一的文物藏品电子档案系统和“文物身份证”管理体系初步成型。

二、第一次全国可移动文物普查工作已取得重要阶段性成果，但是全面完成普查任务还有一定距离

当前，普查进入冲刺阶段，各地积极采取措施，文物登录数量稳步增长，但还存在以下问题：

（一）全国登录进展不平衡，部分地区进展缓慢

从整体看，普查实施进度差异较大。从数量上来看，北京、山东、湖北、内蒙古等省（区、市）登录文物数量超过100万件／套，上海等六省（区、市）登录文物数量不足15万件／套。从完成情况来看，11省（区、市）基本完成普查任务，而北京、河南、陕西等传统文物大省还有数量庞大的文物藏品未登录，部分省份进度不足30%。当前注册的1.17万家单位中，有9161家完成登录，仍有2000余家单位未完成。一些大型省级博物馆登录进度不足15%。文物大省和大型收藏单位普查工作难度远超预期，尽管政府高度重视、文物部门不遗余力推进，但由于文物藏品量巨大，登录进度仍偏低。普查结束在即，进展缓慢的地区和单位要全力以赴，一定要在规定时间完成任务，不能因一省一地拖了全国的后腿。

（二）文物登录制度建设尚未完成，文博单位资源管理能力亟待加强

建立文物登录制度，规范文物认定和登录行为，是文物工作的重要制度创新，也是文物博物馆事业发展“十三五”的重要目标。文物登录制度的核心是加强文物资源管理，这是文物部门重要的政府职能和政策制定的基础，也是当前文物工作的薄弱环节。一是作为登录基础的文物认定机制和标准尚未广泛建立，长效机制有待健全。二是承担文物登录的职能机构缺失，工作体系尚未建立。三是文物资源管理对文物工作的支撑作用尚未有效发挥。新发现文物的保护措施未能及时跟上，文物资源数据库对文物保护修复、展览展示、社会教育等相关政策制定提供的统计数据还不够，需进一步整合资源管理、登记和利用的各个环节，提升管理水平和效率。

（三）资源开发与服务社会的步伐亟须加快

文博单位藏品信息是重要的公共资源，符合开放条件的应向社会开放，保障公众了解、研究和使用的权益。对于用于商业开发的，将健全完善数据安全和保障措施，保障收藏单位合法利益。本次普查制定了向社会公开100万件／套具有研究展示价值的数据的目标，但是现有已登录数据，绝大部分尚未完成省级终审，无法达到展示要求，需加快审核

进度。近期，国务院部署了一系列促进文化消费、加强文博创意产品开发的措施，就是要求更好发挥文物资源在传播文化、服务社会经济发展方面的积极作用。但是我们的观念、配套制度和开发手段还没有跟上，如何用好用活这些资源，真正让文物活起来，需要进一步研究。中共中央总书记习近平提出“让文物活起来”，这不仅是一个号召，更是文物主管部门的实际行动。文物系统要转变观念，利用文物资源开发创意产品，提高国民素质，增加民族自豪感，传播优秀文化，弘扬社会主义价值观，扩大中华文化影响力。

三、全面完成普查任务，建立文物登录制度，是健全国家文物资源管理利用体系的总体要求

“行百里者半九十”，2016年只剩半年多时间，时间紧，任务重，需要各级普查机构和收藏单位真抓实干、团结协作、扎实推进各项工作。

（一）加强保障措施，大力推进工作进度，圆满完成普查任务

各级普查机构和收藏单位要继续高度重视普查工作，将普查作为年度重点工作来抓，加强经费、人员和技术保障，抓紧推进普查登录和数据审核工作，在今年8月底前完成登录审核工作，在10月底前完成普查验收总结工作。达到注册1.2万个收藏单位，登录5000万件藏品的目标，保障普查数据质量总体良好，优秀率在75%以上，差错率在0.5%以下。国家文物局将积极争取相关部门同意，对全国普查工作优秀单位和个人进行表彰。在年底前提请国务院召开普查总结会议，公布普查工作报告。

（二）健全文物资源管理体系，建立国家文物登录制度

各级文物部门要加强文物登录机构和职能建设，建立健全文物资源调查、认定、登记、公布和动态监管机制。国家文物局要在现有基础上组建“国家文物登录中心”，结合国家“文物身份证”制度建设，有效管理、统计、研究和公布全国文物资源，提升文物资源管理和社会服务能力。要做好文物登录制度设计和总体谋划，一是登录体系应当涵盖文物调查、认定、登记、管理和利用的全过程；二是登录机制要有专门的实体支撑，明确各级文物部门、登录机构和收藏单位职责，建立上下协调、运转有序的组织体系；三是登录范围既包含可移动文物，也要包含不可移动文物，要从国有文物，逐步推开到非国有文物。在实施阶段上，要考虑到实际情况，以可移动文物的登录作为基础，逐步推进。

（三）巩固普查成果，加大文物保护力度

本次普查成果丰富，要在普查实施中不断开拓新局面，更要加强对已有成果的管理。加大对新登记收藏单位的指导和支持，帮助其改善保存环境和技术，建立完善藏品管理制度。对于普查中新认定和登记的文物开展保护工作，对于符合条件的，积极纳入国家珍贵文物和出土文物保护修复项目。在普查领导小组联络会议基础上，继续加大与有关部门的联系，完善文物工作联络和综合管理机制，加强行业和系统可移动文物资源的共享与管理，建立多方参与的国家文物工作体系。

（四）积极推进“互联网+中华文明”行动计划，促进文物信息资源共享

第三次全国文物普查、第一次全国可移动文物普查登记的文物信息数据，是优质的文化资源，现有数据存储量已经达到“TB”级别，国家“文物大数据”体系初步构建。各级文物部门和收藏单位，要进一步加强和完善资源数据库建设，促进信息资源共享和利用。要在现有普查登录平台基础上，尽快启用综合管理和社会服务系统，将100万件具有研究、展示价值的文物藏品信息向社会公众开放，并逐步扩大信息开放规模，同时积极推动在具备条件的国家大型综合博物馆建立全国可移动文物资源数字展示和服务中心。鼓励各收藏

单位利用普查数字化成果，开展智慧博物馆建设。

要配合“互联网+中华文明”行动计划的实施，开展精品文物数字产品和精品展览数字产品推广项目，通过观念创新、技术创新和模式创新，将文物的资源优势转化为文化优势，加强文博行业与教育、文创、动漫／游戏、工业设计、旅游等领域的跨界融合。充分利用互联网等创新成果，组织、引导和鼓励社会优质资源，深入挖掘文物资源蕴含的历史文化价值和时代精神，进行创作、创造、创新，以动漫、游戏、虚拟现实、素材再造等形式，为社会大众特别是中小学生生产形式新颖、内容丰富、方便快捷的公共文化产品，讲好中国故事、传播好中国声音、诠释好中国特色。文物部门要有责任感、使命感，在我国文物资源利用上有所作为，扩大中华文化在全世界的影响力，促进中华五千年文明和世界其他文明相互沟通融合。在扩大中华文化的影响力方面，除了展览推介，更重要的形式是市场，要通过市场把优秀的文物资源传递到全世界。

（五）加强文物资源整合开发，提升利用效率，发挥文物资源效益

各单位应加强藏品资源整合和利用，建立藏品共享和有偿交流机制，推动考古研究机构的文物移交工作，促进各收藏单位通过各种形式的馆际交流，推出一批精品展览。大力开展优秀文化遗产和展览进基层。研发一批文物精品课程和示范活动，建立文物教育资源库和项目库，保障公众基本文化权益，实现藏品资源社会价值和社会效益最大化。

推动收藏单位深入挖掘文化资源的价值内涵和文化元素，开发艺术性和实用性统一的文化创意产品和兼具文化内涵、科技含量、实用价值的数字创意产品。加强资源开放，鼓励收藏单位与社会力量深度合作，促进资源、创意、市场共享。

国家文物局局长刘玉珠在2016年全国文物局长座谈会上的讲话

（2016年7月28日）

今天，我们在西藏拉萨召开全国文物局长座谈会。这次会议的主题是深入学习贯彻习近平总书记、李克强总理关于文物工作重要指示批示精神，深入贯彻落实国务院《指导意见》和全国文物工作会议精神，总结工作，分析形势。希望大家聚焦问题，活跃思维，凝聚共识，共同努力，推动文物工作再上新台阶。

下面，我讲几点意见。

一、关于“十二五”时期文物工作回顾

“十二五”时期特别是党的十八大以来，在党中央、国务院的坚强领导下，在各地党委政府、各有关部门和社会各界的大力支持下，全国文物系统紧紧围绕“五位一体”总体布局和“四个全面”战略布局，坚持稳中求进工作总基调，统筹推进，砥砺前行，文物工作取得新成效，文物事业取得新进步。

（一）全社会对文物保护重要性的共识初步形成，对文物工作的支持力度持续增强

党中央、国务院高度重视文物工作。习近平总书记就加强文物保护和传承中华优秀传统文化发表系列重要论述、作出系列重要指示，为推动新时期文物事业发展指明了方向、提供了遵循。国务院出台法规、制定政策、编制规划、部署工作，发挥了领导作用。各级党委、政府特别是领导干部对文物价值作用的认知显著提高，依法保护文物的意识明显增强，落实保护责任。各级财政文物保护投入稳步增长，全国一般公共预算文物支出五年累计1404亿元，年均增长16.5%；其中中央财政文物支出五年累计607亿元，年均增长17.1%。全国人大常委会首次开展《文物保护法》全国性执法检查，各级人大强化执法监督，人民政协开展专题调研。外交、发改、财政、公安、工商、海关、住建、国土、环保、旅游、宗教、海洋部门和其他有关国家机关依法履行所承担的文物保护职责，共同维护文物管理秩序。社会力量参与文物保护的渠道不断拓宽，社会各界向国家自愿捐赠文物、捐资修缮文物的热情不断高涨，文物保护志愿者、社会组织和民间文物收藏队伍稳步壮大。可以说，政府主导、部门协作、社会参与的保护格局正在形成。

（二）文物保护力度明显加大，文物保存状况显著改善

第三次全国文物普查圆满完成，第一次全国可移动文物普查全面推进，文物家底基本摸清。一大批文物保护重点工程相继竣工，国保单位保存状况良好，省级、市县级文保单位保存状况大为改善，尚未核定公布为文保单位的不可移动文物保护得到加强。革命文物保护初见成效，灾后文物抢救工作赢得点赞。大遗址保护有力推进，水下考古实现突破，中国世界文化遗产申报连获成功。馆藏文物展示保存条件全面跃升，可移动文物修复取得

新进展，博物馆藏品预防性保护迈出新步伐。可以说，文物保护正在实现“两个转变”，即文物保护对象由注重国保、馆藏珍贵文物保护向文保单位与尚未核定公布为文保单位的不可移动文物、馆藏珍贵文物与一般文物全覆盖转变，文物保护理念由注重抢救性保护向抢救性与预防性保护并重转变。

（三）多措并举让文物活起来，文物价值不断彰显

博物馆免费开放不断深化，公共服务覆盖面持续扩大，社会教育作用日益发挥。加强主题策划，推介一批传承优秀传统文化、培育社会主义核心价值观、弘扬抗战精神的精品展览，故宫石渠宝笈、南昌汉代海昏侯国文物展览和数字敦煌、公众考古受到普通百姓特别是中小学生的青睐。加强文教结合，组织15个省区市的博物馆开展完善青少年教育功能试点，搭建中小学生社会实践平台。文物工作服务经济社会发展的能力进一步增强，文物工作助推新型城镇化和美丽乡村建设的潜力进一步释放。文博创意产品开发受到重视，文物旅游发展方兴未艾。文物对外交流合作成为中外人文交流“金名片”，文物保护援外工程成为文物外交“新亮点”。可以说，文物利用的广度和深度进一步拓展，文物工作与经济社会发展的融合进一步增强。

（四）文物法律制度体系日益完善，文物保护管理能力全面提升

以《文物保护法》为核心的文物法律制度体系基本形成；文物保护标准框架初步形成。完成国务院行政审批制度改革的阶段性任务，推进文物保护工程项目审批改革。文物执法督察力度逐步加大，文物安全形势大为好转。文物保护科技支撑能力稳步提升，一批文物保护共性关键技术形成系统解决方案，先进适用技术应用渐成规模。文博人才队伍渐趋优化，整体素质明显提高。发布《全国文博人才发展中长期规划纲要》；实施全国文博人才培养“金鼎工程”。流失文物追索返还取得新成果；与我国签署关于防止盗窃、盗掘和非法进出境文化财产双边协定的国家达到19个；五年累计成功追索返还文物达到100余件。可以说，能力建设进中有为，管理水平稳中有进，文物治理体系和治理能力现代化进一步推进。

五年来，我们思想统一，目标明确，工作扎实，文物工作取得了显著成就。到2015年，全国不可移动文物76.67余万处，较2010年同比增长92%；国保单位4296处，同比增长83%；文物藏品4139万件／套，同比增长45%；全国博物馆4692个，同比增长55%；文物机构8676个，同比增长46%；从业人员14.6万人，同比增长43%。这五年是我国文物资源内涵扩大、总量倍增的时期，是我国文物保存状况显著改善、文物价值日趋彰显的时期，是我国文物工作地位全面提升、文物事业快速发展的时期。我们能取得这样的成绩，靠的是中央的正确领导，靠的是全社会的大力支持，靠的是全体文物工作者的辛勤奋斗。

五年来的实践，进一步加深了我们对资源禀赋、工作特点、保护规律、利用实践的认识，在始终坚持文物工作方针的基础上积累了不少的经验。归结起来，就是“六个坚持”：一是坚持服务大局，统筹协调文物保护与经济社会发展；二是坚持从基本国情出发，立足文物资源实际状况；三是坚持保护第一，在保护中发展，在发展中保护；四是坚持保用结合，让文物活起来；五是坚持依法行政，提高素质能力和管理水平；六是坚持发挥党委总揽全局、政府主导、社会参与的制度优势，形成共建共享的文物工作新格局。这些深刻认识和基本经验来之不易、弥足珍贵，我们要一以贯之、继续前进，并在实践中不断丰富发展。

二、关于2016年上半年的主要工作

3月23日，习近平总书记对文物工作作出重要指示，强调要树立保护文物也是政绩的

科学理念，统筹好文物保护与经济社会发展，切实加大文物保护力度，推进文物合理适度利用，努力走出一条符合国情的文物保护利用之路。4月1日，李克强总理作出重要批示，强调要坚持统筹规划、保护为主、保用结合，充分发挥文物的公共文化服务和社会教育功能，努力形成全社会参与文物保护的新格局，让宝贵遗产世代传承、焕发新的光彩。总书记、总理的重要指示批示，充分肯定了我国文物工作取得的巨大成绩，深刻分析了当前文物工作面临的形势任务。总书记、总理的重要指示批示，在文物工作历史上是前所未有的，体现了对文物工作的高度重视、对保护规律的深刻把握、对文物工作者的亲切关怀，是做好新时期文物工作的行动指南。

2016年是全面建成小康社会决胜阶段的起步之年，也是全面实施“十三五”规划的开局之年。今年上半年，我们以贯彻落实总书记、总理关于文物工作重要指示批示精神为统领，突出前瞻谋划，强化政策保障，各项工作形成整体推进、重点突破的良好态势。

（一）统筹谋划文物工作

概括起来，就是切实抓好事关全局的三件大事：一是贯彻落实习近平总书记等中央领导同志重要批示精神，经过历时一年的文件起草工作，3月4日国务院印发《关于进一步加强文物工作的指导意见》（国发〔2016〕17号）。这是国务院全面部署“十三五”时期文物工作的指导性文件。国家文物局制定了《指导意见》重点任务分工方案并督促落实，甘肃、重庆、湖北等省政府及时印发了关于进一步加强文物工作的实施意见。二是4月12日国务院召开全国文物工作会议，刘延东副总理出席会议并作重要讲话，传达习近平总书记、李克强总理重要指示批示，总结成绩，分析形势，全面部署新时期文物工作。各地党委政府高度重视，及时传达学习，提出贯彻落实要求。江西、贵州等省委常委会开展专题学习，山东、西藏、湖北等省政府常务会议专题研究文物工作，湖南、福建、山西、青海等省领导赴文博单位专题调研，研究解决文物工作的实际问题。三是贯彻落实十八届五中全会精神，近期将发布实施《国家文物事业发展“十三五”规划》。

（二）部署实施文物保护重点工程

贯彻落实习近平总书记关于长城保护重要指示精神，编制“十三五”时期长城保护工程总体方案，实施一批长城保护重点工程，印发《长城执法巡查办法》《长城保护员管理办法》，举办长城保护管理培训班，向3436名长城保护员颁发工作证书和巡查制服。召开京津冀文物保护协调推进会，开展京张铁路整体保护利用示范项目和河北张家口堡文物保护工程，成立京津冀文物执法协作体。启动川渝石窟保护工程和万里茶路文物资源保护研究。推进国保省保集中成片传统村落整体保护利用项目，指导中国文物保护基金会实施“拯救老屋”行动计划，建设浙江松阳传统村落保护利用试验区。广西左江花山岩画艺术文化景观成功申遗，中国世界遗产总数达到50项。推进海上丝绸之路文物保护和申遗工作，遴选首批海丝申遗文物点，召开海丝联合申遗城市联席工作会议，组建海丝保护和申遗中国城市联盟，举办海丝国际学术研讨会。组织实施123项保护修复项目，抢救性修复8000余件馆藏文物。

（三）大力促进文物单位文创产品开发

5月11日，国办转发文化部、国家发展改革委、财政部、国家文物局《关于推动文化文物单位文化创意产品开发的若干意见》（国办发〔2016〕36号），这是国务院对文物单位文化创意产品开发进行专题部署的首个规范性文件。刘延东副总理主持召开支持促进文化文物单位文化创意产品开发座谈会，国家文物局制定贯彻落实《若干意见》实施方案，召开全国文博单位文化创意产品开发工作推进会，举办“让文物活起来——全国文博单位文化创意产品联展”，启动“互联网+中华文明”行动计划2016年度项目申报。

（四）扎实推进文物领域“放管服”改革

取消考古发掘领队资格、文物进出境责任鉴定员两项职业资格许可事项；取消馆藏文物拍摄许可，文物保护单位拍摄许可，制作考古发掘现场专题类、直播类节目审批三项中央指定地方实施文物行政许可事项；清理废止一批规范性文件；所有文物行政审批事项按法定时限做到零超时。继续深化文物保护工程项目审批改革，优化审批流程，简化审批手续，加强事中事后监管。发布《国有博物馆章程范本》，推进博物馆理事会建设试点。

（五）切实加强文物执法和安全监管

部署文物法人违法三年整治行动，严肃查处法人违法案件。参加国务院消防工作考核，将文物消防安全纳入国务院2015年度省级政府消防工作考核体系，文物消防安全作为必考指标并计入13分值。对南京、长沙两市20个县区不可移动文物实施整体监测。公布2014～2015年文物行政执法十大指导性案例。与公安部召开全国打击和防范文物犯罪工作研讨会议。创新文物安全案件督办手段，约谈河北唐山市、遵化市和重庆市南岸区、渝中区政府负责人。

（六）有序开展文物对外交流工作

与沙特阿拉伯签署关于促进文化遗产领域交流与合作的谅解备忘录；与希腊签署水下文化遗产合作谅解备忘录；中国文化遗产研究院与法国远东学院签署科研合作协议。台湾佛光山星云大师捐赠河北幽居寺被盗北齐佛首造像回归大陆并入藏河北博物院。举办两岸唐三彩暨低温釉陶学术研讨会和两岸唐三彩交流展，促成1949年运台文物首次来大陆展出的突破。文物保护援外工程扎实推进，6月22日习近平主席在乌兹别克斯坦塔什干接见了援乌中国文物考古专家团队，雒树刚部长陪同并向习主席介绍了各位专家和援乌情况。

（七）继续实施文博人才培养“金鼎工程”

完成高层次文博行业人才提升计划招录工作和全国文物与博物馆专业学位研究生教育指导委员会换届工作。举办主体培训班22个，参训学员1287人次。文化遗产保护与传承利用科技创新首次列入国家科技创新规划，文化遗产保护利用关键技术研究与示范专项列入国家重点研发计划。举办国际博物馆日中国主会场（内蒙古博物院）活动和文化遗产日主场城市（河北承德）活动。完成《中国文物志》样稿和部分初稿撰写工作。

这里，我简要通报中央专项巡视的相关情况。按照中央统一部署，3月2日至4月30日，中央第六巡视组对国家文物局党组进行了专项巡视。6月2日，中央第六巡视组向国家文物局党组反馈专项巡视情况，巡视中发现的问题主要是党的领导弱化、党的建设缺失、管党治党不力，强调对文物保护项目资金审批和监管中的问题反映较多，存在寻租腐败风险。国家文物局党组高度重视中央巡视组反馈意见，多次召开党组会部署整改工作，成立整改工作领导小组，制定整改方案，提出整改措施。坚持问题导向，细化整改任务，将巡视发现的3个方面10大类问题分解为36个具体问题，制定137项整改措施，建立整改清单、任务清单和责任清单。坚持分类整改，明确整改时限；加强督促检查，落实整改任务。7月21日，国家文物局党组召开巡视整改专题民主生活会。目前，47项初步整改措施全部完成；中长期整改事项正按计划作出安排，继续抓好落实。近期我们将向中央巡视组提交整改报告。

三、关于2016年下半年的重点任务

下半年，我们要继续深入学习贯彻习近平总书记、李克强总理关于文物工作重要指示批示精神，贯彻落实《关于进一步加强文物工作的指导意见》。坚持深化改革，以改革推动发展。认真落实好中央全面深化改革领导小组第二十六次会议精神，开展改革督察，根据文物工作重点，督任务、督进度、督成效，察认识、察责任、察作风，确保完成全年各项目标任务，努力实现“十三五”良好开局。这里，我就下半年重点推进的几项工作再提些要求。

（一）认真贯彻落实中央决策部署

深入贯彻落实总书记、总理重要指示批示和全国文物工作会议精神，深入贯彻落实国发17号文件和国办发36号文件精神，是当前文物工作的重中之重。各地文物部门要继续按照关于学习贯彻总书记、总理重要指示批示和全国文物工作会议精神的通知要求，推动地方政府切实履行文物保护主体责任，推动国发17号文件和国办发36号文件落在实处，重点解决好操作性和执行性问题，出台支持政策和配套措施，努力营造全社会关心、支持、参与文物保护利用的良好氛围，努力开创文物改革发展的新局面。

贯彻国务院深入推进“放管服”改革的要求，落实中央专项巡视反馈意见的整改任务，不断深化文物保护工程项目审批改革。基本思路是强化文物保护工程项目年度计划的导向作用。国家文物局将集中审批项目年度计划，注重工程项目申报的统筹性和计划性；除国家文物局另有要求外，各省文物局负责审批技术方案；为体现审批责权统一，国家文物局不再指定第三方机构进行技术方案审核。各省文物局批准的技术方案和项目预算须报国家文物局备案；国家文物局、财政部根据省文物局批复的技术方案和项目经费申请，按照工作重点，区分轻重缓急，共同研究安排列入年度支持的文物保护工程项目和经费额度。对于抢险性保护项目或不涉及项目经费申请的，各地可按照《文物保护法》有关规定，报国家文物局及时审批。

着力加强作风建设，落实党风廉政建设责任制。切实开展“两学一做”学习教育，以做好中央专项巡视整改工作为契机，强化党的政治纪律和政治规矩，强化廉政风险防控，坚决防止四风反弹，使党员干部在行政勤政过程中自重、自省、自警、自励，自觉依法行政和廉洁从政，努力打造忠诚干净担当的文物工作队伍，推动形成风清气正、干事创业的良好氛围。

（二）如期完成第一次全国可移动文物普查

这次普查是由国务院安排部署的一次重大国情国力调查，希望各地要再鼓干劲，攻坚克难，做到提速度、赶进度、保质量。对普查数据登录任务重或报送进度慢的地市和单位，要加强信息登录力量，打赢数据录入这场硬仗。国家文物局、各省文物局要建立普查数据质量抽查制度，加强一线指导和督促检查，严格把好数据处理、审核关。筹备召开第一次全国可移动文物普查总结会议，公布普查数据，举办普查成果展，开展可移动文物信息服务。

（三）全面加强革命文物保护

保护革命文物事关我们党的执政基础，也是我们的政治责任；中央领导高度关注，社会反响十分热烈。《国家文物局关于加强革命文物工作的通知》已在建党95周年前印发。要开展革命旧址维修保护三年行动计划，实施馆藏革命文物保护修复计划，确保到建党100周年显著改善革命文物的保存状况。各地文物部门要对本辖区革命文物保护情况进行一次全面排查，对存在险情的革命文物，应视轻重缓急制订保护修复计划。国家文物局将对革命文物重点省份在项目立项、规划编制、业务指导和经费保障上予以支持鼓励。要结合红军长征胜利80周年纪念活动，组织实施红军长征遗迹保护展示和环境整治工程，推介一批中国工农红军长征胜利80周年主题展览，有计划地组织大中小学生、党员干部、部队官兵和各界群众到长征文物场所参观学习，充分发挥革命文物的公共服务和社会教育作用。广泛开展红军长征遗迹保护展示成果宣传。

（四）积极拓展文物利用

印发《国家文物局关于促进文物利用的若干意见》。发布“互联网+中华文明”行动三年计划。编制《博物馆经营活动管理办法》；开展博物馆设立经营性企业试点；启动博物馆文化创意产品资源库建设；举办第三届博物馆文化创意产品设计推介活动和第七届全国博物馆相关产品与技术博览会（四川成都）。提升博物馆青少年教育功能，召开博物馆青少年教育工作座谈会；推出一批博物馆教育示范项目；编写博物馆青少年教育工作指南。修订公布非国有博物馆章程示范文本，举办非国有博物馆馆长培训班，出台引导规范民间收藏文物鉴定的指导性文件。

为庆祝中秘建交45周年，在APEC领导人峰会期间举办“天涯若比邻——华夏瑰宝秘鲁行”展览；在中卡文化年赴卡塔尔举办“华夏瑰宝”展；在中国国家博物馆举办“阿拉伯之路——沙特阿拉伯王国的考古与历史”展览，发挥文物外交的独特魅力。举办丝绸之路（敦煌）国际文化博览会丝绸之路文化遗产国际论坛。

（五）精心组织实施“十三五”规划

加强对“十三五”规划的解读宣传，促进文物部门全面学习规划和社会各界准确了解规划。加强规划统筹管理，推动事业规划、专项规划与国家规划、相关部门规划、地方规划的衔接协调，认真落实国家规划和事业规划的统一部署。完善规划实施机制，对规划目标任务要逐项逐级分解、明确责任主体、细化进度要求，落实保障措施。加强对规划实施的组织、协调和督导，形成规划实施合力，把加强制度建设、健全政策措施摆在突出位置，促进重大项目、重大工程和重大政策有序开展、取得实效。专项规划和地方规划要抓紧公布实施。

（六）切实推进其他重点工作

加强基础工作，制定文物认定标准；制定关于加强未定级不可移动文物保护的指导意见；出台未定级不可移动文物保护管理导则；制定国保单位申报标准、办法和第八批国保单位申报方案。在国务院法制办指导下，进一步修改完善《文物保护法》修订草案，进一步研究论证部分重要条款。开好第四次全国文物安全工作部际联席会议；开展长城执法专项督察；与中国海警局联合开展南海海域文化遗产执法巡查。召开全国文物科技工作会议；申报遴选第六批国家文物局重点科研基地；签署《国家文物局上海市人民政府关于共同推进文物保护科技创新战略合作协议书》；研究制订2017～2020年文物保护标准制修订计划。加强文博技能人才培养，编制《文物修复行业人才需求与专业设置指导报告》。

四、关于努力探索符合国情的文物保护利用之路

今年3月，习近平总书记关于文物工作的重要指示，明确要求各级文物部门要不辱使命，守土尽责，提高素质能力和依法管理水平，广泛动员社会力量参与，努力走出一条符合国情的文物保护利用之路，为实现“两个一百年”奋斗目标、实现中华民族伟大复兴的中国梦作出更大贡献。7月1日，总书记在庆祝建党95周年大会上的讲话中，明确指出不忘初心、继续前进，就要坚持“四个自信”；强调文化自信，是更基础、更广泛、更深厚的自信。这是党中央赋予文物工作者的新要求、新任务、新使命，具有重大的现实意义和深远的历史意义。我们一定要全面贯彻、认真落实。

（一）坚持从基本国情出发，立足文物资源的实际状况

新中国成立至今特别是党的十八大以来，我国文物工作扎实推进，保护能力显著提高，文物工作在传承中华优秀传统文化、培育社会主义核心价值观、促进经济社会发展中的重要作用进一步增强，文物事业呈现前所未有的良好态势。与此同时，我国仍处在社会主义初级阶段，全社会对文物价值作用的认知仍有局限，文物工作还存在基础工作薄弱、人员队伍不足、执法力量欠缺等明显短板，还存在文物保护与城乡建设矛盾依然突出、文物安全形势依然严峻等突出问题，文物工作依然任重道远。

努力探索一条符合国情的文物保护利用之路，既要学习借鉴世界发达国家文化遗产保护利用的有益经验，也必须从中国基本国情出发，立足我国文物资源大国、世界文明古国的实际，立足我国经济社会发展的实际，着眼我国文物资源众多、保护任务繁重的实际，着眼我国分级负责、属地管理的实际，把世界文化遗产保护利用的普遍性与中国文物保护利用的特殊性相统一，深化战略研究，加强顶层设计，全面推进文物治理体系和治理能力现代化，为文物事业改革发展提供动力源泉。

（二）坚持把保护作为文物工作的首要任务，在保护中发展，在发展中保护

随着我国综合国力的显著增强，文物保护投入持续递增，基础工作不断夯实，保存状况大幅改善，文物工作的理念准则、方针政策、法律制度、保护体系基本形成。与此同时，与世界文化遗产强国的发展趋势相比，与世界文明古国的应有地位相比，与党和人民的新期待相比，文物保护还存在不小差距。

努力探索一条符合国情的文物保护利用之路，既要全面贯彻“保护为主、抢救第一、合理利用、加强管理”的文物工作方针，也要自觉践行创新、协调、绿色、开放、共享的发展理念，统筹协调文物保护与文物利用、文物保护与城乡建设、文物保护与经济发展、文物保护与民生改善的关系，在保护中发展、在发展中保护。主动服务国家战略，做好“一带一路”、长江经济带和京津冀协同发展中的文物保护，加强新型城镇化和美丽乡村建设中的文物保护，延续历史文脉，记得住乡愁。实施文物登录制度；加强文物保护单位保护规划编制、公布、实施；依法划定文物保护单位保护范围和建设控制地带。发挥重大项目的引领作用，实施一批具有重大影响和示范意义的文物保护重点项目。加强濒危文物抢救保护，开辟绿色通道，保障项目资金。加强考古、大遗址保护、水下文物保护和国家考古遗址公园建设；加强世界文化遗产申报、保护和管理。加强可移动文物保护，实施馆藏文物修复计划和经济社会发展变迁物证征藏工程。重视预防性保护，加强文物日常养护、巡查和监测，改善馆藏文物展示保存条件。实施文物平安工程，全面提升文物保护科技水平和安全防护能力。

（三）坚持合理适度利用，充分发挥文物资源在传承文明、服务社会、促进发展中的作用

深入挖掘文物资源中所蕴含的价值理念、道德规范、治国智慧，溯到源、找到根、寻到魂，找准历史和现实的结合点，让收藏在博物馆里的文物、陈列在广阔大地上的遗产、书写在古籍里的文字都活起来，努力展现中华文化的独特魅力，为传承中华优秀传统文化、弘扬革命文化、建设社会主义先进文化服务，坚定道路自信、理论自信、制度自信、文化自信，是时代赋予文物工作的历史责任和神圣使命。

努力探索一条符合国情的文物保护利用之路，要坚持服务大局，坚持公益属性，始

终把发挥文物资源的社会效益放在首位，切实增强做好文物合理适度利用的主动性、自觉性。加强实践总结和理论探索，进一步健全文物合理适度利用的理论体系、制度体系、标准体系，进一步拓展文物合理适度利用的领域、方式和途径。着力围绕中华优秀传统文化的创造性转化和创新性发展，充分发挥社会教育功能；深入挖掘和创新阐发文物资源中蕴含的讲仁爱、重民本、守诚信、崇正义、尚和合、求大同的时代价值，让历史说话，让文物说话，引领社会文明风尚，使之成为涵养社会主义核心价值观的源头活水；实施中华优秀传统文化传承工程，以物知史，以物见人，增强国家文化软实力，维护国家文化安全，增强做中国人的骨气和底气。着力围绕全面提高公民道德素质，充分发挥公共文化服务功能；不断深化博物馆免费开放，加强革命老区、民族地区、边疆地区、贫困地区博物馆建设，推广智慧博物馆、社区博物馆、流动博物馆，促进博物馆公共文化服务标准化、均等化；推动文物保护单位尽可能对公众开放；提升文物藏品展示利用率，促进馆藏资源、展览共享。着力围绕新型城镇化建设，充分发挥文物资源的文化传承作用；丰富城乡文化内涵，彰显地域文化特色，优化人居环境；打造文物旅游品牌，培育以文物资源为支撑的体验旅游、研学旅行和休闲旅游精品线路；针对传统村落、近现代建筑等不同文物类型，加快探索既管控风险、又充满活力的分类利用模式。着力围绕现代信息技术应用，充分发挥互联网+、大数据、云计算的融合创新功能；大力开发文博创意产品，实施“互联网+中华文明”行动计划，延伸衍生产品链条，开发原创文化产品，培育新型文化业态。

（四）坚持文物对外交流合作，服务“一带一路”战略

文明因交流而多彩，因互鉴而丰富。推进人类各种文明交流交融、互学互鉴，是让世界变得更加美丽、各国人民生活得更加美好的必由之路。文物是不同文明交流互鉴的见证，是中华文明传播发展的桥梁。文物对外交流合作日益融入世界政治、经济、文化生活，成为促进中外人文交流和人民友好交往的“亮丽名片”。

努力探索一条符合国情的文物保护利用之路，要把跨越时空、超越国度、富有永恒魅力、具有当代价值的文化精神弘扬起来，把继承传统优秀文化又弘扬时代精神、立足本国又面向世界的当代中国文化创新成果传播出去，既要坚持立足中国、借鉴国外，积极参与国际文化遗产事务，加强与世界各国的文物交流合作，也要坚持挖掘历史、把握当代，充分展现中国历史底蕴深厚、各民族多元一体、文化多样和谐的文明大国形象，讲好中国故事，传递中国声音，推动中华文化走出去，增强中华文化国际影响力。实施中华文物交流与合作工程，推出一批具有中国内涵、国际表达、创意融合的对外文物展览，扩大文物出展国家和地区，引进一批高水平文物展览来华展出。统筹开展文物援外工程和境外合作考古研究，促进文物领域科技交流，推出一批中国文化遗产保护理论与实践研究成果。建设“一带一路”文化遗产长廊，创建文化遗产国际协调联络机制，巩固丝绸之路跨国联合申遗成果，加快推进海上丝绸之路保护和申遗工作。

（五）坚持依法行政，全面提高文物管理水平

文物法治建设是文物事业改革发展的根本保障，也是我国从文物大国向文物强国迈进的坚强柱石。文物法律制度体系的形成和发展，更好发挥法治在文物管理中的重要作用，使依法保护文物的制度基础更加坚实。与此同时，文物执法力量薄弱、执法能力不强、文物保护配套法规和技术标准不完善日益成为影响和制约文物事业发展的一大瓶颈。

努力探索一条符合国情的文物保护利用之路，全面推进文物法治建设，既要坚持运用法治思维和法治方式深化改革、推动发展，也要坚持依法行政，用法律制度的“刚性”约

束文物管理的“弹性”。着力推进《文物保护法》修订，完善文物保护利用各项配套法规和基础性制度，切实增强文物法律体系的完整性、针对性和可操作性。着力落实《国务院关于进一步加强文物工作的指导意见》，推动建立国家文物登录制度、尚未核定公布为文保单位的不可移动文物保护管理制度，探索文物补偿办法，细化鼓励支持社会力量参与文物保护利用优惠政策，明确文物保护责任终身追究制的具体办法，及时把实践中行之有效的政策措施上升为法律条文，填补法律空白。着力加强能力建设，完善体系、健全机构、建强队伍，切实提高文物部门依法管理和公共服务水平。着力强化层级监督，健全文物执法队伍，加大执法督察力度，推动联合执法、综合执法，严格责任追究；严厉打击文物犯罪活动，有效遏制法人违法、文物火灾事故频发势头，坚守文物安全底线。

（六）发挥党委统揽全局、政府主导、社会参与的制度优势，构建文物保护利用管理新格局

中国共产党领导是中国特色社会主义最本质的特征，是中国特色社会主义制度的最大优势。坚持和完善党的领导，发挥党委统揽全局、协调各方，政府主导、社会参与，集中力量办大事是我国各项事业改革发展的宝贵经验，也是文物事业发展进步的基本经验。文物保护利用和传承发展，离不开党中央、国务院的坚强领导，离不开地方党委、政府的高度重视和全社会的广泛参与。

努力探索一条符合国情的文物保护利用之路，要坚持与时俱进、创新体制机制，教育引导广大干部尤其是领导干部牢固树立保护文物也是政绩的科学理念，督促各级政府切实履行文物保护主体责任，推进文物治理体系和治理能力现代化。加强各级党委对文物工作的组织领导，推动将文物工作纳入领导责任制、纳入各级领导班子和领导干部政绩考核评价体系，切实把文物工作摆上位置、纳入重要议事日程。强化政府主导，切实把文物保护利用纳入城乡规划、纳入财政预算，依法履行文物保护管理责任和监督责任。加强文物工作的统筹协调、部门协作，充分调动政府、社会、市场各方面力量，形成合力、共建共享。拓宽社会力量参与文物保护利用渠道，加快制定鼓励和支持城乡群众自治组织保护管理使用区域内尚未核定公布为文物保护单位的不可移动文物的具体措施；大力推广政府和社会资本合作（PPP）模式，培育文物保护社会组织，发挥文物保护志愿者作用；鼓励民间合法收藏文物，支持非国有博物馆发展。

努力探索符合中国国情的文物保护利用之路，切实做好文物工作，全面提升文物工作在党和国家工作大局中的地位和作用，需要在思想认识和工作方法上下功夫，努力做到解放思想，拓宽视野；积极应对，谋划在前；落实责任，敢于担当；保持定力，务求实效。文物工作中还有许多值得探讨和研究的理论和实践问题，希望同志们认真思考、开展调研、提出建议。

国家文物局局长刘玉珠在全国文物援藏工作会议上的讲话

（2016年7月28日）

今天，我们汇聚雪域高原，召开全国文物援藏工作会议，主要任务是深入贯彻习近平总书记关于西藏工作的新思想新要求，认真落实中央第六次西藏工作座谈会精神和《国务院办公厅关于进一步支持西藏经济社会发展若干政策和重大项目的意见》，认真落实习近平总书记、李克强总理关于文物工作重要指示批示精神，总结成绩，交流经验，分析形势，全面部署“十三五”时期文物对口援藏工作。

刚才，洛桑江村主席发表了热情洋溢的致辞，回顾了“十二五”时期西藏文物工作取得的显著成就，对各援藏省市、文博单位给予西藏文物工作的大力支持和无私援助表示了诚挚的感谢。

北京市文物局、湖南省文物局、中国文化遗产研究院、四川大学进行了交流发言，介绍了各自文物援藏基本情况和下一步工作思路，为同志们取得的成绩和付出的艰辛劳动、勇于担当的精神感到由衷敬佩。江苏省、重庆市、吉林省文物局还要与西藏自治区拉萨市、昌都市、日喀则市文物局签署文物援藏项目协议书。

下面，我讲几点意见。

一、“十二五”时期文物对口援藏工作的主要成绩

党中央、国务院高度重视西藏文物工作。党的十八大以来，习近平总书记就做好西藏工作、对口援藏工作、加强文物保护发表了系列重要论述，为新时期文物援藏工作指明了方向。国务院制定倾斜政策、编制保护规划、设立专项资金、部署相关工作，提出明确要求。五年来，国家文物局和承担对口援藏任务的17个省市文物部门和相关单位，坚决贯彻党中央、国务院决策部署，把支持西藏文物事业发展作为一项重大政治任务，从政策、人力、物力、技术等方面全面开展对口支援工作。西藏自治区党委、政府将区文物局独立设置、设立党组、增设机构、增加编制，主要负责同志为正厅级，充分体现了自治区党委、政府对西藏文物工作的高度重视。在西藏自治区党委、政府和对口支援省市党委、政府的组织领导下，在自治区相关部门、各地市县党委政府和有关单位的通力协作下，在文物对口援助省市文物部门和西藏全体文物工作者的共同奋斗下，文物援藏工作取得了显著成绩，有力推动了西藏文物事业持续快速发展。

（一）文物援藏工作机制进一步完善

2011年，国家文物局成为中央西藏工作协调小组经济社会发展组成员单位，加强了组织协调、统筹谋划。国家文物局、国家发展改革委、财政部等中央部门与西藏自治区文物局以及承担对口援藏任务的17个省市文物部门和相关单位主动协商、积极对接，从西藏文物事业发展规划到援藏重点项目、重点工程，从援藏干部到人才培养、科技支撑，始终把西藏文物工作作为全国文物工作的重要组成部分通盘考虑、统一部署。各对口支援省市文物部门和相关单位积极作为、务求实效，与西藏文物部门或各地市政府签订援藏协议，认真落实援藏任务。自治区文物局建立统一指挥、分层负责、精干高效的领导机构和工作机制，主动协调受援对接，全力做好服务工作，为推动援藏任务的落实提供了坚实保障。

（二）经费投入持续加大

“十二五”时期，中央累计安排资金16亿元，支持西藏自治区文物保护及博物馆建设，比“十一五”时期增长180%。其中，国家文物局、财政部五年累计安排专项补助资金10.24亿元，用于不可移动文物保护规划、文物本体保护展示、安消防工程与博物馆藏品保护修复、博物馆免费开放；国家文物局、国家发展改革委五年累计安排保护资金6.05亿元，用于不可移动文物周边保护设施建设和博物馆建设。各对口支援省市文物部门累计落实援藏文物保护资金1.53亿元，相比“十一五”翻了近一番；其中纳入援藏项目总盘子的1.36亿元，各省市文物部门援藏项目投资近1700万元。

（三）文物保存状况显著改善

一大批西藏文物保护重点工程相继竣工，国保单位保存状况良好，省级、市县级文保单位保存状况大为改善，一般不可移动文物保护得到加强。国保单位保护维修、安消防建设、陈列展示和规划编制等84个项目全面开工。西藏日喀则市“4·25”地震《灾后文物抢救保护修复规划大纲》《灾后文物抢救保护修复专项规划》《文物受损调研评估报告》全面完成。在各对口支援省市文物部门和单位的大力支持下，西藏自治区文物保护维修项目五年累计达到130项，创下历史新高。其中26个文物保护项目全面完工，20个文物保护项目正在实施，46处重要史迹和公共文化设施开工建设。中国文化遗产研究院承担的西藏哲蚌寺壁画保护修复、大昭寺保护规划编制及壁画保护修复、白居寺壁画抢救性保护修复方案设计等工程全面完工。中国国家博物馆、上海博物馆、陕西省文物保护研究院、敦煌研究院、湖南省博物馆、中国丝绸博物馆等6家文物保护行业重点科研基地联合组建的“国家文物局重点科研基地西藏联合工作站”落地拉萨，唐卡文物保护、馆藏文物保存环境监测与控制等一批文物科技保护修复项目相继启动。北京市援建拉萨的“数字文保”系统建设，河北、上海、广东、湖南、重庆、陕西文物部门承担的日喀则萨迦寺文物保护规划编制项目、日喀则“江洛康萨”文物保护利用项目、林芝地区红色遗迹维修保护工程、山南地区庄园建筑调查项目、芒康县邦达仓保护维修设计项目、山南地区文物保护维修工程等项目基本完工。湖南省对口支持的西藏博物馆藏品数字保护及数字展示方案得到批复，罗布林卡可移动文物数字化项目完成立项。

（四）博物馆建设和文物展览交流成效明显

北京市援建的西藏牦牛博物馆建成开放，福建省援建的林芝市藏东南文化遗产博物馆正在施工。“中国西藏唐卡艺术展”在中国国家博物馆隆重展出；山西博物院与西藏博物馆合作举办的“雪域梵音——西藏佛教艺术展”“唐风晋韵——山西古代艺术展”，湖南省博物馆与西藏文物局、民族文化宫联合举办的“佛光里的神秘西藏”展，吉林—西藏文化交流周活动，生动展现了西藏精美的文物、深厚的文化，不仅从文化上拉近了中部城市与边疆地区的距离，而且极大丰富了内地博物馆的展陈内容，为公众了解西藏民族历史、文化和西藏佛教艺术精髓提供了很好的展示平台。

（五）文物人才队伍建设得到加强

国家文物局和北京市、上海市、辽宁省、浙江省文物局五年先后选派2批8名干部进藏工作。国家文物局、各对口支援省市文物部门和单位结合重大工程项目，结合西藏文物保护队伍需要，举办文物保护修复、文物安全防范、工程管理等系列培训班；全区文物系统培训各类管理人才、科技人才、技能人才630多人次。内地干部进藏工作和西藏干部接受培训，不仅有效改善了西藏文物干部的人才结构、知识结构，促进了干部队伍的素质养成、能力提升，而且促进一些内地干部特别是援藏干部，在西藏艰苦复杂的环境中经受了深刻的党性教育、直接的国情教育、生动的民族团结教育，提高了本领，增长了才干，锤炼了作风。

一分耕耘一分收获。经过五年努力，西藏文物事业阔步发展，各级党委、政府对文物工作的认识和重视显著提高，文物保护管理机构得到加强，人才队伍渐成梯队；文物保护经费投入持续增长，一批重点文物单位得到有效保护，文物安全保障体系逐步完善；第一次全国可移动文物普查、革命文物保护展示工作成效明显；博物馆建设、文物宣传展示、对外交流合作工作稳步推进。

援藏工作成绩的取得，离不开党中央、国务院的正确领导，离不开各对口支援省市党委政府及文物部门和文博单位的无私援助，离不开西藏自治区党委政府和各地市县党委政府及各级文物部门的共同努力。尤为可贵的是，在文物援藏中，不仅全国文物系统一盘棋，形成了对口援藏的良好运行机制，而且涌现出了一大批优秀援藏单位、援藏干部，包括援藏企业和企业家。中国文化遗产研究院先后选派5批5人持续援藏15年。北京、上海、江苏、浙江、陕西等省市，不仅涌现出了一批优秀援藏干部，而且涌现出了一批西藏文物考古研究专家、工程设计专家、保护维修专家，其中许多挂职干部、专家在西藏文物系统中享有盛誉，大家耳熟能详。正是有了这样一批挂职干部、专家学者的恪尽职守、无私奉献，有了全国文物系统特别是对口援藏省市和单位的鼎力支持，才使得祖国雪域高原上的文物得以有效保护、传承发展。在此，我代表国家文物局对长期奋战在援藏工作一线的全体同志，对支持援藏干部工作的各有关单位和各位家属，表示诚挚的敬意和衷心的感谢！

二、深刻认识做好文物对口援藏工作的重大意义

党的十八大以来，习近平总书记就传承中华优秀传统文化、坚定文化自信、加强文物保护发表了系列重要论述，强调坚持“四个自信”，不忘初心，继续前进。明确要求各级党委和政府要增强对历史文物的敬畏之心，树立保护文物也是政绩的科学理念，统筹好文物保护与经济社会发展，全面贯彻“保护为主、抢救第一、合理利用、加强管理”的工作方针，切实加大文物保护力度，推进文物合理适度利用。要求各级文物部门要不辱使命，守土尽责，提高素质能力和依法管理水平，广泛动员社会力量参与，努力走出一条符合国情的文物保护利用之路，为实现“两个一百年”奋斗目标、实现中华民族伟大复兴的中国梦作出更大贡献。

西藏文物资源丰富，特色鲜明。在漫长的历史长河中，在各民族的交流交往交融中，西藏人民创造了灿烂的文化，留下了丰厚的宝贵遗产。据统计，全区登记的不可移动文物4277处，其中世界文化遗产1处，历史文化名城3座，国保单位55处；全区馆藏文物近百万件／套。这些珍贵文物，既是西藏文化、西藏经济社会发展不可多得的基础资源、文化资源、战略资源，也是中华优秀传统文化博大精深、丰富内涵的有机构成；既是西藏人民和全国人民一道抵御分裂、维护统一历程的生动写照，也是中国共产党带领西藏人民和全国人民一道进行革命、建设与改革、发展，走向中华民族伟大复兴光辉历程的生动展现。我们一定要从维护民族团结、维护社会稳定、维护国家安全，推进西藏跨越式发展和长治久安的战略高度，深刻认识西藏文物工作在党和国家大局中的独特作用，深刻认识文物援藏工作在促进西藏经济社会发展中的重要作用，切实把思想和行动统一到中央决策部署上来，统一到习近平总书记关于文物工作的重要指示精神上来，不折不扣地完成中央赋予文物系统的援藏任务。

（一）文物援藏工作，是贯彻落实中央第六次西藏工作座谈会精神，推动西藏和全国一道实现全面小康的重要举措

中央第六次西藏工作座谈会对进一步推进西藏经济社会发展和长治久安工作提出了明确要求、做了全面部署。同全国其他地区一样，西藏已经进入全面建成小康社会决定性阶段，牢牢把握未来五年这一战略机遇期，大力推动西藏经济社会发展，大力推进西藏文物事业发展和基本公共文化服务，突出精准扶贫、精准脱贫，对于西藏早日实现全面建成小康社会目标意义重大。西藏文物是中华文化的一颗璀璨明珠，也是世界文化的一份宝贵财富。广泛动员全国力量做好新时期文物援藏工作，全面推进西藏文物保护利用和传承发展，筑牢西藏各族人民和睦相处、和衷共济、和谐发展的文化基础，凝聚起改革发展的强大精神力量，是文物系统特别是承担援藏任务省市文物部门和文博单位的应有职责。

（二）文物援藏工作，是增进民族团结、培育中华民族共同体意识、维护国家统一的应有历史担当

西藏各族人民是中华民族大家庭中的重要成员，与祖国各民族有着深厚的文化渊源和情感联系。西藏的大量文物，不仅真实记录了西藏的历史变迁、社会发展，诠释了西藏和内地之间的血肉关系，而且以铁的事实说明了西藏自古以来就是中国领土不可分割的一部分。做好文物援藏工作，保护好西藏的文物资源，充分展示西藏各族人民与内地友好交往、相互融合的丰富史实，让文物说话，让文物活起来，对于巩固中华民族大家庭血脉相连、血浓于水的深厚情感，引导西藏人民和全国各族人民树立正确的历史观、国家观、文化观，增进西藏人民对伟大祖国的认同、对中华民族的认同和对中华文化的认同，教育各民族群众从思想上抵御分裂主义，从行动上维护祖国统一和社会和谐稳定发展都有着重要的现实意义和深远的历史意义。

（三）文物援藏工作，是落实中央兴藏富民战略、推动西藏文物事业跨越发展的重要途径

在茫茫的雪域高原上，西藏人民创造了璀璨的文化，留下了丰厚的遗产。这些珍贵遗存是西藏各族人民热爱西藏、建设西藏、共同缔造中华文明的真实写照和历史见证，是西藏经济社会发展的重要资源。做好文物援藏工作，建立健全西藏文物保护法律体系、制度体系，全面提高西藏文物保护、利用、管理整体水平，对于实现西藏文物事业跨越发展，更好发挥文物工作在社会主义精神文明建设中的滋养作用、在经济社会发展中的促进作用，特别是在促进文化产业、壮大旅游业、丰富城乡文化内涵、改善城乡人居环境、拉动社会就业等方面都可起到积极作用，这也是兴藏富民、文化富民最具潜力、最可持续的有效途径。我们一定要从大局的角度，从全面建成小康社会实现中华民族伟大复兴中国梦的战略高度看待文物工作、看待文物援藏工作，进一步增强文物援藏工作的紧迫性、主动性和自觉性。

三、“十三五”时期文物援藏工作的主要任务

“十三五”时期是我国全面建成小康社会的决胜阶段，也是西藏文物事业发展爬坡上

坎、迈上台阶的攻坚阶段。为提高“十三五”时期文物援藏工作的针对性、实效性，会前国家文物局与西藏自治区人民政府召开专门会议，就文物对口援藏工作进行了专题商议。西藏自治区文物局和西藏受援地市政府逐一走访，与17个对口援藏省市文物局和有关单位进行了项目对接。经过与国家发展改革委、财政部的沟通，目前已确定“十三五”时期国家支持西藏文物保护专项补助资金在“十二五”时期的基础上再翻一番，投入总额不低于20亿元。对西藏濒危文物抢救保护开辟绿色通道，保障项目资金。重点支持拉萨古城整体申报世界文化遗产，对77处重要文物保护单位进行保护修缮，对西藏博物馆新馆等9座博物馆进行新建（改扩建）或展陈提升。各对口支援省市文物部门和相关单位，目前已确定援助项目111个，援助资金总额达到2000万元，还有一些援助项目和资金正在积极争取之中。

根据国民经济和社会发展第十三个五年规划纲要和国家文物事业发展“十三五”规划任务，经商西藏自治区党委、政府和西藏自治区文物部门，“十三五”时期，文物对口援藏工作的主要任务是：

（一）提高西藏文物保护水平，实施一批重点文物保护工程

根据国家文物局初步确定的项目，按照西藏自治区文物局和各对口援助省市文物局和相关单位对接的任务，西藏计划实施一批重点文物保护工程：一是开展一批考古调查项目。湖南、湖北支持对山南古建筑、藏传佛教遗址进行考古调查和发掘。重庆支持昌都开展古生物资源调查和合作研究。河北、陕西支持对阿里地区的岩画、佛教遗存进行考古调查。四川大学支持开展西雅砻河谷流域考古、西藏冶金考古调查，建设西藏动植物考古实验室。二是完成一批自治区级以上文物保护单位保护利用规划编制。中国文化遗产研究院支持开展《布达拉宫古建筑群保护管理总体规划》编制和江孜县白居寺建筑保护技术研究。北京市支持拉萨市完成城关区、堆龙德庆区、当雄县、尼木县等41处文物保护单位保护规划编制。江苏、广东、河北、陕西等完成对拉萨、林芝、阿里地区相关文物保护单位保护规划的编制。三是完成一批自治区级以上文物保护单位文物保护维修项目。北京、江苏支持拉萨市每年安排1～2处文物修缮项目，开展拉萨老城区文物保护单位和一般不可移动文物的保护维修，积极推进拉萨古城申遗前期准备工作。上海、山东、黑龙江支持对日喀则市存在较大险情的文物保护单位进行抢险加固，吉林支持对日喀则市恰姆石窟寺抢险加固。河北、陕西支持对阿里托林寺进行高边坡后续加固工程。山西支持西藏建立古代建筑修缮档案制度。四是实施一批壁画保护修复工程。中国文化遗产研究院支持对西藏白居寺壁画及建筑进行保护维修；敦煌研究院支持西藏自治区文物研究所建设文物保护修复基础实验室，完成4项壁画保护修复工程。辽宁、浙江支持那曲地区开展寺庙壁画维修，对索县邦纳寺壁画和江达寺壁画进行数字化信息采集与调查。五是完成一批文物保护安防工程。上海、山东、吉林、黑龙江支持日喀则市为各级文物保护单位寺藏可移动文物购买保险柜、安装防护栏、线路更换改造、监控设备。辽宁、浙江支持那曲地区为石窟寺及石刻、古墓葬等文物点修建防护设施，对寺庙文物保护单位实施安消防、电气线路改造、给排水设施等配套工程建设和环境整治。通过文物保护工程项目的对口支援，发挥工程项目的引领作用，既改善西藏文物保护状况，又传承藏族传统技艺。

（二）提升西藏公共文化服务水平，实施一批博物馆建设和展陈提升工程

一是新建一批博物馆，建设西藏博物馆新馆、那曲博物馆和阿里博物馆。二是组织实施一批博物馆展陈提升项目，对布达拉宫、罗布林卡以及日喀则、山南、昌都、林芝博物馆进行文物藏品数字化或展陈提升。重庆、福建支持昌都博物馆进行策划、设计，完成

基本陈列布展；湖北、山西支持山南市，针对在建的藏王陵博物馆在内容、形式设计和陈列制作上给予支援。河北、陕西支持阿里地区在建博物馆进行内部装修和陈展建设。广东帮助扎木县委红楼和桑杰制定展陈规划，对林芝新建博物馆展陈布置提供支持。三是针对西藏博物馆藏品特征，组织实施一批库房改造提升项目。北京支持对西藏牦牛博物馆库房进行功能改造提升，为博物馆配备和改善语音导览系统提供资金支持。湖南支持山南开展山南博物馆库房建设。四是启动实施一批馆藏文物预防性保护项目。故宫博物院支持完成西藏中部地区四座藏传佛教寺庙藏品、壁画和建筑的数字化，完成阿里地区十处石窟寺调查、测绘、数字化工作，建立文物保护数据库。上海支持西藏为符合申报要求的自治区文博单位编制馆藏文物预防性保护设计方案。五是开展广泛的陈列展览交流。各对口援藏文物局、博物馆支持既在各自博物馆举办西藏文物精品展，也在西藏举办援藏省市文物主题展、精品展。中国国家博物馆、上海市博物馆、河南省博物院、重庆市中国三峡博物馆、北京鲁迅博物馆，黑龙江、湖北、湖南、安徽、福建等省博物馆支持在文物展览上加强交流协作。六是与西藏文博单位合作开发文化创意产品。中国国家博物馆、中国文物信息咨询中心、中国文物交流中心支持与西藏博物馆联合开展文化创意产品的开发与运营。河北、陕西支持阿里地区开发具有地域特点、适销对路的文博创意产品。

（三）着力能力建设，加强人才培养

智力援藏，真正从素质和能力抓起，是从根本上解决西藏文物人才短缺、科技能力薄弱、管理能力欠缺的有效途径。在智力援藏上，国家文物局、各对口支援省市文物部门和相关文博单位都有极高热情，已经形成成熟的模式。特别像中国社会科学院、北京大学、清华大学、浙江大学、西北大学、四川大学、中国文化遗产研究院、敦煌研究院、上海博物馆，本身就是人才培养的殿堂。对于人员培训，不能只看培训了多少人次、举办了多少个培训班，而是要看质量、要有针对性，这方面希望各对口支援省市和相关单位务必高度重视，要与西藏文物局进行有效对接。西藏文物局要统筹规划，依据西藏文物工作的特点、人才队伍的短板，明确培养目标、培养专长，要着力在紧缺人才、专业人才、复合型管理人才上下功夫，力争造就一批西藏文物考古、保护、研究、展示的专家，打造一支西藏特色的文物工作队伍。国家文物局将根据西藏文物人才需求状况，统一规划协调各支援省市文物部门做好援藏人才的选派工作，为更多专业人员进藏开展工作提供政策保障、生活保障和服务保障。国家文物局支持加强西藏文物进出境审核管理工作。

（四）着力基础条件改善，筑牢发展根基

西藏地处高原，生活、工作环境艰苦。各支援省市文物部门和相关单位要根据受援地区文物工作实际，有针对性地开展西藏文物保护设施设备援助。国家文物局将重点在西藏文物保护规划、重大考古、学术研究、博物馆建设、西藏文物外展、人才培养等方面给予政策倾斜、加大支持。中国文物交流中心支持西藏策划一批西藏文物外展项目，赴法国、意大利、韩国等国家展出。中国文物信息咨询中心支持西藏自治区文物局完成办公系统（OA）建设，支持西藏开展“互联网＋中华文明”行动计划。中国文物报社支持西藏自治区文物部门，每年免费赠阅300份《中国文物报》，提供一批照相器材和信息采编设备，同时开设专版、专刊、专栏，对西藏文物工作进行宣传报道。文物出版社捐赠总计20万码洋的图书刊物，支持西藏文博单位建设图书资料室、阅览室。各对口支援省市文物部门和单位在办公设施设备、文物保护器材设备、实验设备等方面也提出了一些具有针对性的支援方案。

总之，与“十二五”相比，我们不仅在文物对口援藏经费方面翻了一番，而且参与单位特别是高等院校、科研院所也大幅增加，援助项目更加宽泛，更加注重结合藏区文物工作实际，既考虑到文物保护项目，也考虑到文物利用项目，既有资金、人才培养等单方面的援助，也有文物基础研究、文物数字化、文物展览、文化创意产品研发等双向互动的合作援助；还有互联网+、大数据、世界遗产监测、票务预约管理、图书资料档案建设、景区管理运营体系等新兴领域，都进入了这次文物援藏的范围。可以说，在文物对口援藏方面，全国文物系统特别是各对口支援的省市文物局和相关单位是下了功夫的，是进行了认真的调查研究和分析的，是带着对西藏人民的深厚感情有备而来的。

同志们，“十三五”时期对口支援西藏文物工作任务已经明确，关键在于狠抓落实。希望对口支援西藏的各省市文物部门和相关单位一如既往、切实按照确定的工作任务，以高度的政治意识、责任意识抓紧抓实。援助双方需要面对面协商的，要及早协商落实。能够列入各省市援藏总体规划的文物援藏项目和经费预算，要积极争取、主动作为。已经确定的援藏项目，要进一步明确目标任务、进度安排和人员经费。西藏各受援部门要紧密联系、主动对接，抓住中央关心、全国支援这一良好机遇，借鉴吸收对口援藏省市的发展思路和工作经验，不断提升内生发展能力。对援藏工作进展落实情况，国家文物局将定期检查、加强研究、加大宣传，积极会商发改、财政等部门，进一步落实文物援藏项目和资金，研究制定支持西藏文物事业发展的倾斜政策和具体措施。

衷心期望在新一轮文物援藏工作中，全国文物系统能为西藏文物事业发展作出更新更大的积极贡献！

衷心祝愿西藏经济社会繁荣发展、人民幸福安康！扎西德勒！

努力探索符合国情的文物保护利用之路

——学习贯彻习近平总书记关于文物工作的重要论述

国家文物局局长　刘玉珠

党的十八大以来，习近平总书记就坚定文化自信、加强文物保护、传承优秀传统文化发表了一系列重要论述，明确指出，文化自信，是更基础、更广泛、更深厚的自信。要求统筹好文物保护与经济社会发展，切实加大文物保护力度，推进文物合理适度利用，努力走出一条符合国情的文物保护利用之路，为实现“两个一百年”奋斗目标、实现中华民族伟大复兴的中国梦作出更大贡献。这是党中央赋予文物工作者的新要求、新任务，指明了新形势下文物事业改革发展的目标和方向，具有深远的历史意义和现实意义。我们一定要全面贯彻、积极探索、扎实推进。

一、坚持从基本国情出发，立足文物资源的实际状况

学习贯彻习近平总书记“七一”重要讲话精神和关于文物工作的重要论述，探索符合国情的文物保护利用之路，既需要学习借鉴世界发达国家文化遗产保护利用的有益经验，也必须从中国的国情出发，立足我国经济社会发展的实际。据统计，我国已经发现的不可移动文物点76.7万处，被联合国教科文组织列入世界文化与自然遗产名录的50处。被核定公布为国家历史文化名城的129座，中国历史文化名镇名村的528个，中国历史文化街区的30个。全国以文物和各类遗址为依托建立起来的博物馆、纪念馆4692家，其中国有博物馆3582家，非国有博物馆1110家。国有文物藏品近5000万件／套。另外，还有大量的文物被民间收藏，它们也是我国文物资源的重要组成部分。辉煌的历史、广袤的疆域、一体多元的文化造就了中国文物资源的鲜明特征。一是在时代与构成上，时代久远、自成体系；二是在总量与分布上，量大面广、分布不均；三是在种类与形态上，种类繁多、形态各异。与此相适应，在管理体制上，形成了属地管理、分级负责的管理模式。

新中国成立后特别是改革开放以来，在党中央、国务院的正确领导下，在全社会的共同努力下，文物事业快速发展，保护文物的社会共识逐步形成，法律法规日渐完善，保护能力显著提高，文物工作在传承中华优秀传统文化、培育社会主义核心价值观、弘扬民族精神和时代精神、促进经济社会发展中的作用进一步增强，文物事业呈现出前所未有的良好发展态势。但也要看到，我国仍处于社会主义初级阶段，公众对文物资源价值的认知仍有局限，文物工作还存在着保护意识不强、基础工作薄弱、人员队伍不足、执法力量欠缺等明显短板，存在着文物保护与城乡建设矛盾依然突出、文物安全形势依然严峻、法人违法案件依然多发等突出问题，文物工作仍然任重道远。

我们要着眼于我国文物资源众多、保护任务繁重的实际，把世界文化遗产保护利用的普遍性与中国文物保护利用的特殊性相统一，加强基础研究和战略研究，建立政府主导、全社会广泛参与的文物保护利用管理体制机制，为文物事业改革发展提供动力源泉。

二、坚持把保护作为文物工作的首要任务，在保护中发展、发展中保护

学习贯彻习近平总书记“七一”重要讲话精神和关于文物工作的重要论述，探索符合国情的文物保护利用之路，既要全面贯彻“保护为主，抢救第一，合理利用，加强管理”的文物工作方针，坚守文物安全这一生命底线，也要自觉践行创新、协调、绿色、开放、共享的新发展理念，统筹协调文物保护与经济社会发展、文物保护与文物利用、文物保护与城乡建设、文物保护与民生改善的关系，在保护中发展、在发展中保护。文物是人类文明的结晶，是老祖宗留给我们的宝贵遗产。中华文物是中华文明、中国革命、中华地理独有的精神标识、文化标识和自然标识。随着经济社会的快速发展，文物作为国家和民族弥足珍贵的文化资源，日益成为经济发展的精神力量、基础资源、战略资源。保护人类文明成果，让宝贵遗产世代传承并焕发新的光彩，是时代赋予中华儿女的神圣使命和历史担当。

我们要坚持以保护为基础、为前提，加强考古研究，加深对中华文明悠久历史和宝贵价值的认识。坚持规划先行，加快文物保护单位保护规划编制和公布实施。加强濒危文物抢救保护与维修，简化项目审批，开辟绿色通道。加强世界遗产、文物保护单位、大遗址、历史文化名城等重点文物保护，实施重点文物保护工程，改善文物保存基本状况。加强长城保护，落实长城保护整体规划。加强革命文物维修保护，实施长征史迹、革命旧址保护展示提升工程。加强新型城镇化中的文物保护，主动服从服务于国家战略。做好“一带一路”、长江经济带等沿线地区的文物保护，做好京津冀协同发展中的文物保护工作。推进传统村落整体保护。加强水下文化遗产保护，开展沿海重点海域及西沙群岛专项调查和水下考古，加强多国合作，推动海上丝绸之路等列入世界遗产名录。加强馆藏文物保护，重视民间收藏文物的保护与展示，实施经济社会发展变迁物证征藏工程、馆藏文物修复计划。加强预防性保护，推进文物日常养护巡查和监测保护，实施文物平安工程，全面提高文物保护科技水平和安全防护能力。

三、坚持合理利用，充分发挥文物资源在传承文明、服务社会、促进发展中的作用

学习贯彻习近平总书记“七一”重要讲话精神和关于文物工作的重要论述，让历史说话，让文物说话，关键要在思想上认识清楚，行动上扎实推进。

坚持围绕大局，坚持公益属性，始终把发挥文物资源的社会效益放在首位，切实增强做好文物合理利用的主动性、自觉性。加强实践总结和理论探索，建立健全文物合理利用制度体系、标准体系，进一步拓展文物合理利用的科学途径。着力围绕中华优秀传统文化的创造性转化、创新性发展，发挥社会教育功能。深入挖掘和阐发文物资源中蕴含的仁爱、民本、诚信、正义、和合、大同的优秀传统和精神价值，使之成为涵养社会主义核心价值观的源头活水。实施中华优秀传统文化传承工程，推出一批具有鲜明教育作用的陈列展览、文物影视节目和图书等多媒体出版物，以物知史，以物见人，让人们在休闲娱乐、文化熏陶的同时升华思想、陶冶情操，增强做中国人的骨气和底气。着力围绕全面提高公民道德素质和增强国家文化软实力，发挥公共文化服务功能。扩大开放范围，推动有条件的行政机关、企事业单位管理使用的文物保护单位定期或部分对公众开放。完善博物馆公共文化服务功能，将更多的博物馆纳入财政支持的免费开放范围。加强革命老区、民族地区、边疆地区、贫困地区博物馆建设，推广智慧博物馆、社区博物馆、流动博物馆，扩大博物馆辐射面。完善馆际交流机制，提升藏品展示利用率，促进博物馆公共文化服务标准化、均等化。着力围绕新型城镇化建设，发挥文物丰富城乡文化内涵、延续历史文脉、优化人居环境、促进区域发展功能。针对传统村落、近现代建筑等不同文物类型，加快探索既管控风险、又充满活力的分类利用模式。扩大文物资源社会开放度，促进文物资源与文博创意产品开发、旅游产业发展融合，与社会、市场共享，满足多样化消费需求。着力围绕现代信息技术应用，发挥互联网+、大数据等融合创新功能。全面推进“互联网+中华文明”行动计划、国家记忆工程等重大项目。

四、坚持文物对外交流合作，为“一带一路”战略服务

学习贯彻习近平总书记“七一”重要讲话精神和关于文物工作的重要论述，把跨越时空、超越国度、富有永恒魅力、具有当代价值的文化精神弘扬起来，把继承传统优秀文化又弘扬时代精神、立足本国又面向世界的当代中国文化创新成果传播出去，既要坚持立足中国、借鉴国外，积极参与国际文化遗产保护事务，加大与世界各国的交流合作，也要坚持挖掘历史、把握当代，坚定中华文化自信，充分展现中国历史底蕴深厚、各民族多元一体、文化多样和谐的文明大国形象，传递中国声音，扩大中华文化国际影响力。着力实施中华文物交流与合作工程，推出一批具有中国内涵、国际表达、创意融合的对外文物展览，扩大文物出展国家和地区，引进一批高水平文物展览来华展出。提高文物外展、“文物带你看中国”等科技内涵。着力拓展文物援外工程与项目，统筹开展境外合作考古与研究工作，促进文物领域科研交流，推出一批中国文化遗产保护理论与实践研究成果。着力落实“一带一路”战略，增进与沿线国家以及文化遗产领域国际组织的交流与合作，创建文化遗产国际协调联络机制，建设“一带一路”文化遗产长廊，巩固丝绸之路跨国联合申遗成果。让文明交流互鉴成为增进各国人民友谊的桥梁、推动人类社会进步的动力、维护世界和平的纽带。

五、坚持依法行政，全面提高文物管理水平

学习贯彻习近平总书记“七一”重要讲话精神和关于文物工作的重要论述，全面推进文物法治建设，既要求我们坚持运用法治思维和法治方式深化改革、化解矛盾、推动发展，也要求我们全面推进文物法治建设，坚持依法行政，建设法治政府，用法律制度的“刚性”约束文物管理的“弹性”。着力推进《文物保护法》修订，完善文物保护利用各项基础性制度、配套法规，切实增强法律规定的完整性、针对性和可操作性。落实《国务院关于进一步加强文物工作的指导意见》，着力建立国家文物登录制度，不可移动文物认领认养制度，探索文物补偿办法，细化鼓励支持社会力量参与文物保护利用措施，明确文物保护责任终身追究的具体办法，及时把实践中行之有效的政策措施上升为法律条文，填补法律空白，完善执法程序。着力加强文物执法队伍建设，加大执法督察力度，推动联合执法、综合执法，落实责任追究。依法严厉打击文物盗窃盗掘等各种违法活动，有效遏制法人违法、文物火灾事故多发频发势头，破解低级别不可移动文物消失过快等突出问题。

全面落实文物保护利用责任，推动文物事业改革发展，不仅要坚持与时俱进，创新体制机制，而且要充分发挥党委总揽全局、政府主导、社会参与的制度优势，构建文物保护利用管理新格局。加强党委对文物工作的领导，切实把文物工作摆上重要议事日程，纳入领导干部考核评价体系，纳入领导责任制，教育引导广大干部牢固树立保护文物也是政绩的科学理念，督促各级政府切实履行文物保护主体责任。强化政府主导，切实把文物保护利用纳入城乡建设规划，纳入财政预算，依法履行文物保护管理责任和监督责任。加强统筹协调、部门协作，着力调动政府、社会、市场各方面力量，努力形成文物保护利用合力。加强能力和素质建设，切实提高文物部门依法管理水平和公共服务水平，破解文物事业发展中的难题。着力问题导向，进一步加大对革命老区、民族地区、边疆地区、贫困地区的政策倾斜，加大对民间合法收藏文物和非国有博物馆支持力度。着力政策引导，加快制定鼓励和支持城乡群众自治组织保护管理使用区域内尚未核定公布为文物保护单位的不可移动文物的具体措施，推广政府和社会资本合作（PPP）模式，培育文物保护社会组织，畅通社会力量参与文物保护利用的渠道，全面推进文物治理体系和治理能力现代化。

（本文原载《求是》2016年第18期）

把握机遇　真抓实干
努力实现考古工作新发展

——国家文物局局长刘玉珠在全国考古工作会上的讲话

（2016年10月11日）

很高兴能与各位考古界的前辈、同仁会聚武汉，共同参加本次全国考古工作会。

这次会议的主题是深入学习贯彻落实习近平总书记关于文物工作的重要指示精神，认真总结经验，以问题为导向，准确定位考古工作的宗旨目标，准确把握考古工作的发展方向，系统梳理考古工作所面临的历史性任务，努力实现考古工作的新发展。

考古工作是文物事业的重要组成部分。党的十八大以来，习近平总书记站在实现中华民族伟大复兴中国梦的战略高度，就传承弘扬中华优秀传统文化和文物保护发表了一系列重要论述、作出重要指示批示。今年3月，习近平总书记对文物工作作出重要指示。他强调，文物承载灿烂文明，传承历史文化，维系民族精神，是老祖宗留给我们的宝贵遗产，是加强社会主义精神文明建设的深厚滋养。保护文物功在当代、利在千秋。各级文物部门要不辱使命，守土尽责，提高素质能力和依法管理水平，广泛动员社会力量参与，努力走出一条符合国情的文物保护利用之路，为实现“两个一百年”奋斗目标、实现中华民族伟大复兴的中国梦作出更大贡献。今年7月，习近平总书记再次就文物考古工作作出重要批示指出，要加强古代遗址的有效保护，有重点地进行系统考古发掘，不断加深对中华文明悠久历史和宝贵价值的认识。他还进一步强调，文物考古工作和世界遗产申报工作要有利于突出中华文明历史文化价值，有利于体现中华民族精神追求，有利于向世人展示全面真实的古代中国和现代中国。习近平总书记的重要批示，指出了考古与文物保护互为前提和基础的辩证关系，深刻阐明了文物考古工作在传承中华优秀传统文化、弘扬社会主义核心价值观、展现中华文化独特魅力、增强中华民族文化自信中的重要性和独特作用，更是为我们今后的文物考古工作提供了遵循。

“十二五”以来，特别是党的十八大以来，在党中央国务院对文物考古工作的高度重视下，在广大文物考古工作者的共同努力下，我们的文物考古工作可以说是成绩斐然，主要表现在以下五个方面：

一是基本建设考古有序开展，抢救保护了一大批重要文物遗存，有力地保障了重大建设项目的顺利实施。三峡工程文物保护工作完美收官，南水北调中东线一期工程文物保护工作成效显著，特别是湖北省和其他相关省市文物部门在这两项世纪工程中组织得力，实现了工程建设与文物保护的双赢；北京城市副中心以考古新发现的潞河古城遗址和汉代墓葬为依托，建设考古遗址公园，展现了考古工作在当代经济社会发展中的独特作用。

二是考古研究工作稳步推进，涌现了一大批新的考古研究成果。中国科学院古脊椎动物与古人类研究所和河北省文物考古研究所领衔的泥河湾遗址考古工作取得长足进展。北京大学、中国社会科学院考古研究所领衔的中华文明探源工程取得阶段性重要成果，良渚、陶寺、石峁等大遗址的考古取得突破性进展，为实证中华民族五千多年文明史提供了更为丰富的依据、奠定了更为坚实的基础。在这些考古成果基础上所开展的大遗址展示利用、国家考古遗址公园建设等也进一步发挥了文物考古工作的社会效益，在带动区域发展、提供公共文化服务、展现中华文化独特魅力等方面作用突出。

三是水下考古工作跨越式发展，形势喜人。国家文物局水下文化遗产保护中心正式成立，北海基地设立，宁波基地建成使用，“中国考古01号”水下考古工作船建成启用，“南海Ⅰ号”有序发掘，“丹东一号”发现和确认，南海水下文化遗产调查取得阶段性成果，水下考古研究成果更是为海上丝绸之路中国史迹保护和申报世界文化遗产提供了强有力的支撑。这些都充分凸显了水下考古的独特魅力和在响应国家海洋战略、维护国家领土安全、建设“一带一路”等方面的重要作用。

四是科技考古不断深化，成为考古学科发展的重要推动力。中国社会科学院考古研究所、陕西省考古研究院开展的实验室考古取得显著成绩，展现出蓬勃生机和广阔前景，考古工作的能力和水平得到大大提升。测绘技术、遥感技术、现代信息技术等科技手段在考古领域广泛应用，以现代科学技术手段与传统考古工作相结合，多学科联合攻关、协同研究的创新研究机制与模式正在形成。江西南昌海昏侯墓的发掘，正是这方面的一个成功范例。

五是国际合作广泛开展，充分展现中国考古的水平和风采。近年来，高等院校、中央和地方科研机构充分利用自身优势，积极走出国门，开展国际合作，工作范围覆盖蒙古、哈萨克斯坦、吉尔吉斯斯坦、乌兹别克斯坦、塔吉克斯坦、印度、孟加拉国、尼泊尔、越南、老挝、柬埔寨，远到东非的肯尼亚和美洲的洪都拉斯。另外，国家文物局水下文化遗产保护中心和中国社会科学院考古所还分别与沙特、法国、希腊、埃及等国家达成了合作意向。前不久，国家文物局派出代表团深入缅甸蒲甘震区协调落实援助缅方联合考古与文物抢救性修复工作，受到缅方高度评价。今年6月，习近平总书记在对乌兹别克斯坦共和国进行国事访问时，百忙之中接见了在该国开展联合考古的我国考古队员代表，高度评价了中乌合作考古，极大地鼓舞了考古工作者的士气。

在总结成绩的同时，我们也应当清醒地看到，文物考古工作依然存在着一些不足。主要表现在：一是还未能体现习近平总书记关于考古工作的“三个有利于”的要求；二是考古工作还不能完全适应国家发展大局的新形势；三是中国考古“走出去”的计划性还不够强；四是文物保护意识尚有待进一步加强，公众考古和考古学普及工作还相当有限；五是基层一线考古工作的政策保障尚有不足，等等。

为解决这些问题，促进考古工作持续健康发展，我们应着力做好以下四个方面的工作，概括起来就是“四个服务”：

首先，要服务国家大局。根据习近平总书记批示要求，从理论上和实践上积极探索考古工作如何服务国家发展大局。要从提升中华民族文化自信的高度出发，充分认识到考古工作在实证中华五千多年文明中的基础性地位和作用，不断深化考古学的系统研究，高度重视多学科融合创新，围绕中华文明起源、形成和发展的重大课题开展学术攻关，推出一批具有世界影响力的研究成果。要从服务国家经济社会发展的大局出发，继续高度重视基本建设考古，不折不扣地做好当前及今后一段时期内与基本建设有关的抢救性考古发掘，确保地下文物遗存能够得到最大化的保护，确保建设工程顺利进行。要从服务“一带一路”等国家重大战略的高度出发，在继续“请进来”的同时积极“走出去”，广泛开展国际合作考古，展现中华文明的独特魅力，扩大中华文化国际影响力。前不久，国家文物局召开了文物保护援外工程与联合考古工作座谈会，外交部、财政部、商务部、教育部等相关单位都高度肯定联合考古的重要性，表示将积极予以支持。国家文物局将积极协调有关部门，全力支持各考古所、大学和科研院所等单位广泛开展国际合作考古与研究，在项目、经费和对外联络等方面提供有力保障。

其次，要服务文物保护。我们要围绕《国家文物事业发展“十三五”规划》和《大遗址保护“十三五”专项规划》所确定的总体目标和主要任务开展考古工作，进一步加强文物保护，坚持保护意识贯穿工作始终，做好各种保护预案，确保重要遗迹和出土文物的第一时间现场保护，为后续工作留出空间；更加积极地参与保护展示，优先围绕亟须解决的保护展示问题开展研究工作，通过组织实施一批重要考古研究项目，培育一批大遗址保护展示重点项目，为后续保护利用工作打好基础，提供支撑。在这方面，湖北、湖南、贵州三省土司遗址的考古、研究、保护和展示工作就给我们提供了很好的榜样。

第三，要服务社会公众。按照党中央国务院“让文物活起来”的工作要求，做好公众考古，不断将最新的考古研究成果以人民群众更喜闻乐见的形式传播出去。今年上半年在首都博物馆举办的海昏侯墓和殷墟妇好墓出土文物的展览引起了轰动，社会反响很好。本次会议又安排了7个公众考古讲座，也都是社会很关注的考古发现。同时，要积极参与文物保护展示，通过有效手段将文物内涵、价值和中华文化的优秀特质呈现出来，满足民众的文化需求。今年以来，国家文物局正在积极推进“互联网+中华文明”行动计划，广大考古工作者也要积极参与其中。

第四，要服务基层一线。国家文物局将进一步转变作风，提高服务意识，加强顶层设计，一方面找准制约考古工作发展的关键问题，围绕考古单位机构建设、人员配备和职能定位，考古库房、实验室、修复中心和区域性考古整理基地建设，田野考古技术手段和装备设施规范等问题，积极出台相关办法、标准、规范等；另一方面，积极与其他相关部委进行沟通、协调，力争在基本建设考古第三方监理、成果发布和工作取费标准、田野考古人员津补贴、考古人才队伍培养等方面不断出台政策，切实保障文物考古工作的有序开展，以适应新形势新要求，发挥更大的综合效益。同时，国家文物局将在人才培养上进一步加大力度，广泛举办各类考古和文物保护培训班，尽量向一线工作人员倾斜。各地文物行政部门也要积极开展工作，努力为基层一线文物考古工作者创造更好的工作条件。

同志们，在以习近平为总书记的党中央的坚强领导下，我国的文物事业正面临着前所未有的历史机遇。国家文物局将充分发挥政府服务职能，根据考古工作的发展需要，在规划设计、政策措施、行业标准等方面加大工作力度，同时，希望广大考古工作者能够紧抓机遇、开拓进取，以更高的学术视野、更强的事业责任心和更积极的工作态度投入到新时期的文物考古工作中去，充分发挥主观能动性，为构建中华优秀传统文化传承体系，展现中华文明历史文化价值，体现中华民族精神追求，向世人展示全面真实的古代中国和现代中国贡献新的力量。

落实创新驱动发展战略 谱写文物科技发展新篇章

——国家文物局局长刘玉珠 在2016年全国文物科技工作会议上的讲话

（2016年12月10日）

今天，我们在这里召开全国文物科技工作会议。首先，我代表国家文物局，向从事文物科技工作的科学家、工程技术人员和管理人员致以崇高的敬意，向长期以来关心和支持文物科技工作的各级领导和同志们表示衷心的感谢。

本次会议的主要任务是贯彻落实党的十八大和十八届三中、四中、五中、六中全会精神，深入学习贯彻习近平总书记系列重要讲话精神，落实《国务院关于进一步加强文物工作的指导意见》和《国家创新驱动发展战略纲要》，总结经验、分析形势，研究部署“十三五”时期文物科技工作任务，推动文物科技工作的可持续发展。下面，我代表国家文物局谈几点意见。

一、“十二五”文物科技工作回顾与成效

“十二五”期间，文物科技工作坚持需求导向，围绕文物、博物馆事业的热点、难点和瓶颈问题，统筹推进各项工作，圆满完成“十二五”规划确定的主要目标和任务，取得显著成就。

（一）行业科技意识进一步增强。近年来，文物、博物馆行业通过不断扩大开放合作，引进了先进的科学理念、科学方法；通过技术创新，突破了一些过去始终难以解决的文物保护难题，并逐步推动着工作模式和管理模式的转变。与此同时，行业的整体科学素质和科技意识不断提升，在重大文物保护工程、馆藏文物保护修复、博物馆展陈设计等方面，开始有意识地加强科学研究和科技应用。从政府部门到基层文博单位，从管理人员到一线文物工作者，都对运用科技解决问题有了更加深刻的认识，科研主动性进一步增强，重视科技、依靠科技、发展科技的行业共识逐步形成。

（二）文物预防性保护科技取得实质性进展。“十二五”期间，文物保护工作从抢救性保护为主向抢救性与预防性保护并重转变。为加强科技支撑，部署实施了针对不同类型文物的预防性保护科研任务，并实施了一批科技示范工程。例如，敦煌研究院综合运用风险管理、游客承载量研究、环境监测等理论和方法研究成果，为莫高窟的预防性保护和应对旅游高峰期超大客流压力提供科技支撑；应用于遗址博物馆的气幕阻隔—辐射调控技术取得重要突破，得到了国际文化遗产保护界的高度评价。此外，馆藏文物保存环境监控系统解决方案进一步优化，在国内45家博物馆投入使用。这些研究与实践成果的取得，为提升我国文物预防性保护能力奠定了扎实基础。

（三）文物保护修复共性、关键技术填补行业部分空白。针对脆弱易损文物，加强联合攻关，在出土文物现场提取、出水文物凝结物去除、糟朽丝织品的揭展与加固、壁画脱盐、石窟寺水源综合探查等技术研发方面，在建筑彩绘、糯米灰浆、木结构建筑保护传统工艺科学化等方面取得了实质性突破，填补了行业空白。同时，选择古代壁画、陶质彩绘文物、饱水漆木器保护和馆藏文物保存环境监测等研究基础较好、需求大的方向进行了重点培育，并将安全、适用的技术成果及时转化为技术标准。目前，上述领域的技术水平进入国际第一梯队，国际话语权得以加强。

（四）考古技术方法体系进一步发展创新。针对多维信息提取、识别、释读与现场应急保护等考古领域关键技术问题，加强多学科结合，探索从宏观、中观、微观等3个层面构建完善考古技术方法体系。天空地一体化遥感考古技术取得重要进展，初步建立了国内外首个遥感考古波谱数据库。通过文物出土现场保护移动实验室的示范应用，进一步优化了考古发掘现场快速检测、信息提取、应急保护、数字化记录与管理系统解决方案。脆弱彩绘文物无损提取、纺织品遗迹鉴别技术取得重要突破。碳十四测年、DNA分析、同位素分析、微量元素分析和金相分析等实验室考古技术快速发展，填补多项学术空白，北京大学碳十四测年实验室参加了国际实验室比对，位居世界前五位。国家文物局与科技部等部门共同建立部际联席会议制度，《中华文明探源工程》的实施，实证了中华文明五千多年历史绝非虚言，构建了人文社会科学与自然科学协同创新的研究范式。

（五）博物馆的智慧化建设取得试验性进展。针对转型期博物馆业务能力提升遭遇瓶颈的问题，与中国科学院合作，积极推动物联网、云计算、大数据、移动互联等新技术革命的创新成果，在文物、博物馆行业开展适用性研究。提出智慧博物馆建设发展模型；在智慧服务、智慧保护、智慧管理等方面形成一批系统解决方案；探索基于知识组织的元数据标准体系建设；组织物联网技术创新联盟，在广东省博物馆、苏州市博物馆等7家博物馆开展了智慧博物馆建设试点工作，取得良好效果。同时，针对博物馆与教育、旅游、工业设计等领域融合发展的科技支撑问题，进行了积极有益的尝试。

（六）文物保护专有装备产业化基础初步形成。针对文物保护装备适用性差、技术含量和集成度低等问题，国家文物局与工信部签署了《共同推进文物保护装备产业化及应用合作协议》，构建“制造商+用户”“产品+服务”的产业发展模式，共推进16个系列、40项文物保护专有装备产业化及应用示范项目的实施，工信部总投入1.75亿元，有效带动企业配套投入20余亿元，已建成/改造生产线16条，开发新产品91种、芯片9种、传感器36种，转化科技成果65项，一批自主研发的文物保护装备在文博单位得到了示范应用。例如，中国航空规划设计研究总院有限公司研制的馆藏文物防震系统，在乐山金口河5.0级地震中有效保护了雅安博物馆馆藏文物；中国电科集团在布达拉宫实施的可移动文物预防性保护项目，验证了我国文物保护装备在高海拔、大温差环境下的高适应性和高可靠性。同时，积极推动产业集聚，在重庆设立首家文物保护装备产业基地。

（七）行业标准体系建设进一步深化。研究制定了行业标准体系框架，从源头上避免标准的缺失、交叉重复和冲突矛盾。“十二五”期间，共发布48项标准，另有65项标准立项；强化已颁标准的宣贯工作，累计培训人数超过1000人次。同时，认真落实国家标准化工作改革方案，对标龄满5年的22项标准进行复审；推进团体标准试点工作，已发布21项团体标准。在标准组织体系建设方面，先后设立了“全国文物保护标准化技术委员会文物保护专用设施分技术委员会”和“山西省文物保护标准化技术委员会”。积极推动国际标准化组织（ISO）文物保护标准化技术委员会筹建工作，会同国家标准委与欧盟文物保护标准化技术委员会等相关机构进行了沟通，初步达成共识。

（八）应用基础研究取得重要进展。针对文物保护领域基础研究薄弱，短板明显的问题，与国家自然科学基金委签署战略合作协议，建立联合工作机制。瞄准文物行业的基础性关键科学和技术前沿问题，围绕文物科学认知、科学保护、传承利用等研究领域，吸引和积聚全国范围的科学家开展基础科学研究；联合中国科学院、上海市科委，共同推动973重大项目《脆弱硅酸盐质文化遗产保护科学基础》的实施，在原位科学认知、无损分析检测、文物病害机理、保护效果评价等方面取得重要进展。

（九）科技成果推广应用进一步扩大。针对科技成果转化渠道不畅、效率不高等问题，通过技术培训、工程示范、专利实施许可、专利权转让和设立工作站等方式，积极推动重大科技成果的转化。土遗址保护、竹木漆器文物保护、馆藏文物保存环境调控、博物馆防震等一批科研成果应用于重点文物保护工程和可移动文物保护项目。据统计，“十一五”文物领域国家科技计划项目取得的94项应用技术类科研成果，成果转化率已达到43.62%，明显高于国家科技成果转化的平均水平。

（十）科研平台与人才队伍建设成效显著。针对行业科技小队伍与大需求的矛盾，加强对国内外优质科技资源的整合，探索建立新型科技创新组织模式。国家文物局与中国科学院签署了全面战略合作协议，为文物界和科技界的强强联合提供了重要平台；与浙江省人民政府共建区域创新联盟取得实效，通过体制机制创新，创新资源得以合理配置，浙江省整体科技实力大幅提升。分领域建立了23个行业重点科研基地和3个专业技术创新联盟；各科研基地在全国设立了35家工作站；针对西藏文物特点，实施可移动文物保护科技援藏项目，指导相关科研基地设立联合工作站，建立了对口帮扶长效工作机制；国家古代壁画和土遗址保护工程技术研究中心在建设验收中被评为“优秀”。实施了“文物保护科技优秀青年研究计划”，一批优秀青年科技人才和创新团队脱颖而出。

同志们，回顾过去五年工作，特别是党的十八大以来，行业科技工作继续保持快速发展的势头。突破了一批关键技术，填补行业空白；形成了若干成套技术和系统解决方案，部分领域进入国际第一梯队；将新技术革命的最新成果引入本行业，进行了有益探索；行业科技基础条件有效改善，协同创新机制进一步优化；一批重大科研成果脱颖而出，行业整体创新能力进一步加强。上述成果的取得，得益于以习近平同志为核心的党中央为文物工作和科技创新确定的一系列正确发展理念，俞正声、刘云山、刘延东、马凯等中央领导同志，多次为文物科技创新作出专门批示，为文物科技创新工作指明了方向；得益于有关部门的大力支持，科技部、工信部、财政部、国家自然科学基金委、国家标准委等部门的相关负责同志，多次深入文物工作一线了解重大科技需求，推动联合工作机制的建立；得益于广大科技工作者甘于寂寞、顽强拼搏，围绕文物、博物馆事业发展的重点、难点和瓶颈问题勇于实践、大胆创新。

二、正确把握新时期文物科技工作面临的机遇与挑战

今年上半年，国务院印发了《关于进一步加强文物工作的指导意见》，组织召开了全国文物工作会议，对“十三五”发展思路、工作目标和重点任务进行了全面部署，未来五年文物科技工作必须深入贯彻文件和会议精神，把握好“十三五”时期的阶段性特征，深入实施国家创新驱动发展战略，落实国家科技体制改革精神，不断开拓文物科技创新的新局面。

（一）准确把握文物工作在经济社会发展的新定位

党的十八大以来，习近平总书记相继在国际国内不同场合，就推动中华优秀传统文化传承和创新发表了一系列重要论述，多次就文物工作作出重要指示和批示。习近平总书记指示：文物承载灿烂文明，传承历史文化，维系民族精神，是老祖宗留给我们的宝贵遗产，是加强社会主义精神文明建设的深厚滋养。明确要求：要努力走出一条符合国情的文物保护利用之路，为实现“两个一百年”奋斗目标和中华民族伟大复兴的中国梦作出重要贡献。

这是党中央关于文物资源价值作用的新思考、新论断，是关于文物工作历史使命和时代使命的新认识、新要求，将文物资源、文物工作的重要性提到了前所未有的高度。文物是传承优秀传统文化、培育文化自信、提高国家文化软实力的不可再生的重要物质资源；也是调结构促发展、培育战略性新兴产业，实现经济社会全面、协调、可持续发展的重要战略性资源。文物工作不仅要为繁荣文化事业、涵养社会主义核心价值观作出贡献，也要为促进经济社会发展作出新的贡献。同时，文物作为“金色名片”，在配合外交大局、对外交流合作，特别是在为国家“一带一路”战略的实施，提供民心相通、文化包容的文化基础，将会发挥不可替代的作用。

（二）准确把握新时期文物保护利用的新需求

中央对文物工作的新要求、广大人民群众的新需求和文物保护利用的新理念，科技与文物工作融合的发展趋势，正推动文物事业进入新的历史发展阶段。具体体现在：

保护方面，正在从抢救性保护向抢救性保护与预防性保护并重，从文物本体保护向文物本体与周边环境的整体性保护转变；利用方面，在进一步强化公共文化服务供给的同时，文物与教育、旅游、工业设计、文创、动漫、游戏、影视等领域融合发展，发展融合型文化产品将成为文物合理利用的新亮点；研究方面，对于文物多元价值的研究和认知受到越来越多的关注，基于价值的文物保护与利用在行业内得到广泛认同；管理方面，政府职能向简政放权、放管结合、优化服务转变，文物管理需要更加系统化、科学化、精细化，依靠法规强化管理、依靠规划引导管理、依靠标准规范管理、依靠技术手段辅助管理，成为文物管理的新趋势。阶段性需求的重大调整，必然要求与之配套的科技支撑体系进一步拓展与完善。

（三）准确把握文物、博物馆事业可持续发展对科技创新的新要求

当前，文物量大、面广、种类多样、保存状况堪忧，大量文物急需保护、文物利用率亟待提高是现阶段文物工作的基本现状，城镇化进程的提速，进一步加大了文物保护利用的紧迫性。然而，不足15万人的行业从业人员与如此繁重的任务形成了巨大反差，考古工作者与推土机赛跑、修复人员与文物劣化赛跑已成为常态，解决这些突出问题，需综合施策，急需通过科技创新来提高工作效率。

同时，文物、博物馆事业发展面临一些亟待突破的瓶颈问题：一是对于文物的价值认知能力有限，难以全面、系统挖掘和深刻阐释文物的多元价值，难以讲好“中国故事”；二是对于文物保护的能力有限，在濒危文物的抢救性保护和更大范围的文物预防性保护方面都有大量难题尚未突破，需求复杂而巨大，技术手段却十分有限、单一；三是对于优秀传统文化的传承能力有限，展示传播方法陈旧、形式雷同，事倍功半，难以满足广大人民群众日益增长的公共文化需求。急需通过创新管理理念和技术，突破装备革新，来提高文

物保护利用的质量与效果。

从长远看，文物、博物馆事业不仅在维系国家记忆、涵养社会主义核心价值观、彰显文化自信和扩大国家文化影响力等方面发挥更为重要的作用，也将在培育文化创意产业、促进产业结构调整方面具有极大的潜力和空间，急需通过科技创新与体制机制创新的“双轮驱动”来优化发展方式，进一步提高文物工作的公共服务能力，提升文物工作的影响力。

（四）准确把握创新驱动发展战略为文物科技创新带来的新机遇

党的十八大报告强调指出：科技创新是提升社会生产力和综合国力的战略支撑，必须摆在国家发展全局的核心位置。这是我们党放眼世界、立足全局、面向未来作出的重大战略决策。国家创新驱动发展战略各项政策的部署与实施，文物科技创新有望在更大的范围去调动人才、技术、资本等创新要素，协同解决重大科技问题的条件进一步优化；科技成果使用、处置和收益管理制度的进一步完善，文博单位、企业、科研院所、高校等创新主体的内生动力将进一步加强，科技人员的积极性、创造性将充分激发。同时，在全球新一轮科技革命的带动下，新理论、新方法、新技术、新材料层出不穷，为我们提供了大量可资借鉴的经验，文物科技创新迎来了重大的发展机遇。

我们也必须清醒地认识到，我国文物科技的总体发展水平与国际文化遗产强国相比，与国内其他行业相比仍有相当差距，科学技术与文物工作融合度不高，发挥的支撑和引领作用仍显不足。主要表现在认识不到位，战略研究滞后，学科体系不健全，技术供给总量偏低，创新成果转移扩散不力，科技人才队伍小而不强，科技投入不足，体制机制还存在不少弊端等方面。

三、把握重点、真抓实干，谱写文物科技发展新篇章

“十三五”期间，文物、博物馆事业面临着稳步发展与保质增效的双重任务，面临着文物永续保存和文物合理利用的双重使命，面临着“代内公平、代际公平”的双重要求。经过几代人的不懈努力，文物科技已具备发力加速的基础，将进入从量的积累到质的提高的重要跃升期。未来5～10年，文物科技创新正孕育着新的群体性突破，机遇与挑战并存。做好“十三五”时期文物科技工作，应明确“十三五”期间的工作思路。

（一）提高科技与文物工作融合发展重要性的认识

“创新、协调、绿色、开放、共享”是中央在系统总结改革开放30多年发展实践确定的新的发展理念，“十三五”乃至未来更长时间，文物科技工作要与“五大发展理念”相结合，在工作中落到实处。

首先是融合。融合就是要把科技与文物工作有机结合起来。文物工作者要重视科学技术、用好科学技术，把科研融入文物保护利用的各个环节，通过技术和管理两种手段，解决好事业发展中的关键问题。另一方面，科技工作者要以文物工作的需要为科技创新的出发点和落脚点，通过科技进步，解决文物保护利用的热点、难点问题，丰富文物保护利用手段，实现文物有效保护与合理利用的目标。

其次是服务。科技要始终为解决实际问题服务，为文物事业的发展服务。要通过发展科技、使用科技，来实现科技对文物事业的支撑和引领作用。科技支撑，重在应用，要把科技创新和进步的成果转化为解决文物保护利用实际问题的有效手段，切实发挥科技工作实效。科技引领，就是以科技创新为驱动，带动文物事业发展的理念、机制、制度的全面创新，推动文物事业可持续发展。

最后是共享。要按照“文物保护成果人人共享”的要求，大力发展相关科学技术，提升公共文化服务能力。同时，在科研组织之间，加强文物系统内外、文博单位之间的信息共享、知识共享，通过信息和知识的加速流动，促进行业整体创新能力的提升。

（二）把握“十三五”文物科技工作重点

《国家“十三五”文化遗产保护与公共文化服务科技创新规划》明确提出，到2020年，要基本建成我国文物科技创新体系，在基础研究、重大关键技术、国产主要装备、标准体系建设等方面取得实质性突破。以技术创新体系建设为核心、组织创新体系建设为支撑、制度体系创新建设为保障的行业创新体系建设，是我们在总结实践经验的基础上确定的发展思路。未来很长一段时间，我们要坚持这一总体思路不变。同时，要充分考虑“十三五”时期文物科技发展的阶段性特征，认清自身发展的优势和瓶颈，尽快适应新形势、新变化，把握好时代发展需要，抓住“十三五”文物科技工作的重点，有针对性地部署各项任务。

一是强化基础研究，补强发展短板。当前，基础研究相对滞后是制约文物科技发展的瓶颈问题之一，主要表现在三个方面：第一是文物保护利用的学科体系尚不明确，在专业人才培养和引进、跨机构跨学科交流合作等方面难以发挥学科体系的指引作用；第二是关于文物的价值认知、保护修复和传承利用的基础理论与方法论体系尚未形成，文物保护利用的实践活动缺乏有力的理论指导；第三是由于缺乏有效的研究方法和手段，文物病害形成机理、环境因素与病害的关系、保护材料对文物的影响评价等应用基础研究进展缓慢，阻碍了文物保护技术创新的发展。针对上述三个方面，要在“十三五”时期加大投入力度，重点部署一批相关基础研究任务，充分发挥高校、科研院所等优质社会科技资源在基础研究方面的优势，加强与文博单位的稳定性合作，争取在“十三五”末实现基础研究的突破性进展。

二是优中选优，重点支持前景广阔的技术创新深化提升。“十二五”期间，文物科技取得了许多创新性进展。这些技术创新中，一些需要进一步向纵深发展，通过进一步的应用研发，提高技术适用性；另一些则需要横向发展，通过有效的技术集成，形成文物保护利用的系统解决方案。“十三五”期间，我们要有侧重地选择一批需求量大、预期效益高且研究基础扎实的领域，予以重点支持、推动重点突破。例如，在预防性保护方面，要针对风险管理、文物本体微变化监测、文物本体稳定性评价、游客承载量研究等方面，扩大研究的广度和深度，提高适用性、拓展适用范围；在文物保护修复方面，要针对古代壁画、土遗址、石质、铁质、竹木漆器、丝织品等文物类型，在既有关键技术突破的基础上，加强系统解决方案的优化，提高保护修复效果；在文物传承利用方面，充分整合利用新一代信息网络技术、数字化与智能化技术，深化智慧博物馆建设，增强博物馆展示、教育和价值传播功能。

三是面向国家和战略需求，实施重大科技专项。实施重大科技专项是实现文物保护利用共性、关键技术突破，形成系统解决方案的有力手段。过去一年，我们在科技部的大力支持下，完成了国家重点研发计划“文化遗产保护关键技术研发与示范”专项凝练工作，专项涉及“中华文明探源工程”“基于风险管理的文物预防性保护关键技术研发”“智慧博物馆关键技术研发与示范”等19个重点项目，着力在攻克文物价值认知、保护修复和传承利用中面临的重点、难点和瓶颈问题方面取得新突破。与发改委、科技部、工信部、财政部通力合作，编制了《“互联网+中华文明”三年行动计划》，行动计划通过鼓励各类市场主体，以市场需求为导向，以互联网创新成果为支撑，依托文物信息资源，重点实施“互联网+文物教育”等“5+1”项目，着力在发展融合型文化产品、培育战略性新兴产业等方面实现新突破。与工信部密切配合，初步完成了《文物保护装备产业化及应用五年行动计划》的编制工作，行动计划将通过聚焦重大急需和国际突破，着力在夯实产业基础、做好公共服务、填补国内国际空白、文物保护技术装备走出去等方面实现新突破。“十三五”期间，要做好上述重大科技专项的组织实施，确保实效。

四是着力推动科技成果转移转化，切实发挥科技创新的实用价值。促进科技成果转移转化是实施创新驱动发展战略的重要任务，也是加强科技与文物、博物馆事业发展紧密结合的关键环节。“十三五”期间，要多措并举，推动文物保护科技成果的转移转化。在馆藏文物保存环境监测与调控、馆藏文物防震、遗产地风险预控，以及土遗址、壁画、木结构建筑、陶质彩绘文物、竹木漆器、出水文物等方面，实施一批科技创新成果应用示范工程，优先选择具备良好科研条件的博物馆、遗产地进行创新成果的实验性应用，对技术的安全性、有效性进行全面、科学、系统评价。加快重大科技创新成果向行业标准的转化，通过标准的贯彻执行，实现技术成果的扩散。同时，构建文物保护科技成果信息共享平台，加强科技成果数据资源开发利用。此外，要在文物保护科技成果转移转化的多元资金投入、人才队伍建设、市场化服务和激励机制等方面，探索符合文物博物馆行业特点的管理体制机制。

上述四项工作，是“十三五”科技工作的重中之重，我们要认真谋划、周密组织、准确发力、精耕细作，尽快拿出时间表和路线图、完善保障机制，扎实推进各项任务的落实。

（三）完善组织机制和制度保障

第一，加强组织体系建设，优化开放合作机制。

“十三五”期间，要继续推进行业科技创新组织体系建设。重点支持现有行业重点科研基地建设，使其不断做强做大，成为行业技术研发、人才培养、交流合作和成果转化中心，并重点培育1～2家机构进入国家重点实验室、国家工程技术研究中心序列。同时，选择研究基础扎实，具备发展潜力的文博单位、高校、科研院所和科技企业，给予重点引导和支持，使其尽快进入行业重点科研基地行列。

在此基础上，要继续坚持“不求所有、但求所用”的工作思路，以重点科研基地为核心，组建创新联盟和协同创新平台，将更多社会力量引入文博行业，促进人才、知识、技术等优质资源为我所用，形成协调一致、分工合作和紧密联系的良性机制和全社会参与文物科技创新的工作局面。

在国际合作方面，要充分把握文化遗产保护科技纳入《“一带一路”建设科技创新合作专项规划》的机遇，积极拓展文物科技领域的国际合作渠道，探索建立双边或多边国际科技合作机制；加强全球视野的谋划，组织开展国际科技合作项目，主持或参与国际和区域性合作研究，鼓励领域科学家在国际组织中担任重要职务；同时，加强与港、澳、台地区的科技合作，不断提升我国文物科技的国际地位和话语权。

第二，加强人才培养，统筹推进科技人才队伍建设。

“十三五”期间，要以培养文物科技领域急需紧缺的专门人才为主题，统筹推进人才队伍建设。一是通过与院校合作和项目带动，重点培养一批文物领域的战略科学家、复合型科技人才和科技管理专家，以及高素质的学术带头人，加快推进创新团队建设。要研究制定科技人才分类评价标准，把发展潜力和实际贡献作为考量的重点；同时，要建立创新导向的人才分配激励机制。二是注重人才的专业结构和年龄结构布局，兼顾不同学科领域科研人员的培养，兼顾科学家和工程技术人员的培养；要加强科技人才的梯队化布局，抓紧培养造就一批中青年科技专家，在任务委托、岗位聘任及职称聘任中，要打破论资排辈，大胆起用青年科技人才担当重任。三是要采取多种措施，吸引和凝聚一大批行业以外的科研人员，集全社会之合力快速充实文物保护科技人才队伍，共同为文物保护科技发展贡献力量。

第三，加大科技投入力度，完善科技投入机制。

科技投入是科技创新的物质基础，是科技工作可持续发展的重要前提和根本保障。要在“十一五”时期科技经费增长的基础上，进一步加大对文物科技的投入支持力度。一是要积极加强与科技部、工信部、财政部、国家自然科学基金委等有关部门的合作，使文物科技工作能够更多地纳入国家科技计划中去，为文物科技工作提供更有力的物质保障；二是在各类文物保护工程项目中，要进一步加大对前期研究、适用性评价和成果示范的投入比例，实施科技示范工程；三是各省市文物行政部门要把科技投入作为预算保障的重点，同时积极争取科技厅、财政厅等部门的支持；同时，积极争取社会资金的支持，形成多渠道、多元化的经费投入体系。

同志们，“十三五”是我国全面建成小康社会的决胜阶段，也是建设创新型国家的冲刺阶段。我们要准确把握文物工作在经济社会发展的新定位，准确把握新时期文物工作的新需求，准确把握文物、博物馆事业可持续发展对科技创新的新要求，借好国家创新驱动发展的大势，着力解决制约文物科技发展的主要矛盾，推动文物、博物馆事业全面、协调、可持续发展。科技创新是文物、博物馆事业发展的“第一动力”，已成为推动我国从文物大国向文物保护利用强国转变的核心要素，科技兴则文物、博物馆事业兴，科技强则文物、博物馆事业强。我们坚信，在党中央、国务院的正确领导下，文物科技的明天将更加灿烂辉煌，文物科技的发展道路将越走越宽，将为文物、博物馆事业的可持续发展作出更多、更大的贡献。

凝心聚力　改革创新
努力开创文物工作新局面
——国家文物局局长刘玉珠在2016年全国文物局长会议上的工作报告

（2016年12月23日）

今天，我们召开全国文物局长会议，主要任务是深入学习贯彻党的十八大和十八届三中、四中、五中、六中全会精神，落实习近平总书记关于文物工作重要指示批示精神，总结2016年工作，部署2017年任务，凝心聚力，改革创新，以实际行动迎接党的十九大胜利召开。

刚才，雒树刚部长作了重要讲话，对今年工作给予充分肯定，对明年工作提出明确要求。我们一定要认真贯彻落实。

一、2016年工作回顾

2016年，是我国文物事业发展极为重要的一年。党中央、国务院全面部署文物工作。习近平总书记对文物工作、考古及申遗、博物馆建设等作出重要指示批示，强调要树立保护文物也是政绩的科学理念，统筹好文物保护与经济社会发展，切实加大文物保护力度，推进文物合理适度利用，使文物保护成果更多惠及人民群众，广泛动员社会力量参与，努力走出一条符合国情的文物保护利用之路；要有重点地进行系统考古发掘，不断加深对中华文明悠久历史和宝贵价值的认识；申报世界文化遗产工作要统筹安排，有利于突出中华文明历史文化价值，有利于体现中华民族精神追求，有利于向世人展示全面真实的古代中国和现代中国；中国各类博物馆不仅是中国历史的保存者和记录者，也是当代中国人民为实现中华民族伟大复兴的中国梦而奋斗的见证者和参与者，要让博物馆的丰富馆藏都活起来。习近平总书记在乌兹别克斯坦塔什干接见援乌中国文物保护和考古专家团队，并明确强调中国文物援外项目为恢复丝绸之路历史风貌作出了重要努力；在秘鲁利马参观“天涯若比邻——华夏瑰宝秘鲁行”文物展。

李克强总理对文物工作作出重要批示，两次主持国务院常务会议研究文物工作。刘云山、张高丽和刘延东、刘奇葆、栗战书、杨晶等党中央、国务院领导同志对文物工作也作出重要批示。国务院出台《关于进一步加强文物工作的指导意见》，召开全国文物工作会议，对新时期文物工作进行全面部署。国办转发文化部、国家发展改革委、财政部、国家文物局《关于推动文化文物单位文化创意产品开发的若干意见》，国家文物局、国家发展改革委、科技部、工信部、财政部联合印发《“互联网+中华文明”三年行动计划》，科技部、文化部、国家文物局共同印发《国家“十三五”文化遗产保护与公共文化服务科技创新规划》，为文物工作创新发展提供了政策支撑。

全国文物系统认真贯彻习近平总书记重要指示批示精神，落实国务院《指导意见》和全国文物工作会议部署要求，抓主抓重、扎实工作，强化管理、改进作风，完成年度主要目标任务，实现“十三五”良好开局。

（一）坚决贯彻落实党中央、国务院决策部署

围绕学习贯彻习近平总书记系列重要指示批示精神，先后召开学习贯彻习近平总书记关于文物工作、考古及申遗、博物馆建设重要指示批示的全国文物系统座谈会，召开全国考古工作会议。组织中央媒体开展主题宣传活动，在《人民日报》《求是》等刊发学习文章，编印全国文物系统学习习近平总书记文物保护重要论述体会汇编。各地党委政府迅速掀起学习贯彻热潮，一些省份的省委常委会、省政府常务会进行专题学习与研究，河北、山西、内蒙古、江苏、安徽、江西、山东、河南、湖北、海南、重庆、四川、贵州、西藏、甘肃等15个省份的党委政府主要领导对文物工作作出批示、提出要求。各地文物部门组织广大文物工作者认真学习、深刻领会习近平总书记重要指示批示精神实质和丰富内涵，不断把学习贯彻引向深入。

围绕贯彻落实国务院《指导意见》和全国文物工作会议精神，制定任务分工方案，层层落实各项任务和进度安排；制定长城保护、革命文物保护、博物馆建设、文物合理利用、文创产品、文物执法等政策措施。会同中央文明办将文物工作纳入全国文明城市测评体系，会同公安部将文物消防安全纳入省级政府消防工作考核体系。地方党委政府切实履行文物保护主体责任，把文物工作列入重要议事日程，河北、山西、内蒙古、江苏、浙江、安徽、江西、山东、河南、湖北、广东、海南、重庆、四川、贵州、西藏、甘肃等17个省份召开全省（区、市）文物工作会议，河北、山西、内蒙古、黑龙江、江苏、安徽、山东、河南、湖北、广东、重庆、四川、云南、西藏、甘肃等15个省份印发关于进一步加强文物工作的实施意见；天津、山西、内蒙古、江苏、福建、江西、山东、湖南、广东、重庆、青海等11个省份的省级政府，或者市县政府将文物工作纳入考核体系，作为领导班子和领导干部综合考核评价的重要参考。

落实国务院“放管服”改革要求，取消考古发掘领队资格、文物进出境责任鉴定员2项职业资格许可事项和馆藏文物拍摄许可、考古发掘现场专题类直播类节目制作审批等7项中央指定地方实施文物行政许可事项；深化文物保护工程项目审批改革，指导各地制订项目年度计划，优化审批流程，规范审批行为，加强事中事后监管；发布《国有博物馆章程范本》，推进博物馆理事会建设试点。

贯彻十八届五中全会精神，编制实施“十三五”规划。国家记忆工程、“互联网+中华文明”行动计划等纳入国家“十三五”规划纲要，编制《国家文物事业发展“十三五”规划》及大遗址保护、革命文物保护经费需求、信息化建设等专项规划。江苏、浙江、山东、四川、甘肃等印发省级文物事业发展“十三五”规划。

按照国务院部署，完成第一次全国可移动文物普查。目前，全国可移动文物登录平台已登录国有文物藏品收藏单位1万余家、文物6000万件、照片4000万张，汇总馆藏纸质历史档案数据8000万卷／件，文物资源数据库和数字藏品档案系统基本形成。全国可移动文物登录网建成运行，普查成果展成功举办。

（二）坚定推进全面从严治党

认真学习贯彻十八届六中全会精神，扎实开展“两学一做”学习教育。国家文物局党组召开六中全会精神中心组学习扩大会，举办两期学习六中全会精神培训班，听取中央宣

讲团辅导报告，集中学习党内政治生活若干准则、党内监督条例。举办专题党课、主题党日活动，组织党员干部到革命旧址和廉政教育基地参观学习，接受革命传统和反腐倡廉教育。制定“三会一课”实施意见，规范社会组织党建工作。

狠抓中央巡视反馈意见整改落实。按照整改要求，对巡视中发现的3方面10类问题细化分解，提出137项整改措施，严格整改标准，确保整改实效。公布巡视整改情况通报，接受社会监督。巡视整改工作初见成效，近期和中期88项整改任务全面完成，中长期整改事项有序推进。

切实加强党风廉政建设。修订国家文物局党组工作规则，印发落实党委主体责任和纪委监督责任的实施意见，将“两个责任”和“一岗双责”纳入领导班子和领导干部考核管理。强化廉政风险防控，坚决防止四风反弹，加强监督执纪问责，严肃查处一批违规违纪问题，努力打造风清气正的政治生态。

（三）不断提升文物保护水平

围绕贯彻落实习近平总书记系列重要讲话和关于文物保护重要指示批示精神，围绕国家重大战略实施，积极推进文物保护重大项目，在服务国家经济社会发展上取得新进展，在改善文物保护状况上取得新成效。

落实习近平总书记关于长城保护重要批示精神，拓展长城保护行动，制定《“十三五”长城保护工程总体工作方案》，建成长城资源管理信息系统，推进长城沿线省级规划编制。2015～2016年累计安排中央财政专项资金7亿元，对长城保护修缮项目给予倾斜支持，加大长城保护工程排查监管力度，切实提高工程质量。吉林、黑龙江、河北、甘肃、宁夏全部划定公布长城保护区划。举办纪念《长城保护条例》颁布10周年系列活动，发布《中国长城保护报告》，成立京津冀长城保护联盟，开展长城保护公开课和“长城卫士”作品征集活动，普及长城保护知识。

贯彻习近平总书记在庆祝建党95周年大会和纪念红军长征胜利80周年大会上的重要讲话精神，印发《关于加强革命文物工作的通知》，召开革命文物工作座谈会和长征文物保护利用工作会议，对相关工作进行部署。延安革命旧址群保护提升工程、抗战文物保护修缮和展示利用工程成效明显，赣南等原中央苏区革命旧址保护利用工程全面实施，中央红军长征出发地、湘江战役、红军四渡赤水战役和会宁红军会师旧址等长征文物保护工程顺利推进。完成红军长征遗迹现状调查，开展长征文物保护专题宣传，出版长征文物保护阐释系列图书。

贯彻习近平总书记在推进“一带一路”建设工作座谈会上的重要讲话精神和“一带一路”国家战略，召开援外文物保护工程与联合考古工作座谈会；确定“海上丝绸之路·中国史迹”为2018年申遗项目，全力推进申遗文本编制、保护展示和环境整治，组建海丝保护和申遗中国城市联盟，举办海丝国际学术研讨会。落实京津冀协同发展和长江经济带国家战略，召开京津冀文物保护协调推进会，推进北京城市副中心文物保护与考古工作，启动冬奥会相关文物保护工程，实施京张铁路整体保护利用示范项目；开展长江中上游文明进程和长江下游区域文明模式专题研究，启动川渝石窟保护工程。

广西左江花山岩画文化景观成功申遗，中国世界遗产总数达到50项，位居世界第二。“丹东一号”沉船遗址水下考古调查获得重要发现。组织河套地区聚落与社会专题研究，推进二里头遗址博物馆建设，加强良渚、景德镇御窑厂和圆明园遗址保护展示。实施文物援藏保护工程、儒家文化建筑遗产保护展示工程和万里茶道文物资源保护研究，推进国保省保集中成片传统村落整体保护利用项目。中国文物保护基金会实施“拯救老屋”行动计划，开展长城保护公募活动和英国北洋水师水兵墓修缮公募项目。组织82家博物馆开展预防性保护工作，实施123项馆藏文物保护修复项目，抢救修复8000余件文物。

（四）多措并举让文物活起来

发挥博物馆教育功能。全国博物馆总数达到4692家，其中国有博物馆3582家、非国有博物馆1110家；免费开放博物馆4013家。开展第三批国家一级博物馆定级评估和国家一级博物馆运行评估工作，完成央地共建博物馆年度绩效评估。开展完善博物馆青少年教育功能提升示范项目，编写博物馆青少年教育工作指南，43家博物馆荣获全国公共文化设施开展学雷锋志愿服务首批示范单位。

发挥文物展览作用。推介10个纪念建党95周年和红军长征胜利80周年主题优秀展览。中国国家博物馆、军事博物馆举办的馆藏长征文物展和长征主题展，首都博物馆展出的南昌汉代海昏侯国考古成果展，引起广泛关注，取得良好反响。配合中拉文化年、中国—中东欧国家人文交流年、中卡文化年分别举办华夏瑰宝秘鲁行文物展、赴拉脱维亚丝路瑰宝展、赴卡塔尔华夏瑰宝展，举办沙特出土文物来华展和马来西亚海上丝绸之路来华展，为促进文明交流互鉴做出了积极贡献。

推进文创产品开发。印发《关于促进文物合理利用的若干意见》，召开促进文化文博单位文化创意产品开发座谈会，公布首批92家博物馆文创产品开发试点单位，完成编制《博物馆商业经营活动管理办法》。召开全国文博单位文化创意产品开发工作推进会，举办全国文博单位文化创意产品联展和第二届广州国际文物博物馆及版权交易博览会。举办第七届博物馆及相关产品与技术博览会，参展博物馆和企业近500家，创历史新高。

推动文物市场活跃有序发展。开展民间文物收藏和文物市场调研，召开关于民间合法收藏文物、文物市场与文物鉴定服务改革和文物拍卖管理工作座谈会，研究促进民间文物流通政策措施，印发《文物拍卖管理办法》。健全涉案文物鉴定管理制度，公布41家涉案文物鉴定评估机构，完成一批涉案文物鉴定工作。审核备案文物拍卖标的25万件／套，撤拍标的500余件／套，协调境外机构撤拍非法流失中国文物100余件。加强文物进出境审核管理，推广进出境文物电子标签，审核出境文物及复仿制品14万件／套，禁止出境文物1100余件／套。北京海关向北京市文物局移交罚没文物近1.8万件。

（五）切实加强文物执法督察和安全监管

开展执法督察行动。启动文物法人违法案件专项整治三年行动，严肃查处湖北红安七里坪革命旧址、黑龙江哈尔滨刘亚楼故居等一批法人违法案件并公开曝光，社会反响强烈，达到预期效果。开展为期3个月的长城执法专项督察，全面检查长城沿线省级政府和文物行政部门履行长城保护职责情况，督察结果上报国务院并反馈地方政府，向社会公开。成立京津冀文物执法协作体，实施京津冀长城执法联合巡查试点和陕西府谷明长城无人机遥感监测试点，向3436名长城保护员颁发工作证书和巡查制服。对长沙、南京两市20个县区不可移动文物进行卫星遥感整体监测，对20处省级以上文保单位的保护范围和建控地带进行试点监测。发挥“12359”文物违法举报热线作用，畅通社会监督渠道。

加大安全监管力度。开展文物建筑消防安全抽查暗访和隐患排查整治行动，检查文保单位1.8万余家，发现各类火灾隐患1.7万余项，已整改火灾隐患1.5万项。扎实推进文物平安工程，继续实施文物消防安全百项工程，开展文物建筑消防物联网远程监控试点。全年督办涉嫌文物违法犯罪事项和安全隐患事项216件，公开曝光一批违法犯罪典型案件和文物安全重大事故，约谈河北唐山和遵化、山西晋中和平遥、山东即墨、重庆南岸区等重大案件、事故发生地政府负责人。

加大打击文物犯罪力度。与公安部召开打击和防范文物犯罪工作研讨会议，全国公安机关文物犯罪立案数大幅增加；部署开展重点地区打击文物犯罪专项行动，联合督办河北清东陵连续被盗、四川眉山“5·1”特大盗掘倒卖文物、陕西淳化盗掘古墓葬等案件。两高公布的文物犯罪司法解释正式施行，与两高开展文物行政执法与刑事司法衔接机制研究。与中国海警局起草我国管辖海域文物执法工作办法及操作规程。

（六）持续拓展文物对外交流合作

加强与各国政府和国际组织合作。与沙特、希腊、印尼签署文化遗产领域政府间合作谅解备忘录，实施中国—东盟文博考古人才培训计划。“文物带你看中国”3D展示系统实现30个海外文化中心的全覆盖。国家文物局主要负责人首次作为中国政府代表出席保护濒危文化遗产国际会议，所提倡议受到与会各国积极响应。举办首届丝绸之路（敦煌）文化博览会丝绸之路文化遗产论坛，阐述中国文物保护理念和行动。与联合国教科文组织等共同举办国际博物馆高级别论坛，就博物馆社会责任、从业道德和技术标准展开讨论。

文物援外工作和境外合作考古项目稳步推进，成为文化领域“一带一路”建设的重要收获。援助蒙古辽代古塔抢险加固工程顺利完工，援助柬埔寨吴哥古迹茶胶寺、乌兹别克斯坦希瓦古城、尼泊尔加德满都九层神庙等保护项目有序推进，完成缅甸灾后蒲甘佛塔前期勘察评估。支持中国社会科学院考古所、故宫博物院、国家文物局水下文化遗产保护中心及陕西、湖南、云南相关文博机构在乌兹别克斯坦、印度、沙特、哈萨克斯坦、孟加拉国、老挝开展联合考古项目。

推动与港澳台文物交流合作。促成台湾佛光山收藏的河北幽居寺释迦牟尼佛首造像回归。举办两岸唐三彩暨低温釉陶学术研讨会和两岸唐三彩交流展，实现1949年运台文物首次来大陆展出。举办第七届海峡两岸文化遗产论坛，组织第三届台湾历史教师中华文化研习营。赴香港举办海上丝绸之路文物展。

（七）扎实做好文物保护基础工作

制度建设有新成果。制定《国家文物局贯彻落实〈法治政府建设实施纲要（2015～2020年）〉实施方案》，进一步完善《文物保护法》修订草案。出台《长城执法巡查办法》《长城保护员管理办法》《国保单位保护工程竣工验收暂行办法》，强化文物保护措施。修订《非国有博物馆设立标准》《非国有博物馆章程范本》，支持非国有博物馆发展。完成20项国家标准报审和12项行业标准制修订，颁布21项文物保护装备标准。

文物科技创新有新进步。召开全国文物科技工作会议，颁发文物保护科学和技术创新奖，落实创新驱动发展战略。实施国家科技支撑计划世界文化遗产地风险预控关键技术、文物数字化保护标准体系及关键标准研究与示范项目。新设7家国家文物局重点科研基地，支持浙江文物保护区域创新联盟、陶质彩绘文物保护和物联网建设技术创新联盟开展科技攻关。建设国家文物保护装备产业基地和协同工作平台，实施文物保护装备产业标准化示范项目。

深入实施文博人才培养“金鼎工程”。举办各级各类培训项目55个，培训各类人才3300人次。举办西藏、新疆生产建设兵团文博干部和西北、西南地区国保单位保护管理培训班，帮扶西部地区基层文博单位培养人才。完成全国文物与博物馆专业学位研究生教育指导委员会换届工作，实施高层次文博行业人才提升计划。4人入选文化部青年拔尖人才培养计划，编撰纸质、纺织文物保护概论，制作文博名家视听教程。

文物宣传工作主动性明显提高。成功举办国际博物馆日内蒙古博物院主会场活动、中国文化遗产日承德主场城市活动。围绕全国文物工作会议、长征文物保护、长城保护等开展系列主题宣传活动，加大新闻发布和信息公开力度，加强官网、微博、微信新媒体建设，主动回应社会关切，加强热点舆情监测，引导社会舆论，收到良好效果。

上述成绩的取得，得益于党中央、国务院的坚强领导，也得益于中央国家机关相关部门的大力支持，得益于各级党委政府的高度重视，得益于社会各界的广泛参与，更离不开广大文物工作者的辛勤付出。在此，我谨代表国家文物局表示衷心感谢！

必须清醒看到，当前文物工作还存在一些突出问题：对文物工作与经济社会发展关系的认识有待深化；一些法律法规和政策措施的落实还不到位；文物保护项目储备不足，部分文物保护工程实施进度不尽理想；一些地方一般不可移动文物消失势头尚未得到有效遏制，文物违法犯罪仍时有发生；让文物活起来的办法还不够多，文物资源的社会作用尚未充分发挥，促进民间文物收藏的政策措施尚不完备；文物系统改革还需深化，事中事后监管亟待加强，治理能力和水平有待提高。对此，我们必须切实增强忧患意识和担当意识，下更大力气加以解决。

二、2017年工作任务

2017年将召开党的十九大，这是党和国家政治生活中的一件大事。全国文物系统要以学习贯彻十九大精神为指引，坚持稳中求进工作总基调，认真抓好各项工作。2017年文物工作的基本思路是：深入学习贯彻党的十九大和习近平总书记关于文物工作重要指示批示精神，全面落实国务院《指导意见》和全国文物工作会议精神，切实加大文物保护力度，让文物活起来落实落地，突出重点，克难攻坚，努力开创文物工作新局面。

（一）着力做好文物领域事关全局的重点工作

继续落实国务院《指导意见》，拓展深化中央巡视整改成果。要把《指导意见》贯彻落实与中央巡视整改落实结合起来，协同推进，形成合力。要对照国务院《指导意见》分工方案，进一步明确关键性政策举措和重大项目的牵头部门、完成时限和具体措施，加强督促检查，确保落实到位。要对中央巡视反馈意见的49项中长期整改措施，紧盯不放、跟踪问效、确保整改到位。坚持不懈贯彻执行中央八项规定，强化标本兼治，巩固整改成果，逐步建立全面从严治党和作风建设长效机制。要在文物登录制度、社会参与、将文物工作纳入政绩考核等方面总结经验、细化实化制度安排；在文物保护补偿办法、民间收藏等方面要加强调研、积极会商，尽快拿出实施方案，有条件的出台政策文件；在如何回答努力走出一条符合国情的文物保护利用之路方面，要组织力量、深入研究。

积极推进中华优秀传统文化传承工程。全面实施国家文物事业发展“十三五”规划，加强对重大项目和重大工程实施的组织、协调和督导。全面推进国家记忆工程，依托文物建筑、文化典籍等文物资源，通过体现中华优秀传统文化、革命文化和社会主义先进文化的代表性文物，建立全民共识的国家精神标识。全面开展“互联网+中华文明”三年行动计划，按照有利于全社会参与文物保护、有利于提供多样化的文化产品与服务、有利于中华文明传播与弘扬的原则，遴选一批示范项目、示范基地，建设一批示范园区，构建双创服务体系，发挥中央财政资金的引导作用，调动文博单位、市场主体的积极性和创造性，促进文化消费。

深入推进文物领域“放管服”改革。优化文物行政审批工作，更新行政审批事项服务指南，加强事中事后监管。全面推行文物保护监督检查“双随机一公开”监管方式，完善国家文物局“一库两清单一细则”。全面推进政务信息公开，加快文物部门决策、执行、管理、服务、结果公开和重点领域信息公开及共享。

全面总结第一次全国可移动文物普查。报请国务院核定公布普查数据和普查成果，召开普查总结表彰大会，表彰一批普查先进集体和个人。印发第一次全国可移动文物普查登录数据管理办法，编印普查工作报告和收藏单位名录，公布一批符合公开条件的普查数据，向社会公众提供查询服务。

（二）着力发挥文物保护重大项目的引领作用

全面实施长城保护计划。编制实施长城保护总体规划大纲和省级长城保护规划，印发长城保护维修工程规范性文件。实施一批长城修缮、抢险加固和保护设施建设项目，建设一批长城保护展示示范区。开展长城沿线基层保护管理机构负责人和长城保护员、长城志愿者培训。加强长城基础研究和长城精神宣传教育，组建国家级长城保护研究中心。

实施长征——红色记忆工程，全面提升革命文物保护展示水平。编制《长征文化线路保护专项总体规划》，指导地方政府提升长征文物保护等级，加强长征文物保护展示，开展长征文化线路红色旅游。结合纪念建军90周年、抗战全面爆发80周年系列活动，实施革命旧址保护修缮三年行动计划和馆藏革命文物修复计划，推出一批弘扬革命精神、彰显社会主义核心价值观的专题展览。

开展“考古中国”重大研究，全面推进大遗址保护。以良渚等遗址为重点，深入研究展现早期中华文明的多元一体格局；以殷墟等遗址为重点，深化夏商周考古工作，揭示早期中国整体面貌。以河套地区聚落与社会、长江中上游文明进程、长江下游区域文明模式研究为重点，继续推进区域文明化进程研究。指导西安、洛阳开展预防性考古工作，理清城市发展脉络，为城市历史研究和规划建设奠定科学基础。

启动第八批国保单位申报工作，制定申报方案和工作标准，重点关注革命文物、新中国成立以来重要文物及文化景观、文化线路、工业遗产等文物类型。

全面总结推广世界文化遗产保护管理经验，提升文物保护管理能力和水平。积极争取“鼓浪屿·历史国际社区”项目成功申遗，推进“海上丝绸之路·中国史迹”保护与申遗，加强良渚遗址申遗前期准备工作。举办中国首批世界文化遗产列入《世界遗产名录》30周年纪念活动。

加强可移动文物保护，开展馆藏珍贵文物病害分析与健康评估，完成一批馆藏珍贵文物和重要出土文物的保护修复项目，推进馆藏文物保存条件达标和标准化库房建设工程。开展2011～2016年度文物保护修复项目实施情况评估工作，完善文物藏品管理制度。

（三）着力拓展让文物活起来的途径

完善博物馆免费开放工作机制。积极会商中宣部、财政部，扩大补助范围，提高补助标准；开展2011～2016年度博物馆免费开放情况评估，出台博物馆免费开放绩效考评管理制度，探索对免费开放博物馆实行动态管理。推动博物馆青少年教育功能提升，建立博物馆青少年教育项目库，创建博物馆青少年教育活动项目品牌，扩展博物馆教育示范点建设。推进博物馆资源馆际交流共享机制建设，支持红军长征类博物馆成立全国专题博物馆联盟。

促进文物保护单位开放利用。完善古建筑开放利用规程，编制儒家文化建筑遗产保护利用导则，指导大遗址后续保护利用，提升古建筑、古遗址展示利用水平。出台近现代建筑保养维护工程技术规程、革命旧址和抗战文物保护利用导则，拓宽近现代文物展示利用方式。

鼓励社会力量参与。研究制定社会力量参与文物保护利用规范性文件。支持各方力量参与“互联网+中华文明”三年行动计划，支持各类企业和机构利用文物资源进行文化产品创意开发，丰富文化供给。遴选第二批全国博物馆文创产品开发试点单位，将试点范围扩大至地市级博物馆。召开全国文博单位文化创意产品开发工作推进会，建设全国博物馆文化创意产品资源库和产品库。

扩大文物对外交流合作。加强与各国和国际文化遗产组织及机构合作。配合“一带一路”国家战略，继续做好援柬、援乌、援尼等文物保护修复项目，适时启动援缅文物抢救保护项目。做好涉外联合考古工作，主动设计面向中亚、南亚等周边国家的文物保护与合作考古项目。配合“海丝”申遗，策划赴意大利、德国、希腊“海丝”主题展览。配合纪念香港回归20周年活动，举办第三届海峡两岸及港澳地区文化遗产再利用研讨会。继续举办海峡两岸文化遗产论坛和台湾历史教师中华文化研习营，保持与台湾文化遗产领域机制性交流。

（四）着力提升文物工作管理水平

加强不可移动文物管理。完善文物保护工程管理体系，加大重点项目检查指导力度，提高文物保护工程质量；制修订国保单位保护规划编制要求、石窟寺安全稳定性评估技术导则、未定级不可移动文物保护管理导则。

加强博物馆管理。推进黑龙江、湖南、广西、西藏、新疆等省级博物馆提升改造工程及南海博物馆建设工程。实施边疆博物馆提升工程，改善市县级博物馆设施条件。开展第三批二、三级博物馆定级评估工作。印发关于进一步推动非国有博物馆可持续发展的指导意见，发布非国有博物馆法人财产权管理办法，建立非国有博物馆信息公开制度，将非国有博物馆纳入博物馆质量评价体系。印发2017～2019年文物保护标准制修订计划，发布12～15项行业标准。

强化社会文物管理。加强文物经营活动监管，建立文物经营主体信用信息公示系统和违法失信“黑名单”管理制度，督导查处违法违规经营行为。新设2～3家国家文物进出境审核管理机构，加强对自贸区、保税区的文物进出境管理与服务。制定涉案文物鉴定管理办法，编制文物鉴定规程、民间收藏文物鉴定管理办法。加强流失海外中国文物调查，充实流失海外文物数据库建设。

强化执法督察和安全监管。扎实推进文物法人违法案件专项整治三年行动，查处曝光一批法人违法典型案件。对部分长城沿线省份集中开展“再督察”，督促落实整改措施。开展全国省级文物行政执法情况评估和县域不可移动文物执法监测，组织国保单位执法监督在线巡查试点和区域性执法终端建设试点。继续实施文物平安工程，深入开展打击防范文物犯罪活动，建设中国被盗文物数据信息发布平台，不断完善高风险国保单位防火防盗防破坏设施。开展革命文物安全状况调研，启动全国文物安全大数据建设。

（五）着力加强文物保护能力建设

加强人才队伍建设。与相关部门共同印发加强文博人才工作的指导意见，召开全国文博人才工作座谈会。加强对文博类高等教育、职业教育的指导和支持，推动文博机构与高等院校搭建合作培养平台。支持社会力量参与文博人才培养，依托民办高校、中等职业技术学校和艺术学院，协同培养行业急需的勘探、修复、鉴定等技能型人才。加大革命老区、民族地区、边疆地区、贫困地区的基层文博人才培训力度。遴选第二批国家文物局文博人才培训基地，编制文物修复师职业相关标准。

加强文物科技创新。推动《文化遗产保护利用科技创新专项》列入国家重点研发计划。开展1～5批国家文物局重点科研基地运行情况评估，组建1～2家创新联盟，培育行业重点科研基地进入国家重点实验室和国家工程技术研究中心序列。加强科技成果分类评价的制度性设计。发布文物保护装备产业化及应用五年行动计划，编制政府采购文物保护装备自主创新产品目录、文物保护装备推荐性产品目录，实施一批重点项目和示范项目。

强化文物宣传引导。组织党的十八大以来文物工作成就系列报道。做好国际博物馆日全国主会场、中国文化遗产日主场城市活动。加大新闻发布和信息公开力度，加强网络舆情监测工作。打造文物系统网络新媒体矩阵，开展文博知识普及，推出以世界文化遗产为主题的文化遗产公开课，开展社会力量参与文物保护利用专题宣传活动。编纂《中国文物志》是全国文物系统的一项重要任务，各地要切实把文物志的编纂纳入年度重点工作，确保初稿编纂的全面完成。

加强和改进作风建设。全国文物系统要切实加强党的建设，牢固树立四个意识，构建全面从严治党长效机制。各级文物部门要提高大局意识、服务意识，加强能力建设，抓住事关全局的难点、热点问题深入实际开展调研，提出有针对性的对策建议。

三、对当前文物工作的几点思考

随着工业化、信息化、城镇化、农业现代化同步发展，我国的发展理念、社会结构、利益格局和消费需求正在发生深刻变化，文物工作也面临不少新情况、新问题。这些都需要我们积极思考、深入研究。

（一）文物工作要服务国家经济社会发展大局

文物工作是文化建设的重要组成部分，是“五位一体”总体布局和“四个全面”战略布局的重要内容，在党和国家的工作大局占有十分重要的地位。我们必须牢固树立高度自觉的大局意识，切实把文物工作放到党和国家工作大局中谋划与推进。

服务大局，在政治上必须坚决维护以习近平同志为核心的党中央权威，进一步增强“四个意识”特别是核心意识、看齐意识，进一步在思想上、政治上、行动上与党中央保持高度一致。全国文物系统要把坚决贯彻落实党中央决策部署作为一项重大政治责任，把习近平总书记系列重要讲话和重要指示批示精神作为做好文物工作的根本遵循，谋划在前，主动作为，把文物工作与地方经济社会发展结合起来，找准促进经济社会发展的着力点，找准文物事业改革发展的突破点，努力探索走出一条符合国情的文物保护利用之路。

服务大局，在工作上必须全面落实国务院《指导意见》和全国文物工作会议的部署要求。《指导意见》和全国文物工作会议提出了一整套符合实际、利于发展的政策举措，各地相继出台了具体实施意见。2017年是贯彻落实《指导意见》和全国文物工作会议精神的关键一年。各级文物部门要以深入学习贯彻习近平总书记重要指示精神为统领，针对《指导意见》和全国文物工作会议提出的任务要求，层层落实、一抓到底，确保各项任务落到实处、见到实效。

服务大局，在理念上必须促进文物保护成果更多惠及人民群众。无论是在文物修缮和考古发掘等项目中，还是在名城名镇、历史街区和传统村落等保护中，都要坚持以人为本，都要获得人民群众的理解、参与和支持，只有这样，我们各项工作才能推进更快、取得成效。要把文物保护与民生改善、扶贫攻坚相结合，对于仍在居住的传统民居、乡土建筑的保护维修给予更多支持；在做好文物本体保护的同时，还要科学划定文物保护区划，完善文物保护基础设施，改善文物周边环境和居民生活条件，让广大人民群众共享文物保护成果。

服务大局，必须在全社会形成保护文物是全社会的共同责任和公民的法律义务的共识。要让文物保护成果惠及全社会和广大民众，促使大家明白文物保护不仅是政府的事，而且是广大民众的事，是与每个人的利益密不可分的。2016年文物工作取得的成绩，关键是习近平总书记、李克强总理和中央领导同志的重视、关心和支持；关键是各级党委政府牢固树立核心意识、看齐意识，切实把文物工作摆上重要议事日程，主要领导听取专题汇报，专门研究文物工作，出台政策文件，这都是前所未有的。实践证明，只有充分发挥党委统揽全局、政府主导、社会参与的制度优势，才能做好新时期文物工作。

（二）做好文物合理利用，切实让文物活起来

近年来，我们在文物合理利用方面做了很多有益探索，但与党中央的要求、与人民群众的期待还有较大差距。贯彻落实好习近平总书记“让文物活起来”的重要指示是一项长期任务，不仅要在政策、机制上有所突破，而且要在管理、实践中有所创新。当前，我们在文物合理适度利用上已经形成共识，但是对如何切实让文物活起来还缺乏具体方法、工作标准、配套措施和有效途径，需要抓紧研究、大胆探索、勇于推进。

要深入挖掘文物资源的价值内涵。文物是不可再生的珍贵资源和精神财富，具有多重价值，能够在诸多方面发挥十分重要且不可替代的积极作用。一切利用都必须建立在对文物价值的深入研究、准确把握的基础之上，有利于增进公众对文物的正确认识和全面理解、促进文化遗产保护传承，有利于突出中华文明历史文化价值，有利于体现中华民族精神追求，有利于向世人展示全面真实的古代中国和现代中国。要深入开展系统研究，不断加深对中华文明悠久历史和宝贵价值的认识，进一步阐发中华文明形成发展的历程、机制和特征。要依托文物资源所蕴含的文化内涵、道德滋养和时代价值，以通俗易懂、喜闻乐见的展示阐释方式，传承中华优秀传统文化，弘扬社会主义核心价值观，发挥公共文化服务功能，唤醒历史记忆，汲取精神能量，汇聚发展力量。

要进一步加大文物资源开放共享力度。开放是文物资源公益性的基本体现，也是文物为社会提供公共服务的主要形式，文物资源要让公众了解、为公众服务，文物合理利用要让公众参与。要用好用活第三次全国文物普查和第一次全国可移动文物普查数据，加强不可移动文物、考古发掘品、馆藏文物、文物展览、文物拍卖等数据资源开放，促进资源、创意、产品共享。要提高馆藏文物展示利用率，建立馆藏资源共享机制，打破博物馆地域、级别、属性限制，开展联展、巡展、借展，充实中小博物馆、非国有博物馆的基本陈列和专题陈列。各级文保单位要尽可能向公众开放，经保护修缮的文保单位应当具备开放展示条件，推动有条件的行政机关、企事业单位、军队管理使用的国有文保单位定期或部分对公众开放。各级文物部门要把开放工作纳入日程，把文物系统外、非国有文保单位的开放纳入管理视野。

要坚持分类指导、有序推进。文物合理利用问题十分复杂，因为文物类型多样，加之文物分布不平衡、地域和自然条件差异，决定了文物合理利用的方式、目标、程度都会有所不同。因此，必须分类施策、精准管理，探索不同类型文物合理利用的实现途径。各地要因地制宜、区别对待，进行差别化试点，大胆探索可复制、可推广的经验。各级文物部门要在理论研究和实践探索的基础上，制定完善文物合理利用的相关政策、制度、标准、规范，使文物合理利用工作积极稳妥地推进。

（三）规范引导民间收藏，支持非国有博物馆发展

当前，随着经济社会发展和文化消费需求增长，民间收藏文物活动已经成为社会关注的热点。2016年，我们开展了文物市场和文物鉴定专题调研，召开了系列座谈会。通过调研发现，民间收藏和文物市场日趋活跃，但也存在一些不容忽视的问题：文物经营准入门槛过高，文物市场鱼龙混杂、诚信缺失，专业鉴定服务供给短缺，规范引导不到位等。

针对民间收藏热的持续升温，我们要研究借鉴国外民间文物收藏和文物市场管理经验和成功做法，探索适合我国国情的民间文物收藏和流通机制。要以满足公众基本文物收藏鉴赏需求为导向，以解决文物市场和文物鉴定服务不规范问题为突破口，一手抓鼓励，一手抓管理，进一步厘清政府与市场、企业、社会的关系，进一步营造健康有序、守信自律的文物流通环境。

要拓宽文物流通渠道，鼓励民间合法收藏文物，鼓励文物市场活跃有序发展。改革文物拍卖分类管理制度，准许文物拍卖企业全门类拍卖文物。放开互联网文物经营限制，支持取得资质的机构依法从事互联网文物经营活动。优化文物商店、文物拍卖企业从业条件，降低文物经营准入门槛，扩大合法文物经营主体数量。

要增加文物鉴定服务的有效供给，支持更多国家进出境文物审核管理机构、涉案文物鉴定机构和文博单位面向社会提供专业化、常态化的社会文物鉴定服务。研究制定民间收藏文物鉴定管理制度，规范社会机构的文物鉴定行为，遏制虚假文物鉴定乱象。加强文物鉴定程序、技术标准、操作规程和科技手段的推广运用，不断提高鉴定标准化、规范化水平。发挥相关社会组织的作用，加强行业自律，净化发展环境。

要加强文物市场联合执法，建立多部门协作监管机制，推进综合监管，探索审慎监管；打击犯罪行为，整治违法行为，惩戒失信行为，查处虚假鉴定、恶意欺诈行为，建立文物市场守法信用记录制度。加强正面引导，提示风险、澄清是非，倡导理性收藏理念。

对于支持非国有博物馆的发展，各级文物部门要贯彻落实《博物馆条例》，将非国有博物馆纳入管理视野和公共文化服务体系，公平对待非国有博物馆，指导非国有博物馆建章立制、规范运行。鼓励非国有博物馆备案登记的文物公开展出，在不进入流通环节的前提下发挥文物资源的公共服务功能。

（四）统筹推进文物系统改革

党的十八届三中全会以来，我们围绕文物系统改革做了大量工作，特别是文物行政审批制度改革取得阶段性成果。但是也要看到，文物部门在转职能、提效能方面还有很大空间，还存在一些已出台改革措施尚未完全落实、相关措施不配套不协调等问题，文物系统深化改革任务仍然十分艰巨。对于文物系统深化改革来说，解放思想、提高认识是首要的。思想不解放，就很难增强改革的自觉性和主动性，很难找准改革突破的切入点，很难采取并推进突破性的改革举措。

要进一步深化“放管服”改革。加强放管结合是当务之急。国家文物局要加强对改革进展的督导，提高事中事后监管的针对性和有效性。地方文物部门特别是省局要熟悉承接的审批事项，完善实施细则，规范行使权力，提高服务质量。各级文物部门要推动规范化审批，提高审批效率，所有审批事项要有规范的标准，程序上简约、管理上精细、时限上明确。要研究进一步取消下放文物行政审批和行政许可项目，进一步明确文物部门的发展定位和职能定位，进一步规范文物部门的权力清单和责任清单。

要探索管理模式创新。改革的方向是清晰的，作为国务院文物行政主管部门，国家

文物局的主要任务是管方向、管政策、管评价、管引导，应把有限力量和更多精力放在开展调查研究、完善法律政策、制定发展规划、立标准出规范、执法督察、示范引领上，文物保护工程项目审批范围应放在重大工程和示范项目上。地方文物部门特别是省局要发挥上传下达的中枢作用，提升管理能力，加强服务意识，激发文博单位的内在活力和支撑作用。各级文物部门要把加强制度建设、健全政策措施摆在突出位置，加快形成系统完备、科学规范、运行有效的文物保护利用制度体系。推动政务信息系统互联和公共数据共享，建设综合管理平台，充分发挥政务信息化和信息资源共享在深化改革、转变职能、创新管理中的重要作用。探索“互联网+”监管模式，畅通“社会共治”监管渠道，加强宏观管理，拓展社会服务，提高办事效率，提高工作质量，努力实现文物工作治理能力现代化。

（五）切实提高抓大事的能力

我国文物资源点多面广量大，文物工作具有特殊性、复杂性、紧迫性，具有自身发展规律。目前，我们的认知能力、管理能力有限，现有法规政策体系不完备，文物机构编制队伍势单力薄，保护责任和工作能力不匹配，这就要求我们从实际出发，区分责任，传导压力，提高各级文物部门的大局意识、责任意识和管理能力，调动各方积极性。国家文物局、省级文物局、市县文物保护管理机构和人员都要清晰了解自己的职责，切实负起责任，把工作做实做细，不能人人有责而人人不负责。国家文物局要抓的大事，首先是贯彻落实好党中央、国务院关于文物工作的决策部署和中央领导同志重要指示批示精神，当前重中之重就是如何进一步研究落实习近平总书记关于文物工作的重要指示批示精神，如何积极探索符合国情的文物保护利用之路，如何进一步贯彻落实全国文物工作会议精神和国务院《指导意见》。其次是切实落实好《文物保护法》《博物馆条例》《长城保护条例》等法律法规，不断探索建立完备的文物保护法规政策体系。第三是加强能力建设，提升管理水平，回应社会关切。省级文物局要抓的大事，一是依法履行文物行政管理职责，包括落实国家文物局的部署；二是根据省情确定管理思路和管理规划；三是抓好各项任务的落实。总之，文物工作做得好与不好，关键在省局。

同志们，努力走出一条符合国情的文物保护利用之路，责任重大、使命光荣。让我们紧密团结在以习近平同志为核心的党中央周围，紧紧围绕“五位一体”总体布局和“四个全面”战略布局，以锐意进取的精神、敢于担当的干劲和稳健务实的作风，全面推进2017年各项任务，奋力谱写文物工作新篇章，以优异成绩迎接党的十九大胜利召开。

国务院关于进一步加强文物工作的指导意见

国发〔2016〕17号

各省、自治区、直辖市人民政府，国务院各部委、各直属机构：

为切实加强文物工作，进一步发挥文物资源在传承和弘扬中华优秀传统文化、实现中华民族伟大复兴中国梦中的重要作用，现提出如下意见。

一、重要意义

中华民族具有五千多年连绵不断的文明历史，创造了博大精深的中华文化，留下了极其丰厚的文化遗产。文物是不可再生的珍贵文化资源，是国家的“金色名片”，是中华民族生生不息发展壮大的实物见证，是传承和弘扬中华优秀传统文化的历史根脉，是培育和践行社会主义核心价值观的深厚滋养。加强文物保护，让收藏在博物馆里的文物、陈列在广阔大地上的遗产、书写在古籍里的文字都活起来，对于传承中华优秀传统文化、满足人民群众精神文化需求、提升国民素质、增强民族凝聚力、展示文明大国形象、促进经济社会发展具有十分重要的意义。

近年来，在党中央、国务院的高度重视下，我国文物事业取得了显著成就。全社会保护文物的意识进一步增强，文物保护基础工作不断夯实，资源状况基本摸清，保护经费和保护力量持续增长，保护状况明显改善，博物馆建设步伐加快，公共文化服务水平稳步提高，文物利用的广度深度不断拓展，文物拍卖市场管理逐步规范，文物对外交流合作日益扩大，文物事业呈现出前所未有的良好态势。同时也应看到，随着经济社会快速发展，文物保护与城乡建设的矛盾日益显现，随着文物数量大幅度增加，文物保护的任务日益繁重，文物工作面临着一些新的问题和困难。全社会保护文物的法治观念有待提升，文物保护的配套法规体系尚需完善；一些地方履行文物保护的责任不到位，法人违法行为屡禁不止；一些文物保护单位因自然和人为因素遭到破坏，一些革命文物的保护没有得到足够重视，尚未核定公布为文物保护单位的不可移动文物消失加快；文物建筑火灾事故多发，盗窃盗掘等文物犯罪屡打不止；文物执法力量薄弱，执法不严、违法不究现象时有发生；文物拓展利用不够，文物保护管理的能力建设有待加强。面对文物保护的严峻形势和突出问题，必须增强紧迫感和使命感，本着对历史负责、对人民负责、对未来负责的态度，采取切实有效措施，进一步加强新时期的文物工作。

二、总体要求

（一）指导思想。全面贯彻落实党的十八大和十八届二中、三中、四中、五中全会精神，按照党中央、国务院决策部署，坚持创新、协调、绿色、开放、共享的发展理念，坚持“保护为主、抢救第一、合理利用、加强管理”的文物工作方针，深入挖掘和系统阐发文物所蕴含的文化内涵和时代价值，切实做到在保护中发展、在发展中保护，努力为建设社会主义文化强国作出更大贡献。

（二）基本原则。坚持公益属性。政府在文物保护中应发挥主导作用，公平对待国有和非国有博物馆，发挥文物的公共文化服务和社会教育功能，保障人民群众基本文化权益，拓宽人民群众参与渠道，共享文物保护利用成果。

坚持服务大局。始终把保护文物、传承优秀传统文化、建设共有精神家园作为文物工作服务大局的出发点和落脚点，统筹协调文物保护与经济发展、城乡建设、民生改善的关系，充分发挥文物资源传承文明、教育人民、服务社会、推动发展的作用。

坚持改革创新。深化行政管理体制改革，简政放权、放管结合、优化服务，破除影响文物事业发展的体制机制障碍。更新观念，协同创新，发挥社会各方面参与文物保护利用的积极性。

坚持依法管理。完善文物法律法规体系，全面落实法定职责，健全依法决策机制，强化责任追究。加大执法力度，严肃查处违法行为，严厉打击文物犯罪。

（三）主要目标。到2020年，文物事业在传承中华优秀传统文化、弘扬社会主义核心价值观、推动中华文化走出去、提高国民素质和社会文明程度中进一步发挥重要作用；文物资源状况全面摸清，全国重点文物保护单位、省级文物保护单位保存状况良好，市县级文物保护单位保存状况明显改善，尚未核定公布为文物保护单位的不可移动文物保护措施得到落实；馆藏文物预防性保护进一步加强，珍贵文物较多的博物馆藏品保存环境全部达标；文物保护的科技含量和装备水平进一步提高，文物展示利用手段和形式实现突破；主体多元、结构优化、特色鲜明、富有活力的博物馆体系日臻完善，馆藏文物利用效率明显提升，文博创意产业持续发展，有条件的文物保护单位基本实现向公众开放，公共文化服务功能和社会教育作用更加彰显；文物法律法规体系基本完备，文物保护理论架构基本确立，行业标准体系和诚信体系基本形成；文物行业人才队伍结构不断优化，专业水平明显提升；文物执法督察体系基本建立，执法力量得到加强，安全责任体系更加健全，安全形势明显好转；社会力量广泛参与文物保护利用格局基本形成，文物保护成果更多惠及人民群众，文物资源促进经济社会发展的作用进一步增强，促进中外人文交流的作用进一步发挥。

三、明确责任

（一）落实政府责任。各级人民政府要进一步提高对文物保护重要性的认识，敬重祖先留下来的珍贵遗产，依法履行管理和监督责任。地方人民政府要切实履行文物保护主体责任，把文物工作列入重要议事日程，作为地方领导班子和领导干部综合考核评价的重要参考；建立健全文物保护责任评估机制，每年对本行政区域的文物保存状况进行一次检查评估，发现问题及时整改。

（二）强化主管部门职责。要支持文物行政部门依法履行职责，加强文物行政机构建设，优化职能配置。文物保护，基础在县。县级人民政府应根据本地文物工作实际，明确相关机构承担文物保护管理职能。各级文物行政部门要深化行政管理体制改革，转变职能，强化监管，守土尽责，敢于担当。

（三）加强部门协调。各地要建立由主管领导牵头的文物工作协调机制，地方各级人民政府相关部门和单位要认真履行依法承担的保护文物职责。在有关行政许可和行政审批项目中，发展改革、财政、住房城乡建设、国土资源、文物等部门要加强协调配合。建立文物、文化、公安、住房城乡建设、国土资源、环境保护、旅游、宗教、海洋等部门和单位参加的行政执法联动机制，针对主要问题适时开展联合检查和整治行动。发挥全国文物安全工作部际联席会议作用，公安、海关、工商、海洋、文物等部门和单位要保持对盗窃、盗掘、盗捞、倒卖、走私等文物违法犯罪活动的高压态势，完善严防、严管、严打、严治的长效机制，结案后应及时向文物行政部门移交涉案文物。加强文物行政执法和刑事司法衔接，建立文物行政部门和公安、司法机关案情通报、案件移送制度。工业和信息化、文物等部门和单位要共同推进文物保护装备产业发展。教育部门要在文物工作急需人才培养方面给予支持和倾斜。

四、重在保护

（一）健全国家文物登录制度。完善文物认定标准，规范文物调查、申报、登记、定级、公布程序。抓紧制定不可移动文物的降级撤销程序和馆藏文物退出机制。建立国家文物资源总目录和数据资源库，全面掌握文物保存状况和保护需求，实现文物资源动态管理，推进信息资源社会共享。

（二）加强不可移动文物保护。对存在重大险情的各级文物保护单位应及时开展抢救性保护，在项目审批上开辟“绿色通道”，在资金安排上予以保障；组织实施一批具有重大影响和示范意义的文物保护重点项目；加强文物日常养护巡查和监测保护，提高管理水平，注重与周边环境相协调，重视岁修，减少大修，防止因维修不当造成破坏。文物保护工程要遵循其特殊规律，依法实行确保工程质量的招投标方式和预算编制规范。加强长城保护。注重革命文物的维修保护。加强大遗址保护和国家考古遗址公园建设。开展水下考古调查，基本掌握水下文物整体分布和保存状况，划定水下文物保护区，实施一批水下文物保护重点工程，加快建设国家文物局水下文化遗产保护中心南海基地，研究建立涵括水下文化遗产的海洋历史文化遗址公园。做好世界文化遗产申报和保护管理工作，加快世界文化遗产监测预警体系建设。

（三）加强城乡建设中的文物保护。高度重视城市改造和新农村建设中的文物保护，突出工作重点，区分轻重缓急，加强历史文化名城、村镇、街区和传统村落整体格局和历史风貌的保护，防止拆真建假、拆旧建新等建设性破坏行为；涉及各级文物保护单位建设控制地带和地下文物埋藏区的建设项目，应当严格按照文物保护法律法规的规定办理相关手续；不可移动文物不得擅自迁移、拆除，因建设工程确需迁移、拆除的，应当严格按照文物保护法律法规的规定办理相关手续。做好基本建设中的考古调查、勘探、发掘和文物保护工作，搞好配合，提高时效。研究制定文物保护补偿办法，依法确定补偿对象、补助范围等内容。利用公益性基金等平台，采取社会募集等方式筹措资金，解决产权属于私人的不可移动文物保护维修的资金补助问题，使文物所有者和使用者更好地履行保护义务。

（四）加强文物保护规划编制实施。要将文物行政部门作为城乡规划协调决策机制成员单位，按照“多规合一”的要求将文物保护规划相关内容纳入城乡规划。国务院文物行政部门统筹指导各级文物保护单位保护规划的编制工作。全国重点文物保护单位保护规划由省级人民政府组织编制，经国务院文物行政部门审核同意后公布实施。地方各级人民政府要及时核定本行政区域相应级别的文物保护单位和不可移动文物名录，依法划定文物保护单位保护范围和建设控制地带，并通过政务信息平台向社会公开，接受社会监督。

（五）加强可移动文物保护。实施馆藏文物修复计划，及时抢救修复濒危珍贵文物，优先保护材质脆弱珍贵文物，分类推进珍贵文物保护修复工程，注重保护修复馆藏革命文物。实施预防性保护工程，对展陈珍贵文物配备具有环境监测功能的展柜，完善博物馆、文物收藏单位的文物监测和调控设施，对珍贵文物配备柜架囊匣。要为处于地震带的博物馆的珍贵文物配置防震保护设备。实施经济社会发展变迁物证征藏工程，征集新中国成立以来反映经济社会发展的重要实物，记录时代发展，丰富藏品门类。

（六）加强文物安全防护。实施文物平安工程，完善文物建筑防火和古遗址古墓葬石窟寺石刻防盗防破坏设施，切实降低文物保护单位安全风险。落实文物管理单位主体责任。夯实基层文物安全管理，健全县（市、区）、乡镇（街道）、村（社区）三级文物安全管理网络，逐级落实文物安全责任；发挥乡镇综合文化站作用，完善文物保护员制度，推行政府购买文物保护服务，逐处落实文物安全责任单位或责任人。

（七）制定鼓励社会参与文物保护的政策措施。指导和支持城乡群众自治组织保护管理使用区域内尚未核定公布为文物保护单位的不可移动文物。制定切实可行的政策措施，鼓励向国家捐献文物及捐赠资金投入文物保护的行为。对社会力量自愿投入资金保护修缮市县级文物保护单位和尚未核定公布为文物保护单位的不可移动文物的，可依法依规在不改变所有权的前提下，给予一定期限的使用权。培育以文物保护为宗旨的社会组织，发挥文物保护志愿者作用。鼓励民间合法收藏文物，支持非国有博物馆发展。制定文物公共政策应征求专家学者、社会团体、社会公众的意见，提高公众参与度，形成全社会保护文物的新格局。

五、拓展利用

（一）为培育和弘扬社会主义核心价值观服务。挖掘研究文物价值内涵，以物知史，以物见人，传播优秀传统文化，引领社会文明风尚。推出一批具有鲜明教育作用、彰显社会主义核心价值观的陈列展览、文物影视节目和图书等多媒体出版物。推动建立中小学生定期参观博物馆的长效机制，鼓励学校结合课程设置和教学计划，组织学生到博物馆开展学习实践活动。

（二）为保障人民群众基本文化权益服务。完善博物馆公共文化服务功能，扩大公共文化服务覆盖面，将更多的博物馆纳入财政支持的免费开放范围。建立博物馆免费开放运行绩效评估管理体系。加强革命老区、民族地区、边疆地区、贫困地区博物馆建设，促进博物馆公共文化服务标准化、均等化。考古发掘单位要依法向博物馆移交文物。推动博物馆由数量增长向质量提升转变，完善服务标准，提升基本陈列质量，提高藏品利用效率，促进馆藏资源、展览的共享交流。实施智慧博物馆项目，推广生态博物馆、流动博物馆，有条件的地方可以建立社区博物馆。提升古遗址古建筑石窟寺展示利用水平，拓宽近现代文物的利用方式。推动有条件的行政机关、企事业单位管理使用的文物保护单位定期或部分对公众开放。

（三）为促进经济社会发展服务。发挥文物资源在文化传承中的作用，丰富城乡文化内涵，彰显地域文化特色，优化社区人文环境。发挥文物资源在促进地区经济社会发展、壮大旅游业中的重要作用，打造文物旅游品牌，培育以文物保护单位、博物馆为支撑的体验旅游、研学旅行和传统村落休闲旅游线路，设计生产较高文化品位的旅游纪念品，增加地方收入，扩大居民就业。实行文物保护的分类管理、精准管理，针对城市、乡村、荒野等不同地域，以考古勘探等工作为基础，合理划定古遗址的保护区划；对传统村落中的文物建筑分别实行整体保护、外貌保护、局部保护，实现文物保护与延续使用功能、改善居住条件相统一。切实加强文物市场和社会文物鉴定的规范管理，积极促进文物拍卖市场健康发展。

（四）大力发展文博创意产业。深入挖掘文物资源的价值内涵和文化元素，更加注重实用性，更多体现生活气息，延伸文博衍生产品链条，进一步拓展产业发展空间，进一步调动博物馆利用馆藏资源开发创意产品的积极性，扩大引导文化消费，培育新型文化业态。鼓励众创、众筹，以创新创意为动力，以文博单位和文化创意设计企业为主体，开发原创文化产品，打造文化创意品牌，为社会资本广泛参与研发、经营等活动提供指导和便利条件。实施“互联网+中华文明”行动计划，支持和引导企事业单位通过市场方式让文物活起来，丰富人民群众尤其是广大青少年的精神文化生活。

（五）为扩大中华文化影响力服务。积极参与国际文化遗产保护事务，扩大与相关国际组织的合作，形成文物交流双边、多边合作机制。与更多国家和地区签署防止盗窃、盗掘和非法进出境文物双边协定，通过外交、司法、民间等多种形式推进非法流失海外文物的追索与返还。拓宽文物对外展示传播渠道，加强文物与外交、文化、海洋等部门和单位联动。推进与“一带一路”沿线国家文物保护领域的实质性合作。

（六）合理适度利用。任何文物利用都要以有利于文物保护为前提，以服务公众为目的，以彰显文物历史文化价值为导向，以不违背法律和社会公德为底线。文物景区景点要合理确定游客承载量；国有不可移动文物不得转让、抵押，不得作为企业资产经营，不得将辟为参观游览场所的国有文物保护单位及其管理机构整体交由企业管理。

六、严格执法

（一）完善文物保护法律法规。加快推进《文物保护法》《水下文物保护管理条例》等法律法规修订工作。省级人民政府和具有立法权的市级人民政府要推动文物保护地方性法规规章制修订工作，健全法治保障体系。

（二）强化文物督察。完善文物保护监督机制，畅通文物保护社会监督渠道。加强层级监督，依法对地方履行文物保护职责情况进行督察，对重大文物违法案件和文物安全事故进行调查督办，集中曝光重大典型案例，对影响恶劣的要约谈地方人民政府负责人。优化国务院文物行政部门执法督察力量配置。

（三）加强地方文物执法工作。地方各级人民政府要结合综合行政执法改革，进一步加强文物执法工作，落实执法责任。加强省级文物行政部门执法督察力量。市县级文物行政部门要依法履行好行政执法职能，也可通过委托由文化市场综合执法队伍或其他综合行政执法机构承担文物执法职能。文物资源密集、安全形势严峻的地方可根据实际需要，设立专门的警务室。文物行政部门要强化预防控制措施，加大执法巡查力度，及时制止违法行为；建立案件分级管理、应急处置、挂牌督办等机制，建设文物执法管理平台。

（四）严格责任追究。地方各级人民政府、各有关部门和单位因不依法履行职责、决策失误、失职渎职导致文物遭受破坏、失盗、失火并造成一定损失的，要依法依纪追究有关人员的责任；涉嫌犯罪的，移送司法机关处理。造成国家保护的珍贵文物或者文物保护单位损毁、灭失的，要依法追究实际责任人、单位负责人、上级单位负责人和当地政府负责人的责任。建立文物保护责任终身追究制，对负有责任的领导干部，不论是否已调离、提拔或者退休，都必须严肃追责。建立健全文物保护工程勘察设计、施工、监理、技术审核质量负责制，对违反国家法律法规和相关技术标准，造成文物和国家财产遭受重大损失的，要依法追究相关单位和人员的责任。

（五）加大普法宣传力度。要将《文物保护法》的学习宣传纳入普法教育规划，纳入各级党校和行政学院教学内容。文化、新闻出版广电等部门和单位要主动做好《文物保护法》的宣传普及工作。落实“谁执法谁普法”的普法责任制，各级文物行政部门要将《文物保护法》的宣传普及作为重要工作任务常抓不懈，切实提高全民文物保护意识和执行

《文物保护法》的自觉性。开展多种形式的以案释法普法教育活动。建立健全文物、博物馆、考古等有关企事业单位的守法信用记录，完善守法诚信行为褒奖机制和违法失信行为惩戒机制。

七、完善保障

（一）保障经费投入。县级以上人民政府要把文物保护经费纳入本级财政预算。要将国有尚未核定公布为文物保护单位的不可移动文物保护纳入基本公共文化服务范畴，积极引导和鼓励社会力量参与，多措并举，落实保护资金的投入。探索对文物资源密集区的财政支持方式，在土地置换、容积率补偿等方面给予政策倾斜。加强经费绩效管理和监督审计，提高资金使用效益。大力推广政府和社会资本合作（PPP）模式，探索开发文物保护保险产品，拓宽社会资金进入文物保护利用的渠道。

（二）加强科技支撑。发挥科技创新的引领作用，充分运用云计算、大数据、“互联网+”等现代信息技术，推动文物保护与现代科技融合创新。通过国家科技计划（专项、基金等），重点支持文物价值认知、保护修复和传统工艺科学化、考古综合技术、大遗址展示利用、文物预防性保护、智慧博物馆等方面的科技攻关，突破一批共性、关键、核心技术；针对土遗址、彩塑壁画、石质文物、纸质文物、纺织品的保护，实施一批重点科技示范工程，形成系统解决方案；建立跨部门跨地区的协同创新工作机制，在重点方向成立工程技术研究中心和技术创新战略联盟，全面提升集成创新、区域创新能力。提高文物保护装备制造能力。加快重要和急需标准制修订，支持有关企业、行业标准的制订，完善文物保护准则，进一步推广应用文物保护技术标准和行业规范，提升文物工作标准化、科学化水平。

（三）重视人才培养。实施人才培养“金鼎工程”，加快文博领军人才、科技人才、技能人才、复合型管理人才培养，形成结构优化、布局合理、基本适应文物事业发展需要的人才队伍。组织高等院校、科研院所以及文物大省的专业人才，实施保护项目与人才培养联动战略，加快文物保护修复、水下考古、展览策划、法律政策研究等紧缺人才培养。重视民间匠人传统技艺的挖掘、保护与传承。加强县级文物行政执法、保护修复等急需人才培训，适当提高市县文博单位中高级专业技术人员比例。加大非国有博物馆管理人员、专业人员培训力度，完善文物保护专业技术人员评价制度，加强高等院校、职业学校文物保护相关学科建设和专业设置。

各地、各有关部门和单位要根据本指导意见要求，结合工作实际，认真抓好贯彻落实。

国务院

2016年3月4日

国务院办公厅转发文化部等部门关于推动文化文物单位文化创意产品开发若干意见的通知

国办发〔2016〕36号

各省、自治区、直辖市人民政府，国务院各部委、各直属机构：

文化部、国家发展改革委、财政部、国家文物局《关于推动文化文物单位文化创意产品开发的若干意见》已经国务院同意，现转发给你们，请结合实际，认真贯彻执行。

国务院办公厅

2016年5月11日

关于推动文化文物单位文化创意产品开发的若干意见

文化部　国家发展改革委　财政部　国家文物局

为深入发掘文化文物单位馆藏文化资源，发展文化创意产业，开发文化创意产品，弘扬中华优秀文化，传承中华文明，推进经济社会协调发展，提升国家软实力，根据《国务院关于进一步加强文物工作的指导意见》（国发〔2016〕17号）有关要求，现提出以下意见。

一、总体要求

文化文物单位主要包括各级各类博物馆、美术馆、图书馆、文化馆、群众艺术馆、纪念馆、非物质文化遗产保护中心及其他文博单位等掌握各种形式文化资源的单位。文化文物单位馆藏的各类文化资源，是中华民族五千多年文明发展进程中创造的博大精深灿烂文化的重要组成部分。

依托文化文物单位馆藏文化资源，开发各类文化创意产品，是推动中华文化创造性转化和创新性发展、使中国梦和社会主义核心价值观更加深入人心的重要途径，是推动中华文化走向世界、提升国家文化软实力的重要渠道，是丰富人民群众精神文化生活、满足多样化消费需求的重要手段，是增强文化文物单位服务能力、提升服务水平、丰富服务内容的必然要求，对推动优秀传统文化与当代文化相适应、与现代社会相协调，推陈出新、以文化人，具有重要意义。

推动文化创意产品开发，要始终把社会效益放在首位，实现社会效益和经济效益相统一；要在履行好公益服务职能、确保文化资源保护传承的前提下，调动文化文物单位积极性，加强文化资源系统梳理和合理开发利用；要鼓励和引导社会力量参与，促进优秀文化资源实现传承、传播和共享；要充分运用创意和科技手段，注意与产业发展相结合，推动文化资源与现代生产生活相融合，既传播文化，又发展产业、增加效益，实现文化价值和实用价值的有机统一。力争到2020年，逐步形成形式多样、特色鲜明、富有创意、竞争力强的文化创意产品体系，满足广大人民群众日益增长、不断升级和个性化的物质和精神文化需求。

二、主要任务

（一）充分调动文化文物单位积极性。具备条件的文化文物单位应结合自身情况，依托馆藏资源、形象品牌、陈列展览、主题活动和人才队伍等要素，积极稳妥推进文化创意产品开发，促进优秀文化资源的传承传播与合理利用。鼓励文化文物单位与社会力量深度合作，建立优势互补、互利共赢的合作机制，拓宽文化创意产品开发投资、设计制作和营销渠道，加强文化资源开放，促进资源、创意、市场共享。

（二）发挥各类市场主体作用。鼓励众创、众包、众扶、众筹，以创新创意为动力，以文化创意设计企业为主体，开发文化创意产品，打造文化创意品牌，为社会力量广泛参与研发、生产、经营等活动提供便利条件。鼓励企业通过限量复制、加盟制造、委托代理等形式参与文化创意产品开发。鼓励和引导社会资本投入文化创意产品开发，努力形成多渠道投入机制。

（三）加强文化资源梳理与共享。推进文化文物单位各类文化资源的系统梳理、分类整理和数字化进程，明确可供开发资源。用好用活第三次全国文物普查和第一次全国可移动文物普查数据。鼓励依托高新技术创新文化资源展示方式，提升体验性和互动性。支持数字文化、文化信息资源库建设，用好各类已有文化资源共建共享平台，面向社会提供知识产权许可服务，促进文化资源社会共享和深度发掘利用。

（四）提升文化创意产品开发水平。深入挖掘文化资源的价值内涵和文化元素，广泛应用多种载体和表现形式，开发艺术性和实用性有机统一、适应现代生活需求的文化创意产品，满足多样化消费需求。结合构建中小学生利用博物馆学习的长效机制，开发符合青少年群体特点和教育需求的文化创意产品。鼓励开发兼具文化内涵、科技含量、实用价值的数字创意产品。推动文化文物单位、文化创意设计机构、高等院校、职业学校等开展合作，提升文化创意产品设计开发水平。

（五）完善文化创意产品营销体系。创新文化创意产品营销推广理念、方式和渠道，促进线上线下融合。支持有条件的文化文物单位在保证公益服务的前提下，将自有空间用于文化创意产品展示、销售，鼓励有条件的单位在国内外旅游景点、重点商圈、交通枢纽等开设专卖店或代售点。综合运用各类电子商务平台，积极发展社交电商等网络营销新模式，提升文化创意产品网络营销水平，鼓励开展跨境电子商务。配合优秀文化遗产进乡村、进社区、进校园、进军营、进企业，加强文化创意产品开发和推广。鼓励结合陈列展览、主题活动、馆际交流等开展相关产品推广营销。积极探索文化创意产品的体验式营销。

（六）加强文化创意品牌建设和保护。促进文化文物单位、文化创意设计企业提升品牌培育意识以及知识产权创造、运用、保护和管理能力，积极培育拥有较高知名度和美誉度的文化创意品牌。依托重点文化文物单位，培育一批文化创意领军单位和产品品牌。建立健全品牌授权机制，扩大优秀品牌产品生产销售。

（七）促进文化创意产品开发的跨界融合。支持文化资源与创意设计、旅游等相关产业跨界融合，提升文化旅游产品和服务的设计水平，开发具有地域特色、民族风情、文化品位的旅游商品和纪念品。推动优秀文化资源与新型城镇化紧密结合，更多融入公共空间、公共设施、公共艺术的规划设计，丰富城乡文化内涵，优化社区人文环境，使城市、村镇成为历史底蕴厚重、时代特色鲜明、文化气息浓郁的人文空间。将文化创意产品开发作为推动革命老区、民族地区、边疆地区、贫困地区文化遗产保护和文化发展、扩大就业、促进社会进步的重要措施。鼓励依托优秀演艺、影视等资源开发文化创意产品，延伸相关产业链条。

三、支持政策和保障措施

（一）推动体制机制创新。鼓励具备条件的文化文物单位在确保公益目标、保护好国家文物、做强主业的前提下，依托馆藏资源，结合自身情况，采取合作、授权、独立开发等方式开展文化创意产品开发。逐步将文化创意产品开发纳入文化文物单位评估定级标准和绩效考核范围。文化文物事业单位要严格按照分类推进事业单位改革的政策规定，坚持事企分开的原则，将文化创意产品开发与公益服务分开，原则上以企业为主体参与市场竞争；其文化创意产品开发取得的事业收入、经营收入和其他收入等按规定纳入本单位预算统一管理，可用于加强公益文化服务、藏品征集、继续投入文化创意产品开发、对符合规定的人员予以绩效奖励等。国有文化文物单位应积极探索文化创意产品开发收益在相关权利人间的合理分配机制。促进国有和非国有文化文物单位之间在馆藏资源展览展示、文化创意产品开发等方面的交流合作。鼓励具备条件的非国有文化文物单位充分发掘文化资源开发文化创意产品，同等享受相关政策支持。

（二）稳步推进试点工作。按照试点先行、逐步推进的原则，在国家级、部分省级和副省级博物馆、美术馆、图书馆中开展开办符合发展宗旨、以满足民众文化消费需求为目的的经营性企业试点，在开发模式、收入分配和激励机制等方面进行探索。试点名单由文化部、国家文物局确定，或者由省级人民政府文化文物部门确定并报文化部、国家文物局备案。允许试点单位通过知识产权作价入股等方式投资设立企业，从事文化创意产品开发经营。试点单位具备相关知识和技能的人员在履行岗位职责、完成本职工作的前提下，经单位批准，可以兼职到本单位附属企业或合作设立的企业从事文化创意产品开发经营活动；涉及的干部人事管理、收入分配等问题，严格按照有关政策规定执行。参照激励科技人员创新创业的有关政策完善引导扶持激励机制。探索将试点单位绩效工资总量核定与文化创意产品开发业绩挂钩，文化创意产品开发取得明显成效的单位可适当增加绩效工资总量，并可在绩效工资总量中对在开发设计、经营管理等方面做出重要贡献的人员按规定予以奖励。

（三）落实完善支持政策。中央和地方各级财政通过现有资金渠道，进一步完善资金投入方式，加大对文化创意产品开发工作的支持力度。研究论证将符合条件的文化创意产品开发项目纳入专项建设基金支持范围。认真落实推进文化创意和设计服务与相关产业融合发展、发展对外文化贸易等扶持文化产业发展的税收政策，支持文化创意产品开发。将文化创意产品开发纳入文化产业投融资服务体系支持和服务范围。面向从事文化创意产品开发的企事业单位，培育若干骨干文化创意产品开发示范单位，加强引领示范，形成可向全行业推广的经验。将文化创意产品开发经营企业纳入各级文化产业示范基地评选范围。强化文化市场监管和执法，加大侵权惩处力度，创造良好市场环境。鼓励各级地方政府创新文化创意产品开发机制，用机制创新干事。

（四）加强支撑平台建设。发挥国家级文化文物单位和骨干企业作用，支持实施一批具有示范引领作用的项目，搭建面向全行业的产品开发、营销推广、版权交易等平台。支持有条件的地方和企事业单位建设文化创意产品开发生产园区基地。实施“互联网+中华文明”行动计划，遴选和培育一批“双创”空间，实施精品文物数字产品和精品展览数字产品推广项目。充分发挥重点文化产业、文物展会作用，促进优秀文化创意产品的展示推广和交易。规范和鼓励举办产品遴选推介、创意设计竞赛等活动，促进文化创意产品展示交易。借助海外中国文化中心、国际展览展示交易活动、文物进出境展览和交流等平台，促进优秀文化创意产品走出去。

（五）强化人才培养和扶持。以高端创意研发、经营管理、营销推广人才为重点，同旅游、教育结合起来，加强对文化创意产品开发经营人才的培养和扶持。将文化创意产品设计开发纳入各类文化文物人才扶持计划支持范围。文化文物单位和文化创意产品开发经营企业要积极参与各级各类学校相关专业人才培养，探索现代学徒制、产学研结合等人才培养模式，并为学生实习提供岗位，提高人才培养的针对性和适用性。通过馆校结合、馆企合作等方式大力培养文化文物单位的文化创意产品开发、经营人才。支持文化文物单位建设兼具文化文物素养和经营管理、设计开发能力的人才团队，并通过多种形式引进优秀专业人才，进一步畅通国有和民营、事业单位和企业之间人才流动渠道。鼓励开展中外文化创意产品设计开发、经营管理人才交流与合作，定期开展海外研习活动。

（六）加强组织实施。地方各级文化、发展改革、财政、文物等部门要按照本意见的要求，根据本地区实际情况，加强对推动文化创意产品开发工作的组织实施，做好宣传解读和相关统计监测工作。部门间、地区间要协同联动，确保各项任务措施落到实处。注意加强规范引导，因地制宜，突出特色，科学论证，确保质量，防止一哄而上、盲目发展。强化开发过程中的文物保护和资产管理，制定严格规程，健全财务制度，防止破坏文物，杜绝文物和其他国有资产流失。充分发挥各级各类行业协会、中介组织、研究机构等在行业研究、标准制定、交流合作等方面的作用。

国家文物局、国家发展和改革委员会、科学技术部、工业和信息化部、财政部关于印发《“互联网+中华文明”三年行动计划》的通知

文物博函〔2016〕1944号

各省、自治区、直辖市、新疆生产建设兵团文物局（文化厅）、发展改革委、科技厅（委、局）、工业和信息化主管部门、财政厅（局）：

为贯彻落实国务院《关于进一步加强文物工作的指导意见》（国发〔2016〕17号）和《关于积极推进“互联网+”行动的指导意见》（国发〔2015〕40号），国家文物局、国家发展和改革委员会、科学技术部、工业和信息化部、财政部共同编制了《“互联网+中华文明”三年行动计划》。现印发给你们，请结合实际，认真抓好贯彻落实。

附件：《“互联网+中华文明”三年行动计划》

国家文物局
国家发展和改革委员会
科学技术部
工业和信息化部
财政部
2016年11月29日

附件

“互联网+中华文明”三年行动计划

文化遗产承载灿烂文明，传承历史文化，维系民族精神，是国家的“金色名片”。为贯彻习近平总书记关于文化遗产保护的系列重要论述精神，落实国务院《关于进一步加强文物工作的指导意见》（国发〔2016〕17号）和《关于积极推进“互联网+”行动的指导意见》（国发〔2015〕40号），把互联网的创新成果与中华传统文化的传承、创新与发展深度融合，深入挖掘和拓展文物蕴含的历史、艺术、科学价值和时代精神，彰显中华文明的独特魅力，丰富文化供给，促进文化消费，特制定“互联网+中华文明”三年行动计划。

一、总体要求

（一）总体思路

深入贯彻落实习近平总书记系列重要讲话精神，牢固树立“创新、协调、绿色、开放、共享”发展理念，以有利于全社会参与文物保护、有利于提供多样化的文化产品与服务、有利于中华文明的传播与弘扬为原则，坚持政府积极引导、社会共同参与，充分发挥市场作用，通过观念创新、技术创新和模式创新，推动文物信息资源开放共享，推进文物信息资源、内容、产品、渠道、消费全链条设计，不断丰富文化产品和服务，进一步发挥文物在培育弘扬社会主义核心价值观、构建中华优秀传统文化传承体系和公共文化服务体系中的独特作用。

（二）发展目标

到2019年年末，初步构建文物信息资源开放共享体系，基本形成授权经营、知识产权保护等规则规范；树立一批具有示范性、带动性和影响力的融合型文化产品和品牌；培养一批高素质人才，培育一批具有核心竞争力的文博单位和骨干企业；初步建立政府引导、社会参与、开放协作、创新活跃的业态环境，扩展文物资源的社会服务功能，为满足人民群众多层次、多形式、多样化的精神文化需求，促进文化繁荣和经济社会发展作出新的贡献。

二、主要任务

（一）推进文物信息资源开放共享

建立文物资源信息名录公开机制，首批向社会公开1万处文物保护单位和100万件（组）国有可移动文物名录和基础信息，并逐步推进文物资源信息公开的广度和深度。加强统筹协调，出台相关政策和标准规范，推进文物大数据平台建设，实现优质资源共享。支持文物博物馆单位有序开放文物资源信息，将资源信息开放、信息内容挖掘创新、信息产品提供等纳入文物博物馆单位评估定级标准和绩效考核范围。

专栏1

文物大数据平台优先整合全国不可移动文物普查、可移动文物普查以及文物价值创新挖掘工程和文物数字化展示利用工程的成果，研究统筹建立文物大数据平台；逐步推动建设跨部门、跨区域、跨行业“物理分散、逻辑互联、全国一体、交互共享”的云平台。建立文物资源信息采集、加工、存储、传输、交换系列标准，对文物信息资源进行分级分类，实现文物信息资源科学化、规范化管理和应用。鼓励各类第三方服务提供商、“双创”企业（个人）与文物博物馆单位合作，参与平台建设或基于云平台提供各种应用服务，提供文物图形图像、音视频、三维模型等数字资源，丰富文物知识、创意设计素材库，创作基于文物资源的影视、游戏、音乐、出版、商标以及计算机软件等数字产品，从事文物实体的数字化发行与信息网络传播推广，以及基于知识产权技术保护手段与网络的授权交易技术平台，以实现文物信息资源共享、利用、挖掘、创新的云服务。

（二）调动文物博物馆单位用活文物资源的积极性

充分发挥文物博物馆单位在文物藏品资源、学术研究、人才队伍、形象品牌等方面的优势，加强与社会力量的合作，建立优势互补、互利共赢的合作机制，促进文物的合理利用和中华文明的传播弘扬。

加强文物基础价值挖掘工作。开展文物资源的知识挖掘和信息组织，确保专业性和科学性，为后续产品开发和领域融合提供基础支撑。

加强文物数字化展示利用。通过数据汇集、分析和加工，建立面向应用的文物信息资源库和陈列展览专题信息资源库，持续推动文物信息资源盘活存量，做优增量，做大总量。

依法建立文物博物馆单位文物信息资源和品牌资源的授权机制并在部分地区先行先试，通过总体授权、单独授权、专项授权等，将资源优势转变为市场优势。严格区分社会公益服务与商业授权委托。

依托文物博物馆单位场馆空间优势，重点关注公共文化服务领域需求，积极开发和引入与文物博物馆单位功能定位相适应的产品、技术、装备等，不断丰富产品供给渠道。

通过文化创意产品开发所取得的事业收入、经营收入和其他收入等按规定纳入本单位预算统一管理，可用于加强公益文化服务、藏品征集、继续投入文化创意产品开发、对符合规定的人员予以绩效奖励等。

专栏2

1. 文物价值挖掘创新：支持文物博物馆单位与高等院校、科研院所和相关企业合作，针对体现中华文明独特魅力的典型性文物，开展多视角、多维度、多层次的价值挖掘，阐述文物背后的故事，突出文物的历史、艺术和科学价值，加强文物间关联性和系统性研究，为后续产品研发、领域融合等提供更具专业性和科学性的文物信息资源。鼓励社会力量与文物博物馆单位合作，开展文物价值挖掘创新，分类进行文博知识产权分析研究和应用前景的市场评估。

2. 文物数字化展示利用：推进文物博物馆单位通过独立开展、项目合作或购买服务等方式，针对国家重点文物保护单位、馆藏珍贵文物、精品陈列展览，利用遥感测绘技术、三维扫描／建模技术、高清影像采集技术等，采集和整合数字化信息，搭建面向应用的文物资源数据库和陈列展览专题数据库，开发数字体验文化产品；鼓励有条件的文物博物馆开展智慧博物馆工作。鼓励大型互联网企业综合运用物联网、云计算、大数据和移动互联网等新技术手段，提供文物信息资源深度开发利用服务。

（三）激发企业创新主体活力

充分发挥企业在技术、人才、渠道、资金和体制机制灵活等方面的优势和创新主体作用，支持企业与文物博物馆单位通力合作，通过内容创新、技术创新、管理创新、模式创新和业态创新，发展融合型文化产品。

鼓励各类市场主体，以市场需求为导向，以互联网创新成果为支撑，依托文物信息资源，重点开展互联网+文物教育、文物文创、文物素材再造、文物动漫游戏、文物旅游，以及渠道拓展与聚合等工作，形成一批具有广泛影响和普遍示范效应的优秀产品与服务，有力促进大众创新、万众创业。

形成“互联网+中华文明”优秀产品。重点围绕文明源流、国学经典、传统美德、艺术欣赏、古代科技、古代建筑、乡土民俗、红色记忆、“一带一路”和文保知识等主题，以及人民群众喜闻乐见的其他题材，进行创作、创新、创造，让文物可见、可感、可亲，讲述好中国故事、传播好中国声音。

重点培育骨干型企业，丰富产品内容、完善产品形态、拓展产品渠道，形成一批有影响、有品牌、有竞争力的领军企业或企业集团；支持中小企业向“专、精、特、新”方向发展，强化特色产品、特色经营、特色服务，形成中小企业集群。

鼓励跨行业、跨领域的企业与文博单位间、企业间、文博单位间的合作，如专题研讨、培训、洽谈、会展、推介等活动，鼓励文物博物馆单位、企业、第三方服务机构等不同主体之间的信息互换、双向学习、观念更新，着力打破行业间的“竖井”，形成融合互动的“通渠”。充分发挥不同市场主体的自身优势，推动分领域组建“互联网+中华文明”创新联盟，促进各类创新要素集聚，形成核心竞争力。引导技术创新、产品创新和渠道创新，鼓励技术入股、融资租赁和生产性服务等模式创新。

专栏3

1．互联网+文物教育：针对不同年龄、不同区域青少年特点，研究提炼文物博物馆资源与教育的有机结合点，利用网络与多媒体技术表现形式丰富多样、信息获取方便快捷等优势，鼓励通过社会力量开发数字化、网络化的文物教育课程及其他教学资源。利用现有的远程教育终端系统、广播电视、互联网视频平台，以及学校与博物馆网站系统，增加中小学教育的文物博物馆音像录播教学和网络互动教学。把博物馆历史实践、艺术欣赏教育引入学校，鼓励通过VR／AR技术虚拟历史场景和重要历史文物3D打印实践教学等新形式、新技术，激发学生对文物历史的兴趣爱好。开发系列文物博物馆教育教学专用App，提供文物全息欣赏、虚拟触摸和历史事件沉浸式体验，增强用户主体交互体验，直观感知文物的历史、艺术和科学价值。支持利用网络传播、社交媒体、VR平台及其他主流网络平台，提供面向公众的历史文化教育内容。鼓励文物博物馆单位、学校、青少年活动中心与有实力的技术服务提供商共同实施。

2．互联网+文物文创产品：鼓励社会力量与文物博物馆单位深度合作，或通过网络众筹、众包等方式，针对文物博物馆单位具有代表性的文物与博物馆藏品资源，广泛应用多种载体和表现形式，开发兼具艺术性、趣味性和实用性，满足现代生活需求的文化创意系列产品，打造文化创意品牌。鼓励建立大数据分析系统，分析多样化的客户选题需求，进行文化创意产品个性化定制和定向销售。

3．互联网+文物素材创新：鼓励工业企业、设计机构、高等院校、科研院所与文博单位建立多种形式的合作机制。构建面向设计服务的文物素材库和知识库，实现开放式的远程虚拟设计服务和定向服务。在传统制造业、战略性新兴产业、现代服务业等重点领域，推进文物素材再造和相关设计服务产业化、专业化、集约化、品牌化发展。培育一批创意设计特色企业，研发一批选题创意新颖、特色突出、形式活泼的文物素材再造设计产品与服务，提高工业设计产业发展水平和服务水平。

4．互联网+文物动漫游戏：充分挖掘我国文物和优秀传统文化资源，深入对接网络创意和科技元素，结合国家重大战略、重点工作和社会公众需求，重点发展表达中国特色、中国风格、中国气派的原创动漫、游戏、影视产品及衍生产品开发和服务，推进内容创作、音乐创作、形象设计、节目制作、版权交易创新发展。借助国内大型互联网平台在用户资源、知识产权、运营能力和技术创新等方面的优势，引导传统动漫和游戏企业打破固有的“黑盒子”创作模式，形成连接文物信息资源授权单位、动漫游戏生产机构与网络用户三方的开放共创方式，吸引网民参与互动体验，促进形成比较完整的文物网络动漫游戏生产体系、市场体系和传播体系。鼓励举办基于文物和优秀传统文化内容为主题的网络原创动漫游戏作品大赛、动漫产品研发交流会、动漫读书会、动漫音乐节，扩大影响力和知名度。

5．互联网+文物旅游：促进文物与旅游相结合，以文化提升旅游的内涵，以旅游扩大中华文明的传播。积极培育以文物为内容、旅游为载体、线上与线下相结合的融合发展新模式，丰富游客多层次、多角度现场与非现场深度体验。鼓励具备条件的文物博物馆单位与相关机构合作，研究设立虚拟展厅和数字体验中心，利用3S、3D／4D、VR／AR、激光成像和全息投影等技术，围绕文物本体及其历史环境等重要元素，开发以智能终端平台或现场展示平台为承载的文物旅游数字化产品系列。鼓励国内大型互联网企业与文物博物馆单位合作，提供基于地图服务的文物博物馆旅游线路规划、虚拟展示、智慧导览、参观预约及个性化服务，满足旅游参观前、中、后三阶段的不同体验要求；利用大数据挖掘分析手段，拓展游、购、娱、食、住、行等服务，优化文物旅游产品供给水平。

6．渠道拓展与聚合：强化需求导向，科学分析文化消费需求，有针对性地拓展市场渠道，引领和培育新的文化消费。鼓励有条件的央地共建博物馆、国家一级博物馆、国家考古遗址公园、世界文化遗产地调动各方资源对商店、体验中心进行必要的改造升级，提升场景消费能力；鼓励有条件的单位在符合市场规律、进行科学规划和充分论证的前提下，在国内外旅游景点、重点商圈、城市大型综合体、交通枢纽等传统商业终端渠道开设专卖店或代售点，探索体验式交易模式；加强与大型电子商务平台合作，按地域和文化主题建立文化产品网络营销专区，支持文化产品提供商入驻，发展社交电商等网络营销新模式，提升产品网络营销水平，鼓励开展跨境电子商务。同时，积极探索文博行业既有渠道、传统商业渠道、线上渠道的有机聚合，发展线上线下融合营销（O2O），实现全渠道覆盖。

（四）完善业态发展支撑体系

重点加强新技术新装备应用支撑体系、授权经营体系、双创空间体系等3大支撑体系建设，突破一批文物资源数字化、数字展示、网络传播等领域的核心关键技术和装备；探索建立基于文物信息资源、创意、产品、渠道和品牌的多层级授权经营体系；构建一批创新与创业相结合的双创空间，为创新创业者提供低成本、便利化、全要素的工作空间、网络空间、社交空间和资源共享空间，整合和调动更多创新要素，支撑文物信息资源合理利用新模式、新业态健康可持续发展。

专栏4

1．新技术新装备应用支撑体系：充分运用物联网、云计算、大数据、移动互联等现代信息技术，推动新技术与新装备的研发与应用示范。重点支持文物价值挖掘、文物数字化、现代展陈、网络传播、智慧博物馆等方面的科技攻关，突破一批共性、关键、核心技术，在此基础上重点研发（含升级改造或二次开发）一批新技术、新工具和新装备，提高装备的适用性、安全性、可靠性和智能化水平。重点培育一批骨干创新型技术装备研发生产服务企业。

2．授权经营体系：开展“互联网+中华文明”品牌经营与维护，探索建立基于文物信息资源、创意、产品、渠道和品牌的多层级授权体系。推动具备条件的文物博物馆单位依托本单位文物信息资源，结合自身实际情况，采取合作共建、授权委托、独立开发等方式开展文物信息源的开发利用工作。鼓励有实力的社会机构参与品牌资源授权经营。

3．双创空间体系：加强与地方政府合作，遴选和培育建立一批“互联网+中华文明”双创空间，通过市场化机制、专业化服务和资本化运营途径构建服务平台，为“双创”企业（个人）与文博单位、科研机构、高校、社会团体等机构的对接牵线搭桥。鼓励有条件的地方采取相应政策措施，引导民间资本和社会力量参与，聚合优秀创意团队和创新人才，提供资金、技术、内容、渠道、金融等多方面支持，激发双创空间企业活力。

三、保障措施

（一）政策保障

注重原创价值、坚持创新驱动、突出示范引领，加快文物资源数字化进程，推进文物信息资源开放共享；充分挖掘文物信息资源价值，加强二次创作、创造，促进互联网应用创新，建立信息资源、文物知识、原创内容的产权保护政策，提升知识产权服务附加值；加大对创新创业团队支持力度，强化横向、纵向联合，形成协同育人、创业创新、成果转化、服务社会的“互联网+”新机制。

（二）经费支持

统筹利用现有资金渠道，发挥引导作用，重点对文物数字化和创业创新人才培养等给予必要支持；吸引社会资金以众筹、众包等市场化运作形式支持创业创新团队发展；积极开展与投资基金等金融机构合作。

（三）人才保障

坚持“以用为本、人才优先、创新机制、服务发展”的人才保障机制，重点培育文物与相关领域融合发展的高端复合型人才，开展战略规划、创意设计、科技创新、项目管理、资本运作等专业型人才的引进和培养，加强创业创新指导培训。鼓励和吸引互联网相关研究机构、高等院校、高新技术企业、文博单位等各领域高水平业务人才开展广泛合作，推动人才结构调整、提高人才质量，形成一批懂专业、有创意、善管理、有国际视野的优秀人才团队。

（四）机构保障

建立部际会商机制，国家文物局牵头负责，加强部门间的沟通协调，推动部门与部门间、中央与地方间、文博单位与企业间的协同与合作。组建专家咨询委员会，提供专业知识技术支撑。

中共国家文物局党组关于巡视整改情况的通报

根据中央统一部署，2016年3月2日至4月30日，中央第六巡视组对国家文物局党组进行了巡视。6月2日中央巡视组向国家文物局党组反馈了巡视意见。按照《中国共产党巡视工作条例》有关规定，现将巡视整改情况予以公布。

一、整改工作基本情况

国家文物局党组高度重视巡视反馈意见的整改工作。中央第六巡视组反馈意见后，局党组书记、局长刘玉珠立即召开专题会议，传达学习习近平总书记关于全面从严治党和巡视工作重要讲话精神，深入领会习近平总书记关于文物工作重要指示精神，严格按照中央巡视组和中央巡视办的要求，认真研究部署，狠抓整改落实。

（一）深刻学习领会，提高思想认识

局党组坚持以习近平总书记系列重要讲话精神为根本遵循，牢固树立政治意识、大局意识、核心意识、看齐意识，自觉把思想和认识统一到中央的决策部署上来，统一到中央巡视组和巡视办提出的各项整改要求上来。巡视整改以来，局党组4次召开中心组学习会议，集中学习习近平总书记系列重要讲话精神。局党组深刻认识到：习近平总书记关于全面从严治党的重要论述，是深入推进反腐倡廉建设的思想指导，必须毫不松懈地抓好党的纪律建设；习近平总书记关于巡视工作的重要讲话精神，为做好巡视整改工作指明了方向，必须聚精会神地抓好巡视整改工作的落实；习近平总书记在庆祝中国共产党成立95周年纪念大会上的重要讲话，是全面推进党的建设新的伟大工程的纲领性文献，必须矢志如一地推进党的各项建设；习近平总书记关于文物工作的重要指示，是新时期文物事业改革发展的行动指南，必须坚定不移地走出一条符合国情的文物保护利用之路。

局党组要求全国文物系统切实学深悟透习近平总书记关于文物工作的重要指示精神，切实把党的领导体现在加强文物保护、推动文物事业改革发展各方面；要立足服务党和国家工作大局，统筹好文物保护与经济社会发展，全面贯彻文物工作方针，切实加大文物保护力度，推进文物合理适度利用；不辱使命，守土尽责，提高素质能力和依法管理水平，广泛动员社会力量参与，为实现“两个一百年”奋斗目标、实现中华民族伟大复兴的中国梦作出更大贡献。

（二）强化主体责任，层层传导压力

局党组把履行巡视整改主体责任作为履行从严治党主体责任的具体表现，统筹领导和推进整改工作。成立国家文物局巡视整改工作领导小组，党组书记、局长刘玉珠担任组长，班子其他同志为成员，全面负责巡视整改工作。领导小组下设办公室，党组副书记、副局长顾玉才兼任办公室主任，局机关6个司室、机关服务中心主要负责人为成员，具体负责整改日常工作。局党组主动认领问题，以上率下，逐级传导压力，确保事事有人管、件件有人抓。局机关各司室、各直属单位主要负责同志认真履行整改工作职责，按照职责分工，认真抓好自身和分管领域各项整改工作，以雷厉风行的作风和坚决果断的措施，全力以赴抓整改工作。

（三）坚持问题导向，严格整改标准

局党组认为，中央巡视组的反馈意见，严肃指出我局在党的领导、党的建设、从严治党等方面存在的突出问题，一针见血、令人警醒，提出的要求实事求是、对症下药，具有很强的指导性、针对性，局党组诚恳接受、坚决整改。在认真研究中央巡视组反馈意见和整改要求的基础上，局党组逐字逐句对照中央巡视组反馈的问题，制定了《国家文物局党组关于落实中央第六巡视组反馈意见的整改方案》，聚焦问题研究，对准问题明责，提出了整改工作的指导思想、整改原则，明确了问题清单、责任清单、整改清单。梳理整改任务，明确工作进度，把巡视组反馈的3个方面10类问题，分解为36个具体整改任务，细化为137项整改措施，并明确了时限要求：即近期完成47项（2016年7月底前），中期完成41项（2016年12月底前），长期完成49项。每项整改措施均由局领导牵头，明确责任人、责任单位和完成时限，形成整改路线图、时间表，做到可检查、可评估。强化政治担当，勇于攻坚克难，敢于动真碰硬，坚持什么问题突出就重点解决什么问题、什么问题关键就首先解决什么问题；坚持立行立改、全面整改，在条条要整改、件件有着落上集中发力，做到知错就改，“不贰过”；毫不动摇地确立高标准，做到问题没查清不放过、责任不追究不放过、整改无成效不放过。

（四）坚持统筹谋划，完善长效机制

局党组把巡视整改工作与“两学一做”学习教育结合起来，与学习贯彻习近平总书记关于文物工作重要指示结合起来，与贯彻落实《国务院关于进一步加强文物工作的指导意见》、国务院办公厅转发的《关于推动文化文物单位文化创意产品开发的若干意见》结合起来，既注重解决眼前问题，又注重解决长远问题；既注重解决共性问题，又注重解决个性问题，坚持标本兼治、统筹安排、相互促进。局领导先后深入11个省（自治区、直辖市）和局各直属单位调研，组织编制《国家文物事业发展“十三五”规划》，研究提出一批事关全局、带动性强的文物保护利用重大项目、重大工程和重大举措。坚持从制度上堵塞漏洞，防范廉政风险，重点在贯彻落实中央八项规定精神、坚持民主集中制、健全“三重一大”决策机制、项目审批制度改革、文物保护工程监督管理、重大事项内部决策程序、干部选拔任用、领导干部报告个人事项抽查等方面，健全务实管用的规章制度，确保整改取得实实在在的效果。

（五）加强督促检查，确保整改实效

巡视整改过程中，局党组主动与中央纪委驻文化部纪检组沟通情况，接受指导和监督。党组书记、局长刘玉珠多次听取汇报，及时掌握进展情况，坚持重要工作亲自部署、重大问题亲自过问、重点环节亲自协调，既抓总体进度又抓督促检查。各位党组成员根据任务分工，对照责任清单，督促指导分管部门和单位认真做好牵头承担的整改任务，逐项对账销号。召开6次党组会，专题研究制定整改方案、推进整改工作；召开18次领导小组办公室会议，并到各直属单位进行现场督察，协调重点环节，督办重要事项。7月21日，局党组召开巡视整改专题民主生活会，党组书记、局长刘玉珠，副书记、副局长顾玉才，党组成员、副局长宋新潮、关强、刘曙光对照巡视反馈意见，深入检查，深刻剖析，认真开展批评与自我批评，进一步明确整改责任，研究建立整改长效机制。

截至7月31日，按照整改台账中的时间节点要求，须近期完成的47项整改措施已落实到位，中长期的整改事项已作出安排、陆续启动，巡视整改工作取得阶段性成果，初见成效。

二、整改措施落实情况

局党组带领局机关各部门、各直属单位以高度的政治责任感、使命感和紧迫感，严格按照既定的路线图、时间表，全面推进整改任务的落实。

（一）关于“党的领导弱化，落实中央决策部署有差距”方面

不断加强和改善党组的领导，改进领导方式，提高领导水平，更好地发挥党组总揽全局、协调各方的领导核心作用。进一步增强“四个意识”，依法推进文物事业健康发展，以务实管用的措施，切实扭转文物保护的被动局面。

1. 针对“学习领会中央精神存在误差，学习领会中央精神和习近平总书记让‘文物活起来’等思想不深不透，与中央发挥文物教育传承作用的意图相差甚远”的问题。

一是加强指导。总结各地“让文物活起来”的做法、经验，分析存在的问题，出台关于促进文物合理利用的若干意见，明确基本原则、推进思路、具体措施，更好地发挥文物服务社会、教育人民、推动发展的作用。利用“互联网+”模式拓展展示方式，促进文博创意产品开发，让文物活起来。

二是组织宣传。在7月底召开的全国文物局长座谈会上，研讨交流“让文物活起来”的做法和经验。在国家文物局官网、中国文物报等媒体刊发系列报道和评论，厘清模糊认识，凝聚行业共识。

三是强化督察。每年在全国范围内开展落实习近平总书记关于“让文物活起来”等重要指示的督察，及时总结推广成功经验和做法，促进文物利用工作落实。

2．针对“贯彻中央全会部署存在偏差，贯彻十八届三中、四中全会精神不力，在推动博物馆理事会制度改革、健全文物保护法规方面存在不足”的问题。

一是推进博物馆理事会制度改革。联合中央编办制定、公布了《国有博物馆章程范本》，2016年年底修订并公布《非国有博物馆章程范本》，规范全国各级各类、各种所有制博物馆法人治理结构。总结近年来全国博物馆理事会制度建设试点工作的经验做法，2017年年底前向中央有关部门报送博物馆理事会制度建设试点工作总结，为不断深化博物馆理事会制度改革奠定基础。

二是完善文物保护法规。开展《水下文物保护管理条例》落实情况调研，2016年年底提出修订草案，2017年8月前形成送审稿，按照立法程序报审。2017年年底完成起草国有博物馆馆藏文物退出办法、文物认定标准（试行），按规定程序，上报国务院有关部门。

三是加大《长城保护条例》执行力度。从规范队伍建设、加强督促检查、落实央地责任等方面入手，为3436名长城保护员印制了证书，对78名长城管理机构负责人进行了培训；部署启动“长城执法专项督察”；2016年年底国家文物局与长城沿线省（自治区、直辖市）人民政府签订长城保护协定，并督促指导各地完成省级长城保护规划编制；2017年年底在中国文化遗产研究院设立国家级长城保护中心，编制出台长城保护总体规划，统筹安排，科学指导地方组织实施长城抢险加固、保护修缮和保护性设施建设项目。

四是健全遗址保护管理规定。2016年10月印发《“十三五”大遗址保护总体规划》，明确大遗址保护主要工作目标、任务和要求，科学、稳步推进大遗址保护的各项任务。2017年10月，印发《国家考古遗址公园管理指南》，规范各地考古遗址公园建设与运行管理，更好地发挥考古遗址公园在服务当地经济社会发展中的作用。

3．针对“执行中央方针政策存在落差，贯彻文物工作方针不到位，历史文物大规模消失，文物保护被动局面没有根本扭转，革命文物保护现状堪忧，文物市场失管失控”及“国家文物局博物馆免费开放配套措施未跟上，一些博物馆吃大锅饭、人浮于事现象严重，政策施行效果背离初衷”的问题。

一是完善未定级不可移动文物保护管理措施。完成尚未核定公布为文保单位的不可移动文物保护情况调研，基本摸清未定级文物消失的种类、原因，研究提出加强保护管理、遏制消失势头的政策建议，2016年年底颁布《尚未核定公布为文物保护单位不可移动文物保护管理导则》。将重点地区不可移动文物列入日常执法监测，及时查明消失原因，督促被监测区域落实整改。

二是加强执法督察。启动“全国重点文物保护单位执法监管系统”建设，提高全国重点文物保护单位执法监管能力，及时发现和制止破坏文物的行为。部署开展“文物法人违法案件三年整治行动”，加大对文物法人违法案件查处力度，遏制法人违法案件易发多发的势头。已与公安部召开全国打击和防范文物犯罪研讨会，构建横向联合、纵向联动的工作格局。加大典型案件约谈曝光工作力度，集中约谈法人违法案件突出、文物违法犯罪频发的地方政府，督促地方政府履行文物保护职责。

三是改善革命文物保护状况。“七一”前夕印发《关于加强革命文物工作的通知》，2017年编制完成《革命文物保护经费需求规划》，制定革命旧址、抗战遗址保护展示导则。总结推广赣南等原中央苏区革命旧址整体保护经验，指导做好红军长征遗迹、抗战遗址和社会主义建设时期文物保护利用，组织举办红军长征胜利80周年展览和相关宣传活动等，更好地发挥革命文物的社会教育功能。开展侵华日军第七三一部队旧址、辽宁阜新万人坑遗址等维修保护工作进展情况检查。

四是加强文物市场监管。刘玉珠局长带队开展了文物拍卖市场调研，召开鼓励民间合法收藏文物座谈会。2016年年底修订出台《文物拍卖管理办法》，进一步加强对文物拍卖活动的事中事后监管；鼓励有条件的文博单位面向公众提供常态化、专业化的鉴定服务，支持涉案文物鉴定机构开展民间收藏文物鉴定。2017年印发民间收藏文物鉴定管理办法，进一步规范社会机构的文物鉴定行为；建立文物拍卖企业及专业人员信用信息公示系统，建立违法失信“黑名单”管理制度，加大对违法失信行为的约束惩戒力度；引导公众理性收藏，配合执法机关查处虚假鉴定、恶意欺诈行为，并向社会公布。

五是深化博物馆免费开放。协同有关部门于2017年出台博物馆绩效考评办法，建立完善博物馆运行评估体系，完善收入分配机制，避免“大锅饭”现象。指导博物馆借助重要纪念日、重大活动和项目举办展览。支持扩展博物馆展示空间，改善展示条件，增加藏品展出量，提升藏品展示率。支持通过博物馆联盟、馆际合作，举办各种联展、互换展览、全国巡展，促进博物馆展览的利用率，让更多的藏品资源向社会公众开放。

（二）关于“党的建设缺失，党员干部监督管理松散”方面

牢牢把握文物事业发展进程中党的建设这个关键，坚持党的建设与业务工作齐抓、干部使用与监督管理并举，坚持不懈地推进局系统党的思想、组织、作风、制度和反腐倡廉建设，真正把每个领域、每个方面、每个环节的党建工作抓具体、抓深入、抓扎实。

1．针对“制度虚设缺乏执行力，贯彻执行《中国共产党党组工作条例》和民主集中制不力”的问题。

一是完善党组议事规则。修订印发《中共国家文物局党组工作规则》，把贯彻落实中央精神、研究安排局系统党建工作、讨论“三重一大”事项等纳入局党组议事日程，健全和完善党的建设与业务建设同部署、同落实、同检查、同考核的工作机制。修订党组中心组学习制度，加强政治理论学习，切实履行党组在文物事业发展中的政治领导责任。

二是严肃党组工作纪律。按照《中国共产党党组工作条例》的要求，2016年6月向中央上报《中共国家文物局党组关于2015年以来的工作情况汇报》。在7月21日召开的巡视整改专题民主生活会上，局党组成员对执行民主集中制情况作了对照检查，就未按程序报批发表与工作有关的文章等进行深刻思想剖析，提出诚恳的批评与自我批评，并引以为戒。坚持管理上分工、责任上统筹，破除“领地”思想，做到班子成员之间分工不分家，不断增强领导班子建设。

2．针对“组织涣散缺乏凝聚力，基层党组织不健全，长期不开展组织活动”的问题。

一是指导基层党组织换届。按照《中国共产党基层组织选举工作暂行条例》要求，局机关党支部、直属单位基层党组织完成换届工作，一批政治素质高、业务能力强、工作作风好的党员干部被选举到基层党组织负责人岗位上来。

二是规范基层党组织生活。结合“两学一做”学习教育，制定印发《中共国家文物局党组关于严格执行“三会一课”制度的实施意见》，明确“三会一课”的主题内容、周期时限、评议考核等具体要求。开展基层党组织“三会一课”制度年度检查、党建述职年度评议，指导基层党组织开展形式多样的主题党日活动等。

3．针对“干部监管缺乏约束力，多名干部违规兼职取酬，执行领导干部报告个人有关事项制度不严，干部档案管理不规范”的问题。

一是对巡视和自查发现的在职、退休干部在企业和社会组织违规兼职问题进行了摸

底统计，严格按照干部兼职管理规定，集中清理整改。目前9人已辞去所兼任的9个企业职务，21人已辞去所兼任的30个社会组织职务。对15名干部违规兼职取酬问题，根据干部管理权限和从严管理干部的规定，要求退回自2014年7月起违规领取的薪酬，退还时限原则上到2016年年底。对于退还数额较大、家庭负担较重的人员，要求最迟于2018年年底退清。目前已有3人退还完毕。今后每年集中检查1次，发现违规现象，从严清查处理。

二是严格执行领导干部报告个人有关事项制度。已完成巡视和自查发现的个人报告不实问题的梳理、甄别工作，并根据不同情况，依照有关规定，对6人进行了诫勉谈话，对7人进行了提醒谈话。严格执行《领导干部个人有关事项报告抽查核实办法（试行）》，强化监督，确保实效，坚持“凡提必核”，从严运用核实结果。

三是完成干部档案整治。按照干部档案管理的有关规定，结合中组部开展的干部人事档案专项审核工作，对机关在职人员和直属单位班子成员的全部档案进行了认真整理、重新审核。对在出生日期、参加工作时间、工作经历、学历学位等方面，前后记载矛盾、存在误差、不规范的档案，作了材料补充和组织认定。制定印发《干部档案管理工作细则》，规范局系统干部档案的收集、鉴别、整理、补充、认定和保管利用工作，从细从严从实管理干部档案。

4．针对选人用人专项检查反馈的民主推荐程序不规范、考察不够深入、决定干部任免讨论不充分、违规设置领导职务名称并配备领导干部等问题。

一是进一步规范民主推荐程序，健全民主推荐环节。坚持会议推荐和谈话推荐相结合，推荐结果作为选拔任用的重要参考，在一年内有效。

二是进一步完善干部考察工作流程，明确考察工作要求，扩大谈话人范围、细化谈话提纲、充实考察报告材料，更加全面反映干部情况。

三是进一步规范干部任免事项决策过程。严格按照规定程序选拔任用干部，未经民主推荐的不提名，未经组织考察的不上会，没有按规定向上级报告或报告后未经批复同意的不讨论。党组会必须有三分之二以上党组成员到会，并经充分讨论才能进行表决；实行主持人末位表态制，以应到会成员超过半数同意形成决定。分歧比较大或有重大问题不清楚时，暂缓进行表决。

四是废止《国家文物局直属事业单位助理选拔聘任暂行办法》，修订了《国家文物局干部职务名称》，取消助理职务名称，免去了直属单位5人所任助理职务。

（三）关于“管党治党不力，违规违纪问题易发多发”方面

切实履行全面从严治党主体责任和监督责任，注重“全面”，突出“从严”，强化“治理”，严抓纪律，严管队伍，严肃问责，坚决贯彻落实中央八项规定精神，深化行政审批改革，建立廉政风险防控机制，压缩寻租腐败生存空间，清除寻租腐败滋生土壤。

1．针对“两个责任不落实，党组对党风廉政建设工作重视不够，查处信访举报线索失之于宽、失之于软”的问题。

一是进一步明确党建责任。成立局系统党建工作领导工作小组，局党组履行党建工作的领导责任，党组书记履行第一责任人的职责，党组成员在分管领域内落实全面从严治党的主体责任。局党组定期研究局系统党建工作，解决党建工作的具体问题。坚持每年年初召开局系统党风廉政建设工作会，专门部署年度党风廉政工作任务。局机关各支部和直属单位党组织落实全面从严治党责任。对落实“两个责任”不力的基层党组织，严格追究问责。

二是加强纪检干部队伍建设。解决了“机关纪委书记由人事司长兼任，既管戴帽又管

摘帽”的问题，由局直属机关党委专职副书记兼任纪委书记。要求局直属单位党委设立纪委，党总支和党支部设纪检委员，局系统的纪检干部队伍得到有效加强。

三是加大问题线索查办力度。局各级纪委聚焦监督执纪问责，突出主业主责，切实做到“三转”。制定检举控告问题线索办理流程，严格按照中央纪委五类线索处置方式处理。对党的十八大以来收到的问题线索再次进行梳理，按照干部管理权限的有关规定，及时调查核实或上报中央纪委驻文化部纪检组，做到件件有着落、事事有回音。

四是规范直属单位津补贴发放。对巡视期间反馈的两个单位滥发津补贴问题，严格执纪问责，分别给予单位主要负责人党内严重警告处分和免职处理。进一步规范直属单位收入分配，开展年度津补贴发放检查，严格执行违规发放津贴补贴行为处分有关规定，严肃查处滥发津补贴行为。

2．针对“四风问题依然突出，落实中央八项规定精神不严格，多名领导干部违反八项规定精神”的问题。

一是强化落实八项规定精神的意识。结合“两学一做”学习教育，要求局机关、各直属单位认真落实中央八项规定精神，深刻领会中央驰而不息抓八项规定的坚强决心和坚定意志，切实增强广大党员干部的纪律意识和规矩意识。

二是严查违反八项规定精神的行为。对巡视中发现的在公务用车、办公用房、公务接待、国内出差、出国出境等方面问题进行了认真核查，及时整改。

三是完善落实八项规定精神的制度。2016年9月底前完成局党组、各直属单位贯彻中央八项规定精神实施意见修订工作，细化完善公务用车、办公用房、公务接待、国内出差、出国出境等方面的具体规定。

四是加强监督检查。每年开展对局系统落实中央八项规定精神的检查，对涉及违反中央八项规定精神的问题坚持快查快办、严查深究，做到零容忍、全覆盖、无禁区。

3．针对“重点领域腐败风险集中，对文物保护工程重审批轻监管，文保资金被挤占、挪用、闲置等问题突出，审批环节多，自由裁量权大，存在寻租腐败风险”的问题。

一是加强文保工程质量监管，杜绝过度修缮现象。实地调查了解内蒙古辽上京遗址、元上都遗址和吉林高句丽遗址等保护工程有关情况，督促当地政府及时整改。2016年年底出台《全国重点文物保护单位文物保护工程检查管理办法（试行）》，明确工程检查的责任主体、方式、内容、程序要求，严防豆腐渣工程、烂尾工程和过度修缮、过度防护等现象。

二是加强文物保护专项资金管理。启动了文物保护专项补助资金管理和使用情况监督检查和绩效评价，督促地方政府加强文物保护专项补助资金管理。完善了国家重点文物保护专项资金管理系统，增加决算报表及财务验收模块，并投入使用。严格落实《国家重点文物保护专项补助资金管理办法》，对河北泥河湾遗址专项补助资金挪用情况进行督察，现已将挪用资金归还原项目。依据文物保护项目的项目实施特点，结合实施能力、预算执行情况，按年度合理安排资金。督促项目实施单位，积极推进施工进度，防止资金闲置。

三是降低和防范廉政风险。紧扣中央“放管服”改革有关要求，深化文物保护工程审批改革。2016年年底制定《文物保护工程审批工作细则》，明确改革目标，减少文保项目审批事项，优化审批程序，加大监管力度，完善文物保护工程项目决策机制，减少自由裁量权。

四是规范第三方评估服务。结合审批制度改革，统筹考虑第三方评估机构在审批中的职能定位，打破利益封闭循环的格局。进一步明确第三方的责任和工作要求，规范第三方技术审核行为，实行第三方评估机构审核质量抽查，发现问题，监督整改，严肃处理。

五是开展重点岗位廉政风险检查。全面梳理机关司室和直属单位权力事项，形成权责清单及现行规范性文件目录，查找廉政风险点，制定具体防范措施。开展项目审批、资金管理、招标采购、执纪执法、组织人事等重点岗位干部轮岗交流。加强党纪党规、法律法规培训和警示教育，提高重点岗位管理人员廉政风险防控能力。

三、今后整改工作安排

国家文物局党组将按照习近平总书记对巡视工作的重要讲话精神和中央巡视办、中央巡视组要求，强化政治担当，进一步推进各项整改任务落实，确保整改工作取得实效。对已基本完成的整改任务，适时组织检查，防止反弹，巩固已取得的整改成果；对中期整改任务，紧盯不放，跟踪督察，确保2016年年底前完成；对长期整改任务，一抓到底，久久为功，形成长效机制，确保反馈的问题得到解决，提出的意见整改到位。

（一）坚持党的领导，落实主体责任

结合“两学一做”学习教育，不断增强政治意识、大局意识、核心意识、看齐意识，在思想上和行动上始终同以习近平同志为总书记的党中央保持高度一致，强化局党组自身建设，落实主体责任，将“两个责任”和“一岗双责”纳入领导班子、领导干部绩效管理。进一步完善党组民主集中制，发挥局党组的领导核心作用。夯实基层党组织建设，进一步强化基层党组织整体功能，以“三会一课”为依托，严格党内生活，充分发挥基层党组织的战斗堡垒作用。

（二）坚持从严治党，健全长效机制

认真贯彻落实党要管党、从严治党要求，把严明纪律摆在更加突出的位置，教育引导党员干部切实增强纪律意识和规矩意识。强化标本兼治，健全作风建设长效机制，扎紧扎牢制度的笼子，降低岗位廉政风险。进一步强化对领导干部的监督管理，真正做到真管真严、敢管敢严、长管长严，锲而不舍抓队伍作风建设，持续巩固巡视整改成果。

（三）坚持深化改革，推动文物事业发展

切实把落实整改与破解文物事业发展中的重点难点问题结合起来，与推进“放管服”改革结合起来。坚持“保护为主、抢救第一、合理利用、加强管理”的文物工作方针，加大文物保护力度，推进合理适度利用，使保护成果更多惠及人民群众。坚持依法行政，进一步完善文物保护领域基础性制度体系和标准体系，加强层级监督，加大执法问责，依法履行文物保护责任。坚持“让文物活起来”，进一步发挥文物资源在弘扬社会主义核心价值观、构建中华优秀传统文化传承体系中的独特作用。

（四）坚持正确导向，选好用好干部

坚持党管干部原则，落实党要管党、从严治党方针，加强干部队伍建设，完善干部管理机制，进一步规范干部选拔任用工作，加强年轻干部培养锻炼，按照信念坚定、为民服务、勤政务实、敢于担当、清正廉洁的好干部标准选好用好干部。认真落实从严管理监督干部新要求，抓住“关键少数”，努力打造忠诚干净担当的干部队伍，推动形成积极向上、干事创业的良好环境，为文物事业改革发展提供坚强保障。

国家文物局党组将以此次巡视整改工作为契机，继续深入贯彻落实党的十八大和十八届三中、四中、五中全会精神，深入学习贯彻习近平总书记系列重要讲话精神，不断增强道路自信、理论自信、制度自信、文化自信，牢固树立创新、协调、绿色、开放、共享的发展理念，更加自觉主动地把文物工作放在经济社会发展大局中谋划推进，努力走出一条符合国情的文物保护利用之路。

欢迎广大干部群众对巡视整改落实情况进行监督。如有意见建议，请及时向我们反映。
联系方式：
电　　话：56792117
通讯地址：北京市东城区北河沿大街83号局机关党委
邮　　编：100009
电子邮箱：jiweijubao@sach.gov.cn

中共国家文物局党组
2016年8月26日

国家文物局关于指定北京市文物进出境鉴定所等13家机构开展涉案文物鉴定评估工作的通知

文物博函〔2015〕3936号

各省（自治区、直辖市）文物局（文化厅）：

《最高人民法院最高人民检察院关于办理妨害文物管理等刑事案件适用法律若干问题的解释》于2016年1月1日起施行。依据该司法解释，我局现指定北京市文物进出境鉴定所等13家机构（机构名单详见附件）为第一批涉案文物鉴定评估机构，开展妨害文物管理等刑事案件涉及的文物鉴定和价值认定工作。

请相关省（自治区、直辖市）文物局（文化厅）进一步加强上述单位的机构和专业人员队伍建设，积极配合司法机关，认真做好涉案文物鉴定评估工作。

国家文物局
2016年1月4日

涉案文物鉴定评估机构名单（第一批）

序号	机构名称	负责人	电话	地址	邮编
1	北京市文物进出境鉴定所	李　晨	010-64014608	北京市东城区府学胡同36号	100007
2	天津市文物管理中心	杨鹏云	022-23395236	天津市和平区大理道44号	300050
3	山西省文物鉴定站	孟耀虎	0351-4050840	山西省太原市文庙巷33号	030001

续表

序号	机构名称	负责人	电话	地址	邮编
4	内蒙古博物院	塔　拉	0471-4608462	内蒙古自治区呼和浩特市新华东街27号	010010
5	辽宁省文物保护中心	李维宇	024-24846318	辽宁省沈阳市沈河区朝阳街少帅府巷48号	110011
6	浙江省文物鉴定审核办公室	柴眩华	0571-87081576	浙江省杭州市教场路26号	310006
7	安徽省文物鉴定站	宋　磊	0551-62826619	安徽省合肥市安庆路268号	230001
8	山东省文物保护与收藏协会	谢治秀	0531-68609829	山东省济南市经十一路12号	250014
9	国家文物出境鉴定河南站	夏志峰	0371-65963495	河南省郑州市人民路11号	450003
10	湖南省文物鉴定中心	郭学仁	0731-84441768	湖南省长沙市芙蓉区五一大道399号	410011
11	广东省文物鉴定站	肖洽龙	020-87047999	广东省广州市天河区水荫四横路32号5-7楼	510075
12	国家文物出境鉴定四川站	贺晓东	028-86120526	四川省成都市少城路6号	610015
13	陕西省文物鉴定研究中心	尹夏清	029-85360103	陕西省西安市雁塔区雁塔西路193号陕西省文物局内103、105室	710061

国家文物局关于做好博物馆信息公开有关工作的通知

文物博函〔2016〕28号

各省、自治区、直辖市文物局（文化厅）：

为做好博物馆行业信息公开，更好地发挥博物馆服务社会的功能，按照《博物馆条例》有关精神及我局《关于贯彻执行〈博物馆条例〉的实施意见》（文物博发〔2015〕5号）的相关要求，现将有关事项通知如下：

一、自2016年起，省级文物行政部门应于每年3月1日前，通过官方网站、电视、报刊等途径，向社会公布本行政区域内上一年度所有已备案的博物馆名录，并报我局备案。

二、博物馆名录内容应包括：

（一）名称。博物馆名称应与登记管理机关核准登记的名称一致，两个或多个不同博物馆机构同时使用同一法人登记号的，视为一个博物馆机构，可用括号标注。

（二）质量等级。分为一级、二级、三级和无级别四类，一级、二级、三级是经我局审定后列入国家一、二、三级博物馆名单的博物馆机构。如博物馆机构在评定等级后发生合并，以合并前最高等级公布。

（三）地址。应与登记管理机关核准登记的地址一致，当是邮政物流能够送达、观众能够顺利抵达参观的地址。

（四）联系方式。包括但不限于电话号码，鼓励公布传真号码、网站地址、微博地址、微信公众号等。

（五）主要藏品及基本陈列。根据该馆章程，能够体现其办馆宗旨及业务范围的馆藏体系和重要代表性藏品，及其基本陈列等信息。

三、我局从各地上报的2014年度博物馆备案名录中筛选了4164家专业化程度较高、功能比较完善的博物馆，编制成2014年度全国博物馆名录，现予发布，供各地在开展博物馆信息公开的相关工作中作参考。

特此通知。

附件：2014年度全国博物馆名录（选编）（详见国家文物局政府网站）

国家文物局

2016年1月13日

国家文物局关于印发《长城执法巡查办法》的通知

文物督发〔2016〕1号

各省、自治区、直辖市文物局（文化厅）、新疆生产建设兵团文物局，天津、上海、重庆文化市场综合执法总队：

现将《长城执法巡查办法》印发给你们，请结合本地实际，认真贯彻落实。执行过程中如发现问题，请及时反馈我局。

特此通知。

国家文物局

2016年1月28日

长城执法巡查办法

第一条　为促进长城所在地县级以上地方人民政府及其文物主管部门依法履行长城保

护职责，规范长城执法巡查工作，根据《中华人民共和国文物保护法》《长城保护条例》等法律法规，制定本办法。

第二条 本办法所称长城执法巡查，是指各级文物主管部门，及依法被授权或受委托承担文物行政执法职能的机构（以下简称“执法机构”），对本行政区域内的长城及保护管理工作进行的监督检查活动。

第三条 各级文物主管部门、执法机构，应当对由国务院文物主管部门认定并公布的长城段落进行执法巡查。长城段落，包括长城的墙体、城堡、关隘、烽火台、敌楼等。

第四条 长城执法巡查按照整体保护、属地管理的原则，落实执法巡查主体。长城段落为行政区域边界的，由毗邻各方协商进行执法巡查。

第五条 国务院文物主管部门负责长城执法巡查整体工作，协调、解决长城执法巡查中的重大问题，组织开展长城执法专项督察及交叉执法巡查，监督检查长城所在地各级地方政府及文物主管部门的长城保护工作。

长城所在地省级文物主管部门、执法机构负责本行政区域内的长城执法巡查工作，每年对各地开展的长城执法巡查工作实地检查不少于一次。

长城所在地设区市文物主管部门、执法机构负责本行政区域内长城执法巡查工作，每年对所属区县开展的长城执法巡查工作实地检查不少于两次。

长城所在地县级文物主管部门、执法机构每年应制定本行政区域内的长城执法巡查工作方案并负责实施，每年对全部长城段落至少巡查一次，每月对重点长城段落进行抽查，并经常性检查长城保护机构、保护员工作开展情况。

第六条 文物主管部门、执法机构开展长城执法巡查，应当重点检查以下内容：

（一）长城段落公布为文物保护单位，划定保护范围和建设控制地带，作出标志说明，建立记录档案，设置专门机构或者指定专人进行巡查、看护等情况。

（二）破坏、损毁、拆除、穿越、迁移及擅自修缮、重建长城等情况。

（三）在长城的保护范围或者建设控制地带内进行建设工程或者爆破、钻探、挖掘等作业情况。

（四）辟为参观游览区的长城段落是否符合开放条件，接待游客是否超过旅游容量指标等情况。

（五）是否在长城上从事下列禁止性活动：取土、取砖（石）或者种植作物；刻划、涂污；架设、安装与长城保护无关的设施、设备；驾驶交通工具，或者利用交通工具等跨越长城；展示可能损坏长城的器具；有组织地在未辟为参观游览区的长城段落举行活动。

（六）破坏、损毁或擅自迁移、拆除长城保护标志和防护设施等情况。

（七）长城安全管理和安全防护措施落实情况。

（八）其他涉及长城的违法违规情况。

第七条 长城执法巡查采取定期检查、重点抽查、上级督察、交叉巡查、联合巡查等方式进行。

长城执法巡查应积极利用遥感监测、无人机、信息通信等新技术、新手段开展工作。

第八条 各级文物主管部门、执法机构开展长城执法巡查，应如实做好长城执法巡查工作记录，发现违法行为及时进行处置。

巡查结束后，文物主管部门、执法机构应当及时将巡查结果书面反馈被检查单位，必要时可反馈地方政府。反馈意见应当明确指出存在的问题，并提出整改要求。

被检查单位对反馈意见应及时落实、限期整改，整改结果应书面报告检查单位。

第九条 长城执法巡查中发现的构成行政违法案件的违法行为，所在地文物主管部门、执法机构应当立案查处并按照规定上报；涉嫌犯罪的，应依法及时移交公安、司法机关处理。

第十条 文物主管部门、执法机构应及时将长城执法巡查记录、反馈意见、整改结果等文字和影像资料整理归档，建立电子和纸制档案。

第十一条 各级文物主管部门、执法机构应建立长城执法巡查信息定期报告制度。长城所在地省级文物主管部门、执法机构应将长城执法巡查情况纳入《文物安全与行政执法工作情况统计表》，按规定上报国务院文物主管部门。

第十二条 各级文物主管部门、执法机构要组织开展长城执法巡查人员业务培训，使长城执法人员掌握文物法律法规和规章制度，熟练使用配备的执法巡查设备。

第十三条 长城所在地县级以上人民政府应将长城执法巡查经费纳入长城保护经费，保障各级文物主管部门、执法机构开展执法巡查工作所需的交通、通讯、设备、宣传、培训等资金，为执法巡查人员购买必要的人身意外伤害保险。

第十四条 各级文物主管部门、执法机构应将长城执法巡查工作纳入文物工作考核内容。

县级以上文物主管部门、执法机构对长城执法巡查工作中成绩突出的单位和个人，应予以表彰和奖励。

第十五条 上级文物主管部门、执法机构对下级文物主管部门、执法机构开展长城执法巡查工作不力的，应对予以通报批评。单位、个人在开展长城执法巡查工作中有违纪违法行为的，应追究相应责任。

第十六条 国家和省级文物主管部门应为长城执法巡查工作提供数据、技术等支持，通过长城资源信息管理系统实现信息共享。

第十七条 鼓励社会监督，畅通监督渠道，“12359”文物违法举报平台设立长城保护专线。

第十八条 各地可根据自身实际制定长城执法巡查实施细则。

第十九条 本办法自印发之日起施行。

国家文物局关于印发《长城保护员管理办法》的通知

文物督发〔2016〕2号

各省、自治区、直辖市文物局（文化厅），新疆生产建设兵团文物局：

为加强长城保护工作，我局制定了《长城保护员管理办法》，现印发给你们，请结合本地实际，认真贯彻落实。

特此通知。

国家文物局
2016年1月28日

长城保护员管理办法

第一条 为加强长城保护员队伍的建设和管理，充分发挥长城保护员作用，促进长城保护工作，根据《中华人民共和国文物保护法》和《长城保护条例》等法律法规，制定本办法。

第二条 地处偏远、未设立长城保护机构的长城段落，长城所在地县级人民政府或者其文物主管部门可以聘请长城保护员对长城进行巡查、看护。

应当根据长城段落的地理位置、自然环境、交通状况和长城遗存基本情况，确定需聘请长城保护员的数量，保证每个长城段落有人员巡查、看护。

第三条 长城所在地县级人民政府或者其文物主管部门聘请长城保护员应当遵循公开、自愿、平等、择优的原则，可结合本地实际，制定长城保护员聘请程序和办法。

被聘请的长城保护员应当具备下列条件。熟悉长城资源情况，或者已志愿长期从事长城保护工作的，可优先聘请：

（一）十八周岁以上，六十五周岁以下，身体健康，具备初中以上文化程度。

（二）长城所在地居民，无违纪违法犯罪记录。

（三）具有一定的长城保护知识，具备巡查、看护长城的工作能力。

（四）热心长城保护工作，责任心强。

由于工作变动或者因年龄、健康等原因不再适合担任长城保护员的，以及长城保护员本人提出不再担任长城保护员的，长城所在地县级人民政府或者其文物主管部门应当解除聘请，并及时调整和补充相应长城段落的长城保护员。

第四条 长城所在地县级人民政府及其文物主管部门应当为聘请的长城保护员提供必要的巡查、看护工具，给予适当补助，补助标准可参考当地最低工资标准，并将前述所需经费纳入长城保护经费。

有条件的地方可以将长城保护员纳入当地社会公益性岗位管理。

第五条 长城所在地县级人民政府或者其文物主管部门应当为聘请的长城保护员发放国家统一制式的证件。长城保护员证件遗失或者损坏的，应当及时申请发证单位换发。

第六条 长城所在地县级人民政府及其文物主管部门应当完善长城记录档案、明确长城保护范围和建设控制地带边界、设立长城保护标志等基础工作，为长城保护员实施长城巡查、看护工作提供依据。

长城所在地县级文物主管部门应当对长城保护员进行岗前培训和日常业务培训，使长城保护员熟悉长城保护法规政策、安全形势和工作要求，了解长城基本情况，掌握长城看护和巡查工作技能。

第七条 长城所在地县级文物主管部门应当建立健全长城保护员档案，指导长城保护员开展工作，及时核查处理长城保护员报告的长城保护情况。应当定期监督检查长城保护员履行职责情况，并对长城保护员履行职责情况进行年度考核，考核情况作为长城保护员奖惩依据。

第八条 长城保护员应当履行下列工作职责：

（一）巡查、看护长城本体及其历史环境风貌、长城保护标志和有关长城防护设施。

（二）定期向长城所在地县级文物主管部门报告长城保护状况和工作情况；及时报告长城自然损坏或者遭受环境地质灾害情况。

（三）发现破坏长城本体，在长城保护范围和建设控制地带内违法建设，擅自移除、破坏长城保护标志和其他有关防护设施，盗窃长城构件等违法犯罪行为，以及法律法规禁止在长城上从事的活动，及时向长城所在地县级文物主管部门或者公安机关报告，并积极协助做好相关工作。

（四）协助长城所在地县级文物主管部门做好长城日常养护、长城保护宣传等工作。

（五）编写工作日志，如实记录长城巡查、看护情况以及发现的问题。

（六）按照聘请约定应当履行的其他工作职责。

第九条 有下列行为之一的长城保护员，由长城所在地县级以上人民政府或者其文物主管部门给予表彰或者奖励：

（一）长期担任长城保护员工作成绩突出的。

（二）及时发现并报告自然或者人为损毁长城情况，积极采取有效措施，使长城免遭破坏或减少损失的。

（三）积极配合文物、公安等部门，在查处破坏长城违法犯罪活动中成绩显著的。

（四）在其他长城保护工作中有突出贡献的。

第十条 有下列行为之一的长城保护员，由长城所在地县级人民政府或者其文物主管部门解除聘请；构成违法犯罪的，依法追究法律责任：

（一）年度考核不合格的。

（二）发现破坏长城违法犯罪行为不及时报告的。

（三）利用担任长城保护员之便，谋取非法私利，造成不良社会影响的。

（四）不履行长城保护员职责，造成严重后果的。

第十一条 各地可依据本办法，结合本地实际制定长城保护员管理实施细则。

第十二条 本办法自印发之日起施行。

国家文物局关于印发《文物拍卖标的审核办法》的通知

文物博发〔2016〕4号

各省、自治区、直辖市文物局（文化厅）：

为贯彻落实《国务院关于进一步加强文物工作的指导意见》有关精神，规范文物拍卖标的审核工作，推动文物经营活动健康有序发展，我局制定了《文物拍卖标的审核办法》。现印发给你们，请遵照执行。

特此通知。

国家文物局
2016年3月9日

文物拍卖标的审核办法

第一章　总则

第一条　为加强对文物拍卖标的审核管理，规范文物拍卖经营行为，依据《中华人民共和国文物保护法》《中华人民共和国文物保护法实施条例》等法律法规，制定本办法。

第二条　本办法适用于《中华人民共和国文物保护法》《中华人民共和国文物保护法实施条例》等法律法规规定、需经审核才能拍卖的文物。

第三条　文物拍卖标的由省、自治区、直辖市人民政府文物行政部门（以下简称“省级文物行政部门”）负责审核。

第四条　国家文物局对省级文物行政部门文物拍卖标的审核工作进行监督指导。

第二章　申请与受理

第五条　拍卖企业应在文物拍卖公告发布前20个工作日，提出文物拍卖标的审核申请。

省级文物行政部门不受理已进行宣传、印刷、展示、拍卖的文物拍卖标的的审核申请。

第六条　拍卖企业应向注册地省级文物行政部门提交文物拍卖标的审核申请。

拍卖企业在注册地省级行政区划以外举办文物拍卖活动的，按照标的就近原则，可向注册地或者拍卖活动举办地省级文物行政部门提交文物拍卖标的审核申请。

两家以上注册地在同一省级行政区划内的拍卖企业联合举办文物拍卖活动的，由企业联合向省级文物行政部门提交文物拍卖标的审核申请。

两家以上注册地不在同一省级行政区划内的拍卖企业联合举办文物拍卖活动的，按照标的就近原则，由企业联合向某一企业注册地或者拍卖活动举办地省级文物行政部门提交文物拍卖标的审核申请。

联合拍卖文物的拍卖企业，均应具备文物拍卖资质。其文物拍卖资质范围不同的，按照资质最低的一方确定文物拍卖经营范围。

第七条　拍卖企业须报审整场文物拍卖标的，不得瞒报、漏报、替换标的，不得以艺术品拍卖会名义提出文物拍卖标的审核申请，不得以“某代以前”“某某款”等字眼或不标注时代的方式逃避文物拍卖标的监管。

第八条　拍卖企业申请文物拍卖标的审核时，应当提交下列材料：

（一）有效期内且与准许经营范围相符的《拍卖经营批准证书》《企业法人营业执照》及《文物拍卖许可证》的复印件；

（二）《文物拍卖标的审核申请表》；

（三）标的清册（含电子版）；

（四）标的图片（每件标的图片清晰度300dpi以上）；

（五）标的合法来源证明（如有）；

（六）文物拍卖专业人员出具的标的征集鉴定意见；

（七）省级文物行政部门要求提交的其他材料。

其中，材料（一）（二）（三）（五）（六）须以书面形式加盖企业公章提交，材料（三）（四）提交电子材料。

第九条 省级文物行政部门对拍卖企业提出的文物拍卖标的审核申请，应当根据下列情况分别处理，并告知企业：

（一）文物拍卖经营资质有效，申请材料齐全，符合相关法律法规规定的，决定受理；

（二）文物拍卖经营资质无效，或者不属于审核范围的，决定不予受理；

（三）申请材料不齐全或者不符合相关规定的，要求补充。

第十条 省级文物行政部门受理文物拍卖标的审核申请后，须按照《中华人民共和国行政许可法》第四十二条有关规定，于20个工作日内做出审核决定。符合《中华人民共和国行政许可法》第四十二条、第四十五条相关情形的，不受该时限限制。

第三章 审核与批复

第十一条 省级文物行政部门在作出文物拍卖标的审核决定前，可委托相关专业机构开展文物拍卖标的审核工作。

文物拍卖标的应当进行实物审核。

第十二条 文物拍卖标的审核须由3名以上审核人员共同完成，其中省级文物鉴定委员会委员不少于1名。审核意见由参加审核人员共同签署。

审核过程中，省级文物行政部门可要求拍卖企业补充标的合法来源证明及相关材料。

第十三条 下列物品不得作为拍卖标的：

（一）依照法律应当上交国家的出土（水）文物，以出土（水）文物名义进行宣传的标的；

（二）被盗窃、盗掘、走私的文物或者明确属于历史上被非法掠夺的中国文物；

（三）公安、海关、工商等执法部门和人民法院、人民检察院依法没收、追缴的文物，以及银行、冶炼厂、造纸厂及废旧物资回收单位拣选的文物；

（四）国有文物收藏单位及其他国家机关、部队和国有企业、事业单位等收藏、保管的文物，以及非国有博物馆馆藏文物；

（五）国有文物商店收存的珍贵文物；

（六）国有不可移动文物及其构件；

（七）涉嫌损害国家利益或者有可能产生不良社会影响的标的；

（八）其他法律法规规定不得流通的文物。

第十四条 合法来源证明材料包括：

（一）文物商店销售文物发票；

（二）文物拍卖成交凭证及发票；

（三）文物进出境审核机构发放的文物进出境证明；

（四）其他符合法律法规规定的证明文件等。

第十五条 未列入本办法第十三条的文物，经文物行政部门审核不宜进行拍卖的，不得拍卖。

第十六条 省级文物行政部门依据实物审核情况出具决定文件，并同时抄报国家文物局备案。备案材料应包含标的清册、图片（含电子材料）、合法来源证明（如有）等。

两家以上拍卖企业联合举办文物拍卖活动的，审核决定主送前列申请企业，同时抄送其他相关省级文物行政部门。

第十七条 文物拍卖标的审核决定，不得作为对标的真伪、年代、品质及瑕疵等方面情况的认定。

第四章 文物拍卖监管

第十八条 拍卖企业应在文物拍卖图录显著位置登载文物拍卖标的审核决定或者决定文号。

第十九条 省级文物行政部门应以不少于10%的比例对文物拍卖会进行监拍。监拍人员应按照《文物行政处罚程序暂行规定》等相关规定，对拍卖会现场出现的违法行为采取相应措施。

第二十条 拍卖企业应于文物拍卖会结束后30个工作日内，按照《中华人民共和国文物保护法实施条例》第四十三条相关规定，将文物拍卖记录报省级文物行政部门备案。

第二十一条 省级文物行政部门应当对照文物拍卖标的审核申请材料对文物拍卖记录进行核查，及时发现并查处拍卖企业瞒报、漏报、替换文物拍卖标的等违法行为。

第二十二条 省级文物行政部门应加强对拍卖企业标的征集管理，将文物拍卖标的审核情况记入拍卖企业和专业人员诚信档案，作为对拍卖企业和专业人员监管的重要依据。

第五章 附则

第二十三条 本办法自发布之日起实施。

国家文物局关于2015年度文物行政执法与安全监管工作情况的通报

文物督发〔2016〕7号

各省、自治区、直辖市文物局，新疆生产建设兵团文物局，天津、上海、重庆市文化市场执法总队：

为贯彻落实《国务院关于进一步加强文物工作的指导意见》（国发〔2016〕17号）精神，我局对各地上报的2015年度文物安全与行政执法工作和督办查处的文物案件（事故）

情况进行了系统的统计分析。现将情况通报如下：

一、基本情况

2015年，全国各地文物部门按照文物安全与行政执法信息上报及公告办法相关要求，积极开展文物执法巡查和安全检查，依法查处和督办文物案件（事故），各省级文物行政部门汇总并向我局报送了年度工作情况。

（一）执法巡查与违法案件情况

接报全国省、市、县级文物行政主管部门及文物行政执法机构开展文物执法巡查238311次，检查发现各类违法行为1084起，已调查处理完毕1034起。对全国重点文物保护单位巡查22309次，发现违法行为77起，已视情节轻重按简易程序改正处理或按一般程序立案查处。

接报各级文物行政部门、文物执法机构立案查处文物行政违法案件142起。其中，查处全国重点文物保护单位发生文物行政违法案件47起，按违法类型分，破坏文物本体案件8起，在保护范围内进行违法建设案件26起，在建设控制地带内进行违法建设案件10起，擅自修缮不可移动文物案件3起；按违法主体分，法人违法案件32起，其他案件15起；按查处结果分，涉嫌犯罪移交公安机关7起，纪检监察机关实施责任追究4起，文物行政部门已实施行政处罚31起，其余案件仍在调查处理。

（二）安全检查与安全案件（事故）情况

接报全国省、市、县级文物行政部门开展安全检查共277188次，发现并整改各类安全隐患107980项，立纠立改46426项，其他不能立纠立改的已责令限期整改。对全国重点文物保护单位检查27862次，发现各类安全隐患4970项，立纠立改4484项，其他正在整改中；对核定为一级风险单位的文物收藏单位检查1620次，发现安全隐患129项，已整改完毕125项，其他正在整改中。

接报各级文物行政部门督察督办或者配合相关部门处置文物安全案件143起。其中，文物火灾事故23起，文物被盗窃、盗抢案件29起，古文化遗址、古墓葬被盗掘案件83起，其他文物安全事故8起。接报全国重点文物保护单位发生安全案件（事故）22起，其中古遗址、古墓葬被盗掘案件11起，文物保护单位被盗窃案件5起，火灾事故6起。接报文物收藏单位被盗案件1起。

二、形势分析

2015年，国家文物局和各地文物部门不断加大执法力度，强化安全监管，取得了较好成效，但文物执法与安全形势依然严峻，且在新时期又暴露出新问题，呈现出新特点，工作任务依然繁重。

（一）行政执法形势

1．法人违法案件多发。一些地方政府或部门、企事业单位不能正确处理文物保护与城乡建设发展的关系，侵占文物保护单位保护范围和建设控制地带，破坏文物历史环境风貌，甚至破坏文物本体。2015年度，国家文物局直接督办案件中，法人违法案件占78%。如，山东省即墨市在实施“即墨古城片区改造项目”中，擅自拆除县级文物保护单位中山街五福巷和多处普查登记文物，新建大量仿古建筑，损失难以挽回。

2．普查登记不可移动文物亟待落实保护措施。2015年度，媒体曝光多地普查登记不可移动文物消失或遭拆除事件，国家文物局对河南省郑州市上街区、福建省福州市仓山区等不可移动文物消失情况进行实地督察，督促依法严肃处理，实施责任追究。

3．传统村落监管有待加强。2015年度，国家文物局组织开展“传统村落文物保护专项督察”，各地反馈在传统村落开发利用中，擅自改建文物建筑、保护范围和建设控制地带内违法建设、文物建筑周边新建住房等问题比较突出。如，湖南省永兴县政府及相关部门在省级文物保护单位板梁村保护范围和建设控制地带内违法新建旅游开发设施，拆除了部分文物建筑。

（二）文物安全形势

1．文物火灾事故呈上升趋势。近年来，各地加快古城镇、历史街区、古村落开发步伐，文物建筑被广泛利用，但相应的防火措施不到位，消防基础设施建设滞后，文物产权人或管理使用单位消防意识淡薄，管理松懈，用火用电不规范，各类火灾诱因增加，文物火灾事故呈上升趋势。2015年国家文物局共接报文物火灾事故23起，比2014年增加5起。其中全国重点文物保护单位发生6起，省级文物保护单位发生6起，市县级文物保护单位发生8起，火灾涉及古城镇、古村寨及文物建筑等。甘肃省兴隆山古建筑群祖师殿、重庆市黄山抗战遗址之草亭、云南省大理拱辰楼和安徽祁门一本堂等发生的火灾事故，损失较为严重。火灾事故主要原因包括电气线路或者电气设备故障、人为纵火或者不明外来火源、使用明火等，其中电气故障是引发火灾的主要原因，人为纵火案件也有所增加，是文物火灾防控的重点。

2．盗窃、盗掘文物案件仍然频发。当前古墓葬被盗掘、文物建筑构件和附属文物被盗卖情况较为严重。2015年，接报全国重点文物保护单位发生盗窃、盗掘案件16起，较2014年增加了3起，河北清东陵、河南洛南东汉帝陵等帝王陵寝和河北献县汉墓、湖北马山墓群、广东唐氏墓群等重要古墓群相继发生被盗掘案件。当前，利用互联网实施组织和联络文物犯罪，跨地区团伙作案，或者多团伙在同一地区同时或交叉作案等，打击和防控文物犯罪仍是长期艰巨任务。

3．文物安全隐患较为突出。从我局组织的文物安全抽查和各地上报的文物安全案件情况看，一些单位不同程度的存在安全管理松懈、制度不落实、人员不在岗、巡查不及时等问题，用火用电不规范、易燃可燃物品随意堆放等各类火灾隐患突出，安全防护设施设备得不到及时有效维护，安全应急预案形同虚设，预案演练流于形式。甚至还有个别单位一边是已发生古墓葬被盗掘案件，另一边却是已通过竣工验收的安防系统不及时接收和使用，长期处于停滞关机状态。

三、主要举措

针对上述形势，国家文物局和各地文物主管部门不断强化执法与安全监管，创新工作方式，坚持防范与打击两手抓，采取了一系列措施。

（一）执法督察措施

1．加大督察力度。组织开展“传统村落文物保护专项督察”，对270处传统村落中的不可移动文物部署进行执法检查，纠正违法行为，整改安全隐患。国家文物局对各地报告、舆情监测、群众举报的124件涉嫌违法事项发函督办，督促查处违法案件46起，行政问责34人，推动黑龙江省哈尔滨市、甘肃省景泰县、山东省即墨市、辽宁省义县等地加强文物工作，落实文物法律法规要求，主动设立文物局。公开曝光重大法人违法案件，遴选公布“2014～2015文物行政执法十大指导性案例”，社会反响强烈。

2．提高监管能力。国家文物局实施“2015年度不可移动文物遥感执法监测”，以县域为单元，运用卫星遥感技术整体核查安徽黄山、河南洛阳12个区县不可移动文物变化情况，核查结果反馈地方政府，督促采取加强措施。江苏省试点建设“文物安全综合管理实验区”，浙江省研发“天地一体”文物执法监管与预警系统，取得实质性进展。

3. 接受社会监督。国家文物局印发《文物违法行为举报管理办法》，设立文物违法举报中心，开通“12359”文物违法举报热线、网站。举报中心自2015年8月成立至2015年年末，接办举报事项147件，发挥了重要作用。各地积极创新群众参与文物执法监督机制，北京、杭州、南京等地完善或者建立了文物安全执法志愿服务机制，取得良好效果。

4. 推动联合执法。国家文物局与中国海警局联合起草我国管辖海域内文物执法工作办法，指导沿海省份开展水下文化遗产执法巡查。山东省设立了管辖海域文化遗产保护联合执法办公室，开展“水下文化遗产保护和执法演练活动”。会同国家宗教局等五部局联合部署开展“整治违法违规设立功德箱等借教敛财问题专项工作”，严肃查处一批违规行为。

（二）安全监管措施

1. 强化安全防护设施建设。国家文物局和各相关省份积极推动文物消防安全百项工程，重点支持407项全国重点文物保护单位安全防护工程项目。各地也不断加大投入，云南省首次安排文物消防专项经费2000万元，落实280处省级文物保护单位消防措施。

2. 实施联合检查。国家文物局与公安部联合印发《文物建筑消防安全十项规定》，并赴北京、湖南等地联合开展文物建筑夏季消防检查。组织暗访抽查，督促整改了一批重大火灾隐患，并向社会公布，增强文物安全意识。各地针对本地情况积极开展联合检查，如山西省文物与公安消防部门联合进行多轮次的古建筑消防专项检查，集中开展火灾隐患专项整治。

3. 继续推动打击文物犯罪。国家文物局与公安部联合印发了《关于加强打击和防范文物犯罪工作的通知》，共同督促指导辽宁朝阳公安、文物部门破获“11·26”盗掘古文化遗址古墓葬案，抓获犯罪嫌疑人217名，收缴涉案文物1901件；陕西省开展2015年度打击文物犯罪“雄鹰”专项行动，共破获各类文物犯罪案件172件，打击处理犯罪嫌疑人406人，追缴文物3089件。

4. 推动标准建设。国家文物局印发《文物建筑防火设计导则》，启动编制《文物建筑火灾风险评估办法》《文物建筑电气火灾防控技术规范》等一批文物安全标准。在河北、安徽、四川、新疆、西藏等省份推动开展电气火灾防控、文物安全系统远程监管、田野文物安防专用设备等多项文物安全防护技术的试点研究，取得初步成果。

四、文物执法与安全监管工作要求

2016年度，各地要认真贯彻落实国家文物执法与安全监管法规政策要求，针对当前面临的文物安全形势和特点，全面强化安全监管与执法督察，并重点做好以下工作：

（一）认真学习宣传，落实政策法规

《国务院关于进一步加强文物工作的指导意见》从形势、原则、目标、任务、保障多个层面，完整绘就了新时期加强文物执法和安全工作的发展蓝图，各地要深入学习，认真贯彻，加快构建文物执法督察体系，全面完善文物安全责任体系，推动文物执法与安全监管工作再上新台阶。要认真学习研究《最高人民法院·最高人民检察院关于办理妨害文物管理等刑事案件适用法律若干问题的解释》，加大打击文物犯罪力度，完善行政执法与刑事案件衔接机制。要认真落实国家文物局印发的《文物建筑防火设计导则》《长城保护员管理办法》《长城执法巡查办法》和《文物违法行为举报管理办法》等文件要求，研究做好相关衔接工作，确保各项措施落到实处。

（二）完善督察机制，实施暗访抽查

各级文物行政部门、执法机构要完善并实施督察机制，综合采用现场督办、跟踪督办、约谈问责、专项督察等多种方式，督办重大文物违法与安全案件（事故）和重大安全隐患。要将暗访抽查作为常态工作，形成制度，采取不发通知、不打招呼、不听汇报、不用陪同接待、直插基层、直奔现场的方式，及时掌握真实状况，采取应对措施，落实整改，依法处理。要及时了解和评估本行政区域内文物执法与安全形势，定期总结和通报工作情况，向社会公开文物违法案件与安全事故处置情况，增强全社会文物保护意识。

（三）切实履职尽责，严格文物执法

各级文物主管部门、文物执法机构，要认真履行法律法规赋予的执法职能，主要领导带头，勇于担当，敢于作为，将文物执法作为重点工作和重要抓手，以法治思维、法治方式促进文物保护。要结合本地区工作实际和综合执法改革，全面落实市、县两级文物行政执法职能，省级文物行政部门、执法机构要切实加强指导。要坚持实施文物执法巡查制度，执法关口前移，早发现、处置违法行为。要主动接受社会监督，发挥国家文物局文物违法举报中心和“12359”文物违法举报电话作用。针对法人违法案件多发态势，部署开展“文物法人违法案件三年整治专项行动”，对文物法人违法案件做到“零容忍”，对重大案件挂牌督办，查处结果公开曝光。切实加大长城执法监管力度，有长城资源分布的地区，要组织开展长城执法专项督察、执法巡查，结果反馈地方政府，并向社会公开。

（四）全面整治隐患，严控火灾事故

当前文物火灾形势严峻，各地要高度重视，多措并举，全面抓好抓牢文物消防工作。2016年度各省级文物行政部门要至少组织开展一次文物消防检查与隐患整治的专项行动，重点检查主体责任落实、岗位职责、安全管理措施、应急处置演练等安全管理问题，重点整治生产生活用火、易燃易爆物品堆放存储、电气线路安装敷设、用电设备使用、吸烟燃香烧纸、燃放烟花爆竹等火灾隐患，并对问题和隐患进行分别梳理，逐一督促整改。省级文物行政部门至迟在11月底，要将检查的各级各类文物单位数量、发现的各类隐患及整改详单报国家文物局。同时要强化落实文物单位产权人或者管理使用单位的主体责任，根据国务院《消防工作考核办法》等规定，建立并严格实施考核评价和奖惩制度，对于消防安全检查不力、监管不严、隐患不除、失职渎职造成火灾事故的，要严肃处理；涉嫌触犯法律和纪律的，要依法依纪追责。

（五）积极推动配合，严打文物犯罪

各级文物主管部门要积极协调推动建立或完善公安、文物部门联合打击防范文物犯罪长效工作机制，结合本行政区域内文物资源状况和被盗风险，定期研判，快侦快办大案要案，始终保持高压强震态势。对文物案件频发地区，要协调当地人民政府和公安机关支持，开展公安、文物联合巡查。要切实增强文物安全防控能力，落实主体责任和安全措施。要结合本地实际，强化文物保护专门机构，建立完善专兼职文物保护队伍。对确有较大安全风险的文博单位，要有针对性的配置安防设施设备。对已配置安防设施设备的，要加强日常维护保养，严格值守，确保安防系统运行有效。杜绝已建安防系统不使用不维护、安全值守不在岗、值守期间擅自关闭安防系统、发生报警不处置、发现安全隐患不治理等突出问题，一经发现，要依法依纪严肃追责。

五、工作情况报送事宜

2015年度，全国多数省份按要求报送了文物执法与安全工作和文物案件情况。但也有少数省份对此项工作重视不够，未做到责任到人，统计和填报不及时、不规范，迟报、虚报、瞒报问题较为严重。如，虽经多次催办，仍有个别省份直到2016年2月中旬才上报情况；有的上报信息数据与实际情况不符，直到3月上旬又重新核实补充相关数据。这些都严重影响了全年通报的工作进度。

及时掌握各地执法与安全监督工作状况和各类文物案件（事故）发生情况，是分析研判全国形势、出台政策措施、安排部署工作的重要依据。各省级文物行政部门要高度重视，安排责任人员，按要求及时上报文物案件（事故）和半年、全年文物执法与安全工作情况。自2016年起，《文物安全与行政执法工作情况统计表》分为《文物安全工作情况统计表》（附件3）与《文物行政执法工作情况统计表》（附件4），各省级文物行政部门负责汇总填写上报，相关文物行政执法机构要积极配合。请各省级文物行政部门于4月30日前将本单位文物安全与行政执法填报责任人员信息报我局督察司。今后，凡发生不报、迟报、瞒报文物执法与安全监管工作情况或者文物案件的，将给予通报批评，问题严重的将通报属地人民政府。

附件：1．2015年度全国重点文物保护单位和文物收藏单位安全案件统计表

2．2015年度全国重点文物保护单位行政违法案件统计表

3．文物安全工作情况统计表

4．文物行政执法工作情况统计表

5．文物安全与行政执法填报责任人员信息表

（附件详见国家文物局政府网站）

国家文物局

2016年3月22日

国家文物局关于印发《国家文物局文博人才培训基地管理办法（试行）》的通知

文物人发〔2016〕6号

各省、自治区、直辖市文物局（文化厅），各培训基地：

《国家文物局文博人才培训基地管理办法（试行）》已经2016年第9次党组会议审议通过，现予以发布，请遵照执行。

特此通知。

附件：国家文物局文博人才培训基地管理办法（试行）

国家文物局

2016年3月24日

附件

国家文物局文博人才培训基地管理办法（试行）

第一章　总则

第一条　为深入推进文博人才培养，加强行业教育培训管理，贯彻《干部教育培训工作条例》《国家中长期人才发展规划纲要2010～2020》和《全国文博人才发展中长期规划纲要（2014～2020年）》，根据《专业技术人员继续教育规定》和《国家文物局文博人才培养“金鼎工程”实施方案》等，制定本管理办法。

第二条　国家文物局文博人才培训基地（以下简称培训基地）应坚持行业指导、协同创新、需求导向、突出特色的原则，构建多层次、多类型的文博人才培养体系，推动文博事业全面发展。

第二章　管理机构和职责

第三条　培训基地实行国家文物局、省级文物行政部门和依托单位三级管理。依托单位为国家文物局直属单位的，由国家文物局直接管理。

第四条　国家文物局是培训基地的宏观管理部门，主要职责是：

（一）组织编制和实施培训基地总体规划和发展计划，制定相关政策和规章制度。

（二）培训基地的认定、撤销。

（三）组织审定培训基地的培训工作计划和发展规划，审核培训基地申报的项目，并安排必要经费。

（四）指导及监督培训基地的运行和管理；组织对培训基地进行检查、评估。

国家文物局委托中国文化遗产研究院承担培训基地管理的具体工作。

第五条　省级文物行政部门是培训基地的组织单位，主要职责是：

（一）负责辖区内培训基地的申报审核和推荐工作。

（二）指导辖区内培训基地的管理和运行，对培训基地的年度工作计划、培训项目计划及申报的项目进行初审。

（三）在政策、经费和项目等方面，对培训基地建设和发展给予支持。

（四）配合国家文物局对培训基地进行检查评估。

第六条　依托单位具体负责培训基地的管理和运行，主要职责是：

（一）加强对培训基地建设发展的统筹规划，将基地发展规划纳入本单位发展规划。

（二）对培训基地进行建设，提供办公培训场所、后勤保障、配套经费等，并不断改善培训基地基础设施。

（三）建立健全培训基地的管理机构，配备专门人员，负责培训基地运行管理的具体工作。

（四）建立完善培训基地运行管理的相关制度。

（五）加强师资队伍建设，组织相关专家、学者充实师资队伍，组织开展师资培训。

（六）按要求配合做好对培训基地的检查评估工作。

第三章 申报与认定

第七条 相关高等院校、科研院所、企事业单位、社会团体、专业培训机构、社会力量办学机构等均可申报培训基地，应具备以下条件：

（一）有专门的培训场所及与所承担的培训专业方向和层次相适应的教学、实操训练设施或条件，以及相应的专业教材或培训资料。

（二）有与所承担的培训专业方向和层次相适应的相对稳定的专兼职教师队伍，各专业教师不少于4名；所有专兼职教师应具备较丰富的教学和实践经验，是本行业、本领域的学术（技术）带头人或业务骨干。

（三）有健全的管理机构，专、兼职管理人员。

（四）有健全的教学组织管理、学员考核管理、教学科研管理、培训登记管理、培训经费管理、后勤保障管理、安全管理制度以及规范的培训效果评估、跟踪反馈等管理制度，近三年内无重大安全事故发生；

（五）近三年内承办文博行业培训项目不少于5个。

第八条 申报单位需提交下列材料：

（一）培训基地申请报告及《国家文物局文博人才培训基地申请表》。

（二）有关管理制度、管理机构、师资力量、从事文博行业教学培训等情况说明。

（三）有关证照和办学资质复印件。

第九条 申报及审核程序：

（一）申报单位将第八条列出的相关材料提交省级文物行政部门，经其初步审核提出推荐意见后，报送国家文物局。

（二）国家文物局组织相关专家，对申报材料进行审核，对申报条件进行现场评估，形成推荐意见，经局务会审议通过后公布培训基地名单，并颁发培训基地牌匾。

第四章 培训基地管理

第十条 各培训基地应于获得基地称号后3个月内组建基地管理办公室，并将相关人员组成报国家文物局。培训基地管理办公室包括主任1名，由依托单位主管领导担任；副主任1～2名，由承担培训基地任务的部门领导担任；办事人员若干，由熟悉文博教育培训的业务人员担任。

第十一条 培训基地的主要工作内容包括：

（一）根据国家文博人才培养的相关要求，结合自身特色，制订培训基地年度工作计划和中长期发展规划。

（二）承担国家文博人才培养项目；承办各级文物主管部门、行业协会、企事业单位等委托的培训班、研修班或进修班。

（三）开展教育教学体系建设，编制系统的教学大纲，进行科学的课程设计，编制相关培训资料和教材。

（四）开展文物保护、考古、博物馆及文博人才培训方面学术理论研究，并提供相关咨询。

（五）配合文博网络教学工作。

（六）举办教育培训交流服务活动等。

第十二条 培训基地应突出办学特点，明确培训方向和重点，集中优势力量推出主体班次、精品课程；同时积极探索结合重大文物保护工程实施人才培养项目的机制。可采取自建或与相关文博单位合作的形式，建设人才培养实训基地，为培训实习创造良好条件。

第十三条 各培训基地应于每年1月31日前，向国家文物局报送上一年度工作总结和本年度工作计划。申请列入国家文物局年度培训计划的培训项目，应于上一年度6月30日前报送至国家文物局；培训项目应填报项目申报书。

第十四条 国家文物局组织有关专家，对培训基地的培训项目计划及项目申报书进行审核。对于满足国家文博人才培养需求及其他相关要求的培训项目，将列入国家文物局年度培训计划，并准予核发国家文物局培训结业证书。

第十五条 经审核同意开展的其他培训项目可以培训基地名义举办，并颁发培训基地培训结业证书。未经审核同意，任何单位不得以培训基地的名义举办培训项目。

第十六条 培训项目经费应按照《中央和国家机关培训经费管理办法》和其他相关要求，并考虑实际需要，由培训基地进行管理和核算，不得擅自提高收费标准。

第十七条 各培训基地应及时对培训效果进行评估，于培训项目结束后1个月内，将培训总结材料报送国家文物局，并做好培训材料的建档登记工作。

第十八条 培训基地管理实行检查评估制度。国家文物局每年不定期对培训基地进行检查，每三年组织对培训基地进行一次评估。国家文物局可委托省级文物行政部门对辖区内的培训基地进行检查与评估。检查评估的主要内容包括培训基地设施配套情况、师资队伍建设情况、制度执行情况、经费使用情况、培训质量、培训效果及后续跟踪情况等。检查评估细则由国家文物局另行制定。

第十九条 对评估不合格的培训基地，或者违反有关规定，出现乱办班、乱收费、乱发证现象的培训基地，将责令其整改，整改不合格的取消其培训基地称号。情况严重者应依法追究其单位领导和当事人的责任。

第五章 附则

第二十条 本办法由国家文物局负责解释。

第二十一条 本办法自公布之日起实行。

国家文物局关于印发《全国重点文物保护单位文物保护工程竣工验收管理暂行办法》的通知

文物保函〔2016〕343号

各省、自治区、直辖市文物局（文化厅）：

为加强文物保护工程项目管理，提高工程质量，规范文物保护工程竣工验收工作，根据《中华人民共和国文物保护法》《中华人民共和国文物保护法实施条例》《文物保护工程管理办法》等有关法律法规，我局制定了《全国重点文物保护单位文物保护工程竣工验收管理暂行办法》，并经2016年3月17日第9次局党组会议审议通过，现予印发，请遵照执行。

各地在执行《办法》中如有问题或意见、建议，请及时反馈我局。

特此通知。

附件：《全国重点文物保护单位文物保护工程竣工验收管理暂行办法》

国家文物局

2016年4月5日

附件

全国重点文物保护单位文物保护工程竣工验收管理暂行办法

第一条 为加强文物保护工程项目管理，提高工程质量，规范文物保护工程竣工验收工作，根据《中华人民共和国文物保护法》《中华人民共和国文物保护法实施条例》《文物保护工程管理办法》及其他相关法律法规，制定本办法。

第二条 本办法适用于全国重点文物保护单位的抢险加固、修缮、保护性设施建设、迁移等文物保护工程的竣工验收（以下简称工程竣工验收）。省级文物保护单位和市、县级文物保护单位文物保护工程的竣工验收，可以参照本办法执行。

第三条 工程竣工验收由国家文物局统一管理，由审批工程技术方案的文物行政部门（以下简称竣工验收部门）组织实施。对具有重大社会影响的重点项目，国家文物局可以自行组织实施竣工验收。

第四条 省级文物行政部门应督促工程业主单位于工程竣工一年后3个月内提交工程竣工验收申请。对于一次勘察设计、分期完成的保护工程，业主单位可以对已完成并符合竣工验收条件的部分保护工程提出分期竣工验收申请。

第五条 申请工程竣工验收应符合以下条件：

（一）完成立项报告和技术方案批复规定的各项内容；

（二）有完整的技术档案和施工管理资料（资料要求详见附录一）；

（三）通过了业主和勘察设计、施工、监理单位的四方验评和工程项目原申报机关组织的初验，并对初验中提出的意见已全部整改完毕。

第六条 省级文物行政部门在接到工程竣工验收申请后，对由本级批复实施的工程项目应尽快组织实施竣工验收；对由国家文物局批复实施的工程项目，应及时上报验收申请，国家文物局根据申请组织实施竣工验收。

工程竣工验收可由竣工验收部门直接或委托专业机构开展。

第七条 工程竣工验收内容：

工程竣工验收主要包括工程审批与管理、工程质量与效果、工程档案与资料三部分内容（相关指标详见附录二）。

第八条 工程竣工验收程序：

（一）根据工程性质和内容，组建验收专家组。专家组成员应为不少于3人的奇数。

（二）应制订验收计划，并将验收时间、地点、内容、程序等书面通知业主单位，由其协助安排竣工验收事宜。

（三）组织现场查验时，业主、勘察设计、施工、监理单位相关负责人需在现场接受验收专家组质询。

（四）召开验收会议。

1. 听取业主、勘察设计、施工、监理单位工程情况汇报；

2. 听取工程初验情况及整改情况汇报；

3. 调阅业主、勘察设计、施工、监理单位的工程档案资料；

4. 验收专家发表意见（专家意见表详见附录三）。

（五）根据现场查验、情况汇报及专家意见，形成竣工验收报告。验收报告由工程基本情况、工程竣工验收情况及结论、工程竣工验收总结及建议三部分内容构成。

第九条 竣工验收部门应在验收结束后及时向业主单位出具工程竣工验收意见。由省级文物行政部门组织竣工验收的，应同时将验收意见和验收报告报国家文物局备案。

第十条 文物保护工程未经初验或者初验不合格的，不得投入使用；工程竣工验收不合格的，应立即停止使用，并依照工程竣工验收意见在期限内完成整改，并重新履行工程竣工验收程序。

第十一条 国家文物局对工程竣工验收进行监督检查，对工程完成后二年内未开展竣工验收的项目，予以通报；如发现验收过程中存在违反验收程序或弄虚作假行为的，将追究相关当事者责任，并撤销验收结论，责成相关省级文物行政部门重新组织验收。竣工验收中违反国家有关法律法规构成犯罪的，依法追究刑事责任。

第十二条 本办法由国家文物局负责解释。

第十三条 本办法自印发之日起施行。

附录一：文物保护工程竣工验收资料要求

附录二：文物保护工程竣工验收指标及评定标准

附录三：文物保护工程竣工验收专家评分及意见表、文物保护工程竣工验收专家评分汇总及结论表

（附录详见国家文物局政府网站）

国家文物局关于宣布废止一批政策性文件的决定

文物政发〔2016〕10号

各省、自治区、直辖市文物局：

按照《国务院办公厅关于做好行政法规部门规章和文件清理工作有关事项的通知》（国办函〔2016〕12号）要求，经国家文物局第14次党组会议审议通过，决定对国家文物局发布的不利于稳增长、促改革、调结构、惠民生以及与法律法规不一致、已被新的规定涵盖或代替、制定依据已失效、调整对象已消失、工作任务已完成、时效已过的21件政策性文件宣布废止。宣布废止的文件，自本决定印发之日起一律停止执行，不再作为行政管理的依据。

附件：宣布废止的文件目录（21件）

国家文物局

2016年4月18日

附件

宣布废止的政策性文件目录（21件）

序号	文件号	文件名称	发文日期
1	文物博发〔2000〕044号	关于加强安全技术防范工程设计、施工管理有关问题的通知	2000年9月1日
2	文物保发〔2001〕052号	关于整顿和规范文物市场秩序的通知	2001年9月17日
3	文物办发〔2002〕30号	关于在河南省试验开展规范整治对外开放文物保护单位管理工作的通知	2002年5月17日
4	文物保发〔2002〕56号	关于转发财政部、国家税务总局、海关总署《国有文物收藏单位接受境外捐赠、归还和从境外追索的中国文物进口免税暂行办法》的通知	2002年8月9日
5	文物办发〔2002〕52号	关于进一步加强文物宣传工作管理的通知	2002年8月22日
6	文物博发〔2002〕55号	关于对文博考古院系（专业）、美术院校在校大学生、研究生有组织的教学实习实行免票优惠的通知	2002年8月28日

续表

序号	文件号	文件名称	发文日期
7	文物保发〔2003〕69号	关于进一步做好西气东输工程沿线文物保护工作的通知	2003年10月24日
8	文物办发〔2004〕3号	关于印发《关于贯彻实施行政许可法加强文物法制工作的意见》的通知	2004年1月20日
9	文物博发〔2004〕19	关于文物系统博物馆及爱国主义教育基地对未成年人免费开放和建立辅导员队伍的通知	2004年4月9日
10	文物博发〔2006〕14号	关于加强文物拍卖标的审核工作的通知	2006年6月22日
11	文物博发〔2006〕35号	关于加强文化遗产保护领域国家科技支撑计划重点项目管理工作的通知	2006年11月8日
12	文物保发〔2008〕26号	关于进一步加强大运河文化遗产及其环境景观保护工作的通知	2008年4月7日
13	文物人发〔2008〕30号	关于推进地市文博单位管理干部和全国重点文物保护单位保护管理机构负责人培训工作的意见	2008年4月22日
14	文物办发〔2008〕43号	关于做好汶川地震灾后文物抢救保护工作的意见	2008年6月19日
15	文物办发〔2008〕45号	关于做好强降雨等灾害性天气文化遗产保护工作的通知	2008年6月25日
16	文物博发〔2008〕52号	关于加强文物拍卖标的审核备案工作的通知	2008年9月11日
17	文物政发〔2009〕3号	关于进一步加强文物管理机构建设确保文物安全的紧急通知	2009年1月22日
18	文物博发〔2009〕35号	关于全面推进“指南针计划——中国古代发明创造的价值挖掘与展示”专项的意见	2009年11月4日
19	文物人发〔2010〕3号	国家文物局关于加强和改进文物、博物馆行业作风建设的意见	2010年1月15日
20	文物博函〔2012〕1484号	关于进一步做好文物拍卖标的审核工作的通知	2012年7月2日
21	文物督发〔2013〕18号	关于改革全国重点文物保护单位防雷工程管理工作的通知	2013年12月12日

国家文物局关于宣布废止一批规范性文件的决定

文物政发〔2016〕12号

各省、自治区、直辖市文物局、新疆生产建设兵团文物局：

按照《国务院办公厅关于做好行政法规部门规章和文件清理工作有关事项的通知》（国办函〔2016〕12号）要求，经征得有关部门同意并经国家文物局第17次党组会议审议通过，决定对国家文物局会同有关部门或者单独发布的与法律法规不一致、已被新的规定涵盖或代替、制定依据已失效、调整对象已消失、时效已过的12件规范性文件宣布废止。宣布废止的文件，自本决定印发之日起一律停止执行，不再作为行政管理的依据。

附件：宣布废止的文件目录（12件）

国家文物局

2016年6月2日

附件

宣布废止的文件目录（12件）

序号	文件名称	发布单位	文号	发布日期
1	海关总署国家文物局关于发布《暂时进境文物复出境管理规定》的通知	海关总署 国家文物局	文物文字〔1995〕295号	1995年4月5日
2	文物系统安全保卫人员上岗条件暂行规定	国家文物局	文物博发〔2000〕020号	2000年4月9日
3	文物拍摄管理暂行办法	国家文物局	文物办发〔2001〕027号	2001年6月6日
4	关于采取切实措施加强世界文化遗产地保护管理工作的通知	国家文物局	文物办发〔2003〕17号	2003年3月28日
5	文物保护科学和技术研究课题招标评标暂行办法	国家文物局	文物办发〔2003〕86号	2003年11月21日
6	国家文物局关于印发《国家文物局行政许可项目说明》的通知	国家文物局	文物办发〔2004〕36号	2004年6月12日

续表

序号	文件名称	发布单位	文号	发布日期
7	文物保护工程勘察设计资质管理办法	国家文物局	文物保发〔2005〕18号	2005年8月22日
8	文物保护工程施工资质管理办法	国家文物局	文物保发〔2005〕18号	2005年8月22日
9	文物保护科学和技术研究课题评审程序暂行规定	国家文物局	文物博发〔2005〕19号	2005年8月23日
10	文物保护优秀工程奖评选办法	国家文物局	文物保发〔2005〕23号	2005年11月2日
11	文物保护工程监理资质管理办法（试行）	国家文物局	文物保发〔2007〕14号	2007年4月16日
12	关于修订公布《国家文物局行政许可项目说明》的通知	国家文物局	文物政发〔2010〕2号	2010年12月10日

国家文物局关于贯彻落实国务院办公厅转发《关于推动文化文物单位文化创意产品开发的若干意见》的通知

文物博函〔2016〕1007号

各省（自治区、直辖市）文物局（文化厅）、新疆生产建设兵团文物局：

国务院办公厅转发的文化部、国家发展改革委、财政部、国家文物局四部门《关于推动文化文物单位文化创意产品开发的若干意见》（国办发〔2016〕36号，以下简称《意见》），是贯彻落实《博物馆条例》和《国务院进一步加强文物工作的指导意见》有关精神的重要举措，对于深入发掘文化文物单位馆藏文化资源，发展文化创意产业，弘扬中华优秀文化，推进经济社会协调发展，提升国家软实力，具有重要意义。

各级文物主管部门要充分认识贯彻实施《意见》的重要意义，将认真学习宣传和贯彻执行《意见》列入重要议事日程，进一步加强对属地内文博单位文化创意产品开发工作的指导与支持。为确保《意见》真正落到实处，现就深入学习宣传、贯彻落实《意见》的有关要求通知如下：

一、开展文件解读和学习贯彻

（一）国家文物局将于6月下旬在湖北武汉组织召开专题研讨、培训和现场交流会议。请各省认真做好准备，组织相关人员与会。

（二）各省级文物行政部门要通过印发文件、开展座谈会、举办培训班、召开研讨会等方式，组织省内文物行政部门、主要文博单位、文化创意企业代表，对《意见》进行解读，提出贯彻要求，并请相关典型单位和专家交流经验。

（三）各地要利用主流媒体加强对推进文化创意产品开发工作的宣传介绍，形成良好的舆论氛围，充分调动各方参与博物馆文化创意产品开发工作的积极性。

二、加强统筹规划，稳步推进试点

（一）加强总体规划和统筹布局，于6月底前完成本省（区、市）《贯彻落实〈意见〉实施方案》的编制并报我局备案。

（二）按照试点先行、逐步推进的原则，我局将组织符合条件的博物馆（原则上从副省级以上博物馆中产生）开展试点，在开发模式、收入分配和激励机制等方面进行探索。

请各省、自治区、直辖市文物局认真研究拟定试点博物馆推荐名单（每省3～5个），于2016年6月20日前报我局（同时附上拟开展试点单位的工作方案）。中央和国家有关部门所属博物馆可直接向我局进行申报，不占用各省名额。

三、加强组织实施，引导文化创意产品开发健康发展

（一）充分调动各方积极性。制定相关优惠措施，推动文博单位以多种形式与相关企业和社会力量开展文化创意产品开发合作，探索构建不同模式下的文化创意产品开发收益在相关权利人间的合理分配、多赢互利的机制。

（二）加强本行政区域内文物资源的系统调查和梳理。按照国务院要求的时间节点，全面完成第一次全国可移动文物普查，并加强行政区域内文物资源和创意资源整合，依托龙头单位，建立共享机制，服务于文化创意产品开发。鼓励文博单位积极申报“互联网+中华文明”行动计划，创新文化产品开发和传播手段。

（三）积极提升文化创意产品研发水平。鼓励各文博单位通过合作培养、馆企合作等方式，培养和引进一批优秀文化创意人才。结合构建中小学生利用博物馆学习的长效机制，开发出一批符合青少年群体特点和教育需求的优质文化创意产品。配合优秀文化遗产和展览进乡村、进社区、进校园、进军营、进企业，依托流动博物馆、社区博物馆加强文化创意产品开发和推广。

（四）拓展文化创意产品开发渠道。指导、规范文博单位在保证公益服务前提下，将自有空间用于文化创意产品展示、销售，鼓励有条件的单位在国内外旅游景点、重点商圈、交通枢纽等开设专卖店或代售点。综合运用电子商务平台，提升文化创意产品网络营销水平。鼓励文博单位结合陈列展览、主题活动、馆际交流等开展相关产品推广营销。

（五）加强示范引领和品牌建设。遴选一批在文化创意产品开发方面成效明显的博物馆作为典型，总结、交流、推广成功经验、成熟做法。鼓励博物馆间通过创新联盟等方式加强合作，鼓励国有博物馆加强与非国有博物馆的交流合作，积极探索建立区域性博物馆文化创意产品开发网络，培育博物馆文化创意产品的研发基地、示范项目和创意品牌。2016年，组织省内有关单位积极参与6月在武汉举办的“让文物活起来——全国文博单位文化创意产品联展”，以及9月在成都举办的“2016第七届博物馆及相关产品与技术博览会”，加强优秀文化创意产品宣传推介。

四、加强部门联动，完善经费保障机制

各级文物行政部门要加强与地方编办、财政、发展改革、税务、教育等部门的协调联动，积极争取各项扶持政策和优惠措施。指导文博单位健全文化创意产品开发的收入分配机制和激励机制，完善经营管理制度和财务制度，拓展经费来源和渠道。探索建立文化创意产品开发对文博单位公共文化服务、藏品征集、社会教育等公益事业的反哺机制。

各地贯彻实施《意见》过程中有关重要情况和问题，请及时报告我局。

国家文物局

2016年6月6日

国家文物局关于转发《国有博物馆章程范本》的通知

文物博函〔2016〕1080号

各省（自治区、直辖市）文物局（文化厅）、新疆生产建设兵团文物局：

国家事业单位登记管理局印发《关于印发〈公办中小学章程范本〉等四个章程分类范本的通知》（国事登发〔2016〕1号），我局会同制定的《国有博物馆章程范本》一并发布实施。现将通知及附件4《国有博物馆章程范本》转发你们，请参照执行；同时也鼓励各地结合实际情况开展多种模式探索，健全博物馆法人治理结构，提升博物馆治理水平。

特此通知。

国家文物局

2016年6月24日

国家事业单位登记管理局关于印发《公办中小学章程范本》等四个章程分类范本的通知

国事登发〔2016〕1号

各省、自治区、直辖市事业单位登记管理局，新疆生产建设兵团事业单位登记管理局：

根据2015年度事业单位法人治理结构试点工作安排，我局会同教育部、国家卫生计生委、国家文物局相关司局及北京市、广东省、云南省等地方登记局，研究起草了《公办中小学章程范本》等四个章程分类范本。经中央编办领导同意，现予以印发，供你们在推进下一步试点中参考借鉴，同时也鼓励各地结合实际情况开展多种不同模式的探索。

国家事业单位登记管理局

2016年1月5日

国有博物馆章程范本

（适用于建立理事会的国有博物馆）

序言

（简要概述本馆的历史沿革、基本情况，体现本馆特色）

第一章　总则

第一条　为促进和保障博物馆依法办馆、科学发展，规范本馆各项业务工作，确保公共文化服务、公共信托职能的实现，根据《中华人民共和国文物保护法》《事业单位登记管理暂行条例》《博物馆条例》及其他有关规定，制定本章程。

第二条　本馆名称为____（英文名称为____）。

本馆住所为 __________，网址：__________。

第三条　本馆的举办单位是____，登记管理机关是____。

第四条　本馆的经费来源为____，开办资金为____。

第五条　本馆是非营利性事业单位，具有独立法人资格，依法享有和履行相应权利义务，独立承担法律责任。

第六条　本馆的宗旨是：____________。

（示例：作为为社会及其发展服务的、向公众开放的非营利性常设机构，以教育、研究、欣赏为目的，收藏、保护并向公众展示人类活动和自然环境的见证物。）

第七条　本馆的业务范围是：

（一）征集、保管、保护、研究文物、标本、文献、艺术品；

（二）举办各类展览，开展社会教育活动；

（三）传播、弘扬历史、科学、文化和艺术知识；

（四）符合本章程的博物馆其他业务范围。

第二章　举办单位

第八条　举办单位的权利：

（一）提出本馆的宗旨和业务范围；

（二）组建本馆第一届理事会；

（三）向本馆理事会委派有关理事；

（四）提名并任免馆长、副馆长，按照有关程序任免党组织负责人；

（五）审核本馆章程草案及章程修改草案；

（六）批准本馆理事会工作报告；

（七）支持理事会依照相关法律法规和本章程履行职责；

（八）监督本馆运行；

（九）履行法律法规及其他规定明确的举办单位职责。

第九条 举办单位的义务：

（一）支持本馆依照法律、法规、规章和本章程自主办馆，制止或者排除侵害或妨碍本馆行使自主权的行为；

（二）为本馆提供稳定增长的办馆资金和相关资源，提供必备的办馆保障条件和必要的政策支持；

（三）维护本馆合法权益，支持与引导本馆发展；

（四）法律、法规规定的其他义务。

第三章 理事会

第一节 理事会的构成和职责

第十条 理事会是本馆的决策、监督机构，理事会向举办单位报告工作。

理事会每届任期__年。

（注：规模较大的博物馆可单独设立监事会。单独设立监事会的，应增加相应章节载明监事会职责、监事会会议规则，监事长及监事产生方式等。）

第十一条 本馆理事会成员__名，采用委派、征选或推选方式产生，由举办单位履行任免程序，其来源与名额、产生方式为：

举办单位或政府部门代表__名，由举办单位或相关政府部门委派产生；

社会公众代表__名，包括各利益相关方代表、专家代表、观众代表，由举办单位面向社会征选；

本馆代表__名，其中馆长、党组织负责人为当然理事，其余__名由本馆推选产生。

理事会设秘书1人，负责日常联络、会议记录、文稿起草、档案管理等工作。该职务没有发言权、提议权和表决权。

第十二条 理事会的基本职责：

（一）确保博物馆的宗旨、业务范围和目的的持续性；

（二）鼓励公众积极参与博物馆的各项业务活动；

（三）根据博物馆的宗旨和业务范围提供相应支持，确保藏品及文物在当前和未来的安全和维护；

（四）确保博物馆能最广泛地为公众服务；

（五）支持博物馆通过研究，客观准确地诠释和传播有关藏品及文物的知识；

（六）根据博物馆的宗旨和业务范围，监察和批准各项制度并监督这些制度的执行；

（七）审议博物馆中长期发展规划，审议和批准博物馆目标和实现途径，监督博物馆计划的执行；

（八）通过审查、批准、监督预算和财务报告，决策博物馆财政预算支出和募集资金，保证博物馆的财政稳定；

（九）选举产生理事长、副理事长，审议馆长、副馆长人选，评估管理层的工作；

（十）确保博物馆有充足的人员实施博物馆的各项功能；

（十一）审议本馆内部薪酬分配方案、内设和分支机构设置方案；

（十二）本届理事会任期届满前三个月负责组建下届理事会，并报举办单位审议；

（十三）履行法律法规及其他规定明确的理事会职责。

第十三条 理事会向举办单位提交年度工作报告和重大事项专题报告。理事会通过的决议按管理权限须报有关部门批准或备案的，应报有关部门批准或备案。

第十四条 第一届理事会由举办单位组织；理事会换届改选时，由举办单位、本届理事会共同组织，按程序选举新一届理事。

第二节 理事

第十五条 理事每届任期与理事会任期相同。任期届满，根据工作需要可以连选连任，但任期最长不超过两届。举办单位或政府部门委派的理事年龄不得超过60岁，社会人士年龄原则上不超过70岁。

第十六条 理事为非受薪的社会公益职位，不得因理事资格领取薪酬；因履行理事职责产生的交通、通讯等相关补贴，可按有关规定从本馆经费中列支。

第十七条 理事任职资格：

（一）熟悉并遵守有关法律法规和国家政策；

（二）热心社会公益，热爱文博事业，能维护本馆的权益和社会声誉；

（三）在所在行业具有一定资历和良好声望，能客观、独立表达意见；

（四）无记过以上行政处分、无违法犯罪、失信记录，且具有完全民事行为能力。

第十八条 理事享有以下权利：

（一）出席理事会会议，享有发言权、提议权、表决权、选举权和被选举权；

（二）对理事会会议和本馆重大事项的知情权、建议权和监督权；

（三）提议召开临时理事会会议；

（四）理事会赋予的其他权利。

第十九条 理事应当履行以下义务：

（一）遵守有关法律、法规和本章程，在理事职责范围内行使权利，认真履行职责；

（二）及时向本馆反映社会各界的意见与建议，广泛引导和争取社会资源支持本馆事业发展；

（三）按时参加理事会会议及相关活动，遵守并执行理事会会议决议；

（四）遵守理事会规定的其他义务。

第二十条 理事履职过程中不得有以下情形：

（一）擅自公开或使用本馆涉密信息；

（二）凭借理事身份为本人或者他人谋取不当利益；

（三）以违背本章程规定和精神的方式干扰本馆正常运作；

（四）从事其他与理事身份不符的行为。

第二十一条 理事可以在任期内提出辞职。辞职应向理事会递交书面申请，经理事会表决通过后，理事资格方可终止。委派的理事辞职须经委派方同意。

第二十二条 理事发生以下情形的，理事会应按程序终止其理事资格：

（一）任期内无正当理由连续两次或累计三次不参加理事会会议的；

（二）因本人身体健康和工作等原因，无法继续履行理事职责的；

（三）不能履行理事职责与义务、损害公共利益或本馆利益的；

（四）违反法律法规，被追究行政或刑事责任的；

（五）法律法规和本章程规定的其他情形。

第二十三条 委派或推选的理事任期内因故变动需更换，由委派方或推选方提出人选，经理事会表决通过后，按理事原产生方式及程序予以更换。

第二十四条 理事出现空缺，应及时按原产生方式及程序填补缺额。新任理事任期为当届理事余下任期。

第三节 理事长

第二十五条 理事会设理事长一名，副理事长__名。理事长由举办单位提名，理事会选举任命；副理事长由理事长提名，理事会选举任命。

第二十六条 理事长行使以下职权：

（一）引导理事会完成其职权，支持本馆实现各项发展目标；

（二）确定理事会的议题，召集并主持理事会会议；

（三）督促、检查理事会决议的实施情况；

（四）代表理事会签署有关文件；

（五）法律法规和理事会授予的其他职权。

第二十七条 副理事长协助理事长工作。理事长可委托副理事长代行相关职权。

第四节 理事会会议

第二十八条 理事会会议一般由理事长召集和主持。每年应至少召开两次理事会会议，会议召开前十日书面通知全体理事。理事会会议应有三分之二以上的理事出席方可举行。

第二十九条 理事长认为必要时，或有三分之一以上理事联名提议时，可召开理事会临时会议，并于会议召开前五日书面通知全体理事。

第三十条 理事会实行民主集中制。采用记名方式投票表决，每名理事享有一票表决权。理事会决议一般事项须经全部理事的半数以上通过，重大事项须经全部理事的三分之二以上通过方可生效。

重大事项如下：

（一）拟定及修订本馆章程；

（二）审议本馆中长期发展战略和发展规划；

（三）审议本馆重大财务事项；

（四）审议本馆内部薪酬分配方案；

（五）审议本馆机构设置方案；

（六）审议馆长、副馆长人选；

（七）审议决定本馆理事会成员的聘任和解聘。

第三十一条 理事会会议应当制作会议记录。出席会议的理事和记录人，应当在会议记录上签名。形成决议的，应当制作会议纪要，并由出席会议的理事审阅、签名。理事会会议记录应当作为本馆重要档案妥善保管。

第三十二条 理事会会议记录应当载明以下内容：

（一）出席会议的理事人员、列席人员、缺席理事及缺席事由；

（二）会议的日期、地点；

（三）主要议题及议程；

（四）参会理事的发言要点；

（五）提交表决事项的表决结果；

（六）理事会认为应当载入会议记录的其他内容。

第三十三条 理事会决议违反法律、法规或本单位章程规定，致使本馆利益遭受损失的，参与决议的理事应当承担责任。经证明在表决时反对并记载于会议记录的，该理事可免除责任。

第四章 管理层

第三十四条 本馆管理层是理事会的执行机构，向理事会负责，由馆长、党组织负责人、副馆长和其他核心管理人员组成，实行馆长负责制。

第三十五条 馆长、副馆长由举办单位提名，经理事会审议同意后，由举办单位按干部管理权限任免；党组织负责人由举办单位按照有关程序任免。

第三十六条 管理层履行下列职责：

（一）组织实施理事会的决议，接受理事会的监督；

（二）编制博物馆发展规划，组织开展业务活动，实施年度工作计划等日常工作管理；

（三）编制并组织实施经费预算等财务资产管理；

（四）按照相关条例做好职工招聘、岗位晋升、人员管理、内设或分支机构的设置、薪酬发放等工作；

（五）做好文物安全工作、保障本馆内参观及活动人群的安全；

（六）根据工作需要可提议设立发展规划、薪酬与考核、展览陈列、藏品征集与保护等咨询委员会或专业委员会。

第三十七条 馆长作为拟任法定代表人人选，经登记管理机关核准登记后，取得本馆法定代表人资格。

馆长行使下列职责：

（一）全面负责本单位业务、人事、财务、资产、征集等各项管理工作；

（二）组织制定本馆内设机构设置方案和基本管理制度；

（三）按照理事会决议主持开展工作；

（四）法律法规和本章程规定的其他职责。

第三十八条 副馆长协助馆长工作。馆长因故临时不能行使职权时，指定副馆长代行其职权。

第五章 职工

第三十九条 本馆职工由专业技术人员、管理人员、工勤人员等组成。

第四十条 本馆按照事业单位人事管理的有关规定对职工进行管理。招聘、聘用、考核、晋升、奖惩等具体办法由本馆或本馆授权的相关职能部门依法另行制定和实施。

第四十一条 职工根据法律、行政法规、规章以及本章程的规定享有下列基本权利：

（一）开展岗位要求的工作，按其岗位职责和贡献程度依据有关规定领取相应薪酬；

（二）对博物馆事务提出意见和建议，通过职工代表大会等参与民主管理；

（三）公平地获得个人发展所需的相应工作、学习和交流的机会；

（四）在工作业绩、工作能力等方面获得公正评价，公平地获得各级各类奖励及各种荣誉称号；

（五）对职称、待遇、纪律处分等涉及其切身利益的相关决定表达异议，提出申诉，并请求处理；

（六）法律、行政法规、规章、章程以及博物馆规章制度或者聘约规定的其他权利。

第四十二条 职工根据法律、行政法规、规章以及本章程的规定应当履行下列基本义务：

（一）遵守宪法、法律和博物馆职业道德，不断提高思想政治觉悟和业务水平；

（二）珍惜爱护博物馆声誉，维护博物馆利益，遵守博物馆各项规章制度；

（三）勤奋工作，恪尽职守，完成岗位要求的工作任务；

（四）法律、行政法规、规章、章程以及本馆规章制度或者聘约规定的其他义务。

第六章 藏品展示、保护、管理、处置

第四十三条 本馆坚持博物馆公共信托职责，所有藏品均为永久性收藏，按照有关法律法规合法保藏和利用。

第四十四条 本馆应当建立完备的藏品账目及档案，区分文物藏品等级、单独设置文物档案，建立严格的管理制度，并报文物主管部门备案。

第四十五条 本馆法定代表人对藏品安全负责，法定代表人、藏品管理人员离任前，应当办结藏品移交手续。

第四十六条 本馆举办陈列展览，开展社会教育和公众服务，其主题和内容应当符合宪法所确定的基本原则和维护国家安全与民族团结、弘扬爱国主义、倡导科学精神、普及科学知识、传播优秀文化、培养良好风尚、促进社会和谐、推动社会文明进步的要求。

第四十七条 本馆不得从事文物等藏品的商业经营活动。从事其他商业经营活动，不得违反办馆宗旨，不得损害观众利益。

第四十八条 本馆终止后，藏品处置依照有关文物保护法律法规的规定处理。

第七章 资产的管理和使用

第四十九条 本馆的合法资产受法律保护，任何单位、个人不得侵占、私分、挪用。

第五十条 本馆的经费使用应符合本馆的宗旨和业务范围。

第五十一条 本馆执行国家统一的事业单位会计制度，依法接受税务、会计、审计等主管部门监督。

第五十二条 本馆的人员工资、社保、福利待遇按照国家有关规定执行。

第五十三条 理事会换届和本馆的法定代表人离任前，应当进行经济责任审计。

第八章 信息披露

第五十四条 本馆承诺按照相关法律法规、政策和登记管理机关的规定，真实、完整、及时地披露应当公开的相关信息。

第五十五条 信息披露的主要形式：单位年报、职工大会、公示栏和相关新闻媒体及网站。

第九章 终止和剩余资产处理

第五十六条 本馆有以下情形之一，应当终止：

（一）经审批机关决定撤销；

（二）合并、分立；

（三）因其他原因依法应当终止的。

第五十七条 本馆在申请注销登记前，理事会在举办单位和有关机关的指导下，成立清算组织，开展清算工作。清算期间不开展清算以外的任何活动。

第五十八条 本馆所有藏品及文物，应由政府主管部门组织清点封存，可划拨其他博物馆等机构用于公益性目的，不得用于清算偿债。

第五十九条 清算工作结束，形成清算报告，经理事会通过，报举办单位审查同意后，向登记管理机关申请注销登记。

第六十条 本馆终止后的其他剩余资产，在相关政府部门的监督下，按照有关法律法规和本馆章程进行处置。

第十章 章程修改

第六十一条 本馆有下列情形之一的，应修改章程：

（一）章程规定的事项与修改后的国家法律、行政法规的规定不符的；

（二）章程内容与实际情况不符的；

（三）理事会认为应当修改章程的其他情形。

第六十二条 理事会决议通过的章程修改案，经举办单位审查同意后，报登记管理机关核准备案。涉及事业单位法人登记事项的，须向登记管理机关申请变更登记。

第十一章 附则

第六十三条 本章程经__年__月__日理事会表决通过。自事业单位登记管理机关核准备案之日起生效。

第六十四条 本章程中的各项条款与法律、法规不符的，以法律、法规的规定为准。涉及事业单位法人登记事项的，以登记管理机关核准颁发的《事业单位法人证书》刊载内容为准。

第六十五条 本章程解释权属于本馆理事会。

国家文物局关于加强革命文物工作的通知

文物政发〔2016〕13号

各省、自治区、直辖市文物局（文化厅），各计划单列市文物局（文化局），新疆生产建设兵团文物局：

革命文物是我国文物资源的重要组成部分，是激发爱国热情、振奋民族精神的深厚滋养，是弘扬革命传统、传承中华文化的重要载体。加强革命文物工作，对培育社会主义核心价值观、实现中华民族伟大复兴的中国梦具有重要意义。为切实加强革命文物工作，根据《国务院关于进一步加强文物工作的指导意见》（国发〔2016〕17号）和《中共中央办公厅、国务院办公厅印发〈关于加强革命历史类纪念设施、遗址和全国爱国主义教育示范基地工作的意见〉的通知》（中办发〔2016〕28号），现就有关事项通知如下：

一、夯实革命文物工作基础

各地文物部门要依托第三次全国文物普查和第一次全国可移动文物普查成果，梳理形成革命文物资源目录和专题数据库。做好馆藏革命文物的清理、定级、建账和建档工作。制订馆藏革命文物征集计划，加强革命文物调查征集工作。

各地文物部门要将价值突出的革命文物报经当地人民政府核定公布为相应级别的文物保护单位。落实“四有”工作，依法划定保护范围，作出标志说明，建立记录档案，设置专门机构或指定专人负责管理，及时上报完成情况。

各地文物部门要对本辖区革命文物保护情况进行一次全面排查，掌握革命文物的保存状况、保护需求、项目组织、基础设施和管理使用情况，建立排查档案，并将排查结果报国家文物局备案。对存在险情的革命文物，应视轻重缓急，制订保护修复计划。

二、切实加强革命文物保护

加强革命文物保护利用规划编制，鼓励革命文物分布密集地区、重点省份组织编制区域性革命文物保护利用专项规划，做好延安革命旧址、抗战文物、红军长征遗迹等具有重大影响和纪念意义的革命旧址群保护利用规划编制工作。对革命文物重点省份在项目立项、规划编制、业务指导和经费保障上予以支持鼓励。

实施革命旧址维修保护三年行动计划，组织实施一批具有重大影响和示范意义的革命旧址保护重点工程，显著改善革命文物的保护状况。实施馆藏革命文物修复计划，及时抢救修复濒危珍贵革命文物，优先保护材质脆弱的珍贵革命文物。对存在重大险情的革命旧址和馆藏革命文物，应及时开展抢救性保护和修复。各地文物部门要在项目报批上开辟“绿色通道”，在资金安排上予以保障。

加强革命文物的安全防范设施建设，完善革命文物监测调控设施，改善革命文物藏品保管、陈列展览条件，确保革命文物安全。新建改扩建纪念设施，要充分论证、从严控制，严格按程序履行报批手续。对与革命文物环境气氛不相协调的经营活动和娱乐设施，要进行清理整顿。

三、充分发挥革命文物的公共服务和社会教育作用

加强对革命文物的研究阐释，深入挖掘革命文物的思想内涵和时代价值。拓展革命文物的展示利用，被列为各级文物保护单位的革命旧址应尽可能对公众开放。尚不具备开放条件的，应在重点区域开辟宣传展示空间，或在合适位置设立纪念标志或铭牌说明。建立革命旧址、博物馆、纪念馆与周边学校、党政机关、企事业单位、驻地部队、城乡社区的共建共享机制，有计划地组织大中小学生、党员干部、部队官兵和各界群众到革命文物场所参观学习。

坚持有址可寻、有物可看、有史可讲、有事可说，策划一批主题突出、导向鲜明、内涵丰富的陈列展览精品。在保持博物馆、纪念馆基本陈列和革命旧址原状陈列相对稳定的前提下，深化研究，及时补充彰显时代精神的展陈内容。开展省际、馆际间革命文物馆藏资源、主题展览的交流与合作。改进展陈方式，加强大纲撰写、形式设计、实物制作、展品布置，应用现代科技手段，推广移动客户端导览服务，增强革命文物陈列展览的生动性、参与性和体验性。

将革命文物展示利用纳入"互联网+中华文明"行动计划的支持范围。大力发展红色旅游，培育以革命文物为支撑的研学旅行和体验旅游精品线路，打造文物旅游品牌，支持革命老区振兴发展。结合中国共产党成立95周年和红军长征胜利80周年纪念活动，精心设计活动内容和活动载体，拓展社会教育覆盖面。各地文物部门要结合重大历史事件和重要历史人物纪念活动、重要节庆活动，依托革命文物资源，举办面向社会特别是青少年的主题展览和流动展览，开展独具特色的宣传教育活动。

各地文物部门要切实落实保护责任，积极加强与相关部门的协调配合，齐抓共管，形成工作合力。国家文物局将加强对各地革命文物工作的督促检查，建立"双随机"抽查机制，实行革命文物保护情况通报制度。各地文物部门于2016年12月1日前将贯彻落实情况报送我局。

特此通知。

国家文物局

2016年6月28日

国家文物局关于开展长城执法专项督察的通知

文物督发〔2016〕16号

有关省、自治区、直辖市文物局（文化厅），天津市文化市场执法总队：

为贯彻落实习近平总书记关于加强长城保护的重要指示，贯彻落实《国务院关于进一步加强文物工作的指导意见》和全国文物工作会议精神，国家文物局决定组织开展"长城

执法专项督察”。现就有关事项通知如下：

一、工作目标

以《中华人民共和国文物法》《长城保护条例》等法律法规和《长城执法巡查办法》《长城保护员管理办法》《长城“四有”工作指导意见》为依据，全面开展长城执法检查，重点对照《长城保护条例》，督促落实长城保护政府责任，完善长城保护基础工作，建立长城监管与执法常态化机制，严肃查处一批破坏长城本体及历史风貌的违法犯罪案件，切实提升长城保护管理水平。

二、督察范围与督察内容

督察范围：北京市、天津市、河北省、山西省、内蒙古自治区、辽宁省、吉林省、黑龙江省、山东省、河南省、陕西省、甘肃省、青海省、宁夏回族自治区、新疆维吾尔自治区等15个省（自治区、直辖市）辖区内，国家文物局已依法认定的长城段落。

督察内容：

（一）长城核定公布为省级以上文物保护单位情况；

（二）长城“四有”等基础工作落实情况；

（三）长城监管与执法常态化机制建立情况，涉及长城的文物违法犯罪案件查处情况；

（四）长城保护政府责任落实情况。

详见附件《长城执法专项督察对照检查表》。

三、督察方式

本次专项督察采用国家文物局督察、省级自查、随机抽查相结合，案件督办、试点示范、社会监督相结合的工作方式。

（一）国家文物局督察。国家文物局组织督察组，对各省级文物行政部门（执法机构）长城保护管理情况进行督察，对涉及长城的重大违法犯罪案件进行督办。督察组按照《长城执法专项督察对照检查表》，听取省级文物行政部门（执法机构）汇报，查验相关文件资料，并在被督察省份随机抽取2个长城分布县（区）进行实地核查，汇总后向省级文物行政部门（执法机构）反馈督察意见。

专项督察期间，国家文物局在北京市平谷区红石门长城组织开展“京津冀长城执法联合巡查试点”，在陕西省府谷县组织开展“明长城卫星遥感与无人机执法监测试点”，请北京市、天津市、河北省和陕西省文物行政部门（执法机构）做好相关配合工作。

专项督察期间，国家文物局“12359”文物违法举报热线设立专人专席，接听、受理群众对长城违法行为的举报，并及时安排查处督办。

（二）省级自查。各省级文物行政部门（执法机构）组织开展全面自查。省级文物行政部门（执法机构）开展自查，应按照《长城执法专项督察对照检查表》，形成自查报告，开展自查自纠；随机抽查3～5个县（区），所查县（区）长城段落实地检查率不应低于10%，并对辖区内涉及长城的典型违法犯罪案件现场督办。鼓励有条件的省（自治区、直辖市）开展辖区内交叉检查，鼓励毗邻省份开展联合巡查。

专项督察期间，市、县两级文物行政部门（执法机构）应按照本通知和《长城执法巡查办法》要求，对辖区内长城及保护管理工作进行全面自查，其中对已认定长城段落的实地检查率不应低于20%。实地检查，应采用随机方式确定长城段落。

四、工作安排

专项督察时间为2016年7月至10月，分四个阶段：

（一）安排部署阶段（2016年7月）。各省（自治区、直辖市）文物行政部门、文物执法机构根据专项督察通知要求，部署辖区内专项督察工作，确保保存有长城段落的404个县（区）同部署、全覆盖。

（二）省级自查阶段（2016年9月20日前完成）。各地全面开展自查，自查报告由省级文物行政部门（执法机构）于9月15日前汇总上报国家文物局。自查报告应包括本辖区专项督察组织实施情况，《长城执法专项督察对照检查表》自查自纠情况，发现的突出问题以及整改方案，涉及长城的违法犯罪案件查处情况，长城保护与执法监管难点及建议。自查整改工作应于9月20日前取得实质性成果。

（三）国家文物局督察阶段（2016年9月20日至9月30日）。国家文物局组织督察组，集中对长城分布省份进行实地督察，结合省级自查和县域抽查情况，对各省（自治区、直辖市）长城保护情况核定量化分值，形成督察报告，反馈省级文物行政部门。对于问题突出、分值较低的，向省级人民政府通报。

（四）汇总通报阶段（2016年10月）。实地督察结束后，国家文物局汇总15个省份督察情况，形成专项报告上报国务院，有关内容向全国文物系统和全国文物安全部际联席会议成员单位通报，并适时向社会公布。

五、工作要求

（一）高度重视，落实责任。各级文物行政部门（执法机构）要将“长城执法专项督察”作为重要政治任务抓牢抓实。省级文物行政部门（执法机构）主要负责同志为专项督察第一责任人，专项督察部署与实施情况要向省（自治区、直辖市）分管负责同志专题汇报。实施授权执法、委托执法的地区，应以专项督察为契机，密切文物行政部门与执法机构的业务关系，明确职责分工，进一步凝聚工作合力。

（二）夯实基础，完善机制。各级文物行政部门（执法机构）要对照《长城保护条例》等法律法规，找准短板，查缺补漏，逐项检查“四有”等基础工作落实情况，完善日常监管制度、执法巡查制度、保护员制度，完善文物部门与公安机关的执法联动机制，将长城监管与执法切实纳入工作视野，形成工作常态。

（三）及时报告，认真整改。文物行政部门（执法机构）在专项督察中发现的长城保护与执法领域突出问题、违法犯罪案件，应及时报告属地政府与上级文物行政部门，依法做出处理，杜绝瞒报等现象发生。省级文物行政部门（执法机构）应就突出问题建立台账，逐项督促整改；对于辖区内带有普遍性的问题，应结合本地区实际情况，出台政策措施。

（四）加强宣传，接受监督。各地应以专项督察以契机，切实加强长城保护与普法宣传，主动邀请新闻媒体参与督察、巡查，客观反映工作情况，公开曝光典型案例，主动接受社会监督。鼓励各地创新工作方法，引入志愿服务，扩大社会参与，助力长城保护与执法监管，形成全社会共同保护长城的良好氛围。

特此通知。

附件：长城执法专项督察对照检查表

国家文物局

2016年7月19日

附件

长城执法专项督察对照检查表

（适用省级文物主管部门、执法机构）

督察项目		分值	评分标准
长城段落认定与公布（10分）	核定公布为省级以上文物保护单位	10分	国家文物局已认定的长城段落，自认定之日起1年内，由省级人民政府依法核定公布为省级文物保护单位。（8分）
			公布文件已依法在政府网站等渠道公开。（2分）
长城“四有”等基础工作（35分）	划定保护范围和建设控制地带	10分	省级人民政府依法划定本行政区域内长城的保护范围和建设控制地带。（8分）
			划定文件依法予以公布。（1分）
			省级文物主管部门将公布的保护范围和建设控制地带报国家文物局备案。（1分）
	设置长城保护标志	7分	省级人民政府在长城沿线的交通路口和其他需要提示公众的地段设立长城保护标志情况。（6分）
			长城保护标志载明长城段落名称、修筑年代、保护范围、建设控制地带和保护机构情况。（1分）
	设立长城保护机构和长城保护员	10分	省级人民政府为辖区内长城段落确定保护机构情况。（4分）
			地处偏远、没有利用单位的长城段落聘请长城保护员情况。（4分）
			省级文物主管部门（执法机构）部署《长城保护员管理办法》情况。（2分）
长城“四有”等基础工作（35分）	建立长城档案	3分	省级人民政府建立本行政区域内的长城档案。（2分）
			省级文物主管部门将长城档案报国家文物局备案。（1分）
	省级长城保护规划编制情况	5分	省级文物主管部门启动省级长城保护规划编制。（2分）
			省级长城保护规划编制推进情况。（2分）
			编制出版省级长城资源调查报告。（1分）

续表

<table>
<tr><th colspan="2">督察项目</th><th>分值</th><th>评分标准</th></tr>
<tr><td rowspan="11">长城监管与执法常态化机制（40分）</td><td rowspan="3">长城监督管理</td><td rowspan="3">13分</td><td>省级文物主管部门对长城保护机构的履职监管情况。（3分）</td></tr>
<tr><td>省级文物主管部门对长城段落辟为参观游览区的监管、备案与旅游容量指标核定情况。（3分）</td></tr>
<tr><td>省级文物主管部门对长城修缮及保护范围、建设控制地带内工程建设监管情况。（7分）</td></tr>
<tr><td rowspan="3">长城执法巡查</td><td rowspan="3">10分</td><td>省级文物主管部门（执法机构）部署《长城执法巡查办法》情况。（2分）</td></tr>
<tr><td>省级文物主管部门（执法机构）实地检查情况。（4分）</td></tr>
<tr><td>长城执法专项督察部署与省级自查情况。（4分）</td></tr>
<tr><td rowspan="4">长城案件查处</td><td rowspan="4">15分</td><td>国家文物局督办案件落实情况。（3分）</td></tr>
<tr><td>省级文物主管部门（执法机构）上报长城违法犯罪案件情况。（5分）</td></tr>
<tr><td>省级文物主管部门（执法机构）督办长城文物违法犯罪案件情况。（5分）</td></tr>
<tr><td>省级文物主管部门（执法机构）与公安机关建立执法联动机制情况。（2分）</td></tr>
<tr><td>长城宣传普法</td><td>2分</td><td>省级文物主管部门（执法机构）主动开展长城保护宣传与普法宣传情况。（2分）</td></tr>
<tr><td rowspan="6">政府保护责任（15分）</td><td rowspan="3">领导责任</td><td rowspan="3">10分</td><td>省级人民政府专题研究长城保护情况。（4分）</td></tr>
<tr><td>省级人民政府出台长城保护地方性法规，或就长城保护出台专门政策性文件情况。（5分）</td></tr>
<tr><td>省级人民政府建立并落实长城保护奖励制度情况。（1分）</td></tr>
<tr><td rowspan="2">经费保障</td><td rowspan="2">3分</td><td>省级人民政府将长城保护经费纳入本级财政预算情况。（2分）</td></tr>
<tr><td>长城执法巡查经费、长城保护员经费纳入长城保护经费情况。（1分）</td></tr>
<tr><td>责任追究</td><td>2分</td><td>长城保护责任追究制度建立及实施情况。（2分）</td></tr>
</table>

续表

督察项目		分值	评分标准
备注	存在下列情况的，酌情加减分： 1. 省级人民政府负责同志实地参加长城执法专项督察的，酌情加分； 2. 组织开展省际联合巡查或省内交叉检查的，酌情加分； 3. 每发现瞒报一起长城违法犯罪案件，酌情扣分。		

国家文物局关于部署开展“文物法人违法案件专项整治行动（2016～2018年）”的通知

文物督发〔2016〕17号

各省、自治区、直辖市文物局（文化厅），天津、上海、重庆市文化市场行政执法总队：

为贯彻落实习近平总书记、李克强总理关于文物工作重要指示批示精神，贯彻落实《国务院关于进一步加强文物工作的指导意见》和全国文物工作会议精神，国家文物局决定，从现在起至2018年年底，在全国范围部署开展“文物法人违法案件专项整治行动（2016～2018年）”。现就有关事项通知如下：

一、工作目标

集中开展“文物法人违法案件专项整治行动”，严格执行《中华人民共和国文物保护法》等法律法规，严肃查处由机关、团体、企业、事业单位实施的文物违法犯罪案件，纠正违法行为，加大惩治力度，落实保护责任，完善工作机制，坚决遏制文物法人违法案件高发态势，切实提升文物工作法治化水平。

二、工作依据

《中华人民共和国文物保护法》；

《中华人民共和国文物保护法实施条例》；

《长城保护条例》；

《中共中央国务院关于加强和改进新形势下宗教工作的意见》（中发〔2016〕16号）；

《国务院关于进一步加强文物工作的指导意见》（国发〔2016〕17号）；

《国务院关于进一步做好旅游等开发建设活动中文物保护工作的意见》（国发〔2012〕63号）；

《国务院关于印发2016年推进简政放权放管结合优化服务改革工作要点》（国发〔2016〕

30号）；

中办、国办《关于加强革命历史类纪念设施、遗址和全国爱国主义教育示范基地工作的意见》（中办发〔2016〕28号）；

《最高人民法院、最高人民检察院关于办理妨害文物管理等刑事案件适用法律若干问题的解释》（法释〔2015〕23号）。

三、主要任务

（一）重点查处法人违法七类案件。一是破坏、损毁不可移动文物本体的案件。二是擅自迁移、拆除、修缮、原址重建不可移动文物的案件。三是文物保护单位保护范围、建设控制地带内违法建设案件。四是擅自改变国有文物保护单位用途的案件。五是开发建设活动造成不可移动文物大规模消失的案件。六是涉及革命历史类纪念设施、遗址和全国爱国主义教育示范基地的案件。七是破坏长城本体及其历史风貌的案件。

（二）完善文物行政执法四项制度。一是深入落实执法巡查制度，推进文物保护单位执法巡查常态化，运用随机抽查方式加强不可移动文物监管，遏制文物违法案件发生。二是严格执行案件报告制度，发生文物法人违法案件，文物管理使用单位和文物行政部门（执法机构）要在规定时限内及时上报，杜绝缓报、瞒报。三是完善案件督办约谈制度，重大法人违法案件由国家文物局或省级文物行政部门（执法机构）督办，指定地市级文物行政部门（执法机构）查办，必要时约谈属地政府负责人。四是依法实施信息公开制度，各级文物行政部门（执法机构）应定期汇总通报文物法人违法案件查处情况，公开曝光重大案件，在法定时限内上网公开行政处罚信息。

（三）加大法人违法案件惩治力度四项措施。一是对于实施文物行政处罚的案件，重在责令涉案单位改正违法行为，不得以罚款代替整改，尽可能恢复文物本体及历史环境原貌。二是对于涉嫌单位犯罪的案件，对照相关司法解释，移交公安司法机关追究组织者、策划者、实施者刑事责任。三是对于涉嫌失职失责的案件，提请地方政府追究责任人行政责任，落实文物保护责任终身追究制。四是对于屡次实施文物违法行为的失信企业，建立黑名单制度，纳入社会信用体系，实施多部门协同监管、联合惩戒。

四、行动安排

整治行动时间为2016年8月至2018年年末，分三个阶段：

（一）动员部署阶段（2016年10月底前完成）。各地要按照本通知要求，根据本地区文物保护工作特点，有针对性地制定整治行动实施方案，明确工作任务、要求、方法、步骤和措施，进行动员部署。各省（自治区、直辖市）文物行政部门、执法机构，请于10月31日前将本地区实施方案和动员部署情况报告国家文物局。

（二）集中行动阶段（2016年11月至2018年6月）。各地集中组织开展整治行动，各省（自治区、直辖市）文物行政部门、执法机构每半年上报一次进展情况，国家文物局定期汇总通报。集中行动期间，国家文物局文物执法指导性案例遴选、案卷评查、抽查暗访等工作，均以法人违法案件整治为侧重点。省级以上文物行政部门（执法机构），要挂牌督办一批重大法人违法案件，不定期对整治行动实施情况和重大案件进行督察督导。

（三）总结巩固阶段（2018年7月至12月）。各地认真总结整治行动工作成效，归纳梳理有效经验和做法，形成总结报告，研究确定下一步巩固加强措施，建立整治文物法人违法案件长效机制。各省（自治区、直辖市）文物行政部门、执法机构于2018年9月30日前，向国家文物局报送整治行动总结报告。国家文物局汇总形成整治行动专项报告，遴选先进典型，在全国范围公开通报表扬。

五、工作要求

（一）切实提高认识。各地要充分认识“文物法人违法案件专项整治行动”的重要意义，切实把思想认识统一到习近平总书记、李克强总理重要指示批示和党中央、国务院决策部署上来。各级党委、政府要增强对历史文物的敬畏之心，树立保护文物也是政绩的科学理念，统筹好文物保护与经济社会发展；各级文物部门要不辱使命，守土尽责，提高依法管理水平，严防、严查、严办文物法人违法案件，以法治思维、法治方式推进文物工作。发生重大文物法人违法案件，各级政府和文物行政部门，要依法坚决处理。

（二）强化考核督导。省级文物行政部门（执法机构）要切实加强对整治行动实施情况的跟踪督察，主要负责同志为本地区整治行动第一责任人，应定期督导。国家文物局将整治行动实施情况纳入省级文物行政部门执法效能评估考核指标。对于敢于碰硬、严格执法、整治行动效果突出的省份，国家文物局将试点予以“免督察”；对于连年“零发案、零上报”但客观存在文物违法案件、社会反映强烈的省份，国家文物局将重点抽查暗访，严肃追责曝光。

（三）加强宣传引导。各地应以“文物法人违法案件专项整治行动”以契机，通过新闻媒体及时发布整治行动信息，公开典型案例查处情况，主动介绍好的经验做法，切实加强文物普法宣传，为整治行动营造有利的舆论环境。要充分发挥社会监督的作用，广泛动员和组织志愿者、义工等社会力量参与，优先处置“12359”文物违法举报热线和新闻媒体曝光的文物违法案件线索，引导社会各界支持文物执法督察工作，形成全社会共同关心、支持文物事业的良好氛围。

特此通知。

国家文物局

2016年7月29日

国家文物局关于开展全国重点文物保护单位石窟寺及石刻健康评估工作的通知

办保函〔2016〕900号

各有关省（自治区、直辖市）文物局（文化厅）：

为全面掌握全国重点文物保护单位中石窟寺及石刻的健康状况和病害情况，及时采取有效措施排除安全隐患，科学规划“十三五”期间相关保护展示项目，不断提升石窟寺及石刻类文物的保护、管理、展示和利用的整体水平，我局决定开展全国重点文物保护单位石窟寺及石刻健康评估工作，现将具体事宜通知如下：

一、评估工作范围

第一批至第七批全国重点文物保护单位中的石窟寺及石刻。

二、评估工作内容和重点

此次评估工作重点了解全国重点文物保护单位石窟寺及石刻的健康状况，掌握文物保存现状、病害情况、已实施文物保护工程情况、抢险工作计划，以及各地在“十三五”期间石窟寺及石刻保护管理的相关工作思路、措施和重大项目。

三、评估工作组织

（一）评估工作于2016年8月至11月间开展。

（二）请各有关省（自治区、直辖市）文物局（文化厅）加强监督管理，明确具体负责人，组织、督促有关管理使用单位及时开展评估工作，按要求填报表格（附件1）。同时，请认真审查、汇总相关材料，编写评估工作报告（附件2），研提本省（区、市）“十三五”期间石窟寺及石刻保护展示的工程措施和重大项目。

（三）列入此次评估项目名单的石窟寺及石刻管理使用单位具体负责评估工作，填写《全国重点文物保护单位石窟寺及石刻健康评估表》。应认真梳理、总结以往工作成果，汇总相关资料，如实核查文物保存现状，按要求详细记录病害和文物受损情况，确保文字和照片资料真实、准确。

（四）请各省（自治区、直辖市）文物局（文化厅）将评估工作报告和相关各全国重点文物保护单位的评估工作调查表的纸质材料一式三份和电子版于11月30日前提交我局。

四、联系方式

文物保护与考古司文物保护处：凌明、张凌

电话：010-56792085、56792079

传真：010-56792133

电子邮箱：wenwuchu@sach.gov.cn

中国文化遗产研究院：张兵峰

电话：13718987860、010-84619339转1158

电子邮箱：83092349@qq.com

特此通知。

附件：1.《全国重点文物保护单位石窟寺及石刻健康评估表》

2. 全国重点文物保护单位石窟寺及石刻健康评估工作报告（提要）

（附件详见国家文物局政府网站）

国家文物局

2016年8月19日

国家文物局关于指定第二批涉案文物鉴定评估机构的通知

文物博函〔2016〕1661号

各省、自治区、直辖市文物局（文化厅）：

根据《最高人民法院、最高人民检察院关于办理妨害文物管理等刑事案件适用法律若干问题的解释》（法释〔2015〕23号）的规定，为满足司法机关对涉案文物鉴定评估工作的需要，充分发挥文物鉴定评估对依法打击文物违法犯罪活动的支撑作用，我局于近期组织开展了第二批涉案文物鉴定机构申报遴选工作，现将遴选结果和有关事项通知如下：

一、指定北京市古代建筑研究所等29家机构（机构名单详见附件）为第二批涉案文物鉴定评估机构，开展妨害文物管理等刑事案件涉及的文物鉴定和价值认定工作。

二、第一批涉案文物鉴定评估机构名单中的山东省文物保护与收藏协会因不符合涉案文物鉴定评估机构的相关条件，不再开展涉案文物鉴定评估工作。

三、各省级文物行政部门和各涉案文物鉴定评估机构要从打击文物犯罪，保护文物安全的高度，加强机构和专业人员队伍建设，积极配合司法机关及行政执法机构，认真做好涉案文物鉴定评估工作。

四、我局将对涉案文物鉴定评估机构和文物鉴定人员实施动态管理，各省级文物行政部门和各涉案文物鉴定评估机构应及时将机构和人员基本信息的变化情况报我局备案。

特此通知。

附件：涉案文物鉴定评估机构名单（第二批）

国家文物局

2016年9月30日

附件

涉案文物鉴定评估机构名单（第二批）

序号	机构名称	机构法人	电话	地址	邮编
1	北京市古代建筑研究所	许立华	010-83168738	北京市西城区东经路21号（神仓院）	100050
2	河北省博物院	罗向军	0311-86045642	河北省石家庄市长安区东大街4号	050011
3	山西省文物交流中心	赵志明	0351-7225133	山西省太原市迎泽区小南关西街6号	030012

续表

序号	机构名称	机构法人	电话	地址	邮编
4	辽宁省文物总店	薛继红	024-23224679	辽宁省沈阳市和平区民主路68号文新大厦6楼	110001
5	吉林省博物院	李　刚	0431-81959567	吉林省长春市净月高新产业开发区永顺路1666号	130117
6	黑龙江省博物馆	王　军	0451-53636187	黑龙江省哈尔滨市南岗区红军街50号	150001
7	上海市文物保护研究中心	褚晓波	021-54651200	上海市徐汇区岳阳路48号	200031
8	南京博物院	龚　良	025-84800448	江苏省南京市玄武区中山东路321号	210016
9	苏州文物商店	杨振彬	0512-65224972	江苏省苏州市姑苏区人民路1208号	215000
10	淮安市博物馆	王　剑	0517-83645659	江苏省淮安市清河区健康西路146-1	223001
11	福建省文物鉴定中心	王永平	0591-87118174	福建省福州市台江区白马中路15号	350005
12	江西省文物商店	赵中朝	0791-86778942	江西省南昌市东湖区民德路349号	330008
13	山东省文物鉴定中心	郭思克	0531-85058086	山东省济南市历下区经十路11899号	250014
14	湖北省博物馆	方　勤	027-86783171	湖北省武汉市武昌区东湖路160号	430077
15	湖南省文物考古研究所	郭伟民	0731-84531102	湖南省长沙市开福区东风路东风二村巷18号	410008
16	广西壮族自治区博物馆	吴伟峰	0771-2707025	广西壮族自治区南宁市青秀区民族大道34号	530022
17	国家文物进出境审核海南管理处	王亦平	0898-66961649	海南省海口市龙华区龙昆南路76号金霖花园45栋	570206
18	重庆市文化遗产研究院	邹后曦	023-63526660	重庆市渝中区枇杷山正街72号	400013
19	重庆中国三峡博物馆	程武彦	023-63679011	重庆市渝中区人民路236号	400015

续表

序号	机构名称	机构法人	电话	地址	邮编
20	贵州省博物馆	王红光	0851-86822214	贵州省贵阳市云岩区北京路168号	550004
21	云南省文物总店有限公司	王　昆	0871-63158542	云南省昆明市五华区青年路371号4楼	650021
22	西藏文物鉴定中心	索南航旦	0891-6826335	西藏自治区拉萨市城关区天海路16号	850000
23	甘肃省文物考古研究所	王　辉	0931-2138656	甘肃省兰州市城关区和平路165号	730000
24	甘肃省博物馆	俄　军	0931-2346308	甘肃省兰州市七里河区西津西路3号	730050
25	青海省博物馆	祝　君	0971-6118691	青海省西宁市城西区西关大街58号	810000
26	青海省文物考古研究所	任晓燕	0971-8176135	青海省西宁市城东区为民巷15号	810007
27	宁夏回族自治区博物馆	李进增	0951-5015460	宁夏回族自治区银川市金凤区人民广场东街6号	750021
28	新疆维吾尔自治区文物总店	张　蕾	0991-2825161	新疆维吾尔自治区乌鲁木齐市天山区解放南路39号	830001
29	新疆维吾尔自治区博物馆	于志勇	0991-4533451	新疆维吾尔自治区乌鲁木齐市沙依巴克区西北路581号	830091

国家文物局关于促进文物合理利用的若干意见

文物政发〔2016〕21号

各省、自治区、直辖市文物局（文化厅），新疆生产建设兵团文物局：

为全面贯彻“保护为主，抢救第一，合理利用，加强管理”的文物工作方针，深入落实《国务院关于进一步加强文物工作的指导意见》和国务院办公厅转发文化部等四部门

《关于推动文化文物单位文化创意产品开发若干意见的通知》，充分发挥文物的历史、艺术、科学价值，传承弘扬中华优秀文化，促进社会文明进步，现就文物合理利用工作提出以下意见。

一、充分认识文物合理利用的重要意义

文物承载灿烂文明，传承历史文化，维系民族精神，是老祖宗留给我们的宝贵遗产，是中华优秀传统文化的重要载体。系统梳理传统文化资源，深入挖掘和阐发文物资源承载的历史文化价值和时代价值，让收藏在博物馆里的文物，陈列在广阔大地上的遗产，书写在古籍里的文字都活起来，对于展示中华文化独特魅力，弘扬社会主义核心价值观，增强全民族文化自信，促进经济社会发展具有十分重要的意义。

近年来，我国文物事业快速发展，文物工作在传承文明、服务社会、促进发展等方面的作用日益凸显，加大文物保护力度、推进文物合理适度利用日渐成为社会共识。同时，文物利用仍然存在着文物资源开放程度不高、利用手段不多、社会参与不够以及过度利用、不当利用等问题，各级文物部门、文博单位要进一步提高认识、创新实践，增强工作的主动性、创造性，努力走出一条符合国情的文物保护利用之路。

二、准确把握文物利用的基本原则

坚持把社会效益放在首位。注重发挥文物的公共文化服务和社会教育功能，传承弘扬中华优秀文化，秉持科学精神、遵守社会公德。

坚持依法合规。严格遵守文物保护等法律法规，注重规范要求，切实加强监管。

坚持合理适度。文物利用必须以确保文物安全为前提，不得破坏文物、损害文物、影响文物环境风貌。文物利用必须控制在文物资源可承载的范围内，避免过度开发。

三、多措并举，切实让文物活起来

（一）扩大文物资源社会开放度。认真组织对辖区内文物开放利用情况进行一次全面调查，准确掌握各级各类文物的开放利用情况。由文物部门管理使用的各级各类不可移动文物应尽可能向公众开放，已对公众开放的要进一步挖掘潜力、提升服务，未对公众开放的要明确开放时限；由机关、事业单位和企业等使用的国有文物保护单位，应创造条件实现局部或定时开放；非国有文物保护单位向公众开放、提供展览展示服务的，文物部门应当给予指导和帮助。建立健全文物信息平台，畅通文物信息渠道。国有文物收藏单位应主动向社会公开藏品信息和展览信息，完善管理与服务，满足公众的教育、研究、欣赏需要。

（二）促进馆际交流提高藏品利用率。支持博物馆间通过博物馆联盟、对口帮扶、总分馆制等，形成博物馆藏品资源共享平台；支持国有博物馆间通过调拨、交换、借用等方式，优化藏品结构，帮助藏品较少的博物馆形成有特色的陈列展览；支持各级各类博物馆开展联展、巡展和出国境展览，推进流动展览进乡村、进社区、进校园、进军营、进企业。

（三）加强革命文物展示利用。加大资金投入，制定革命文物专项规划，统筹革命文物保护利用。加大建设力度，支持革命文物丰富的地区依托革命旧址兴建博物馆、纪念馆、陈列馆，挖掘革命文物价值，改造提升陈列展览。加大合作力度，支持革命博物馆、纪念馆、陈列馆与党政机关、企事业单位、驻地部队、城乡社区、教育机构建立共建共享机制，结合重大历史事件、重要历史人物纪念活动以及重要节庆、红色旅游等，通过主题活动、专题研讨、互动教学等多种形式，丰富革命文物、革命历史、革命文化展示利用方法，拓展教育传播渠道，大力弘扬革命传统。

（四）创新利用方式。支持文博单位发挥资源优势和专业优势，加强文物研究，以中华优秀传统文化、革命文化和社会主义先进文化为主题，深入挖掘文物资源的历史文化内涵、思想精髓和时代价值，推动展陈策划专业化、社会化，打造精品陈列；支持文博单位利用信息、网络等现代科学技术，实施“互联网+中华文明”行动计划，建设“一带一路”文化遗产长廊，创新传播方式，提供更多更好的公共文化服务。鼓励有条件的文博单位利用自身人才优势，向社会提供文物鉴定等相关服务。

（五）落实文化创意产品开发政策。贯彻国务院国发〔2014〕10号、文化部等三部门文产发〔2014〕14号、财政部财文资〔2012〕4号关于财税支持、金融服务等政策，支持文博单位依托文物资源，采取合作、授权、独立开发等方式进行文化创意产品开发，面向社会提供知识产权许可服务。支持符合条件的企业、项目纳入扶持文化产业发展专项资金、税收政策范围，纳入文化产业投融资服务体系支持和服务范围。对经认定为高新技术企业的文化创意和设计服务企业，减按15%的税率征收企业所得税。文化创意和设计服务企业发生的职工教育经费支出，不超过工资薪金总额8%的部分，准予在计算应纳税所得额时扣除。企业发生的符合条件的创意和设计费用，执行税前加计扣除政策。鼓励众创、众包、众扶、众筹，以创新创意为动力，以文化创意设计企业为主体，开发文化创意产品，打造文化创意品牌。成效明显的文化创意产品开发试点单位，可参照《中华人民共和国促进科技成果转化法》相关条款的规定，适当增加绩效工资总量，在净收入中提取最高不超过50%的比例用于对在开发设计、经营管理等方面做出主要贡献的人员给予奖励，各地可结合实际制定具体办法。

（六）鼓励社会力量参与。支持公民、法人和其他组织通过认领认养等形式参与尚未建立文物保护管理机构、博物馆，或者辟为考古遗址公园等参观游览场所的国有市、县级文物保护单位和未核定为文物保护单位的不可移动文物的保护利用，文物部门要面向社会公开征集保护利用方案和实施主体，涉及审批事项的应依法履行报批程序。支持文博单位与社会力量深度合作，建立优势互补、互利共赢的合作机制，推广政府和社会资本合作（PPP）模式，明确参与范围、参与方法、参与程序，及时公开发布社会力量参与文物保护利用的项目清单，为社会力量广泛参与研发、生产、经营等活动提供便利条件。

各地文物部门要高度重视文物合理利用工作，进一步解放思想，加强分类指导，出台具体办法，积极探索有效途径，及时总结成功经验，推动文物合理利用工作迈上新台阶。

国家文物局

2016年10月11日

国家文物局关于印发《文物拍卖管理办法》的决定

文物博发〔2016〕20号

各省、自治区、直辖市文物局（文化厅）：

为贯彻落实《国务院关于进一步加强文物工作的指导意见》有关精神，加强文物拍卖管理，规范文物拍卖行为，促进文物拍卖活动健康有序发展，我局制定了《文物拍卖管理办法》，并经2016年9月28日第28次党组会议审议通过。现予公布，请遵照执行。

特此通知。

附件：文物拍卖管理办法

国家文物局

2016年10月20日

附件

文物拍卖管理办法

第一章　总则

第一条　为加强文物拍卖管理，规范文物拍卖行为，促进文物拍卖活动健康有序发展，根据《中华人民共和国文物保护法》《中华人民共和国拍卖法》《中华人民共和国文物保护法实施条例》等法律法规，制定本办法。

第二条　在中华人民共和国境内，以下列物品为标的的拍卖活动，适用本办法：

（一）1949年以前的各类艺术品、工艺美术品；

（二）1949年以前的文献资料以及具有历史、艺术、科学价值的手稿和图书资料；

（三）1949年以前与各民族社会制度、社会生产、社会生活有关的代表性实物；

（四）1949年以后与重大事件或著名人物有关的代表性实物；

（五）1949年以后反映各民族生产活动、生活习俗、文化艺术和宗教信仰的代表性实物；

（六）列入限制出境范围的1949年以后已故书画家、工艺美术家作品；

（七）法律法规规定的其他物品。

第三条　国家文物局负责制定文物拍卖管理政策，协调、指导、监督全国文物拍卖活动。

省、自治区、直辖市人民政府文物行政部门负责管理本行政区域内文物拍卖活动。

第二章　文物拍卖企业及人员

第四条　依法设立的拍卖企业经营文物拍卖的，应当取得省、自治区、直辖市人民政府文物行政部门颁发的文物拍卖许可证。

第五条 拍卖企业申请文物拍卖许可证，应当符合下列条件：

（一）有1000万元人民币以上注册资本，非中外合资、中外合作、外商独资企业；

（二）有5名以上文物拍卖专业人员；

（三）有必要的场所、设施和技术条件；

（四）近两年内无违法违规经营文物行为；

（五）法律、法规规定的其他条件。

第六条 拍卖企业申请文物拍卖许可证时，应当提交下列材料：

（一）文物拍卖许可证申请表；

（二）企业注册资本的验资证明，历次股权结构变动情况记录；

（三）《企业法人营业执照》正本及副本复印件，《拍卖经营批准证书》正本及副本（含变更记录页）复印件；

（四）文物拍卖专业人员相关证明文件、聘用协议复印件；

（五）场所、设施和技术条件证明材料。

第七条 省、自治区、直辖市人民政府文物行政部门应当于受理文物拍卖许可证申领事项后30个工作日内作出批准或者不批准的决定。决定批准的，发给文物拍卖许可证；决定不批准的，应当书面通知当事人并说明理由。

第八条 文物拍卖许可证不得涂改、出租、出借或转让。

第九条 省、自治区、直辖市人民政府文物行政部门对取得文物拍卖许可证的拍卖企业进行年审，年审结果作为是否许可拍卖企业继续从事文物拍卖活动的依据。

第十条 省、自治区、直辖市人民政府文物行政部门应当于开展文物拍卖许可证审批、年审、变更、暂停、注销等工作后30日内，将相关信息报国家文物局备案。

第十一条 文物拍卖专业人员不得参与文物商店销售文物、文物拍卖标的审核、文物进出境审核工作；不得同时在两家（含）以上拍卖企业从事文物拍卖活动。

第三章 文物拍卖标的

第十二条 拍卖企业须在文物拍卖会举办前，将拟拍卖标的整场报省、自治区、直辖市人民政府文物行政部门审核。报审材料应当由文物拍卖专业人员共同签署标的征集鉴定意见。

联合开展文物拍卖活动的拍卖企业，均应取得文物拍卖许可证。

第十三条 省、自治区、直辖市人民政府文物行政部门受理文物拍卖标的审核申请后，应组织开展实物审核，于20个工作日内办理审核批复文件，并同时报国家文物局备案。

参加文物拍卖标的审核的人员，不得在拍卖企业任职。

第十四条 下列物品不得作为拍卖标的：

（一）依照法律应当上交国家的出土（水）文物，以出土（水）文物名义进行宣传的标的；

（二）被盗窃、盗掘、走私的文物或者明确属于历史上被非法掠夺的中国文物；

（三）公安、海关、工商等执法部门和人民法院、人民检察院依法没收、追缴的文物，以及银行、冶炼厂、造纸厂及废旧物资回收单位拣选的文物；

（四）国有文物收藏单位及其他国家机关、部队和国有企业、事业单位等收藏、保管的文物，以及非国有博物馆馆藏文物；

（五）国有文物商店收存的珍贵文物；

（六）国有不可移动文物及其构件；

（七）涉嫌损害国家利益或者有可能产生不良社会影响的标的；

（八）其他法律法规规定不得流通的文物。

第十五条 拍卖企业从境外征集文物拍卖标的、买受人将文物携运出境，须按照相关法律法规办理文物进出境审核手续。

第十六条 国家对拍卖企业拍卖的珍贵文物拥有优先购买权。国家文物局可以指定国有文物收藏单位行使优先购买权。优先购买权以协商定价或定向拍卖的方式行使。

以协商定价方式实行国家优先购买的文物拍卖标的，购买价格由国有文物收藏单位的代表与文物的委托人协商确定，不得进入公开拍卖流程。

第十七条 拍卖企业应当在文物拍卖活动结束后30日内，将拍卖记录报原审核的省、自治区、直辖市人民政府文物行政部门备案。省、自治区、直辖市人民政府文物行政部门应当将文物拍卖记录报国家文物局。

第四章　附则

第十八条 国家文物局和省、自治区、直辖市人民政府文物行政部门应当建立文物拍卖企业及文物拍卖专业人员信用信息记录，并向社会公布。

第十九条 文物拍卖企业、文物拍卖专业人员发生违法经营行为，国家文物局和省、自治区、直辖市人民政府文物行政部门应当依法予以查处。

第二十条 拍卖企业利用互联网从事文物拍卖活动的，应当遵守本办法的规定。

第二十一条 本办法自颁布之日起实施，《文物拍卖管理暂行规定》同时废止。

国家文物局关于公布全国博物馆文化创意产品开发试点单位名单的通知

文物博函〔2016〕1799号

各省、自治区、直辖市文物局（文化厅）：

按照《国务院办公厅转发文化部等部门关于推动文化文物单位文化创意产品开发若干意见的通知》（国办发〔2016〕36号，以下简称《意见》）要求，我局印发了关于贯彻落实《意见》的通知（文物博函〔2016〕1007），组织各省开展了全国博物馆文化创意产品开发试点的申报工作。经研究，遴选出92家单位作为全国博物馆文化创意产品开发试点单位（试点单位见附件1）。现就开展全国博物馆文化创意产品开发试点工作的相关事项通知如下：

一、试点目的

按照试点先行、逐步推进的原则，在国家级、部分省级和副省级博物馆中开展符合发展要求、以满足民众文化消费需求为目的的文化创意产品开发试点，在开发模式、收入分配和激励机制等方面进行探索，逐步建立起博物馆文化创意产品开发的良性机制。

二、试点任务

省级文物行政部门要指导本省试点单位重点加强以下方面的探索：

（一）探索建立多元化的文化产品开发模式。

1．鼓励具备条件的文化文物单位在确保公益目标、保护好国家文物、做强主业的前提下，依托馆藏资源，结合自身情况，采取合作、授权、独立开发等方式开展文化创意产品开发。

2．重点探索通过博物馆知识产权作价入股等方式投资设立企业，从事文化创意产品开发经营。

（二）探索建立既符合相关政策要求，又适应市场规律的收入分配制度。

1．严格按照分类推进事业单位改革的政策规定，坚持事企分开的原则，将文化创意产品开发与公益服务分开，原则上以企业为主体参与市场竞争。

2．争取将文化创意产品开发取得的事业收入、经营收入和其他收入等按规定纳入本单位预算统一管理，用于加强公益文化服务、藏品征集、继续投入文化创意产品开发、对符合规定的人员予以绩效奖励等。

3．研究制定具备相关知识和技能的人员到本单位附属企业或合作设立的企业兼职从事文化创意产品开发经营活动的干部人事管理、收入分配等问题的相关制度。

（三）探索建立有效的激励机制。

参照激励科技人员创新创业的有关政策完善引导扶持激励机制。探索将试点单位绩效工资总量核定与文化创意产品开发业绩挂钩，文化创意产品开发取得明显成效的单位可适当增加绩效工资总量，并可在绩效工资总量中对在开发设计、经营管理等方面做出重要贡献的人员按规定予以奖励。

三、试点要求

（一）请各省通知试点单位细化试点工作方案，并按附件2要求填写相关统计信息，于11月18日前以省为单位将试点单位工作方案和统计表，连同本省试点工作联系人一并报送至国家文物局（电子版请发送至jiaolidan01@163.com）。

（二）试点单位应于每年底向省级文物行政部门报送试点工作总结，并由省级文物行政部门以省为单位将试点单位工作总结报送至国家文物局备案。

（三）地方政府和主管部门要加强保障，确保试点博物馆开展符合本馆宗旨的经营活动的权利和条件，落实资金扶持和税收优惠措施。

特此通知。

附件：1.全国博物馆文化创意产品开发试点单位名单

2.试点单位统计表（详见国家文物局政府网站）

国家文物局

2016年11月4日

附件1

全国博物馆文化创意产品开发试点单位名单

（共92家）

一、北京市（22家）

首都博物馆、中国人民革命军事博物馆、中国人民抗日战争纪念馆、中国科学技术馆、中国妇女儿童博物馆、中国农业博物馆、中国华侨历史博物馆、中国铁道博物馆、民族文化宫博物馆、郭沫若纪念馆、中国印刷博物馆、中国钱币博物馆、中国化工博物馆、中国古动物馆、中国警察博物馆、中国法院博物馆、北京鲁迅博物馆、民航博物馆、中国电影博物馆、园林博物馆、北京石刻艺术博物馆、北京自然博物馆

二、天津市（1家）

天津博物馆

三、河北省（1家）

河北博物院

四、山西省（1家）

山西博物院

五、内蒙古自治区（1家）

内蒙古博物院

六、辽宁省（4家）

辽宁省博物馆、沈阳故宫博物院、张氏帅府博物馆、大连旅顺博物馆

七、吉林省（2家）

吉林省博物院、伪满皇宫博物院

八、黑龙江省（4家）

黑龙江省博物馆、东北烈士纪念馆、黑龙江省民族博物馆、革命领袖视察黑龙江纪念馆

九、上海市（4家）

上海博物馆、上海市历史博物馆、上海中国航海博物馆、中共一大会址纪念馆

十、江苏省（2家）

南京博物院、南京市博物总馆

十一、浙江省（5家）

浙江省博物馆、浙江自然博物馆、中国丝绸博物馆、杭州博物馆、宁波博物馆

十二、安徽省（1家）

安徽博物院

十三、福建省（2家）

福建博物院、中国闽台缘博物馆

十四、江西省（3家）

江西省博物馆、南昌八一起义纪念馆、瑞金中央革命根据地纪念馆

十五、山东省（4家）

山东博物馆、山东省石刻艺术博物馆、济南市博物馆、青岛市博物馆

十六、河南省（1家）
河南博物院
十七、湖北省（2家）
湖北省博物馆、武汉市中山舰博物馆
十八、湖南省（3家）
湖南省博物馆、韶山毛泽东同志纪念馆、刘少奇同志纪念馆
十九、广东省（4家）
广东省博物馆、西汉南越王博物馆、深圳博物馆、孙中山故居纪念馆
二十、广西壮族自治区（3家）
广西壮族自治区博物馆、广西自然博物馆、广西民族博物馆
二十一、海南省（1家）
海南省博物馆
二十二、重庆市（3家）
重庆中国三峡博物馆、重庆红岩革命历史博物馆、重庆自然博物馆
二十三、四川省（3家）
四川博物院、成都市博物馆、成都武侯祠博物馆
二十四、贵州省（1家）
贵州省博物馆
二十五、云南省（1家）
云南省博物馆
二十六、西藏自治区（1家）
西藏博物馆
二十七、陕西省（5家）
陕西历史博物馆、秦始皇帝陵博物院、西安碑林博物馆、汉阳陵博物馆、西安博物院
二十八、甘肃省（2家）
甘肃省博物馆、敦煌研究院
二十九、青海省（2家）
青海省博物馆、青海省柳湾彩陶博物馆
三十、宁夏回族自治区（2家）
宁夏博物馆、固原博物馆
三十一、新疆维吾尔自治区（1家）
新疆维吾尔自治区博物馆

国家文物局关于进一步规范文物建筑保护工程施工组织设计相关工作的通知

文物保函〔2016〕1962号

各省（自治区、直辖市）文物局（文化厅）：

为进一步规范文物建筑保护工程施工组织设计（以下简称施工组织设计）相关工作，明确施工组织设计的编制原则、主要内容和深度要求，我局组织制定了《文物建筑保护工程施工组织设计编制要求》，并就做好相关工作提出意见如下：

一、充分认识施工组织设计编制的重要性和必要性。施工组织设计是指导文物建筑保护工程施工的技术、经济和管理综合文件，有利于提高工程施工质量和管理水平，促进工程管理的规范化和科学化。各级文物部门应将施工组织设计纳入工程监管的重要内容，督促指导文物建筑保护管理机构和施工单位、监理单位进一步深化对施工组织设计重要性和必要性的理解和认识，将其作为文物建筑保护工程的重要依据。

二、科学开展施工组织设计编制工作，确保文件质量和深度。各级文物部门应督促指导施工单位严格按照《文物建筑保护工程施工组织设计编制要求》，认真编制施工组织设计，深入分析文物建筑保护工程的特点、重点、难点，明确工程施工的主要措施、工艺要求、工期安排和责任分工等，确保施工组织设计的科学性、针对性和可操作性。监理单位应切实履行监理责任，认真做好施工组织设计的审核工作，确保工程合法合规。

三、严格执行施工组织设计要求，规范工程施工环节。各级文物部门应将施工组织设计作为文物建筑保护工程检查和验收的必要文件，加大执行情况检查力度，确保施工质量和工地安全。文物建筑保护管理机构应当督促施工单位、监理单位按照施工组织设计的相关要求，统筹协调施工现场安排和工序进度，确保文物保护工程科学有序实施。

四、现将《文物建筑保护工程施工组织设计编制要求》印发施行，请你局（厅）遵照执行，并按照上述意见切实做好相关文物建筑保护工程监督管理工作。

特此通知。

附件：《文物建筑保护工程施工组织设计编制要求》（详见国家文物局政府网站）

国家文物局

2016年12月5日

国家文物局关于《长城保护条例》实施情况专项督察的通报

文物督发〔2016〕24号

有关省、自治区、直辖市文物局（文化厅）：

为贯彻落实习近平总书记、李克强总理关于加强长城保护的重要指示批示和《国务院关于进一步加强文物工作的指导意见》，国家文物局于2016年8月至10月，部署开展“《长城保护条例》实施情况专项督察”（以下简称“专项督察”），现将督察情况通报如下：

一、组织实施情况与督察结果

专项督察重点对照《长城保护条例》，全面检查长城沿线省级政府和文物行政部门履行长城保护法定职责情况，督察范围覆盖长城沿线15个省份、404个县域，督察内容包括长城段落认定与公布、“四有”等基础工作、监管与执法常态化机制、政府保护责任落实等4个大项、13个子项、36个小项，采用国家文物局督察、省级自查、随机抽查相结合的方式组织实施。

长城沿线省级政府和文物主管部门高度重视，按时完成了自查工作。宁夏回族自治区副主席带队实地督察，黑龙江、辽宁、青海主管副省长就专项督察作出批示。各省文物主管部门自查长城沿线市（县、区）70余个，山西、甘肃组织开展了省内交叉检查，北京、天津、河北在国家文物局指导下开展了长城执法联合巡查。各地切实进行自查自纠，普遍加强了长城保护标志和档案建设，甘肃在督察期间整体划定公布全省长城保护范围和建设控制地带，北京、山西、甘肃等省市对自查发现案件进行了重点督办。

国家文物局组织京津冀、蒙陕宁、甘青新、晋鲁豫、黑吉辽5个督察组，于9月21日至30日集中开展实地督察，宋新潮副局长参加甘肃、宁夏督察工作。各督察组严格按照督察程序，听取省级文物主管部门汇报，查阅18大项档案资料，随机抽查了41个县域104处长城段落，发现违法案件线索或安全隐患23起，向省级文物主管部门反馈督察建议75条，分省形成专项督察报告并进行量化评分。

从各省得分情况看，15个省份的平均分为78.42，有7个省份低于平均分。北京、甘肃2个省份得分在90分数段，居前两位；宁夏、山西、河北、山东、黑龙江5个省份在80分数段；内蒙古、吉林、新疆、青海、陕西5个省份在70分数段，天津、河南、辽宁3个省份在60分数段。从督察项目看，4个大项“长城监管与执法常态化机制”得分比88.7%，“长城段落认定与公布”得分比81.3%、“长城‘四有’等基础工作”得分比74.8%、“政府保护责任”得分比51.6%，13个子项平均得分比74.7%。

二、好的做法与成效

综合各省自查和我局实地督察情况，近年来长城保护工作取得了明显进展和良好成效，突出体现在以下方面：

（一）省级人民政府日益重视，保护力度逐步加强。督察发现，省级人民政府对长城保护工作日益重视。2015年国务院召开长城保护座谈会后，11个省级政府召开19次专题会议，研究长城保护工作。长城保护经费基本纳入省级财政预算，2016年起天津、河北、内蒙古、吉林、宁夏省级财政设立长城保护专项经费，北京市近3年每年长城保护经费约1.2亿元，甘肃省筹措经费近2000万元完善长城“四有”工作，山西省级财政每年专项拨付长城保护员经费近50万元。甘肃省政府发布《甘肃省文物重大安全事故行政责任追究规定》，将长城损毁列为重大文物安全事故，北京、河北、陕西、河南等建立了长城保护奖励制度。

（二）长城段落保护单位核定公布，推进积极有力。依法将认定长城段落核定公布为省级以上文物保护单位，是长城依法保护的重要前提。截至2016年9月，全国已经有37924处长城段落被公布为省级以上文物保护单位，占所有长城认定段落的86.6%；其中按照《长城保护条例》要求，在2013年底前核定公布的25126处，占所有长城认定段落的57.3%。河北、山西、内蒙古、黑龙江、山东、河南、青海、宁夏等省份核定公布比例达到100%。

（三）保护管理基础得以加强，保护体系初步形成。2014年，国家文物局印发《长城“四有”工作指导意见》，2016年印发《长城保护员管理办法》，为长城保护员发放服装、证件，各地保护管理基础工作快速推进。截至2016年9月，全国已设立长城保护标志牌6516座，保护界桩72605根，保护说明牌743座，重要长城段落、节点和交通路口多已设置保护标识。长城保护管理体系基本建立，长城沿线已明确485家文物行政部门或管理机构负责长城保护管理，各地聘请长城保护员4650名，北京、河北、内蒙古、山东、宁夏、甘肃、青海、新疆等实现了保护员全覆盖，甘肃聘请长城保护员1500余名，占全国近1／3。属于全国重点文物保护单位的长城段落已全部建立记录档案。

（四）长城执法机制初步建立，督察效果逐步显现。2016年国家文物局印发《长城执法巡查办法》，各地文物行政部门、执法机构普遍将长城纳入行政检查重点。长城沿线13个省份文物主管部门与公安机关建立联动机制，河北、山西等省文物部门与公安机关联合开展打击盗卖长城砖专项行动。国家文物局和省级文物主管部门切实加大案件督察力度，2014年以来督办长城违法犯罪案件40余件，国家文物局将涉及长城案件列入“文物法人违法案件专项整治行动（2016～2018）”查处重点，“12359”文物违法举报热线开通长城专线。

三、存在问题与短板

取得成绩的同时，督察发现，一些省份长城保护法定职责落实情况存在突出短板，个别共性问题亟待破解。

（一）长城保护政策措施亟待加强，保护员经费渠道受限。长城保护地方性法规和专门政策文件制定工作进展缓慢，仅北京市出台了长城保护地方性法规，北京、河北、内蒙古以省（区、市）政府名义出台了长城保护专门性政策文件，其他省份处于报批阶段甚至尚未启动，具体保护措施尚未落实。长城保护员经费虽依条例明确为县级财政支出事项，但因长城沿线贫困县较多，难以得到有效保障，黑龙江、青海省市县三级财政均未设置长城保护员经费。

（二）长城段落保护范围和建设控制地带的划定公布明显滞后，部分省份基础工作薄弱。截至2016年9月，各省级政府已划定公布18803处长城段落的保护范围和建设控制地带，仅占全部长城段落的42.9%，天津、山东、青海未依法划定公布。陕西、辽宁将认定长城段落公布为省级以上文物保护单位比例分别为3.6%、4%。辽宁77.9%的长城段落未设置保护员。专门长城保护机构43家，仅占承担长城保护管理职能单位总数的8.9%，比例偏低，力量薄弱。

（三）长城参观游览活动缺乏依法引导，监管措施尚需具体精准。已开辟的92处长城参观游览区，有50处未依法在省级以上文物等部门备案，有49处未核定旅游容量指标，占比超过50%，“驴友”攀爬未开放长城段落现象突出。省级文物主管部门对长城保护机构监督检查有待加强，存在行政部门检查记录不规范、保护机构监测日志不完整或未建立日志、对长城安全隐患报告不及时或应急处置不到位的情况。

（四）行政区划边界地带长城管理矛盾突出，普法宣传尚未得到充分重视。长城沿线多数省份尚未建立区域协调机制，作为省界、市县界的长城段落管理责任不清，个别地方矛盾突出。辽冀分界线长城两侧违法建设较多，宁蒙交界存在长城周边开山采石情况。各地对长城宣传普法重视不够，开展长城主题宣传和普法活动频率低，对长城沿线社区、乡镇覆盖率偏低。

四、下一步工作

各地高度重视国家文物局督察反馈意见，山西省人民政府已划定公布了全省历代长城保护范围和建设控制地带，黑龙江、吉林、辽宁3省文物主管部门已上报整改报告。为进一步运用好督察成果，切实加大长城依法保护力度，下阶段请各省（自治区、直辖市）文物主管部门重点做好以下工作：

（一）汇报督察结果。本次督察结果，国家文物局已向各省文物主管部门及全国文物安全部际联席会议成员单位通报，并抄送有关省、自治区、直辖市人民政府办公厅。请各省（自治区、直辖市）文物主管部门主动向各省（自治区、直辖市）政府汇报，客观报告督察情况，推动落实长城保护政府责任。

（二）确定整改方案。请各省（自治区、直辖市）文物主管部门根据国家文物局督察反馈意见和自查发现的问题短板，有针对性地制定整改方案，明确具体改进措施，于2016年12月25日前上报国家文物局。

（三）督办典型案件。专项督察中发现的涉及长城违法案件线索，国家文物局已反馈省级文物主管部门。请各地根据调查核实情况，纳入“文物法人违法专项整治行动（2016～2018）”重点督办，公开通报典型案件查处结果。

（四）加强跟踪问效。专项督察重在实效，请各地严格对照督察整改方案，明确责任单位与人员，确保整改效果。2017年，国家文物局将对专项督察得分偏低省份开展“再督察”，瞄准问题短板，督促整改落实。

专此通报。

国家文物局

2016年12月9日

国家文物局关于公布第六批国家文物局重点科研基地认定名单的通知

文物博发〔2016〕23号

各省、自治区、直辖市文物局（文化厅），各有关单位：

根据《国家文物局重点科研基地管理办法（试行）》有关规定，在各省级文物行政部门推荐和专家组综合评估的基础上，经我局研究，批准木结构古建筑安全评估与灾害风险控制国家文物局重点科研基地（北京工业大学）等7家单位列入第六批国家文物局重点科研基地认定名单。

各科研基地要紧密围绕文物、博物馆事业发展的重大需求，充分发挥科学技术的支撑引领作用，积极开展应用基础研究、应用研究与技术开发等创新性活动，加强科技基础性工作，突破共性、关键技术，加快推进科研成果转化，注重人才培养与团队建设，建立完善开放、流动、联合、竞争的运行机制，努力把科研基地建设成为具有影响力的科技研发中心、人才孵化中心、成果辐射中心、资源共享中心和国际合作中心。

各依托单位应大力支持科研基地的建设发展，落实配套支撑条件，建立有效保障机制，在人员编制、经费使用、研究场所和实验条件等方面予以倾斜。积极探索管理机制创新，以科研基地建设为突破口，带动文物博物馆单位的体制机制创新与改革。

各组织单位应加强对科研基地的指导，指导科研基地尽快完成主任聘任、制度建设和规划制订工作。同时，探索各种有效政策和措施，充分发挥地方在科技、信息、人才、资金等方面的优势，积极协调所在地区有关部门，为科研基地的基础设施建设、高层次人才引进和运行发展等提供政策倾斜和经费支持，为科研基地提供良好的发展空间。

国家文物局将进一步完善相关政策措施，加强对科研基地的指导和扶持，加大各类科技计划、人才培养计划等对科研基地的支持力度，坚持“合理布局、总量控制、定期评估、优胜劣汰”的动态管理原则，进一步完善科研基地运行评估制度，强化科研基地的竞争和激励机制，促进科研基地的良性发展。

附件：第六批国家文物局重点科研基地认定名单

国家文物局

2016年12月10日

附件

第六批国家文物局重点科研基地名单（7家）

序号	科研基地名称	依托单位	组织单位	类别
1	木结构古建筑安全评估与灾害风险控制国家文物局重点科研基地	北京工业大学	北京市文物局	应用基础类
2	文物本体表面监测与分析研究国家文物局重点科研基地	天津大学	天津市文物局	工程技术类
3	城市考古与保护国家文物局重点科研基地	河南省文物考古研究院	河南省文物局	应用基础类
4	石窟寺文物保护工程技术集成与应用研究国家文物局重点科研基地	中铁西北科学研究院有限公司	甘肃省文物局	工程技术类
5	石窟寺文物数字化保护国家文物局重点科研基地	浙江大学	浙江省文物局	应用基础类
6	馆藏壁画保护修复与材料科学研究国家文物局重点科研基地	陕西历史博物馆／西北工业大学	陕西省文物局	应用基础类
7	水利遗产保护与研究国家文物局重点科研基地	中国水利水电科学研究院	北京市文物局	应用基础类

国家文物局关于印发《全国重点文物保护单位文物保护工程检查管理办法（试行）》的通知

文物保发〔2016〕26号

各省、自治区、直辖市文物局（文化厅）：

为加强文物保护工程管理，规范文物保护工程检查工作，我局制定了《全国重点文物保护单位文物保护工程检查管理办法（试行）》（以下简称《办法》）。现予印发，并就做好相关工作通知如下：

一、工程检查是加强文物保护工程事中监管的重要手段。各级文物行政部门应提高认识，明确责任，按照《办法》要求，认真组织开展辖区内全国重点文物保护单位文物保护工程检查工作，确保文物保护工程质量和效果。省级和市县级文物保护单位文物保护工程的检查工作，由地方文物行政部门参照《办法》制定相关规定。

二、工程检查应根据文物保护工程特点，合理确定检查频率、时间节点和检查重点。

（一）市县级文物行政部门对辖区内的全国重点文物保护单位文物保护工程，应及时开展检查工作，重点检查施工单位岗前培训、人员到岗到位情况、设计交底和施工交底、工程设计变更和洽商、工程进度、基础工程和隐蔽工程、建筑构架安装等方面内容，每季度核实、汇总辖区内工程进展情况，及时发现处理施工过程中存在的问题。

（二）省级文物行政部门对辖区内的全国重点文物保护单位文物保护工程每年度组织开展检查，强化对工程方案关键技术、设计重大变更的审核、指导和管理，督促有关单位加强施工前的岗前培训力度，同时做好中期验收、预验收和整改工作，确保每项文物保护工程在竣工验收前至少检查一次。

（三）省级和市县级文物行政部门可以对辖区内的全国重点文物保护单位文物保护工程联合开展检查工作。

（四）我局负责制订工程检查的管理制度、技术规范，开展监督抽查。

三、各级文物行政部门应根据文物保护工程特点，科学确定检查方式和检查组人员，可委托或组织专业机构开展工程检查工作，也可组织专家参与工程检查工作。参与工程检查的专业机构和专家应具备相应的技术水平和专业能力，并遵守回避制度。

四、各勘察设计、施工、监理和业主单位应牢固树立责任意识和质量意识，积极做好施工单位岗前培训、设计交底和施工交底、工程设计变更和洽商、预验收和整改等重点环节，确保文物保护工程质量和文物、人员安全。

五、各地在执行《办法》中如有问题或意见、建议，请及时反馈我局。

特此通知。

附件：1.《全国重点文物保护单位文物保护工程检查管理办法（试行）》

2. 附表

（附件详见国家文物局政府网站）

国家文物局

2016年12月27日

国家文物局关于公布2016年度全国文物行政处罚案卷评查结果的通知

文物督发〔2016〕28号

各省、自治区、直辖市文物局（文化厅），天津、上海、重庆市文化市场行政执法总队：

为贯彻落实国务院《关于进一步加强文物工作的指导意见》和中共中央国务院《法治

政府建设实施纲要（2015～2020年）》等文件精神，进一步加强文物执法工作，落实文物执法责任，提升文物执法能力，规范文物行政处罚行为，国家文物局组织开展了2016年度全国文物行政处罚案卷评查工作。

根据《关于开展2016年度全国文物行政处罚案卷评查工作的通知》要求，全国有20个省（自治区、直辖市）报送了参评案卷，辽宁、黑龙江、上海、安徽、江西、海南、四川、贵州、西藏、青海、新疆未有案卷报送。案卷评查按照《国家文物局文物行政处罚案卷评查标准》（2016版），经专家初评、实地复核、专家终评，最终确定“十佳案卷”10个、“优秀案卷”20个，浙江、江苏、陕西、湖南、吉林省文物局为“优秀组织单位”，现将评查结果予以公布（详见附件）。

党的十八大把法治政府基本建成确立为到2020年全面建成小康社会的重要目标之一，意义重大。开展文物行政处罚案卷评查工作，是完善行政执法程序，规范行政执法行为的重要手段，是深入推进依法行政，加快建设法治政府的重要着力点。各级文物行政部门和有关执法机构要提高思想认识，认真查找差距，强化业务培训，提升执法水平，坚持严格规范公正文明执法。

特此通知。

附件：1. 2016年度全国文物行政处罚案卷评查十佳案卷

2. 2016年度全国文物行政处罚案卷评查优秀案卷（详见国家文物局政府网站）

国家文物局

2016年12月30日

附件

2016年度全国文物行政处罚案卷评查十佳案卷

浙江省绍兴市戒珠寺擅自拆除市级文物保护单位王羲之故宅大殿案

办案单位：浙江省绍兴市文物管理局

赵某某擅自在全国重点文物保护单位庙山汉墓保护范围内进行建设工程案

办案单位：江苏省仪征市文化广电新闻出版局

湖南省郴州市永兴县板梁村提质改造项目建设指挥部擅自在省级文物保护单位板梁村古建筑群保护范围内进行建设工程案

办案单位：湖南省文物局

河南省郑州合广置业有限公司擅自破坏全国重点文物保护单位二里头遗址等古文化遗址案

办案单位：河南省郑州市文物局

执法机构：河南省郑州市文物稽查大队

北京莱恩肯科技开发有限责任公司擅自修缮区级文物保护单位妙云寺明显改变文物原

状案

办案单位：北京市海淀区文化委员会

执法机构：北京市海淀区文化委员会行政执法队

重庆东恩工业投资（集团）有限公司擅自拆除不可移动文物刘云全坡清墓案

办案单位：重庆市文化市场行政执法总队

中电投宁夏能源铝业工程检修有限公司擅自在省级文物保护单位大麦地岩画保护区保护范围内进行建设工程案

办案单位：宁夏回族自治区中卫市文化体育新闻出版广电局

执法机构：宁夏回族自治区中卫市文化市场综合执法队

北京凤凰联动影视文化传播有限公司擅自在天津市文物保护单位李吉甫旧宅内拍摄影视案

办案单位：天津市文化市场行政执法总队

陕西省西安市临潼区桥梁安装工程公司发现文物藏匿不报案

办案单位：陕西省西安市文物局

执法机构：陕西省西安市文物稽查队

吉林省龙井市机关事务管理局擅自在省级文物保护单位龙井日本总领事馆遗址保护范围内进行建设工程案

办案单位：吉林省文物局

执法机构：吉林省文物行政执法总队

综述篇

【概述】

2016年是文物事业发展极为重要的一年。全国文物系统认真贯彻习近平总书记重要指示批示精神，落实《国务院关于进一步加强文物工作的指导意见》和全国文物工作会议部署要求，抓主抓重、扎实工作，强化管理、改进作风，完成年度主要目标任务，实现“十三五”良好开局。

一、坚决贯彻落实党中央、国务院决策部署

围绕学习贯彻习近平总书记系列重要指示批示精神，先后召开学习贯彻习近平总书记关于文物工作、考古及申遗、博物馆建设重要指示批示的全国文物系统座谈会，召开全国考古工作会议。组织中央媒体开展主题宣传活动，在《人民日报》《求是》等刊发学习文章，编印《全国文物系统学习习近平总书记文物保护重要论述体会汇编》。各地文物部门组织广大文物工作者认真学习、深刻领会习近平总书记重要指示批示精神实质和丰富内涵，不断把学习贯彻引向深入。

围绕贯彻落实《国务院关于进一步加强文物工作的指导意见》和全国文物工作会议精神，制定任务分工方案，层层落实各项任务和进度安排；制定长城保护、革命文物保护、博物馆建设、文物合理利用、文创产品、文物执法等政策措施。会同中央文明办将文物工作纳入全国文明城市测评体系，会同公安部将文物消防安全纳入省级政府消防工作考核体系。地方党委政府切实履行文物保护主体责任，把文物工作列入重要议事日程。

落实国务院“放管服”改革要求，取消考古发掘领队资格和文物进出境责任鉴定员2项职业资格，以及馆藏文物拍摄许可和考古发掘现场专题类、直播类节目制作审批等7项中央指定地方实施文物行政许可事项；深化文物保护工程项目审批改革，指导各地制订项目年度计划，优化审批流程，规范审批行为，加强事中事后监管；发布《国有博物馆章程范本》，推进博物馆理事会建设试点。

贯彻十八届五中全会精神，编制实施“十三五”规划。国家记忆工程、“互联网+中华文明”行动计划等纳入国家“十三五”规划纲要，编制《国家文物事业发展“十三五”规划》及大遗址保护、革命文物保护经费需求、信息化建设等专项规划。

按照国务院部署，完成第一次全国可移动文物普查，全国国有可移动文物共计108154907件／套，全国登录的文物收藏单位为11162家。

二、不断提升文物保护水平

围绕贯彻落实习近平总书记系列重要讲话和关于文物保护重要指示批示精神，围绕国家重大战略实施，积极推进文物保护重大项目，在服务国家经济社会发展上取得新进展，在改善文物保护状况上取得新成效。

落实习近平总书记关于长城保护重要批示精神，拓展长城保护行动，制定《“十三五”长城保护工程总体工作方案》，建成长城资源管理信息系统，推进长城沿线省级规划编制。2015～2016年累计安排中央财政专项资金7亿元，对长城保护修缮项目给予倾斜支持，加大长城保护工程排查监管力度，切实提高工程质量。吉林、黑龙江、河北、甘肃、宁夏全部划定公布长城保护区划。举办纪念《长城保护条例》颁布10周年系列活动，发布《中国长城保护报告》，成立京津冀长城保护联盟，开展长城保护公开课和“长城卫士”作品征集活动，普及长城保护知识。

贯彻习近平总书记在庆祝建党95周年大会和纪念红军长征胜利80周年大会上的重要讲

话精神，印发《关于加强革命文物工作的通知》，召开革命文物工作座谈会和长征文物保护利用工作会议，对相关工作进行部署。延安革命旧址群保护提升工程、抗战文物保护修缮和展示利用工程成效明显，赣南等原中央苏区革命旧址保护利用工程全面实施，中央红军长征出发地、湘江战役旧址、红军四渡赤水战役旧址和会宁红军会师旧址等长征文物保护工程顺利推进。完成红军长征遗迹现状调查，开展长征文物保护专题宣传，出版长征文物保护阐释系列图书。

贯彻习近平总书记在推进“一带一路”建设工作座谈会上的重要讲话精神和“一带一路”倡议，召开援外文物保护工程与联合考古工作座谈会；推进“海上丝绸之路·中国史迹”申遗文本编制、保护展示和环境整治，组建“海丝”保护和申遗中国城市联盟，举办“海丝”国际学术研讨会。落实京津冀协同发展和长江经济带国家战略，召开京津冀文物保护协调推进会，推进北京城市副中心文物保护与考古工作，启动冬奥会相关文物保护工程，实施京张铁路整体保护利用示范项目；开展河套地区聚落与社会、长江中上游文明进程和长江下游区域文明模式专题研究，启动川渝石窟保护工程。

广西左江花山岩画文化景观成功申遗，中国世界遗产总数达到50项，位居世界第二。“丹东一号”沉船遗址水下考古调查获得重要发现。推进二里头遗址博物馆建设，加强良渚、景德镇御窑厂和圆明园遗址等152处大遗址保护展示。实施文物援藏保护工程、儒家文化建筑遗产保护展示工程和万里茶道文物资源保护研究，推进国保省保集中成片传统村落整体保护利用项目。中国文物保护基金会实施“拯救老屋”行动计划，开展长城保护公募活动和英国北洋水师水兵墓修缮公募项目。组织82家博物馆开展预防性保护工作，实施123项馆藏文物保护修复项目，抢救修复8000余件文物。

三、多措并举让文物活起来

发挥博物馆教育功能。全国博物馆总数达到4873家，其中国有博物馆3576家、非国有博物馆1297家；免费开放博物馆4246家。开展第三批国家一级博物馆定级评估和国家一级博物馆运行评估工作，完成央地共建博物馆年度绩效评估。开展完善博物馆青少年教育功能提升示范项目，编写博物馆青少年教育工作指南。43家博物馆荣获全国公共文化设施开展学雷锋志愿服务首批示范单位。

发挥文物展览作用。推介10个纪念建党95周年和红军长征胜利80周年主题优秀展览。国家博物馆、军事博物馆举办的馆藏长征文物展和长征主题展，首都博物馆展出的南昌汉代海昏侯国考古成果展，引起广泛关注，取得良好反响。配合中拉文化年、中国—中东欧国家人文交流年、中卡文化年分别举办华夏瑰宝秘鲁行文物展、赴拉脱维亚丝路瑰宝展、赴卡塔尔华夏瑰宝展，举办沙特出土文物来华展和马来西亚海上丝绸之路来华展，为促进文明交流互鉴做出了积极贡献。

推进文化创意产品开发。印发《关于促进文物合理利用的若干意见》，召开促进文化文博单位文化创意产品开发座谈会，公布首批92家博物馆文化创意产品开发试点单位，完成编制《博物馆商业经营活动管理办法》。召开全国文博单位文化创意产品开发工作推进会，举办全国文博单位文化创意产品联展和第二届广州国际文物博物馆及版权交易博览会。举办第七届博物馆及相关产品与技术博览会，参展博物馆和企业近500家，创历史新高。

启动“互联网+中华文明”行动计划。国家文物局、国家发展和改革委员会、科学技术部、工业和信息化部、财政部联合印发《“互联网+中华文明”三年行动计划》，组织制度研究制订，开展示范项目、示范基地遴选工作，举办文博系统管理人员专题培训班，参加

“博博会”、版权会，加强宣传。

推动文物市场活跃有序发展。开展民间文物收藏和文物市场调研，召开关于民间合法收藏文物、文物市场与文物鉴定服务改革和文物拍卖管理工作座谈会，研究促进民间文物流通政策措施，印发《文物拍卖管理办法》。健全涉案文物鉴定管理制度，公布41家涉案文物鉴定评估机构，完成一批涉案文物鉴定工作。审核备案文物拍卖标的25万件／套，撤拍标的500余件／套，协调境外机构撤拍非法流失中国文物100余件。加强文物进出境审核管理，推广进出境文物电子标签，审核出境文物及复仿制品14万件／套，禁止出境文物1100余件／套。北京海关向北京市文物局移交罚没文物近1.8万件。

四、切实加强文物执法督察和安全监管

开展执法督察行动。启动文物法人违法案件专项整治三年行动，严肃查处湖北红安七里坪革命旧址、黑龙江哈尔滨刘亚楼故居等一批法人违法案件并公开曝光，社会反响强烈，达到预期效果。开展为期3个月的长城执法专项督察，全面检查长城沿线省级政府和文物行政部门履行长城保护职责情况，督察结果上报国务院并反馈地方政府，向社会公开。成立京津冀文物执法协作体，实施京津冀长城执法联合巡查试点和陕西府谷明长城无人机遥感监测试点，向3436名长城保护员颁发工作证书和巡查制服。对长沙、南京两市20个县区不可移动文物进行卫星遥感整体监测，对20处省级以上文保单位的保护范围和建控地带进行试点监测。发挥“12359”文物违法举报热线作用，畅通社会监督渠道。

加大安全监管力度。开展文物建筑消防安全抽查暗访和隐患排查整治行动，检查文保单位1.8万余家，发现各类火灾隐患1.7万余项，已整改火灾隐患1.5万项。扎实推进文物平安工程，继续实施文物消防安全百项工程，开展文物建筑消防物联网远程监控试点。全年督办涉嫌文物违法犯罪事项和安全隐患事项216件，公开曝光一批违法犯罪典型案件和文物安全重大事故，约谈河北唐山和遵化、山西晋中和平遥、山东即墨、重庆南岸区等重大案件、事故发生地政府负责人。

强化多部门合作。与公安部召开打击和防范文物犯罪工作研讨会议，全国公安机关文物犯罪立案数大幅增加；部署开展重点地区打击文物犯罪专项行动，联合督办河北清东陵连续被盗、四川眉山“5·1”特大盗掘倒卖文物、陕西淳化盗掘古墓葬等案件。两高关于文物犯罪司法解释正式施行，与公安、检察院等部门开展文物行政执法与刑事司法衔接机制研究。与中央海权办建立工作联系，被纳入“涉海历史法理问题研究协调机制”成员单位。与中国海警局起草我国管辖海域文物执法工作办法及操作规程。

五、持续拓展文物对外交流合作

加强与各国政府和国际组织合作。与沙特、希腊、印尼签署文化遗产领域政府间合作谅解备忘录，实施中国—东盟文博考古人才培训计划。“文物带你看中国”3D展示系统实现30个海外文化中心的全覆盖。举办首届丝绸之路（敦煌）文化博览会丝绸之路文化遗产论坛，阐述中国文物保护理念和行动。与联合国教科文组织等共同举办国际博物馆高级别论坛，就博物馆社会责任、从业道德和技术标准展开讨论。

文物援外工作和境外合作考古项目稳步推进，成为文化领域“一带一路”建设的重要收获。援助蒙古辽代古塔抢险加固工程顺利完工，援助柬埔寨吴哥古迹茶胶寺、乌兹别克斯坦希瓦古城、尼泊尔加德满都九层神庙等保护项目有序推进，完成缅甸震后蒲甘佛塔前期勘察评估。支持中国社会科学院考古所、故宫博物院、国家文物局水下文化遗产保护中心及陕西、湖南、云南相关文博机构在乌兹别克斯坦、印度、沙特、哈萨克斯坦、孟加拉国、老挝开展联合考古项目。

推动与港澳台文物交流合作。促成台湾佛光山收藏的河北幽居寺释迦牟尼佛首造像回归。举办两岸唐三彩暨低温釉陶学术研讨会和两岸唐三彩交流展，实现1949年运台文物首次来大陆展出。举办第七届海峡两岸文化遗产论坛，组织第三届台湾历史教师中华文化研习营。赴香港举办海上丝绸之路文物展。

六、扎实做好文物保护基础工作

制度建设有新成果。制定《国家文物局贯彻落实〈法治政府建设实施纲要（2015～2020年）〉实施方案》，进一步完善《中华人民共和国文物保护法修订草案》。出台《长城执法巡查办法》《长城保护员管理办法》《国保单位保护工程竣工验收暂行办法》，强化文物保护措施。修订《非国有博物馆设立标准》《非国有博物馆章程范本》，支持非国有博物馆发展。完成20项国家标准报审和12项行业标准制修订，颁布21项文物保护装备团体标准。

文物科技创新有新进步。科学技术部、文化部、国家文物局共同印发《国家"十三五"文化遗产保护与公共文化服务科技创新规划》，为文物工作创新发展提供了政策支持。召开全国文物科技工作会议，颁发文物保护科学和技术创新奖，落实创新驱动发展战略。实施国家科技支撑计划世界文化遗产地风险预控关键技术、文物数字化保护标准体系及关键标准研究与示范项目。新设7家国家文物局重点科研基地，支持浙江文物保护区域创新联盟、陶质彩绘文物保护和物联网建设技术创新联盟开展科技攻关。建设国家文物保护装备产业基地和协同工作平台，实施文物保护装备产业标准化综合示范项目。

深入实施文博人才培养"金鼎工程"。举办各级各类培训项目55个，培训各类人才3300人次。举办西藏、新疆生产建设兵团文博干部和西北、西南地区国保单位保护管理培训班，帮扶西部地区基层文博单位培养人才。完成全国文物与博物馆专业学位研究生教育指导委员会换届工作，实施高层次文博行业人才提升计划。4人入选文化部青年拔尖人才培养计划。编撰纸质、纺织文物保护概论，制作文博名家视听教程。

文物宣传工作主动性明显提高。成功举办国际博物馆日内蒙古博物院主会场活动、中国文化遗产日承德主场城市活动。围绕全国文物工作会议、长征文物保护、长城保护等开展系列主题宣传活动，加大新闻发布和信息公开力度，加强官网、微博、微信新媒体建设，主动回应社会关切，加强热点舆情监测，引导社会舆论，收到良好效果。

【第一次全国可移动文物普查】

普查统计的全国国有可移动文物共计108154907件／套。其中按照普查统一标准登录文物完整信息的为26610907件／套，实际数量64073178件。

【文物法治建设】

法律法规修订

配合国务院法制办研究各方面对《文物保护法（修订草案）》的意见，配合做好因行政审批制度改革对《文物保护法》及其实施条例有关条款的修改工作。委托水下文化遗产保护中心等单位开展《水下文物保护管理条例（修订草案）》《长城保护条例（修订草案）》的研究起草工作，做好有关法律法规征求意见稿的回复工作。

有关文件的立改废

按照国务院的要求，组织清理规范性文件和政策性文件，废止政策性文件21件和规范性文件12件。修订立法工作规定等规范性文件，认真履行合法性审查职责，为多项规范性文件提出审查意见。

法治相关工作

全年共办理36件行政复议、9件行政诉讼案件。印发《国家文物局贯彻落实〈法治政府建设实施纲要（2015～2020年）〉实施方案》，部署落实法治政府建设各项任务。贯彻落实国务院“双随机、一公开”工作要求，制定国家文物局“一单两库一细则”。委托文物出版社制作文物普法专题片，编辑出版《文物保护法研究》专辑，推动文物普法工作。

【文物政策研究】

起草《国务院关于进一步加强文物工作的指导意见》

推动《指导意见》尽早出台，向国务院呈报印发《指导意见》的请示，协助国办秘书三局修改、校核《指导意见》并征求相关部门意见。

起草文物工作政策文件

参与起草中办、国办《关于实施中华优秀传统文化传承发展工程的意见》。围绕建党95周年和纪念红军长征胜利80周年，七一前夕印发《关于加强革命文物工作的通知》。研究起草《关于促进文物合理利用的若干意见》。印发学习贯彻习近平总书记、李克强总理重要指示批示和全国文物工作会议精神的通知，汇总各地学习贯彻相关情况。

编制完成“十三五”规划

完成《国家文物事业发展“十三五”规划》编制、意见征求和报审工作。参与中宣部《国家“十三五”时期文化改革发展规划纲要》、国家发改委《“十三五”基本公共服务均等化规划》、文化部“十三五”规划编制工作。编制国家“十三五”规划纲要实施情况2016年度监测报告（文物工作）。

组织协调《中国文物志》编纂工作

组织召开《中国文物志》编纂委员会第三次全体会议。组织召开两次《中国文物志》编纂局长办公会，协调推进《中国文物志》编纂相关工作。组织召开《中国文物志》编纂2016年度工作汇报会。

组织课题研究

确定国家文物局8个年度调研重点项目，参加全国政协文史和学习委员会关于丝绸之路文化遗产保护利用调研、国家旅游局重走长征路红色旅游精品线路调研和国家文物局“打击非法劫掠和贩卖文物”西欧调研，开展文物工作纳入地方党委、政府政绩考核体系调研工作。

【文物宣传】

完善新闻发布机制

从第二季度正式建立季度例行新闻发布制度，目前已经举办三场，分别是中国文化遗产日、国际博物馆日活动和文物法人违法行为专项整治行动第一次案件通报、解读“互联网+中华文明”行动计划。

加强舆情热点监测

做好每日舆情摘报的编辑发布，同时加强舆情专报、快报。与局有关司室共同做好热点舆情应对，如辽宁绥中长城修缮、邱季端向北师大捐赠瓷器、清东陵被盗事件等。

加强新媒体建设

在文化遗产日期间正式开通国家文物局官方微信平台，全年推送47期。局官方微博在文化遗产日主场城市活动组织局长在线访谈，文化遗产类话题登上新浪微博热门话题榜，与新浪微博合作开展暑期约会博物馆，配合局重点工作进行主动发布。

文化遗产日活动

举办文化遗产日承德主场城市活动，策划古建筑保护成果摄影作品征集和展示活动，推出花山岩画美术作品展，邀请社会力量参与文物保护典型事例代表出席活动并赠送锦旗，向长城保护员颁发工作证书和巡查装备。

9月17日，国务院批复同意，自2017年起，每年6月第二个星期六的“文化遗产日”调整设立为“文化和自然遗产日”。

拍摄文物纪录片

由中宣部指导，国家文物局、中央电视台联合摄制的电视纪录片《如果国宝会说话》正式启动拍摄工作。国家文物局全程参与该项目的策划组织，协调各地文博单位近百家支持拍摄工作。

【执法督察】

文物行政违法案件督办查处

部署“文物法人违法案件专项整治行动（2016～2018年）”，严防严查严办7类法人违法案件，公开曝光并督办第一批典型案件，社会反响强烈，各地行动迅速，达到预期效果。

发布“2014～2015文物行政执法十大指导性案例”，开展“2016年度文物行政处罚案卷评查”，完成“黑浙湘陕”4省行政执法效能评估试点，推动建立“京津冀文物行政执法协作体”，北京南京“志愿服务助力执法巡查行动”取得实效。

《长城保护条例》实施情况专项督察

开展为期3个月的《长城保护条例》实施情况专项督察，全面检查长城沿线省级政府和文物行政部门履行长城保护职责情况，对15个省份量化评分，督察结果上报国务院并反馈地方政府，向社会公开，推进各地依法落实长城保护措施。同时，开展京津冀长城执法联合巡查试点，探索长城沿线省份执法协作机制。利用无人机对陕西府谷明长城开展监测试点，地面分辨率达0.159米，取得了很好的效果。

不可移动文物监测

运用卫星遥感技术，对长沙、南京两市20个县区5304处不可移动文物实施整体监测，开展省级以上文保单位变化监测试点。编制了《不可移动文物执法监测技术规范》。

联合执法协作

会同中央文明办将文物工作纳入全国文明城市测评体系，特别将不可移动文物大规模消失列入测评内容。首次与中央海权办建立工作联系，被纳入“涉海历史法理问题研究协调机制”成员单位。联合中国海警局起草《我国管辖海域内文物执法工作办法及操作规程》。配合文物犯罪司法解释，会同公安、检察院等部门开展“文物行政执法与刑事司法衔接机制”“文物建筑定损评估标准”研究。

社会监督

发挥"12359"文物违法举报热线作用，2016年国家文物局对各地报告、舆情监测、群众举报的216件涉嫌违法犯罪与安全隐患事项发函督办或转办，督促依法严肃处理。

【安全监管】

完善约谈曝光制度

公开曝光一批违法犯罪典型案件和重大文物安全事故，约谈河北唐山清东陵连续被盗案、重庆黄山抗战遗址群草亭火灾事故、山西平遥古城范围内违法建设等重大案件事故发生地人民政府，引起了地方党委、政府高度重视，整改效果明显。

夯实文物消防安全基础

带队参加国务院对省级人民政府2015年度消防工作完成情况的实地考核，推动地方政府落实文物消防安全责任。开展文物建筑消防安全抽查暗访和隐患排查整治行动，检查文物保护单位18612家，发现各类火灾隐患17085项，至2016年9月，已整改火灾隐患14976项，整改率87.7%。在部分地区部署文物建筑消防物联网远程监控试点。继续优化和改革全国重点文物保护单位安全防护工程审批和项目管理，推进实施文物消防安全百项工程，支持一大批具有较高火灾风险的全国重点文物保护单位完善消防基础设施，提升火灾防控能力。

打击和防范文物犯罪

会同公安部召开全国打击和防范文物犯罪工作研讨会议，指导重点地区开展打击文物犯罪专项行动，联合督办破获清东陵连续被盗案、四川眉山"5·1"特大盗掘倒买文物案等。

推动最高人民法院、最高人民检察院修订颁布《关于办理妨害文物管理等刑事案件适用法律若干问题的解释》，细化完善了文物犯罪定罪量刑标准。开展打击防范文物犯罪形势分析与对策研究，启动中国被盗文物数据库建设前期研究工作。重点支持古遗址、古墓葬、石窟寺、石刻等被盗风险性大的全国重点文物保护单位完善安全技术防范系统建设，提升安全防护能力。

【不可移动文物保护管理】

全国重点文物保护单位

推进第七批全国重点文物保护单位保护范围划定公布。

长城保护

编制完成长城保护规划编制指导文件，组织开展长城保护规划编制专题培训和研讨，督促加快推进省级长城保护规划编制工作。

加快推进长城保护维修工作，组织专业机构开展长城保护工程施工指导意见等规范性文件编制工作。完成长城资源管理信息系统建设，初步实现长城信息化、数字化管理。

加大长城保护宣传教育力度。举办纪念《长城保护条例》颁布实施十周年纪念活动，发布《中国长城保护报告》，组织召开长城保护维修专家研讨会。开展宣传保护长城系列活动，开设"长城公开课"，提升全社会长城保护意识和理念。

大遗址保护和国家考古遗址公园建设

规划先行，统领全局。印发《大遗址保护"十三五"专项规划》，明确"十三五"时期大遗址保护的总体目标和主要指标、重点任务。围绕大遗址分类管理、文物补偿、综合保护利用和融入国家公园体制等进一步加强研究，探索符合我国国情的大遗址保护道路。

建章立制，加强指导。委托编制《国家考古遗址公园建设指南》和《国家考古遗址公园运行管理指南》，旨在进一步加强事中事后监管，指导国家考古遗址公园建设和运营管理。

突出重点，整体推进。落实总书记等中央领导批示，重点指导景德镇御窑厂遗址、良渚遗址、二里头遗址做好考古研究、文物保护展示、遗址博物馆建设等工作，并推进良渚遗址、景德镇御窑厂遗址、圆明园遗址、长沙铜官窑遗址等100余项重点大遗址保护工程项目建设。

革命旧址保护利用

印发关于做好长征文物保护的通知，召开长征文物保护利用工作会议，部署全面做好长征文物资源梳理和重要长征文物维修、开放、展示、宣传教育工作；支持实施中央红军长征出发地旧址、湘江战役旧址、会宁红军会师旧址等重点保护项目；编制《长征文物图录》；引入长征文化线路理念，策划实施“长征——红色记忆工程”。

组织完成抗战时期万人坑专题调研，提出加强万人坑遗址保护的指导意见；“《抗战文物保护利用导则》研究”于年底结项。

指导编制延安革命旧址群保护总体规划，重点支持做好桥儿沟旧址展示提升工程、延安革命遗址数字化展示。指导湖北省完成武汉中共中央机关旧址保护项目，旧址于七一前向社会开放。赣南等原中央苏区革命旧址保护进展顺利。

历史文化名城名镇名村和传统村落保护

推进国保和省保集中成片传统村落整体保护利用。举办国保和省保成片传统村落保护培训班；推进浙江松阳传统村落保护试验区建设，支持中国文物保护基金会在松阳实施“拯救老屋”行动计划。

联合住建部报请国务院公布新增高邮、温州为历史文化名城，全国名城达130个；联合住建部完成对永州、龙泉、蔚县、长春等申报历史文化名城考察。对沈阳、张家口等约70个城市总体规划、风景名胜区规划提出指导意见；联合住建部启动第六批中国历史文化名镇（村）评定。

儒学遗产保护传承工程

组织开展专项资源调查摸底，基本完成《儒学遗产保护传承工程规划纲要（2017～2020年）》的编制工作，明确了项目实施的整体思路和目标。

未定级不可移动文物保护

进一步加强未定级不可移动文物保护。编制完成《未定级不可移动文物保护管理导则》，发布《关于加强尚未核定公布为文物保护单位的不可移动文物保护的通知》。

【文物保护工程管理】

文物保护工程制度规范建设

印发《全国重点文物保护单位保护工程竣工验收暂行办法》。组织编制《全国重点文物保护单位文物保护工程检查管理办法》，形成从事前立项审批到事中检查、事后验收的较为完整的文物保护工程管理制度体系。

开展《古建筑修缮工程施工规程》编制工作；发布《关于进一步规范文物建筑保护工程施工组织设计相关工作的通知》，推广《文物建筑保护工程施工组织设计编制要求》，重点规范文物保护工程施工组织管理；将《古建筑壁画数字化勘察测绘技术规程》转化为

《古建筑壁画数字化勘察测绘技术标准》，进一步完善数字化领域的相关标准规范和制度建设，规范数字化保护工作发展；启动《古建筑保养维护规程》向行业标准转化工作。完善《文物建筑开放导则（试行）》，从技术层面细化和阐释了合理利用的具体要求。《近现代建筑保养维护工程技术规程》完成征求意见，《全国重点文物保护单位保护规划编制要求》修编即将结项。

加大重点项目检查指导力度

加大长城保护维修检查力度，严肃处理辽宁省绥中县锥子山段明长城保护维修工程中存在的过度干预问题，督促辽宁省切实提升文物保护工程质量；对黑龙江省齐齐哈尔市金界壕遗址相关本体保护维修、水冲沟治理等保护工程进行工地检查；组织专家对新疆维吾尔自治区哈密烽燧保护工程（一期）、承德避暑山庄保护工程18项工程进行竣工验收。

对侵华日军第七三一部队旧址、阜新万人坑遗址进行检查指导；委托浙江古建院对首批国保省保集中成片的51个村落进行项目评估，委托中国文物信息咨询中心对其中37个国保村落文物保护工程进行工地检查。委托开展14处大遗址保护工程综合效益评估。

强化对西藏、四省藏区、山西南部早期建筑、应县木塔、川渝石窟等重点工程的实地检查、监督、管理，确保工程质量和文物安全。

指导西藏“十三五”重点文物保护工程实施；推动川渝石窟保护工作；组织召开应县木塔二、三层加固工程推进会，继续推动应县木塔监测、加固等工作的科学、稳步开展。

文物保护行政审批制度改革

制定关于文保工程项目审批优化方案和《关于进一步优化文物保护项目审批加强事中事后监管的通知》。强化年度计划和项目库概念，各地年中集中申报一次项目年度计划，我局集中审批；列入计划的项目，一般委托省级文物局审批方案，由审批机关自行组织专家评审或委托专业机构评审；强化方案报备、“双随机一公开”检查和竣工验收等事中事后监管。

【考古工作】

学术性考古

推动考古学重大研究专项，部署河套地区聚落与社会、长江中上游文明进程、长江下游区域文明模式等重大研究专项的设立及实施，组织开展良渚、石峁等重要遗址的考古发掘和研究。

境外考古

大力推动中国考古科研机构“走出去”开展联合考古。完成《境外考古项目实施状况评估》，与有关部门一起积极稳妥地指导下一步工作开展。

基本建设考古

全年共组织开展基本建设考古发掘项目600余项，及时高效推动北京城市副中心、长江三峡消落区等重大项目实施，保障国家重大基本建设工程以及各地城市建设工程的顺利实施。

水下考古项目指导和管理

组织召开国家文物局水下文化遗产保护工作会议，共批准实施14项水下考古项目，包括“丹东一号”沉船遗址水下考古调查等获得重要发现。加强“南海I号”等水下重点项目的指导和管理。

考古工作成果转化

指导中国考古学会、中国文物报社成功举办“2015年度全国十大考古新发现”评选活动，指导中国考古学会开展田野考古奖评选工作。整理出版《2015中国重要考古发现》，宣传年度重要工作成果。

考古工作组织管理

取消考古发掘领队资格许可，同时加强考古发掘项目负责人管理，开展负责人岗前培训、田野考古高级研修班，加强考古队伍建设。

【世界文化遗产保护管理】

世界文化遗产申报

左江花山岩画文化景观申遗成功。2016年7月15日，在土耳其伊斯坦布尔举行的世界遗产委员会第40届会议上，左江花山岩画文化景观列入《世界遗产名录》，成为中国第49项世界文化遗产。

继续推进“鼓浪屿：历史国际社区”申遗工作。组织、指导相关单位，完成“鼓浪屿：历史国际社区”申遗文本并按时提交世界遗产中心；指导开展相关文物保护、环境整治、阐释展示、监测管理、迎检准备和灾后抢救等工作；顺利完成国际古迹遗址理事会专家来华考察接待工作；应国际古迹遗址理事会要求，以网络视频会议方式，顺利完成申遗答辩，国际组织对鼓浪屿的价值给予了肯定。

启动“海上丝绸之路：中国史迹”申遗工作。指导中国文化遗产研究院、水下文化遗产保护中心，基本完成“海丝”主题研究，编制完成申遗文本初稿；审慎确定“海丝”首批申遗遗产点名单；推动成立“海丝”保护和申遗中国城市联盟，签署了《中国海上丝绸之路保护与申遗城市联盟关于保护海上丝绸之路遗产的联合协定》，形成联合申遗的新机制；全面推进“海丝”遗产点的保护修缮、环境整治等工作；成功举办“海丝”国际学术研讨会；接待国际古迹遗址理事会专家，专题讨论了海上丝绸之路申遗理念、路线等问题。

加大申遗潜力项目培育力度。继续推进《中国世界文化遗产预备名单》项目的培育工作，重点推动良渚古城遗址、西夏陵、江南水乡古镇、景德镇御窑厂遗址、丝绸之路南亚廊道等潜力项目的培育。

世界遗产监测预警体系建设

进一步完善世界文化遗产监测预警国家平台、大运河世界文化遗产监测预警国家总平台建设，完成世界文化遗产基础数据库建设并投入使用。

提升世界文化遗产监测巡查工作的主动性，加强世界文化遗产地的舆情监测和主动巡查，及时发现问题，解决问题。推行世界文化遗产保护状况年报制度，委托中国文化遗产研究院，开展了“中国世界文化遗产地监测预警体系建设评估（二期）项目”，对部分已开展监测工作的非试点单位监测预警体系建设情况进行评估，并结合我国世界文化遗产工作特点和实际需求，编制“中国世界文化遗产监测工作指导意见”和“中国世界文化遗产监测预警体系建设‘十三五’工作计划”。委托国际古迹遗址理事会西安国际保护中心开展丝绸之路遗产监测评估工作，对河南、新疆、陕西段进行了现场考察，指导各地提升遗产地监测工作水平。

【博物馆管理】

博物馆备案及信息公开

完成2016年度博物馆备案及信息公开。截至2016年年底，全国博物馆数量达4873家，其中国有博物馆3576家（国有文物部门所属博物馆2818家，国有其他部门所属行业博物馆758家），非国有博物馆1297家；免费开放的博物馆共计4246家。

博物馆运行评估

开展《博物馆评估办法》修订，公布《博物馆定级评估办法》、《博物馆定级评估标准》等文件，并委托中国博物馆协会开展第三批国家一级博物馆定级评估工作。

博物馆理事会制度建设

推动中央机构编制委员会事业单位登记管理局发布《国有博物馆章程文本》，为各地开展博物馆理事会制度建设提供依据。汇总各地理事会制度建设情况，形成《博物馆理事会制度建设调研报告》。

非国有博物馆建设

出台《关于推动非国有博物馆发展的意见》，修订印发《非国有博物馆设立标准》和《非国有博物馆章程示范文本》。开展“非国有博物馆收入及税费缴纳情况”调研。举办第六期非国有博物馆馆长培训班。

博物馆青少年教育

组织山西、内蒙古、黑龙江、江苏、浙江、山东、湖北、广东、重庆等省（区、市）文物局和博物馆，开展2016“博物馆青少年教育功能提升”和项目库建设工作，推动建立中小学生定期参观博物馆的长效机制。组织中国国家博物馆编写《博物馆青少年教育工作指南》，推出一批博物馆教育优秀示范项目。

精品陈列展览

委托中国文物报社开展“2015年度博物馆陈列展览精品”宣传工作，指导中国博物馆协会开展第十三届（2015年度）十大陈列展览精品推介活动。上海科技馆“上海自然博物馆基本陈列”、东北抗联博物馆“抗战十四年——东北抗日联军历史陈列”等22个展览分获精品奖、优胜奖和国际及港澳台合作奖。

陆续推出“五色炫曜——南昌汉代海昏侯国考古成果展”“殷墟妇好墓发掘四十周年特展”等精品陈列展览。指导河南博物院与台北历史博物馆共同举办“会古通今——两岸唐三彩暨低温釉陶学术研究会及两岸唐三彩交流展”，实现大陆运台文物返乡展览。指导北京鲁迅博物馆举办“纪念鲁迅诞辰135周年暨逝世80周年相关系列活动”。

纪念建党95周年和红军长征胜利80周年，从29个省（市、区）报送的61个展览项目中，遴选出中国人民革命军事博物馆的“中国工农红军长征胜利80周年主题展”等10个予以重点推介。

充分发挥博物馆在国家文化外交战略中的作用，积极推进中华传统文化“走出去”和世界优秀文明“引进来”。全年举办入境展览24个、出境展览37个。

馆藏文物保护修复与物证征藏

针对82家博物馆开展预防性保护工作，积极改善馆藏文物保存环境，减缓文物腐蚀；针对纺织品、漆木器、青铜器等腐蚀损失严重的珍贵文物，组织实施123项保护修复项目，抢救性修复8000余件馆藏文物。开展可移动文物修复资质单位运行评估指标体系研究。完成经济社会发展变迁物证征藏试点经验总结，指导各地推动征藏工作。

文化创意产品开发

组织召开“支持促进文化文物单位文化创意产品开发座谈会”，刘延东副总理出席会议并发表讲话。国务院办公厅转发文化部、国家发展和改革委员会、财政部、国家文物局《关于推动文化文物单位文化创意产品开发的若干意见》。研究制定文创试点工作实施方案，遴选公布92家博物馆文创试点单位。

在湖北武汉召开“全国文博单位文化创意产品开发工作推进会”，同时举办“让文物活起来——全国文博单位文化创意产品联展”，并于7月在意大利米兰举行的2016国际博物馆协会第24届全体大会上进行了集中展示。

博物馆及相关产品与技术博览会

指导中国博物馆协会在四川成都举办以“博物馆的新驱动：科技引领、创意未来”为主题的第七届“博物馆及相关产品与技术博览会”。分为博物馆展览、相关产品与技术、文物保护与修复技术、数字网络多媒体技术、文创产品等16个展区，参展博物馆和相关企业491个。

高规格博物馆专业论坛

3月，与英国文化教育协会合作，在中国妇女儿童博物馆共同主办“中英博物馆治理与发展高层对话”活动。来自中英两国博物馆界的40多名代表，就“博物馆理事会制度建设”和“文化创意产业发展”为主题展开交流和讨论，对两国博物馆界的深入交流和合作起到了积极推动作用。

9月，第七届“博物馆及相关产品与技术博览会”期间举办 “丝绸之路与博物馆国际合作论坛”，发挥博物馆在推动人类文明交流互鉴中的积极作用。同时举办“国际博物馆高层圆桌会议”，研究联合国教科文组织《关于保护和加强博物馆与收藏及其多样性和社会作用的建议书》相关措施在中国博物馆界的推广。

11月，与联合国教科文组织、深圳市政府、教科文组织中国全委会联合在深圳举办“联合国教科文组织博物馆高端论坛”，习近平总书记发来贺信，就博物馆事业作出重要指示。刘延东副总理出席论坛开幕式宣读贺信并作主旨演讲。

博物馆宣传

5月18日，围绕“博物馆与文化景观”为主题，在全国范围内组织开展丰富多彩的国际博物馆日宣传活动，指导各地推出系列活动，通过让博物馆“动起来”吸引更多的参观人群。国家文物局与内蒙古自治区人民政府联合在内蒙古博物院主办了国际博物馆日中国主会场活动，活动上宣布了第十三届（2015年度）全国博物馆十大陈列展览精品推介活动和第一届全国博物馆学优秀学术成果奖获奖名单，以及2016年最具创新力博物馆推介结果和2015年度全国博物馆文化创意产品示范单位名单。

【社会文物管理】

管理制度建设

出台《文物拍卖管理办法》《文物拍卖标的审核办法》，致函国务院审改办建议修订相关法规降低文物经营准入门槛，厘清政府与市场的关系，在加强规范管理、确保文物安全的前提下，激发企业经营活力，增加市场有效供给，提高公共服务的效率和水平。

进出境文物审核管理

在确保审核质量的基础上，进一步优化了批复办理流程，确保了行政审批与许可项目办理“零超时”，推广使用进出境文物电子标签，大幅提升文物进出境管理的信息化、规范化水平。2016年，各文物进出境审核机构共审核出境文物及复仿制品165720件／套，禁止出境文物998件／套。

加强文物进出境审核人才苏州培训基地建设，举办玉石、杂项类文物鉴定培训班，组织开展陶瓷、玉石、书画类文物责任鉴定员考试。推进重庆、海南等地文物进出境审核机构建设。

文物鉴定工作

按照两高新司法解释，遴选、公布41家涉案文物鉴定评估机构，实现涉案文物鉴定评估机构全覆盖。指导各地开展涉案文物鉴定工作。

完成中纪委、最高人民检察院、公安部等单位委托的书画、陶瓷、玉器、青铜器、杂项等涉案文物鉴定评估。协调接收首都机场公安分局移交的16件涉案青铜器、玉器。完成大量民间信访、机构收藏及境内外拟捐赠文物鉴定。

海外流失文物的追索与返还

完成佛光山返还河北幽居寺北齐释迦牟尼佛佛头的回运入藏工作，推动台湾中台禅寺返还山西邓峪唐代石塔塔身造像，持续推进福建大田阳春村被盗流失宋代章公祖师像追索返还。接收美国返还的22件文物和1件化石，开展美国、澳大利亚等国政府有关部门查扣疑似中国文物的鉴定评估，推动相关追索工作。深入开展流失海外中国文物调查项目，初步建立流失海外中国文物数据库。参加联合国教科文组织“2016文化财产的流动”圆桌会议，阐述中方原则立场。赴法国、意大利交流“打击文物非法贩运和走私”合作，取得积极进展。

文物市场监管

加强文物经营活动事中事后监管与服务，开展文物拍卖经营评估和进境税率研究，督导调查上海嘉玺、嘉德香港等企业涉嫌违法违规经营文物活动，协调境外机构撤拍100余件非法流失中国文物，指导中国拍卖行业协会加强行业自律，推动文物拍卖活跃有序发展。

2016年，对277家企业965场文物拍卖会的426593件／套文物拍卖标的进行审核备案（另有193万件钱币文物拍卖标的），撤拍标的882件／套。

【科技与信息】

文物科技创新规划

与科学技术部、文化部联合编制，共同印发了《国家“十三五”文化遗产保护与公共文化服务科技创新规划》。推动文化遗产利用作为重点任务列入《国家“十三五”科技创新规划》和《国家“十三五”社会发展科技规划》“专栏”。组织研究编制《文化遗产保护与传承利用科技创新专项建议》，争取列入“十三五”国家重点研发计划。

全国文物科技工作会议

在北京召开全国文物科技工作会议。文化部部长雒树刚及科学技术部、国家自然科学基金委员会、国家标准化管理委员会等部门领导出席会议并作重要讲话，国家文物局局长刘玉珠作工作报告，部署“十三五”全国文物保护科技工作。

"互联网+中华文明"行动计划

国家文物局、国家发展和改革委员会、科学技术部、工业和信息化部、财政部联合印发《"互联网+中华文明"三年行动计划》。启动"互联网+中华文明"示范项目、示范基地遴选准备工作。组织开展《文物信息资源知识产权管理办法》研究。借助成都"博博会"、广州版权交易博览会的契机进行专题展览展示。举办第一期专题培训班，各省区市文物行政管理机构和博物馆负责同志参加。

科技创新组织体系建设

组织开展第六批国家文物局重点科研基地的遴选和评审工作。47家单位提交申请书，经专家评审并经党组会议审定，批准设立"木结构古建筑安全评估与灾害风险控制""文物本体表面监测与分析研究""城市考古与保护"等7家第六批国家文物局重点科研基地。

支持国家文化遗产保护科技区域创新联盟（浙江省）、陶质彩绘文物保护技术创新联盟、文物保护领域物联网建设技术创新联盟等开展科技攻关和组织建设。以智慧博物馆发展为导向，指导文物保护领域物联网建设技术创新联盟开展学术交流。

科技创新与成果推广

完成国家科技支撑计划《世界文化遗产地风险预控关键技术研究与示范》等 4 个项目共25个课题的技术和财务验收工作。

组织开展第四届文物保护科学和技术创新奖评审工作。收到49个申请项目，经评审，"考古发掘现场出土脆弱遗迹临时固型材料研究"等2个项目获得一等奖，"基于丝肽—氨基酸的脆弱丝织品接枝加固技术研究与示范应用"等8个项目获得二等奖。

行业标准化工作

组织开展文物保护标准复审工作，完成了2010年以前发布的37项标准复审，提出拟修订标准建议清单。组织开展文物保护装备标准化综合示范工作。研究文物保护装备团体标准体系框架，出版21项文物保护装备团体标准并开展宣贯培训。举办"土遗址保护工程勘察规范"和"生物遗存采样及实验室操作系列"2个行业标准培训班；出版《文物保护标准汇编（二）》《文物保护标准汇编（三）》。

文物保护装备产业化及应用

与工业和信息化部联合上报《关于大力推动文物保护装备产业发展保障支撑文物工作有关情况的报告》，刘延东副总理予以专门批示，提出希望"夯实产业基础，做好公共服务，打造国际领先的特色产业，为文物保护事业可持续发展作贡献"。

与工业和信息化部装备司开展文博行业需求的联合调研，指导文物保护装备产业化及应用协同工作平台推进重点项目。启动产品质量检测方法和专用仪器设备标定／校准方法的研究制订，开展创新成果适用性评价。

【对外交流与合作】

文物出入境展览

2016年，国家文物局主办政府间出入境展览4个，包括赴秘鲁"天涯若比邻——华夏瑰宝秘鲁行"展、赴卡塔尔"华夏瑰宝"展、来华"罗马尼亚珍宝"展和来华"阿拉伯之路——沙特出土文物"展。

赴秘鲁"天涯若比邻——华夏瑰宝秘鲁行"展。10月7日至12月8日，由中国文物交流中心和秘鲁国家考古人类学历史博物馆承办的"天涯若比邻——华夏瑰宝秘鲁行"展在秘鲁国家考古人类学历史博物馆举办，展品共计121件／组。作为庆祝中秘建交45周年和“中拉文化交流年”的重要展览项目，该展是中国赴秘鲁的首次大型综合性文物展览。11月，习近平主席对秘鲁进行国事访问并出席APEC会议期间，携夫人彭丽媛与秘鲁总统库斯琴科夫妇共同参观“天涯若比邻——华夏瑰宝秘鲁行”文物展。

赴卡塔尔“华夏瑰宝”展。为配合中国与中东海湾地区的双边、多边文化交流，增进中国与卡塔尔的友好关系，由国家文物局与卡塔尔博物馆管理局主办的“华夏瑰宝”展于9月6日在卡塔尔伊斯兰艺术博物馆开幕。该展是2016中卡文化年的重头戏，也是中卡两国建交28年来中国在卡举办的规模最大、展品价值最高的一次文物展览。展览按照华夏文明的发展脉络，精选了故宫博物院、秦始皇帝陵博物院等多家文博单位的85组116件文物，展现了华夏文明的博大精深和薪火传承。

来华“罗马尼亚珍宝”展。1月28日至5月8日、6月5日至8月5日，由国家文物局与罗马尼亚文化部联合主办、中国文物交流中心与罗马尼亚国家历史博物馆承办的“罗马尼亚珍宝”展在中国国家博物馆、四川博物院展出。此次展览是2013年赴罗马尼亚“华夏瑰宝”展的互换展览，是罗马尼亚文物在中国的首次亮相。展品共计445件／组，其中一半以上为“国宝级”文物，从未出境展出。

来华“阿拉伯之路——沙特出土文物”展。2016年12月20日，由国家文物局、沙特旅游和民族遗产总机构与中国国家博物馆主办，中国文物交流中心承办的“阿拉伯之路——沙特出土文物展”在中国国家博物馆开幕。展览展出的466件／组珍贵文物是沙特多家博物馆的珍藏，是过去40年间沙特考古调查、发掘工作的重要成果，全面反映了沙特境内古代伊斯兰文明和沙特阿拉伯本土考古学文化发生、发展的历史进程。此次展览是沙特古代文物在中国首次亮相。

文物援外工程

援助柬埔寨项目。2016年，在建的援柬二期项目茶胶寺保护修复工程有序推进，按计划将于2018年竣工。茶胶寺工程结束后，计划将吴哥王宫遗址作为援柬三期项目的优先选点。

援助乌兹别克斯坦项目。2016年中国援乌修复项目进展顺利，已完成文物建筑与周边环境的现场勘测勘察、技术难度预测等前期工作和设计方案的编制。6月22日，正在对乌兹别克斯坦进行国事访问并出席上合组织元首峰会的习近平主席在塔什干专门接见了在乌开展文物保护和考古合作的中国文化遗产研究院、中国社会科学院考古研究所和西北大学工作队代表。

援助缅甸项目。2016年8月缅甸地震后，国家文物局迅速调集国内文物保护等相关专业技术力量，组成联合专家工作组，由国家文物局派员带队于9月18日至27日赴缅，对受损的蒲甘地区佛塔开展震后文物受损勘察和评估工作。

援助蒙古项目。援助蒙古国科伦巴尔古塔抢险维修项目于2016年7月顺利完工。在进行抢险修复的同时，中方根据蒙方需求对蒙方技术人员进行相关培训，以提升其文物保护与修复水平。

援助尼泊尔项目。2015年4月尼泊尔强震后，外交部、商务部组织跨部门联合代表团赴尼，与尼政府商谈灾后重建援助中长期规划，国家文物局派员随团出访，完成中国政府援助尼泊尔文物修复建议的报告。商务部将尼泊尔加德满都杜巴广场九层神庙修复项目列为我对尼震后重建重点项目，委托中国文化遗产研究院承担项目的前期可行性研究工作。

重要来访与外访活动

（一）重要来访活动

1月27日，国家文物局局长刘玉珠在京会见罗马尼亚文化部国务秘书亚历山德鲁·奥普瑞恩，就来华“罗马尼亚珍宝”展及进一步加强中罗两国文化遗产领域的交流与合作深入交换意见。

2月3日，意大利驻华使馆文化参赞史芬娜拜会国家文物局，商讨中意缔结友好文化遗产地事宜。

3月3日，国家文物局副局长关强在京会见日本东京国立博物馆副馆长松本伸之，就该馆与我国博物馆的展览交流与合作进行沟通。

3月15日，国家文物局副局长关强在京会见美国波士顿迪美博物馆副馆长，商谈“文物带你看中国”3D触摸屏设备落户事宜。

3月25日，国家文物局副局长刘曙光在京会见意大利文化遗产活动与旅游部博物馆司总司长乌戈·索拉尼，就进一步加强两国博物馆间交流与合作进行会谈。

4月20日，国家文物局副局长关强在京会见匈牙利国家博物馆馆长乔尔包·拉斯洛，介绍两国博物馆联合举办“华夏瑰宝展”等文物展览的合作成果，下一步将继续深化文物展览、人才培养、文物保护等文化遗产领域合作。

5月10～16日，应国家文物局邀请，爱沙尼亚文化部负责文化遗产的秘书长塔维·希茨率代表团访华。5月12日，国家文物局副局长顾玉才在京会见代表团，就加深两国文化遗产保护和博物馆领域的交流与合作进行交流。除北京外，代表团还赴正定、西安，就古城保护与中国同行交流经验。

6月28日，俄罗斯民族博物馆馆长格鲁斯曼·弗拉基米尔访华，就“丝绸之路与俄罗斯民族文物”展巡展及赴俄罗斯举办中国文物展览事宜交换意见。

10月24日，国家文物局副局长刘曙光在京会见了沙特阿拉伯王国旅游和民族遗产总机构副主席阿里·易卜拉欣·贾班，共同商讨在中国举办“阿拉伯之路”沙特文物展相关事宜，并签署《阿拉伯之路——沙特出土文物展补充协议》。

12月8日，英国历史遗产部部长邓肯·威尔逊拜会国家文物局，探讨中英两国文化遗产领域合作的议题。

（二）重要外访活动

1月，按照文化部党组统一安排，文化部党组成员、国家文物局局长刘玉珠率中国政府文物代表团访问沙特阿拉伯和摩洛哥。在沙特期间，习近平主席与沙特国王萨勒曼共同见证刘玉珠局长与沙特旅游与民族遗产总机构副主席哈班签署《中华人民共和国国家文物局与沙特阿拉伯王国旅游和民族遗产总机构关于促进文化遗产领域交流与合作的谅解备忘录》。这是我国与沙特间首个政府层面的文化遗产合作文件，也是中国与海湾阿拉伯国家首个政府层面的文化遗产合作文件，标志着中阿文化遗产合作迈入机制化轨道。在摩洛哥期间，刘玉珠局长与摩洛哥文化大臣斯比希签署《关于在摩洛哥设立中国文化中心的谅解备忘录》。

6月，国家文物局副局长刘曙光率中国文物代表团赴乌兹别克斯坦，配合习近平主席对乌兹别克斯坦进行国事访问落实文物配套活动，陪同雒树刚部长视察中国政府援乌希瓦古城历史古迹保护修复项目。

11月，国家文物局副局长关强率中国文物代表团访问美国和秘鲁，配合习近平主席对秘鲁进行国事访问，为习近平主席夫妇与秘鲁总统库斯琴科夫妇讲解“天涯若比邻——华夏瑰宝秘鲁行”文物展览。代表团在美国期间，关强副局长前往美国大都会博物馆调研“秦汉文明”展筹备情况，并出席美国迪美博物馆“文物带你看中国”3D电子触摸屏捐赠仪式。

12月，经习近平主席、李克强总理批准，刘玉珠局长以中国政府代表身份，出席在阿联酋首都阿布扎比举行的保护濒危文化遗产国际会议。会议一致通过《阿布扎比宣言》。这是国家文物局主要领导首次担任中国政府代表，体现了党和国家对文物工作的高度重视和亲切关怀，也是党和国家最高层面对国家文物局代表我国主导国际文化遗产领域多边合作与治理的权威性的充分认可。在阿布扎比期间，刘玉珠局长还与联合国教科文组织总干事博科娃、法国总统奥朗德等各方政要会见会谈，介绍中国经验，阐述中国立场。

12月，国家文物局局长刘玉珠率中国政府文物代表团赴尼泊尔，陪同中共中央政治局委员、中央书记处书记、中宣部部长刘奇葆视察中国政府援助尼泊尔震后重建重点项目——加德满都杜巴广场九层神庙修复工程，出席第七届尼泊尔“中国节”暨第二届加德满都文化论坛开幕式。在尼泊尔期间，刘玉珠会见尼泊尔考古局局长，就中尼文化、文物交流合作交换意见。

推动稳定高效的政府间合作关系的构建

1月和7月，习近平主席、李克强总理分别见证刘玉珠局长与沙特、希腊政府主管部门签署开展博物馆、世界遗产、水下考古等领域的政府间合作文件；8月，在中国与印度尼西亚高级别人文交流机制框架下，刘延东副总理见证刘曙光副局长与印尼签署政府间合作文件。

积极推进与缅甸、阿根廷、罗马尼亚签署防止盗窃、盗掘和非法进出境文化财产的政府间双边协定。助力“海上丝绸之路”申遗工作，加大与马来西亚、斯里兰卡、印度、摩洛哥、沙特等沿线国家联络力度，加强与法国、意大利、韩国等世界主要文化遗产大国的联系，构建稳定高效的政府间合作关系。

推动国内外机构间合作渠道的建立

中国文化遗产研究院与法国远东学院签署合作协议；支持中国文化遗产研究院举办“中国—东盟文博考古人才培训班”；推动国家文物局水下文化遗产保护中心与法国水下考古中心开展实质合作，与沙特开展塞林港水下考古合作；推动中国文物交流中心实质参与文化部海外中国文化中心建设，国家文物局出资制作的“文物带你看中国”3D触摸屏展示系统实现30个海外文化中心全覆盖；委托中国文物保护基金会实施英国纽卡斯尔圣约翰墓地北洋水师水兵墓碑整修项目和印度地方博物馆所藏毛主席手书柯棣华大夫挽联保护修复项目。

中国文化遗产研究院5名青年骨干赴法国国家文化遗产学院进修；中国文物交流中心与卡地亚基金会合作举办的第二届策展人培训于12月完成；国家文物局水下文化遗产保护中心选送优秀语言人才参加欧盟同声传译项目培训，为国内文物事业发展进行人才储备与项目储备。

【经费预算】

专项资金管理

进一步完善国家重点文物保护专项补助资金项目库的管理制度和工作程序，做好基础数据整理和入库项目分析，规范项目预算审核流程，提高项目预算审核效率。制定《2016年国家文物保护专项资金分配方案》。发布2016年国保专项资金重点项目申报指导意见。

按时向财政部提交了2016年国保专项资金项目安排建议表，完成国家重点文物保护专项补助资金中期规划编制工作。

做好2017年国保专项资金项目储备工作。完成中央部门2017年度专项资金安排方案拟定工作，完成各省、自治区、直辖市及计划单列市2017年专项资金提前下达数建议拟定工作并报送财政部。

经费需求规划

配合国家发改委编制完成《“十三五”重大文化与自然遗产地设施建设规划》及项目库储备工作，并下达2016年全国重大文化与自然遗产地设施建设项目投资计划。做好“十三五”革命文物保护经费需求规划编制工作，明确中央财政文保专项补助资金的支持范围和支出估算，探索对革命文物保护由中央财政承担更多的支出责任，提高中央财政资金使用绩效。

统计工作

与文化部联合举办2015年度全国文物统计年报数据质量控制培训班，加强对文物统计数据的审核、提炼、分析工作。编辑完成《2016中国文物统计提要》《2015年度文物业统计资料》。召开2016年度全国文物统计业务工作会。

【党的建设】

推进巡视整改落实

配合中央巡视组的巡视工作，局党组成立局巡视整改领导小组，机关党委协助开展相关工作，推进巡视反馈意见的整改落实。一是召开巡视整改动员会，自觉把思想和认识统一到中央的决策部署上来，统一到中央巡视组和巡视办提出的各项整改要求上来。二是制定《国家文物局党组关于落实中央第六巡视组反馈意见的整改方案》，提出137项整改措施。三是坚持以上率下，逐级传导压力，确保事事有人管、件件有人抓。局党组全体同志、局机关各司室、各直属单位主要负责同志认真履行第一责任人职责，认真抓好自身和分管领域各项整改工作。四是定期开展局机关整改措施的督查督办工作。

认真学习贯彻六中全会精神

局党组高度重视，加强领导，把学习宣传贯彻六中全会精神作为重要政治任务抓紧抓好抓实。一是及时传达贯彻全会精神。2016年10月28日、11月1日，召开2次局党组中心组学习扩大会，传达学习六中全会精神，并作出具体工作部署。二是组织参加文化部举办的视频会议。2016年11月4日组织局机关全体干部职工参加文化部召开的六中全会精神辅导报告的视频会议，听取了中央宣讲团成员朱国标的辅导报告。三是举办局系统学习贯彻六中全会精神培训班。11月14～18日，局党组举办了两期局系统学习贯彻六中全会精神培训班。四是依托支部广泛深入学习六中全会精神。局党组把六中全会精神纳入“两学一做”学习教育，局系统基层党支部通过组织生活会、座谈会等形式，组织广大党员干部深入学习习近平总书记重要讲话和《准则》《条例》，进一步增强党员的政治意识、大局意识、核心意识、看齐意识，在全系统掀起学习贯彻六中全会精神的热潮。

组织开展“两学一做”学习教育

2016年4月8日，局党组召开局系统“两学一做”动员部署会，局党组书记、局长刘玉珠同志就开展“两学一做”学习教育活动的时代背景、重要意义和目标任务进行了解读，并作了工作部署。局机关各党支部、各直属单位党组织按照局党组的统一部署，结合本单位工作职责、特点，均制定了工作方案，稳步推进各项工作，取得了阶段性成效。

健全基层党组织建设

完成换届改选工作。2016年12月28日，中国共产党国家文物局第六次代表大会召开，文化部部长雒树刚同志出席并讲话，对文物系统党组织落实全面从严治党责任提出新的要求，国家文物局局长刘玉珠代表党组对做好局系统党建工作提出明确要求，大会选举产生了新一届直属机关党委、纪委。

按照《中国共产党基层组织选举工作暂行条例》的要求，局直属机关党委指导局机关5个党支部、5个直属单位党组织完成了换届改选工作。

结合党员队伍发展状况和党建工作需要，调整局直属单位党组织建制，将中国文物信息咨询中心党总支升格为党委，局机关服务中心党支部、中国文物交流中心党支部升格为党总支，使基层党组织建设更加适应全面从严治党的需要。

【文博教育与培训】

培训项目

坚持围绕重点，服务大局，面向需求，向基层倾斜的原则，面向全国文博干部和专业人员，全年举办各级各类培训项目52个，合计培养各类人才3517人次。

全年举办贯彻落实党的十八届六中全会、核心价值观涵养等培训班；围绕全局重点工作，举办长城保护管理、大遗址保护管理、传统村落保护、博物馆教育、展览策划、文化创意等培训项目；服务“一带一路”倡议，举办东盟国家文博考古专业人员培训班；针对行业技能型人才、高层次专业技术人才缺乏，举办文物鉴定、考古绘图、古建筑油饰彩画保护修复技艺、文物保护工程勘察设计等培训班；针对基层文博管理、安全执法能力弱的现状，举办文物执法督察、安全监管等方面的培训班，通过培训加强队伍建设。作为“十三五”期间的重点培训项目，2016年全国重点文物保护单位保护管理机构培训侧重在西藏、新疆生产建设兵团文博干部培训和西北地区，同时对甘肃省文博讲解员进行培训，以文博专业知识为西部地区提供技术支持，帮助基层文博单位提高专业素质能力和水平。同时，探索结合文物保护工程进行人才培养，举办文物保护工程勘察设计培训班、川渝石窟保护勘察培训班等。

推进制度建设

积极加强与人力资源和社会保障部的沟通与协调，完成人社部来国家文物局调研文物保护人才培养和管理工作有关材料的准备、协调、接待等工作。启动人社部、国家文物局《关于加强文博人才工作的指导意见》的编制工作。按照“放管服”工作的要求，加强对职业资格制度的研究，配合人社部，取消文物进出境责任鉴定员、考古发掘领队两项职业资格，保留文物保护工程从业资格作为国家职业资格，目前该项资格已列入国家职业资格目录清单公示。启动《文物修复师职业培养标准》编制工作，为文物保护修复人才培养奠定扎实的制度基础。

培训机构建设

加强对培训基地的扶持与管理，印发实施《国家文物局文博人才培训基地管理办法（试行）》。

9个基地共承办国家文物局培训项目27个，占到全年培训项目的52%。自行举办培训项目4个，培训学员122人。

高层次文博行业人才“提升计划”

深入推进高层次文博行业人才“提升计划”，与西北大学、北京建筑大学合作招收在职人员攻读硕士研究生，进行有针对性的培养。

干部教育培训

选派局机关和直属单位20名处级、司局级及以上领导干部参加中组部调训、中组部和中直机关工委、中央国家机关工委专题研修、处级干部培训班等各类党校学习，组织局机关和直属单位司局级干部参加中国干部网络学院专题学习，组织中央联系专家1人参加高层次专家国情研修班。

专家管理与人才选拔管理

完成年度国务院政府特殊津贴推荐人选的申报和津贴发放工作。组建完成新一届国家文物局文物博物馆、文物编辑出版、古建工程高级职称评审委员会，并完成年度职称评审工作，共有29人申报高级职称，17人通过。

组织开展2016年“千人计划”文化艺术人才项目、2016年国家“万人计划”青年拔尖人才哲学社会科学、文化艺术领域、文化部青年拔尖人才等项目选拔申报工作。完成中宣部文化名家暨“四个一批”人才自主选题项目“湖北黄石工业遗产保护研究”项目立项评审工作。

相关高等教育和职业教育指导

完成新一届全国文物与博物馆专业学位研究生教育指导委员会换届，刘玉珠任主任委员，顾玉才任副主任委员。

举办文博相关职业院校骨干教师培训班，培养文博技能型人才教育的中坚力量。组织文博行业相关专业机构、文博相关高校代表参加海峡两岸文化遗产保护论坛，与台湾代表就文物与博物馆人才培养及相关制度建设进行交流。

支持中国文化遗产研究院（文物保护职业教育教学指导委员会秘书处）承担教育部《行业需求与专业设置指导报告》编制工作，组织开展文博行业相关职业教育的指导意见预研究。

全国文博网络学院

全国文博网络学院正式上线运营，向局机关全体干部提供近300学时的网络课程，内容涉及党性修养、理想信念、文物保护管理等各个方面。

【人事工作】

配合做好中央巡视组巡视整改工作

对巡视和自查发现的在职、退休干部在企业和社会组织兼职问题进行摸底统计和集中清理整改，目前30人已辞去在9个企业和30个社会组织兼任的职务，对15名干部违规兼职取酬进行清查处理，要求限时退还。完成巡视和自查发现的个人事项报告不实问题的梳理、甄别工作，依照有关规定，对6人进行了诫勉谈话，对7人进行了提醒谈话。废止《国家文物局直属事业单位助理选拔聘任暂行办法》，修订《国家文物局干部职务名称》，取消助理职务名称，免去直属单位5人所任助理职务。进一步完善选人用人制度，制定了民主推荐、干部考察、干部交流、档案管理等方面的规定办法，进一步规范了民主推荐程序、干部考察流程和干部任免事项决策过程。

局管干部人事档案专项审核

根据《全国干部人事档案专项审核工作实施方案》工作要求，完成了111卷局管在职干部人事档案的专项审核工作。审核完成后，逐一形成《干部任免审批表（档案审核专用）》《干部人事档案专项审核认定表》《干部基本信息审核确认表》等材料。

干部任免

2016年，在局机关和直属单位开展干部选拔任用工作36人次，其中直属单位22人次，局机关14人次。完成4名新录用公务员面试、体检和考察工作。

干部交流

顺利完成国务院军转办分配给我局的1名军转干部安置接收工作。按照中组部和国务院扶贫办要求，继续选派机关年轻干部赴我局定点扶贫县淮阳县挂职帮扶，1名干部挂职县委常委副县长，1名干部挂职该县北关行政村第一书记。针对中共西藏自治区委员会第八批援藏干部需求计划，选派2名干部赴西藏开展援藏工作。接受成都市文广新局1名干部到国家文物局挂职锻炼。

直属单位人事工作

积极为各直属单位做好人员调配服务。积极主动与人社部沟通协调，争取到2名京外调干指标，4名高校毕业接收计划，一定程度上解决了直属单位的人才引进问题。解决5名直属单位干部的夫妻两地分居问题，消除干部后顾之忧。

老干部工作

坚持党组织生活制度，加强离退休干部思想政治建设。老干部支部每月组织1次活动，开展学习党的十八大、十八届五中、六中全会精神，学习习近平总书记系列讲话，学习党章党规等活动。及时为老同志寄送各种政治学习资料，定期向老同志通报重点工作。

组织召开局系统老干部工作会议，顾玉才同志传达《中办、国办〈关于进一步加强和改进离退休干部工作的意见〉的通知》，并根据文件精神向各直属单位提出进一步贯彻落实老干部工作的要求。

分述篇

北京鲁迅博物馆（北京新文化运动纪念馆）

【概述】

2016年，北京鲁迅博物馆（北京新文化运动纪念馆）党委领导班子认真贯彻落实习近平总书记关于文物保护的重要指示精神，不断健全组织，狠抓思想政治建设，严格规范工作秩序，积极推进中心工作，强化博物馆核心功能建设，各项工作均取得长足进步，服务社会的能力和水平不断提升。

【业务建设】

（一）坚持主业主抓，不断提高服务保障水平

北京鲁迅博物馆（北京新文化运动纪念馆）党委紧紧围绕发挥博物馆功能，不断加强党委自身建设。

一是注重发挥集体领导核心作用。年初修订《中共北京鲁迅博物馆（北京新文化运动纪念馆）党委工作规则》，进一步规范党委工作。坚持民主集中制原则，坚持集体领导，发挥党委集体领导核心作用，多次召开党委会，对本馆建设发展作出部署安排。

二是狠抓建章立制，完善规章制度，坚持用规章制度管事管人。为进一步加强内部控制管理，结合实际情况，制定北京鲁迅博物馆（北京新文化运动纪念馆）政府采购办法、预算管理办法、国有资产管理办法、合同管理办法、收支管理办法、货币资金管理办法、建设项目管理办法、办公用品管理办法等8项内部控制文件，不断推动事业发展。

三是狠抓思想政治建设，认真组织党员干部开展“两学一做”学习教育，为每名党员购买学习资料、为每个支部购买党旗、为团支部购买团旗。认真学习党章党规、学习习近平总书记系列重要讲话精神以及关于文物工作的指示精神，组织党员干部参观“英雄史诗　不朽丰碑——纪念中国工农红军长征胜利80周年主题展览”，观看《湄公河行动》电影，不断提高党员干部政治理论素养，激发干事创业的动力。

四是不断强化服务意识，不断营造奋进向上的氛围。认真做好在编职工和离退休人员的工资调整和职工养老保险数据采集工作。管好钱、理好财，确保职工利益。积极治理博物馆院内环境，及时抓好馆内房屋维修工作，完成公务用车改革，规范车辆管理。完成国有资产清查工作，摸清家底。针对两个馆区点多面广的特点，认真做好安防技防工作，确保博物馆安全。工会、团支部积极开展送温暖服务职工活动，较好地凝聚了职工人心，有力地推动了博物馆建设向前发展。

（二）举办纪念鲁迅诞辰相关活动

北京鲁迅博物馆（北京新文化运动纪念馆）党委领导班子围绕“纪念鲁迅诞辰135周年、逝世80周年暨北京鲁迅博物馆建馆60周年”年度重点工作，成立活动领导小组，确定实施方案，积极筹措资金，确保纪念活动圆满顺利完成。10月19日在北京鲁迅博物馆区成

功举办"纪念鲁迅诞辰135周年、逝世80周年暨北京鲁迅博物馆建馆60周年座谈会"，文化部部长雒树刚、国家文物局局长刘玉珠及全国鲁迅博物馆纪念馆代表、鲁迅亲属代表、专家学者等近百人参加座谈会。

同时举办系列活动：9月19～21日，召开"鲁迅文化遗产与当代中国"国际学术研讨会，来自澳大利亚、日本、尼泊尔等海内外高等院校及科研院所的鲁迅研究专家及中青年学者100余人参会，围绕鲁迅文化遗产与当代中国文化建设、鲁迅与中国文化传统、鲁迅与新文化运动、当代文学中的鲁迅传统和鲁迅的海外影响与传播等主题进行交流研讨；9月19日～10月31日，举办"含英咀华——北京鲁迅博物馆馆藏文物精品展"，通过珍贵的馆藏文物系统介绍馆藏文物研究、展示走过的60年不平凡历程，把鲁迅思想和鲁迅精神形象展示给广大观众；9月18～19日，邀请日本NPO剧团仙台小剧场来华进行中日友好交流活动，在北京演出话剧《远火——鲁迅在仙台》；10月20日，组织召开全国6家鲁迅博物馆、纪念馆馆际交流会，深入研究探讨各鲁迅馆在研究、宣传鲁迅思想和鲁迅精神方面的积极成果，交流经验，取长补短。

（三）学术研究交流稳步提升

坚持以《鲁迅研究月刊》为平台，展示鲁迅研究新成果，完成全年12期编辑，共180万字。鲁迅手稿全集整理与出版研究取得阶段性成果，发表学术论文两篇。编辑出版《鲁迅藏书志古籍之部》。

新文化运动研究工作在推出展览同时，加强展览内容的学术研究和馆藏文物研究，出版《旧邦新命——新文化运动百年纪念图录》《烽火雄鹰——梁又铭抗日空战画说》。

（四）陈列展览展示再创佳绩

坚持"走出去"和"请进来"相结合的方式，加大馆际交流力度，积极传播鲁迅思想精神及中华优秀传统文化，取得良好的社会效益。

一是精心策划原创品牌展。精心打造"含英咀华——北京鲁迅博物馆建馆60周年馆藏精品展"。申报的国家艺术基金资助项目"书写的艺术——鲁迅手稿展"获得立项。

二是积极开展巡展工作。将历年策划的6个展览先后送到全国各地进行巡展，包括"旧邦新命——新文化运动百年纪念展""鲁迅的读书生活展""朝花夕拾——鲁迅的美术世界展""引玉——鲁迅藏外国版画精萃展""鲁迅的艺术收藏展"等。同时，配合展览开展主题讲座，取得良好社会效益。

三是积极引进展览拓宽交流渠道。两个馆区共引进16个展览，主要有"鲁迅与新青年""人民的音乐家——冼星海生平事迹巡回展""品味经典、感受大师——中国新文学作家与作品展"等，累计参观人数20余万。

（五）开展丰富多彩的社会教育活动

充分发挥馆藏文物资源优势，积极开展社会教育活动。全年共接待观众16.6万人次，比2015年大幅提升。

一是配合展览积极开展教育活动。配合"灯影的艺术——大连现代博物馆藏辽南皮影艺术展"，推出四期"皮影展亲子非遗专场"，使观众体验皮影制作和表演的过程，深度接触皮影艺术。"鲁迅的读书生活展"赴南京展出期间，精心组织"匠心笔韵拓丹青——木刻插画识鲁迅活动""儿童出版社——鲁迅与书籍装帧设计""和鲁迅一起读书——三味书屋读书活动"。

二是坚持抓好品牌教育活动。坚持做好每年四月"鲁迅纪念月"系列品牌活动，与金融街街道合作推出“翰墨书香怀鲁迅”活动；与中小学合作开展“丁香花海颂鲁迅”“丹青妙手绘鲁迅”“朝花夕拾品鲁迅”等系列活动。“五四”期间举办“青春壮歌——纪念五四运动97周年”文艺演出。“5·18”国际博物馆日推出“香远益清”——2016“鲁迅纪念月”艺术活动，与八家名人纪念馆在郭沫若纪念馆举行一场“行走式”的文化景观体验活动。国庆期间推出“拓印惊奇——在鲁博一起玩设计”主题活动。

三是坚持开展常规教育活动。坚持开展“三味书肆——鲁迅和线装书课程”和“三味书屋互动学习室”教育活动；结合北大红楼题材开发“五四与北大红楼”系列课程；推出“鲁迅与书籍装帧”系列课程，并与黄城根小学合作开展活动；设计开发“行走的五四”“红楼钟声燕园柳”“轻罗小扇扑流萤——民国女性与团扇”等系列课程，完成活动教材编写和试讲。

（六）文物资料保管与征集有新进展

征集著名版画家刘岘木刻原板、木刻作品等141件，汉画像拓本60品，汉画像石、汉砖实物6件，信札、签名本等28件；征集第五批胡风文物，内含抗战版画，外文、美术书籍，以及胡风生前用家具等。

积极开展馆藏文物整理研究和出版。现已出版《馆藏近现代名人手札大系》鲁迅卷5册、《鲁迅藏拓本全集·砖文卷》2册、《鲁迅藏浮世绘》1册和《鲁迅藏笺》1册。

（七）信息化建设稳步进行

推进OA系统一期建设。对本馆网站版进行面维护和更新，及时发布馆内外动态。做好馆内部局域网络及电子等设备维护工作，满足日常办公需求。

【文创产品开发推介工作】

北京鲁迅博物馆（北京新文化运动纪念馆）党委认真贯彻落实国务院《关于推动文化文物单位文化创意产品开发的若干意见》和国家文物局“文博单位文化创意产品开发工作推进会”精神，加强对文化创意产品开发推介工作的领导，成立馆文创产品开发小组，从2015年开始对文创产品进行系统开发，以北京鲁博文化中心为实体，负责文创产品的研发、制作、销售、宣传等工作。2016年，文创工作处于上升发展期，无论是产品开发、宣传推广、销售业绩、经营模式等方面都取得了突破性进展，成绩斐然。

（一）新开发的产品种类丰富

2016年集中推出了鲁迅漫画像系列、鲁迅手摹纹样系列、新文化运动三大系列产品，文创产品种类达到164种（不含书籍期刊等）。

一是“鲁迅漫画像”系列文创产品。以1936年1月13日日本画家堀尾纯一在上海内山书店为鲁迅所作漫画肖像为底本进行创意设计，最大限度保留漫画像中的鲁迅神态，设计出四个色彩鲜明、亲和可爱的鲁迅卡通形象并配上鲁迅箴言，寓意读书、演讲、行路、战斗。

二是“鲁迅手摹纹样”系列文创产品。以鲁迅手摹西洋花卉纹样为底本进行创意涂色与再设计，应用于包、公交卡套、化妆镜、钥匙链等产品上，具有艺术性与实用性。

三是“新文化”系列文创产品。提取新文化时期的代表性元素，经过后现代主义设计手法，设计出冰箱贴、钥匙链、丝巾、茶壶等系列产品，色彩鲜明，工艺考究。

（二）获批试点先行单位，在北大红楼设文创商店“东方馆”

北京鲁迅博物馆（北京新文化运动纪念馆）因在文化创意产品开发推介工作中成绩突出，被国家文物局确定为全国首批92家文创产品开发试点单位之一，并加入中国博物馆协会文创产品专业委员会，当选副主任委员。在北京新文化运动纪念馆区（北大红楼）设立“东方馆：文创·书吧”，于2016年1月1日正式投入使用。

（三）参加展会获奖项，开创经营新模式

北京鲁迅博物馆（北京新文化运动纪念馆）积极参加相关展会，在第七届“博物馆及相关产品与技术博览会”上展示精心打造的三大系列文创产品，深受广大观众的喜爱。在“2016第二届广州国际文物博物馆版权交易博览会”上，北京鲁迅博物馆（北京新文化运动纪念馆）展位设计形式新颖独特，很好地将鲁迅的精神内涵及北大红楼建筑元素结合了起来，获得了“最佳展示奖”。

2016年的文创产品由北京鲁博文化中心公司自主经营，独立核算，自负盈亏。经过一年的运作，证明该模式更适用于博物馆的文创产品开发与经营，销售业绩显著增长，2016年产品销售业绩是2014年销售额的70多倍。

【机构及人员】

北京鲁迅博物馆（北京新文化运动纪念馆）现设9个部门，包括办公室、资产财务处、安全保卫处、鲁迅研究室、新文化运动研究室、文物资料保管部、社会教育部、信息中心、文化发展服务中心；挂靠单位1个，为中国博物馆协会秘书处。

2016年在职职工71人，其中正高职称9人、副高职称12人、中级职称24人。

【对外交流与合作】

（一）文物海外交流展

6月25日～8月25日，由北京鲁迅博物馆与裴多菲文学博物馆联合举办“诗的力量——鲁迅、裴多菲文学生涯展”在裴多菲文学博物馆展出。中国驻匈牙利大使馆参赞郭晓光先生，裴多菲文学博物馆馆长奇拉女士，副馆长加布莉拉女士，北京鲁迅博物馆常务副馆长黄乔生、鲁迅研究室主任姜异新，来自罗兰大学等高等院校的专家学者，当地文化机构的人士及华人华侨等出席开幕式。开幕式作为匈牙利“博物馆之夜”的活动之一，吸引了众多观众前来参观。鲁迅与裴多菲分别代表了各自国家文学的高峰，成为后人景仰的民族魂。裴多菲一生创作800余首诗歌，为匈牙利的民族独立歌咏呐喊，抛洒热血，以26岁的年轻生命战死疆场。鲁迅自幼受中华传统文化熏陶，饱读诗书，赴日留学后又融合吸纳西方现代诗歌精华，“取今复古，别立新宗”，创造出风格独特的精美诗篇。百年前，正是因为鲁迅等人的大力推崇和热情介绍，裴多菲成为中国人民广为熟悉和喜爱的诗人。在《摩罗诗力说》中，鲁迅高度赞扬裴多菲的诗作。他不但亲自翻译了裴多菲的早期诗歌，为其作传，写有专论，还指导白莽、孙用等人翻译裴多菲的其他作品，使裴多菲在中国广泛传播。

（二）国际学术会议

9月19～21日，北京鲁迅博物馆（北京新文化运动纪念馆）主办“鲁迅文化遗产与当代中国”国际学术研讨会，来自澳大利亚、日本、尼泊尔等海内外高等院校及科研院所的鲁迅研究专家及中青年学者100余人参会并提交论文。会议围绕五个议题展开：鲁迅文化遗产与当代中国文化建设、鲁迅与中国文化传统、鲁迅与新文化运动、当代文学中的鲁迅传统和鲁迅的海外影响与传播。

9月18～19日，邀请日本NPO剧团仙台小剧场来华进行中日友好交流活动，并在北京西城文化中心演出两幕十场话剧《远火——鲁迅在仙台》。演出共三场，来自北京大学、中国人民大学、中国传媒大学、北京师范大学、北京外国语大学、空军指挥学院和北京35中、159中学等院校师生、学生家长一起观看演出，参加“鲁迅遗产与当代中国”国际学术研讨会的代表，国家文物局系统团员青年以及在京鲁研专家、鲁迅爱好者也慕名观看了演出。《远火——鲁迅在仙台》这部话剧是以东北大学“鲁迅研究课题组”鲁迅研究新成果为基础，将“仙台时代的鲁迅”和“鲁迅时代的仙台”进行舞台化的尝试，把真实人物和文学形象相融合，打造了一个情节完整、感人至深的故事。

11月5日～12月5日，鲁迅研究室主任姜异新参与国家文物局支持、中国文物交流中心与法国卡地亚当代艺术基金会携手主办的2016年度策展人学术交流活动，前往法国与瑞士三十余家具有代表性的博物馆、美术馆及其他文化机构，围绕展览策划、展陈设计、博物馆新技术运用、博物馆运营政策等主题展开学术交流活动。

中国文物信息咨询中心

【概述】

2016年，中国文物信息咨询中心以党的十八届三中、四中、五中、六中全会精神为指引，深入学习贯彻习近平总书记系列重要讲话精神和国务院《关于进一步加强文物工作指导意见》精神，围绕国家文物局2016年工作部署，积极做好机关信息化服务保障工作、完成各项交办任务，与此同时，为文博行业和社会机构提供信息咨询服务，不断推进中心事业持续、健康向前发展。

【内部建设】

（一）党建工作迈上新台阶

1．落实中央和国家文物局部署，抓好党建工作

认真落实中央巡视工作要求，全力配合国家文物局做好中央巡视工作。成立中国文物信息咨询中心自查整改工作领导小组和整改工作办公室，召开专门会议，制定并上报了《巡视整改工作报告》《中共中国文物信息咨询中心总支部委员会关于落实巡视反馈意见的整改方案》等文件。严肃政治纪律，坚决执行中央八项规定，全面落实从严治党，深入开展党风廉政建设，营造风清气正的政治环境。

2．成立中共中国文物信息咨询中心委员会

以巡视为契机，为加强党建工作，根据国家文物局直属机关党委批复同意，于2016年10月18日召开中共中国文物信息咨询中心委员会成立大会，选举产生了第一届中共中国文物信息咨询中心委员会和第一届中共中国文物信息咨询中心纪律检查委员会。

3．扎实开展“两学一做”学习教育和党的十八届六中全会精神学习

认真落实国家文物局系统开展“两学一做”学习教育精神，制定《关于开展“学党章党规、学系列讲话，做合格党员”学习教育实施方案》和工作计划，“两学一做”学习教育贯穿全年的党建工作，有效推动了中心各项工作的开展。

党的十八届六中全会召开后，中国文物信息咨询中心党委及时召开全体党员学习大会进行了传达学习。组织副处级（含）以上领导干部参加了国家文物局系统学习贯彻党的十八届六中全会精神培训班。

4．规范党费缴纳、清缴党费

按照国家文物局党组部署，落实中央第六巡视组要求，补充完善了《中心党费缴纳规定》等规范性文件，按时完成了党费清缴工作。

（二）加强财务资产管理

根据国家文物局对中国文物信息咨询中心2016年预算批复，认真制定工作方案，对重点项目和工作的经费使用情况实行统一监督、管理，预算执行达到100%。全面推进固定资

产清查，摸清了中心资产整体情况。

（三）强化人才队伍建设

定期组织文博业务学习和党建业务学习，安排专家为全体职工授课，提高党员干部思想素质。全年参加文博专业和党务人事、财务等培训近82人次，有两人考取文物保护专业博士研究生，1人考取文物保护专业硕士研究生。引进具有高级职称专业人才1名，中级1名。全年通过副高职称评定2名，正高职称1名。

（四）完善制度建设

加强制度建设，制定了一批规章制度。从人事管理、财务管理、行政会议管理、合同管理、政府采购等多个方面出台了新的规章制度，全面从严管理。完善党政议事制度，中心“三重一大”需经党政联席会议集体决策。

（五）加强文化建设

发挥工会、共青团组织职能，关心职工健康，为全体职工安排健康检查。关注职工的文化生活需求，举办健步走，“两学一做”学习教育书画摄影展览、迎“七一”参观“中国人民抗日战争纪念馆”主题党日活动，参观农业展览馆信息化、恭王府专题展览等。

【北京国文信文物保护有限公司工作情况】

作为第三方机构，北京国文信文物保护有限公司承担了国家文物局委托的文物保护项目方案评估，全年共完成各类文物保护方案评估2361项。与此同时，按照国家文物局要求，圆满完成了传统村落保护、苏区文物保护、冬奥相关项目、海上丝绸之路申遗、“互联网＋”等重点文物保护项目评估。

【完成国家文物局委托工作】

（一）做好国家文物局信息化保障工作

保障国家文物局政府门户网站、网报网审平台、考古发掘审批、文物进出境等系统稳定、高效运行。完成国家文物局OA升级改造和国家文物局档案管理系统硬件环境部署工作。

（二）完成国家文物局数据中心基础设施更新改造

完成国家文物局数据中心基础设施更新改造涉及的网络改造、安全加固、虚拟化平台建设、机房节能、等保测评和项目验收等工作，确保互联网和办公环境稳定运行。保障国家文物数据安全，完成普查平台数据新疆、黑龙江异地备份工作，共计备份数据200T。

（三）开展文物基础数据研究

继续开展文物基础数据的搜集与整理，为国家文物局和其他部门提供文物数据支持。

（四）克服困难，完成数据快速入库任务

为保证第一次全国可移动文物普查数据按时审核入库，积极破解技术难题，组建26人专职小组，实行24小时轮班不间断数据校验、转换及入库；圆满完成了普查办委托的任务，为国家文物数据资源库和数字藏品档案系统基本形成做出了应有的贡献。

（五）开展文博舆情监测与文物鉴定类广播电视节目监听监看

每日向国家文物局汇总报送全国各地文物安全事件的新闻报道，对重大新闻事件，如跑男节目在杭州博物馆录制节目、辽宁绥中长城“被抹平”等新闻事件进行跟踪、分析、研判，编写舆情分析报告，提出应对建议。定期编写月度工作报告，为国家文物局机关相关司室提供参考。

（六）完成文物拍卖标的备案，开展文物鉴定培训

完成国家文物局委托的“文物拍卖标的备案”工作，对22个省级文物行政部门申报的277家文物拍卖企业，共计965场次、4万多件（套）拍卖标的进行备案。定期上报备案结果；配合记录和查处违法违规拍品及拍卖活动。举办2016年度全国博物馆专业人员陶瓷鉴定培训班；组织责任鉴定员考试。

（七）综合利用新媒体技术，做好重大活动宣传

保障国家文物局官方微博运营与维护，配合国家文物局重点工作、重大活动，开展了宣传活动。“中国文博”已成为国家文物局政务公开、消息发布、形象推广、联系群众的重要平台。在文化遗产日，《长城保护条例》颁布十周年等重要活动中，充分利用新媒体手段，配合国家局做好宣传工作。

（八）落实文物援藏政策，支援西藏文物信息化建设

落实中央和国家对口支援西藏精神，与西藏自治区文物局签订《文物援藏框架协议》，确定在信息化发展规划、人才培养，OA系统建设等六大方面对西藏进行援助帮扶。

【开展基础研究工作】

撰写出版《文物影响评估》一书，对包括国家考古遗址公园建设和各类建设项目的文物影响评估工作进行思考与总结，提出关于文物影响评估的一些理念和认识，为行业规范发展提供指导。

【向社会提供专业咨询】

完成《阿拉善盟长城保护总体规划》《叶赫部城址保护规划》《新疆生产建设兵团13师柳树泉坎儿井文物保护勘察设计方案》《元中都城墙保护加固设计方案》《郑济高铁河南段跨大运河文物影响评估报告》等十几项社会咨询服务。

【2017年工作思路】

2017年，中国文物信息咨询中心将深入学习贯彻党的十九大精神，围绕国家文物局2017年工作要点和《国家文物局“十三五”信息化建设规划》要求，认真谋划，正确定位，稳中求进，持续发展，积极做好以下工作。

（一）落实中央和国家文物局党组指示精神，抓好党建工作

继续抓好“两学一做”学习教育，学习贯彻十八届六中全会和十九大精神，贯彻执行《关于新形势下党内生活的若干准则》《中国共产党党内监督条例》，加强从严治党、制度管党。

（二）积极落实国家文物局委托的各项任务

围绕国家文物局2017年工作要点开展工作。保障国家文物局信息网络系统及服务平台正常运行，服务国家文物局电子政务。

（三）着重做好信息化工作

突出主业，重点做好文物信息化建设，服务于国家文物局加强监督和强化服务的政务需要。除做好各系统、数据中心机房和数据库正常运行，保障信息安全等工作外，着重做好如下工作：

一是继续配合做好第一次全国可移动文物普查成果利用工作。协助国家文物局做好数

据管理和研究利用，促进数据资源共享惠民，服务社会。

二是做好“国家文物登录中心”建设的前期研究工作，加强信息化安全防范工作。

三是配合国家文物局全面开展“互联网+中华文明”三年行动计划示范基地及示范项目的遴选工作。

（四）做好革命文物保护利用

配合国家文物局做好革命文物的数据资源整理工作，研究长征沿线革命文物的保存状况，深入挖掘革命文物蕴含的价值。

文物出版社

【概述】

2016年，文物出版社在国家文物局的领导下，深入学习贯彻党的十八大和十八届三中、四中、五中、六中全会精神，以及习近平总书记系列重要讲话和关于文物工作重要指示批示精神，坚持正确的出版导向，坚持把社会效益放在首位、社会效益与经济效益统一，完善制度建设，强调专业学术出版，调整图书出版结构，进一步推进数字化转型工作，保证在文物出版与文化宣传领域的专业性和先进性。

【内部管理及制度建设】

认真学习贯彻习近平总书记系列重要讲话精神。扎实推进“两学一做”学习教育，认真落实中央专项巡视整改任务。加强党风廉政建设，落实主体责任。完善党的建设与业务工作同部署、同落实、同检查、同考核的工作机制，加强干部队伍建设，切实改进工作作风。加强组织建设，抓好重点任务落实。

为加强、规范对古籍整理专项资助项目的管理，出台了《文物出版社古籍整理出版专项资助项目经费管理办法》《文物出版社古籍整理出版专项经费资助项目编校质量管理办法》《文物出版社古籍整理出版专项经费资助项目管理办法》《文物出版社古籍整理出版专项经费资助项目进度管理办法》4项规定。

进一步健全规章制度，优化业务流程，充分发挥ERP管理系统的功能，提升管理精细化水平。加强对出版费用支出的监督。

完成珂罗版印刷的重建、恢复工作。

完成印刷厂老厂区整体利用规划制定。

【出版概况及业务建设】

2016年，文物出版社共出版图书341种，其中新书253种、重印书88种；出版《文物》月刊12期，《书法丛刊》6期。出版了《两城镇——1998～2001年发掘报告》《2009～2013年合浦汉晋墓发掘报告》《清凉寺史前墓地》《北齐徐显秀墓》《新中国文物保护史记忆》《苏东海思想自传》《西藏丹萨替寺历史研究》《长安高阳原新出土隋唐墓志》《清华大学藏战国竹简书法选编》等一系列考古发掘报告和学术专著、传世和出土的重要文献资料、绘画碑帖、珍本图书的复制品以及近现代文物史迹等内容的图书。同时，对既往出版的双效益突出的学术普及类图书系统梳理，出版系列丛书；加强对传统品牌图书增订或续编的整体规划，有步骤分阶段实施，使原有品牌图书出新，更具生命力。

加大主题出版力度。为纪念长征胜利80周年、孙中山诞辰150周年，编辑出版《红色英雄路——中国工农红军长征遗迹概览》《孙中山研究综目（1990～2015）》《孙中山祖籍与家世问题研究》《陈耀垣先生传》等系列图书。

在国家文物局指导下，《中国文物志》编撰工作有序推进。

在保证专业出版的前提下，调整图书结构，加大普及类图书和文化创意产品的策划出版力度：签订了340种《东方画谱》高清大图、30种书法教材出版合同；策划出版了《乐山堂诗笺》《梅花喜神笺》《新镌彩绘诗经名物笺谱》等手工雕版套色刷印的高档笺纸和面向大众的宣纸“花笺”系列；策划出版《清华大学藏战国竹简书法选编》丛刊，其中8种已经与读者见面。

为适应新的传播环境，创新文物表达方式，讲好中国故事，充分展现底蕴深厚的中国历史，文物出版社自2015年成立数字技术制作中心，2016年完成各类数字化内容制作超过300个，其中移动端视音频小片261部、动画片3部、在线教育课程录制26集、虚拟现实与三维交互内容节目1套、全媒体普法节目9期、移动端虚拟现实内容制作（VR）1部、交互式触摸展示系统内容设计制作1套、数字化文物的数据采集与制作31件、全媒体图书出版4部、3D立体影像内容制作节目1部。

数字出版中心“文化遗产多媒体资源库——存量资源软硬件建设”项目进展顺利，数字资源加工系统，已形成生产能力。资源管理平台、资源发布系统“中国文物出版传媒网”、协同编撰平台均已完成测试，即将上线运行。

【年度精品】

文物出版社坚持专业立社，把专业做到极致，以专业塑造品牌，打造精品图书，以品牌拉动市场，以品牌扩大图书的社会影响力。

《清凉寺史前墓地》（全三册）：该书是山西省考古研究所等对芮城清凉寺墓地考古发掘成果的正式报告。报告依期别和遗迹编号顺序，介绍了全部遗迹及其包含物情况，分析了其年代早晚、文化归属和墓地布局，公布了环境考古、人骨特征与病理分析、食性分析等多学科研究的成果，总结讨论了墓地反映的文化过程。此外，报告指出清凉寺墓地是目前发现的规模最大、殉人最多的史前墓地，存在的毁墓现象也非常值得研究。

《北齐徐显秀墓壁画保护修复研究》：全书通过对徐显秀墓文物价值的认知、墓葬环境研究、壁画制作材料与工艺研究、壁画病害机理研究、修复材料与加固工艺筛选、墓室结构失稳研究等系列研究和现场试验，形成了徐显秀墓的保护研究方法和保护技术。该书集中体现了文物保护工程中科学研究贯穿于工程实践全过程的重要特点，为实现重要墓葬壁画原址保护进行了有益探索，同时拓展了同类遗址保护研究的方法与技术，有利于提升我国墓室壁画保护技术的科学化和规范化。

《新中国文物保护史记忆》：由谢辰生口述，李晓东、彭蕾整理的《新中国文物保护史记忆》是新中国第一部文物保护口述史。谢辰生先生以亲身经历，记述了新中国成立以来党中央、国务院对文物工作的亲切关心和正确领导，叙述了新中国成立后到20世纪90年代中期文物事业的发展历程。

《加拿大皇家安大略博物馆藏中国古代玉器》：本书收入加拿大皇家安大略博物馆藏中国古代玉器1000余件，其中选粹部分291件、概览部分969件，全面反映了该馆中国玉器的收藏情况。本书对其收藏进行了科学的断代整理，并从器物名称到历史价值做了学术判断，同时阐释了这些玉器的文化内涵和相关的收藏流传史。

【重大出版项目】

2016年是“十三五”第一年，文物出版社有5项正式入选“十三五”国家重点出版物出版规划，分别是《银雀山汉墓竹简集成》《房山石经题记汇编》《四库全书底本丛书》《中国青铜器全集续编》《台北故宫博物院典藏大系绘画卷》。

此外，文物出版社入选的“十二五”国家重点出版物出版规划成果中，《中国皮影戏全集》和《带你走进博物馆》系列丛书被国家新闻出版广电总局作为代表成果征集展示。

【获奖情况】

2016年，文物出版社出版图书在国家新闻出版广电总局、中国出版协会、古籍出版工作委员会、中国文物报社以及各地方举办的评奖活动中获得了共计20项荣誉。

2016年文物出版社图书获奖情况

序号	书名	奖项
1	《中国皮影戏全集》	中华优秀出版物奖 · 图书奖
2	《陈簠斋彝器全形拓精选（一）》	优秀古籍图书奖 · 一等奖
3	《中国古代石灰类材料研究》	全国文化遗产十佳图书评选 · 十佳图书
4	《中国动物考古学》	全国文化遗产十佳图书评选 · 十佳图书
5	《权利与信仰：良渚遗址群考古特展》	全国文化遗产十佳图书评选 · 十佳图书
6	《柬埔寨吴哥古迹茶胶寺考古报告》	全国文化遗产十佳图书评选 · 十佳图书
7	《北平研究院北平庙宇调查资料汇编（内一区卷）》	全国文化遗产十佳图书评选 · 优秀图书
8	《北燕冯素弗墓》	全国文化遗产十佳图书评选 · 优秀图书
9	《秦始皇帝陵出土二号青铜马车》	全国文化遗产十佳图书评选 · 优秀图书
10	《文物在诉说：中国抗战遗迹概览》	全国文化遗产十佳图书评选 · 优秀图书

续表

序号	书名	奖项
11	《襄汾陶寺：1978～1985年考古发掘报告》	全国文化遗产十佳图书评选 · 优秀图书
12	《袁氏藏明清后人尺牍》	第二十五届优秀美术图书“金牛杯” · 银奖
13	《觯斋瓷乘》	第二十五届优秀美术图书“金牛杯” · 铜奖
14	《晋祠文化遗产全书》	第二十五届优秀美术图书“金牛杯” · 铜奖
15	《经龙装苏士澍书篆书〈心经〉》	第二十五届优秀美术图书“金牛杯” · 优秀装帧设计奖
16	《鲁东南沿海地区系统考古调查报告》	第七届高等学校科学研究优秀成果奖（人文社会科学） · 考古学类一等奖
17	《临淄齐故城》	首届中国考古学大会（2016 · 郑州）金鼎奖
18	《新泰出土田齐陶文》	山东省第三十次社会科学优秀成果奖暨2016年度（第十届）山东省社会科学二等奖
19	《新泰周家庄东周墓地》	山东省第三十次社会科学优秀成果奖暨2016年度（第十届）山东省社会科学三等奖
20	《鲁荒王墓》	山东省第三十次社会科学优秀成果奖暨2016年度（第十届）山东省社会科学三等奖

2016年，文物出版社编辑出版的《文物》杂志进入“国图集团公司2016年度中国期刊海外发行百强排行榜”，获得“2016中国最具国际影响力学术期刊”等荣誉。

为更好地“让文物活起来”，同时适应出版新环境新趋势，文物出版社于2014年启动数字化转型工作，着力推广文物出版数字产品，完成了全媒体普法产品、多媒体文博名家精品教程、博物馆珍贵文物数字化保护等数字产品的制作。2016年出品的动画作品《文物进出境审核管理办法》获得由司法部、国家互联网信息办公室、全国普法办公室联合举办的“尊法学法守法用法”主题征集展播暨第十二届全国法制动漫微电影作品征集展播活动动画类三等奖。

【业务往来】

2016年，文物出版社组织参加新闻出版广电总局举办的编辑人员业务培训班、全国出版物信息管理系统培训班、编辑学会年会等。举办《苏东海思想自传》《新中国文物保护史记忆》《吉金萃影——贾氏珍藏青铜器老照片》《魏晋南北朝壁画墓研究（增订版）》《两城镇——1998～2001年发掘报告》《苏州博物馆藏晚清名人日记稿本丛刊》等新书首发座谈会。2016年9月，与开封市文物考古研究所联合承办了“北宋东京城遗址保护与资料整理研究研讨会”。

【对外版权贸易与交流合作】

文物出版社一直注重加强与境外出版机构的合作交流，借助合作出版、版权交易及相关活动促进图书品牌及图书形象建设、增强中华文化在国际主流市场的传播力，增强文化交流、促进互惠发展。

在经济全球化、文化多元化的背景下，在国家中华文化“走出去”战略总体布局下，凭借文物出版社图书在海外的良好口碑，对图书出版“走出去”进行多种形式的探索，策划适合海外市场的图书。2016年，完成版权引进项目《文化遗产保护要案》《士林典藏：稀见木作小文房》，输出日本日文版项目《孙氏家族一脉：孙中山爱女孙婉人生探析》及韩国朝鲜文版《20世纪中国文物考古发现与研究丛书》系列之《秦汉考古》《宋元明考古》。与科学出版社东京分社签订的日文版权输出项目《文物定级标准图例》（全六卷）于2016年继续推出《兵器卷》及《青铜器卷》。

“经典中国国际出版工程”资助的项目《博物趣吧丛书·中国最有意思的80件雕塑》于2016年正式出版并结项。

积极参加国际书展，进一步加强海外营销网络的建设，逐步建立自己的销售渠道。2016年，文物出版社组织参加美国书展、日本东京国际书展、德国法兰克福书展、台湾祖国大陆书展。与新加坡国立大学出版社等境外出版社对共同关注的计划以外文推出的图书产品以及今后合作的方向进行交流。

通过多样的交流合作，一方面，推进文物图书国际化“走出去”战略；另一方面，通过与各国出版行业知名机构、公司的交流学习，将先进理念和成熟经验“引进来”，增强出版实力。

中国文化遗产研究院

【概述】

2016年是“十三五”规划开局之年，也是中国文化遗产研究院发展历程中不平凡的一年。这一年，我院在国家文物局的正确领导和大力支持下，坚持把贯彻党的路线方针政策、落实国家文物局工作部署作为头等大事，增强“四个意识”特别是核心意识和看齐意识，坚持把学习贯彻党的十八届五中、六中会议精神作为措施保障，统筹安排，有力推进，全院各项工作稳中有进，取得突出成绩。

【社会科学】

（一）长城保护管理

2016年，在习近平总书记、李克强总理、刘延东副总理等党和国家领导人对长城保护工作作出批示的背景下，长城保护工作被列为国家文物局和中国文化遗产研究院重点工作。根据国家文物局的工作安排，中国文化遗产研究院重点开展了“长城保护工程十年评估”“长城监测预警体系建设预研究”“早期长城数据整合与长城信息系统功能提升改造”“长城执法专项督察”等任务量大、要求高、时间紧的工作，并配合国家文物局组织、筹备了“长城保护规划编制专题研讨会”“长城保护管理培训班（第一期）”“《长城保护条例》实施十周年纪念活动”等具有一定影响力的会议及宣传活动，圆满完成了2015～2016年长城保护工程管理的各项工作任务。

（二）出土文献与中国古代文明研究协同创新（2011创新工程）

银雀山汉简整理与研究工作进入攻坚阶段。原来已整理的缀合竹简（共2400余枚）出土号与整理号的基本校对完毕，《孙膑兵法》《佚书从残》部分残简整理和缀合取得突破，《唐勒篇》等在分篇和内容编联方面取得重要成果。国家社科基金重大课题“五一广场东汉简牍整理研究”完成近2000枚简牍的图版预处理及释文。《长沙五一广场东汉简牍选释》获“2015年度华东地区古籍优秀图书奖”。另外，完成了《肩水金关汉简》第5卷的释文审定和图版编排，以及《出土文献研究》第15辑的编辑。

5～6月，中国文化遗产研究院与山东博物馆在济南山东行政学院共同举办了“2016年度出土文献保护、整理、研究培训班”。该培训班首次纳入国家文物局文博人才培训示范基地培训计划，来自全国各地博物馆、考古所和部分高校28名从事出土文献保护、整理和研究的相关专业人员参加了培训。

（三）《文物保护法》配套法规建设研究与交流

4月，中国文化遗产研究院承接了国家文物局委托的“文物保护法配套法规建设研究”

项目。在“文物保护法配套法规建设预研究”的成果基础上，本项目选取了文物认定制度、文物利用制度、考古管理制度、流失文物调查追索制度以及法律责任制度几个部分做进一步研究，梳理现行法律法规中的不足与空白，反思实践中的不适用，分析国外法律实践，最后提出制定配套法规的可行性、必要性。11月，项目顺利通过中期成果论证。

除课题研究之外，项目组还开展了文物法相关国际交流活动。

（四）《文物工作研究——聚焦2015》编写

《文物工作研究——聚焦2015》是中国文化遗产研究院关于文物工作系列研究的第二部成果。本期在对2015年文物工作进行全面系统梳理的基础上，重点围绕本年度的热点、焦点和社会关注度高的问题展开研究，既有对事业发展的宏观展望，也有对专题问题的深入探讨；既有理论分析，也有个案剖析；既有定性分析，也有定量分析，其中不乏真知灼见和诤言良策，无论对政府决策、学者研究，还是对公众认知，都有所启发、有所裨益。

（五）国家社科基金重大项目——吴哥古迹考古与古代中柬文化交流研究

2016年，中国文化遗产研究院和中山大学社会学与人类学学院共同承担了2016年度国家社科基金重大项目《吴哥古迹考古与古代中柬文化交流研究》。该课题以国家实施“一带一路”规划为契机，以中国文化遗产研究院自1996年以来承担中国政府援助柬埔寨吴哥古迹保护修复工程为基础，开展跨学科综合研究。课题将对吴哥古迹进行全面系统的考古调查和研究，深入把握吴哥古迹和吴哥文明的丰富内涵；对周萨神庙、茶胶寺、王宫、崩密列和柏威夏寺等5处建筑遗址开展典型案例研究，加强吴哥古迹保护维修中的考古学特别是建筑考古学研究；对《真腊风土记》等涉及中柬文化交流的历史文献进行考古学调查和注解补释研究，以陶瓷器及其他出土品为主开展古代中柬文化交流和海上丝绸之路研究。课题将为“一带一路”国家战略实施提供考古学文化交流的基础，在推动中国考古“走出去”发展战略、培养国际考古研究专业人才、促进和提升中柬两国的文化交流与合作、加强文物考古的国际合作等方面发挥积极作用。

【世界遗产】

（一）中国世界文化遗产监测预警总平台与基础数据库建设

2016年，中国世界文化遗产监测预警总平台及基础数据库系统在架构、功能、展示、数据等各方面进行了提升，完善了监测数据相关规范，全面提升了监测云系统。

7月7日，中国世界文化遗产监测2016年年会在中国文化遗产研究院召开，基于总平台采集的年度报告数据和统计结果发布《2015年中国世界文化遗产地年度报告》。11月24日至25日，举办“海上丝绸之路·中国史迹”监测云及基础数据库系统培训会，来自海丝申遗全部相关市级文物行政部门和遗产点保护管理机构的共80余名学员参加了培训。

（二）中国世界文化遗产地监测预警体系建设评估二期

在“评估一期”工作基础上，“评估二期”对评估指标、评估标准进行了细化、提炼和整合，把原来的109个四级指标减少至93个，同时根据主客观属性把四级指标分成小组评分和专家评分两种，在确保评估指标能够真实反映监测工作建设进展情况和实施效果的同时，大大提高了专家现场评估的效率。11至12月，项目组先后对明清故宫（北京故宫）、北京皇家园林：颐和园、莫高窟、登封“天地之中”历史建筑群、平遥古城、龙门石窟、福建土楼、武夷山等8处遗产地的监测预警工作进行了评估。

根据评估结果，项目组总结了现阶段我国试点单位监测预警体系建设的成效、问题，提出了相应的对策建议，并依此完成了《中国世界文化遗产地监测工作指导意见》《中国世界文化遗产监测预警体系建设“十三五”工作计划》初稿编制。

（三）海上丝绸之路申遗工作

2016年，根据国家文物局部署，中国文化遗产研究院承担了“海上丝绸之路·中国史迹”申遗工作，与国家文物局水下文化遗产保护中心组建联合项目组，开展了海上丝绸之路主题研究、申遗文本编制、规划编制等文件撰写，并开展了一系列宣传交流活动，为海上丝绸之路进一步的研究、保护与申遗奠定了坚实基础。

（四）左江花山岩画文化景观申遗成功

2016年7月15日，在土耳其伊斯坦布尔举行的联合国教科文组织第40届世界遗产委员会会议上，由中国文化遗产研究院任申遗文本和管理规划编制单位的中国世界文化遗产提名项目“左江花山岩画文化景观”被批准列入《世界遗产名录》，成为我国第35处世界文化遗产和第49处世界遗产。

（五）江南水乡古镇申报世界文化遗产

2016年5月10日，江南水乡古镇联合申遗办公室在苏州市组织召开关于委托编制江南水乡古镇申报世界文化遗产文本及保护管理规划框架协议的工作会议。会议就江南水乡古镇申遗下一阶段工作与各镇主要负责人进行沟通，正式启动申遗文本和保护管理规划的编制工作。

（六）钓鱼城遗址申报世界文化遗产

钓鱼城遗址于1996年11月20日被国务院公布为第四批全国重点文物保护单位，2012年10月被列入《中国世界文化遗产预备名单》，2013年被国家文物局列入第二批国家考古遗址公园名单。按照国家文物局《世界文化遗产申报规定（试行）》等相关法规，中国文化遗产研究院钓鱼城申遗项目组已按时提交了申遗文本和管理规划，现正配合地方文物保护管理机构，就钓鱼城遗址的相关研究、考古调查、测绘工作开展进一步咨询和服务工作。

【重点工程】

（一）应县木塔保护

2016年，应县木塔保护各项工作继续稳步推进，取得新的阶段性成果。

应县木塔严重倾斜部位及严重残损构件加固工程稳步推进。国家文物局正式批复同意了《严重倾斜部位及严重残损构件加固工程深化及优化设计方案》。6月16日，应县木塔加固工程领导组召开了应县木塔加固保护工程推进会，对国家文物局的批复意见逐项进行了研究，并对修改后的方案进行了审核，原则同意实施。8月开始进行严重倾斜部位加固构件制作与安装试验工作，10月27日基本完成试验性加固件的安装。

应县木塔日常监测和施工监测工作继续顺利开展。项目组编制完成了《应县木塔变形监测2015年度报告》。同时，项目组完成了2016年度日常变形监测数据的采集与处理，开展了加固工程中的施工监测，主要进行了历史监测数据的梳理，对部分监测点及监测方法进行了优化完善，完成了木塔加固前初始值及关键时间节点的数据采集。

10月28日，国家文物局组织专家对应县木塔工地进行了检查，实地查看了二层加固试件及监测点分布情况，并召开了加固工程推进会。

此外，《应县木塔保护研究》一书于8月正式出版。

（二）山东定陶汉墓工程

2016年，山东定陶王墓地（王陵）M2汉墓保护设施地下部分第一阶段工程进入施工阶段。该阶段工作以满足考古工作需要为重点，主要包括止水帷幕及考古准备，为考古工作提供平台，查明墓室结构。

黄肠题凑保护子项目开展了临时性保护、相关研究和学术交流活动。项目组七次赴定陶汉墓现场，进行汉墓黄肠题凑的动态监测。12月16日，“山东定陶王墓地（王陵）M2黄肠题凑汉墓环境监测系统开发（I期）”项目顺利通过专家验收。

考古与夯土保护项目组开展了M2汉墓土遗址夯土与积砂加固材料及加固技术深入研究，以及墓圹壁面揭取实验研究。此外，项目组还开展了外围遗存空气环境控制指标研究以及M2汉墓土遗址变形监测。

（三）清东陵维修工程

清东陵维修项目包括孝陵、孝东陵、惠陵、景陵、慈禧陵、定陵、景陵妃园寝、定陵妃园寝8个陵寝的建筑及油饰彩画设计，裕陵地宫维修设计，以及裕陵施工现场服务。本次维修大部分属于整修，勘察内容包括建筑梁架、屋顶、台明、装修、油饰彩画、桥梁的石结构部分，地面砖和条石的残损、破坏情况，以及针对病害采取相应的维修设计。

2016年，项目组主要完善清东陵中的定陵陵寝的维修工程的勘察与设计工作。此外还先后完成了孝陵、孝东陵、惠陵、景陵、慈禧陵、定陵、景陵妃园寝、定陵妃园寝建筑及油饰彩画设计，并在辽宁有色勘察研究院的协助下完成了裕陵地宫维修工程方案修改设计。

（四）高句丽墓葬壁画原址保护工程

高句丽墓葬壁画原址保护工程项目组联合国内多家研究机构，进行多学科联合攻关，取得了重要研究成果，在墓葬壁画保护理念和技术方面均有所创新和突破。“高句丽墓葬壁画微生物病害防治研究”获得“十二五”文物保护科学和技术创新二等奖。以前期研究成果为主要内容的《文物保护科技专辑III——高句丽墓葬壁画原址保护工程前期研究与调查》一书业已出版，受到国内外同行的广泛赞誉。

在进行墓葬建筑防渗水工程设计和施工、壁画本体保护修复方案设计与实施的同时，高句丽墓葬壁画的预防性保护势必提到议事日程。为此，项目组积极考察文物保护环境控制与监测系统，编制了“高句丽五盔坟5号墓壁画预防性保护方案设计”立项报告。针对危害高句丽墓葬壁画的最主要病害——壁画表面微生物，对五盔坟4号墓、5号墓进行微生物病害监测，两次赴现场进行调查，并针对墓室内微生物病害与B01-6材料的相关性，结合文物保护优秀青年研究计划课题“文物保护有机高分子材料生物老化性研究”，进行现场样品采集及实验室测试分析，探究高句丽五盔坟5号墓病害微生物对B01-6的分解利用形式和机制。

（五）川渝地区石窟保护专项

川渝石窟保护展示专项工程，是中国文化遗产研究院倡导并主导的国家“十三五”重大文物工程，国家文物局高度重视，川、渝文物部门鼎力支持。经与地方文物局、遗产地多次讨论和专家论证，最终选定了重庆弹子石摩崖造像、大足石刻宝顶山（卧佛、小佛湾）、广元千佛崖莲花洞、四川牛角寨大佛作为川渝地区石窟保护重大工程重庆片区和四川片区的保护示范点。

联合四川省文化厅（文物局）、重庆文物局在成都召开川渝地区石窟保护展示专项工作协商会议，进一步明确川渝地区石窟保护展示重大专项的目的意义，突出整体布局、顶层设计，并邀请专家学者商讨编制《川渝石窟保护与利用重大工程总体计划书（草案）》，力争将川渝石窟示范项目打造成为集学术研究、科技创新、工程设计、展示宣传、人才培养与队伍建设、创新联盟机制一体化的系统工程。7～12月，项目组联合四川省文物局、重庆市文物局、大足石刻研究院、四川省文物考古研究院、弹子石文物保护管理所、广元千佛崖石刻艺术博物馆及合作单位，邀请国内石质文物保护、地质、环境、测绘、微生物、材料学等领域的资深专家在北京、重庆、成都等就工作计划召开了多次专题讨论会，最终确定了计划书内容，并正式向地方文物主管部门报送审批。

（六）“南海Ⅰ号”保护发掘现场文物保护

2016年，“南海Ⅰ号”保护发掘项目原计划开展春、秋两个发掘季的发掘工作。为了配合申遗，出水文物保护部编制《“南海Ⅰ号”保护现状及保护方案建议》，依据“南海Ⅰ号”船体保存情况，向国家文物局汇报了4种现场保护技术方案，比较几种保护方案的优劣，供决策。并为进一步配合申遗工作开展，搜集整理文物保护方面的宣传展示资料，进行了科学部署。

同时，完成了对2016～2017年度现场保护工作方案及预算的修订；完成了2014～2015年度工作报告专家评审验收；依据两年多的保护资料，结合水晶宫环境现状，汇编出“南海Ⅰ号”保护现状及工作建议，上报给指挥部；完成2016～2017年度“南海Ⅰ号”保护发掘现场文物保护项目投标与合同签订；完成2015～2016年度工作报告编写。参与现场环境改造与展陈改造工作，就文物保护方面提出相关建议。开展现场保护设施的升级改造，根据现场保护需要和未来保护工作的走向，结合近年来保护工作实践总结，制定更加科学优化的方案，并联系厂家咨询比较，为下一步保护工作的顺利开展打好基础。

（七）承德避暑山庄及周围寺庙石质文物科技保护项目

承德避暑山庄及周围寺庙石质文物科技保护项目，是集前期研究、方案设计、施工于一体的综合性项目。2016年，在前期研究和实践的基础上，项目顺利开展，施工技术更加完善、管理更加规范，凝灰岩劣化机理研究更加深入，项目的研究成果与实践效果得到该领域专家的高度认可。

2～5月，配合安远庙、溥仁寺石质文物保护工程的竣工审计核查；7月，顺利通过国家文物局组织的世界遗产地施工质量与效果检查，与意大利国家研究委员会光电子与纳米技术研究所就施工效果进行交流；8月，配合国家文物局组织的国家财政专项资金工程项目检查；10月，与美国盖蒂文物保护研究所专家考察普乐寺石质文物保护项目，就凝灰岩保护问题进行了深入讨论与交流；10月底，组织专家进行了普陀宗乘之庙等工程的中期验收。

（八）石灰岩质石窟寺岩体渗水裂隙灌浆加固材料研究

2016年，课题组以石灰岩质石窟寺岩体渗水裂隙的现场灌浆材料的筛选试验为主要研究内容。选取南响堂山石窟和飞来峰造像的渗水裂隙为灌浆对象，分别采用改性蚸灰等中国传统建筑材料为灌浆材料，对大渗水裂隙（>3mm）进行了现场灌浆试验，对小渗水裂隙（<3mm）进行了室内灌浆试验。

课题在通过现场试验、室内试验和资料调查及分析的基础上，对石灰岩质石窟寺岩体渗水裂隙的形成机理有了深入认识，对渗水裂隙的加固方法和工艺进行了进一步探索。

（九）贵州塘都传统村落保护与发展研究

近年来，课题组对村落保护相关模式及既往塘都村的调查成果进行了梳理分析，开展了6次驻村调研，进行了村落选址与自然景观、村落格局和整体风貌、传统建筑、历史环境要素及非物质文化遗产等方面的特征分析，并进行了同地理区域、同文化区域以及同民族区域村落的横向比较分析，认为塘都村是自身遗产价值在常规评估法则下并不突出的村落，基于深入调查成果，对塘都传统村落的保护方法和发展策略等相关方面进行了研究。2016年，课题组通过数据梳理总结，形成了《贵州塘都传统村落保护与发展研究报告》《贵州塘都传统村落保护发展规划》《贵州塘都传统村落档案》等主要文本成果，发表论文6篇，顺利通过了结项评审。课题成果可为传统村落的调查方式与保护发展模式提供有益参考。

【国际交流与合作】

（一）柬埔寨项目

2016年，中国政府援柬茶胶寺修复项目的建筑本体保护与修复施工、须弥台石刻保护与修复、国际合作与交流等各项工作进展顺利并完成吴哥古迹倾斜摄影测绘等工作。

3月，项目组成员参加了联合国教科文组织柏威夏寺保护协调委员会第二届全体大会。6月，联合国教科文组织吴哥保护协调委员会技术大会在暹粒召开，中国文化遗产研究院代表汇报了援柬茶胶寺修复项目进展情况。9月，参加联合国教科文组织柏威夏寺保护协调委员会技术大会，递交了《柏威夏寺保护工程前期计划》，并就柏威夏寺保护修复相关事宜进行了讨论与交流。

（二）尼泊尔项目

2016年，中国文化遗产研究院拟定修改了中国援助尼泊尔加德满都杜巴广场九层神庙修复项目对外实施协议，并在尼泊尔开展了多项国际合作与对外交流活动，同时完成了尼泊尔震后援助工程前期调研报告的编制等工作。

12月19～20日，由中国文化遗产研究院承办的第二届“加德满都文化论坛”在尼泊尔加德满都顺利召开。中国文化遗产研究院积极参与了论坛前期筹备及现场工作，拟定了论坛的主题及论坛成果文件《加德满都宣言》，向文化部推荐中方及外方专家并进行联络协调。会议期间，与论坛参会代表进行沟通和交流，并发放了中国文化遗产研究院宣传册，获得了好评。

（三）蒙古国科伦巴尔古塔保护工程

援助蒙古国科伦巴尔古塔保护工程从2014年开始前期勘察、编制设计方案，2015年6月开始实施，2016年进入工程施工的最后一年。该项目由中国文化遗产研究院和蒙古文化遗产中心合作实施。蒙方负责现场的施工组织管理，我院派遣专业人员进行施工技术指导。2016年主要工作是制订施工计划、实施维修施工、项目竣工验收等。

（四）乌兹别克斯坦项目

2016年，中国援助乌兹别克斯坦花剌子模州历史文化遗迹修复项目各项工作进展顺利，完成了现场勘察测绘、设计方案编制以及援乌项目相关的国际合作和外事交流等工作。

6月22日，国家主席习近平在塔什干接见了在乌兹别克斯坦开展文物保护和考古工作的中国文化遗产研究院、中国社会科学院考古研究所和西北大学三个团队代表。

（五）与法国合作

4月，中国文化遗产研究院举行中法两国文化遗产保护和考古机构交流对接活动。

6月30日，在国务院副总理刘延东与法国外交和国际发展部部长让-马克·艾罗共同见证下，刘曙光院长与法国远东学院院长顾亭儒在法国外交部共同签署了《中国文化遗产研究院与法国远东学院科研合作协议》。

9月30日，法国远东学院北京中心主任杜杰庸（Guillaume Dutousnier）、吕敏（Marianne Bujard）教授赴中国文化遗产研究院就合作开展北京寺庙研究进行交流，并签署合作备忘录。

11月，中国文化遗产研究院派出代表赴法国，进行了为期40天的中法文化遗产领域交流研讨，获得了诸多与其各自专业工作相关的行业信息和专业体验，并就文化遗产保护各方面的议题与法方同行深入交换了意见，加深了了解。

（六）与意大利合作

1月，意大利文化遗产技术应用研究所的 Elena Gigliarelli 女士和 Luciano Cessari 先生赴我院进行学术交流并商讨项目合作事宜。

10月14日，意大利国家研究委员会成员尼古拉·马奇奥尼先生、本尼蒂托·皮佐先生、伊莉莎·佩科拉罗女士、米盖拉·诺切蒂女士赴中国文化遗产研究院，就中意合作课题《中意饱水考古木质文物分析检测及脱水加固方法比较研究》进行学术交流。

10月13～21日，由意大利国家研究委员会文化遗产保护和促进研究所 Heleni Porfyriou 女士、Laura Genovese 女士，地中海文化研究所 Mario Parise 先生和水文遗产保护研究所 Roberta Varriale 女士等四位专家组成的代表团，在文物研究所于冰副所长的陪同下，对洛阳、杭州和淮安三地大运河相关遗产的保护管理和展示利用情况进行了调研。

11月，意大利国家研究委员会光电子与纳米材料研究所的 Austin Nevin 博士和 Andrea Farina 博士来中国文化遗产研究院，就中意合作课题《光电子技术用于中国古代颜料及有机质文物的无损检测》进行学术交流。

另外，与意方签订两份出版协议。一份为与意大利国家研究委员会文化遗产保护修复研究院签订共同出版论文集的协议，收录双方2014年在罗马举办的“考古与城市：保存、推广、阐释”学术研讨会及2015年在大足举办的中国石质文物保护国际学术研讨会的会议论文18篇，以及中意合作5项课题的成果。另一份为与意大利博洛尼亚大学管理学院签订的合作协议，拟在我院《大遗址保护行动跟踪研究》的基础上，再出版一部关于中国大遗址管理的英文著作。

【培训工作】

（一）新材料在文物保护修复中的研究与利用研修班

6月13～18日，由人力资源和社会保障部主办，国家文物局委托中国文化遗产研究院承办的“专业技术人才知识更新工程高级研修项目——2016年新材料在文物保护修复中的研究与利用研修班”在我院举办。该研修项目立足于文博行业文物保护实际，针对文物保护修复材料问题进行专业研讨，推动高层次专业技术人才培养，是文物系统首次承办的国家级高级人才培训项目。研修过程中不仅探讨了文博行业材料应用的科学方法与使用规律，同时对文博行业特有的传统材料的再认识、科学化进行了探讨。

（二）文博相关职业院校骨干教师研修班

根据国家文物局2016年培训工作计划及教育部印发的“高等职业教育创新发展行动计划（2015～2018）”，为加强文博行业对职业院校的指导，建立行业与院校教师间的交流机制，促进文博相关职业院校教育教学水平的提高，7月12日至21日，由国家文物局主办、中国文化遗产研究院承办、浙江艺术职业学院协办的“文博相关职业院校骨干教师研修班”在杭州举办。来自全国17个省市自治区28所相关院校的40名高职骨干教师参加了研修，并获得了国家文物局颁发的业务培训证书。

（三）ICCROM世界遗产监测管理培训班

受国家文物局委托，6月20日～7月3日，中国文化遗产研究院承办了“ICCROM世界遗产监测管理培训班”。本次培训班是国家文物局和ICCROM签署《关于在中国合作开展文化遗产保护国际培训的框架协议》之后首次针对我国不可移动文物风险监测的培训。ICCROM及国内外8名世界遗产保护管理领域的知名专家为学员们进行了授课。同时，以分组形式在颐和园进行了实习，并对天坛和故宫进行了考察。另外，学员在中国园林博物馆进行了考察，并举办了培训班闭幕式。

（四）全国考古发掘项目负责人初任培训班

受国家文物局委托，5月25日～6月2日，中国文化遗产研究院承办、浙江省文物考古研究所、安吉县文化广电新闻出版局协办的“全国考古发掘项目负责人初任培训班”在浙江安吉举办。课程分为理论教学和现场实习两部分。共有81名考古项目负责人参加培训并获得业务培训证书。

该项目已经连续10年举办，共培养专业人员625名。

（五）现代分析技术在文物保护中的应用培训班

受国家文物局委托，为推动现代仪器分析方法在文物保护中的应用，提高技术人员尤其是中青年从业人员的理论和技术水平，将现代仪器分析方法与文物保护实践切实结合，逐步提高行业科技水平，中国文化遗产研究院于5月29日至7月2日在北京举办了2016年度“现代分析技术在文物保护修复中的应用培训班”。来自不同省市的12位学员完成了理论课程、操作实践、样品分析、数据解析、论文撰写及汇报等内容。

该项培训从2012年起至今已连续举办五期，共培养专业人员67名，改善了一部分机构的检测分析设备无人操作的困境，需求人数仍然在增长。

（六）海洋出水陶瓷文物脱盐技术培训班

5月15日～6月15日，受国家文物局委托，中国文化遗产研究院承办、广东海上丝绸之路博物馆协办了“海洋出水陶瓷文物脱盐技术培训班”。本次培训针对饱含在海洋出水文物中的盐分脱除处理技术展开，采取理论和实践相结合的模式，共招收了16名学员。

通过理论结合实践的教学方法，学员们基本掌握了海洋出水陶瓷文物保护中的清洗脱盐技术，也促进了我国出水文物保护技术的传播、研究和发展。

（七）出土文献保护、整理、研究培训班

5月14日～6月8日，中国文化遗产研究院与山东博物馆共同举办了“出土文献保护、整理、研究培训班”。该培训班分为出土文献保护整理研修班和出土文献研究高级研讨班两个阶段。来自全国各地博物馆、考古所和部分高校的28名从事出土文献保护、整理和研究的专业人员参加了培训。

（八）长城保护管理培训班（第一期）

6月28日～7月2日，为贯彻落实国家领导人对长城保护管理工作的重要指示，推动各地按照统一的要求和标准进行长城的保护管理，加强长城保护管理人员的培训，由国家文物局主办，宁夏回族自治区文化厅（文物局）承办，中国文化遗产研究院协办的“长城保护管理培训班（第一期）”在我院举办。来自长城沿线15个省（自治区、直辖市）的地市级文物行政部门长城管理机构负责人代表70多人参加了培训。此次培训为长城保护管理工作指明了方向，提供了遵循，为确保“十三五”期间长城保护管理工作取得新的成效奠定了基础。

（九）东盟国家文博考古专业人员培训班

9月5～16日，由国家文物局主办、中国文化遗产研究院承办、广东省文物考古研究院协办的“东盟国家文博考古专业人员培训班”在广州举办。该培训班共计招收来自7个东盟国家的17位学员。本次培训系配合国家“一带一路”战略，在文化遗产领域针对东盟国家文博考古专业人员开设的援外培训班，旨在向学员介绍我国近年来文物工作所取得的成就，并同时展示这些工作中与东盟国家相关机构交流合作的项目。此次培训不仅达到了行业交流、技术沟通等效果，更在外交层面产生了积极的影响。

（十）川渝石窟及石刻勘查技术培训班

根据国家文物局2016年培训工作计划，为促进砂岩石窟与石刻保护勘查技术的传播与推广，为“十三五”期间川渝地区石窟及石刻保护专项提供技术支持和人员储备，积极推进我国砂岩材质石窟及石刻文物保护工作的开展，由国家文物局主办，中国文化遗产研究院和重庆市文物局承办，大足石刻研究院协办的“川渝石窟及石刻勘查技术培训班”于10月11日～11月18日在大足石刻研究院举办。

中国文物报社

【概述】

2016年，中国文物报社在国家文物局的正确领导下，贯彻落实党的十八大、十八届历次中央全会精神，深入学习领会习近平总书记系列重要讲话精神，紧紧围绕“四个全面”战略布局，扎实开展“两学一做”学习教育，着力加强领导班子自身建设，切实发挥党总支的政治核心作用，以传统媒体与新媒体融合发展为抓手，不断提升报网刊采编能力和传播能力；以落实中央巡视组巡视国家文物局有关整改要求为契机，着力完善制度、优化管理，努力向具有行业号召力、市场竞争力的现代传媒企业转型发展，圆满完成“十三五”开局之年的各项任务。

【党的建设】

扎实开展“两学一做”学习教育。按照中央关于全面从严治党的总体部署及国家文物局党组、直属机关党委关于加强基层党建工作的部署要求，认真落实从严治党责任制。2016年年初，围绕“两学一做”学习教育，社党总支制订了党建工作年度计划及重点任务分解落实细则和“两学一做”学习教育实施方案。一年来，社党总支、两个党支部和全体党员同志掀起了学习高潮，不断增强“四个意识”，紧扣中央八项规定精神、巡视整改和党的基层组织《工作条例》落实，切实加强党的思想、组织、作风、反腐倡廉和制度建设，为唱响文物工作主旋律，提高文物宣传水平提供了坚强的政治和思想保证。

加强组织建设。按照《党章》规定和党组织换届选举办法完成社党总支换届改选工作，加强党总支和各党支部的组织建设；严格执行党组织议事规则，定期召开党总支会议，坚持民主集中制原则，凡“三重一大”等重大事项都必须经过党政联席会议研究决定；严格落实“三会一课”制度和“民主评议党员”制度，高质量开好社领导班子民主生活会和党总支、党支部组织生活会；坚持党员发展工作“十六字”方针，严格党员发展程序，提高新发展党员质量。

加强反腐倡廉和制度建设，落实“两个责任”建设廉洁型党组织。积极配合中央对国家文物局的巡视工作，对照中央八项规定精神，抓好中央巡视组指出问题的整改落实；全面检查党员交纳党费情况，针对不足额、不按时交纳党费的问题严肃整改，把全面从严治党要求落实到每个党支部、每名党员；建立健全规章制度，全年新制定10余项规章制度，努力做到以制度管人管事；坚决执行党组织议事规则，扎实开展党务公开工作，凡应公开的内容都努力做到阳光操作、公开透明，充分发挥群众的监督作用；落实中央八项规定精神，践行“三严三实”要求，严防“四风”反弹，始终把党纪挺在前面，把党员领导干部廉洁自律落到实处，不断加强规章制度落实的监督力度，强化纪律作风建设，对违反党纪和制度的行为依法依规严肃查处。

推进单位文化建设，加强对团支部、工会、妇委会工作的领导，开展丰富多彩的教育活动，丰富职工业余文化生活。

【转企改制】

在国家文物局的大力支持和指导下，经与财政部文资办（文化司）、工商部门沟通协调，在经过重新审定实有资本金后，完成国有文化企业域名注册和企业名称预先核准登记工作。

【制度建设】

健全制度体系建设。出台《中国文物报社员工休假管理规定》《中国文物报社公务接待管理办法》《中国文物报社公务用车管理规定》等10个制度文件；同时加强对外服务项目监管，规范邮件、快件、车辆以及物品采购使用和报废的管理。

【中国文物报】

2016年，《中国文物报》围绕国家文物局重点工作，紧跟热点，围绕重点，聚焦难点，主动策划推出一系列有特色、有影响的专题系列报道和专刊特刊，圆满完成了采编工作。

针对宣传贯彻习近平总书记文物保护系列重要论述、指示批示和全国文物工作会议精神，着重抓好面向全国文物系统的深入采访报道，扎实做好“学习贯彻习近平总书记关于文物保护重要指示精神”“贯彻《关于进一步加强文物工作的指导意见》精神”“全国文物工作会议精神”专题宣传报道，形成学习贯彻热潮，推动各项工作落实。

以第一次全国可移动文物普查、世界文化遗产申报、纪念建党95周年等专题宣传为重点，对全国“两会”和国际博物馆日、中国文化遗产日、全国文物工作会议、全国文物科技工作会议等重要活动进行深度报道，通过网站、报纸、期刊、“红楼橱窗”等媒体抓好选题切入，互补推出专栏、专刊、特刊、特展等深入跟踪，实现报网刊统一联动、彼此呼应。

根据国家文物局工作重点，抓住红军长征胜利80周年、长城保护条例颁布10周年等重要纪念活动节点，组织记者深入实地采访，进行专题宣传报道。

【国家文物局官网建设】

进一步规范国家文物局政府网采编发流程，做好国家文物局政府网站的日常管理和运行维护工作。结合“全国两会”“全国文物工作会议”“纪念长征胜利80周年”等重大事项开设专题专栏，努力扩展信息源和信息量，加快动态更新。

推动政府网站信息公开专栏设置和管理工作进一步科学化、合理化。参照政务公开第三方评估指标体系，扩大公开范围，加强公开力度。新增政策解读栏目、解读回应栏目，提高互动回复时效性；新增新闻发布会栏目，创设新闻发布会直播平台，实时追踪国家文物局机关重要新闻发布会。

落实国务院办公厅关于全国政府网站季度抽查工作指示精神，与相关网络安全公司合作，对网站内容进行动态监控，定期报送国家文物局网站季度抽查整改情况报告。2016年国家文物局网站在历次网站季度抽查中合格率为100%。

【文物天地】

《文物天地》继续强化与博物馆界的联系与合作，形成新的办刊特色，努力把杂志打造成博物馆精品的展示平台。保持杂志原有优势，跟踪文博界、收藏拍卖界的热点，进行权威学术和市场解读，搭建博物馆与民间收藏市场交流沟通权威平台。全年共编辑出版12期，推出了天珠研究，故宫大佛堂旧藏佛像，洛阳民俗博物馆馆藏木雕，南京博物院、陕西历史博物馆、沈阳故宫博物院、首都博物馆、重庆中国三峡博物馆、湖北省博物馆、广东省博物馆典藏精品，苏州博物馆新馆建成十周年等专题。

同时，与中国知网、龙源期刊网等多家数字化平台合作，利用新媒体传播手段扩大杂志的社会影响力。《文物天地》微博粉丝数量达到4.96万。

【中国文化遗产】

《中国文化遗产》进一步向学术期刊转型，基本建立起开放办刊、专家办刊的办刊机制。全年共编辑出版6期，推出了麦积山石窟、数字化遗产、湖北文化遗产、世界文化遗产左江花山岩画文化景观、沈阳故宫、成都武侯祠与三国文化等专题。

【文物工作】

《文物工作》全年共编辑出版12期，及时刊发文物工作方针政策和国家文物局领导讲话。根据国家文物局重点工作，策划“学习贯彻十八届五中全会精神”“贯彻落实全国文物工作会议精神座谈会”等专题。为基层文博工作者了解全国文物工作的方针政策提供了重要渠道。

【红楼橱窗】

2016年“红楼橱窗”共展出9期。先后策划推出“申猴朝岁　丙申新春猴文物图片联展”“道法唯真　第二届全国优秀文物保护工程巡礼”“千年中国看西安　陕西历史博物馆新馆建成开放25周年纪念展”“唤醒沉睡的水下记忆　回眸中国水下文化遗产保护30年”“金铲问地　展露辉煌——2015年度全国十大考古新发现”“砥砺奋进铸华章——纪念沈阳故宫博物院建院九十周年”“领袖荆楚——湖北省文化遗产‘十二五’回顾展”“为民·唯实　再现伟人风范——陈云纪念馆巡礼”等展览，对外宣传的窗口作用愈加明显。

【评选活动】

（一）2015年度全国十大考古新发现评选

评选结果于5月16日揭晓。

2015年度全国十大考古新发现

序号	项目名称	申报单位
1	云南江川甘棠箐旧石器遗址	云南省文物考古研究所

续表

序号	项目名称	申报单位
2	江苏兴化、东台蒋庄遗址	南京博物院
3	浙江余杭良渚古城外围大型水利工程的调查与发掘	浙江省文物考古研究所
4	海南东南部沿海地区新时期时代遗存	中国社会科学院考古研究所、海南省博物馆
5	陕西宝鸡周原遗址	陕西省考古研究院、北京大学考古文博学院、中国社会科学院考古研究所
6	湖北大冶铜绿山四方塘遗址墓葬区	湖北省文物考古研究所、大冶市铜绿山古铜矿遗址保护管理委员会
7	江西南昌西汉海昏侯刘贺墓	江西省文物考古研究所
8	河南洛阳汉魏洛阳城太极殿遗址	中国社会科学院考古研究所
9	内蒙古多伦辽代贵妃家族墓葬	内蒙古自治区文物考古研究所
10	辽宁“丹东一号”清代沉船（致远舰）水下考古调查	国家文物局水下文化遗产保护中心、辽宁省文物考古研究所

（二）第十三届（2015年度）全国博物馆十大陈列展览精品推介

评选结果于5月18日揭晓。

第十三届（2015年度）全国博物馆十大陈列展览精品奖

序号	展览名称	组织单位
1	上海自然博物馆基本陈列	上海自然博物馆
2	“伟大胜利 历史贡献”纪念中国人民抗日战争暨世界反法西斯战争胜利70周年主题展览	中国人民抗日战争纪念馆
3	生命·超越——中原文化中的动物映像	浙江自然博物馆、河南博物院

续表

序号	展览名称	组织单位
4	温·婉——中国古代女性文物大展	南京博物院
5	中国人民解放军海军南海舰队军史陈列	中国人民解放军海军南海舰队军史馆
6	中兴纪胜——南宋风物观止	浙江省博物馆
7	秦巴明珠	安康博物馆
8	明德至善 家国天下——徽州优秀传统文化展	安徽博物院
9	牵星过洋——万历时代的海贸传奇	广东省博物馆
10	甲骨文记忆展览	国家典籍博物馆

第十三届（2015年度）全国博物馆十大陈列展览优胜奖

序号	展览名称	组织单位
1	抗战十四年——东北抗日联军历史陈列	东北抗联博物馆
2	战国雄风——燕赵中山	河北博物院
3	最忆是杭州——杭州通史陈列	杭州博物馆
4	反人类暴行——侵华日军第七三一部队罪证陈列	侵华日军第七三一部队罪证陈列馆
5	遵义会议 伟大转折——遵义会议纪念馆常设展览	遵义会议纪念馆
6	百里岩画 骆越神工——左江花山岩画文化景观陈列	崇左市壮族博物馆

续表

序号	展览名称	组织单位
7	茶马古道——八省区文物特别展览	云南省博物馆
8	逝者越千年——新疆古代干尸陈列	新疆维吾尔自治区博物馆
9	共和国掌柜——陈云生平业绩基本陈列	陈云纪念馆
10	正义审判——第二次世界大战后审判战犯纪实	伪满皇宫博物院

第十三届（2015年度）全国博物馆十大陈列展览国际及港澳台合作奖

序号	展览名称	组织单位
1	日内瓦：时光之芯——瑞士钟表文化之源	首都博物馆
2	铸鼎镕金——先秦材料科学的智慧特展	湖北省博物馆

（三）2015年度全国文化遗产十佳图书评选推介

评选结果于6月11日揭晓。

2015年度全国文化遗产十佳图书评选推介活动十佳图书

序号	书名	作者	出版社
1	《柬埔寨吴哥古迹茶胶寺考古报告》	中国文化遗产研究院等（编著）	文物出版社
2	《明式家具经眼录》	伍嘉恩（著）	故宫出版社
3	《权力与信仰：良渚遗址群考古特展》	浙江省文物考古研究所、北京大学考古文博学院等（编著）	文物出版社
4	《丝绸之路与东西文化交流》	荣新江（著）	北京大学出版社
5	《温·婉——中国古代女性文物大展》	南京博物院（编）	译林出版社

续表

序号	书名	作者	出版社
6	《新中国捐献文物精品全集》（徐悲鸿、廖静文卷，张伯驹、潘素卷，郑振铎卷）	中国文物学会（编）	北京出版社
7	《怎探古人何所思——精神文化考古理论与实践探索》	何驽（著）	科学出版社
8	《中国动物考古学》	袁靖（著）	文物出版社
9	《中国古代石灰类材料研究》	李黎、赵林毅（著）	文物出版社
10	《中国水下文化遗产的法律保护》	刘丽娜（著）	知识产权出版社

2015年度全国文化遗产十佳图书评选推介活动优秀图书

序号	书名	作者	出版社
1	《北平研究院北平庙宇调查资料汇编（内一区卷）》	中国文化遗产研究院（编）	文物出版社
2	《北燕冯素弗墓》	辽宁省博物馆（编著）	文物出版社
3	《博物馆教育活动研究》	郑奕（著）	复旦大学出版社
4	《考古学概论》	栾丰实（主编）	高等教育出版社
5	《良渚玉工：良渚玉器工艺源流论集》	浙江省文物考古研究所、香港中文大学中国考古艺术研究中心（编），邓聪、曹锦炎（主编）	中国考古艺术研究中心
6	《浅谈博物馆陈列展览》	单霁翔（著）	故宫出版社
7	《秦始皇帝陵出土二号青铜马车》	秦始皇帝陵博物院（编）	文物出版社
8	《石渠宝笈特展》（编纂篇、典藏篇）	故宫博物院（编）	故宫出版社

续表

序号	书名	作者	出版社
9	《丝路之绸：起源、传播与交流》（中英文版）	赵丰（主编）	浙江大学出版社
10	《文物在诉说：中国抗战遗迹概览》	国家文物局（编）	文物出版社
11	《襄汾陶寺：1978～1985年考古发掘报告》	中国社会科学院考古研究所、山西省临汾市文物局（编著）	文物出版社
12	《曾侯乙编钟》	邹衡、谭维四（主编）	西苑出版社、金城出版社

（四）2014～2015年度文物行政执法十大指导性案例遴选

结果于2月4日揭晓。北京市西城区文化委员会办理的天宁寺塔保护范围内违法建设案，内蒙古自治区阿尔山市文化局办理的阿尔山车站北侧平房被擅自拆除案，吉林省文物行政执法总队办理的长春东本愿寺旧址保护范围内违法建设案，上海市黄浦区文化市场行政执法大队办理的广东路102号建筑被擅自修缮案，江苏省徐州市文物局办理的徐州韩桥煤矿旧址部分建筑被擅自拆除案，江苏省南京市文物局办理的明故宫飞机场旧址飞行员俱乐部被擅自拆除案，江西省上饶市文物局办理的三清山古建筑群建设控制地带内违法建设案，湖南省蓝山县文物局办理的五里坪古墓群建设控制地带内违法建设案，陕西省商洛市文化文物广电新闻出版局办理的洛南县城隍庙被擅自迁移拆除案，陕西省西安市文物局办理的西安城墙永宁门保护范围内违法建设案获评。

（五）第二届全国十佳文博技术产品推介

评选结果于7月22日揭晓。

全国十佳文博技术产品奖

序号	产品名称	报送单位
1	馆藏文物全系统防震成套技术和装备	中国航空规划设计研究总院有限公司
2	文物博物馆火灾防护专用系统	北京天康达科技发展有限公司
3	字画古籍高清拍摄修复仪	郑州枫华实业股份有限公司
4	重型文博系列储藏架（柜）	宁波邦达实业有限公司

续表

序号	产品名称	报送单位
5	文化遗产数字化复原与活化系统	北京帝测科技股份有限公司
6	团队智慧讲解系统	天津恒达文博科技有限公司
7	智慧物联网中控系统	上海宽创国际文化创意有限公司
8	文物保存环境监测大数据分析评估及预警平台	西安元智系统技术有限责任公司
9	MCG系列恒湿机	南京致美微环境科技有限公司
10	传统手工无酸（信息化）囊匣	北京融通新风洁净技术有限公司

全国十佳文博技术产品优秀奖

序号	产品名称	报送单位
1	盈商360全景随心拍软件	广州盈商电子科技有限公司
2	微环境智能监测与控制平台	安徽中博智能科技有限公司
3	不可移动文物综合管理与服务平台	广州欧科信息技术股份有限公司
4	博物馆专用投影灯	广东晶谷照明科技有限公司
5	自由组合式展墙	天禹文化集团有限公司
6	一体式可视化数字中心	万达信息股份有限公司
7	净化调湿一体机	重庆声光电智联电子有限公司

续表

序号	产品名称	报送单位
8	博物馆展览系统	新维畅想数字科技（北京）有限公司
9	佰路得多媒体互动墙软件	佰路得信息技术（上海）有限公司
10	高体验式虚拟数字博物馆	金大陆展览装饰有限公司
11	博物馆多媒体发布互动系统	上海安技智能科技股份有限公司

【其他】

组织2016年度中国文化遗产日主题和宣传口号征集遴选推介。主题为“让文化遗产融入现代生活”；5个宣传口号为“保护文化遗产　创造美好生活”“为文保员点赞　向守护者致敬”“文化遗产无价宝　需要你我呵护好”“保护传统村落　留住最美乡愁”“避暑山庄：和合承德”。

承办2016年度全国文物新闻宣传管理骨干培训班。来自各省、自治区、直辖市、计划单列市文物部门的通联负责人和重点文博单位宣传工作负责人就文物新闻宣传工作的基本规律、总体要求、主要内容，新时期文物新闻宣传的新特点、新趋势，以及新形势下的新闻发布与舆情引导等进行了深入交流。

扎实推进“文博在线——文博数字化传播与服务平台”网络媒体项目建设，初步达到“后台中央厨房、前端一云多屏”的一期建设目标，网络平台“两微一端”进入试运行阶段。

完成“互联网+中华文明”三年行动计划重大专项申请文本编制工作。

完成国家文物局委托的“抗战时期‘万人坑’遗址保护现状调研”课题及“抗战文物保护利用导则”课题征求意见稿。

完成“纪念建党95周年和红军长征胜利80周年”主题展览项目遴选。

完成《博物馆理事会调研报告》以及《涉案文物鉴定管理办法》初稿。完成《回眸“十二五”——文物新闻作品集萃》编印。

中国文物交流中心

【概述】

2016年，中国文物交流中心贯彻全面从严治党要求，大力推进党的建设，深入开展“两学一做”教育实践活动，落实落细中央巡视组反馈意见。贯彻落实习近平总书记关于文物工作重要指示批示精神和《国务院关于进一步加强文物工作的指导意见》，落实国家“一带一路”倡议，以“让文物活起来”为导向，应对机遇与挑战，不断拓展对外展览交流，推动文博创意政策课题研究和成果转化，促进不同文明交流互鉴。主动参与国际文物博物馆展会、博览会，服务经济社会发展，促进中华文化“走出去”。

【党的建设】

（一）完善党组织建设

9月1日，中心召开党总支成立暨第一届党总支委员选举大会。大会选举产生王军、孙小兵、张玉亭、周明、赵古山等5位同志（按姓氏笔画为序）为第一届党总支委员会委员。在随后召开的第一届党总支委员会第一次会议上，王军同志当选为中心党总支书记、周明同志当选为党总支副书记。岁末，国家文物局党组任命赵古山同志为中心副主任，领导班子得到加强。

贯彻全面从严治党要求，加强党风廉政建设，在各支部明确一名支委负责纪检工作。完善党组织办事机构，成立“党总支办公室”。建立党员卡片，加强党员信息维护，做好本年度党内统计工作。2016年预备党员转正1人，新转进党组织关系4人，党员队伍进一步壮大。

（二）巡视整改务实见效

落实中央巡视组反馈意见及国家文物局整改部署，梳理、制定整改措施12条，年度整改完成率为91.7%。完成处级以上领导干部（含退休领导干部）兼职取酬的清理整改；落实党费清理要求，研究制定《中心党总支党费收缴、管理、使用办法》，足额补缴党费。

（三）“两学一做”教育实践活动深入开展

党总支组织学习习近平总书记的系列重要讲话精神，在《中国文物报》上发表学习体会文章《文物承载中华文明　交流促进沟通互鉴》。领导班子成员参加中央干部网络学院组织的“学习总书记讲话、践行发展理念”微课程网上专题班学习。处以上领导干部分批参加“国家文物局系统学习贯彻党的十八届六中全会精神培训班”。建立中心“两学一做”学习交流微信群，梳理分享相关文件、政策和中央领导讲话的核心要点。结合学习习总书记“七一”重要讲话，组织党员赴天津周恩来邓颖超纪念馆开展“两学一做”专题党日活动。组织党员观看反腐纪录片《永远在路上》以及“英雄史诗　不朽丰碑——纪念中国工农红军长征胜利80周年主题展览”。组织党员参加《党章党规在我心中——中央国家机关党章党规知识测试及竞赛活动》，党员参与率为100%。

【对外文物展览】

配合高访和外交大局，2016年共举办境内外文物展览13项，其中出境展8项、入境展3项、国内展2项。2015年开幕、2016年闭幕的展览有2项。

为庆祝中国与秘鲁建交45周年，配合国家主席习近平出席秘鲁亚太经合组织第二十四次领导人非正式会议，首次赴秘鲁举办“天涯若比邻——华夏瑰宝展”，该展是中拉文化交流年系列文化交流活动的重要内容。11月21日，习近平主席和夫人彭丽媛同秘鲁总统库琴斯基夫妇共同出席中拉文化交流年闭幕式并参观展览。

赴卡塔尔举办“华夏瑰宝展”，这也是我国首次赴海湾地区举办大型文物展览。

赴日本东京等四地举办“唯一的汉字，唯一的美——汉字的历史与美学”展览巡展，日本前首相福田康夫等日本政要参观了东京首展。

落实“一带一路”国家倡议，举办丝路主题展览，反映海上丝路对世界文明发展的影响。在中拉建交25周年之际，配合李克强总理出席“中国—中东欧国家人文交流年”活动，赴拉脱维亚举办“丝路瑰宝”展览。联合宁波博物馆赴香港举办“跨越海洋——中国海上丝绸之路文化遗产精品联展”。

推进两岸文化交流，承办星云大师捐赠北齐释迦牟尼造像佛首捐赠仪式，在国家博物馆举办佛首佛身造像“合璧”展览。在佛光山举办“紫禁佛光——清宫佛教文物展”，中心与佛光山佛陀纪念馆五年合作计划圆满收官。

2016年进出境展览一览表

序号	展览名称	展出国家（地区）	展览时间	展览地点
1	以法相会——明清水陆画展	台湾	2015.11.14～2016.02.28	台湾高雄佛光山佛陀纪念馆
2	吴冠中：大美无垠展	新加坡	2015.11.25～2016.05.03	新加坡国家美术馆
3	罗马尼亚珍宝展	中国	2016.01.28～2016.05.08	中国国家博物馆、四川博物院
4	佛首回归展	中国	2016.03.01～2016.03.15	中国国家博物馆
5	两朝帝师翁同龢及翁氏家族文物特展	中国	2016.05.15～2016.07.25	北京天坛
6	华夏瑰宝展	卡塔尔	2016.09.06～2017.01.07	卡塔尔伊斯兰艺术博物馆
7	天涯若比邻——华夏瑰宝展	秘鲁	2016.10.07～2016.12.08	秘鲁国家考古人类学历史博物馆
8	唯一的汉字，唯一的美——汉字的历史与美学展	日本	2016.10.18～2016.12.04	日本东京、京都、新潟、宫城、群马等地巡展

续表

序号	展览名称	展出国家（地区）	展览时间	展览地点
9	丝路瑰宝展	拉脱维亚	2016.10.21～2017.01.08	拉脱维亚国家艺术博物馆之里加美术馆
10	跨越海洋——中国海上丝绸之路文化遗产精品联展	香港	2016.10.26～2016.12.27	香港历史博物馆
11	紫禁佛光——清宫佛教艺术展	台湾	2016.11.27～2017.02.26	台湾高雄佛光山佛陀纪念馆
12	中马关系：从古代到未来展	中国	2016.12.20～2017.02.28	宁波博物馆
13	阿拉伯之路——沙特出土文物展	中国	2016.12.20～2017.03.19	国家博物馆

【文物交流与合作】

（一）拓展国际交流合作

与日本九州国立博物馆续签五年学术交流协议，继续推进中日文化交流。落实与卡地亚基金会合作开展2016年国际策展人学术交流项目，从全国文博系统遴选4名博物馆从业人员赴法国、瑞士进行策展人学术交流，其中为落实援藏工作会议精神，从符合条件的人员中优先选派1名西藏博物馆工作人员参加。受大英博物馆的邀请，派中心工作人员赴英参加国际交流项目。

（二）夯实国内交流合作

9月，在成都召开中国博物馆协会展览交流委员会2016年年会，专委会组成机构负责人以及近百家博物馆和文博企业约200人参会，促进了国内馆际交流。11月，为落实援藏工作会议精神，与西藏自治区文物局签署援藏框架协议，在对外展览交流、人员培训、文创产品开发等方面加强合作。

【发展文博创意产业】

（一）课题研究

受国家文物局委托，承担《博物馆文化创意产品开发政策梳理与研究》《文博单位文化创意产品总体规划与产业布局研究》《文博单位文化创意产品市场培育与消费群体调查》《推动文物单位文化创意产品开发配套措施》等课题研究。

（二）主办展会

与法兰克福展览（上海）有限公司在上海合作主办2016东方文化元素国际特展“中国文博创意”主题活动。期间举办“中国文博品牌的定位与传播”高峰论坛，共同探讨全国文博单位的品牌定位、公共服务功能等多领域话题。

与广州市文化广电新闻出版局（版权局）合作举办第二届“2016广州国际文物博物馆版权交易博览会”，60家文博单位、40家文化企业及文博服务商参展，“国际文物博物馆版权保护利用高峰论坛”“全国文博创意产品精品展览”成为展会亮点。

【人才培训】

加强文博专业人才培训，全年培训近千人。国家文物局主办，交流中心、山西省文物局承办“展览策划暨陈列设计培训班”（山西）；文化部、国家文物局主办，故宫博物院承办，交流中心协办“文化文物单位文化创意产品开发”培训班；国家文物局主办，交流中心与重庆市文物局、重庆中国三峡博物馆承办“第八届文物交流学术培训——文物单位文化创意产品开发与经营”专题培训班（重庆）；交流中心与英国文化教育协会（英国驻华大使馆文化教育处）合作举办“中英博物馆文创运营管理暨版权授权”培训班（广东）。

邀请专家学者为中心职工举办讲座5场，定期组织职工赴博物馆参观交流，不断提高职工专业水平和履职能力。

【文物违法举报工作】

完善12359呼叫中心建设，2016年共接报登记338件，受理184件，其中督办80件，转办71件，电话查证指导25件。逐步建立与国家文物局督察司的联动合作机制，通过微信、OA系统、书面等形式，每周一次报送文物违法舆情摘报，成为督察司掌握各地文物行政违法情况最重要的信息来源，部分典型案例的查处取得良好社会效果。配合“长城执法专项督查”，设立长城违法举报受理专席，服务并促进各地文物保护工作。草拟完成《社会监督员管理办法（征求意见稿）》。

【完成国家文物局委托事项】

受国家文物局委托，完成展览初审项目共78项。办理出访团组104个（不含台湾），签证238人次。编印《金色名片·文明互鉴——2015年度中国博物馆进出境展览》，加强中国精品展对外交流与推广。

拓展“文物带你看中国”数字展示设备投放领域。“文物带你看中国”数字展示项目由文化部和国家文物局共同策划，中国文物交流中心承办。2016年，该套数字展示设备在美国、柬埔寨等国家的博物馆、美术馆，以及我驻秘鲁使馆等机构相继落户，即将实现在海外中国文化中心的全覆盖。

【机构及人员】

中心内设机构4个，包括办公室（党总支办公室）、展览交流处、综合业务处、举报受理一处。

事业编制50名，在职45人，在编31人，2016年新进人员5人。人员学历层次高，专业素质强，本科学历以上42人，其中硕士研究生学历以上19人，占总人数的43%；文博专业人员18人，占总人数的41%，外语专业（英语、日语、法语、越南语、俄语）人员11人，占总人数的25%；中级职称以上人员17人，占总人数的39%。

国家文物局水下文化遗产保护中心

【概述】

国家文物局水下文化遗产保护中心是国家文物局所属事业科研单位，也是国内唯一的国家级水下文化遗产保护专业机构。2016年，国家文物局水下文化遗产保护中心继续发挥国家水下文化遗产保护工作总平台、主阵地的职能，会同相关省市兄弟单位组织、实施全国水下考古调查、发掘项目，开展海港、海岛、海防遗迹调查工作；加强机构、基地与人才建设，充实和提高了水下中心的专业人才队伍和技术装备水平；重大项目顺利实施，“南海一号”等项目顺利实施并取得重要成果；积极开展科研工作与学术交流活动，在海上丝绸之路研究、水下沉船考古和出水文物保护等领域取得重要进展。

【法规建设】

2016年，国家文物局水下中心完成《中华人民共和国水下文物保护条例（修订建议稿）》，实施问题导向，明确条例修订的基本原则与框架结构。

开展联合国教科文水下公约组织“2001《水下文化遗产保护国际公约》”关联性研究工作，委托大连海事大学完成国际水下公约的实施开展调研工作，为中国是否批准加入该公约进行前期研究。

编制《水下文化遗产保护“十三五”规划（草案）》，在多个水下考古工地试行《水下考古操作规程（征求意见稿）》，开展《水下考古管理体系》研究。

【世界文化遗产】

受国家文物局委托，水下中心承担了“海上丝绸之路申遗主题研究”项目和“海上丝绸之路申遗文本编制”项目（后者与中国文化遗产研究院合作）。主题研究方面，水下中心组建了专门课题组，在前期研究与实地考察的基础上确定了海上丝绸之路的遗产内涵与时空框架，为申遗工作提供了学术支撑。文本编制方面，配合中国文化遗产研究院对泉州、广州等港口遗址的遗址点进行了实地考察，提供遗址评估意见，讨论、确定海上丝绸之路申遗点候选名单。此外，协助国家文物局和泉州市人民政府在泉州组织召开了“海上丝绸之路国际学术研讨会”。

【考古发掘】

（一）概况

2016年全国涉水水下考古项目共计12项，取得一些新成果，如海南岛乌烈村遗址考古发掘工作确认一处新时期时代海岛文化遗址，江苏太湖水下考古项目发现多处水下沉船与考古遗迹，福州海域水下考古调查项目在东箭屿海域发现一艘宋代沉船。“致远舰水下考古项目”获评“2015年度全国十大考古新发现”及“中国社会科学院考古学论坛·2015年中国考古新发现”；“南澳一号水下考古项目”和“宁波小白礁一号水下考古项目”分别荣获“2011～2015年度田野考古三等奖”。

2016年水下考古项目统计表

序号	项目名称	合作机构
1	“南海一号”保护发掘项目	广东省文物考古研究所
2	辽宁丹东致远舰水下考古调查	辽宁省文物考古研究所、丹东市文广新局
3	上海“长江口一号”沉船调查	上海市文保中心
4	福建福州水下考古调查	福建博物院、福州市文物工作队
5	福建漳州—厦门水下考古调查	福建博物院、漳州市文保所
6	广东上下川岛水下考古调查	广东省文物考古研究所
7	山东东平湖水下考古调查	山东省水下文化遗产保护中心
8	安徽太平湖水下考古调查	安徽省文物考古研究所
9	江苏太湖水下考古调查	南京博物院等
10	海南岛沿海水下考古调查项目	海南省文物局
11	河北海丰镇遗址调查	河北省文物研究所、河北黄骅海盐博物馆
12	海南岛乌烈村遗址考古发掘	海南省博物馆

（二）重要考古项目

1. “南海一号”发掘与保护项目

该项目由国家文物局水下文化遗产保护中心、广东省文物考古研究所联合开展，中国文化遗产研究院、广东省博物馆、广东海上丝绸之路博物馆等多家文博单位参与。发掘显示，“南海一号”船体残长22.15米，最大船宽约9.9米，计有14道横向隔舱壁板。从已发掘暴露的船体结构和船型判断，“南海一号”沉船属于我国古代三大船型的“福船”类型。发掘表明，“南海一号”是一条满载货物的沉船，船内现存的货物以瓷器、铁器为主，钱币亦有相当数量。“南海一号”是迄今为止有关海上丝绸之路最为重要的考古发掘成果，已经引起国内外各界的广泛关注，为海上丝绸之路学术研究和海上丝绸之路申遗提供了重要的学术支撑。

为配合“海丝”申遗工作，水下中心与广东省文物考古研究所、中国文化遗产研究院、广东海上丝绸之路博物馆合作，对“南海一号”发掘与保护工作方案进行了技术性调整，调整后的新方案兼顾发掘、保护与展示，对文物保藏环境与室内空气质量进行了检测评估，以确保发掘过程中的人员和文物安全。水下中心还协助广东省博物馆、广东省海上丝绸之路博物馆编制了“南海一号文物展览方案”，为下一步的文物展示工作做好准备。

2. 辽宁“丹东一号”水下考古调查项目

水下中心和辽宁省文物考古研究所联合组队继续实施“丹东一号”水下考古调查工作，2016年度工作目标是探明“丹东一号”沉船的身份及整体保存状况。采取多角度近景全息数码拍摄的方式对船体进行拍摄和三维建模，获得较大范围的遗迹三维影像，究明了沉舰的保存状况和分布范围，为下一步文物保护工作提供了科学依据。“丹东一号”水下考古调查项目开启了我国水下考古学界针对近现代沉舰进行水下考古调查与发掘的新篇章，为甲午海战和世界海军舰艇史的研究提供了十分珍贵的考古材料。

3. 安徽太平湖、响洪甸水库水下考古调查项目

2016年9～10月，水下中心和安徽省文物考古研究所联合开展了2016年安徽水下文化遗产调查项目。调查工作分两个阶段：第一阶段对黄山区太平湖水域的广阳城文庙遗址开展水下考古重点调查，进行基础测绘，并对龙门镇遗址进行探摸确认，基本了解了广阳城文庙遗址和龙门镇遗址的大致分布范围、保存状况和建筑特色，初步掌握了皖南青弋江流域的文化特色和发展脉络。第二阶段对金寨县响洪甸水库的刘新圩和麻埠镇遗址进行排查和确认，通过水下考古调查对刘新圩等江淮圩堡的建筑布局、风格、历史功用和皖西水下文化遗产分布进行了初步评估。

【考古基地】

继续推进南海水下考古基地立项工作。北海水下考古基地（山东青岛）获得立项批复，并按计划启动基建工程，预定2017年10月主体建筑结构封顶。

【可移动文物保护】

相继开展“南海一号”出水文物现场保护、“丹东一号”出水文物保护和西沙群岛出水文物保护等工作，为水下考古项目的组织实施提供有力支撑。

【学术活动】

（一）学术研讨

6月5～6日，水下中心与宁波基地（宁波市文物考古所）召开“水下考古工作方法研讨会”。会上介绍了致远舰水下考古项目、宁波小白礁水下考古项目、南澳一号水下考古项目、良渚水坝遗址考古项目的工作方法与考古成果，探讨了今后水下考古工作方法与思路。

6月7～9日，协助组织由国家文物局、泉州市人民政府共同主办的“海上丝绸之路国际学术研讨会”，来自11个国家的专家代表出席本次会议。

6月23～24日，水下中心与辽宁省文物考古研究所、大连市考古研究所在大连合作举办了“明清海防遗址调查与培训工作会议”，来自沿海各省及中国社会科学院、中国文化遗产研究院、北京大学等机构院所的学者30余人参加了本次研讨会。

（二）学术互访

3月4日，柴晓明主任接待到访的德国考古研究院欧亚所副所长王睦（M. Wagner）一行，双方同意今后开展相关领域的学术合作和人员交流。

4月28日～5月1日，应法国水下考古研究中心邀请，国家文物局水下文化遗产保护中心柴晓明、张治国、周春水一行三人，赴法国马赛参加法国水下考古研究中心成立50周年系列学术活动，访问了法国水下考古研究中心，出席“水下考古日”学术主题研讨

会，参观“海洋的记忆：法国水下考古50周年”展览，并考察安德烈·马尔罗（ANDRE MALRAUX）号水下考古工作专用船。

5月10日，英国航海博物馆馆长 Kevin Fewster 先生一行到水下中心进行学术访问，双方就合作开展学术研究和文物展览进行了探讨。Kevin 先生在水下中心作了有关英国航海博物馆展览与藏品的专题讲座。

5月13～18日，水下中心姜波参加国家文物局代表团赴卡达尔、沙特访问，拜访了卡达尔的文化部、伊斯兰艺术博物馆和沙特国王文化中心、考古研究中心，就中卡、中沙文物合作展览进行洽谈，并就合作发掘沙特港口遗址进行了沟通。

6月10～24日，水下中心孙键赴德国考古研究院欧亚所进行学术访问，考察了波罗的海水下文化遗产点，并赴海事博物馆、德国考古研究院欧亚所进行参观访问。

12月16～17日，水下中心姜波赴香港历史博物馆参加“海表方行：海上丝绸之路国际学术研讨会”，并作“水下考古学视野下的海上丝绸之路”主题演讲。

（三）学术讲座

继续组织“水下中心系列学术讲座”，邀请英国国家航海博物馆馆长 Kevin Fewster 先生、厦门大学南海研究院院长傅崐成教授、中国国家博物馆信立祥研究员、故宫博物院王光尧研究员、海洋出版社刘义杰研究员、武汉理工大学顿贺教授、中船重工集团吴文福教授、西北大学杨璐等开展航海史、南海问题、海昏侯墓考古、印度港口考古、造船史、物探技术在水下考古中的应用、文物保护等方面的专题演讲。

创办国家文物局水下中心“青年学术沙龙”，邀请英国诺丁汉大学马泓蛟博士、新加坡国立大学辛光灿博士、北京大学丁雨博士等与水下中心青年学者座谈，取得良好效果。

【文博教育与培训】

完成“2016·水下培训高阶培训”工作，在海南岛三亚市进行潜水干服、水下摄影等专项培训，共计培训学员11名。此外，水下中心选派青年学者丁见祥参与了法国水下考古研究所在地中海水下考古项目的实习。

【图书出版】

2016年，国家文物局水下文化遗产保护中心编著《水下考古学研究（第二卷）》由科学出版社出版，海南省文物局、国家文物局水下文化遗产保护中心编《南海水下文化遗产（第二辑）》由江苏人民出版社。

【机构及人员】

截至2016年年底，水下中心在编人员28人，其中博士4人、硕士8人，含高级职称13人（正高级职称5人、副高级职称8人）、中级职称9人。

北京市

【概述】

2016年，北京市文物局紧密围绕市委、市政府的中心工作，开拓创新，真抓实干，结合非首都核心功能疏解，推进文保区腾退疏解和有机更新；着力打造“一轴一线”文化魅力走廊，实施沿线古建筑群的修缮工作；加强长城文化带、“三山五园”区域整体保护力度；统筹推动北部长城文化带、东部运河文化带、西部西山文化带建设，文博事业获得了新发展。

【法规建设】

完成《北京市文物保护单位巡视检查报告制度暂行规定》修改调研；完成《北京市文物保护工程质量监督工作规定》前期修改调研工作；配合国家文物局开展《文物保护法》修改调研工作。

按照《法治政府建设实施纲要（2015～2020年）》和《北京市2016年全面推进依法行政工作要点》要求，制定《北京市文物局落实〈2016年全面推进依法行政工作要点〉任务及分工方案》，明确部门责任，强化落实到位。

【执法督察和安全保卫】

2016年，北京市文物局完善文物安全工作长效机制，加强文物安全巡视检查和执法，积极推进文物安全隐患治理，配合公安机关打击盗掘、盗窃等文物违法犯罪行为5起，配合公检法机关协调涉案文物鉴定190次4000余件。

2月5日，国家文物局局长刘玉珠检查北京市文物安全工作，重点查看了孔庙和国子监、雍和宫、崇礼住宅等文物单位，对北京市文物安全工作给予了肯定，要求各管理使用单位严格落实责任制，各监管部门全面履行监管职责，确保文物安全。

7月19～20日，北京市遭受强降雨，市文物局第一时间启动防汛应急预案，要求十三陵特区针对居庸关瓮城旁京藏高速路护坡的塌方险情及时采取抢险措施，对文物排险、应急处置进行现场督促指导，并要求十三陵特区及时通报排险进展，采取加固措施，防止文物本体出现事故。向各区文委、重点文博单位、文物修缮工地、考古勘探工地、各局属单位印发书面紧急通知，强调各项防汛要求。

8月9日，京津冀长城联合执法巡查试点工作会议召开。会议决定，北京、天津、河北三地的文物部门将进一步打破地域限制，加强地域合作，探索建立京津冀长城联合执法巡查机制。

9月27～29日，国家文物局督察组到怀柔区箭扣长城、密云区蟠龙山、卧虎山长城等地督察长城保护工作。

11月22～25日，组织北京市文物系统安全与执法人员进行法律法规和业务技能培训，邀请北京市法制办的领导介绍北京市行政执法形势，组织全体学员交流执法办案心得、进行组卷实际操作、开展案卷讲评。

11月28日～12月9日，组织由各区文委主管领导、执法队长和市文物行政执法人员参加的联合检查组，对各区2016年度文物安全和执法工作进行交流检查，并提出考评意见。11月28日，“5·18”金元时期古文化遗址盗掘案表彰会在延庆召开，北京市文物局对在案件查办中做出突出贡献的单位和个人予以表彰。此案成为近年来北京市破获的第一起也是最大一起盗掘古文化遗址案件，是文物、公安和地方政府协同打击文物违法犯罪的成功案例。

12月28日，北京市文物局组织督察组对清陆军部和海军部旧址、宁郡王府、孚王府、拈花寺、会贤堂、贤良祠等文物单位进行了安全检查，要求各单位严格履行职责，排查安全隐患。

【不可移动文物的保护和管理】

2016年，结合非首都核心功能疏解，推进文保区腾退疏解和有机更新。完成对北京王府文物保护单位占用情况的现状调查，针对下一步腾退工作提出了建议。积极配合有关区和部门推进杨椒山祠、沈家本故居腾退疏解后的文物保护工作。实施了天安门东西朝房、大高玄殿、北海西天梵境大慈真如宝殿、天王殿等建筑群修缮工程。

加强长城文化带、“三山五园”区域整体保护力度。启动怀柔区箭扣长城146号至150号敌楼修缮工程，实施圆明园西洋楼海晏堂蓄水楼遗迹本体加固保护工程。圆明园西洋楼谐奇趣遗址、远瀛观遗址发掘现场工作已完成。

统筹推动北部长城文化带、东部运河文化带、西部西山文化带建设。石景山古建筑群大戏楼、南天门等遗址保护及祭天台、南山门修缮工程已竣工。北法海寺遗址保护工程、门头沟爨底下村古建筑群修缮主体工程继续推进。

文物保护基础工作不断加强。北京市第五批地下文物埋藏区已经北京市政府专题会议审议并原则通过。继续开展市级以上文物保护单位保护范围及建设控制地带调整一期工作，二期划定工作已启动。

【考古发掘】

2016年，为保障北京城市副中心工程建设进度，组织全国过半考古力量，引入物探等先进技术，完成北京城市副中心考古勘探101.3万平方米，发掘4万平方米，发掘战国至清代墓葬1092座、汉代城址1座、汉唐窑址69座、灰坑8座、水井10眼、道路3条，出土陶器、瓷器、釉陶器、铜器、铁器、铅器、料器、皮革器等文物万余件。对具有重要历史价值的墓葬、窑址、地层剖面等60处遗迹进行整体迁移保护，为北京城市副中心留下了珍贵的资料和历史遗存。

【博物馆与可移动文物保护】

（一）博物馆

1．博物馆建设

2016年，博物馆基础建设工作继续推进。徐悲鸿纪念馆基本建设工程基本完成，布展工程正按计划实施；大葆台西汉墓博物馆改扩建工程的前期筹备工作进展顺利。截至2016

年年底，全市共有备案登记博物馆178家，年接待观众达3550万人次。

2．重要陈列展览

首都博物馆和瑞士日内瓦艺术与历史博物馆合作举办的“日内瓦：时光之芯——瑞士钟表文化之源”展荣获第十三届（2015年度）全国博物馆十大精品陈列展览推介“国际及港澳台合作奖”，中国人民抗日战争纪念馆的“伟大胜利　历史贡献——纪念中国人民抗日战争暨世界反法西斯战争胜利70周年”主题展览获得“精品奖”。

3月2日～6月26日，“五色炫曜——汉代海昏侯国考古成果展”在首都博物馆展出。展览分为“惊现侯国”“王侯威仪”“墓主身份”“保护共享”四部分，通过441件／套出土文物，集中展示了海昏侯墓的重要考古发掘成果。

3月8日～6月26日，“王后　母亲　女将——纪念殷墟妇好墓考古发掘四十周年特展”在首都博物馆展出，通过青铜器、玉石器、甲骨器和陶器等411件／套文物，揭示妇好的传奇人生，阐释先秦妇女地位与社会角色的变迁。

5月18日，首都博物馆与北京志愿者联合会联合推出“博物馆之夜”活动，邀请来自首都各行业的一千余名志愿者体验夜间参观博物馆，同时开展了“制作甲骨文书签”和“书写竹简”等互动体验活动。

7月12日～9月12日，“美人如花隔云端——中国明清女性生活展”在颐和园展出，共展出北京艺术博物馆藏品95件／套，通过明清女性的服饰、日常用品、女红及书画作品等各类文物，还原当时女性的真实生活状态。

8月9日～11月9日，“匠心筑梦烁古今——燕京八绝”展在首都博物馆展出。展品共计276件／套，既有古代和民国时期的文物，也有当今大师的作品。此外，展览还开辟技艺展示区，使观众近距离感受玉雕、牙雕、景泰蓝、雕漆等“燕京八绝”蕴含的文化底蕴和手工技艺。

8月23日～11月20日，“西京印迹——大同辽金文物展”在北京辽金城垣博物馆展出。展览分为“世俗生活”和“魂归之所”两部分，通过70余件大同市博物馆的馆藏辽金文物精品及10件壁画摹本，展现了辽金西京大同生活的多个方面。

9月9日～12月9日，“大元三都”展在首都博物馆展出。除了首都博物馆的馆藏资源之外，还从全国14家文博单位借调了160件／套精美文物，通过“设邦建国　以为天下本——都城选址与建设”“只隔红门别是春——皇室贵族生活”“大都十万家——平民百姓的生活”三个单元，向观众展示了一幅全景式、生机盎然的元代社会生活长卷。

9月27日，“走进养心殿”展在首都博物馆开幕，来自故宫养心殿的268件／套珍贵文物几百年来第一次走出紫禁城。展览复原了养心殿的主要建筑空间与陈设，观众可以近距离地观看帝王生活起居的细节，感受皇家氛围，了解发生在养心殿的故事。

11月2日，“龙飞凤舞——汉代诸侯王墓出土玉器展”在北京艺术博物馆开幕。本次展览由北京艺术博物馆与徐州博物馆联合举办，展品来自徐州博物馆馆藏的西汉楚国王、侯贵族墓葬出土的玉器89套（120件），其中，火山刘和墓出土的银缕玉衣是现存唯一一套完整的西汉时期的银缕玉衣。

3．其他

9月16日，第七届中国博物馆及相关产品与技术博览会在成都开幕，主题是“博物馆的新驱动：科技引领、创意未来”。北京市文物局组织首都博物馆、大钟寺古钟博物馆、大葆台西汉墓博物馆等10家博物馆以及北京市文物公司、北京古玩城参加此次博览会。

12月22日，北京市文物局、北京市教委和北京博物馆学会共同举办“2016年北京地区博物馆青少年教育工作研讨会”。与会代表就如何进一步加强博物馆教育与学校教育的契合度，通过流动教育项目、远程和网络教育等方式，扩大博物馆教育的影响力和覆盖面这一议题展开讨论和交流。

（二）可移动文物保护

2016年，北京市第一次全国可移动文物普查工作进展顺利。普查显示，北京市国有可移动文物收藏单位共326家，登录国有可移动文物收藏量5014501件／套（11615758件）。

4月14日，北京市文物局参加2016年度全国省级普查办主任工作会议，汇报了北京市第一次全国可移动文物普查成果。全市国有可移动文物收藏单位申报文物总数1326万余件，其中已采集藏品总数386.3万余件／套（696.8万余件），已登录藏品总数261.7万余件／套（562.6万余件）。

【社会文物管理】

2016年，完成全市437场拍卖会、140890件／套文物标的的依法审核工作，实现成交额204.1亿元人民币。完成26家申请设立文物拍卖资质企业的审核工作，批准设立1家文物商店。截至2016年年底，北京共有文物拍卖企业155家，文物商店72家。

8月1日～11月30日，第四届“北京金秋文物艺术品拍卖月”举办。本次拍卖月以“收藏引领文化　艺术融入生活”为主题，北京翰海、中国嘉德等16家在京拍卖企业参与，举行22场现场拍卖会及8场网络拍卖会，涉及古籍图书、书画、文玩杂项、瓷器四大类拍品2.3万件／套。

12月16日，北京海关向北京市文物局移交罚没文物暨《海关罚没文物移交工作办法》签字仪式在北京海关举行。此次移交的文物，涵盖不同历史时期的古代物质文化资料实物，时间跨度长，材质品类丰富，包括陶瓷、钱币、玉石、书画、古籍拓本与杂项物品六大类，共计17901件。

【科技与信息】

2016年，《北京延庆西屯墓地发掘研究报告》获全国社科基金立项。北京市地方标准《文物建筑修缮工程施工控制规范》《文物建筑修缮工程验收规范》经北京市质量技术监督局批准发布，分别于2016年8月1日、2016年12月1日起实施。继续组织编写《古建筑类博物馆合理用能指南》。

5月21日，由北京市文物局、首都博物馆共同承担的“基于无损检测技术的中国古玉鉴定研究”课题完成验收与结题工作。该课题共完成首都博物馆馆藏玉器及史前齐家文化玉器、商代妇好墓出土玉器等102件／套（211件）玉器的研究检测工作，将逐渐建立出土玉器文物、高仿品玉器科技检测数据库。

【文博宣传与出版】

（一）文博宣传

2016年，围绕习近平总书记文物工作系列讲话、“十二五”时期北京文博工作成果、元旦与春节等传统节日、国际博物馆日、中国文化遗产日、建党95周年等主题和重要时点，创新宣传方式和手段，组织开展了一系列有计划、重特色、全方位的宣传活动。6月

11日，以“让文化遗产融入北京现代生活”为主题，在全市各区举办文化遗产日活动50余项。主会场圆明园推出了“北京市文化遗产保护工作成果展”“遗产日解读——让文化遗产融入北京现代生活”等展览，并启动了“公众考古”“走进文化遗产，共享中华文明”徒步走等主题活动。

北京市文物局官方微信“北京文博”正式上线，同时开通了“北京文博”今日头条客户端，实现了北京市文物局官方微博、微信、客户端的“两微一端”全覆盖，以政务公开、政策指导、即时发布等方式面向公众，为文博宣传开通新的平台。

积极开展线上线下活动。在新媒体平台推出连续8期“漫画故居”有奖问答活动，组织“约会博物馆”微博线上问答活动与线下参观博物馆活动，组织“文博的另一面”线下沙龙活动等，提高了社会公众对文博行业的关注度。

8月24～26日，举办2016年度北京市文物局系统宣传工作培训班。来自新华社、人民网等不同领域的资深专家，从宣传理论、新媒体传播、舆论引导、活动策划及信息写作等多角度解答了宣传实际工作中遇到的问题，增强了对宣传工作新方法、新模式、新渠道的了解。

（二）文博出版

4月26日，科学出版社与首都博物馆、天津博物馆、河北博物院共同建设《博物院》杂志签约仪式在首都博物馆举行。杂志将通过中央地方合作、馆际合作模式，在文博实践中落实“京津冀协同发展”国家战略，努力打造服务国家战略的文博研究与文化传播平台。

6月11日，由北京市文物局编撰的《文物背后的故事》系列图书的第三部《文物背后的法律故事》正式发布。该书以法律为切入点，以数十个历史文物背后的法律故事为脉络，多角度地展现了文物研究的新思路。本书的出版对普法宣传也是一次有益的尝试。

6月，北京市文物局科研成果出版项目《新日下访碑录（石景山卷、门头沟卷）》荣获2015年度全国“优秀古籍图书奖”二等奖。

【对外交流与合作】

2016年，坚持“文化走出去”战略，发挥文博行业优势，充分利用一切有利条件宣传展示中华文化、首都形象和北京特色。赴希腊雅典举办“京华春好——北京文人的传统生活”展，从家（四合院）、街（胡同）、城三个层面讲述北京故事，令观众真切感受北京深厚的历史文化底蕴。赴俄罗斯举办“北京古钟拓片艺术展”，通过展示中国古代传拓技艺，传播中华优秀传统文化。赴日本冲绳举办“孔夫子——圣人圣地”文化展，传播儒家文化，促进中日民间文化交流发展。

天津市

【概述】

2016年，天津市文物局深入贯彻党的十八大和十八届三中、四中、五中、六中全会精神，习近平总书记、李克强总理关于文物工作的重要指示精神以及国务院《关于进一步加强文物工作的指导意见》，自觉服务于建设美丽天津的经济社会发展大局，各项工作稳步推进，实现了“十三五”良好开局。

【法规建设】

为促进天津市博物馆服务的标准化、规范化，增强公共文化服务能力，天津市文物局制定了《天津市博物馆服务标准》。

为加强和规范对市属博物馆藏品征集及征集经费的管理，天津市文物局制定了《天津市市属博物馆藏品征集经费管理办法》。

【执法督察与安全保卫】

（一）执法督察

2016年，天津市文化市场执法总队对天津市辖区内全国重点文物保护单位、市级文物保护单位进行执法巡查，累计出动3372人次，检查文物保护单位519个，文物收藏单位、文物经营单位182家，并对各区文化市场行政执法大队文物巡查工作进行督察。

（二）安全保卫

2016年，天津市文物局投入800余万元，加强技防、物防、人防力度，深入开展馆藏文物展陈安全隐患排查工作，在全市文博场馆深入开展了安全生产大检查大排查大整治和消防安全专项整治活动，成立了6个督导检查组，对局属单位进行拉网式不间断的安全大检查。包括对天津博物馆等七家文博场馆的安防消防防雷设施设备进行了升级改造，为局属博物馆纪念馆配备了安检安防设施，在周恩来邓颖超纪念馆、平津战役纪念馆、文庙博物馆设立了微型消防站。

4月下旬，由公安部牵头组织，会同相关部委局组成联合考核组对天津市2015年度消防工作进行检查考核，天津市文物局消防工作档案资料得到国务院联合考核组充分肯定，宝坻区大觉寺（市级文物保护单位）通过省级政府消防工作考核。

在全面排查整治安全隐患的基础上，聘请安全生产专家深入局属各单位配电室、消防泵房等重点部位，认真查找深层次的安全生产隐患，督促相关单位制定整改措施，推动安全隐患整改落实。

【不可移动文物的保护和管理】

（一）概况

2016年，天津市共批准市级（省级）及以上文物保护单位保护工程设计方案19项。完成天津市内全部一至四批市级文物保护单位保护档案的编制工作，按照国保标准完成纸质档案和电子档案的编制；更换一至六批全国重点文物保护单位和一至三批天津市文物保护单位保护标志牌，并在保护标志牌上加装二维码，进一步扩展文化遗产移动多媒体信息平台的覆盖范围；结合天津市政府批准的《天津市文物保护单位保护区划》，刻制并安装一至七批国保和一至四批市保保护区划公示牌。

（二）大遗址保护

天津市文物局批复资金实施黄崖关长城附属设施保护修缮工程，总计修缮面积5634平方米。黄崖关长城6号敌楼保护修缮工程于2016年5月8日开工，2016年11月1日通过验收。

（三）全国重点文物

天津五大道近代建筑群文物保护规划项目。完成五大道地区的航拍和可视化三维建模，并将航拍数据与中国建筑设计研究院建筑历史研究所进行对接。

元明清天妃宫遗址本体保护加固工程。2016年完成了遗址堆积土的清理和遗址防渗墙的施工，正在进行遗址大殿基址保护加固工程。

千像寺造像保护工程。2016年完成以下三项工作：一是本体表面病害调查；二是本体三维激光扫描和三维基础数据采集；三是工程地质勘查。

梁启超纪念馆安防工程。根据国家文物局批复的施工方案，梁启超纪念馆安防工程顺利进行，室内外监控、门禁、红外报警等设施完成调试运行。

独乐寺观音阁内壁画保护工程。蓟州区文保所与陕西省遗产保护中心联合，对独乐寺观音阁内壁画实施保护，目前正处于动态监测期。

（四）世界文化遗产保护

加强对大运河（天津段）的执法巡查力度。天津市文物局专门组织各相关单位和区县文物部门，对天津市域内的大运河实行定期巡视检查，及时发现并消除威胁遗产本体的各类安全隐患，制止破坏运河本体及周边环境的违法行为，并在部分河段新设立了多个“世界文化遗产保护”标牌标志，做好大运河的日常维护管理工作。

做好大运河（天津段）遗产监测预警平台的填报和维护。天津市文物局积极与各区县文物部门和市有关部门密切配合，及时了解运河水位、水质等情况，按时填报相关数据并上传至国家文物局大运河遗产监测预警总平台。

做好大运河（天津段）规划衔接。天津市文物局组织相关单位编制《筐儿港分水设施遗址保护规划》。西青区政府根据全国重点文物保护单位和世界文化遗产的保护要求，重新调整大运河两岸的建设规划方案。

（五）其他

觉悟社旧址、女星社旧址及附属设施修缮工程。8月1日开始施工，年底修缮土建工程全部完成。

大悲院修缮工程。1月11日，河北区文物管理所协助天津市文物局组织文物工程验收组，对大悲院西跨院、天王殿、释迦宝殿等修缮工程进行现场验收。

秦城遗址保护利用工程。5月16日天津市文物保护单位秦城遗址保护利用工作全面启动。保护范围内原有的328座坟茔全部迁出，文物本体得到有效保护，遗址环境风貌得到极大改善。

【考古发掘】

2016年，发掘完成蓟县大云泉寺金代墓葬1座，清理出完整仿木构砖室结构金代墓葬1座，出土铜钱6枚、陶器3件，为研究天津地区金代墓葬及社会文化提供了重要的实物资料。

【博物馆与可移动文物保护】

（一）博物馆

2016年，天津市博物馆建设持续有效推进，北疆博物院重新对外开放，博物馆运行考评有序展开，馆际交流日益活跃，馆校合作成效明显，展览内容不断丰富，公共文化服务水平不断提升。

1．博物馆建设

1月20日，天津市文化广播影视局（天津市文物局）与天津市教育委员会联合签署《天津市推进文化教育融合框架协议》，并在天津博物馆联合主办“天津市推动文化教育融合暨中小学实践课堂现场推动会”。

1月22日，北疆博物院重新对外开放，展出各类标本化石近20000件，社会反响强烈。

2月25日，中科院古脊椎研究所与天津自然博物馆成立“联合研究中心”揭牌及合作签署仪式在北疆博物院举行。

3月5日，天津市博物馆志愿者管理委员会正式成立。3月26日第一次全体会议在天津博物馆召开。

5月12日～8月26日，天津市文物局委托文物管理中心对天津市54家博物馆纪念馆进行了考评，对考评结果为优秀和合格的非国有博物馆及行业博物馆给予了资金补助。

12月23日，天津鼓楼博物馆改陈工作完成，正常对外开放。

2．博物馆间的交流与合作

1月15日～3月20日，天津博物馆“中国民间艺术的瑰宝——天津博物馆藏杨柳青年画展”在云南博物馆展出。

1月22日～2月28日，天津戏剧博物馆“天津——京剧艺术重镇”在北京新文化运动纪念馆（北大红楼）展出。

2月1日～4月20日，天津博物馆“俗世雅趣——天津民间工艺品展”在西安博物院展出。

2月2日，天津博物馆举办“地域一体　文化一脉——京津冀历史文化展”。

4月6～8日，中国自然科学博物馆协会联络员工作会议在天津自然博物馆召开。

4月10日～5月20日，天津博物馆“怪而不怪——天津博物馆藏扬州八怪书画展”在扬州博物馆展出。

4月15日，周恩来邓颖超纪念馆与北京鲁迅博物馆共同举办“旧邦新命——新文化运动百年纪念展”。

4月，平津战役纪念馆“长征路上的女红军”等展览在淮海战役纪念馆展出。

5月6日，“京津冀博物馆陈列展览创新与发展论坛”在天津博物馆举行。

5月25日，平津战役纪念馆“家风——看前辈的身影”在盐城新四军纪念馆展出。

6月8日～9月8日，国家海洋局宣教中心、天津市文物局、天津市海洋局在天津自然博物馆联合举办“富饶的南海——南海特展”。

6月29日，周恩来邓颖超纪念馆“为民　务实　清廉——党风楷模周恩来”展览在本溪博物馆展出。

7月4日，由天津市文物博物馆学会、天津博物馆主办，北京收藏家协会等单位协办的“燕赵大地——京津冀民间收藏文化展”在天津博物馆开展。

7月26日～9月18日，周恩来邓颖超纪念馆与广东革命纪念馆联合举办“共产党人与黄埔军校”展览。

8月，平津战役纪念馆“家风——看前辈的身影”等展览在辽宁塔山阻击战纪念馆展出。

9月21日，周恩来邓颖超纪念馆“光辉的旗帜——纪念红军长征胜利80周年”在山东聊城孔繁森纪念馆展出。

9月27日，梁启超故居纪念馆“一生家国梦　几代赤子心——梁启超家风图片展”在南京太平天国历史博物馆展出。

12月16日，由李叔同故居纪念馆、天津美术馆、浙江省博物馆联合举办的“记住童心——丰子恺漫画展”在天津美术馆开展。

3．重要展览

1月7日，为纪念周恩来总理逝世40周年，周恩来邓颖超纪念馆举办“不尽的思念——周恩来邓颖超纪念馆馆藏书画珍品展”。

2月6日～12月30日，天津自然博物馆举办“金猴报春——猴年特展”。

3月29日～5月7日，李叔同故居纪念馆举办“李叔同早年书法墨迹展”。

4月6日～9月12日，平津战役纪念馆举办“伟大的历史转折——遵义会议纪实展”。

5月1日～7月31日，天津戏剧博物馆举办“水袖与蓬裙的邂逅——纪念汤·莎400周年特展”。

5月18日，天津博物馆举办“画与书归——明代中期吴门书画特展”。

5月18日～5月22日，天津美术馆举办“寻艺天津　匠心美学——民间艺术创新展”。

5月18日～7月15日，李叔同故居纪念馆举办“笔墨飞扬——青少年美育成果展”。

6月1日，天津博物馆举办“讲给孩子们的燕国故事”展。

6月8日～6月12日，天津美术馆举办“第二届京津冀非物质文化遗产联展”。

6月10日，周恩来邓颖超纪念馆举办“开天辟地——中国共产党创建史图片展”。

6月21日～7月10日，天津文庙博物馆举办“紫玉金砂——紫砂文化收藏展”。

7月1日～8月1日，天津博物馆与李叔同故居纪念馆联合举办“自律、创新、爱国——李叔同的人格精神”展。

7月14日～8月22日，平津战役纪念馆举办“长征路上的女红军”展览。

7月20日～9月5日，李叔同故居纪念馆举办“津沽名贤——赵元礼生平展”。

7月27日～9月4日，天津美术馆举办“唤醒城市的记忆——天津美术馆馆藏20世纪80年代摄影作品展”。

9月1日～9月12日，天津美术馆举办“释放Release——常青藤计划2016中国青年艺术家年展”。

9月10日～10月18日，李叔同故居纪念馆举办“贤者为师——李叔同执教生涯展”。

9月22日～10月30日，天津戏剧博物馆举办“沽上　伶韵　皮黄腔——天津京剧往事暨戏曲文物精品展”。

9月28日，天津文庙博物馆举办“科举制度与天津”展。

10月4日，平津战役纪念馆举办“榜样的力量——‘两学一做’学习教育专题展览”。

10月23日，李叔同故居纪念馆举办“寻找春柳社——纪念‘春柳社’成立110周年展”。

12月6日，天津美术馆、天津博物馆联合举办“岁月涟漪——近代‘湖社’画会展”。

12月29日，天津自然博物馆举办“自然大观——丝绸之路展”。

（二）可移动文物保护

1．概况

2016年，天津市第一次全国可移动文物普查工作圆满完成。天津市127家可移动文物收藏单位，共采集藏品675110件／套，实际数量1784494件。天津大学被国家文物局认定为文物本体表面监测与分析研究重点科研基地。

2．可移动文物保护基地建设

11月25日，天津大学被国家文物局认定为文物本体表面监测与分析研究重点科研基地。天津大学“文化遗产保护与传承信息技术研究中心”将信息技术领域的计算机视觉、图形学、可视分析、机器学习与数据挖掘等新技术新方法与文化遗产保护和传承相结合，在水墨画效果的仿真模拟、古建筑测绘和数字化、文物本体表面视觉重定位监测、古代壁画病害风险评估、博物馆信息化、木版年画的数据库建设等文化遗产应用领域进行了多年的探索与实践。根据连续三年跟踪实测结果，一年周期内的可监测到的变化精度达到0.1毫米以上。

3．可移动文物保护方法、技术及应用

5月10日，北疆博物院馆藏古生物化石标本保护工程启动，该项工程由中科院古脊椎所技术专家指导，提升标本保养、维护能力。该工程利用当今国际最前沿的保护技术，对由于风化或石化不完全导致的开裂、粉末化问题标本进行加固修复、做卧囊，共完成2100件标本的保护。

9月21～22日，天津市文物局组织专家对“天津博物馆可移动文物预防性保护项目（一期）——天津博物馆可移动文物保存环境质量监控方案”进行验收评审。组织召开了馆藏可移动文物预防性保护工作交流会，旨在构建经验交流平台，倡导馆际间的沟通与合作，在全国范围内推广天津博物馆成功经验，积极推进各博物馆馆藏文物预防性保护项目的有效实施，提高可移动文物预防性保护水平。

天津张湾2、3号沉船保护修复。张湾2号沉船保护修复项目完成了沉船的矫形和脱盐，隔舱板以及左、右舷船板补配、做旧、加固，沉船整体的舱料填充和船钉的保护等工作。并根据沉船的具体情况完成设计、制作船体托架，张湾2号沉船本体的保护修复已经完成。张湾3号沉船主要是将船板浸泡脱盐后，采取PEG4000浸泡填充法使船板脱水加固。在船板浸泡脱水加固过程中根据船板的实际情况，不定期地往浸泡液中添加PEG4000，使浸泡溶液中PEG4000的浓度逐步提高。并保持在合适的温度范围内，做好各项数据（浸泡液温度、船板的脱水情况等）的检测。

蓟县大安宅汉代木井圈保护修复。2016年蓟县大安宅汉代木井圈的保护主要是对木井圈采取乙二醛溶液浸泡方法脱水加固，保持浸泡温度在适宜范围内。在木井圈脱水加固期间定期检测乙二醛泡液的温度、密度等，并对木井圈保护工作中的基础资料进行整理和汇总。

静海区文化馆馆藏出土陶瓷器文物保护修复。对静海文化馆馆藏出土的94件／套陶瓷器文物制定具体的修复方案。包括文物原始信息的记录、清洗、粘接、石膏补全、作色等，并对每件文物填写相应的文物修复档案。

【社会文物管理】

2016年审核拍卖标的物品13746件，撤拍25件；文物商店售前审核1497件，确定不允许销售76件；审核出境文物及文物复仿制品445件，经审核禁止出境的文物7件，审核临时进境文物29件；受天津海关委托，现场鉴定疑似文物956件，经鉴定禁止出境文物153件。

完成司法鉴定9起，其中涉及不可移动文物的司法鉴定2起。可移动文物106件、珍贵文物21件、复仿制品51件、现代工艺品20件。

完成国家文物局委托的“关于开展民间文物鉴定试点工作”文物鉴定401件，其中瓷器202件，玉器67件，杂项74件，书画58件。

【文博教育与培训】

举办“名师教室”系列学术讲座，由来自中国国家博物馆、浙江省博物馆、广东省博物馆、中国社科院考古所、中国人民大学、清华大学、复旦大学、中国美术学院、北京大学等文博单位及高校的专家学者主讲。

开展文博系列专业技术人员继续教育，由天津市文物局、天津博物馆、中国博物馆协会、天津文博院、天津文史研究馆、南开大学、天津师范大学等文博单位及高校的专家学者授课。

举办专题培训班。11月1～3日，天津市文物局举办《博物馆条例》培训班。11月24日，天津市文物局组织了文物拍卖管理工作的专业培训班。12月6～8日，天津市文物局举办博物馆陈列展览设计人员培训班。

【文博宣传与出版】

（一）文博宣传

2016年，天津市文物局以国际博物馆日、世界文化遗产日、长城保护条例颁布10周年等时机，组织了一系列有计划、有特色、有重点的全方位宣传活动。

5月18日，第40个国际博物馆日到来之际，天津市文物局印制了1万余册《天津市博物馆一览》和《博物馆条例》等宣传材料免费向观众发放；天津广播电台开展了公仆走进直播间的博物馆日专题活动；在天津博物馆召开了京津冀博物馆陈列展览创新与发展论坛；全市博物馆在本单位举办了丰富多彩的活动。

6月11日是第11个文化遗产日。天津市文物局、河东区人民政府在河东区郑庄子棉三创意街区，联合举办了主题宣传活动。举办了“天津工业遗产”专题展览，拍摄制作了一部20分钟的专题宣传片《天津工业遗产》，并组织了反映河东区非物质文化遗产保护成果的拦手门、善音法鼓及形意拳三个非遗项目演示。

9月20日，在黄崖长城正关广场举办纪念《长城保护条例颁布十周年》长城保护宣传签名活动，天津电视台等主流媒体相继进行了报道。

9月28日～10月3日，天津市第六届国学文化节在文庙博物馆举行。由天津市文物局、南开区人民政府、南开区政协主办，天津戏剧博物馆文庙博物馆管理办公室承办的国学文化节，充分发挥天津文庙的爱国主义教育基地的作用，弘扬中华优秀传统文化和社会主义核心价值观，推动文化惠民与文化发展相结合，丰富人民群众的精神文化生活。

（二）文博出版

编辑出版《137公里——京津当代水墨名家提名展作品集》《人和见太平——白石老人津沽墨缘》《浅谈打造优秀展览　让文物活起来　弘扬社会主义核心价值观》《回顾与展望——2016年中国博物馆宣教工作研究》《名帅雄关——戚继光与黄崖关长城研究专辑》《戚继光与黄崖关长城》等图书。

【机构及人员】

2016年，天津市共有文博单位75个。其中，文物保护管理机构10个，正常开放的博物馆63个（文物系统博物馆26个，行业博物馆17个，非国有博物馆20个），文物商店1个，文物科研单位1个。

截至2016年12月31日，11家局属文博事业单位实有岗位693个，在职人员573人。按学历情况划分：博士学历10人，硕士学历106人，本科学历363人，大专学历87人，大专以下学历45人。按专业技术岗位划分：正高级专业技术岗位18人，副高级专业技术岗位81人，中级专业技术岗位216人，初级专业技术岗位153人。

【对外交流与合作】

4月27日～7月17日，天津博物馆举办“永恒之城——古罗马的辉煌”文物展览，展出从意大利罗马国家博物馆、罗马斗兽场博物馆引进的雕塑、青铜器、文献等展品150件／套。

6月22日，澳门科学馆副董事长唐志坚、馆长邵汉彬等9人组成的参观团到天津自然博物馆参观考察。

8月23日，土库曼斯坦副总理一行到天津博物馆参观。

8月24日，阿尔巴尼亚外交部部长迪特米尔布沙蒂一行到天津博物馆参观。

10月28日～11月6日，天津美术馆赴台北中山纪念馆举办“翰墨传情——海峡两岸台津书画交流展”，展出作品66件。

12月17日，塞尔维亚第一副总理兼外长一行到天津博物馆参观。

12月22日，俄罗斯莫斯科克里姆林宫博物馆馆长加加林娜一行5人到天津博物馆参观，双方就今后两馆在展览项目、学术交流等方面进行了商谈。

河北省

【概述】

2016年，河北省坚持“保护为主、抢救第一，合理利用、加强管理”的文物工作方针，秉持正确保护理念，强化依法管理，积极改革创新，全省文物保护、利用和管理工作取得新进展。

【法规建设】

加强长城保护立法工作。《河北省长城保护办法》于2016年12月5日省政府第99次常务会议通过，自2017年2月1日起施行。

【执法督察与安全保卫】

（一）执法督察

长城执法监管工作得到加强，长城监管与执法常态化机制形成，督察效果逐步显现。河北省文物局配合国家文物局长城执法专项督察组赴保定、张家口等市，对长城沿线市县进行执法督察。

完善约谈机制，依法打击文物犯罪。配合国家文物局就清东陵文物安全问题约谈唐山市政府、遵化市政府、清东陵保护区管委会。就文物被盗和文物安全管理问题约谈沧州市政府。在约谈中，要求有关单位认真落实政府责任，大力加强安全防范，严厉打击文物犯罪，严格落实安全责任追究。

开展依法打击文物犯罪专项行动，形成强大震慑。河北省文物局与省公安厅联合部署开展“2016全省打击文物犯罪专项行动”，共破案23起，其中省督案件13起，抓获违法犯罪嫌疑人42名。

开展文物法人违法专项整治活动，遏制城镇化快速进程中文物法人违法多发势头。开展文物法人违法专项整治活动，有效遏制城镇化快速进程中文物法人违法多发势头。盯未结案的行政执法案件，督导涞源黄土岭长城遭破坏案件，多次约谈涞源县政府和文物主管部门负责人，提出案件处理指导意见。

组织参加2016年度全国文物行政执法人员培训班（京津冀片区），签订《京津冀文物执法协作体框架协议》，开启了京津冀文物协作执法的序幕。

积极配合河北省人大常委会文物保护“一法一办法”执法调研工作，对张家口、承德、秦皇岛、唐山等地进行现场检查。

（二）安全保卫

按照中央和省委、省政府领导的批示，突出问题导向，督导各地全面开展文物安全隐患排查整治专项行动，共排查出文物安全隐患545项，已落实整改152项，正在整改393项。

与省直文博单位签订2016年度安全责任书，明确安全任务和责任。

抓紧实施河北省长城重点段落安防项目。根据国家文物局《长城保护员管理办法》和《长城执法巡查办法》，全省长城沿线文物行政主管部门划分区域，明确任务，落实长城保护政府责任，完善长城保护责任体系。

联合公安部门组织专家对定州贡院、昌黎源影寺塔、宣化时恩寺、满城汉墓等安防工程进行了技术验收。

【不可移动文物的保护和管理】

（一）概况

近年来河北省实施的文物保护工程项目规模、范围情况复杂，省文物局结合项目和地方管理的实际，推动落实项目管理责任。规模大的重点项目抽调人员组织了专门工作班子，承德、西陵等设立了工程指挥部；同时成立领导小组协调解决工程中遇到的重大问题；邀请有关专家组成专家顾问组，及时指导研究解决相关技术问题。其他项目也要求明确专门机构、人员，建立必要的组织，明确项目单位、设计与施工、监理单位的责任，规范项目运行。

（二）大遗址保护

大遗址保护工作进展顺利。元中都遗址等9处被列入我国“十三五”期间大遗址保护规划。泥河湾早期人类起源研究被列入国家“十三五”文化遗产保护与公共文化服务科技创新规划。完成了中山古城遗址、邺城遗址国家考古遗址立项的各项前期工作。

推进元中都遗址保护工程，基本完成元中都中心大殿保护工程、宫城南门小广场保护工程、皇城南门保护工程、西南角楼排水等保护工程，正在实施遗址内的环境整治工程。宫城西城墙南段保护工程方案经国家文物局审批通过，并拨付经费。

实施赵邯郸故城4号门阙保护与展示工程，一号建筑基址保护方案已经通过审批。夯土数字化保护与展示已经国家文物局批复立项，方案报国家文物局。

泥河湾遗址群实施小长梁遗址保护工程，侯家窑遗址保护工程。马圈沟遗址保护棚方案得到国家文物局批复同意。配合泥河湾遗址公园建设，省财政支持的泥河湾研究中心主体基本完工，省发改委已经批复同意泥河湾遗址博物馆的建设。

邺城遗址进行三台区域的环境整治工作。中山古城遗址厝墓环境整治方案编制完成并报国家文物局。中山靖王墓（满城汉墓）完成三期防渗，并通过省级验收。北戴河秦行宫遗址、内丘邢窑遗址保护工程全面启动。完成磁县宋代壁画墓保护工程，并通过专家验收。

河北省人民政府公布实施《泥河湾遗址群（大田洼）片区文物保护总体规划》；完成张柔墓、补要村遗址、封氏墓群、下八里辽墓、隆化土城子、赵王陵遗址等规划编制，张柔墓、封氏墓群规划已经报国家文物局；国家文物局批准同意隆尧唐祖陵、雄县宋辽边关地道等规划编制立项；临清古城遗址、禅果寺遗址等保护规划立项报国家文物局。

（三）全国重点文物保护单位

加大正定古城保护工程推进力度。隆兴寺天王殿、毗卢殿、文庙大成殿保护维修工程通过省级技术验收；正定城墙——南门系统修缮工程、南城墙修缮工程、西门系统南部遗址、东西城墙南段修缮工程、隆兴寺壁画保护工程等6项工程全面开工；隆兴寺整体保护工程组织招投标工作，准备开工；隆兴寺文物保护规划经国家文物局批复，正在修改完善中；临济寺澄灵塔规划正在修改中；正定城墙保护规划初稿已完成，正定县在征求相关部门意见建议。

明清皇家建筑河北片区项目取得丰硕成果。安远庙、普乐寺、溥仁寺、殊像寺、普佑寺、普陀宗乘之庙、须弥福寿之庙和避暑山庄大部分建筑计46项工程通过国家文物局验收；普宁寺、安远庙清代壁画保护工程等8项工程已完工；普陀宗乘之庙油饰彩画及石质文物科技保护工程、避暑山庄石质文物科技保护工程和避暑山庄部分建筑保护工程等15项工程正在实施中；文津阁书架及书函复原工程、须弥福寿之庙石质文物、殊像寺石质文物保护工程、暖溜暄波区块文物修缮和展示工程等4项工程方案已经批复和核准，进行前期准备工作。避暑山庄沧浪屿建筑组群保护修缮工程、普乐寺油饰彩画修缮工程、须弥福寿之庙彩画保护工程等3项工程方案在修改。

蔚县华严寺、深州盈亿义仓（一期）维修工程、易县双塔庵双塔修缮工程已完工，直隶审批厅旧址、保定淮军公所一期、清河道署、福庆寺圆觉殿、新城开善寺院落、蔚县玉皇阁修缮工程进展顺利。鸡鸣驿村传统村落保护工程已全部完工；西古堡南瓮城寺庙建筑群、腰山王氏庄园维修工程进展顺利。

（四）世界文化遗产

河北省长城段落保护单位核定公布已达100%，保护管理基础得以加强，保护体系初步形成。申报和启动了长城保护的部分专项规划。一是《明长城保护规划（河北段）》在征求8个设区市意见的基础上编制完成并报国家文物局；二是《早期长城保护规划》也已启动。从2016年起，省财政每年拿出1000万元用于长城保护。

2016年，河北长城保护工程开展顺利，山海关关城及东罗城保护维修工程等3项工程通过国家文物局验收；涞源县乌龙沟段长城（一期）等2项保护维修工程通过省级技术验收；金山岭沙子沟楼至碾子沟楼修缮工程等2项工程已完工，已组织省级技术验收；山海关长城铁门关——靖边楼保护维修工程等8项工程正在实施；抚宁县九门口点将台保护加固工程等3项工程方案已经批复和核准，正在进行前期准备工作。赤城县独石口长城、岔沟梁牧场段长城保护工程，已呈报国家文物局待批。11月30日，在金山岭举行了国家《长城保护条例》颁布十周年纪念活动。

（五）革命文物

按照国家文物局《关于加强革命文物工作的通知》要求，编制了河北省革命文物实施维修保护三年行动计划，积极有效进行全省重点革命文物的维修和保护。初审了中共晋冀鲁豫中央局和军区旧址保护规划，审核中央人民广播电台旧址保护与展示工程、涉县晋冀鲁豫边区政府旧址修缮工程、冉庄地道战遗址整体保护工程等革命文物保护设计方案。实施了冉庄地道战遗址整体保护工程（三期）、晋察冀边区政府成立处旧址保护维修工程。

【考古发掘】

（一）概况

完成泥河湾遗址群、康保兴隆遗址、赵王城遗址、邺城遗址、大名府故城遗址、满城要庄遗址、行唐故郡遗址、沧州旧城遗址、黄骅郛堤城遗址瓮棺葬墓地、肃宁武垣城址、柏人城遗址、柏乡鄗城遗址、新乐何家庄遗址、平山王母唐墓、涿鹿故城遗址等考古发掘工作，取得重要收获。

完成满城西灵山西汉墓、井陉北防口宋金墓葬、隆化辽代墓葬、顺平金代墓葬等抢救性考古发掘工作。

完成新建崇礼铁路穿越长城遗址等14项建设工程中的文物保护初审工作，已呈报国家文物局审批。

（二）重要考古项目

1．泥河湾东方人类探源工程

2016年，泥河湾旧石器考古工作主要包括以下几个方面：一是大田洼台地及周边旧石器遗址考古调查、试掘；二是马圈沟遗址鱼嘴沟地点考古发掘；三是马鞍山遗址的发掘；四是石沟遗址的发掘；五是西白马营遗址的发掘。

2．康保早期新石器时期遗址调查

中国国家博物馆、河北省文物研究所、河北师大联合进行，发现了距今9000～8000年的面貌独特的新型考古学文化。

3．行唐故郡墓地发掘工作

2016年发掘面积约3000平方米，发现各类遗迹115处，主要有墓葬33座，其中东周墓葬25座（含2015年6座）、车马坑5座、水井1眼、灰坑和灰沟60处、道路4条、抗战时期地道1处。出土遗物主要有陶鬲、尊、豆、罐、碗、壶，青铜戈、镞、削刀、凿、铲、腰牌等。

4．平山王母唐壁画墓抢救性发掘工作

该墓时代为唐末时期，由墓道、墓门及门楼、甬道、墓室、棺床及棺床上的房形椁组成，南北通长11.6米。出土墓志一通，3件瓷器、6件铁器、73枚铜钱。墓室东西两壁分别为侍女备茶图、备酒图，方形椁东西壁各为一幅立式构图的植物图案，北壁为一幅横式构图的独屏水墨山水画。墓中的独屏山水画纪年明确，据墓志记载为天佑元年（公元904年），是目前我国发现最早的一幅独屏水墨山水画，填补了唐、五代、北宋时期的山水画发展序列的缺环，是探讨中国早期山水画珍贵的实物例证。该墓葬的发现为研究唐代砖室墓的演变和中国山水画的发展具有重要意义。

5．黄骅海丰镇遗址瓮棺葬群发掘工作

该瓮棺葬群是黄骅地区首次发现的战汉时期瓮棺葬，也是国内发现的数量最多的瓮棺葬群之一。该处瓮棺葬群规模庞大、种类齐全，是该时期最具代表性的瓮棺葬墓地。除了儿童瓮棺葬外还包含一批成人瓮棺葬，这对研究当地两千多年前的丧葬习俗极为重要。

6．正定古城考古工作

2016年主要工作包括以下几点：一是古城原地标性建筑阳和楼基址勘察发掘，为复建提供依据；二是配合开元寺南广场建设进行考古发掘。

【博物馆与可移动文物保护】

（一）博物馆

2016年，河北省共有4家新成立的博物馆备案，分别为承德避暑山庄酒文化博物馆（非国有）、馆陶县博物馆、临漳佛造像博物馆、河北文学馆，全省博物馆总数达到109家。承德市博物馆、秦皇岛市博物馆、衡水市博物馆、邢台市博物馆已开工建设。

发挥河北博物院的带动引领作用，推进重点市级博物馆建设，将更多的博物馆纳入财政支持的免费开放范围。建立博物馆免费开放运行绩效评估管理体系，推动博物馆由数量增长向质量提升转变，完善服务标准，提升基本陈列质量，提高藏品利用效率，促进馆藏资源、展览的共享交流。

加大博物馆、纪念馆开放力度。策划推出一批具有河北历史文化特色的陈列展览，开展博物馆之间的展览交流，积极推动博物馆纳入国民教育体系，鼓励博物馆对学校开展各类相关教育教学活动提供支持和帮助，增加面向学生的陈列展览，创制富有特色的教育活动项目，鼓励中小学生利用博物馆开展社会实践活动。按照国家文物局发布的博物馆理事会章程示范文本和指导意见，逐步开展河北省博物馆理事会制度建设等工作。

推进文化文物创意产品开发工作。积极贯彻落实《关于推动文化文物单位文化创意产品开发的若干意见》，有针对性地努力系统梳理全省不可移动文物及馆藏文物资源情况，扎实做好前期准备。河北博物院入选国家试点范围，试点工作已展开。

河北博物院的“战国雄风——燕赵中山”展览获得“第十三届（2015年度）全国博物馆十大陈列展览优胜奖”。

（二）可移动文物保护

组织对全省馆藏珍贵文物保护修复方案的审核申报工作。滦平县石质文物保护修复方案获得国家文物局批准，唐山博物馆、邯郸市博物馆、河北博物院的可移动文物预防性保护方案获得国家文物局批准。

（三）第一次全国可移动文物普查

按照国家普查办和河北省普查实施方案的要求，2016年全省可移动文物普查工作进展顺利，共登录收藏单位359个，登录藏品1402254件。

【社会文物管理】

完成对10场拍卖会的拍前材料审核，委托专业人员对5156件／套拍卖标的进行实物审核，完成对拍后材料审核备案工作。审核河北翰如拍卖有限公司从事文物拍卖资格，颁发《文物拍卖许可证》。对大马河北拍卖有限公司拍卖会进行监拍。调查处理河北艺林阁美术馆涉嫌非法经营文物的行为。

【科技与信息】

委托相关高校科研单位编制河北省数字化博物馆建设规划方案。积极申请河北文物信息数字平台建设及馆藏珍贵文物数字化项目列入2017年省级预算范围，推动该重点项目尽快进入实施阶段。积极配合国家文物局做好“互联网+中华文明”行动计划项目申报。

【文博教育与培训】

对787名长城保护员进行了业务培训，整顿补充了长城保护员队伍，严明保护纪律，使河北省长城沿线保护体系更加巩固，力量更加壮大。在石家庄举办了全省文物消防安全培训班，参训人数163人。举办了博物馆纪念馆免费开放绩效评价培训，参训人数110人。加快推进清东、西陵文物保护工程，协调指导清西陵举办工程培训班。

【文博宣传与出版】

组织全省各级文博单位，围绕2016年国际博物馆日的主题“博物馆与文化景观”开展宣传活动。石家庄市博物馆举办了“国宝调查　全民分享——河北省第一次可移动文物普查阶段成果图片展”。

配合国家文物局，做好2016年中国文化遗产日承德主场城市活动，圆满完成任务。遗产日当天，中央电视台、人民日报社、新华社、中央国际广播电台、河北日报社等中央及地方50多家媒体云集承德，进行全方位集中采访，新华网、凤凰网、人民网、光明网等网络媒体也同步刊载活动盛况。

按照国家文物局的统一部署，9月组织部署全省开展长城公开课活动，并选择山海关作为省局重点，成功举办“河北山海关长城公开课”宣传活动，收到良好的宣传效果。

【机构及人员】

截至2016年年底，河北省共有各类文物机构309个，其中，文物保护管理机构166个，博物馆111个，文物保护科研机构5个，文物商店3家，其他文物机构24家。全省从业人员8745人。

【对外交流与合作】

协助国家文物局将台湾星云大师捐赠的北齐释迦牟尼造像佛首运送回大陆，并参与在北京机场、国家博物馆等地举行的迎接佛首回归仪式。佛首回到河北后，及时完成对佛造像的修复，在河北博物院曲阳石雕展厅辟专门区域展示幽居寺佛教文物。

5月，爱沙尼亚文化部秘书长率团参访正定隆兴寺。

【其他】

推进张家口涉冬奥会文物保护工作。按照河北省政府要求，编制完成《张家口涉冬奥会文物保护实施方案》，开展太子城考古调查，抓好冬奥会赛场周边文物保护工作。

山西省

【概述】

2016年是我国文物事业发展极为重要的一年，围绕贯彻落实国务院文件和全国文物工作会议精神，山西省人民政府出台了《关于进一步加强文物工作的实施意见》并召开全省文物工作会议进行安排部署。全省文物系统认真贯彻落实国务院和省政府会议部署要求，抓主抓重，扎实推进，圆满完成了年度工作任务，实现了“十三五”良好开局。

【法规建设】

文物保护法规体系建设不断完善。一是《山西省文物建筑构件保护办法》以省政府规章形式正式出台，这是国内首次就文物建筑构件进行立法，具有较好的示范引领作用。二是在推进动员社会力量参与文物保护立法上，以部门规范性文件出台了《山西省社会力量参与文物建筑保护利用暂行办法》，《山西省社会力量参与文物建筑保护利用条例》已列为省级2017年立法预备项目。

先后印发《山西省市县级博物馆建设导则》《山西省古建筑日常养护工程实施意见》《山西省文物保护专项补助资金管理办法》和《关于加强我省文物安全工作的意见》，全省文物保护行业标准和技术规范不断健全。

【执法督察与安全保卫】

（一）执法督察

一是在全省部署开展了“文物法人违法案件专项整治行动（2016～2018年）”，全年指导督办了各类文物违法案件22起，有效遏制了文物法人违法案件频发态势。二是按照国家文物局督促加强平遥古城保护管理工作的要求，会同有关部门成立了专项督察组，对平遥古城保护管理问题进行了实地调查核实并提出了整改措施和完成时限，全面整治古城内的违法建设问题。三是认真配合国家文物局长城保护专项督察行动，组织开展了省内交叉检查，对自查发现案件进行了重点督办，在全国15个长城沿线省份督察评分中位列第四。

（二）安全保卫

在继续坚持常规性和重要节点文物安全检查不放松的前提下，重点部署开展了为期四个月的夏季消防安全大检查和为期五个月的今冬明春火灾防控工作，全省全年没有发生文物安全重大事故。

【不可移动文物的保护和管理】

105处南部早期古建筑保护工程的本体修缮全部完工，其中101处通过了竣工验收。应县木塔加固保护工程正在按照国家文物局批复的施工深化和优化设计方案组织施工。明长城繁峙平型关、阳高县镇边堡、大同镇城等重要点段的保护修缮工程正在实施，大同新荣区得胜堡等6处重要点段保护修缮方案已上报国家文物局审批。沁水窦庄和湘峪、介休张壁等古村落整体保护工程进展顺利，2015年启动的45处院落已完工38处。由中央和省财政安排的国省保和重要市县保古建筑的维修抢险工程正在有序实施。安排1990万元用于17处红色及抗战遗存的本体保护工程在年底前完工76%。

平遥古城内72号和69号墙体抢险加固工程已完成90%。云冈石窟第3窟和第21至30窟的岩体加固设计方案已按国家文物局意见修改完善。五台山殊像寺抢险维修工程和佛光寺东大殿护坡抢险加固工程完工，南山寺善德堂修缮工程设计方案已按国家文物局意见修改完善，塔院寺白塔修缮方案已编制完成，重点寺庙的文物价值研究和展示工作正在进行。

首批420处国省保古建筑日常养护工程已经实施，由省本级财政每年专项列支1000万元用于古建筑日常养护，这在全国是首创。

全省历代长城保护范围及建设控制地带已经划定并报省政府公布、报国家文物局备案，《山西省长城保护规划》已编制完成。

【考古发掘】

（一）概况

2016年共组织实施考古发掘31项，其中主动性考古发掘12项，配合基本建设考古发掘14项，其他抢救性考古发掘5项，有效保护了一大批珍贵文物。

（二）重要考古项目

1．晋阳古城遗址西北部二号建筑基址群发掘

发现了“隋代晋阳宫”记事残碑，揭示了不同时代同一区域的不同建筑类型，基本厘清了晋阳古城从早到晚的完整地层，对于建立该地区魏晋至宋的时代序列提供了样本。

2．蒲州故城城墙遗址考古发掘

对确定北朝至唐代蒲州城的规制布局、探讨蒲州城址的沿革变迁以及建设蒲州故城国家考古遗址公园都具有十分重要的意义。

3．河津固镇宋金时期瓷窑址考古发掘

填补了山西地区无相关制瓷遗迹的空白，为今后研究宋金时期的制瓷工艺及技术提供了重要依据，大大推进了山西陶瓷考古工作的发展。

【博物馆与可移动文物保护】

（一）博物馆

1．博物馆建设

全省博物馆建设工作持续加强，展陈水平不断提升。编制完成了《山西省2015年度博物馆名录》，并向社会公布。

实施了山西博物院公共文化创意体验空间的改造提升和会展中心专业展示柜配置、照明设施设备改造，完善了山西省民俗博物馆公众服务配套设施和安防系统，升级改造了山西省艺术博物馆安全技术防范系统。

支持太原、运城等市级新建博物馆展陈布展工作，继续支持临汾市博物馆、陶寺遗址博物馆编制展陈大纲。安排专项经费对八路军太行纪念馆“八路军将领馆”和红军东征纪念馆基本陈列实施了展陈提升，对八路军总部王家峪旧址纪念馆“八路军总部在太行”进

行了数字化展示。

山西博物院法人治理结构模式逐步规范，大同市博物馆理事会建设试点工作正在有序推进。

对太行三村生态博物馆白杨坡分馆、豆口分馆展陈进行专业指导和经费支持，为介休市博物馆、灵石县博物馆配备了语音导览系统。

2．博物馆间的交流与合作

山西博物院2016年共策划、引进“考古的故事——山西‘十二五’考古成果展”“张培林太行山系列捐赠作品展”“张守中考古六十年手迹”“太行意象——陈夔君、陈颖油画展”“雪域梵音——西藏佛教艺术展”“厚重山西——山西省第一次全国可移动文物普查成果展”“吴冠中书画精品展”“黎雄才书画作品展”“明清扇面艺术展”“曹清·毛进绘画特展”等临时展览10个，推出“山西古代艺术展”“明清水陆画艺术展”“傅山书画精品展”“晋国霸业展”等分别赴西藏、辽宁、浙江、北京、河北等地博物馆、美术馆展出。

山西博物院藏79件/套文物分别参与了在美国夏威夷火奴鲁鲁艺术博物馆、纽约华美协进社和中国美术馆、广东省博物馆、故宫博物院、陕西历史博物馆、甘肃省博物馆、首都博物馆、四川省博物馆举办的专题展览。

3．重要陈列展览

由台湾高雄科工馆和山西省民俗博物馆等合作推出的“无锁不谈”精品展相继在太原、晋城、大同三地巡回展出。由山西博物院策展的“山西古代艺术展”先后在西藏和莫斯科成功展出。由山西省民俗博物馆策展的“钗钿花容——清代女子饰品展”入选了2016年度《中国博物馆展览海外推介目录》。

4．其他

2016年，山西博物院完成了国家文物局“博物馆青少年教育功能提升项目”。主导策划的“魅力古建”“晋界讲坛”“周末小课堂”“2016年博物馆青少年教育提升项目”等27个项目、127个主题的线下教育活动共计824场，参与观众3万余人次。“小小讲解员团队”品牌教育活动完成全面升级，推出“一路‘娱’你”“萌物馆”“微解读”等8个主题线上教育互动活动。

圆满完成第七届博博会的参展参会工作，主题设计新颖独到，展示内容亮点纷呈，彩陶艺术、晋国青铜艺术、北朝艺术、明代宝宁寺水陆画艺术、傅山书法艺术等系列数百种文创新品集中亮相，最终荣获博博会“弘博奖——最佳展示奖”。

（二）可移动文物保护

秉承抢救性保护和预防性并重的理念，2016年共安排了30个可移动文物修复项目和10个预防性保护项目，为9家市、县级文物收藏单位改善了文物保藏条件，配备了文物保护专业设备。

（三）第一次全国可移动文物普查

山西省第一次全国可移动文物普查工作圆满收官，共登记文物3220550件，第一次较为完整地摸清了全省国有可移动文物的家底，依托国家平台首次建立了全省第一份完整的国家可移动文物藏品数字档案，为下一步的保护管理利用提供了准确依据。

【文博教育与培训】

2016年，山西省先后选派20余名工作人员参加了国家文物局举办的17个专业技术培训班的学习，全省文博队伍的专业素养水平不断提升。

【文博宣传】

全力做好2017年“中国文化遗产日”山西会场系列宣传活动。与山西晚报合作，开设“山西省文物局”微信公众号，宣传全省文物保护工作成果，普及文物保护法律法规和文物保护知识。积极与教育部门合作，开展了“长城公开课”“文物保护知识展览进校园”“我为家乡文物保护做贡献”“文物保护进校园”等系列活动。与中国文物报社合作，在“北大红墙”举办了“一普”工作成果展览。与中国文化报合作，在中国文化报刊发山西省“一普”成果专版。

文物普法宣传教育工作有效开展。出台了“七五”普法规划，举办了普法专题辅导报告会，有效利用文物保护节庆日，积极开展了一系列文物保护法制宣传和文物保护知识科普教育活动。围绕《长城保护条例》颁布10周年，在大同举办了“长城公开课”专题讲座，文物保护的法治氛围日益浓厚。

【机构及人员】

山西省文物局是山西省政府设置的主管全省文物工作的直属机构，正厅级建制，班子配备是一正、两副、一总工，另配备一名副巡视员。局机关内设10个职能处室，局机关核定公务员编制41名，工勤人员编制8名；现有在职公务员36人，在职工勤人员7人，离退休人员25人。

内蒙古自治区

【概述】

2016年，自治区文物局在国家文物局的指导下，在自治区党委政府的正确领导下，围绕中心、服务大局，坚持以“两学一做”教育活动为核心，认真学习、贯彻习近平总书记、李克强总理和刘延东副总理关于文物保护工作的重要批示和重要讲话精神，贯彻自治区党委、政府领导对文物工作的重要指示，结合贯彻国家“一带一路”倡议和自治区“向北开放”战略，认真开展万里茶道内蒙古段申遗工作，按照全国和自治区文物工作会议的部署，进一步加强文物执法、文物安全工作，大力推进文物保护项目建设、申报、督察工作；加强可移动文物普查、博物馆展览和免费开放，各项工作取得一定成绩。

【法规建设】

5月30日，自治区十二届人大常委会第二十二次会议表决通过了《内蒙古自治区元上都遗址保护条例》（以下简称《条例》）。《条例》共六章三十七条，包括总则、保护、管理、利用、法律责任、附则等六章。《条例》的颁布，为元上都世界文化遗产的全面保护与科学发展提供了法制保障。经自治区人大审议批准通过了《赤峰市红山遗址群保护条例》，已于2017年1月1日起施行。

9月，自治区政府向全区各盟行政公署、市人民政府，各旗县人民政府，自治区各委、办、厅、局，各大企业、事业单位印发了《关于进一步加强文物工作的实施意见》。

12月12日，内蒙古自治区人民政府办公厅向各盟行政公署、市人民政府，自治区各委、办、厅、局，各大企业、事业单位转发《自治区文化厅等部门关于推动文化文物单位文化文物创意产品开发实施意见的通知》。《通知》要求，要深入发掘自治区文化文物单位馆藏文化资源，发展文化文物创意产业，为经济社会发展提供文化软实力；在全区以点带面，逐步推进博物馆文化文物创意产品开发工作。

【执法督察与安全保卫】

（一）执法督察

对国保单位金界壕遗址兴安盟扎赉特旗杨树沟林场段遭破坏案、锡盟太仆寺旗段遭破坏案、呼和浩特席力图召未批违法建设案件，内蒙古自治区文物局分别进行实地调查督办，同时向内蒙古自治区公安厅、呼和浩特政府、兴安盟扎赉特旗等部门发去督办函（或报案材料）。全区各级公安部门共破获文物案件8起，收缴涉案文物113件／套。

经内蒙古自治区文物局、内蒙古博物院、内蒙古考古研究所依法鉴定，锡林郭勒盟、多伦县公安司法部门依法审理，“锡盟多伦县小王力沟辽代贵妃墓”被盗案件盗墓团伙多名主犯分别被判处10～13年有期徒刑。

按照国家文物局要求和内蒙古自治区文化厅、文物局下发的《全区长城执法专项督察工作方案》的总体部署，在盟市自查的基础上，于9月5～15日，组成3个督察组，由内蒙古自治区局领导分别带队，对全区12个盟市、40余个主要旗县（区）的长城地段进行了实地督察，特别是对内蒙古与周边省区交界处的长城重点督察。

9月28～29日，国家文物局长城执法专项督察组对自治区长城保护工作情况进行了督察。9月30日，自治区文物局召开局务会，就贯彻国家文物局督察意见进行研究部署，计划在呼和浩特、呼伦贝尔、赤峰、巴彦淖尔、阿拉善盟建立内蒙古长城工作站。

（二）安全保卫

2016年元旦、春节、国庆节，内蒙古自治区文物局联合公安、消防部门，对各盟市重点文物保护单位进行重点安全大检查，3月上旬，会同内蒙古自治区公安消防总队，联合对中东部地区的呼和浩特、包头、鄂尔多斯、赤峰、通辽、锡林郭勒盟的国保古建筑单位，及重点博物馆进行了消防安全检查工作。

内蒙古自治区文物局大力深入宣传马背文物保护队，发动群众保护文物。2016年，锡林郭勒盟马背文物保护队增加到208人。阿拉善盟驼峰（长城）文物保护队共进行文物安全巡查80余次，巡查文物保护单位140余处，未发生文物安全案件。在马背文物保护队影响下，通辽市文化局成立了微波站文物保护队。

乌兰察布市察右中旗在文物保护中，不断加强人防的同时，提升技防能力："点"上用网围栏封闭，人畜不能进；"线"上用勒石刻碑做标记，任何人不能动；"面"上用3G无线互联网监控器紧盯，谁也不能碰。同时，对人上不去的重点地段，采用无人机进行巡查。

【不可移动文物的保护和管理】

（一）概况

2016年，内蒙古自治区文物局会同自治区财政厅向财政部、国家文物局申报了《内蒙古自治区2016年度全区文物保护经费申请》50项，包括文物大遗址、古建筑保护，文物安防、消防，长城保护、少数民族文物保护等项报告和项目经费申请。会同自治区发改委上报《内蒙古文化与自然遗产抢救性设施建设项目（13项）》。

（二）大遗址保护

5月，内蒙古自治区文物局完成《内蒙古长城保护总体规划大纲》编制招投标工作。完成《内蒙古自治区长城保护规划大纲》编制工作，报国家文物局审批。全区各级文化、文物局也积极开展长城保护规划编制工作并抓好贯彻落实。

6月11～12日，"内蒙古长城保护工作现场会"在包头市召开。

（三）全国重点文物保护单位

2016年，内蒙古自治区财政落实全区文物保护经费1500万元。自治区文物局重点开展了对呼和浩特大召寺、将军衙署、清真大寺、和林格尔土城子遗址、包头固阳秦长城、战国长城遗址、土右旗关帝庙、呼伦贝尔嘎仙洞遗址、"中东铁路"旧址、赤峰市二道井子遗址、辽上京遗址兴安盟科右中旗王府、通辽奈曼王府、锡林郭勒盟贝子庙、元上都遗址、乌兰察布元代集宁路遗址、巴彦淖尔鸡鹿塞汉代遗址、阿拉善盟居延遗址等文物保护单位的维修保护工程。

（四）世界文化遗产

结合"一带一路"倡议，重点开展辽上京与祖陵遗址、红山文化遗址、阴山岩刻遗址、万里茶道内蒙古段申遗工作，按照申遗工作计划，稳步推进红山文化遗址、辽代上京城和祖陵遗址申报世界文化遗产工作进程。为加强领导，成立了自治区文化厅、文物局申遗领导小组和申遗办公室。

确定了万里茶道内蒙古段申遗重点盟市、旗县（市区）。包括呼和浩特市、包头市、乌兰察布市、二连浩特市、锡林郭勒盟，调查了与“万里茶路”沿线有关的文物、古道路、碑刻，取得新成果。9月，世界文化遗产中国委员会专家来内蒙古考察，予以高度评价，建议积极会同俄罗斯、蒙古国联合申遗。

【考古发掘】

（一）概括

2016年，自治区文物局向国家文物局申报考古发掘项目14项，已批复并发证照的有10项。分别为元上都西关遗址考古发掘、辽上京宫城南门遗址发掘（中科院），哈民遗址发掘，乌兰木伦遗址发掘（中科院古脊椎所），凉城岱海大庙坡遗址发掘，清水河王桂窑岔河口遗址发掘，阿鲁科尔沁旗三龙洞旧石器遗址发掘，杭锦旗霍洛柴登古城遗址发掘，和林格尔盛乐古城遗址发掘、化德县裕民遗址发掘。内蒙古“锡林郭勒盟多伦县小王力沟辽代贵妃墓”荣获“2015年度全国十大考古新发现”。

（二）重要考古项目

1．小王力沟辽代墓葬群考古项目

7～10月，完成了对锡林郭勒盟多伦县小王力沟辽代墓葬群重点钻探工作。共清理墓葬4座，其中2座分布于贵妃墓两翼，出土玉制围棋子300余枚，錾牡丹花银鎏金马具饰件和定窑白釉葫芦瓶等遗物。

2．中蒙联合考古项目

8～10月，自治区文化厅、文物局领导内蒙古自治区文物考古研究所继续做好与蒙古国的联合考古调查、发掘、研究合作项目以及中加联合考古调查项目。重点在蒙古国东部地区进行考古调查，对后杭爱省乌贵诺尔苏木和日门塔拉遗址进行了第三次考古发掘，发掘面积733平方米。同时对温都尔乌兰乌拉土包遗址进行了发掘，发掘面积596平方米。双方在匈奴、鲜卑、柔然、突厥、回鹘、蒙古、契丹考古方面，以及岩画考古与申报世界遗产方面开展了进一步合作。

【博物馆与可移动文物保护】

（一）博物馆

1．博物馆建设

截至2016年年底，全区各级各类注册的博物馆总数223家，其中国有博物馆164家、非国有博物馆59家。国家一级博物馆1家、二级博物馆9家、三级博物馆16家，主要分布在呼和浩特市、赤峰市、通辽市、兴安盟、呼伦贝尔市、鄂尔多斯市等地区。全区共有旗县博物馆70家，乡镇苏木博物馆15家。

为推进博物馆系统改革工作，盘活全区博物馆馆藏文物，经过积极筹备，自治区文物局于4月批准成立了内蒙古博物馆馆际联盟。5月18日在内蒙古博物院举行了由第一批入盟的29家博物馆、纪念馆参加的联盟签约仪式。联盟将从陈列展览、青少年教育、策展人才、数字信息、文创产品五个方面实现资源共享，从而建立符合内蒙古自治区实际的博物馆文物藏品资源共享机制，不断加强展览项目交流，扩大藏品展示范围，提高馆藏文物利用率，盘活全区馆藏文物。

继续贯彻落实《博物馆条例》，加强博物馆管理工作。依据《条例》完成了对全区各级各类博物馆的年检工作，对155家享受免费开放经费补贴的博物馆、纪念馆进行了绩效考评。根据自治区党委常委会的要求，与自治区党委宣传部、党史研究室联合印发了《关于对全区博物馆、纪念馆、展览馆等展馆进行全面检查的工作方案》，与自治区民政厅联合印发了《关于对全区非国有博物馆进行全面检查的工作方案》，采取盟市自查与自治区抽查相结合的方式，对全区各级各类博物馆、纪念馆、展览馆的办馆行为和展览内容进行了全面检查，对于展览中存在的一些问题下达了整改通知书。

2．博物馆间的交流与合作

在开展馆际交流，共享展览资源方面，全区各级各类博物馆坚持内引外联的展览思路，开展多层次、宽领域的馆际交流与合作。其中，内蒙古博物院与宁波富邦文化有限公司、扬州博物馆、深圳博物馆、宁波博物馆联合举办引进“宝马良鞍行天下——中外历代马鞍具展”“清风雅韵——扬州博物馆明清扇面展”“丹青鸿爪——深圳博物馆藏20世纪中国书画精品展”等临时展览。

内蒙古博物院与旅顺博物馆、天津博物馆、扬州博物馆、南宋官窑博物馆、甘肃博物馆、西藏博物馆、四川省博物院、丽水市博物馆、沈阳故宫博物院、元中都博物馆开展了展览交流活动，推出了“相映成辉——草原丝绸之路文物精华展”“发现契丹——辽代文物精华展”“茶马古道——八省区文物联展”“魅力的草原我的家——蒙古族民族民俗文物展”“天骄风采——成吉思汗与黄金家族的辉煌”“带里乾坤——中国古代北方游牧民族带饰展”6个展览。呼伦贝尔民族博物院的交流展“呼伦贝尔的风——鄂伦春、鄂温克、达斡尔民族民俗展”先后在宁夏博物馆、甘肃省博物馆展出。包头市博物馆、阿拉善盟博物馆先后与辽宁、福建、浙江、广东、湖北、广西、云南等地区的博物馆合作，受到当地观众的欢迎和好评，收到了良好的社会效益。

3．博物馆青少年教育

内蒙古自治区文物局受国家文物局的委托，与内蒙古博物院签订协议书，开展了博物馆青少年教育项目建库工作。于2016年4月完成了“博物馆青少年教育项目库”建设任务，该项目库共设计九大类、86项教育项目，适合于不同年龄段青少年的多样学习需求，对于全面推进我区乃至全国各类博物馆青少年教育活动具有重大而深远的指导意义。11月初，召开了全区博物馆青少年教育工作会议，会议总结了内蒙古博物院三年来承担国家文物局“完善博物馆青少年教育功能”试点工作经验，推广了“博物馆青少年教育项目库”的内容，并对全区博物馆开展青少年教育工作进行了部署。

（二）可移动文物保护

1．概况

全区现有馆藏文物112余万件／套，其中一级文物1979件／套，二级文物4703件／套，三级文物8971件／套。

内蒙古博物院收藏珍贵文物3492件，为了更好地保护这些文物，加强对馆藏文物保存环境有效的监测和控制，内蒙古博物院于2014年委托上海博物馆编制内蒙古博物院珍贵文物预防性保护方案，2016年8月初正式进入施工阶段。截至2016年年底，完成了35间库房、16个展厅的无线基站与无线传感器的安装工作。内蒙古博物院已建立了一整套环境监测系统，实现了对全部文物库房、展厅和重点展柜等文物保存环境质量的及时感知。

2. 可移动文物保护科研基地建设

2016年内蒙古博物院与中国丝绸博物馆达成合作意向，在内蒙古博物院建立纺织品保护修复工作站。中国丝绸博物馆保护人员对内蒙古博物院对纺织品保护修复工作室、纺织品保存库房以及院藏纺织品保存现状进行了实地调研。

3. 可移动文物保护技术、方法及应用

2016年，内蒙古博物院保护中心修复完成了伏龙寺壁画25幅。通过画面的清理加固，各类壁画病害在保护修复之后已经恢复原貌或者趋于稳定。支撑体喷砂和装饰框安装使得壁画更美观，易于搬运、存放和展出。因此通过现场揭取和室内的一系列保护修复工作，伏龙寺壁画得到了合理修复和妥善保存。同时，对出现严重病害的院藏23件上金泥菩萨造像进行了保护修复。

（三）第一次全国可移动文物普查

2016年年底，全区各级收藏单位全面完成了数据采集和上传工作，上传文物1072914件／套（1542992件），完成任务率达100.84%。

在普查工作中，普查项目部召开了全区普查办主任会议和举办了两期普查数据审核与普查总结报告编制培训班，派出专家组全区各盟市的可移动文物普查工作进行了督察，对3200多件／套拟定级的珍贵文物进行了初步筛查，完成了对430家收藏单位的数据终审工作，编制了内蒙古自治区第一次全国可移动文物普查验收报告和工作报告。

加强对可移动文物普查工作的宣传力度，在国际博物馆日期间举办了自治区第一次全国可移动文物成果展。编印了《内蒙古自治区第一次全国可移动文物普查成果集萃》，全年编写简报24期，与报刊合作发表文章2篇，大力宣传了自治区可移动文物普查工作取得的成绩。

【文博教育与培训】

2016年，内蒙古自治区文物局开展了全区文物保护人才的培养工作。5月，在鄂尔多斯市恩格贝举办了由直属文博单位、各盟市文化、文物局参加的全区文物管理人员培训班，种植了“文化文物林”。9月，在阿拉善盟举办“全区文物行政执法安全管理人员培训班”。10月，举办了两期由直属文博单位、各盟市文博单位及相关旗县区文博单位负责人参加的“全区可移动文物普查管理人员培训班”和文物展览保护人员培训班。

【文博宣传与出版】

由国家文物局、内蒙古自治区人民政府主办，内蒙古自治区文化厅、文物局和呼和浩特市人民政府协办的2016年国际博物馆日中国主会场活动在内蒙古博物院举行。活动中举办了第一次全国可移动文物普查成果展、“梦幻契丹”数字文物展，开展了丰富多彩的青少年教育和非物质文化遗产展示活动。国家和自治区各媒体纷纷予以报道，有效地宣传了内蒙古文博事业的发展成就。同时，在土右旗敕勒川博物馆举办了自治区主会场活动，各盟市、旗县也因地制宜、突出特色地举办了不同风格的国际博物馆日宣传活动。

6月13日，在包头市组织开展了全区中国文化遗产日主会场活动；9月6日，在兴安盟组织开展了全区草原文化遗产日主会场活动。全区各地结合实际，组织开展了形式多样的宣传活动。

【其他】

2016年5月24日，内蒙古自治区人民政府在呼和浩特市召开全区文物工作会议。会议传达了习近平总书记和李克强总理关于文物工作的重要指示批示，传达了刘延东副总理在全国文物工作会议上的重要讲话精神和《国务院关于进一步加强文物工作的指导意见》，传达了自治区党委政府主要领导对全区文物工作作的重要指示，并向全区文化、文物部门安排部署了文物保护工作任务。

会议表彰了2013～2015年度文物工作先进集体、先进工作者，公布了自治区第一批考古遗址公园。全区各盟行署、市政府以及满洲里市、二连浩特市分管文化、文物工作的副盟市长、秘书长，各盟市文新广（体育）局局长、文物局长。自治区党委宣传部、自治区人大教科文卫委员会、自治区政协教科文卫体委员会、自治区各有关委、办、厅、局，各盟市文化、文物部门负责人，自治区各直属文物单位负责人约100人出席会议。

辽宁省

【概述】

2016年，在辽宁省委、省政府的正确领导下，在国家文物局的大力支持下，辽宁省文物局按照辽宁省文化厅党组的决策部署，深入贯彻科学发展观，按照构建社会主义核心价值观体系，全面落实党的十八届六中全会精神，落实习近平总书记关于文物保护的系列重要论述，严格贯彻执行《中华人民共和国文物保护法》，贯彻落实全国文物工作会议精神和《国务院关于进一步加强文物工作的指导意见》，坚持文物工作方针，紧紧围绕文物保护和有效利用工作，群策群力，扎实推进，圆满完成了年度工作任务，为构建和谐辽宁、文化辽宁做出了积极贡献。

【法规建设】

落实《国务院关于进一步加强文物工作的指导意见》和全国文物工作会议精神，组织编写了辽宁省落实《国务院关于进一步加强文物工作的指导意见》的方案，并由辽宁省人民政府颁布实施。

【执法督察与安全保卫】

（一）执法督察

完成全省文物执法现状调查，对全省文物行政执法现状摸清了底数。印发施行《辽宁省文化厅长城执法巡查实施细则》。国家文物局支持安防、消防、防雷等技防工程项目立项34项。开展全省长城执法专项督察，根据国家文物局督察意见，制定落实整改措施。

规范文物执法巡查记录（包括常态巡查、案件处理、督察情况、安全及违法案件统计等）。严肃查处全国重点文物保护单位北镇庙鼓楼发生雷击火灾事故，处理3名责任人。督办9起违法行为案件。移交一起文物盗墓案件，由公安部门立案侦查。配合司法部门对“红山大案”涉案人员进行审理。

（二）安全保卫

严格落实文物安全工作相关规定。元旦、春节、国庆等重要节假日期间，辽宁省文物局组织检查组对全省部分省级以上文物保护单位，辽宁省博物馆、辽宁省文物考古研究所、辽宁省文物总店文物安全工作进行了重点检查、抽查。

开展全省文物安全隐患专项整治活动，共检查400余处文物和文博单位，实施整改的100余处，落实定期检测消防、防雷设施规范制度。

【不可移动文物的保护和管理】

（一）概况

2016年，辽宁省全国重点文物保护单位128处，省级文物保护单位472处。完成了第七批全国重点文物保护单位、第九批省级文物保护单位保护范围和建设控制地带划定工作。开展了第一至五批全国重点文物保护单位记录档案的编制工作。启动了省级及以上文物保护单位文物保护工程档案完善编制工作。组织、指导各市编写长城记录档案，启动3000处长城点段提请省政府公布为省级文物保护单位工作。组织开展了辽宁省革命文物、儒家文化遗产、万人坑、石窟寺及石刻类文物资源调查工作，基本摸清了全省这几类文物资源的保护现状和需求，为下一步开展相关文物保护工作奠定了基础。

（二）全国重点文物保护单位

实地调研了辽宁省发改委“十三五”分省遗产资源目录和辽宁省“十三五”文物保护利用设施建设项目表（库）中的部分项目，与辽宁省发改委配合，上报“十三五”期间国家文化和自然遗产保护利用设施建设项目21个，最终确定19个项目入库；2016年，申请国家重点文物专项补助经费项目41个，争取国家重点文物保护专项补助资金1.5亿元。

启动第一到五批全国重点文物保护单位的记录档案的编制工作。对旧有标准档案进行了清理，确定了工作重点，前期工作准备就绪。

有序推进第七批全国重点文物保护单位和第九批省级文物保护单位保护范围和建设控制地带划定工作，并提请辽宁省人民政府公布。

组织上报了《沈阳中山广场建筑群——大和旅馆旧址修缮工程》《清永陵琉璃古建筑监测工程》《大黑山山城东墙、南墙修缮工程》等7个全国重点文物保护单位保护维修工程立项报告，其中5个项目得到国家文物局批准；组织上报了《五女山山城保护规划（修编）》立项报告；组织有关单位编制了奉国寺大雄殿彩绘泥塑、营城子汉墓群（东汉壁画墓）保护性设施改造、沈阳故宫古建筑变形监测等42项全国重点文物保护单位的保护工程方案，其中有27项获得国家文物局审批；实施了沈阳故宫左右翊门抢险加固工程、清昭陵油饰及防雀网工程、五女山山城遗址保护工程等11项文物保护工程；核准了元帅林、双塔寺双塔等全国重点文物保护单位保护工程方案；赴锦州、朝阳、阜新等市调研推进文物保护工程项目实施。

（三）抗战遗迹

组织开展了由辽宁省文化厅和吉林、黑龙江省文化厅共同举办的“东北遗迹联盟2016年主题日活动”暨“东北抗战遗迹保护开发与利用”专题论坛等相关活动。

组织上报了《侵华日军关东军司令部旧址保护修缮工程》等抗战遗址立项报告；推进旅顺监狱旧址排水工程、成品库修缮工程，本溪湖工业遗产群—本溪煤矿中央大斜井及其肉丘坟修缮工程、王铁汉故居修缮工程等文物保护工程项目；完成了柳木桥抗联密营遗址修缮方案审批和修缮工作。

（四）世界文化遗产

目前，辽宁省有世界文化遗产地6处（九门口长城、沈阳故宫、清永陵、清福陵、清昭陵、五女山山城），列入世界文化遗产预备名单项目3处（义县奉国寺大雄殿、朝阳市的牛河梁遗址、兴城城墙）。2016年正式推荐兴城城墙参与“中国明清城墙”申遗项目，在兴城召开申遗推进会。积极与内蒙古自治区文物局沟通，推进红山文化遗址申遗进程。按照国家文物局有关要求和省领导关于批示要求，积极稳妥做好绥中锥子山长城大毛山段部分段落抢险加固工程相关工作。

（五）其他

实施长城保护工程和长城保护示范区建设。编制完成并上报《绥中锥子山长城大毛山段保护工程立项报告和方案》《绥中锥子山长城小河口段（1号敌台—3号敌台段长城）保护工程立项报告和方案》《绥中锥子山长城锥子山段（1号敌台—3号烽火台段长城）保护工程立项报告和方案》。组织编制完成并上报了《龟山长城2—4段部分墙体、2号敌台修缮工程方案》等7处长城修缮工程方案；完成并上报辽宁省《战国（燕秦）长城（辽宁）保护规划》和《长城保护规划—明长城（辽宁段）》；向国家文物局汇报了辽宁省长城保护工作情况，启动了“十三五”长城保护工程项目编制工作。

启动中东铁路建筑群保护规划和保护工程项目。向国家文物局上报《中东铁路建筑群保护规划立项报告》并获得批准，得到专项补助120万元，启动规划文本编制工作。组织召开辽宁、吉林、黑龙江、内蒙古四省（区）中东铁路建筑群文物保护工作联席会议。组织开展中东铁路建筑群（辽宁段）重要点段调研，完成《辽宁省中东铁路调查报告》。

建立省级及以上文物保护单位记录档案。为进一步加强和规范辽宁省文物保护工程档案管理，启动了省级及以上文物保护单位文物保护工程档案完善编制工作。

规范全省文物保护工程管理。为加强文物保护工程资质管理，依据国家有关规定组织开展了在辽宁省注册的文物保护工程勘察设计、施工和监理资质单位资质年检工作；成立了辽宁省文化厅文物保护工程专家库并印发《辽宁省文化厅文物保护工程专家库工作规则》；为规范省级文物保护单位文物保护工程竣工验收工作，根据有关法律法规，参照国家文物局相关办法，制定了《辽宁省级文物保护单位文物保护工程竣工验收管理暂行办法》并下发全省执行；审批了天盛号石拱桥、汤玉麟公馆旧址等10余项省级文物保护单位维修工程方案。

【考古发掘】

（一）配合基本建设考古工作

完成了秦皇岛—沈阳天然气管道支线，辽阳—本溪、沈阳—丹东铁路电气化改造，清原抽水蓄能电站，葫芦岛宽帮500千伏交流输变电，中核辽东核电，新建朝阳至盘锦客运专线，科尔沁—阜新500千伏输变电工程等基本建设项目的考古调查工作，调查里程约700千米，面积约500万平方米。

完成了通辽连接北京—沈阳客运专线快速铁路，秦皇岛—沈阳天然气管道支线，辽阳—本溪、沈阳—丹东铁路电气化改造，清原抽水蓄能电站，葫芦岛宽帮500千伏交流输变电等基本建设项目的考古勘探工作，勘探总面积77900平方米。

开展了青山水库淹没区庙后山古庙、郭家屯沟北、后西岭北山、西门边门、庙前屯、大河西边壕遗址，北京—沈阳客运专线快速铁路石岭子遗址、前皋皋遗址、后腰高遗址、高林台城址，辽宁中部环线高速公路王家坟遗址、黑虎头遗址的考古发掘工作，发掘面积3250平方米。完成了辽阳苗圃220千伏变电站新建工程汉代墓地的考古发掘工作，清理17座墓葬及2座窑址。

（二）主动科研考古工作

辽宁省文物考古研究所继续开展医巫闾山辽代重要遗迹、燕州城山城、半拉山墓地、江官屯窑址等考古发掘工作，发掘面积共计4000余平方米，取得了一批新的考古学资料。医巫闾山北镇洪家街墓地新发现墓葬5座、建筑遗址3处，发掘墓葬2座，均出土了墓志，进一步证明了该墓地就是辽代重臣耶律隆运的家族墓地，为医巫闾山辽代帝陵的布局研究提供了重要线索；对燕州城山城城内进行了大面积考古发掘，明确了城址的使用和变迁过程，发现了高句丽时期的倒塌堆积和大型建筑址，清理金代门道1处、金代房址34座、高句丽时期水井和排水涵洞各1处；江官屯窑址发掘面积500多平方米，清理灰坑38个、大型房址1处，高台建筑台基1处，进一步丰富了对该窑址的认识；半拉山墓地清理墓葬24座、祭坛1座、祭祀坑20座，出土了一批重要遗物，对红山文化晚期积石冢研究有着重要意义；对国家文物局批准的《大凌河中上游地区红山文化遗迹考古调查五年计划（2016～2020）》进行了全面修改完善，履行了核准程序，并启动了建平地区的野外考古调查工作。

辽宁省文物考古研究所与中国社会科学院考古研究所合作，开展了盖州青石岭山城考古发掘工作，发掘面积1500平方米，对青石岭山城二号建筑址进行了全面揭露，同时还对金殿山遗址发现的瓦件进行了全面提取，为研究高句丽瓦的分期和手工业技术等提供了重要资料。

辽宁省文物考古研究所与部分高校合作开展了高校考古专业本科生实习。辽宁大学参与了铁岭西丰河边遗址和城山遗址发掘。河边遗址发掘面积300平方米，共清理灰沟4条、灰坑1个，发现完整及可复原的陶、石质遗物90余件，属“凉泉类型”遗存。城山遗址揭露面积950平方米，已发现土筑墙体1段、灰坑31个、灰沟1条，以及散乱的石头遗迹数处，其中1处疑似房址，出土遗物可辨识出新石器时代晚期、青铜时代早期遗存、战国晚期至汉初（凉泉类型）、魏晋隋唐时期等四期遗存。四期遗存的揭示不但填补了西丰地区新石器时代和早期青铜时代的文化“空白”，也为构建辽北山地地区新石器时代至魏晋时期的文化序列提供了重要线索。中国人民大学参与了喀左土城子遗址的发掘。喀左土城子遗址面积900平方米，发现房址8座、陶窑1座、石筑窖穴1座、10余个地面灶、灰坑近200个，出土遗物包括陶器、石器和骨器。此外，在发掘期间还对遗址周边开展了考古调查工作，调查面积71平方千米，共记录1590个一般性采集单位，47个系统性采集单位。

沈阳市文物考古研究所完成了沈阳农业大学后山遗址第3阶段100平方米的考古发掘，揭示出6个连续分布的旧石器文化层，出土刮削器、雕刻器等石制品536件；对青桩子城址开展考古发掘工作，发掘面积500余平方米，清理房址、灰坑、窖藏、墓葬等遗迹60余处，出土文物300余件，初步确定发掘区域应为城内的祭祀遗址；完成了对柳条通墓群两个区域的考古勘探，勘探面积约2.5万平方米，共计清理辽代石室墓葬6座，发掘面积360平方米，墓葬被盗严重，出土陶瓷器、青铜器等随葬品13件。

（三）水下考古工作

辽宁省文物考古研究所会同国家文物局水下文化遗产保护中心，编制了2016年丹东一号沉船、辽宁绥中水域水下考古调查工作方案，均获得国家文物局批准；会同国家文物局水下文化遗产保护中心，对“丹东一号”的艏部、舯部一段和散落区外围进行了抽沙清理，明确了舰体残存部分的高度，通过出水遗物进一步证实了致远舰的身份。

“丹东一号沉船（致远舰）水下考古调查”获评“2015年度全国十大考古新发现”和“中国社会科学院考古学论坛·2015年中国考古新发现”。

【博物馆与可移动文物保护】

（一）博物馆

开展全省博物馆调研工作。按照《博物馆条例》、国家文物局《关于贯彻执行〈博物馆条例〉的实施意见》要求，为编制全国博物馆名录提供基本信息，向全社会公布博物馆基本信息。组织对全省博物馆的馆址、藏品、基本陈列等信息进行了采集并上报国家文物局对外公示。目前全省共有博物馆111家，其中国有博物馆80家、民办博物馆31家。在80家国有博物馆中，归属文化文物系统管理的博物馆65家，行业博物馆15家。

按国家文物局安排，组织开展了非国有博物馆收入及税费缴纳情况的调研工作。非国有博物馆2014年度共收入338.7万元，其中门票收入130万元，缴纳税款22.86万元；2015年度共收入358.8万元，其中门票收入198.4万元，缴纳税款33.27万元。从比对情况看，辽宁省非国有博物馆收入及税费呈上升态势，说明全省非国有博物馆建设步入健康发展轨道。

开展文化惠民服务流动博物馆巡展工作。积极开展文化惠民服务工作，丰富文化惠民服务工作的内容和方式，到鞍山、铁岭、锦州、葫芦岛等市与当地博物馆共同深入乡村、部队、学校等，共巡展13场，万余名观众参观。

（二）可移动文物保护

推进文物科技保护方案编制工作，编制上报《大连现代博物馆馆藏文物预防性保护方案》和《辽宁省文物考古研究所出土竹木漆器保护方案》。

（三）第一次全国可移动文物普查

历时五年的“辽宁省第一次全国可移动文物普查”工作圆满收官，辽宁省一普工作全面完成全国可移动文物信息登录平台登录工作，并完成省级审核，报送藏品405248件／套（1618095件）；编制完成了《第一次全国可移动文物普查辽宁省工作报告》和《辽宁省第一次全国可移动文物普查验收报告》。

【社会文物管理】

加强拍卖标的审核工作。严格审批程序，规范拍卖审核，依法对省内拍卖行进行监督管理。2016年，对全省文物拍卖企业拍卖标的进行了审核，恢复友利拍卖有限公司资质。

严格涉案文物鉴定管理工作。全年进行涉案文物鉴定70次，鉴定被盗遗址和墓葬26处，鉴定物品854件，其中一级文物3件、二级文物3件、三级文物4件。

加强文物进出境审核工作。全年进行文物进出境审核26次，其中个人进境7次，审核进境物品56件；个人进境复出境审核3次，审核出境物品12件；文物出境审核2次，审核物品16件；文物复仿制品出境审核14次，审核文物复仿制品77849件；博物馆出境展览1次，审核出境文物12件。辽宁省文物总店被国家文物局指定为第二批涉案文物鉴定评估机构。

完成文物店展销工作。辽宁省文物总店参加国内展销会20余次，销售各类文物商品4000余件，销售金额一百多万元，取得了较好效益；成立了辽宁省文物总店网络门市，从2016年4月开始试运营，截至2016年9月底，累计上线文物商品300余件，销售金额超过2万元。

【科技与信息】

沈阳市文物考古研究所与辽宁省博物馆合作，开展了康平张家窑林场10号辽墓木棺及随葬品的实验室考古工作，发现银鎏金面具、璎珞、银丝网络、玛瑙手串等文物。

【文博教育与培训】

全省各级各类博物馆通过组织和参加专业培训、职业培训、学习考察、公益培训等方式，组织博物馆业务人员和社会人士参加各类培训、志愿者服务培训等百余次，提高了博物馆工作人员和志愿者的专业技能和服务水平。

8月，辽宁省文物局委托辽宁省文物考古研究所承办了辽宁省铁制文物科技保护培训班，来自全省文博系统的60余名业务人员参加了培训。

12月，辽宁省文物局委托辽宁省文物保护中心承办了辽宁省第四届文物鉴定培训班，课程涵盖了古陶瓷鉴定方法、中国古陶瓷简史、东北地区出土陶瓷器、中国书画鉴定等内容，来自全省文博系统的90余名业务人员参加了培训。

12月，辽宁省文物局委托辽宁省文物保护中心承办了辽宁省第一批至第五批全国重点文物保护单位记录档案补充备案工作培训班，来自省内27处全国重点文物保护单位及所在地文物管理部门的50位业务人员参加了培训。

【文博宣传与出版】

举办国际博物馆日宣传活动。5月18日，全省各地紧扣“博物馆与文化景观”的宣传主题，结合实际，积极开展了丰富多彩、形式各异的系列特色活动。主会场设在省博物馆浑南新馆，组织了宣传展板及讲解，并现场发放了宣传册、书籍、文物报宣传特刊等；与辽沈晚报合作，利用微博、微信公众平台等宣传各类展览及国际博物馆日宣传活动以及各项社教活动等资讯，力争全方位、多角度、持续不断地进行宣传推广。各市博物馆均设分会场，举办契合主题的各类活动和展览，积极向社会各界宣传爱护文化遗产和文化景观，倡导强化全社会的文物保护意识。

举办中国文化遗产日宣传活动。筹备举办了“辽宁（铁岭）第十一个中国文化遗产日”宣传系列活动。举办辽宁省非物质文化遗产展演展示、铁岭市博物馆开馆、文化遗产保护专题活动、银冈书院文化遗产宣传图片展、不可移动文物主题宣传、文物鉴赏活动、“中国梦·汉字情（汉字发展史）”特展、文化遗产保护知识有奖竞答等8项活动，《中国文物报》和省市媒体进行了报道。

积极开展公众考古主题活动。2016年6～7月，沈阳市考古研究所组织开展“盛京往事梦回汗宫——公众考古带你穿越盛京”公众考古活动，围绕2016年文化遗产日“让文化遗产融入现代生活”的活动主题，通过举办“行走盛京”和“盛京揭秘”两个主题活动，使公众感受到沈阳独特的历史文化，让“盛京文化遗产”真正融入生活。

与省内主流媒体全力合作，全面宣传辽宁省考古成果。2016年年初，辽宁省文物考古研究所与辽宁日报合作，对2015年度全省考古工作进行了专题报道，取得了良好的社会反响。

加大学术专著和考古发掘报告编写力度。辽宁省文物考古研究所出版了辽宁考古专家文库《郭大顺文集》《孙守道文集》《辛占山文集》；永陵南城址、辽阳苗圃汉魏墓地、田家沟墓地考古发掘报告已交付出版单位；全力推进了金牛山遗址、大王山遗址、江沿台堡城址等发掘报告编写工作。

【机构及人员】

2016年全省共有文物机构134个，均为事业单位，总数比2015年增加2个。文物机构中文物保护管理机构61个，博物馆65个，文物科研机构4个，文物商店3个，其他文物机构1个。

从业人员总数3551人，比2015年减少174人。人员职称按单位性质分：文物保护管理机构有高级职称的54人，中级职称的217人；博物馆有高级职称的223人，中级职称的544人；文物科研机构有高级职称的33人，中级职称的37人；文物商店有高级职称的3人，中级职称的5人；其他文物机构有中级职称的3人。

【对外交流与合作】

辽宁省文物考古研究所与奈良文化财研究所在2010年签订的《友好共同研究协定书》的基础上，双方实施2011～2015年度的5年计划，即“辽西地区东晋十六国时期都城文化研究”这一国际共同研究课题。其中，“辽西地区东晋十六国时期都城文化研究”于2016年3月结项，取得了丰硕研究成果。

香港中文大学文物馆邀请辽宁省博物馆于5月8～15日赴香港参加“第三届博物馆专业研修工作坊”学术会议，本次学术会议项目由香港中文大学文物馆主办，台湾艺术大学协办，以“展览策划与典藏管理”为主题，其宗旨是培养具有国际视野及专业知识的博物馆人才，促进学术交流与合作。

辽宁省文物考古研究所于5月9～15日赴韩国参加“第24回邀请演讲会——中国考古学特讲X”，作题为《永陵南城址的发现与研究》《建昌东大杖子战国墓地出土的铜镞研究及M40出土石饰件研究》《江官屯窑址的发现与研究》《辽宁地区发现的钵口弦纹壶研究》的学术讲演，并就蔚山文化财研究院及辽宁省文物考古研究所调查发掘现况进行学术交流。

辽宁省博物馆于6月20日～7月16日赴意大利卡萨雷斯博物馆举办“侯北人艺术展”。侯北人是著名辽宁籍旅美画家，专门从事中国画创作，其大开大合、彩墨交融的绘画风格不仅是中西方艺术融合的典范，更反映了整个20世纪中国画由传统向现代发展演变的轨迹。

应美国匹兹堡大学比较考古研究中心邀请，辽宁省文物考古研究所于9月23～29日赴美国参加“东西文明比较研究”的邀请演讲会，双方就在朝阳地区开展的“红山文化社会分区与分期”项目执行情况进行研讨；与美方研究人员就如何开展区域系统性考古调查、东西文明比较研究及文化遗产保护和开发利用等问题进行了广泛深入的讨论与交流。

辽宁省博物馆于9月28日～11月27日赴韩国国立中央博物馆参加“美术里的都市，都市里的美术”展览，参展文物展品12件／套，其中一级品2件。

辽宁省博物馆与韩国国立大邱博物馆达成协定，缔结为友好姊妹馆，双方拟在展览交流、文物保护和人才培养等方面推进合作与交流。

由中国文物交流中心联合国内17家博物馆共同策划的“唯一的汉字，唯一的美”展览拟于2016年10月20日～2017年9月10日在日本举行为期一年的巡展。全部展品共计118件／套，辽宁省博物馆参展文物11件／套，其中国家一级文物2件／套。

吉林省

【概述】

2016年是“十三五”开局之年。吉林省文物部门认真贯彻落实习近平总书记和李克强总理重要指示、批示精神，按照《国务院关于进一步加强文物工作的指导意见》和全国文物工作会议要求，全面推动文物保护利用，各项工作取得新进展。

【执法督察与安全保卫】

（一）执法督察

文物执法督察力度不断加大，重点加强吉林省内长城资源的执法巡查。按照国家文物局的统一部署，吉林省文物局印发了《吉林省〈长城执法巡查〉实施意见》《吉林省长城执法专项督察通知》，迎接国家文物局的专项执法督察。

启动了全省文物法人违法案件整治三年行动，重点督办了8起文物违法案件。长春东本愿寺案成功入选2014～2015年度全国文物行政执法十大指导性案例；龙井日本总领事馆建设工程案、双阳五家子遗址违法施工案分获2016年度全国文物行政处罚十佳案卷和优秀案卷。

吉林省文物局会同吉林省公安厅经济文化保卫总队联合印发《吉林省公安机关和文物行政管理部门打击防范文物违法犯罪工作长效机制》，建立了全省公安机关、文物部门打击防范文物违法犯罪工作长效机制，着力破解文物执法难题，提高执法效能。

（二）安全保卫

组织了春季、汛期、国庆等特殊时间节点的文物安全检查，开展了为期半年的全省文物消防检查与隐患整治专项行动，全省共检查排查各级文物点、博物馆5266个，发现安全隐患121项，整改安全隐患119项，整改率达98%。排查整治了安全隐患，增强文物安全防范意识。

【不可移动文物的保护管理】

（一）概况

2016年继续深化世界文化遗产和长城资源保护工作，加大了伪满建筑保护修缮工程支持力度，实施了革命文物保护专项工作，开展了以高句丽、渤海大遗址、辽金城址群和伪满警示建筑群为重点的安防工程建设，安全技术防范体系初步形成。

（二）大遗址保护

大遗址保护工作取得突破性进展，吉林省18处遗址列入国家文物局《大遗址保护“十三五”专项规划》。通过项目带动，完成柳河罗通山城考古遗址公园建设，白城市城四家子城址保护工程项目完成竣工验收；开展渤海中京国家考古遗址公园展示提升工程建设，桦甸苏密城城垣保护工程建设，整体提升吉林省考古遗址公园展示水平；继续推进吉林市龙潭山城—帽儿山墓地文物保护利用示范区建设，龙潭山城本体保护工程立项获国家文物局批准。

全面开展长城资源保护工作。起草、印发《吉林省文物局关于进一步加强我省长城资源保护工作的通知》，组建吉林省长城保护员队伍，组织召开全省长城保护员工作部署会议、全省长城资源保护工作会议；组织实施延边金代边墙文物保护工程项目建设；将长城资源保护工作列入吉林省财政预算，启动长城资源保护标志碑、界桩基础设施建设，健全完善长城资源档案建设。

（三）全国重点文物保护单位

高效督办吉林省内重要文物保护工程项目。创新工作机制，在吉林省文物局和地方政府开展文博重点项目对接会的基础上，组织召开全国重点文物保护单位城四家子城址保护利用工作联席会议。组织吉林省古迹遗址保护协会对全省22项重点文物保护工程的进展情况开展专项检查，梨树偏脸城址、辉南辉发城址、吉林市龙潭区乌拉街镇清代建筑群、长春市道台衙门、延边边务督办公署等保护工程项目建设全面启动，农安辽塔本体保护工程立项获得国家文物局批准，《中东铁路附属建筑群总体保护规划（吉林省段）》编制工作正式启动。以伪满建筑旧址保护与利用为突破口，累计支持国家专项补助经费1.6亿元，先后组织开展伪满皇宫同德殿、伪满国务院、伪满民生部、伪满经济部、伪满司法部、长春电影制片厂早期建筑群保护修缮工程，同时重点加强施工过程中的技术指导和专家检查，确保工程质量。

（四）世界文化遗产

扎实推进世界文化遗产保护工作。继续实施集安世界文化遗产监测试点工作，壁画墓防渗保护工程，集安丸都山城、通化自安山城保护工程建设，全面提升集安高句丽国家考古遗址公园的管理展示水平。

（五）革命文物

启动革命文物保护专项工作。承办国家文物局全国革命文物工作座谈会，印发《革命遗址保护工作计划》，启动“抗联遗迹保护三年计划”。开展革命文物资源梳理工作，组织开展全省革命文物保护项目经费需求规划编制工作。

【考古发掘】

（一）概况

2016年，吉林省对抚松县枫林遗址、梨树县长山遗址、吉林市东团山遗址、辽源市龙首山城址、鸭绿江上游积石墓—坡口墓群、吉林市龙潭山城、集安市霸王朝山城、集安市山城下墓区、珲春市三家子乡古城村1号和2号寺庙址、桦甸市苏密城、图们市磨盘村山城、乾安县春捺钵遗址群后鸣字区遗址、白城市城四家子城址、安图县宝马城遗址、镇赉县后少力城址等15处遗址进行了考古发掘工作，取得了重要收获。

（二）重要考古项目

1．抚松县枫林遗址

枫林遗址位于抚松县漫江镇枫林村，东距长白山天池约43千米，东北距头道松花江1千米。2016年6月，为配合漫江镇生态文化旅游综合开发项目建设，吉林省文物考古研究所考古人员对施工区域进行了考古调查，采集石制品40余件，确定该遗址为一处旧石器时代晚期遗址。2016年8～10月，吉林省文物考古研究所与中国科学院古脊椎动物与古人类研究所、抚松县文管所组成联合考古队，对枫林遗址进行了抢救性发掘。

本年度发掘面积共计230平方米，分东、西两区。西区为主发掘区，发掘面积150平方米，出土石制品307件。东区包括东山坡发掘区以及三处探沟，发掘面积80平方米，出土石制品354件。

该遗址丰富的细石叶工艺产品以及大型石叶石核的发现，显示出枫林遗址为一处以细石叶技术为主、兼有石叶技术的旧石器时代晚期旷野遗址。枫林遗址所出土的细石核和石叶石核造型精美，技术特征明显，与中国北方其他地区的相关发现在技术和形态上具有可比性，也与西伯利亚平原、贝加尔湖地区、朝鲜半岛、日本列岛所发现的石器工业有着紧密关系。

2．梨树县长山遗址

长山遗址位于梨树县小城子镇长山村陈家屯以北约300米处略呈“丁”字形的狭长漫岗（当地俗称“长山”）上，北距东辽河约1000米。2016年7～10月，吉林省文物考古研究所、吉林大学边疆考古研究中心对该遗址进行了发掘，发掘面积975平方米，发掘墓葬9座、灰坑79个、灰沟8条。出土可复原陶器12件，铜器、铁器、石器和骨器等各类人工遗物300余件。

长山遗址地处东辽河中游左岸，这里是松嫩、辽西、辽东、吉长四大文化区相互接触、影响、碰撞、融合的交汇地带，以往研究相对薄弱。长山遗址的发掘，对于建立和完善东辽河流域汉以前考古学文化的编年框架与谱系结构具有重要意义，也有利于充分了解该区域内狩猎—渔猎定居型聚落的自身特点与发展演变，以及狩猎—渔猎经济社会的复杂化进程，区域环境演变对人类活动的影响，以及区域环境差异所引起的人地关系差异等，是解决东北地区诸多学术课题的重要楔入点。

3．吉林市东团山遗址

东团山遗址位于吉林市松花江右岸现隶属于吉林市丰满区，西侧紧邻松花江，东北距龙潭山城2.5公里，南距北华大学东校区2公里，西侧紧邻滨江东路。遗址由山城和平地城（南城子城址）两部分构成。2016年4～11月，吉林省文物考古研究所继续对东团山遗址平地城部分进行主动性考古发掘。发掘工作重点仍是平地城内高台处的发掘及南城墙的解剖。发掘面积2300平方米，揭露地层9层。发现灰坑100余个，灰沟4条，形制较规整的建筑遗迹3组，以及排列不规则的础堆7个。经过本年度的发掘，初步确认东团山遗址平地城筑城年代及繁盛时期为汉魏时期，辽金时期二次利用。

4．辽源市龙首山城址

龙首山城址位于辽源市区龙首山上（即龙山公园内），依自然山势叠土夯筑而成，平面略呈不规则四边形，周长约1200米。为明确该城址的始建年代、文化性质等学术问题，同时也为该城址保护方案的制定与实施提供考古学支撑，吉林省文物考古研究所对该城址进行了主动性考古发掘。2016年7～11月，发掘面积550平方米，工作主要包括解剖城墙、清理角楼以及对城内遗存的勘探与试掘，揭露灰坑13个，墓葬1座。

据城墙解剖情况，城墙结构为砂土夯筑。城墙可分为主墙体、附墙和后期补砌墙体三个部分，其中主墙体和附墙之间未发现间歇夯筑迹象，应为一次性构筑而成。据角楼清理情况，其结构以及砌筑方式与城墙相同。

2016年龙首山城址的发掘，大致明确了城址的城垣形制与结构。综合城内出土的遗物情况，同时结合城墙本体内部出土的器物判断，城址的始建年代与学界倾向性观点相吻合，应为高句丽时期山城。

5．鸭绿江上游积石墓—坡口墓群

鸭绿江上游积石墓—坡口墓群位于临江市四道沟镇坡口村西南约0.5公里，五道沟沟口南侧朝向西北的山坡上，墓群所在地西邻鸭绿江，北濒五道沟河。为配合白山市鸭绿江上游积石墓群二期保护规划和方案的编制，2016年6～11月，吉林省文物考古研究所联合白山市文物保护管理办公室、临江市文物管理所，对坡口墓群进行了主动性考古调查和发掘。

通过调查工作，明确墓群所属墓葬的分布范围，初步确认坡口墓群现存墓葬数量为18座，在原有记录10座基础上增加了8座。在调查的同时，清理了墓葬7座，编号分别为M1～M7，出土石器、陶器、铁器、铜器计50余件，这些遗迹和遗物不仅进一步丰富了高句丽积石墓的资料，还为二期保护规划和方案的编制提供了翔实资料和科学依据。

6．吉林市龙潭山城

龙潭山城位于吉林市龙潭区东南部的龙潭山上。2016年4～11月，吉林省文物考古研究所会同吉林市文物管理处、吉林市博物馆、吉林市满族博物馆的业务人员对山城的北门址和城南阶地进行了发掘，发掘面积300平方米，发现了城门址（北门址）、房址、多边形建筑址等遗迹现象。

出土遗物依材质可分为陶器、铁器、铜器。陶器可分为建筑构件和日用器皿。铁器有铁钉、铁镞、铁钉、铁镰、铁锅等。铜器有铜钱、铜镜等。通过本年度的发掘进一步确认了城址为高句丽晚期构建，作为占领或防守夫余故地的军事堡垒。

7．集安市霸王朝山城

霸王朝山城位于集安市财源镇霸王村东北约4.3公里的山上，凭借山脊而建，北高南低，形若簸箕，平面略呈梯形，周长1230米。城垣石筑，保存基本完好，最高处垒砌20多层，高度达5米以上。2016年6～10月，吉林省文物考古研究所继续对霸王朝山城进行主动性考古发掘，发掘面积550平方米。通过清理确认了山城南门址的具体位置和形制结构，对5号台地的发掘确认了城内阶梯状台地的人工属性，在台地上发现了高句丽时期的建筑遗迹。本年度在城内台地发掘出土大量文化遗物，主要为陶器和铁器。

通过2015年和2016年两个年度的发掘，对霸王朝山城城垣结构有了清晰的认识，可以确认该城是高句丽时期的一座山城，城内出土遗物的整体风格与五女山城四期文化较为一致，但城墙始筑年代尚无充分的考古学证据。结合考古发现与测年结果，倾向于认为霸王朝山城是一座高句丽晚期的重要防御性山城。

8．集安市山城下墓区

山城下墓区位于集安市市区西北约2.5千米，隶属于全国重点文物保护单位洞沟古墓群。墓区北侧紧邻丸都山城南墙东段，距1号门址仅100米左右，东、南、西三面有通沟河环绕而过。为配合集安市洞沟古墓群墓葬本体保护工程的实施，2016年8～11月，吉林省文物考古研究所会同集安市文物局、集安市博物馆继续对山城下墓区山城下片所有尚未经过发掘和维修的墓葬逐一进行清理。本次共著录墓葬302座，发掘墓葬17座，其中积石墓8座、封土墓9座。清理出土较多珍贵遗物，包括保存完好的金饰、鎏金银饰、釉陶片、铁镜、铁棺环、棺钉、陶片等。初步判断本次清理的积石墓的年代大致为公元4～5世纪，封土墓年代可能为公元5～7世纪左右。

经过2016年度的考古发掘，为每一座墓葬建立了电子档案，并使用航拍和三维建模技术对部分墓葬的范围和墓室进行重建，为墓葬保护工程设计方案提供了更为精准的数据。

9．珲春市三家子乡古城村1号寺庙址、2号寺庙址

两处寺庙址位于吉林省珲春市三家子乡古城村东约100米，二者相距近200米。2016年4～11月，对古城村1号寺庙址进行了考古勘探、发掘，对古城村2号寺庙址进行了勘探。

古城村1号寺庙址发掘面积约1000平方米，共设置四个发掘地点。遗址中心区为A地点，发现灰坑6个、灰沟4条、房址3处、墙基4处、礤堆3个。根据出土的带有三燕文化因素的网格状莲纹瓦当判断，寺庙始建年代可能早至高句丽时期，根据共出的莲纹瓦当判断，寺庙址废弃年代不早于渤海国时期。B地点位于A地点西侧，揭露水井1处，根据出土遗物判断，年代为近现代。C地点位于A地点东侧，发现古代窑址1处，灰坑3个，窑址年代可能为渤海国时期，但与寺庙建筑是否有关尚难判断。D地点位于A地点西侧，发现古代窑址1处、灰坑1个，发现少量陶片，由于本地区尚未发现同类型陶窑，因此窑址年代及其是否与寺庙有关尚难判断。

勘探中，于古城村2号寺庙址发现多处疑似台基式建筑，其中保存较好的2号疑似台基平面近正方形，边长约12米，地表散落大量典型渤海时期板瓦、筒瓦、瓦当等遗物，并发现少量带有高句丽文化因素的莲纹瓦当。由此推测，该寺庙址始建年代不晚于渤海国时期，但不排除其始建于高句丽时期的可能。

10．桦甸市苏密城

苏密城位于桦甸市桦甸镇永吉街道大城子村，北濒辉发河故道，南约1公里为辉发河现河道。城址由内外双重城垣组成，平面呈“回”字形。城垣土筑，基本保存完好，只有外城东北角因辉发河水冲毁缺失。继2013年、2014年和2015年，2016年5～11月，吉林省文物考古研究所继续对该城址进行主动性考古发掘。

2016年度主要对内城北墙中部偏南的区域进行发掘，发掘面积800平方米，共清理以黄黏土和黑黄花土混合夯筑的建筑台基3座，小型房址1座，灰坑6个，灰沟3条。出土遗物多为渤海时期的板瓦、筒瓦、瓦当等建筑构件，约300余件。另有陶罐、陶盆、陶钵和陶碗等日用陶器，以及少量铁镞、铁甲片、铁刀、铁钉、铜刀、铜镯和铜簪等金属器，还出土了两件长沙窑瓷器的残片，为长沙窑在唐朝向东北渤海国传播的考古研究提供了非常重要的考古资料。

对苏密城持续四年的工作，可以确认内、外城址不仅年代不一，而且内城城壕对外城的渤海寺庙址有直接的打破关系，为内城的断代提供了层位学依据；内城城垣内出土的渤海时期的佛像、瓦件和瓦当等遗物，以及内城垣上发现的不同于渤海的建筑瓦件和内城北城墙下叠压的渤海时期建筑址，对内、外城的断代提供了翔实的考古学依据。

11．图们市磨盘村山城

磨盘村山城位于延边朝鲜族自治州图们市长安镇磨盘村西南2公里，修筑在一座呈盆状的独立山体上，当地称之为城子山。山城为金代末期“东夏国”的“南京”治所，2006年被国务院公布为第六批全国重点文物保护单位。

2013～2015年，吉林省文物考古研究所、延边州文物保护中心对山城东门址、北门址、北门角楼、城内三座建筑基址、两座院落址、一处冶炼作坊址进行了考古发掘，出土大量陶器、铁器、石器等东夏国文物，并采集到凤鸟纹瓦当、绳纹板瓦、网格纹板瓦等渤海早期文物。2016年5～10月，又发掘了东门水渠和4号建筑基址两处城内遗迹，发掘面积950平方米，廓清了东门水渠的形制、走向与构筑方式，辨识了其年代早于东夏国时期，同时明确了4号建筑基址的柱网格局及年代，为山城内早期遗存及东夏国建筑格局的研究提供

了重要资料。

12．乾安县春捺钵遗址群后鸣字区遗址

后鸣字区遗址位于乾安县赞字乡后鸣字村西的花敖泡湖的东南岸。遗址内有900余座土台遗迹，总面积约4.7平方千米。遗址中北部有1座小城，周长426米，小城内已于2014～2015年发掘出2座台基式瓦顶建筑。

2016年6～9月，吉林省文物考古研究所、吉林大学边疆考古研究中心继续对乾安县春捺钵遗址群后鸣字区进行考古发掘，发掘面积1010平方米。共发现辽金时期火炕遗迹6处、帐篷遗迹1个、灰坑81个、沟5条、灶13个、灶面遗迹2处。发现较多辽金遗物。在土台中下部发现帐篷遗迹，且在土台底层发现篦点纹陶片，证明辽代契丹人在此活动过。发现的火炕是金代的，证明如今庞大的土台主体是金代形成的。此次发掘进一步丰富了春捺钵遗址的文化内涵。

13．白城市城四家子城址

城四家子城址位于白城市洮北区德顺蒙古族乡古城村，为一处辽金时期州城遗址。自2013年以来，吉林省文物考古研究所对该城址开展了连续性的考古发掘工作。2016年4～10月，为配合城墙保护工程的实施，对该城址的城墙开展了人工钻探和面积不等的探沟式发掘，对城址附近的辽金墓葬进行了抢救性发掘，总发掘面积350平方米。

对城址北、东、南三条城墙的钻探，确认了各条城墙上马面的数量和规格。通过对城墙的发掘，确认了各段城墙的宽度及现存高度；对城址东北角、东南角豁口断面的解剖，了解了该处城墙的营建方式、结构及保存现状等情况。这些都为遗址保护规划编制提供了可靠的基础数据。

对城址北部墓葬区三座遭到不同程度破坏的墓葬进行了抢救性发掘，从墓葬结构判断时代大致为辽代晚期至金代，为研究吉林省西部地区辽金时期砖室墓葬提供了新资料。

14．安图县宝马城遗址

宝马城位于安图县二道白河镇西北4公里处的丘陵南坡上，平面呈长方形，周长约465米，20世纪80年代的调查认为该城始建于渤海时期，辽金时期沿用，以往学术界普遍视其为渤海朝贡道上的重要驿站。为判明宝马城的年代与性质，经国家文物局批准，吉林省文物考古研究所、吉林大学边疆考古研究中心于2014年、2015年连续对城内回廊院落中轴线上北部与居中的土台（JZ3、JZ2）进行了发掘，并依据建筑的严整性、遗物的高等级初步判定该城很可能是金代皇家修建的祭祀长白山的神庙。

为进一步解明城内建筑的结构与布局，吉林省文物考古研究所、吉林大学边疆考古研究中心于2016年7～11月对宝马城遗址进行了第三次正式发掘，实际发掘面积1210平方米，全面揭露了城内回廊院落中轴线上最南侧的台基（编号JZ1），连通台基两侧的南回廊东西两段、西回廊一段与回廊的西南转角，JZ1西北疑似亭子的方形建筑址（JZ6），以及回廊内建筑址之间大片的石墁庭院遗迹。其中在JZ1室内铺地砖上出土汉白玉材质的玉册残块若干，上有“癸丑”“金”“於”等字样，亦发现龙纹褾首残块。出土玉册和文献两相印证，加之宝马城选址考究，建筑组群中轴线正对长白山主峰，因此可以确认宝马城为金代皇家祭祀长白山的神庙无疑。

宝马城金代神庙遗址的发掘，是中原地区以外首次通过考古发掘揭露的国家山祭遗存，是近年来东北地区辽金时期乃至全国历史时期考古工作中少见的高等级遗址。这不仅是金代历史与考古的重要发现，也是边疆考古和北方民族考古的重大突破，对研究金王朝关于东北边疆的经略以及南北方文化的交流与互动具有深远的历史与现实意义。

15．镇赉县后少力城址

后少力城址位于白城市镇赉县后少力村西250米处土岗上，城址区域北坡较陡，南坡平缓，第二次全国文物普查时可辨南、北墙长200米，现今城墙多因耕种消失。城内散布大量砖、瓦及琉璃建筑构件。

2016年为后少力城址首次进行考古发掘工作，5～11月，主要对后少力古城城外东部及西北部两处建筑区域局部进行了考古清理。发掘面积近850平方米，清理房址4座，灰坑18处，灰沟3条，城门址1处。出土器物近千余件，以建筑构件为大宗，其中琉璃建筑构件数量较多，其余还包含陶器、瓷器、铜器、铁器、骨器等。

东北地区关于元代的考古工作开展较少，后少力城址的发掘是近年来东北地区元代考古工作中比较重要的一项，此次考古工作多方面填补了吉林省元代考古的空白，为蒙元时期的考古、历史研究提供了具有学术价值的新内容。

【博物馆与可移动文物保护】

（一）博物馆

1．博物馆间的交流与合作

2016年，吉林省博物院分别引进了“土堡神韵——福建三明客家民俗文物展”“历史的丰碑——黄埔军校校史展”“大海的方向——西沙华光礁Ⅰ号沉船特展”，推出“旗装雅韵——吉林省博物院藏清代满族服饰展”赴晋祠博物馆展出，“清风徐来——吉林省博物院院藏成扇精品展”赴山西博物院展出。吉林省博物院还为大安博物馆、洮南博物馆、洮北博物馆、榆树博物馆等市县博物馆筹备策划了11个展览。

吉林市博物馆“满族绣品展”赴湖北恩施博物馆、湖北建筑博物馆、江西八大山人博物馆进行展出。

四平战役纪念馆与辽源市博物馆联合展出了“中国古代人类服饰发展历程图片展”，参观人数近万人，不仅满足了社会各界人士的文化需求，也拓展了教育阵地。

2．重要陈列展览

吉林省博物院推出了“白山松水的记忆——吉林省历史文化陈列”“足迹·回望·传承——吉林省考古成就展（1997～2016）”“吉林故事——吉林省非物质文化遗产展”“红色的印记——庆祝中国共产党成立95周年吉林省博物院藏文物特展”等展览。

伪满皇宫博物院推出了“万事如意——故宫博物院藏如意展”“甜蜜假期——尼古拉巧克力艺术展”。

吉林市博物馆推出了“吉林三杰陈列展”，展现了成多禄、宋小濂、徐鼐霖的从政经历和文化艺术成就。

（二）可移动文物保护

1．概况

截至2016年，吉林省博物馆、纪念馆馆藏珍贵文物数量为24566件／套，其中一级文物592件／套、二级文物4750件／套、三级文物19224件／套。

2．可移动文物保护技术、方法及应用

2016年，吉林市博物馆、白山市长白山满族文化博物馆、德惠市博物馆、大安市博物馆、通榆县博物馆、龙井朝鲜族民俗博物馆编制完成了可移动文物预防性保护方案，吉林市博物馆编制了馆藏金属文物保护修复方案，项目正在实施中。

【社会文物管理】

吉林省文物店积极发挥职能，为各博物馆服务，2016年为磐石市博物馆征集文物120余件／套。吉林省文物店还举办了“2016年中国·长春第二届全国文物艺术品交流会”，展会有33家国有文物商店以及民营、个体和台湾等多家艺术品展商参加。

【科技与信息】

为贯彻习近平总书记提出的“让文物活起来”的指示，落实国家文物局文物数字化保护项目、“互联网+中华文明”建设项目，吉林省提出了开展全省博物馆展览（文物）数字化保护工程，纳入了全省博物馆发展“十三五”规划。吉林省文物局委托吉林省博物院编制了《吉林省“十三五”期间博物馆展览（文物）数字化保护项目可行性研究报告》，进行了吉林省数字博物馆在线服务平台建设，完成了省内12家博物馆13个展览和200件文物的数字化采集和虚拟展示制作；完成了省内42家博物馆信息资料的整理和数据上传工作，文字量达70余万。

【文博教育与培训】

7月20～21日，吉林省博物院承办了2016年度文博法律培训班，邀请国内知名专家学者为学员授课。8月9～11日，伪满皇宫博物院举办了2016年度吉林省博物馆公众服务培训班，58家博物馆的84名公众服务工作者参加了培训。9月21～23日，吉林省文物局组织长城保护员培训会议，培训业余保护员59名，并配发了巡查装备。12月14～15日，吉林省博物院举办了吉林省2016年全省博物馆馆长培训班。

【文博宣传与出版】

2016年国际博物馆日期间，吉林省博物院组织了一系列活动，与同方知网（北京）技术有限公司吉林省分公司签订《吉林省博物馆行业知识传播、共享战略合作框架协议》，免费为市民提供鉴宝服务，开展了《吉林省博物院张伯驹潘素夫妇捐献书画鉴赏》讲座，还组织了主题板宣介、巡展进校园、征集吉林省社会发展实物物证线索等活动。延边博物馆作为吉林省国际博物馆日宣传活动主会场，活动期间承办了“全省第一次可移动文物普查成果展”“文化延边——纪念国际博物馆日书画美术摄影作品专题展览”。

【机构及人员】

2016年，吉林省文物机构总数为143个，其中文物行政主管部门5个、文物保护管理机构52个、博物馆76个、文物商店1个、文物科研机构3个、其他文物机构6个。机构总数较2015年增加5个。文物从业人员总数1485人，其中事业单位专业技术人员786人。从业人员较2015年增加28人。

【对外交流与合作】

6月，吉林省博物院参加了中国博协文创专委会“让文物活起来——全国文博单位文化创意产品联展”，吉林省博物院设计的东北抗联题材“马灯”荣获“最受欢迎文创产品”

殊荣，并于7月参展意大利米兰国际博协第24届大会。

伪满皇宫博物院作为协办单位应邀派团于5月3～7日赴泰国曼谷，参加由中国文化部文化交流中心与泰国东盟加六国贸易促进会主办的"'一带一路'（首站）明代水陆画艺术展暨国际文化交流会"。8月25日，应香港海防博物馆邀请，伪满皇宫博物院赴香港举办"天子·公民——末代皇帝溥仪展"。

黑龙江省

【概述】

2016年，黑龙江省文物系统深入学习贯彻国务院关于《进一步加强文物工作的指导意见》和全国文物工作会议精神，深刻学习领会贯彻习近平总书记系列讲话特别是两次对黑龙江省的重要讲话精神，认真落实省委省政府各项决策部署，牢固树立发展新理念，抢抓机遇，开拓进取，在服务大局中主动担当作为，文化遗产保护利用稳步推进，圆满完成2016年各项工作任务，实现了“十三五”时期的良好开端。

【法规建设】

为贯彻国务院《关于进一步加强文物工作的指导意见》文件精神，2016年12月7日，黑龙江省政府出台了《黑龙江省人民政府关于进一步加强文物工作的实施意见》，作为当前和今后一个时期黑龙江省文物保护利用管理工作的指导性文件，为推进全省新时期文化遗产保护事业进一步繁荣发展提供重要的政策保障。

【执法督察与安全保卫】

（一）执法督察

落实国家文物局要求，严肃处理各类文物违法案件。重点督办哈尔滨市双城区7处不可移动文物遭违法拆除案，及时向国家文物局、省政府汇报案件处理情况，先后两次在全省进行通报。调查处理了哈尔滨市省保单位六次全国劳动代表大会会址（儿童电影院）违法修缮和楼顶擅自设立移动信号基站、双鸭山市集贤县国保单位滚兔岭城址和省保单位太城西遗址遭破坏等问题。对国家文物局现场调研昂昂溪中东铁路建筑群5栋建筑修缮工程中发现的问题，积极督促地方进行整改。

部署落实文物法人违法案件专项整治行动。组织召开了文物法人违法案件专项治理行动动员会暨全省文物行政执法与安全工作会议，进一步推动黑龙江省文物行政执法与安全工作。11月，黑龙江省文化厅（文物局）成立3个督察组赴全省各地督导专项整治行动落实情况，同时开展文物保护项目绩效检查和文物安全巡查工作。

强化文物安全巡查与专项督察工作。3月，组织文物执法人员赴佳木斯市部分地区，对当地文物单位消防安全检查工作和火灾隐患集中整治工作进行督导和检查。下发《关于加强哈牡高铁沿线不可移动文物保护的通知》，确保哈尔滨市至牡丹江市高铁项目施工建设中的文物安全。5月，对黑龙江省绥化地区进行文物保护单位安全执法巡查工作。

配合国家文物局开展“省级行政文物执法评估试点”课题任务。黑龙江省作为“省级行政文物执法评估试点”四个试点省份之一，将评估内容、标准和方法进行明确和细化。

（二）安全保卫

严格贯彻国家文物局工作部署，认真抓好落实工作。组织全省各地对照《关于落实国家文物局近期暗访抽查文物消防安全工作情况通报有关情况的通知》指出的文物消防管理存在的漏洞和不足等问题，对各级文物单位内的消防安全隐患进行了集中整治，共发现各类消防安全隐患174项，提出整改意见并跟踪落实。

积极向国家文物局争取三防项目。哈尔滨文庙防雷工程设计方案得到国家文物局同意并由黑龙江省文化厅（文物局）作出批复。伪满哈尔滨警察旧址消防工程方案已由国家文物局第三方评估机构审核通过。伪满哈尔滨警察旧址安防工程项目得到了国家文物局的批复。向国家文物局请示追加小四方山城址安防工程项目实施计划，得到了同意。

【不可移动文物的保护和管理】

（一）概况

2016年，黑龙江省不可移动文物保护和管理工作认真遵循“保护为主、抢救第一、合理利用、加强管理”文物工作方针和文物保护基本原则，按照国家文物局和省委、省政府工作部署和要求，配合国家、省重点工作依法开展文物保护，以法人违法专项整治行动为重点，有效保障文物安全，全面提升全省不可移动文物保护能力和管理水平。

（二）大遗址保护

积极推进黑龙江省长城保护工作。一是参加全国长城保护规划编制工作会议，汇报黑龙江省长城保护规划编制进展情况。二是组织地市级长城管理部门人员参加国家文物局长城保护管理培训。三是推进金界壕遗址保护工程。四是开展长城执法专项督察。

开展哈尔滨市阿城区金上京国家考古遗址公园建设。对金上京国家考古遗址公园规划编制工作进行调研，同时指导开展金上京遗址专项立法工作，对遗址公园规划编制和下一步工作开展提出意见和建议。

（三）全国重点文物保护单位

积极开展重点文物保护项目申报工作。一是与发改部门协调沟通落实文保项目。二是与财政部门协调沟通落实文物保护专项资金。三是积极开展方案审核上报工作。

全面开展中东铁路建筑群总体保护规划编制工作。指导规划编制单位开展数据采集、测量等业务工作，协调哈尔滨铁路局及中东铁路沿线相关单位配合开展相关工作，开展中东铁路建筑群数据平台建设工作。

继续推进侵华日军第七三一部队旧址（简称“七三一旧址”）保护工作。对七三一旧址保护和考古工作进行部署和推进，对拟开展保护展示项目方案编制提出时限要求。对细菌实验室及特设监狱遗址保护展示项目补充设计方案提出修改意见，开展冻伤实验室等3处遗址保护展示项目和航空指挥所等3处遗址考古发掘项目申报工作。

配合哈尔滨火车站改造工程开展霁虹桥保护工作。按照国家文物局提出的原址保护思路及进一步对原址保护方案的可行性进行分析的明确要求，指导哈尔滨市和铁路建设部门重新优化调整方案。11月9日，按国家文物局对霁虹桥原址保护方案原则同意的批复意见，黑龙江省文化厅（文物局）在专家论证的基础上对霁虹桥原址保护方案和辅桥设计方案提出了核准意见。

【考古发掘】

（一）概况

2016年，黑龙江省开展大遗址考古1项，为哈尔滨市阿城区金上京皇城东1号建筑址发掘；开展主动性课题考古3项，分别为大兴安岭呼中区北山洞遗址发掘、饶河县小南山遗址发掘、抚远市亮子油库遗址发掘；配合文物项目考古1项，为甘南县土城堡遗址调查与发掘；专题性考古调查与发掘4项，分别为侵华日军第七三一部队锅炉房遗址、地下回水池遗址、动物焚烧炉遗址、细菌弹壳厂遗址发掘；配合基本建设考古4项，分别为哈尔滨市阿城区李家马架子遗址发掘、宾县王朝珠遗址发掘、依兰县倭肯遗址发掘、汤原县郎君西古城遗址发掘。

（二）重要考古项目

1．哈尔滨市阿城区金上京皇城东1号建筑址

8～10月，黑龙江省文物考古研究所对金上京皇城东侧中部区域的建筑址进行了局部勘探，并对中心宫殿区东侧的一处重要宫殿址的附属建筑基址进行考古发掘，揭露面积1200余平方米。发掘出土遗物以灰瓦、青砖等建筑构件为大宗。

通过调查勘探，大致了解到皇城内分布三列建筑址遗存布局，中部为宫殿区，东西两侧各有建筑址依次分布。本次发掘揭示的小型建筑址台基遗存，为了解金代都城布局与建筑特征提供了重要的基础材料。

2．大兴安岭呼中区北山洞遗址

9～10月，黑龙江省文物考古研究所对北山洞遗址进行考古发掘，面积40余平方米。共清理灰坑3个，临时灶址或火塘遗迹16处。出土石器、陶器、骨器及动物骨骼等文物标本共计1900余件，取得了丰硕成果。

本次发掘基本明确了呼中北山洞遗址各层堆积的文化内涵及年代，初步确立了大兴安岭地区从旧石器时代晚期、新石器时代早期、新石器时代晚期及鲜卑文化四个时期的考古学文化序列。对于初步构建及完善大兴安岭地区考古学文化的编年体系，以及深入开展该区域文化谱系、生业方式、生态环境及人地关系等方面的综合研究具有十分重要的推动作用。

3．饶河县小南山遗址

9～10月，黑龙江省文物考古研究所对小南山遗址的中东部进行了发掘，总面积600平方米。由于工作时间较短，仅清理完第1层和第2层，出露较为明显的堆石墓近10座。出土文物主要有石制品200余件，玉器2件、陶器1件和陶片若干。

发掘进一步确定了小南山早期墓葬的形制主要为堆石墓，并且发现一座保存非常完整和几座很有规律的圆形堆石墓，为其他墓葬的堆石形制的解析提供了关键证据。此外确认2015年度和2016年度的发掘区均为墓葬区，总面积接近1000平方米，而且尚未完全揭露出墓地的整个区域。目前，在黑龙江流域乃至东北亚地区，年代在距今9000年左右的大规模墓地还没有发现，小南山遗址的发掘填补了这项空白，为乌苏里江及黑龙江新石器考古学文化序列的建立奠定了基础。

4．抚远市亮子油库遗址

7～10月，黑龙江省文物考古研究所与黑龙江大学考古系组成联合考古队，对亮子油库遗址进行了正式考古发掘，揭露面积500多平方米。本次发掘共揭露汉魏时期灰坑、墓葬和房址等遗迹100多座，蜿蜒河类型的墓葬2座。出土骨器、石器、玉饰件、动物肩胛骨、纺

轮、石镞、大中型陶罐及少量玉器2000余件。

该遗址内涵丰富，层位复杂，对于建立黑龙江流域新石器时代以来的考古学文化编年序列尤为重要。

5．甘南县土城堡遗址

9月，黑龙江省文物考古研究所对土城堡遗址进行调查并对东城墙开展了发掘，发掘面积69平方米。土城堡呈长方形，城墙拐角有角楼，南城墙和西城墙上现存马面各两座。从探沟南壁剖面可见，城墙由基槽和墙体两部分组成。

通过本次发掘对土城堡城墙的形制、城墙构筑特点等有了进一步的认识，为东北路金界壕及边堡的研究提供了更加翔实的资料。

6．哈尔滨市阿城区李家马架子遗址

6～8月，为配合哈尔滨至佳木斯铁路工程建设，黑龙江省文物考古研究所对该遗址进行了抢救性考古工作，发掘面积1300余平方米。共清理房址5座、灰坑31个、灰沟5条，出土陶器、石器、骨器及动物骨骼等文物标本共计200余件。

从出土层位及遗迹遗物的差异，本次发掘大致分为以侈口罐、弧腹碗、豆、壶为代表的汉魏时期文化，和以靺鞨罐、斜腹碗等为代表的靺鞨文化两个时期遗存。

7．宾县王朝珠遗址

6～8月，为配合哈尔滨至佳木斯铁路客运专线工程建设，黑龙江省文物考古研究所与黑龙江大学考古系组成联合考古队，对王朝珠遗址进行了抢救性考古发掘，发掘面积1188平方米。此次发掘共发现灰坑13个、灰沟3条。出土大量残碎瓦片、陶瓷器残片以及少量的铁器和铜钱。

从出土遗物看，该遗址应该是一处居住址，年代大约在辽金时期。出土的大量瓦片表明此处原应建有大型建筑，尚需要深入的考古工作。

8．依兰县倭肯遗址

6～8月，为配合哈尔滨至佳木斯客运专线工程建设，黑龙江省文物考古研究所与吉林大学边疆考古研究中心组成联合考古队，对倭肯遗址进行了抢救性发掘，发掘面积900平方米。本次发掘主要遗迹为灰坑和灶址。其中灰坑明显具有人工加工痕迹、形制比较规整的，也有一些不甚规则、出土遗物却很丰富的，初步判断为具有储藏功能的窖穴以及一些利用自然低洼地势形成的“垃圾坑”。出土遗物有陶器、石器、瓷器、铁器、铜钱、渔网坠、骨角器以及动物骨骼、蚌壳等。

从发掘情况来看，倭肯遗址为一处辽金至明清时期的生活遗址。该遗址存在一定程度的渔捞经济状况，从中也显现出较为发达的农业经济形态。

9．汤原县郎君西古城遗址

6～7月，为配合三江治理之松花江干流治理工程建设，黑龙江省文物考古研究所对郎君西古城遗址相关区域进行了考古发掘，发掘面积约475平方米。郎君西古城西墙南段有一门址，外部环绕瓮城，瓮城平面大致呈马蹄形，瓮城门口南向开。瓮城墙大部分保存较好，门址位置被旧坝址叠压。瓮城内出土遗物以陶器为主，多为泥质灰陶；瓷器见有少量的白釉残片、器底；其他有铁器，包括镞、刀等。

此次发掘，通过城墙解剖，搞清了城址城墙的构筑方式及堆积建造情况：城墙为平地起建，夯土版筑，墙外有深壕，内侧有浅沟。依出土遗物分析，城址修筑于辽金时期。此次对郎君西古城的考古发掘及所获材料，为认识该城址的形制结构及历史沿革等积累了重要的第一手资料。

（三）其他

积极推进大兴安岭岩画调查与保护工作。与大兴安岭地区沟通，制定大兴安岭岩画调查保护项目资金安排和工作计划，对下一步工作进行部署。8月，组织邀请专家赴大兴安岭松岭区对新发现的岩画群进行实地考察，召开大兴安岭岩画研讨论证会，对相关工作进行具体安排。

【博物馆与可移动文物保护】

（一）博物馆

1. 博物馆建设

全省等级备案博物馆215家，其中文化（文物）系统所属博物馆124家、行业所属博物馆38家、民办博物馆53家。其中国家一级博物馆4家、二级博物馆7家、三级博物馆18家。

大力指导做好各博物馆新建、改扩建及常设展览的提升工作。组织相关专家指导七台河市、五常市、桦川县、桦南县综合博物馆的新建工作，大兴安岭地区、绥化市博物馆的改扩建工作，同江市、抚远市、泰来县及革命领袖视察黑龙江纪念馆常设展览的改陈提升工作。

指导完成博物馆理事会试点工作。选定大庆市博物馆和齐齐哈尔市博物馆为试点单位，指导两馆研究制定理事会工作方案，完善理事会章程和组织构架，完成报批手续，召开成立大会和第一届理事会，2016年年底前完成试点工作。

加强流动博物馆建设。大力开展展览进乡村、进社区、进校园、进军营、进企业活动，展览“走出去”“引进来”，文化交流和沟通更加活跃，深受百姓好评，观众逐年递增，全省平均每年举办陈列展览700余个，其中临时展览350个，免费接待观众1600余万人次。

开展藏品调查和征集工作。针对馆藏的文物短板情况，黑龙江省博物馆先后赴哈尔滨、牡丹江、齐齐哈尔等8个市、县地区，全年新增文物藏品1093件，有力支持和丰实了新馆的陈列展览。结合“征管分离”原则，东北烈士纪念馆面向社会开展文物征集工作，从哈尔滨市征集抗日战争时期侵华日军实物、中东铁路相关实物76件／套，加强现有馆藏文物体系建设，填补了部分藏品空白。

2. 博物馆间的交流与合作

黑龙江省博物馆加强与各地博物馆间的交流与合作，联合举办各项展览活动，武汉博物馆“天地精灵、璀璨江汉——武汉博物馆馆藏玉器展”、海南省博物馆“跨越四十年——王隽珠艺术馆藏品展”、安徽博物院“铁笔翰墨——邓散木艺术精品展”等多项精品展览成功举办。

3. 重要陈列展览

举办高水平油画精品常设展。黑龙江省文化厅（文物局）在哈药集团哈尔滨美术馆二楼展厅设立俄罗斯人民画家油画精品常设展，在其一楼展厅举办每月一期的俄罗斯油画主题展。通过调动各方积极性，整合配置各路资源，集中各方力量办文化展览的方法，实现制度性、常态化的工作格局，建设全方位、成系列的俄罗斯油画艺术展示基地，形成黑龙江省对俄文化合作的“金色名片”。

黑龙江省博物馆推出“唐代彩绘十二生肖红陶人形猴俑”“黑龙江省中药材特展”“冰河时代的巨兽——猛犸象”“古风古韵古城　依山依水依兰——依兰特展”“吕厚民摄影展”“桂叶形石器”“寒食春雨思故人　绿野晴天万木春——清明节展”“肇源

书法作品展”“骨雕鹰首”等每月一星、每月一县系列展活动。东北烈士纪念馆先后推出11个专题展览，包括“平顶山惨案史实展”“永远的怀念——王杰烈士事迹展”“永远的铁人——王进喜生平业绩展览”“鲁迅的读书生活图片展”“北国枪城　塞北延安”“中国共产党光辉历程图片展”“伟大长征　辉煌史诗——纪念中国工农红军长征胜利80周年展览”“公为天下——孙中山的凛然人生”8个引进展览，“英雄的城市——纪念哈尔滨解放70周年专题展”“血肉筑长城——东北著名抗日英烈及英雄群体展”“阳光下的罪恶——侵华日军化学战罪行展”3个原创展览。黑龙江省民族博物馆推出“多克多尔神韵——杜尔伯特蒙古族历史文化展览”“龙江古韵·智慧之光——黑龙江流域渔猎民族传统服饰展”“鄂温克族历史文化展”“中国科举文化展”“中国北方与西伯利亚鄂温克、鄂伦春民族影像——20世纪初呼伦贝尔民俗图片展”等民族特色展览活动。

东北抗联博物馆“抗战十四年”、侵华日军第七三一部队罪证陈列馆“反人类暴行”两个展览获“第十三届（2015年度）全国博物馆十大陈列展览优胜奖”。

4．其他

积极推进文博创意产品开发工作。深入贯彻国务院《关于推动文化文物单位文化创意产品开发的若干意见》和国家文物局“文博单位文化创意产品开发工作推进会”精神，黑龙江省把博物馆文创产品开发作为2016年工作的重点之一，力争实现规模化、系列化、市场化。指导试点单位进一步细化试点方案，形成以试点单位为骨干、各级各类博物馆全面参与的文创产品开发工作格局，梳理出7个类别、27个系列、数百件文化产品开发目录。积极组织各博物馆参展参会，通过展示交流，扩大了影响，锻炼了队伍，积累了经验。

黑龙江省博物馆成为全国2016年十个“博物馆青少年教育功能试点单位”之一；东北烈士纪念馆等19家博物馆（纪念馆）纳入全国红色旅游经典景区名录；黑龙江省博物馆等近20家博物馆被评为“黑龙江100个最值得去的地方”。配合反腐败和司法办案工作，向国家文物局推荐黑龙江省博物馆纳入“全国涉案文物鉴定评估机构”名单，成为黑龙江省唯一涉案文物鉴定评估机构。

（二）可移动文物保护

充分发挥黑龙江省博物馆“可移动文物修复资质”单位资质作用，重点加强自然科学、人文科学等多学科的综合研究，实施可移动文物保护修复项目，全面加强与国内外科研机构、高校等合作交流，进一步提升修复单位的地位和作用。

（三）第一次全国可移动文物普查

黑龙江省“一普”工作组建普查机构152个，参与普查人员8254人，投入经费1920万元，举办培训120次，培训人员6667人次。共调查国有单位34309家，完成全部296359件/套（538954件）文物的信息采集、录入工作，并已通过省、市、县三级数据审核和修改，将全部数据报送国家普查办，报送率达到100%。梳理出全省279家国有可移动文物收藏单位名录，新认定文物130631件/套，建立全省可移动文物资源数据登入平台，举办普查成果系列展览49个。10月，黑龙江省编制完成全省普查报告，正式上报国家文物局。12月，黑龙江省顺利通过国家文物局组织的验收。

【科技与信息】

黑龙江省博物馆在文物藏品研究方面成功申报省内课题1项；邀请专家学者开展业务学术讲座5次；在国家级、省级核心期刊和行业期刊上发表文章26余篇。

东北烈士纪念馆研究人员根据馆藏史料资源，编写专题展览大纲，撰写并发表学术论文20余篇。

黑龙江省民族博物馆发表《鄂伦春族别拉弹克枪考述》《蒙古族那达慕变迁浅析》《阿城文庙建筑的装饰艺术》等学术论文，分获2016年省文物博物馆学会第十七次优秀科研成果评比一等奖、二等奖等荣誉。

9月，由黑河知青博物馆、上海市知识青年历史文化研究会、中国知青馆联席会共同举办的“2016中国知青馆建设与发展研讨会”在黑河知青馆召开。会议期间14位代表发表学术论文，会后出版《中国知青博物馆建设》一书。

加强数字纪念馆建设，对博物馆网站内容及时更新，完成网站系统全面升级改造。推出东北烈士纪念馆微信公众号，利用新媒体及时宣传报道馆内开展的各项活动。组织易游无限科技（北京）有限公司运用虚拟现实（VR）、增强现实（AR）技术，实施流动展览小分队移动博物馆、历史景观数字化展示、展厅文物深度互动展示等3个项目。

【文博教育与培训】

创新社会教育方式。结合清明节、国际博物馆日、文化遗产日、建党日、建军节、抗战胜利纪念日、烈士纪念日、烈士殉国日和诞辰日等时间节点，开展丰富多彩的爱国主义教育活动。东北烈士纪念馆、侵华日军第七三一部队罪证陈列馆、大庆铁人王进喜纪念馆、北大荒博物馆成为全省“两学一做”学习教育的现场教育基地，接待受教育单位1615个、25万人次。

加强文博人才素质培养。为进一步提升黑龙江省文博系统专业队伍岗位技能素质，发挥文化阵地宣传教育功能作用，为文化（文博）系统讲解员搭建岗位技能交流平台，黑龙江省文化厅（文物局）依托东北烈士纪念馆（东北抗联纪念馆）成立讲解员培训基地，11月举办了第一期讲解员培训，涵盖3个地市、9个省直单位的50余人参加培训，取得了初步成效。

【文博宣传与出版】

黑龙江省文化厅（文物局）组织全省博物馆开展国际博物馆日宣传系列活动，在伊春市成功举办主会场活动。组织全省文博系统开展文化遗产日活动，在哈尔滨市成功举办主场城市活动。

黑龙江省博物馆积极主动与传统和新兴媒体联络，在黑龙江省电视台以及《黑龙江日报》《生活报》开辟“龙博典藏”“龙博珍宝”“自然龙博”三套系列专题节目，每周向观众和读者宣传介绍一件珍贵文物，达到传播黑龙江省历史文化，提高民众素质的目的。

东北烈士纪念馆编写的《东北烈士纪念馆馆藏艺术珍品》《东北抗日联军历史图鉴》《铭记与传承——走进东北烈士纪念馆》《黑土英烈颂》等图书出版。

黑龙江省民族博物馆作为国家级非遗项目赫哲族鱼皮制作技艺的责任单位，2006年完成了鱼皮制作技艺《口述史》《实践片》《传承片》《宣传片》共4部纪录片的编辑制作工作，实现了非遗调查研究保护工作的重大突破。

【机构及人员】

截至2016年年底，黑龙江省共有文物机构268个，从业人员3232人，其中专业技术人才1440人，包括正高级职称96人、副高级职称287人、中级职称628人。

上海市

【概述】

2016年为“十三五”开局之年，上海稳步推进全市文博工作，形成以政府主导、社会参与的文物保护机制；创新发展，提升文物保护科技支撑能力；加强文物安全工作，建立健全长效机制；进一步落实文物管护责任、解决文物保护与社会发展的矛盾。

【法规建设】

完成《上海市新一轮城市总体规划战略议题研究》中《上海市历史文化名城保护专项规划》的编制工作。

上海市文物局联合市规土局、市住建委发布《关于进一步加强本市成片历史风貌抢救性保护管理工作的意见》，细化《上海市文物保护条例》中的“先予保护”制度，初步形成历史建筑征收前置审核机制。

上海市文物局与市规土局、市住建委共同讨论起草上海历史文化名镇名村保护与更新利用实施意见，并由市政府同意，公开发布《上海市人民政府办公厅印发关于推进本市历史文化名镇名村保护与更新利用实施意见的通知》。

加强制度建设，规范和推进文物艺术品市场繁荣健康发展。推进《上海市文物市场经营管理办法》修订，完善调研报告及规章草案。经营管理办法已列入上海市政府2017年立法预备项目。

【执法督察与安全保卫】

（一）执法督察

健全联合执法长效机制。上海市文物局与上海市文化市场行政执法总队继续加强协作，加大对文保单位的执法巡查和消防检查，落实文物安全责任制，实行文物安全事故责任追究制度。

深化部门联合整治机制。为打击遏制文物鉴定恶性诈骗，上海市文物局联合市公安、检察院、工商、商务、海关、文化执法等部门建立联席会议制度，明确职责分工，消除监管漏洞，形成打击合力。2016年3月，上海警方集中破获文玩诈骗案，一举捣毁文物古玩领域60余个诈骗团伙，580余人被采取强制措施，批捕268人，涉案金额1.6亿元，有效遏制了文物市场恶性诈骗案件的继续蔓延。

严格执法，加强案件宣传。2015年位于外滩的不可移动文物三菱洋行旧址外墙遭涂抹。市文物局与市文化市场行政执法总队联合督察，黄浦区文化执法大队严格按照法律程序进行执法，对当事人中晋股权投资管理（上海）有限公司做出了50万元的行政处罚，并责令其恢复原状，受到了媒体舆论的一致好评。该案获“2014～2015年度文物行政执法十大指导性案例”，对文物执法工作起到了示范作用。

（二）安全保卫

开展文物安全隐患整治专项行动。根据国家文物局的统一部署，上海市文物局会同公安、消防、文化执法总队等部门，对上海市近千处文物建筑及博物馆、纪念馆等文物收藏、展示机构进行安全大检查，及时落实整改措施，整改率达100%。

【不可移动文物的保护和管理】

（一）概况

截至2016年年底，上海市有全国重点文物保护单位29处，市级文物保护单位238处，区级文物保护单位402处；10座中国历史文化名镇，2座中国历史文化名村，1片中国历史文化街区，3条中国历史文化名街。

（二）大遗址保护

通过考古勘察基本确定了福泉山遗址的边界和重点地下埋葬区。完成福泉山遗址保护规划的前期调研、现场踏勘、编制方案立项、初稿等工作。

（三）全国重点文物保护单位

加强全国重点文物保护单位的保护工作，完成宋庆龄墓保养维护工程、真如寺大殿抢救性加固工程。启动提篮桥监狱早期建筑保护规划工作，完成规划的前期调研、现场踏勘、编制方案立项、初稿等工作。

（四）其他

配合上海市委宣传部“党的诞生地”宣传发掘工程，以重要革命史迹为重点，加强文物保护。修缮并向社会开放中共中央上海局机关旧址、《布尔什维克》编辑部旧址等上海重要革命史迹。做好鲁迅故居、宋庆龄墓等重要革命史迹修缮、保养维护工作。

结合全市重大文化设施建设，推动重要不可移动文物的保护修缮工作。配合上海历史博物馆新馆建设，做好市级文物保护单位跑马总会、大世界、旧上海图书馆旧址等修缮工程。配合南外滩整治工程，做好市级文物保护单位商船会馆、董家渡天主教堂的修缮工程。

划定新一批8处市级文物保护单位的保护范围、建设控制地带，并通过专家评审会，将全面铺开。启动划定全市地下文物埋藏区工作。

【考古发掘】

2015年10月～2016年10月，上海博物馆考古部对上海市青浦区白鹤镇的青龙镇遗址进行了第三次考古发掘，发掘面积2500平方米。发现了文献记载的隆平寺塔基，解决了青龙镇北部的一个关键性地标，青龙镇的市镇布局研究取得了重要突破。

隆平寺塔基平面呈八边形，散水、角柱、副阶铺装莲花柱础、倚柱、壸门等塔基的关键部分保存较好。地宫为砖砌仿塔结构，宫室内壁为石板砌筑，内供奉有四重套函装藏的释迦牟尼涅槃像，套函两侧各置一座阿育王塔，底部铺有一万余枚钱币，在木函内还装藏有银箸、银勺、银钗、银龟、铜镜、铜瓶、水晶球、水晶念珠、舍利等40余件供奉品。

青龙镇遗址考古确证了青龙镇是唐宋时期海上丝绸之路上重要的贸易港口，新发现的隆平寺塔为研究青龙镇的市镇布局提供了重要的线索。隆平寺塔基及其地宫的发现，为研究北宋时期南方软土地基下塔基的建造工艺与地宫舍利瘗埋制度提供了重要的材料。

【博物馆与可移动文物】

（一）博物馆

1．博物馆建设

根据国家文物局要求，为了加强和规范博物馆行业管理，反映博物馆事业发展成果，凸显城市文化品质，上海市文物局组织开展了第三批国家一级博物馆定级评估初评工作。经过专家评审会评审、国家文物局复核，陈云纪念馆被评定为国家一级博物馆。这是继上海博物馆、中共一大会址纪念馆、上海鲁迅纪念馆、上海科技馆之后，上海的第五家国家一级博物馆。

2．重要陈列展览

上海自然博物馆“上海自然博物馆基本陈列”获得“第十三届（2015年度）全国博物馆十大陈列展览精品奖”，陈云纪念馆“共和国掌柜——陈云生平业绩基本陈列”获得优胜奖。

上海自然博物馆基本陈列以“自然·人·和谐”为主题，以教育为核心，十个展区展出包括古生物化石标本等珍贵标本（含复制品及实物）11523件，通过科学和艺术的交融表达，呈现“从自然的角度看人文，从人文的角度看自然”的独特视角，形成以展示为载体、以收藏和研究为支撑的现代化、综合性自然博物馆。

陈云纪念馆“共和国掌柜——陈云生平业绩基本陈列”展展出反映陈云同志丰功伟绩、精神风范的展品1000余件，其中80%的文物都是第一次向观众展出，全面展示了陈云对中国革命、建设和改革所做出的历史贡献。

3．其他

上海市博物馆文创试点工作启动。根据国家文物局要求，上海市文物局组织全市各博物馆开展了博物馆文化创意产品开发试点的申报工作，上海博物馆、上海市历史博物馆、上海中国航海博物馆、中共一大会址纪念馆进入首批全国博物馆文化创意产品开发试点名单。组织上海博物馆、上海中国航海博物馆、陈云纪念馆、上海鲁迅纪念馆、上海世博会博物馆等参加6月在武汉举办的“让文物活起来——全国文博单位文化创意产品联展”，9月在成都举办的“第七届中国博物馆及相关产品与技术博览会”，12月在广州举办的“第二届广州国际文物博物馆版权交易博览会”。

上海市社会力量举办博物馆资金扶持工作持续推进。2016年，上海市社会力量举办博物馆扶持资金共收到42家场馆的68项申请。上海市文物局经过材料梳理、资格审核、专家初评、定评等环节，确定了2016年度扶持资金资助项目名单，并向社会公示。有22个场馆的30个申请项目获得资金扶持。如上海玻璃博物馆“秾芳依翠　宋元琉璃簪钗展”，上海琉璃艺术博物馆“极光之舞——美国玻璃艺术家图兹·詹斯基个展”，上海浦东机场博物馆“和谐共美——中日韩名家艺术邀请展”等。

（二）第一次全国可移动文物普查

上海市可移动文物普查工作自2013年5月启动以来，市委、市政府高度重视、统一部署，各级普查机构和国有文物收藏单位共同努力、扎实推进，于2016年12月底顺利完成各项任务，通过了国务院普查领导小组办公室的工作验收，取得了丰硕的成果。普查中，全市共调查各级各类国有单位15285家，确认国有可移动文物收藏单位112家，统计可移动文物1159532件／套，按照普查统一标准登录文物242409件／套（560063件），其中珍贵文物

178922件，登录文物照片446150张，数据总量超过2.5TB。通过此次普查，进一步摸清了上海全市国有可移动文物家底，全面掌握了可移动文物的数量分布、保存状况、保管权属和使用管理等基本信息，提高了可移动文物管理水平，为今后文物资源的整合利用打下了坚实基础。

【社会文物管理】

2016年，审核临时进境文物3485件，出境文物1324件；临时进境复出境文物775件。全市共举办文物艺术品拍卖会193场，拍卖标的12.6万件。审批新设立拍卖企业4家，文物商店4家。

【科技与信息】

2016年上海博物馆新申报批准立项承担一批国家级、省部级和馆级研究项目，包括“典型有机酸性空气污染物对馆藏青铜文物腐蚀作用规律及机理研究”等两项国家自然科学基金项目、“上海广富林遗址考古发掘及多学科合作研究”一项国家社会科学基金重大项目、《中国大百科全书（第三版）·博物馆卷》“博物馆收藏与保护”和“博物馆传播与教育”两项分支学科卷编纂项目；“环境质量污染检测评估系统研制”等3项横向研究课题；以及“上海博物馆馆藏文物保存环境监控研究”等7项2017～2018年度上博课题。

全年共开展各类研究课题31项，完成其中12项。上海市科委科技计划项目“博物馆文物保护关键技术研究”课题取得一批研究成果，于12月通过验收；《馆藏文物防震规范》等4项行业技术标准批准颁布实施，于3月印刷出版；《文物展柜基本技术要求及检测》等两项国家标准通过国家标准委最终审核；《馆藏文物包装材料　无酸纸》《博物馆建设规范》两项行业技术标准通过全国文物保护标准化技术委员会最终审核；“纺织品文物保护技术研究”等3项上博研究课题总结并提交验收。

在信息化建设方面，上海成功举办“‘互联网+中华文明’的博物馆数字传播”系列活动。“数字上博”项目结项通过验收，逐步建立移动导览系统和大堂多媒体信息发布系统，上博的官方微信年内开通。

【文博教育与培训】

11月，上海市文物局组织举办了全市博物馆安全工作培训班，全市70多家博物馆、纪念馆安全管理干部参加。培训班邀请专业文物科技保护专家进行安全防范技能、馆藏文物安全的指导、学习、培训。同时，积极鼓励专职干部参加经上海市公安局批准的《国家保卫职业资格培训》。通过专业知识学习和技能训练，使博物馆、纪念馆安全管理干部了解保卫工作及相关的法律法规、职业道德常识和技术防范设备使用方法等专业技能，全面提升保卫干部的整体素质。

【文博宣传与出版】

上海市文物局组织开展建党95周年系列宣传活动。6月12日～7月6日，由上海市委宣传部指导，中国国家博物馆、中共一大会址纪念馆联合主办的“复兴之路”上海展开幕。同时，“中国共产党与中国梦”学术研讨会举行，“中国共产党创建史研究中心”揭牌成立，掀起建党95周年系列宣传活动高潮。此外，还组织指导全市革命类场馆策划了一批有质量的、以纪念建党95周年为主题的展览项目。

上海市文化广播影视管理局、上海市文物局组织开展国际博物馆日系列活动。国际博物馆日系列活动覆盖整个5月，其中重点活动聚焦于5月18日。活动以全市124家博物馆为主要活动场地，同时充分联动学校、社区文化活动中心、广场等城市文化空间，大力拓展网络空间。组织全市103家博物馆、纪念馆等场馆免费开放，3家博物馆半价开放；“博物馆之夜”活动为白天紧张忙碌无暇参观的市民或匆忙观光的游客提供独特的夜间参观体验；全市推出170余项免费公益活动，广受市民好评；依托移动电视录制播放“跟着馆长去看馆”博物馆宣传专辑，利用微信、微博等新媒体发布信息公告，编印以“匠心之美”“行业百态”“峥嵘记忆”为主题的一套三本博物馆宣传口袋书，进行线上线下联动宣传。

精心策划2016年文化遗产日系列活动，提升文化遗产保护社会效应。举办“流光溢彩繁华尽处——上海城市历史文化风貌专题宣传活动”、2016上海历史文化名镇名村摄影展、“保护城市遗产，留住城市基因——上海历史文化名城三十周年回顾与展望”展览等主题活动，在各区组织开展特别展览、专题讲座、知识竞赛、主题征文等文化遗产宣传普及活动。协调104处文物建筑向市民免费开放，免费开放活动受到市民热烈欢迎，参观人数踊跃，全市共计约8万人参与。上海市文物局与东方明珠移动电视合作，联合出品了“舒说老上海”系列节目，以“一江、一河、一场、一路”为线索，邀请沪上知名主持人舒悦以诙谐幽默的讲述方式带领市民边走边看本市的文化遗产。系列节目从文化遗产日当天开始在全市地铁、公交线路屏幕上持续滚动播出一个月。

2016年是上海被国务院公布为国家历史文化名城30周年，全市组织“青龙镇遗址考古发掘成果”新闻发布会、“近代现代建筑遗产与当代城市更新发展”论坛、“大上海计划”——旧上海图书馆旧址保护与利用现场会以及石库门里弄保护的困境与对策研讨会等系列活动，展现了近年来上海文化遗产的保护成果，交流了先进的保护理念和技艺手段，充分展示了上海文化遗产的独特魅力，彰显了上海深厚的历史文化底蕴。

【机构及人员】

上海文化广播影视管理局（上海市文物局）所属7家机构，包括文物保护管理及科研机构1家：上海市文物保护研究中心；博物馆5家：上海博物馆、中共一大会址纪念馆、上海市历史博物馆、上海鲁迅纪念馆、上海世博会博物馆；文物商店1家：上海文物商店。

上海市文化广播影视管理局（上海市文物局）所属事业单位人员共计624名，其中大专以下学历60人、大专学历129人、大学本科学历318人、硕士学历114人、博士学历3人，有初级职称159人、中级职称202人、高级职称102人。

【对外交流与合作】

上海博物馆与埃及国立博物馆友好交流《合作备忘录》签字仪式于4月28日在埃及首都开罗的埃及国立博物馆举办，仪式简朴而具有意义。《合作备忘录》签字仪式得到了上海市政府、市文广局、市外办和埃及文化部、外交部以及埃及驻上海总领事馆的鼎力支持和帮助。此次活动为进一步推动“2016中埃文化年”的发展起到了积极作用。

5月10日，由日本真言宗醍醐派总本山醍醐寺、日本独立行政法人国立文化财机构、上海博物馆联合主办的“菩提的世界：醍醐寺艺术珍宝展”在上海博物馆开幕。此次展览在上海博物馆和陕西历史博物馆先后展出，这是醍醐寺收藏的雕刻和绘画等文物首次来华，也是醍醐寺艺术珍宝除赴德国以外，第二次走出日本向世界展示。包括13件日本国宝、31件重要文化财在内的90件展品全部来自醍醐寺的珍藏。首站上海博物馆将展出文物64件/套，其中日本国宝6件、重要文化财24件。展览于7月10日闭幕。

江苏省

【概述】

2016年，围绕贯彻落实国务院文件和全国文物工作会议精神，江苏省坚持文物工作方针，秉持正确保护理念，强化依法管理，扎实推进，全省文物工作取得新进展。

【执法督察与安全保卫】

（一）执法督察

建成江苏省文物行政执法监控平台。此项工作于2015年启动，2016年实现省、市两级对接运行。同时，积极配合国家文物局在江苏试点全国重点文物保护单位执法监督在线管理执法终端建设试点项目建设。此举将更便于及时掌握各地开展文物行政执法巡查和行政处罚工作情况，进一步推动文物行政执法责任制的落实。

进一步规范文物行政执法工作。下发《关于进一步规范全省文物行政执法工作的通知》，对健全文物行政执法队伍、加强文物行政执法巡查、强化文物违法案件立案查处等工作提出了具体要求。在国家文物局举办的2016年度全国文物行政处罚案卷评查活动中，江苏省文物局被评为“优秀组织单位”；江苏选送的赵某某擅自在全国重点文物保护单位庙山汉墓保护范围内进行建设工程案被评为2016年度全国文物行政处罚案卷评查“十佳案卷”；无锡市滨湖区新顺拆房有限公司擅自迁移不可移动文物原敦睦中学旧址案、中城建设有限责任公司擅自拆除市级文物保护单位颜料坊49号案被评为2016年度全国文物行政处罚案卷评查“优秀案卷”。

加大文物违法案件督察力度。江苏省文物局督办仪征庙山汉墓被盗、常州寺墩遗址被破坏等20多起文物违法案件，并多次赴案发现场督察督办，帮助解决执法难题。备受瞩目的南京马群狮子冲石刻被盗案成功告破。“明故宫飞机场旧址飞行员俱乐部被擅自拆除案”“韩桥煤矿旧址部分建筑被擅自拆除案”被评为“2014～2015年度文物行政执法十大指导性案例”。

开展“文物法人违法案件专项整治行动（2016～2018年）”。按照国家文物局统一部署，在全省范围内重点查处由机关、团体、企业、事业单位实施的文物违法犯罪案件，并下发《江苏省文物法人违法案件三年专项整治行动工作方案》。

（二）安全保卫

开展全省文物消防和防雷安全隐患检查工作。按照国家文物局统一部署，开展全省文物消防和防雷安全隐患排查工作，督促97处消防不合格的省级以上文物保护单位落实消防安全责任制，联合省气象局开展全省文物保护单位防雷安全自查和专项检查，整改安全隐患。

稳步推进文物安全综合管理实验区建设。以“政府主治、部门共治、单位自治、社会群治、科技辅治”思路，继续指导常州市、大丰区、如皋市实验区建设，实现“五方共同作用，综合协调治理，突出安全主线，提升管理效能”目标，同时推动淮安市、江宁区、高邮市启动实验区建设，指导其完善工作方案和创建标准。

【不可移动文物的保护与管理】

（一）概况

南京被国家文物局确定为海上丝绸之路第一批申遗城市，南京龙江船厂遗址和浡泥国王墓被列为正式申遗点，郑和墓和洪保墓被列为申遗关联点。完成第七批省级以上文物保护单位保护范围及建设控制地带划定方案，启动红色遗产、名人故居抢救性保护与展示工程。规范文物保护工程管理，制定并颁布《江苏省文物保护工程丙（三）级资质标准（试行）》。

（二）大遗址保护

完成泗洪顺山集遗址、新沂花厅遗址考古遗址公园规划编制工作，完成高邮龙虬庄遗址保护展示工程设计方案。

（三）全国重点文物保护单位

2016年，完成16处全国重点文物保护单位保护规划立项，南京城墙等3处保护规划经省政府批准实施，2处保护规划得到国家文物局批复同意，向国家文物局上报规划成果4项。完成江阴黄山炮台旧址等一批全国重点文物保护单位保护工程方案审批，启动并完成第一批共20项红色遗产、名人故居抢救性保护与展示工程。国家文物局全年共批准江苏35个保护项目，投入中央经费2.322亿元。

（四）世界文化遗产

2016年3月，国家文物局在北京召开海上丝绸之路申遗工作会议，南京成为第一批海上丝绸之路申遗城市。7月，南京龙江船厂遗址、浡泥国王墓被确定为正式申遗点，郑和墓和洪保墓被列为申遗关联点。南京市全力推动海丝申遗工作，组建南京市海丝申遗工作领导小组，在市文广新局增设世界文化遗产管理处，成立海丝遗产研究中心，颁布《南京市海上丝绸之路史迹保护办法》，完成相关申遗文本、遗产点管理规划和《龙江船厂遗址保护与展示方案》《浡泥国王墓神道石刻及碑刻抢救性保护方案》《浡泥国王墓环境整治方案》《洪保墓保护与环境整治方案》编制修改工作，启动遗产监测体系和基础数据库建设，确保海上丝绸之路各遗产点（关联点）的保护展示和研究宣传工作有序推进。

继续做好江南水乡古镇和中国明清城墙联合申遗项目牵头工作。委托中国文化遗产研究院完成了《江南水乡古镇申遗预研究》，向国家文物局提交了无锡惠山古镇参与江南水乡古镇申遗项目的申请。完成中国明清城墙（南京城墙）联合申遗文本初稿并上报国家文物局，在辽宁兴城举办中国明清城墙联合申遗第四次工作推进会。

南京中山陵园管理局将明孝陵监测预警平台建设列入年度重点工作，委托中国文化遗产研究院编制明孝陵监测平台建设方案。组织各世界文化遗产地完成2015年度遗产监测报告、2016年半年定期评估报告上报工作，完成大运河（江苏段）年度监测报告的汇交工作。

随着大运河成功列入《世界遗产名录》，涉及遗产区、缓冲区的建设工程的行政许可项目日渐增加。2016年，先后指导常州、苏州、扬州等市完成大运河常州城区段（五星大桥—白家桥）交通疏导方案、大运河宝应段沿线砂石场整治集中归并方案、大运河常州段新闸防洪控制工程改造项目、大运河苏州段虎阜桥重建设计方案等工程方案的报审工作。

开展大运河文化带建设的理论研究，委托南京大学文化与自然遗产研究所开展《大运河文化带建设规范》研究。

（五）其他

历史文化名城（镇、村）和传统村落保护工作。组织开展全省第七批中国历史文化名镇名村、第八批省级历史文化名镇名村申报工作和江苏省传统村落调查工作，无锡市严家桥村等6个传统村落被列入2016年中央财政支持范围。11月22日，高邮市被国务院公布为国家历史文化名城，江苏省国家历史文化名城达到13座。

启动第一批红色遗产与名人故居保护展示项目。为进一步提升江苏省红色遗产、名人故居的保护展示水平，江苏启动“江苏省红色遗产、名人故居抢救性保护和展示提升工程”，并列为省政府年度重点工作任务。第一批立项项目包括华东野战军前委指挥部和第三野战军成立旧址修缮工程等20项工程，共计投入省级补助经费1030万元。

加强文物保护工程管理。完成《江苏省文物保护工程丙（三）级资质审批标准（试行）》的拟定和颁布，对申报文物保护工程资质单位的材料、流程进行规范。完善工程方案审批、开工备案管理、文物保护工地监督检查、工程资料收集整理和工程验收管理等事前、事中、事后监管，加强文物工程实施过程中的诚信管理和工程质量的监督管理，对部分工程项目实施了巡查。8月21～26日，在扬州举办第五期江苏省文物保护工程管理培训班，来自全省各市文物管理部门和文物保护工程资质单位、拟申报资质单位学员250余人参加培训。

【考古发掘】

（一）概况

编制上报仪征庙山汉墓、新沂花厅遗址、南京官窑遗址和明故宫遗址考古工作计划及文物保护计划。组织实施里下河川东港工程、连镇铁路、常州市新北区新龙生态林项目、徐宿淮盐铁路、盐城城南新区享威地块、265省道金坛段考古发掘等工作。

协助国家文物局水下文化遗产保护中心完成2015年度太湖水下探摸工作，召开2016年江苏太湖水下考古工作布置会，确定了2016年江苏太湖水下考古工作计划。11月，对发现的沉船和石圈遗迹进行探摸，进一步确认其时代和属性。兴化、东台蒋庄五星遗址荣获“2015年度全国十大考古新发现”。

（二）重要考古项目

1. 太仓元代樊村泾遗址

2016年1月20日起，苏州市考古研究所联合太仓博物馆对遗址进行抢救性考古发掘。发掘面积约3000平方米，发现遗迹近90处，主要有房址、水井、道路、灶台、排水沟渠、灰坑、河道等。发掘出土数以吨计的元代中晚期龙泉窑青瓷器、瓷片，小件标本20000余件，可辨器形近40类，对补充元代龙泉窑青瓷标型器、建立元代龙泉窑青瓷标本库有重要历史和学术价值。发现的元代中晚期大型仓储基址和密集居住生活基址，可能是官方经营的瓷器贸易集散地，与海运及海外贸易有密切关系，是太仓历史上参与海上丝绸之路的重要历史见证。

2. 苏州虎丘六朝墓

2016年10～12月，苏州市考古研究所完成苏州虎丘六朝墓发掘工作。该墓占地面积1000平方米，规模较大，保存较完整。通过与南京、马鞍山、鄂州等地的材料类比，可以初步确定为六朝早期大型墓葬，并与此前发现的黑松林六朝墓葬群有密切关系，在六朝考古研究上有重要学术价值。

3．镇江孙家村遗址

2015年11月至2016年下半年，为配合泰州至镇江高速公路建设对孙家村遗址进行抢救性考古发掘。遗址发掘面积约3000平方米，布局保存较完整，外侧挖有环壕，台地边缘堆筑土垄，土垄内是与铸铜有关的土台、灰坑、窑等遗迹。从孙家村遗址的地理位置、构造方式判断，该遗址极有可能是吴国一个重要的青铜器铸造“工厂”，对于研究吴国冶金技术及地域文明具有重要的意义。

4．高淳夏家塘土墩墓发掘

2015年9月～2016年4月，南京市考古研究所对高淳夏家塘土墩墓进行了发掘清理并进行了局部解剖。共发现8座砖室墓、14座土坑墓，以及1座土墩墓遗址。根据其规模及出土随葬器物，推测为东周时期墓葬。根据墓葬与祭祀堆积的地层位置推测，当时人们是先行祭祀，再堆土挖坑埋葬，最后营造封土。该土墩墓为一墩多墓，共发现5座石床墓，这在江苏地区为首次发现，对于研究土墩墓的葬制及当时的政治结构具有重要的意义。该墓中的石床的面积较大、铺设规整、规格很高，推测其可能为该地区的地方领导阶层或统治家族的葬地。

5．官窑村遗址

从2016年11月起，南京市考古研究所对栖霞区官窑遗址进行了考古发掘，共发现六朝至明清遗迹174处，其中窑98座、墓葬66座、烧坑10个，是南京已发现古窑遗存中数量最多、面积最大、保存最完整的一处窑址群。对窑址所在村旧名官窑村，附近官窑南路、官窑路等路名综合分析，可能是与南京明代城墙砖的烧制有关的一处大型官营窑场遗址。

【博物馆与可移动文物保护】

（一）博物馆

1．博物馆建设

李昌钰刑侦科学博物馆1家国有博物馆、南京奥林匹克博物馆等4家非国有博物馆完成备案，宜兴市博物馆、李昌钰刑侦科学博物馆等正式对外开放。常州博物馆被评为“2016年全国最具创新力博物馆”，并与南京市博物总馆一起成功升格为国家一级博物馆。苏州博物馆、南京市博物总馆相继成立博物馆理事会，苏州博物馆在全省首创成立苏州博物馆发展基金。南京博物院、侵华日军南京大屠杀遇难同胞纪念馆入选中央文明办“公共文化设施开展学雷锋志愿服务首批示范单位”。

江苏省文物局完成对侵华日军南京大屠杀遇难同胞纪念馆、南京六朝博物馆、仪征博物馆等馆藏文物鉴定定级工作，评定一级文物25件／套、二级文物91件／套、三级文物561件／套、一般文物2000余件／套。

2．博物馆间的交流与合作

江苏省文物局继续实施馆藏文物巡回（交流）展项目，南京博物院的“如意猴——南京博物院藏猴文物展”、周恩来纪念馆的“周恩来与文化名人展”、常州博物馆的“邮票上的贝壳”、非国有博物馆徐州圣旨博物馆的“紫气东来　圣旨驾到——徐州圣旨博物馆馆藏圣旨展”等10个展览项目在全省进行巡回展出，全年巡展60余场次，免费接待观众约150万人次。

除巡回展之外，全省各级博物馆积极组织策划主题展览20余项，在国内、省内开展馆际合作展览活动。

3．重要陈列展览

2016年12月7日，侵华日军南京大屠杀遇难同胞纪念馆“正义必胜　和平必胜　人民必胜”开展。展览共展出图片1100余幅、文物6000余件／套，分为“侵略者的罪恶”“不屈的抗争”“法西斯的投降”“正义的审判”“争取持久和平”五个部分。展览用大量的文物、翔实的资料和历史影像，提醒人们铭记历史、缅怀先烈、珍爱和平，开创未来。

2016年8月10日～2017年1月，南京博物院举办“法老·王——古埃及文明和中国汉代文明的故事”。展览将古埃及文明和中国汉代文明放置在同一个空间展示，分为“不朽”“生活”“权力”“生灵”四个单元，通过包括木乃伊在内的110件／套古埃及文物和包括金缕玉衣在内的140件／套中国汉代文物揭示文明差异，体现不同文化背景下的具有共性的文化认知，意义深刻。展览还采用全新的策展人制度，形成了集展品、讲解、文创、学术、宣传为一体的动态链接，受到了业内同行和社会各界的广泛关注。

2016年10月7日～2017年1月6日，苏州博物馆举办“大英博物馆藏意大利文艺复兴时期素描精品展”。展览共计展出49件／组珍贵的素描手稿，涉及艺术家40余位，展品时间跨度为15至16世纪，分“人物”“运动”“光线”“服饰”“自然界”“故事”六大主题板块，呈现文艺复兴时期意大利艺术图景。配合此次展览，苏州博物馆还陆续推出“文艺复兴时期的艺术”系列讲座、“文艺复兴素描欣赏与现场实践”艺术课程、“文艺复兴时期的意大利系列纪录片”欣赏、音乐会等社会教育活动。

南京博物院“温·婉——中国古代女性文物大展”获得“第十三届（2015年度）全国博物馆十大陈列展览精品奖”。

4．其他

2016年，江苏省文物局承担国家文物局“博物馆青少年教育功能提升项目”，在2014年、2015年试点的基础上，深化博物馆青少年教育提升工作，选择已有较好工作基础的南京市博物馆总馆等4家单位承担课题项目，初步建立了江苏省博物馆青少年教育项目标准、制度等并向省内推广。

贯彻落实《国务院办公厅转发文化部等部门关于推动文化文物单位文化创意产品开发若干意见的通知》，江苏省文化厅、江苏省文物局报请省政府办公厅印发《关于做好文化文物单位文化创意产品开发工作的通知》，组织开展江苏省博物馆文化创意产品调研，推进博物馆文化创意产品开发，南京博物院、苏州博物馆入选首批10家“全国博物馆文化产品示范单位”，南京博物院、南京市博物总馆成为博物馆文化创意产品开发国家试点单位。江苏省博物馆商店联盟规模不断壮大，现有南京市江宁区博物馆等30余家加盟，禄口机场开设两处门店，苏南硕放国际机场店正式营业。

（二）可移动文物保护

1．概况

截至2016年12月31日，经第一次全国可移动文物普查平台统计，江苏省613家国有收藏单位共收藏可移动文物999325件／套。其中收藏有珍贵文物的国有单位151家，收藏珍贵文物97914件／套，包括一级文物3390件／套、二级文物17318件／套、三级文物77206件／套。

2．可移动文物保护科研基地建设

南京博物院作为“纸质文物保护国家文物局重点科研基地”，2016年共承担省部级以上科研课题14项，其中新立项2项、顺利验收2项。承担联合国教科文组织驻华代表处课题，编写《书画文物修复导则》；通过文化部对“智能化脱酸技术在整本书保护中的应用研究”项目的验收。“纸质文物保护国家文物局重点科研基地新疆工作站”于2016年7月28日正式挂牌成立。

3．可移动文物保护技术、方法及应用

江苏省共有资质单位21家，编制申报可移动文物保护修复方案19项，国家文物局审核通过并获专项经费支持方案5项，省级审核通过并获省保专项经费支持方案3项。依托江苏省文物保护研究所，完成400余件金属文物的保护修复与登记工作。南京博物院修复院藏书画110余幅，抢救性保护修复13件／套木质佛像等木制文物、400余件大云山汉墓出土青铜器，熏蒸消毒院藏书画等有机类文物8700余件／套，化学缓释和化学封护处理4000余件青铜器；完成艺术馆历代绘画厅27组展柜的密闭改造、文物展柜微环境湿度控制与灯光改造，实施“法老·王——古埃及文明和中国汉代文明的故事”展览的微环境控制项目；编制6项不可移动文物保护方案，完成“宁夏贺兰山岩画抢救性保护”和“金坛戴王府彩绘保护修复”2个文保项目；受国家文物局、青海省博物馆等单位委托，全年编制纸质文物保护修复方案12个。

【社会文物管理】

截至2016年12月31日，江苏省共有文物拍卖企业30家。其中南京十竹斋拍卖有限公司等23家企业在2016年文物拍卖资质年审中评定为合格。2016年，受理拍卖企业拍卖文物审核52件，共计审核标的27211件，其中文物标的13806件。撤拍标的29件／套，较2015年的36件／套、2014年的517件／套显著下降，管理成效显著，成交额26043.47万元。

全年共计接收金陵海关、无锡海关、连云港海关等单位移交各类文物4批次205件，指定南京博物院、连云港市博物馆等完成接收。

截至2016年12月31日，江苏省共有江苏省文物总店、苏州文物商店、扬州文物商店、徐州文物商店等4家获得许可经营的文物商店。2016年8月，江苏省文物商店设立审批事项已下放到设区市文物行政管理部门。

国家文物进出境审核江苏管理处有专职文物鉴定人员暨文物进出境责任鉴定员7人（其中国家文物鉴定委员会委员1人），涵盖了书画、金属、陶瓷、玉器等类别。

【科技与信息】

完成2016年度省文物科研课题立项结项工作，“海上丝绸之路文化遗产调查、保护与利用研究”等10项课题通过评审予以立项，“江苏省文物经费绩效管理及评估体系研究”等10项课题完成结项工作。完成国家文物局“文物行政执法与刑事司法相衔接机制研究”课题并通过验收。南京致美微环境科技有限公司研发的MCG系列恒湿机在第二届全国十佳文博技术产品评选推介活动中荣获“全国十佳文博技术产品奖”。

【文博教育与培训】

与南京大学联合举办第三期、第四期全省文博干部研修班，并将对口援疆援藏的新疆伊犁州、西藏拉萨市文博干部纳入培训范围，全面提升文博管理与从业人员综合素质，两期培训班共培训183人。受拉萨市文物局委托，为拉萨市文物局专门举办一期文物干部培训班，该培训项目系拉萨市“三区”人才支持计划集中培训项目。牵头举办第七届江浙沪文物行政执法合作联席会议暨执法业务培训班。举办全省文物普查、文物行政执法、文物保护资质单位业务人员培训，全年共计1123人次参加培训。

【文博宣传与出版】

江苏省文物局官方微信“江苏文物”上线开通。江苏文物微信公共平台于5月18日国际博物馆日起试运行，于6月11日文化遗产日正式开通。“江苏文物”微信公共平台开启“观历史、品文化”的大门，开辟爱上博物馆、文保在线、人物、小草莓畅游博物馆等品牌栏目，全方位推送展览、收藏、古迹、考古、修复等信息，江苏文物宣传正式进入“微传播”时代。

举办国际博物馆日系列活动。2016年国际博物馆日活动的主题是“博物馆与文化景观”。江苏省国际博物馆日主会场系列活动在国家历史文化名城淮安拉开帷幕，系列活动包括2016年江苏省博物馆馆藏文物巡回展暨“周恩来与文化名人展”开幕仪式、江苏省2016年国际博物馆日主题论坛等。据不完全统计，国际博物馆日活动当天，全省各级各类博物馆、纪念馆共举办189场展览展示和社会宣传活动。

举办2016年中国文化遗产日江苏省系列活动。2016年6月11日，2016年中国文化遗产日江苏省主会场系列活动在常州举行。活动由江苏省文化厅、江苏省文物局和常州市人民政府共同举办，活动主题为“让文化遗产融入现代生活”。活动期间，举办了江苏省文化遗产保护成果展、文化遗产主题论坛、“爱遗产，走大运”群众毅行等活动。

编辑出版《江苏省文物科研课题成果汇编（2007～2012）》《江苏考古2014～2015》《江苏省文博论文集2016》《江苏省5·18国际博物馆日主题论坛论文集》《江苏省博物馆“十二五”重要陈列展览汇编》《江苏省博物馆青少年教育优秀项目案例》以及国际博物馆日、文化遗产日主题论坛论文集。

【机构及人员】

2016年，江苏省共有文物保护机构50个，文物商店8个，取得文物拍卖许可证的企业30家，国家考古发掘资质单位8家，文物科研机构4个，其他文物机构47个。从业人员7805人，其中专业技术人员2535人，包括正高级职称163人、副高级职称350人、中级职称986人。

【对外交流与合作】

南京博物院举办的“法老·王——古埃及文明和中国汉代文明的故事”和苏州博物馆举办的“大英博物馆藏意大利文艺复兴时期素描精品展”等入境展社会影响大、效果好；南京博物院“王陵瑰宝：中国汉代考古新发现”和“仙境之鹿”、苏州博物馆“香事清心——苏州博物馆藏香具集萃”等出境展有效地加强了与港台及海外的交流。

浙江省

【概述】

2016年，浙江省狠抓进度，完成“一普”工作；突出重点，推进世界文化遗产的申报管理；抓好传统村落的保护利用；大遗址保护与考古成果丰硕；文保单位保护管理扎实有效；文保工程资质管理不断加强；历史文化名城、名镇、名村保护有序推进；博物馆建设与管理水平进一步提升；陈列展览精品项目深入实施；文化产品开发亮点频现；社会文物管理不断强化；文物安全监管和执法监察持续推进，文物安全形势稳中向好，文物安全监管与执法监察能力明显提升，文物保护科技支撑能力增强；文博人才培养力度加大。文物部门利用杭州G20峰会的契机，积极推介浙江省文物保护成果、文化遗产资源及其价值内涵，努力扩大浙江省文物事业的影响力。

【法规建设】

2016年，完成《关于进一步加强文物工作的实施意见（送审稿）》的起草，出台了《浙江省文物博物馆事业“十三五”规划》。

【执法督察与安全保卫】

2016年，浙江省文物违法呈现单位级别高，当事人多为法人代表、产权所有者等特点。全省全年出动巡查17650人次，检查文博单位7916家，发现安全隐患493处，整改到位435处（整改率88.23%），调查文物涉嫌违法行为69起，立案查处24起，罚款125.6万元。针对大案要案，省市两级文物执法监察机构进一步加大力度，全年共督察案件11起，其中浙江省文物监察总队督察6起。此外，浙江省组织参加2016年度全国文物行政处罚案卷评查活动并获佳绩：绍兴市支队承办案卷获“十佳案卷”，杭州、金华、奉化、德清承办案卷获“优秀案卷”，省文物局被评为“优秀组织单位”。

根据国家文物局统一部署，浙江省开展“文物法人违法案件专项整治行动（2016～2018年）”。全省文物平安工程加快推进，绩效逐步显现，文物安全事故明显下降，全年未发生省级以上文保单位火灾、盗窃和人为破坏事故。浙江省列入全国文物消防安全百项工程的6个单位全面启动各项工作，其中4个通过方案审批。列入2016年度全国重点文保单位安防消防防雷工程项目实施计划的各项目进展顺利，10项方案通过审批。国务院对浙江省政府的2015年度消防考核相关工作完成，文物系统作为本次考核重点之一，接受了考核组的全面考评并获好评。

【不可移动文物的保护和管理】

截至2016年年底，浙江省共有世界文化遗产2处、全国重点文物保护单位231处、省级文物保护单位624处。

安吉上马坎遗址保护规划、大窑龙泉窑瓦窑垟遗址保护展示工程等获国家文物局立项，良渚遗址、上林湖越窑遗址、大窑龙泉窑遗址、临安城遗址、安吉龙山古城遗址列入国家文物局《大遗址保护“十三五”专项规划》。

受国家文物局委托，浙江省开展全国重点文物保护单位保护方案审查与批准，累计审查、上报全国重点文物保护单位修缮、展示工程立项申请28项；审批全国重点文物保护单位保护维修方案和施工图62项；审查并向国家文物局上报涉及全国重点文物保护单位建设控制地带的建设项目22项，完成并备案全国重点文物保护单位记录档案112份，组织专家审查全国重点文保单位保护规划5项。

按照中央领导有关批示精神，浙江省继续推进良渚古城遗址申遗各项前期准备，再次将申遗文本上报国家文物局，并调整完善遗产区服务点功能布局方案，着手遗产展示中心建设方案编制，有序推进环境整治各项工作。

做好大运河后申遗时代相关工作，全年全省共组织审查、转报大运河保护区划内开发建设项目17项，配合全国政协完成大运河保护管理监督性调研。杭州、宁波等地启动大运河控制性详规编制。

探索传统村落和乡土建筑保护利用新模式，指导松阳县实施国家文物局传统村落整体保护利用试验区相关工作及中国文物保护基金会资助的“拯救老屋行动项目”，资助私人产权传统村落文物建筑的修缮；协调推进国保、省保集中成片传统村落的整体保护利用，分步有序推动建德新叶、诸暨斯宅等首批项目的文物维修、环境整治、展示利用及民居改善等工作，通过国家文物局检查、验收。积极开展第二批传统村落保护利用项目，基本完成保护利用总体方案和相关文物保护工程技术方案审批。据统计，全省共有225处传统村落入选第四批中国传统村落保护名录。

文物部门配合、会同浙江省建设厅报请浙江省政府审定公布第五批省级历史文化街区、名镇、名村132处，启动第七批中国历史文化名镇名村申报，参与历史文化名镇、名村保护规划评审，配合浙江省民政厅开展“千年古镇古村”申报评审。温州市被国务院列为国家历史文化名城，浙江省中国历史文化名城增至9个。

支持“特色小镇”历史文化资源的保护、传承、利用；指导、支持安吉“两山”（绿水青山就是金山银山）理论实践示范县创建相关工作；编制完成《“811”美丽浙江“生态文化培育行动”专项实施方案》，组建、成立了浙江省古迹遗址保护协会。

【考古发掘】

2016年，浙江省倡导、组织、实施学术目的明确的考古项目，编制6项“五年考古工作规划”上报国家文物局。安吉龙山八亩墩抢救性发掘列入国家文物局“十三五”重点资助项目并正式启动。全省依法实施41项考古发掘项目。“余杭区瓶窑镇良渚古城遗址外围水利系统考古调查与发掘”获“2015年度全国十大考古新发现”和“2011～2015年度中国田野考古一等奖”，绍兴市越国王陵及贵族墓考古勘探与发掘、宁波市渔山“小白礁I号”水下考古发掘项目获“2011～2015年度中国田野考古三等奖”。

根据国家统筹安排，浙江省积极参与全国其他地区重要水下考古活动，继续与上海方面合作，完成长江口海域年度水下考古调查，多次参加江苏、福建、上海、安徽、辽宁等地重大水下考古活动；启动实施浙江海防遗存考古调查（宁波）课题，组织编制了《慈溪上林湖越窑遗址后施岙水域水下考古调查项目工作方案》《2016年舟山海域水下考古调查项目工作方案》《慈溪潮塘江元代沉船保护修复方案》等，并获国家文物局批准；继续完善、提升国家水下文化遗产保护宁波基地能力水平建设，承接、召开了中国水下考古工作方法与成果研讨会。

1. 良渚古城外围大型水利工程调查勘探

2015～2016年，浙江省文物考古研究所等单位对良渚古城西北部的老虎岭、鲤鱼山、狮子山等水坝进行调查勘探与发掘，对塘山进行小规模试掘，获得了关键地层依据。良渚水利系统是中国现存最早的大型水利工程，将中国水利史源头推到约5000年前，其发现和确认具有重要的学术价值，作为良渚古城组成部分，在中国和世界文明史研究上亦有重要意义。

2. 嘉兴子城遗址考古调查勘探

2015～2016年，浙江省文物考古研究所等对嘉兴子城遗址进行考古调查勘探，了解到子城城墙和城内遗址保存较好，具有还原中古时期江南子城面貌的基本条件，对唐宋衙署建筑和城市制度研究具有重要价值。

3. 安吉窑山遗址发掘

2015年9月至2016年11月，浙江省文物考古研究所等联合对安吉窑山遗址西城墙进行探沟解剖发掘，面积150平方米。城址整体为人工堆筑而成，四周有人工夯筑的墙体，总体面貌及性质目前尚不明了，始建年代不晚于春秋晚期，废弃年代不晚于西汉中期，其使用年代与安吉古城有部分重合，说明两座城址存在紧密关联。该城址的发现对研究安吉古城性质、城址及周边相关遗存的整体布局具有非常重要的意义。

4. 上林湖后司岙秘色瓷窑址发掘

2015年10月至2016年年底，浙江省文物考古研究所等对位于上林湖越窑遗址最核心位置的后司岙窑址进行考古发掘，面积近1100平方米。揭露了龙窑炉、房址、贮泥池、釉料缸等作坊遗迹，清理了4米多高的废品堆积，出土了秘色瓷等大量晚唐五代时期越窑青瓷精品，基本厘清了以后司岙窑址为代表的晚唐五代时期秘色瓷的基本面貌与生产工艺、秘色瓷窑场基本格局、唐代法门寺地宫与五代吴越国钱氏家族墓出土秘色瓷的产地等问题。

5. 浦江前王山窑址发掘

2015年11月至2016年10月，浙江省文物考古研究所对浦江前王山窑址进行调查与考古发掘，面积930平方米。揭露了龙窑窑炉1处、挡墙9道、房址1处、灰坑2座等遗迹和瓷器、窑具等大量遗物，获得一批北宋中期可对比重要材料，具有重要意义。

6. 杭州市闻堰街道罗家坞墓葬发掘

1～7月，杭州市文物考古研究所等对闻堰街道罗家坞墓葬进行发掘，总面积约1000平方米。共清理墓葬9座（六朝墓2座、明代墓6座、清代墓1座），出土文物17件。甬道处设前厅的做法是浙江六朝墓中的新发现，于砖室外墓圹内放置随葬品的做法亦为全新发现，为研究六朝时期丧葬制度提供了全新资料。大型明代家族合葬墓规模宏大、造型考究，墓前神道保存较完整，为研究明代丧葬习俗提供了新资料。

7. 宁波东钱湖上水岙窑址发掘

2～11月，宁波市文物考古研究所对东钱湖旅游度假区上水村境内窑址进行发掘，发现并清理龙窑窑炉2座，出土了大批精美越窑青瓷器、窑具等遗物，对研究10世纪晚期到11世纪的越窑烧制工艺水平、东钱湖窑场生产状况、我国古代青瓷发展史及“海上丝绸之路”

具有重要参考价值。上水岙窑址已确定进行原址保护展示。

8．安吉金钟山古墓葬发掘

3～4月，浙江省文物考古研究所等联合对安吉金钟山古墓葬进行抢救性发掘，共发掘土墩2座，清理先秦时期墓葬4座，出土随葬器物32件。其中一处墓坑平面呈“甲”字形，墓坑及墓道深度均为1.35米，墓道内除填土外还夹有一层块石，摆放了1件完整的印纹陶罐，这些在浙江先秦土墩墓中均属首次发现。发掘极大丰富了土墩墓形制结构、埋葬习俗等信息，为越地先秦时期土墩墓研究提供了宝贵资料。

9．瑞安寨山遗址发掘

3～5月，浙江省文物考古研究所对瑞安寨山遗址进行考古发掘，面积约500平方米。山岗顶部发现先秦时期文化层堆积，清理灰坑1座，出土一些陶片和残石器，陶片以硬陶、黑硬陶最具特色。从出土遗物特点看，寨山遗址与山前山遗址年代相同，大致处于新石器时代末期至夏商时期。发掘为了解遗址文化面貌及与周边地区的文化关系等提供了宝贵资料。

10．淳安县王阜乡潭唐线马山村段古墓葬发掘

3～6月，杭州市文物考古研究所对淳安县王阜乡王阜村北部明代王珏夫妇合葬墓进行考古发掘。此为一座四室并列墓葬，面积约580平方米，出土随葬品27件，为研究浙江地区明代丧葬习俗提供了非常重要的实物资料。

11．杭州市西塘河块状公园建设工程工地遗址发掘

3～9月，杭州市文物考古研究所对拱墅区西塘河块状公园项目建设地块内3处文物埋藏点进行抢救性考古发掘，总面积700平方米。发现良渚文化时期灰坑4个、沟2条，出土遗物30余件、动植物遗存少量。良渚文化时期古河道的发现，对进一步研究良渚人的生活状态、人地关系具有重要意义。

12．海宁达泽庙遗址发掘

4月起，浙江省文物考古研究所对海宁达泽庙遗址进行了第二次发掘，揭露面积2700余平方米。共清理崧泽文化墓葬5座、灰沟2条、井1处，良渚文化墓葬15座、灰坑15个、灰沟1条、井2处，马桥文化灰坑13个、沟2条、井1处，战国时期灰坑22个，另有宋至明清时期遗迹8处，出土各类编号器物267件／套。已发现的遗迹遗物丰富了嘉兴地区良渚、马桥文化考古资料，也为良渚文化聚落形态和地方类型研究提供了新资料。

13．长兴张家港西周至东汉墓葬发掘

4～5月，浙江省文物考古研究所对长兴张家港墓葬东侧岗地上的11座土墩实施发掘。清理西周至东汉时期墓葬30座，出土随葬器物300多件，以陶器为多，其次为铁器，青铜镜、玉等出土数量极少。本次发掘对商周至两汉时期的土墩遗存有了进一步了解，对于研究商周到两汉时期长兴地区乃至浙江北部、太湖南岸周边地区丧葬习俗有十分重要的价值。

14．宁波北仑区大榭遗址Ⅰ期发掘

4～12月，宁波市文物考古研究所等对大榭遗址实施Ⅰ期发掘，面积4000平方米。清理不同时期遗迹现象110余处，出土各类文物标本（小件）400余件。大榭遗址文化层可划分为四大层，对应年代由早至晚分别为良渚文化、钱山漾文化、商周和宋元时期。大榭遗址系宁波在海岛上首次发现的新石器时代遗址，地理位置独特，对于探讨当时的海陆环境变迁、人地关系、制盐历史、浙东地区考古学文化发展序列等都具有重要价值。

15．富阳春建乡坟湾里宋墓发掘

5月，杭州市文物考古研究所等对春建乡坟湾里发现的宋墓进行抢救性考古发掘。该墓

保存完整，采用南宋江南地区流行的砖椁石盖顶墓，为研究古杭州丧葬习俗提供了重要的实物资料。

16．黄岩南宋赵伯澐墓发掘

5月，台州黄岩区屿头乡前礁村土名“大坟岗”的地方发现古墓，浙江省文物考古研究所随即负责清理。该墓为长方形双穴并列、砖椁石板顶的夫妻合葬双穴墓。据右穴（妻室）出土的墓志，墓主系南宋赵伯澐妻李氏。左穴（夫室）保存完好，棺内出土大量保存极好的衣物，还有青玉璧挂件等少数随身随葬品。如此系统的南宋男性（文官）服饰成套出土在国内尚无先例，对研究南宋男性文官的礼仪性服饰及日常穿着具有重大学术价值。

17．安吉上马山古墓葬发掘

5～10月，浙江省文物考古研究所等对安吉上马山古墓葬进行抢救性发掘。共发掘土墩10处，清理墓葬14座，出土随葬器物107件。墓葬以战国晚期至西汉初期竖穴土坑墓为主，多带有明显的楚文化风格，反映了自楚人占领本地区后直至西汉初期，楚文化一直是当地文化主流。而时代、等级相近的墓葬集中于较小区域，反映了上马山墓地经过统一规划、同一时期集中埋葬的特点。

18．湖州杨家埠窑墩头墓葬发掘

6～12月，浙江省文物考古研究所等联合对湖州杨家埠镇罗家浜村窑墩头墓葬群进行配合性考古发掘。共发掘土墩14个，揭露墓葬23座，以南朝时期墓葬为主。西晋永嘉二年（308年）、齐永明二年（484年）纪年墓及石门穹隆顶砖室墓的发现，为研究西晋至南朝时期葬制增添了新材料。

19．宁波明州罗城城墙（望京门段）遗址发掘

8～9月，宁波市文物考古研究所等对明州罗城城墙（望京门段）遗址进行探沟式重点勘探和试掘，并于10月正式启动了为期3个月的发掘。勘探、试掘面积共4000平方米，已发现城墙遗址1处、建筑基址3座、灰坑4个和古墓6座，出土了大量唐宋以来陶瓷、砖瓦、铜钱类遗物。明州罗城城墙遗址（望京门段）的发现与发掘，为宁波古代城市布局、城墙结构和城市发展史研究提供了宝贵资料。

20．杭州市凤起中学改扩建工程工地遗址发掘

8～12月，杭州市文物考古研究所对原凤起中学西侧区域进行考古发掘，发现元代河道、南宋时期房址等重要遗迹，出土大量建筑构件，从而为南宋临安城复原、杭州城市变迁、古代城市发展史等研究提供了重要的实物资料。

21．杭州市采荷街道常青村古海塘遗址发掘

8～12月，为配合杭州市采荷街道常青夕照区块棚户区改造前期储备项目地块建设，杭州市文物考古研究所对工程所涉地块进行考古发掘，揭露古钱塘江海塘遗址一段。发现遗址为石塘，从上至下分为三组，第一组为清代所筑，第二、三组应为宋元时期所筑，上、下叠压关系明显。不同时代石塘修筑的叠压脉络在考古发掘中尚属首次发现，第二、三组石塘完整展示了宋元时期石塘体的结构特征，弥补了史料记载的不足。

22．杭州市上城区劝业里10-2地块建设工程工地发掘

10～12月，杭州市文物考古研究所对上城区劝业里10-2地块进行发掘，面积800平方米。发现墙基4条、房址1座、水池1座、路面1条，出土大量不同窑口、时期的瓷片以及铜钱、建筑构件等遗物，为了解临安城整体布局、局部建筑构造和工艺提供了新资料。

23．宁波慈溪上林湖后司岙水域水下考古调查

11～12月，宁波市文物考古研究所（国家水下文化遗产保护宁波基地）等联合开展上林湖后司岙水域水下考古调查，发现了沉埋在上林湖之下的古水道、古水坝及近现代沉船、建筑基址、道路等重要水下文化遗存，为研究古上林湖的地形地貌、水位变迁、产品运输、聚落分布等提供了珍贵资料。

24．余杭良渚古城遗址

2016年，浙江省文物考古研究所继续对余杭良渚古城遗址进行考古发掘，基本搞清了大、小莫角山及古尚顶平台上的房屋台基分布情况，对莫角山宫殿区堆筑过程和方法也有了基本认识。其中姜家山土台西坡清理了一处良渚文化贵族墓地，此外还确认了位于城内宫殿区以东的钟家港古河道分为南、中、北三段。而2015～2016年完成的良渚古城以东约175万平方米勘探，共发现良渚文化时期遗迹现象104处，证实了良渚古城以东良渚文化台地分布之密集远远超过之前的认识。

25．余杭玉架山遗址发掘

2016年，浙江省文物考古研究所对玉架山遗址环壕Ⅰ、Ⅲ西南角外部小土台及环壕Ⅴ进行发掘。发掘清理了良渚文化中晚期墓葬39座，皆为长方形竖穴土坑墓，出土随葬品400余件／套。玉架山遗址发掘为研究良渚文化的社会组织结构、基本社会组织单元及其人口数量、氏族内部和氏族之间的等级差异等提供了全新材料。

【博物馆与可移动文物保护】

（一）博物馆

中国丝绸博物馆改扩建工程9月完工，重新对外开放，在G20杭州峰会期间接待了众多与会外国嘉宾。台州市博物馆7月正式开馆，填补了台州撤地设市以来没有市级综合性博物馆的空白。浙江自然博物园、松阳传统村落生态博物馆及富阳、临安、黄岩、临海、嘉善等地博物馆建设继续推进中。

组织全省99家未定级国有博物馆参加运行评估，杭州博物馆、温州博物馆入选国家一级博物馆。召开全省博物馆理事会建设工作座谈会，总结交流经验，部署任务，推进博物馆理事会制度建设探索工作。举办全省非国有博物馆馆长培训班，指导非国有博物馆规范化发展，提升非国有博物馆管理水平与公共服务能力。

组织、举办第二届博物馆陈列展览交流会，组织参加全国第十三届（2015年度）全国博物馆十大陈列展览精品推介评选，荣获两个精品奖和一个优胜奖。浙江省文物局组织开展第十届（2015年度）全省博物馆陈列展览精品项目申报评选，11个展览获精品奖、6个展览获优秀奖。

积极开展博物馆文化创意产品开发，组织省内34家博物馆携上千种文创产品参加第十一届中国（义乌）文化产品交易会。浙江省5家博物馆被国家文物局列为博物馆文化创意产品开发试点单位。浙江省博物馆参加全国“文博单位文化创意产品开发工作推进会”并做典型发言，介绍了文创产品开发经验。

（二）可移动文物保护

为加强馆藏文物管理，浙江省文物局专门印发通知，对全省各文物收藏单位藏品管理情况进行抽查，编写《全省馆藏文物藏品管理工作检查情况报告》；并审批了博物馆借展一级文物和馆藏文物修复方案。

（三）第一次全国可移动文物普查

赴国家文物局导出浙江省“一普”已登录数据，组织专家开展离线审核，协助有关收藏单位及时完成数据的报送和修改；加快数据采集登录的扫尾，积极督促、指导浙江大学等收藏单位按要求尽快完成文物信息采集登录；参加2016年度全国省级普查办主任工作会议暨普查数据审核与普查总结报告编制培训班，举办全省普查数据审核与普查总结报告编制培训班，开展普查总结，公布普查成果，做好普查宣传，提供社会服务。

【社会文物管理】

2016年，浙江省以文物拍卖标的为核心，做好文物拍卖经营活动管理，共计审核文物拍卖经营活动35场，文物拍卖标的31580件／套（撤拍95件／套）；抓好文物拍卖经营资质管理，完成2014～2015年全省文物拍卖企业资质年审，召开浙江省文物拍卖管理工作座谈会。根据国家文物局安排，组织承办了浙沪苏文物市场与文物鉴定服务“放管服”改革工作座谈会；转发国家文物局《文物拍卖管理办法》并提出浙江省贯彻实施意见。召开了2016年第六届浙江省文物鉴定委员会年会，新增补鉴定委员。

【科技与信息】

2016年，浙江省完成2017年度全省文物保护科技项目申报与评审，以及“十二五”文物保护科学和技术创新奖的评选申报；根据国家文物局要求，按时提交国家文物保护科技和技术研究课题项目评估验收材料。

组织、召开纺织品文物保护国家文物局重点科研基地第五次学术委员会会议和国际丝路之绸研究联盟第一次年会。12月10日召开的全国文物科技工作会议上，中国丝绸博物馆“基于丝肽—氨基酸的脆弱丝织品接枝加固技术研究 ”、浙江省古建筑设计研究院“古代建筑营造传统工艺科学化研究”项目分获“十二五”文物保护科学和技术创新奖二等奖，石窟寺文物数字化保护入选第六批国家文物局重点科研基地认定名单。

组织召开“‘博物馆+’与跨界融合”学术研讨会、稻作农业起源国际学术研讨会暨上山文化命名十周年、良渚遗址考古发现八十周年学术研讨会等学术活动，就文博机构更好适应社会、承担更多社会责任进行了探讨。

浙江省文物监察总队推动“天地一体”项目研究及示范应用的实施。截至年底，系统研发及平台部署工作已完成，省级平台与部分试点单位实现互联对接，达到预期效果，通过项目验收。此外，浙江省文物监察总队还向各地文物执法机构发放文物执法无人飞行器，以落实执法创新，提高执法巡查效能。

【文博教育与培训】

2016年，浙江省承办了国家文物局组织的全国考古项目负责人岗前培训、2016年度全国文物安全管理人员培训班（浙江片区），组织开展2016年度全省田野考古实训班和全省文保实训班，举办了全省第八期文物保护工程从业人员上岗培训班。浙江省文物监察总队举办全省文物行政执法监察人员培训班，并组织了第三届第一、二期全省文物执法监察业务骨干人员学习班，来自全省各设区市的文物执法监察机构业务骨干人员参加了学习。

【文博宣传与出版】

2016年，浙江省利用G20杭州峰会召开的契机，激活文化遗产资源价值，推动全省各级文博机构利用各类媒体平台展现浙江省文化遗产的魅力，服务国家外交大局，推动文保成果为民共享，努力扩大浙江省文物事业影响力。国际博物馆日和文化遗产日期间，浙江省分别在杭州、金华举办了主场系列宣传，全省文物系统开展了形式多样的活动。强化博物馆公共文化服务能力建设，丰富免费开放博物馆的公共文化服务项目，推出“博物馆与文化景观”公益摄影大赛暨优秀摄影作品展，组织杭州市20家博物馆联合开展“百场活动喊你来参与——‘携手5·18 喜迎G20’”博物馆教育月活动。

文物部门以省级以上文保单位为重点，编印、制作了普及性宣传手册和“微片”；首次开展文物保护利用优秀案例征集推介，评选出18处不可移动文物保护利用优秀案例，并通过各类媒体平台进行推介宣传，总结推广成功经验和做法。

【机构及人员】

2016年，浙江省共有各类文物机构433家，比2015年增加45家；从业人员9106人，比2015年增加785人。其中文物保护管理机构94家，从业人员2816人；博物馆机构275家（含部分文物系统外博物馆），从业人员4960人；文物商店9家，从业人员82人；文物科研机构5家，从业人员162人；其他文物机构60家，从业人员1086人。

各类文物机构从业人员中，高级职称639人，较2015年增加51人；中级职称1024人，较2015年增加66人。

【对外交流与合作】

2月25日，绍兴鲁迅纪念馆“历史文化名屋”授牌仪式在鲁迅故居举行。这是法国文化部首次将该荣誉颁给国外纪念馆。

3月24日～5月9日，“丝路之绸——中国丝绸艺术”展在卡塔尔举行。

3月26日，“丝绸之路与丝路之绸”展在埃及开罗开幕。

5月8～15日，“西泠印社——中国金石篆刻艺术海外推广活动”在东京举办。

6月14日，“鲁迅与泰戈尔·大师对话”活动在绍兴举行。

6月28日～10月9日，“玻璃的艺术——欧洲玻璃艺术史珍品展”在浙江省博物馆武林馆区举办。

7月22日，“狂野之地——肯尼斯·贝林世界野生动物展”在浙江自然博物馆开幕。

7月26日～10月9日，韩国国立中央博物馆举办“发掘40周年纪念新安海底文化财特别展”，浙江省多家文博单位为展览提供了文物藏品。

8月4日，“龙泉大窑枫洞岩窑址考古成果报告会暨《龙泉大窑枫洞岩窑址》首发式”在龙泉举办，30多位国内外专家学者进行了学术交流。

8月10～14日，“鲁迅是谁——中国文化巨匠鲁迅生平展”在莫斯科中国文化中心举行。绍兴鲁迅纪念馆还参加了托尔斯泰庄园博物馆举办的“托尔斯泰与世界文学”第十次国际会议和“鲁迅与托尔斯泰——中俄文化的交流与交融”分论坛等活动。

8月19日，“‘中波文化之路’国际青瓷艺术展”在龙泉开幕，期间还举行了国际陶瓷创新研讨会，中波两国专家学者、艺术家等20余人参与交流。

9月9日，“文化绍兴——千年江南水城”展在意大利卡萨雷斯博物馆开幕。

9月22～24日，国际丝路之绸研究联盟第一次年会、“锦绣世界”国际研讨会先后在中国丝绸博物馆召开。

10月8日～11月13日，浙江省博物馆联合临安市文物馆赴日举办“吴越国——西湖孕育的文化精粹”特别展。

10月16日～11月5日，阿拉伯国家文博专家研修班第二期在中国丝绸博物馆举办。来自10多个阿拉伯国家的文博专家参加了为期21天的课程培训。

10月25日，“跨越海洋——中国海上丝绸之路”展在香港历史博物馆开幕。

11月10日，“国际视野下的博物馆发展之路”学术研讨会在浙江省博物馆武林馆区召开。

11月16日，“漂海闻见——15世纪朝鲜儒士崔溥眼中的江南”展在浙江省博物馆武林馆区开幕。

11月21日至24日，“‘上山文化’命名十周年暨稻作农业起源国际学术研讨会”在浦江县召开，国内外150余名专家代表参加。

12月3日，“明代的书籍与文学”国际学术研讨会在宁波天一阁举行，海内外30多名专家学者参加。

12月20日，“中马关系：从古代到未来”展在宁波博物馆开幕。

2016年，中国丝绸博物馆先后举办了“意大利之夜”等4场“丝路之夜：从丝绸之路到跨文化对话”系列活动；浙江自然博物馆研究团队继续与美国俄勒冈州立大学合作推进“中华凤头燕鸥种群人工招引与种群恢复国际合作项目”并取得成果。

【其他】

6月20日，浙江省政府组织召开全省文物工作电视电话会议。全省各市、县（市、区）政府文物工作分管领导及有关部门负责人在各分会场参加。会议传达学习了习近平总书记、李克强总理重要指示批示和全国文物工作会议精神，总结交流了浙江省“十二五”时期文物事业发展成就和经验，研究部署了当前和今后一个时期的文物工作任务。

安徽省

【概述】

2016年，安徽省各级文物部门和文博单位全面贯彻落实党的十八大和十八届二中、三中、四中、五中全会精神，深入贯彻落实习近平总书记系列重要讲话精神和视察安徽重要讲话以及李克强总理关于加强文物保护的重要指示批示，以国务院《关于进一步加强文物工作的指导意见》和全国文物工作会议精神为指导，坚持文物工作方针，稳中求进、改革创新，抓主抓重，攻坚克难，各项工作实现新突破、取得新成效。

【法规建设】

4月12日，全国文物工作会议在北京召开。会前，国务院印发了《关于进一步加强文物工作的指导意见》。全国文物工作会议召开后，按照安徽省政府领导批示要求，省文物局迅速开展了贯彻落实工作，在深入开展调研的基础上，先后召开多次专题会议和座谈会，广泛听取文化文物部门和文博单位代表意见，书面征求了16个市和26个省直单位意见，形成《安徽省人民政府关于进一步加强文物工作的实施意见（代拟稿）》，并上报省政府。5月31日，省文物局起草了《全省文物工作会议建议方案》，并以《安徽省文化厅关于贯彻全国文物工作会议精神的请示》上报省政府。9月27日，省政府第84次常务会议原则同意《关于进一步加强文物工作的实施意见》，并确定以省政府名义召开全省文物保护工作会议。10月10日，安徽省人民政府正式印发《关于进一步加强文物工作的实施意见》。

【执法督察与安全保卫】

（一）执法督察

保持严打文物犯罪态势，提升文物安全防护效能。全省各级文物、公安部门按照国家文物局、公安部“关于加强打击和防范文物犯罪工作的通知”要求，加大打击与防范文物犯罪和加强田野文物安全的监管力度。安徽省文物局通过与省公安刑侦部门建立的打击和防范文物犯罪协作工作机制，及时向省公安刑侦部门发送文物案件信息通报，积极协助公安刑侦部门侦办文物案件。在田野文物保护工作中，六安市文物局、寿县文物局通过与公安部门的密切配合，协同作战，成功破获多起盗掘古墓葬案件。

文物行政执法督察与安全监管巡查工作常抓不懈。按照国家文物局的部署，开展了“文物行政处罚案卷评查”“文物法人违法案件专项整治行动（2016～2018年）”等活动，结合本省实际，编制了“安徽省文物法人违法案件专项整治行动（2016～2018年）实施方案”，及时召开动员部署会议，印发实施方案，在全省启动了文物法人违法案件专项整治行动。全年对省内全国文物保护单位、省级文物保护单位开展安全巡查近百次，督办了“呈坎村罗会铮宅擅自维修”“砀山天主教堂迁建”“寿县中燃天然气储备站”等文物违法案件，全省各级文物管理部门共开展安全监管巡查与行政执法督察8098次。

（二）安全保卫

突出文物工作重点，强化文物安全管理工作。开展了贯彻执行“文物建筑消防安全管理十项规定”等活动。与省公安消防总队等单位联合下发了全面贯彻《文物建筑消防安全管理十项规定》等文件，会同省公安消防管理部门开展“全省文物建筑消防安全专项整治”活动，年底继续开展了“文物建筑消防安全专项整治回头看”等专项行动，强化文物消防安全管理工作。文物安全管理工作在各相关部门的协作支持下得到强化，全省文博单位实现了馆藏文物安全年。

文博单位安全防护工程达标建设稳步推进。实施了朱然家族墓地安防项目，太白楼安防工程等重点安全防护项目建设。督导文博单位编制申报安全防护工程立项报告，申报了旌德文庙、潜口民宅、侵华日军淮南罪证遗址等安防工程，为文物保护单位的安全防护项目建设打下基础。积极争取国家文物安全专项经费投入，督导完成了黄田村古建筑群防雷工程、江村古建筑群消防工程等项目方案编制报审工作，并通过了国家文物局项目专家组审核。会同省公安消防部门对六安独山革命旧址群消防工程供水系统项目变更。全省文物单位安全防护工程达标建设稳步推进，成效显著。

【不可移动文物的保护和管理】

（一）概况

2016年，完成国保单位萧县淮海战役总前委和华东野战军指挥部旧址修缮、凤阳明中都皇故城南城墙西段西城墙抢救性修缮及皇陵石刻保护、徽州区潜口民宅明代建筑群加固保护与环境整治、岩寺新四军军部旧址——文峰塔维修、休宁县黄村进士第等维修工程；完成省保单位黟县屏山村古建筑群光裕堂、咸宜堂维修、亳州市道德中宫修缮、利辛县天主教堂修缮、涡阳县袁大化故居修缮、阜南县运河桥修缮等一大批重点文物修缮工程。安排资金用于舒城新四军四支队驻舒旧址维修、岳西红二十八军重建会议旧址维修、金寨刘邓大军驻地旧址程庄老屋维修、天长抗大八分校旧址群政治部旧址等革命旧址维修工程，坚持将传统工艺技术应用到具体维修工程中。组织申报黟县西递村敬爱堂展示利用等近60个项目。持续推进凤阳明中都皇故城、含山凌家滩考古遗址公园建设。组织召开李氏家族旧宅等10处国保单位保护规划和萧县白土寨窑遗址等4处省保单位保护规划评审会，上报李氏家族旧宅、休宁三槐堂等多处国保单位保护规划。

（二）大遗址保护

审核上报蚌埠双墩遗址、双墩春秋墓、银山智人遗址、孙家城遗址、和县猿人遗址、曹氏家族墓地、石山孜遗址等大遗址保护规划和禹会村保护规划立项。审核上报六安汉代王陵双墩一号汉墓本体保护（排水工程）、凌家滩遗址内环壕遗迹保护展示工程、大运河通济渠泗县段保护性展示设计方案，均已获批。推进含山凌家滩遗址、凤阳明中都皇故城考古遗址公园建设。加快推进凌家滩遗址防洪工程、墓葬祭祀区保护展示、安防、重点区域环境整治、凌家滩文化村二期等工程。推进明中都皇故城西城墙一期、二期修缮，西城墙遗迹标识展示及外侧区域环境整治，东华门及东南角楼保护，中轴线遗迹保护工程等项目实施。组织专家对明中都皇故城南城墙西段、西城墙抢救性修缮工程进行验收，陪同国家文物局专家对明中都城国家考古遗址公园建设进行检查评估。推进繁昌窑遗址1、2号龙窑保护大棚建设。指导编制蚌埠双墩遗址等保护展示工程设计方案，继续推进明中都中轴线奉天门承天门、凌家滩防洪工程、蚌埠禹会村等考古发掘工作。

（三）全国重点文物保护单位

加强项目管理和推进项目建设。两次召开重点文物保护项目调查督察会，推进重点项目实施。组织专家对黄山市、旌德县、泾县、宣城市、滁州市、凤阳县等地文物保护项目进行验收，加强重点项目的中期检查，确保工程质量和文物安全。督促指导各地文物部门编制国保、省保项目保护规划和维修、展示工程方案，做到文物本体保护和合理利用相结合，文物保护与促进地方经济社会发展、改善民生相结合。

（四）世界文化遗产

审核上报西递、宏村世界文化遗产监测工程、西递村古建筑群——胡文光刺史牌坊抢险加固工程、宏村吴氏宗祠等8处古建筑修缮工程、西递宏村6处古建筑白蚁防治工程方案。编制上报大运河通济渠泗县段保护性展示设计方案、黄山登山古道及古建筑、黄山摩崖石刻群文物保护规划立项、黄山登山古道及古建筑观瀑亭修缮工程立项报告，实施麟趾桥送子桥乌龙亭修缮工程。实施柳孜运河遗址管理用房及围墙建设工程。审核凤阳明中都皇故城城墙、寿县古城墙联合申遗文本，省政府按申遗时间安排，正式向国家文物局出具推荐文件。办理歙县古城墙申请列入世界文化遗产预备名单相关事宜，组织专家评审歙县古城墙申遗文本及保护规划。

（五）其他

继续推进传统村落保护利用样板工程。完成泾县黄田村、徽州区呈坎村文物保护样板工程前两期近40处古建筑维修项目，启动第三期23处维修项目。完成国保省保集中成片传统村落整体保护利用工程前两批16个传统村落维修项目，陪同国家文物局专家对首批传统村落项目进行了检查评估，启动第三批8个传统村落维修项目。加强工程监督检查，提高项目进度，确保工程质量和文物安全。举办了古村落古民居保护利用与民宿发展论坛，促进文化遗产科学保护和合理适度利用。

【考古发掘】

（一）概况

2016年，国家文物局批复考古发掘项目14项。完成配合商合杭高铁沿线、泗县G104改线、肥东白龙汉墓、萧县公园世家等10余项重大建设项目和六安等城市基本建设抢救性考古发掘工作，发掘面积10000多平方米，清理墓葬、遗址近1000处。完成德饶高速合肥至枞阳段、国道320肥东至巢湖段、国道206宿州段等20项考古调查工作。完成商合杭高铁沿线、商合杭高铁淮南制梁场等项目12项考古勘探工作，勘探总面积160万平方米。配合凤阳明中都皇故城考古遗址公园建设，按计划发掘面积1000多平方米，配合午门、东北角楼、东南角楼清理建筑基础面积约9000平方米，继续对奉天殿、承天门两处遗址进行发掘，取得重大收获。对繁昌窑遗址作坊区补充发掘，发掘面积175平方米，发现陶车基座等多处作坊遗迹，出土大量青白瓷片和窑具。与武汉大学、南京大学合作对阜南台家寺、郎溪磨盘山遗址进行了主动性发掘。在黄山区太平湖水域和金寨响洪甸水域开展水平考古调查工作，对两处水域进行了基础测绘。

出版《宿州芦城孜》《六安双龙机庆厂墓群》《马鞍山五担岗》等发掘报告，《朱然家族墓地》交付出版。《濉溪石山孜》《濉溪柳孜运河第二次发掘》发掘报告正在校排。寿春城遗址、萧窑、涡阳大葛楼墓群等发掘报告完成初稿，欧盘、丁家孤堆等7处发掘资料正在整理。

阜南台家寺、当涂天子坟等考古发掘项目成果显著，含山县凌家滩遗址考古调查与发掘项目获“2011～2015年度田野考古二等奖”。

（二）重要考古项目

1．当涂天子坟孙吴墓抢救性发掘项目

天子坟位于马鞍山市当涂县姑孰镇，史载及民间传说为吴景帝孙休定陵，故名。为配合马鞍山市鸿翮实业有限公司文化园建设，同时为防止该墓再次被盗掘破坏，经国家文物局批准，安徽省文物考古研究所会同马鞍山市、当涂县文物部门于2015年11月～2016年12月进行抢救性考古发掘，发掘面积365平方米。发掘表明，该墓为前后室四隅券进式穹隆顶结构砖室墓，整体可分为墓坑、墓室、填土、封土四大部分。出土文物分别发现于唐代盗洞底部、前室、两耳室和甬道，不包括未修复编号的共179件／套。包括漆木器、兵器、日用品、神兽构件、钱币等9大类，有金、银、铜、铁、陶、石、琉璃等不同质地。

初步推论，天子坟是一座高等级孙吴宗室墓，墓主身份可定位为王以上级别，不排除是吴景帝孙休与朱夫人的可能性。天子坟的发掘和重要发现对于六朝时期考古学研究，特别是孙吴宗室墓研究具有重要价值。

2．阜南县台家寺遗址考古发掘项目

台家寺遗址位于阜阳市阜南县朱寨镇，省保单位。经国家文物局批准，2014年起，安徽省文物考古研究所与武汉大学考古系组成考古队，对台家寺进行考古发掘工作。经过三年的发掘，台家寺被证明是商代淮河流域青铜文明的中心，是近30年来安徽省考古工作取得的重大成果之一。考古发现了完整的方形围沟、大型建筑、铸造遗存、祭奠坑、贵族墓葬等重要遗迹，出土大量遗物，揭示了商代高等级贵族在淮河流域的生产生活埋葬的场景，填补了一系列夏商周考古的空白。

三年考古工作中，共发掘了16座商代房屋、273个商代灰坑、7座商代墓葬，确定了以台家寺遗址为代表的淮河流域的商文化属于中原商文化系统。台家寺遗址贵族居住区北部大型台基及3座大型建筑属于典型的商文化建筑，在单体建筑规模上，是整个南方地区仅次于三星堆和盘龙城的大形宫殿建筑。东部大型建筑平面呈“品”字形布局，在商文化中首次发现。在贵族居住区南侧发现一批商代铸铜废弃物填埋坑，出土1000多块商代陶范，涵盖了铜觚、爵、斝、鬲等这一时期主要的商代铜容器器类，这是商代目前已知的、在都城以外保存最为完整、规模最大、遗存最丰富的铜容器铸造作坊，填补了早商和晚商之间青铜容器铸造的缺环。

【博物馆与可移动文物保护】

（一）博物馆

1．博物馆建设

2016年，安徽省登记备案的各级各类博物馆、纪念馆共216家。其中，国有博物馆142家，非国有博物馆74家；国家一级馆1家，二级馆7家，三级馆24家；纳入中央免费开放的博物馆、纪念馆89家。

2．博物馆间的交流与合作

中国博协博物馆学专业委员会2016年“博物馆的社会价值研究”学术研讨会在安徽博物院召开，来自省内和全国其他部分省市博物馆、高校以及相关单位的博物馆学专家、学者、代表参加了会议。由安徽省文物局主办，展览联盟承办的全省市级博物馆馆长座谈会召开，全省16个市级博物馆和2个省直管县博物馆馆长参加会议。完成2015～2016年度文化部国家公共文化服务体系制度设计研究立项课题“公共文化服务均等化的实践模式研究——以安徽省博物馆陈列展览联盟为例”。发挥安徽博物院的引领带动作用，在馆藏文物、人才技术、资金服务等方面，帮扶支持20多家市县博物馆业务发展，为阜阳市博物馆等进行讲解员培训，指导基层博物馆陈列布展，出借藏品支持基层博物馆展览。

充分利用陈列展览联盟平台，整合全省博物馆馆藏文物资源，打破馆际壁垒，展览在各市县级馆交流展出。“潘玉良美术作品展”亮相皖西博物馆，“紫泥春华——安徽博物院院藏当代优秀中青年紫砂艺术家捐赠作品展”和“镜里乾坤——铜镜背后的故事”分别在芜湖博物馆开展。“妙手灵心——安徽民间剪纸艺术展”和“岸芷汀兰——台北故宫博物院经典书画展”分别在凤阳县博物馆展出。“氤氲长虹——纪念黄宾虹诞辰150周年特展”赴中国徽州文化博物馆、马鞍山市博物馆、宿州市博物馆展出。

引进“旧邦新命——新文化运动百年纪念展”“异趣·同辉——清代广东外销艺术精品展”“从敦煌出发——‘丝路明珠’的复兴与创新美术作品展”“丝绸之路上的神秘王国——西夏文物精品展”“铁笔翰墨——邓散木艺术精品展”等展览。“大山与高原——黄绍京油画作品展”“纪念潘玉良诞辰120周年美术作品展”分别赴黑龙江省博物馆展出。“旷代风华——安徽博物院藏潘玉良作品展”“安徽博物院院藏歙砚展”分别在无锡博物院展出。“神工意匠——徽州古建筑雕刻艺术展”赴宁夏回族自治区博物馆展出。

3．重要陈列展览

全年共有基本陈列481个，举办各类临时展览386个，参观人数2797万人次，其中未成年人843万人次。由安徽省文化厅主办，入选国家文物局“纪念建党95周年和红军长征胜利80周年”10大主题展览项目之一的“飘扬的红旗——纪念建党95周年暨红军长征胜利80周年主题展”在省、市、县博物馆纪念馆以及公共区域同时开展，安徽博物院配合展览举办多场宣讲活动，社会反响强烈，影响广泛。“明德至善　家国天下——徽州优秀传统文化展”获“第十三届（2015年度）全国博物馆十大陈列展览精品奖”。

4．其他

安徽博物院的文创产品广泛参与国内外相关活动。参与中国“让文物活起来——全国文博单位文化创意产品联展”暨研讨会，抗战纪念卡片U盘系列获“最佳创意文创产品”奖。参加2016首届云南文化产业博览会，获“优秀参展单位称号”。参展第七届成都博博会，潘玉良系列文创产品将特色专题展览和文创工作相结合的新模式受到业内同行的高度认可，获“文化创意与文博技术最佳展示”奖。参加2016米兰国际博物馆协会第24届大会，抗战“小油灯”受到外国访学者和游客的好评。

（二）可移动文物保护

2016年，进一步加强藏品管理，对各国有博物馆纪念馆藏品库房进行全面梳理，完善建档建账。全省馆藏三级以上文物132975件，藏品保存状况良好，全部实现上架入匣。鼓励拓展藏品征集范围，满足符合时代的展览策划需求。加强安徽省油画保护修复基地的建设，提高科研能力，进一步推进全国油画保护修复基地的申报。组织申报馆藏文物科技保护项目，“安徽博物院馆藏陶瓷器保护修复方案”“安徽博物院馆藏青铜器保护修复方案”“馆藏黄绍京油画文物病害调查方案”“固镇县文物管理局所藏青铜器保护修复方案”“宿州市博物馆馆藏金属文物保护修复方案”“临泉县博物馆馆藏金属文物保护修复方案”“宿州市博物馆馆藏文物预防性保护方案”和“寿县博物馆馆藏文物预防性保护方案”8个项目通过国家文物局审批立项。

（三）第一次全国可移动文物普查

安徽第一次全国可移动文物普查圆满结束。2016年完成全省可移动文物普查数据的登录、审核、验收。经过验收核实，全省文物收藏单位共计394家，共登录文物藏品303994件/套，实际数量1158334件，成为全国登录文物超百万的文物大省之一。普查摸清了安徽省可移动文物资源总体情况，新发现一批重要文物，健全了文物资源管理机制，建设了全省可移动文物资源数据库，夯实了文物基础工作，提升了文物保护管理水平。普查办编制印刷了《安徽省国有可移动文物收藏单位名录》，撰写《安徽省可移动文物普查验收报告》与《安徽省可移动文物普查工作报告》，两个可移动文物普查先进集体与两名先进个人受到国家普查办表彰。

【社会文物管理】

2016年，审核批准安徽正德拍卖有限公司、安徽中观拍卖有限公司和安徽龙裔玉冰拍卖有限公司从事文物拍卖，审核批复安徽盘龙2016年春季艺术品拍卖会423件/套拍卖标的，安徽盘龙2016年精品玉器专场拍卖会243件/套玉器拍卖标的，安徽盛唐2016年春季艺术品大型拍卖会93件/套拍卖标的，安徽东歌2016年首届艺术品秋季拍卖会579件/套拍卖标的，安徽正德2016年艺术品拍卖会459件/套拍卖标的，安徽艺海2016年艺术品拍卖会165件/套拍卖标的，安徽盘龙2016年秋季艺术品精品拍卖会451件/套拍卖标的，安徽正德2016年秋季艺术品拍卖会542件/套拍卖标的，安徽艺海2016年秋季艺术品拍卖会177件/套拍卖标的。

3月，安徽省文物总店举办全国文物艺术品交流会，来自全国国有、民营文物经营单位近120家参加交流会。交流会期间，安徽省文物总店经营销售额130多万元。12月，安徽省文物总店举办文物艺术品展销会，展销会期间销售额近90万元。

【文博教育与培训】

为推进可移动文物普查顺利完成，举办“全省可移动文物普查数据拆分培训会”“全省可移动文物普查数据会审会”“全省可移动文物普查数据验收暨普查工作报告编制培训班”“全省可移动文物普查成果转化利用暨博物馆社会教育工作培训班”。安徽省文物局委托安徽博物院承办“无酸纸囊匣设计制作培训班”，这是我国首次举办的针对文物包装的技能培训，旨在面向全国博物馆系统培养一批无酸纸包装专业技术人员。

【文博宣传与出版】

6月，在黄山市黟县西递村举办2016年中国文化遗产日安徽省主场启动仪式，开展“鉴宝江淮行——走进黟县”、古村落古民居保护利用与民宿发展论坛、黄山市文物及古建筑图片展等活动。

《中国文物报》详细介绍了金寨革命文物情况。《人民日报》重点介绍了黄山市探索古民居保护新机制。

安徽博物院开展“安徽文博讲堂”等主题教育活动，组织宣讲小分队走进多家院校、社区、部队，开展文化宣讲。

安徽省文物局、安徽博物院获全省文化信息宣传工作先进单位。

【机构及人员】

截至2016年，安徽省有文物保护管理机构95个，从业人员467人，其中中级职称108人、副高级职称6人、正高级职称3人。

博物馆171个（其中非国有博物馆29个），从业人员2641人，其中中级职称352人、副高级职称110人、正高级职称45人。

文物商店1个，从业人员36人，其中中级职称8人、副高级职称2人。

文物科研机构1个，人业人员45人，其中中级职称18人、副高级职称6人、正高级职称6人。

其他文物机构9个，从业人员54人，其中中级职称4人、副高级职称2人、正高级职称1人。

【对外交流与合作】

安徽博物院代表团参加香港中文大学举行的第三届“博物馆专业培训工作坊”开班仪式，并与香港中文大学文物馆就今后进一步加强展览和人员交流达成共识，对“潘玉良美术作品展”赴港展出的时间、内容与香港中文大学文物馆进行磋商。期间，安徽博物院的微型特展“鄂君启金节——中国最早的免税通关凭证”在香港中文大学文物馆展出。展览精心遴选出与楚国用节制度、经济税收、货币交换、水路交通等相关的文物进行展示，这是安徽省文博单位与香港高校博物馆的首次合作。

参加由中国文物交流中心牵头组织的“汉字三千年”大型文物展，安徽博物院馆藏精品文物14件／套（包括国宝级文物战国鄂君启金节、清胡开文制小篆秦权墨以及姚鼐、邓石如等名家书法等）赴日本展出。

中非文化周系列活动之“安徽——东非共同体文化交流特展”在安徽博物院开展。此次特展共展出布隆迪、肯尼亚等东非6国38件代表作品，包括小鼓、弓箭、木雕、陶器等。其中，已被列入《人类非物质文化遗产代表作名录》的布隆迪大鼓是此次特展的核心展品。

安徽中国徽州文化博物馆承办“魅力黄山——2016中·韩现代美术交流展”，展出中韩100多位优秀艺术家作品，为中韩艺术家搭建了平台，有利于进一步推动中韩两国民间文化交流，增进国民情谊福祉。

福建省

【概述】

2016年，福建省文物工作坚持以党的十八大以来重要会议精神为指引，深入学习习近平总书记关于文物工作一系列重要指示，认真贯彻落实国家文物局的部署，围绕福建省“十三五”文化发展专项规划，着眼福建省实际和文物工作特点，加大文物保护力度，做好让文物活起来文章，较好地完成年度各项工作。

【执法督察与安全保卫】

会同省公安消防总队联合开展文物消防安全检查。省级文物保护单位龙岩新罗区苏邦东洋楼火灾事故后，及时启动灾后处置工作，责成龙岩市依法追究相关单位和人员责任。

组织实施受损文物抢救性修缮工程。组织编制了南安蔡氏古民居建筑群消防工程、福建土楼（南靖、永定）防雷工程等技术方案，实施了宝严寺大殿等一批安防工程。

2016年第1号台风“尼伯特”和14号台风“莫兰蒂”致全省有100多处县（市）级以上文物保护单位遭受不同程度的损坏，及时启动防灾应急方案，指导并支持鼓浪屿、闽清、闽侯、永春等地开展灾后抢救性保护修缮工作。

会同省公安厅刑侦总队部署打击和防范文物犯罪活动，举办全省打击和防范文物犯罪培训班。

【不可移动文物的保护和管理】

（一）概况

全省拥有全国重点文物保护单位137处291个点，省级文物保护单位675处，县市级文物保护单位5000处，形成了国家、省和市、县（区）三级文物保护的有效保护体系。

（二）大遗址保护

推进三明万寿岩遗址国家考古公园建设，万寿遗址一期环境整治工程已经完成，二期环境整治立项已获国家文物局批准。

（三）世界文化遗产

积极推动鼓浪屿和海上丝绸之路申报世界文化遗产工作。鼓浪屿作为我国申报2017年世界文化遗产项目，申报文本和保护管理规划已于2016年2月1日报送世界遗产中心，鼓浪屿文化遗产的本体修缮、环境整治、价值阐释和展示等各项工作按照世界遗产的要求全面实施，2016年10月世界文化遗产评估机构派世界遗产专家到现场评估考察。泉州、广州、宁波、南京、漳州、莆田、江门、丽水等8个城市（31个遗产点）联合开展海上丝绸之路申报世界文化遗产工作，确认福建省泉州市九日山摩崖题刻等14处、漳州东溪窑遗址等2处以及莆田湄州妈祖庙列入海上丝绸之路申遗项目，申遗文本于2016年9月底前报送世界遗产中心预审，完成了申遗点的本体修缮、遗产展示、环境整治方案编制工作，项目实施工作正逐项启动。

开展福建土楼世界文化遗产巡视和安全检查，永定等县按照巡视检查意见及时组织整改。配合做好武夷山国家公园建设试点工作。万里茶道文化遗产保护和申遗工作有序推进。

（四）文物保护工程

进一步规范文物保护工程管理，印发了《福建省文物保护工程管理六项规定》。

争取到2016年国家重点文物保护专项补助资金6809万元，启动开展了36个全国重点文物保护单位保护项目，包括华林寺大殿、安平桥（五里桥）瑞光塔、南安林氏民居、云峰寺大殿、古田会议旧址群、福建土楼及鼓浪屿近代建筑群和传统村落漈下建筑群、培田村古建筑群等保护修缮工程（传统村落）等21项修缮工程，古田会议旧址群（古田会议会址、松荫堂、中兴堂）3项保养维护工程，西资寺防雷工程、蔡氏古民居建筑群安防工程、南安中宪第安防工程、古田会议旧址群（古田会议会址、松荫堂、中兴堂、协成店、文昌阁）等9项安全防范护工程，惠安青山宫和玉井坊郑氏大厝两项保护规划以及长汀革命旧址展示利用工程展示利用工程。

申报了赵家堡—诒安堡、集美村和厦门大学早期建筑之芙蓉楼等、海上丝绸之路史迹之真武庙等、国保集中成片传统村中南村和雾阁村文物修缮等23项工程立项；大田土堡群（安良堡、泰安堡、广崇堡）、赵家堡（史堂、官厅左次座等）、闽东北廊桥（仙宫桥、杨梅州桥）、四堡书坊建筑（中田屋、素位山房、大厅厦）等37个文物保护修缮工程方案等；龙岩市革命旧址保护利用规划、陈埭丁氏宗祠、南山遗址等7个保护规划方案；正顺庙、安贞堡等11个保护规划立项；栖云洞造像安防工程方案、九日山摩崖石刻防雷工程、狮峰寺消防工程等20个安全防护工程方案。

实施城村汉城遗址安防工程和高胡坪宫殿遗址保护工程，组织编制了北门、下寺岗、北岗遗址保护工程方案。编制了《福建明溪南山遗址保护规划》《福建建阳建窑遗址保护规划》。

福安市狮峰寺维修工程入围2015年度全国优秀文物保护利用工程终评项目。

（五）其他

推进城镇化进程中传统文化的保护与传承。全面实施连城培田村、永安吉山村、沧海村等18个全国重点文物保护单位和省级文物保护单位集中成片传统村落整体保护利用项目。开展第七批中国历史文化名镇名村申报和第二批省级历史文化街区申报评审工作。《福建省历史文化名城名镇名村保护条例（草案）》已经省政府常务会议通过，并提交省人大常委会审议。

继续实施涉台文物保护工程。实施以朱子文物、林则徐文物为重点的涉台文物保护工程，强化涉台文物展示利用工作。启动了23项全国重点文物保护单位涉台文物保护工程和30项省级文物保护单位涉台文物保护工程。

加强革命文物保护利用。按照国家文物局、福建省委宣传部的统一部署，组织编制了福建省革命文物保护利用经费需求规划、龙岩市革命旧址保护总体规划、古田会议旧址群保护维修方案。织实施古田会议旧址群、长汀革命旧址、红九军团长征出发地等一批革命文物保护工程，推动宁化凤凰山红军街红军长征出发地革命旧址保护工作。组织开展了全省革命（红色）文物调查，共登记革命（红色）文物962处（点），其中原中央苏区革命文物518处（点）。

【考古发掘】

（一）概况

开展了福建永春苦寨坑窑址、霞浦屏风山贝丘遗址、武夷山葫芦山遗址、霞浦凹外山遗址等4处考古发掘。开展了福州海域水下文化遗产、泉州海域水下文化遗产、厦门与漳州海域水下文化遗产调查。组织开展了平潭综合实验区史前遗址勘探调查、安溪桃舟乡吾岩寺遗址考古调查。

做好基本建设中文物调查勘探与重要遗址抢救性考古发掘。组织浦梅铁路建宁至冠豸山段、龙岩高速公路东线建设项目、宁德上白石水利枢纽工程项目淹没区、福建万安高温气冷堆电站项目厂址区域等十余项文物勘探调查。

（二）重要考古项目

1．福建永春苦寨坑窑址

苦寨坑窑址位于永春县介福乡政府西北面约3公里当地人称“苦寨坑”的山坡上，海拔高度674米，2014年发现并确认。2016年11月至12月中旬，经国家文物局批准，福建博物院文物考古研究所等对苦寨坑窑址进行考古发掘，共发掘面积270平方米。发掘揭露有叠压打破关系的窑炉遗迹9座。窑炉均属于龙窑，长约4米，宽约1米。窑炉沿着坡地向上挖穴而建，分布比较密集。出土标本主要为原始青瓷、印纹硬陶和窑具，绝大部分为残片，许多陶瓷片可见有意识的打击痕，器形有尊、罐、壶、钵、豆、纺轮等。装饰采用刻划、拍印、戳印、堆贴、镂空等手法，纹饰有弦纹、网格纹、绳纹、戳点纹、鼓钉纹、几何纹、云雷纹、水波纹等。

永春苦寨坑窑址位于福建晋江和闽江两大流域上游的交汇点，产品既与闽南地区青铜时期浮滨文化有着相似的文化因素，又有闽江流域青铜时期陶器的影子。此次发掘确定了晋江流域大量青铜时期遗址出土的原始青瓷和印纹硬陶的产地，更为闽南地区青铜时期文化序列奠定了绝对年代基础。

2．霞浦屏风山贝丘遗址

屏风山贝丘遗址位于霞浦县东部海岸的沙江镇古县村西，东北距霞浦县城约20公里。2008年第三次全国文物普查发现该遗址，遗址面积约4000平方米。为了探索闽东沿海地区史前考古学文化面貌，经报国家文物局批准，福建博物院文物考古研究所与霞浦县博物馆组成联合考古队，于2016年3月7～28日对遗址进行考古发掘。在T2近北壁处发现柱洞3个。有陶器、原始瓷器、石器、骨器、动物遗骸、木骨泥墙残块等。此次发掘的陶片未发现可复原器。陶片包括夹砂陶、泥质陶、硬陶、黑衣陶和彩陶。在器表装饰手法上，有拍印、刻划、镂孔等。器表装饰主要以素面为主，少量施绳纹、篮纹、条纹、方格纹、竹编纹、云雷纹、菱形填线纹以及方格纹与弦纹的组合纹等。器类有罐、釜、壶、甗形器、钵、器底、支座、网坠、纺轮等。

屏风山文化遗存与黄瓜山上层文化遗存比较接近。通过对木炭样品的碳十四测年分析，数据在公元前1750～前1455年，与黄瓜山上层遗存的绝对年代也大体相当。屏风山遗址的发掘，不仅明确了屏风山遗存和黄瓜山上层遗存的性质，也对黄瓜山文化向青铜时代发展的脉络有了较清晰的认识，对于研究闽东地区新石器时代文化向青铜时代文化过渡提供了重要材料，也为闽东地区考古学文化序列的建立提供了新的重要资料。

3．武夷山葫芦山遗址

葫芦山遗址位于福建省武夷山市兴田镇西郊村东南约1公里处。20世纪90年代初及2014年、2015年分别进行了多次发掘。2016年4～7月，为配合厦门大学考古专业师生进田野考古教学实习，经国家文物局批准，福建博物院、厦门大学历史系考古专业、南平市博物馆、武夷山市博物馆等单位对葫芦山遗址进行再次考古发掘，发掘面积300平方米。主要发现了属于夏商时期、西周早期和西周晚期三个时期的文化遗存，包括夏商时期灰坑5个、烧坑3个，西周早期基址1处、灰沟1条、灰坑6个、柱洞3个，西周晚期墓葬1座、灰沟3条、灰坑30个、柱洞25个。以及属于上述各个时期的陶器、原始瓷器、石器等。

经过多年的发掘，葫芦山遗址揭露了新石器时代晚期、夏商时期、西周早期、西周晚期的地层和遗存，对于研究闽北地区先秦时期古文化序列具有重要的意义。

4．霞浦凹外山遗址

凹外山遗址位于邵武市拿口镇肖坊村炉坊自然村西南侧约500米处，海拔177米。为配合顺昌至邵武高速公路工程建设，福建博物院等单位对该遗址进行抢救性考古发掘。凹外山遗址出土遗迹只有少量灰坑。出土遗物中，少见可修复器物。陶片以印纹硬陶、夹砂陶、泥质陶为主，也有数量较多的黑衣陶。陶器器表装饰以素面为主，少量有饰席纹、叶脉纹、篮纹、方格纹、绳纹、弦纹等。陶器器形有甗形器、罐、尊、豆、盆、杯、纺轮等。石器也有不少，以砺石为主，还有石锛、石斧、箭镞等。另也见少量原始青瓷豆。

从凹外山遗址的文化内涵看，其文化性质与邵武斗米山遗址上层、武夷山葫芦山遗址中层、浦城猫耳山窑址基本相同。根据学术界研究，这类遗存均属于“马岭类型”。凹外山遗址的考古发现，极大丰富了“马岭类型”的文化内涵，对了解闽北地区商周时期土著文化具有重要意义。

5．福州海域水下文化遗产调查

福州海域是我国古代海上丝绸之路的重要环节，水下文化遗存丰富。自20世纪80年代末开始，福州海域就成为我国水下考古工作的重点海域，目前已确定的沉船遗址和文物点已达17处。为进一步摸清家底，为下一步保护规划提供更充分的依据，经国家文物局批准，2016年对长乐松下东洛岛海域、福清湾、福清莲峰海域、平潭海坛海峡大练岛南侧海域、草屿海域等进行大面积的探测，对一些疑点进行水下探摸，共发现和确认长乐双髀岛明代水下遗物点等5处水下文化遗存，复查分流尾屿五代沉船等3处沉船遗址。并采集出水一批陶瓷器、日本银元、铜钱等标本。陶瓷器中以福建本地窑址生产的陶瓷器为主，主要有闽清义窑、福清东张窑、德化窑等，还有浙江龙泉窑、越窑的产品。

此次调查除了确认一批水下文化遗存之外，还开展了大量陆地调查工作，收集到一批新的线索，为以后继续开展水下调查提供了坚实的基础。

【博物馆与可移动文物保护】

（一）博物馆

1．博物馆建设

认真落实《博物馆条例》，完成5家非国有博物馆的设立备案工作。完成中央苏区（闽西）历史博物馆参加国家一级博物馆的定级评估申报的复核检查工作。

2．博物馆间的交流与合作

福建博物院、昙石山遗址博物馆、福建民俗博物馆、南平市博物馆、建阳区博物馆等分别到北京、辽宁、江苏、新疆和内蒙古等地合作举办建盏、德化瓷等专题展览。泉州海交馆、漳州市博物馆、陈嘉庚纪念馆、长汀县博物馆等积极引进外省特色展览。加强与故宫博物院合作，召开“清代中外物质文化交流国际学术研讨会”。

3．重要陈列展览

围绕纪念红军长征胜利80周年，9月23日上午，在龙岩中央苏区（闽西）历史博物馆举办了福建省纪念红军长征胜利80周年大型主题展览“铁血长征——福建儿女长征史迹展”。

福建博物院举办了“寿山石回故乡特展”“梵天东土　并蒂莲华：公元400～700年印度与中国雕塑艺术大展”。

4．其他

福建博物院、中国闽台缘博物馆被列为文化部、国家文物局全国文创工作试点单位，福建博物院开展了“闽台大学生博物馆文创艺术设计大赛”。

（二）可移动文物保护

目前，福建省共有福建博物院和泉州海外交通史博物馆获得可移动文物保护设计和修复资质。2016年完成了省内10家博物馆馆藏文物保护修复和预防性保护方案的编制，并获国家文物局立项批复。

（三）第一次全国可移动文物普查

按照国家文物局的统一部署，组织全省开展第一次全国可移动文物普查。召开全省地市级普查办主任工作会议和全省可移动文物普查数据审核专家工作会议，全面组织开展全省可移动文物普查数据审核工作。9月底完成全省可移动文物普查数据上报工作。全省文物系统的97家国有博物馆藏品达425795件／套（591955件）。

【文博教育与培训】

举办全省古建筑暨世界文化遗产培训班，参训人员包括各县（市、区）古建筑管理业务骨干、世界文化遗产及部分预备名单遗产地管理机构业务骨干共100余人。分两期举办全省文物保护工程技术人员（木工）培训班，通过理论与实际操作相结合，对全省各文物保护工程施工单位100多名木工骨干进行专项培训。举办福建省打击和防范文物犯罪培训班，各设区市及平潭试验区的文物部门、公安部门有关人员共50人参加培训。举办2016年度全省博物馆馆长培训班，全省国有和非国有博物馆馆长以及各设区市文物行政主管部门领导等140多人参加培训。

【社会文物管理】

加强社会文物拍卖标的的审核管理。2016年为拍卖行审核文物拍卖标的22场次，鉴定书画、瓷杂等拍卖标的9149件，批准上市9108件／套，撤拍41件／套。

加强文物进出境审核工作，办理文物出境（不含复出境）70件／套，文物禁止出境174件／套，文物临时进境280件／套，文物临时进境复出境245件／套，文物临时出境5件／套。

【机构及人员】

2016年，福建省文物机构总数146个，其中文物保护管理机构38个、博物馆98个、文物商店1个、文物科研机构2个和其他文物机构7个。2016年新增机构1个。

从业人员数2580人（含专业技术人才967人），其中正高级职称63人、副高级职称115

人、中级职称380人。2016年新增从业人员213人。

【对外交流与合作】

4月，福建博物院“丝路帆远——中国·海上丝绸之路文物精品图片展”赴台湾地区举办，6月赴荷兰、比利时举办，9月赴希腊、克罗地亚、瑞典举办，10月赴奥地利维也纳、马来西亚马六甲举办。

1月，闽台缘博物馆组织“慈航101——德化百态观音瓷塑精品展”到台湾高雄佛光缘美术馆展出，展示了工艺大师精心创作的101件作品。3月，闽台缘博物馆联合福建省文化交流协会、台湾中国书法学会、台湾中国画学会在高雄台湾科学工艺博物馆举办“闽台缘两岸书画交流展”，展出两岸书画名家作品104件。

江西省

【概述】

2016年，江西省文物系统广大干部职工在江西省委、省政府的正确领导下，在国家文物局的大力支持和指导下，认真学习贯彻落实习近平总书记、李克强总理关于文物工作重要指示批示精神和《国务院关于进一步加强文物工作的指导意见》，振奋精神，攻坚克难，全省文物工作继续保持强劲发展势头，呈现良好发展态势，取得了明显成效。

【法规建设】

派员陪同江西省人大教科文卫委员会赴抚州市、赣州市、上饶市、鹰潭市开展关于《中华人民共和国文物保护法》及《江西省文物保护条例》实施情况的检查、调研工作，并在调研基础上，全面总结近年来江西省文物保护、文物安全、博物馆建设以及文物保护与经济建设、旅游发展协调等方面的情况，就今后工作提出有关建议。

【执法督察与安全保卫】

（一）执法督察

2016年，先后督办了九江市彭泽县省级文物保护单位马垱炮台遗址周边采石破坏自然风貌及对文物安全构成隐患案，九江市星子县黄灞墓遭破坏案等。继续跟踪督办吉安市安福县省级文物保护单位武功山祭祀遗址文物破坏行为整改工作。6月组织相关人员再次赴萍乡、安福实地督办，8月组织文物保护专家和相关单位负责人进一步商讨论证整改工作，并下发关于进一步做好整改工作的通知，整改期间实行月报制度。通过督察，有效遏制了文物违法行为和安全事故的发生。

按照国家文物局统一部署和要求，及时部署启动江西省文物法人违法案件专项整治工作。根据《江西省“文物法人违法案件专项整治行动（2016～2018年）”方案》，经江西省文化厅研究决定，成立“文物法人违法案件专项整治行动（2016～2018年）”领导小组，统一组织实施全省专项整治行动。按照要求向国家文物局上报省级督办案件，并结合专项整治行动，进一步健全文物安全责任追究制度、文物安全末端守护制度、文物安全隐患整改制度，逐步建立文物安全隐患挂牌督办、跟踪治理、整改销号和重大隐患通报机制。根据公安部、国家文物局要求，抓好顶层设计，积极配合江西省公安厅建立江西省打击防御文物犯罪联系机制，进一步织牢覆盖全省的打击防御文物犯罪网络。

（二）安全保卫

认真督促指导各地做好2016年全年尤其是节日期间的文物安全检查工作。2016年元旦、春节、“五一”、端午、中秋和国庆节期间，及时下发通知，要求各地高度重视，切实增强文物安全防范意识，切实加强文物安全工作部署，逐级落实安全责任。同时，根据各地文物安全自查情况，不定时派出督导组分别赴各地进行重点抽查。

9月，与江西省公安厅联合部署2016年全省文物安全检查暨安全隐患整改“回头看”工作。以“文物安全是文物工作的生命线”为指导思想，按照“全覆盖、零容忍、重实效”的总体要求，全面排查和彻底整治文物安全隐患，落实安全责任，堵塞安全监管漏洞，强化文物安全措施，省督察组重点抽查各级文博单位138处，确保了全省文物、博物馆单位的安全和稳定。

为加强江西省全国重点文物保护单位文物安全防范设施建设，提升安全防范水平，积极组织各地做好全国重点文物保护单位安防、消防和防雷工程的立项报告和方案编制工作。2016年共争取中央财政三防资金968万元，项目9个，进一步提升了全国重点文物保护单位“三防”设施水平。

【不可移动文物的保护和管理】

（一）概况

2016年，争取国家重点文物保护专项补助资金5.27亿元。同时，加大重大项目推进力度，全力做好江西南昌西汉海昏侯墓考古发掘与保护利用、景德镇御窑厂遗址保护利用、赣南等原中央苏区革命遗址保护利用等重点工作，取得明显成效。

（二）大遗址保护

2016年，吴城遗址（含筑卫城遗址）、湖田窑遗址、御窑厂遗址（含高岭瓷土矿）、吉州窑遗址、铜岭铜矿遗址、紫金城城址与铁河古墓群等八大遗址入选国家文物局“十三五”期间150处重要大遗址保护名单。

重点推进景德镇御窑厂遗址保护展示工作。指导景德镇市文物部门做好御窑厂遗址保护规划修编立项工作，修编立项报告获得国家文物局批准。支持景德镇市申报世界文化遗产预备名单工作，国家文物局批复同意将景德镇御窑厂遗址列入《中国世界文化遗产预备名单》。争取国家文物局支持御窑厂遗址环境治理工程、遗址保护规划（修编）和御窑博物馆（新馆）区域考古发掘等专项补助资金1905万元，景德镇御窑厂遗址数字化展示工程立项、遗址博物馆选址，游客服务中心、停车场及其他保护性设施建设项目选址及建设方案获批。完成御窑厂遗址“十二五”期间大遗址保护工程实施情况和效果专项检查、评估。景德镇御窑厂遗址博物馆建设选址、考古勘探以及建设场地征收、平整工作顺利完成，遗址博物馆建设工程启动。

（三）全国重点文物保护单位

赣南等原中央苏区革命遗址保护利用工程成为全国革命文物保护利用样板和示范工程。开展2014～2015年赣南等原中央苏区革命遗址保护工程项目中期评估工作，上报《江西省赣南等原中央苏区革命遗址保护工程项目中期评估报告》，财政部和国家文物局对江西省工程项目实施情况进行绩效评估，确定为优良。10月18日，《中国文物报》对赣南等原中央苏区革命遗址保护工程进行全面深度的宣传报道。

及时转发国家文物局《关于做好汛期文物抢险保护工作的紧急通知》，统计上报全省13处全国重点文物保护单位因暴雨受损的情况，争取国家文物局暴雨灾害文物抢修经费70万元，用于4处受灾较严重国保单位的应急抢险维修。

（四）世界文化遗产

加强对世界文化景观庐山的文物保护管理和遗产预警监测工作，启动万里茶道联合申遗和江西古村落群申遗工作。

万里茶道列入国家“十三五”期间大遗址保护范围，遴选出河红茶产区、宁红茶产区、浮红茶产区、赣闽古道、徽饶古道、姑塘海关、河口镇古建筑群、九江市古建筑群、天祥号茶庄、协和昌号茶庄及分号等10处文物点上报万里茶道联合申遗办公室，并协调做好万里茶道专家组赴江西省上饶、九江等地实地考察工作。

牵头做好江西古村落群申报世界文化遗产预备名单的启动工作，制定了《关于启动“江西古村落群”申报世界文化遗产预备名单工作方案》，组织有关县区对拟申遗村落的保存现状、价值和保护利用工作情况进行梳理，协调北京国文琰文化遗产保护中心有限公司编制《“江西古村落群”申报世界文化遗产技术咨询服务工作计划》并进行现场实地考察等。

（五）其他

积极开展全省革命文物保护利用工作。做好全省红军长征遗迹保护工作，组织对红军长征遗迹进行全面梳理，登记长征文物点108处，开展险情排查。2016年，争取国家重点文物保护专项补助资金1729万元，用于中央红军长征出发地旧址——赣南省政治保卫局旧址等文物维修。中央红军长征出发地旧址——会寻安中心县委旧址、屏山红三军团司令部旧址，瑞金革命遗址——云石山中华苏维埃共和国中央政府旧址等经保护维修后均已对外开放。做好革命文物保护利用资金需求规划工作，配合国家文物局赴上饶、九江、宜春等地开展全国革命文物保护经费需求规划编制工作调研，制定并上报《江西省革命文物保护经费需求规划报告》。

扎实推进全省文保工程实施。健全完善项目申报、方案设计、实施进度、工程质量、资金监管、竣工验收等机制，不断强化对项目工程的监督管理。严格项目进度月报制度，及时掌握各地文保项目实施进展情况，做到有的放矢抓督导。6～7月组织10个督导组分赴全省各地进行实地督导，重点检查施工进度、质量、资质、资金监管等。在江西省上饶、赣州、吉安、抚州召开4个督促调度会，对发现的问题一一提出整改要求。10月21日，召开全省各级文物部门负责人、本省和外省入赣的文保工程设计、施工、监理单位有关负责人等200余人参加的会议，邀请专家对文保工程的实施进行培训，通报文物保护工程存在的问题，强调并明确了推进文保工程的有关要求。

做好第六批江西省文物保护单位的实地核查工作。在各地申报、专家初评、实地考察、汇总评审、现场复核等基础上，增补革命文物和抗战文物申报材料，梳理出第六批江西省文物保护单位专家终评会名单，拟新增第六批江西省文物保护单位760余处。

做好红色标语普查和保护利用工作。成立江西省文物标语保护工作推进小组和办公室，全面推进江西革命老区红色标语保护工作。印发《关于做好红色标语普查和保护利用专项工作的通知》，在向国家文物局汇报请示、征求中国军事博物馆专家意见、与江西省委党史研究室沟通的基础上，制定《江西省红色标语保护利用试点工作方案》，抓好普查任务落实，切实开展红色标语保护利用试点工作。

做好传统村落和历史文化名村镇保护利用工作。做好第四批中国传统村落申报工作，全省有50个村落入选中国传统村落名单。申报第七批国家级历史文化名村镇32个。

【考古发掘】

（一）概况

2016年，积极做好高铁、核电厂、高速公路等全省大型基本建设项目文物评估调查和考古发掘工作。配合做好G236芜湖至汕尾公路鄱阳县城至余干乌泥段改建工程、大庆至广州高速公路（龙岭—里仁段）改扩建工程、抚州东外环高速公路工程等项目文物调查评估工作。组织实施南昌西汉海昏侯墓、景德镇御窑厂遗址、龙虎山大上清宫遗址、新干牛头城址、赣州七里镇窑址等一批主动性考古发掘项目。其中，南昌西汉海昏侯墓考古发掘工作取得重大成果。

（二）重要考古项目

南昌西汉海昏侯墓考古发掘和保护利用硕果累累，在全国产生重大影响。南昌西汉海昏侯墓考古发掘荣获“2015年度全国十大考古新发现”和“中国社会科学院考古论坛·2015年中国考古新发现”，获得“2011～2015年度田野考古奖二等奖”和首届“考古资产保护金尊奖”，成为一次公共考古学的成功实践与典范。3月3日，刘延东副总理在江西省委办公厅呈报的《南昌西汉海昏侯墓考古发掘和保护利用工作取得重大成果》信息上作重要批示：“江西省、国家文物局历时四年科学发掘西汉海昏侯墓重要遗存，取得成果值得赞许。”

【博物馆与可移动文物保护】

（一）博物馆

1．博物馆建设

截至2016年年底，江西省共有145家在省级文物行政部门备案且功能比较完善的博物馆，其中文化文物系统管理的国有博物馆109家，行业性国有博物馆10家，非国有博物馆26家；已列入国家一级博物馆的5家，二级博物馆4家，三级博物馆22家。

各地市博物馆建设如火如荼。江西省博物馆新馆位于南昌市红谷滩新区凤凰洲，主体建筑将于2017年年底封顶，2019年对外开放。上饶市博物馆新馆、永丰博物馆新馆建设、进贤县博物馆新馆、玉山县博物馆等新馆完工并陆续对外开放。抚州市汤显祖纪念馆改造提升项目顺利完成并对外开放，社会反响较大。樟树、靖安、永丰、万年等县（市）级博物馆新馆建设正在进行中。

安源路矿工人运动纪念馆被评为国家一级博物馆。

2．博物馆间的交流与合作

景德镇御窑博物馆与故宫博物院联合举办“明代御窑瓷器——景德镇御窑遗址出土与故宫博物院藏传世成化瓷器对比展”，利用双方优势推动明代御窑瓷器的研究。

3．重要陈列展览

2016年江西省各博物馆共推出基本陈列370个，临时展览348个，免费接待观众参观2676万人次。

3月2日～6月26日，由江西省文物局、北京市文物局主办的“五色炫曜——南昌汉代海昏侯国考古成果展”在首都博物馆隆重开幕，受到社会各界的广泛关注，成为全国“两会”前新闻媒体高度关注和聚焦的热点。展览共接待观众40多万人次，极大彰显了海昏侯文物的吸引力和感染力。

10月11日，“惊世大发现——南昌汉代海昏侯国出土成果展”在江西省博物馆正式对外开放。展览由江西省文化厅、江西省文物局、南昌汉代海昏侯国遗址管理局主办，江西省博物馆、江西省文物考古研究所承办。这是继在江西省博物馆和首都博物馆展览后的第三次面向社会公众展出。展览总面积2300平方米，展线350米，展出文物922件，从宏观到微观、从遗址到遗物，权威系统地展示了南昌汉代海昏侯国的考古成果。

为纪念汤显祖逝世400周年，抚州市汤显祖纪念馆推出“东方戏圣——汤显祖生平与戏剧成就展”，陈展面积1978平方米，展线420米。展览分五部分，追寻汤显祖的基本人生轨迹，介绍汤显祖“临川四梦”具体内容与艺术成就，详细梳理明代以来汤显祖与其戏剧的重要影响，20世纪以来国内外“汤学”的研究热潮，彰显了汤显祖与其戏剧的历史地位。附设英国戏剧家莎士比亚和西班牙戏剧家塞万提斯专题展览。

4．其他

组织部分博物馆、相关企业参加在成都举办的“第七届中国博物馆及相关产品与技术博览会”和在广州举办的“2016第二届广州国际文物博物馆版权交易博览会”。江西省博物馆、南昌八一起义纪念馆和瑞金中央革命根据地纪念馆列入全国博物馆文化创意产品开发试点单位名单。

（二）第一次全国可移动文物普查

2016年为全国可移动文物普查收官之年，主要任务是开展全省可移动文物普查数据审核与评估总结、验收及成果转化工作。

一是组织培训。派员参加第一次全国可移动文物普查办公室主任会暨普查数据管理与报告编制培训班、普查信息平台骨干培训班，在鹰潭市举办全省可移动文物普查办主任会议暨可移动文物普查审核骨干培训班。二是加强督导。下发《关于进一步加快全省可移动文物普查工作的通知》，根据年度工作任务增设工作督导组。三是审核数据。召开可移动文物普查审核工作会议，布置数据审核工作，分地区开展全省可移动文物数据集中审核。四是全面验收总结。分片对各设区市和部分重点文物收藏单位普查情况进行全面验收，编制全省可移动文物普查工作总结报告。经最终确认，截至2016年10月31日，江西省共登录文物收藏单位398家，登录文物327511件／套（641550件）。

【社会文物管理】

2016年，江西省文物商店开源节流盘活资产，年经营额达900余万，取得了较好的成绩。

【科技与信息】

江西省文物局组织开展“非国有博物馆收入及纳税情况调研”、全省文物市场与文物鉴定“放管服”改革调研、“十三五”规划（2016年度）博物馆相关实施情况监测、全省博物馆藏品利用情况调查；对全省博物馆现状、问题及发展情况进行调研并完成调研报告。

中国科学院古脊椎动物与古人类研究机构在萍乡市博物馆正式设立科研基地，重点指导开展萍乡恐龙蛋化石研究展示等工作。江西省博物馆以南昌西汉海昏侯墓的发掘与展示为契机，打造“文博讲坛”系列学术讲座，提升科研、展览水平和管理能力。南昌八一起义纪念馆开展“弘扬‘八一精神’与实现中国梦关系研究”“南昌起义报道的民国报纸整理研究”等多项省级课题。

铜鼓县举办第四届“湘鄂赣苏区论坛”，扩大了相关纪念馆的影响力。

【文博教育与培训】

江西省委宣传部、省文化厅联合举办“全省爱国主义教育基地（革命场馆）讲解员培训班”，50余名一线讲解员受训；江西省文化厅主办、省博物馆承办全省博物馆讲解员培训班，150余人参加培训。

派员参加国家文物局举办的博物馆教育、清代书画鉴定、博物馆专业人员陶瓷鉴定、玉石器文物鉴定、展览策划暨陈列设计、新材料在文物保护修复中的研究与利用研修班、藏品管理、中美博物馆策展、新闻宣传等各类培训班。

5月30日～6月4日，在江西省宜黄县举办全国文物行政执法人员培训班（江西片区），共培训学员75名，培训内容包括全国文物执法工作形势、文物法律法规适用、文物处罚案卷评析、文物行政处罚技能等内容。通过培训，进一步增强了学员的文物执法责任意识，提高了学员文物执法业务能力和水平。

【文博宣传与出版】

5月18日，由江西省文物局、鹰潭市人民政府联合主办的江西省庆祝国际博物馆日暨中国文化遗产日主会场宣传活动在世界遗产地鹰潭龙虎山游客接待中心广场正式开幕，300余人参加了隆重的启动仪式。各地结合自身实际，围绕“博物馆与文化景观”主题，突出宣传国务院《关于进一步加强文物工作的指导意见》、全省第一次全国可移动文物普查成果等，精心策划，开展了内容丰富、形式多样的宣传普及活动。

2016年，江西省博物馆提升了官方网站和微信公众号功能，开设网上门票预约、微信门票预约等，围绕海昏侯展览，及时发布展览动态，陆续推送“策展人带您品海展”“故事来了”等系列栏目，深受观众喜爱和好评。各博物馆紧跟时代步伐，利用网络、微信等传媒，拓宽文博资讯传播渠道，通过音频讲解、实景模拟、立体展现等多种形式，让广大群众足不出户就能分享文化大餐。

山东省

【概述】

2016年，山东文物工作以习近平总书记系列重要讲话精神为指导，贯彻落实省委、省政府部署要求，围绕中心、服务大局，全面推进文物保护利用和传承发展，着力打好“十三五”开局，对“十三五”时期文物工作目标任务进行了全面安排部署。

【法规建设】

《齐长城保护条例》《山东省曲阜孔庙、孔府、孔林保护管理条例》《山东省考古遗址公园管理办法》《山东省重大文物安全事故和行政违法案件责任追究规定》，分别列入省人大常委会、省政府2016年地方立法计划二类、三类项目，立法进程稳步推进。

【执法督察与安全保卫】

（一）执法督察

配合山东省人大开展了文物保护“一法一条例”执法检查，配合省政协开展了齐长城保护工作视察。配合国家文物局开展即墨市违法拆除破坏文物保护单位案的督察和整改工作。全年现场核实群众举报和上级转办案件31起，督办29起，依法纠正了违法行为。制定文物法人违法案件三年专项整治行动实施方案和《文物法人违法案件通报制度》。

不断完善与山东省公安厅等部门联合工作机制，加大打击和防范文物犯罪力度，全年查处破获涉文物犯罪案件67起，打掉犯罪团伙20余个，抓获犯罪嫌疑人130余名，追缴文物120余件。与山东省商务厅、省工商局建立文物拍卖联合监管机制，加强对文物拍卖活动监管。

（二）安全保卫

不断加强文物安全防护体系建设。“文物安全天网工程”全面完成济南市长清区和日照市的试点工作。在总结试点经验的基础上，山东省文物局与省公安厅联合印发了《山东省“文物安全天网工程”实施导则（试行）》，在全省推广实施，将用两年的时间集中建设完成“文物安全天网工程”。

不断强化文物和文博单位安全管理，落实文物建筑消防安全管理等规定，会同公安消防等部门集中开展文物安全检查。全年获国家文物局批复36个安防、消防、防雷工程。推动文物保护员制度落实，1130处省级以上无专门管理机构的文物保护单位到位补贴资金800余万元。

【不可移动文物的保护和管理】

（一）概况

2016年，山东省共申报国家文物保护专项补助资金项目135项，获得国家文物局批复

120项，争取国家专项补助资金4.7亿元。上报国家文物局遗址类保护利用工程设计方案17个，获批8个，项目预算资金2.3亿元；遗址类保护工程项目立项25个，获批11个；保护规划立项项目5个，获批3个。在抓好2016年度项目实施的同时，山东省文物局组织对2011年以来国家及省级资金补助项目开展了全面督导检查，从项目前期准备、程序履行、项目实施和资金使用等方面，根据督察情况严格奖惩，加快推进文物保护重点项目实施。

按照《山东省文物事业“十三五”发展规划纲要》确定的八大主要任务、十大系列工程，建立“十三五”省级重点项目库，首批选取了100项涉及全局、影响广泛的重点工程，涵盖“七区三带”保护片区各板块，给予全面支持和重点推进，并于6月22日举办了文物保护百项重点工程集中启动仪式。

（二）大遗址保护

加快推进国家考古遗址公园建设。鲁国故城、南旺水利枢纽、大汶口、章丘城子崖、临淄齐国故城5大国家考古遗址公园规划建设扎实推进，部分区域已对外开放。鲁国故城考古遗址公园启动了望父台墓葬区保护展示工程、北城墙西段等项目建设，章丘城子崖启动了城垣遗址本体保护工程，齐国故城启动了大城西墙排水道口保护展示工程、东周殉马坑保护展示工程等项目建设。完成鲁国故城东城墙中段保护展示工程、齐国故城小城城墙保护展示工程、城子崖遗址西城垣展厅内城垣遗迹本体保护工程等8个项目方案报批工作。

以考古遗址公园建设为带动，大遗址保护工程取得重大进展。启动实施了郕国故城城墙保护工程及金水河故道环境整治工程，薛城遗址西南角及西北角城墙抢救性保护工程，萧城遗址南北瓮城、东北角及西南角城墙及点将台遗迹抢救性保护工程等一系列大遗址保护工程。

着力推动山东省级大遗址保护工作。首批立项的七个山东省级考古遗址公园已经完成四个遗址公园规划，即墨故城、费县故城等省级考古遗址公园规划工作也初见成效。启动山东省级大遗址保护工作，将山东省级文物保护单位中的地下文物遗存按照大遗址保护和展示的理念进行管理，组织进行了十余处省级文物保护单位规划立项和保护方案的编制工作。

（三）全国重点文物保护单位

积极推进文物保护重点工程。“三孔”古建筑彩绘保护修复、定陶王陵黄肠题凑汉墓整体保护、“三孟”古建筑修缮保护、坊子德日建筑群修缮保护等重点工程进展顺利。全年完成19处全国重点文物保护单位修缮保护方案审核审批立项工作。推行文物保护工程技术方案第三方评估，委托评估了77个省级文物保护工程项目。组织开展2014～2015年度全省文物保护工程资质年检，完成甲级、一级文物保护工程资质备案工作。

（四）世界文化遗产

实施“齐长城人文自然景观带”建设工程。全年报送齐长城重点区段保护项目立项、方案9项，批复4项；完成齐长城一部分标志碑、保护界桩设立。齐长城黄岛、长清段等一批重要区段保护展示工作初见成效。按照国家文物局要求，推动齐长城保护员队伍建设，组织、审核、报送齐长城保护员名单329人。

实施“大运河历史文化长廊”建设工程。《大运河历史文化长廊建设规划》修改完成，启动了临清运河钞关等一批维修工程。完成“山东省大运河监测管理平台与监测中心”建设正式上线。

启动“海上丝绸之路”申遗和“山东海疆历史文化廊道”规划建设。海疆历史文化廊道规划建设研究被列入2016年山东省政府系统调研课题，形成了《“一带一路”背景下山东海疆历史文化廊道建设的调研报告》。对全省海疆文化遗产资源进行调查，完成青岛胶州湾海域水下文化遗产、烟台庙岛群岛水下考古、烟台蓬莱登州港遗址、潍坊古港遗址等调查项目。集中实施海疆沿线重点文物的保护和环境整治项目，开展日照沿海龙山文化（含大汶口晚期）遗址群保护与展示工程，策划日照尧王城、五莲丹土遗址保护展示，启动黄河三角洲盐业遗产保护整体规划。

（五）其他

积极开展革命文物保护工作。围绕建党95周年纪念活动，在山东省委宣传部指导下，会同省委党史研究室在山东博物馆举办庆祝中国共产党成立95周年主题展。组织召开全省革命文物工作座谈会，对做好“十三五”时期革命文物保护修缮、展示利用和社会教育工作作出全面安排部署。

推进实施“乡村记忆”工程。正式印发《山东“乡村记忆”工程技术导则（试行）》，组织开展第一批山东“乡村记忆”工程文化遗产项目的设计与实施。其中，“建设56个乡村（社区）博物馆”被列入山东省2016年文化惠民16件实事之一，所涉及的乡村（社区）博物馆全部建设完成并对外开放，全年举办乡土文化遗产专题展览70余个。

继续推动中华文化标志城规划建设。孔孟文化遗产地保护利用世界银行贷款项目历经5年基本收官，利用贷款5000万美元，实际完成贷款投资4300万美元，完成70个项目包，在保护文化遗产、提升旅游服务质量、改善生态环境等方面取得明显成效。根据省政府统一部署，协助制定《曲阜优秀传统文化传承发展示范区建设规划》。

【考古发掘】

2016年，山东省通过国家文物局考古发掘证照申报系统完成32项考古发掘证照申请材料的审查和上报，获批28项，其中主动性考古发掘项目12项，发掘面积达5.2万余平方米，墓葬38座。山东省文物局共批复了21项大遗址考古勘探工作，组织开展了30项考古项目的检查验收，考古项目的组织管理水平和工作质量得到极大提高。

组织开展全省建设工程文物保护工作。全年共组织开展潍莱高铁、济青高铁、庄里水库、鲁南快速铁路客运通道等199项建设工程考古调查、勘探和发掘等文物保护工作，出具111项建设工程文物保护许可，全省建设工程中的文物保护项目资金突破亿元。初审上报历城区张马屯五号地块大辛庄遗址旧村改造工程、济南至青岛高速铁路跨越临淄墓群、大莱龙铁路扩能改造工程穿越丰台盐业遗址群等14项涉及省级文物保护单位的建设工程保护方案，全部获得国家文物局批复。

加强考古工作管理，在全省范围内组织开展了考古发掘工地“双随机、一公开”安全检查，制定了《山东省田野考古工作安全操作规范》，推动考古安全工作制度化、长效化。

【博物馆与可移动文物保护】

（一）博物馆

1．博物馆建设

着力促进非国有博物馆建设发展，文化文物部门所属博物馆151家，行业性国有博物馆73家，非国有博物馆227家。

山东自然博物馆建设完成备案立项。烟台和潍坊市博物馆晋升国家一级博物馆。滨州市博物馆建成开馆，山东省17地市馆全部建成开放。沾化、鱼台等县级馆成立，曲阜、昌乐、肥城、邹平等博物馆建设进展顺利。会同山东省教育厅印发加快全省高校博物馆建设发展的意见，高校博物馆已备案5家。

2．博物馆间的交流与合作

打破博物馆地域、级别限制，通过巡展、联展，形成博物馆藏品资源共享平台，推动国有博物馆间通过调拨、交换、借用等方式，帮助藏品较少的博物馆举办特色展览。全年举办了“齐鲁瑰宝”展、“走近大师”书画展、古薛国展、年画展、鲁绣展等15个展览，在全省巡展70场次，观众近300万人次。组织开展了第三届全省博物馆“十大精品”陈列展览评选。

3．其他

山东省连续三年承担国家文物局博物馆青少年教育功能试点，会同山东省委宣传部、省教育厅、团省委举办了纪念《博物馆条例》颁布实施一周年暨青少年教育经验交流会。

山东博物馆、省石刻艺术博物馆、济南博物馆、青岛博物馆被列入全国博物馆文创产品开发试点单位。国际博物馆日期间在山东博物馆举办了山东省文博创意产品展，展出全省34家博物馆十大类、两百余种创意产品。

开展博物馆“五进”活动，120家博物馆以“流动展览”、大篷车等形式开展“三下乡”“常下乡”，举办展览900余场，受益群众百万人次。

（二）可移动文物保护

以山东省文物保护修复中心为核心，组建成立了可移动文物保护曲阜、菏泽、日照3个区域中心和定陶、沂源、黄岛、平度4个工作站，并同山东大学合作建立了山东省可移动文物保护半岛基地。建立保护修复项目库，重点抢救濒危易损文物和珍贵文物，2015～2016年获国家、省批复可移动文物保护项目53个。

（三）第一次全国可移动文物普查

经过近5年努力，山东省第一次全国可移动文物普查工作圆满完成，建立了可移动文物资源库和“文物身份证”体系。全省6.7万家国有单位参与普查，普查参与人员近10万人，登录进度150%，国有可移动文物收藏单位671家共登录文物2860174件／套（5580463件）组织“山东省第一次全国可移动文物普查成果展”，在全省巡展10余次。承担并完成国家普查办两项普查课题，还相继展开了革命文物、水下遗产、工业遗产资源调查。

【科技与信息】

制定印发《山东省文物保护科学技术研究课题管理办法》，组织开展文物保护标准化研究、全省文物科技研究能力调查、“三孔”彩绘等科技项目。

山东数字化博物馆项目经过近两年建设，已基本完成山东省各级博物馆近1万件馆藏精品文物的数字化信息采集，并实现了网上共享。

【机构与人员】

截至2016年年底，山东省文物保护管理机构共112个，比2015年减少1个，从业人员3159人，其中正高级职称4人、副高级职称93人、中级职称428人。

博物馆393个，从业人员7152人，其中正高级职称186人、副高级职称414人、中级职称1105人。

文物商店5个，从业人员54人，其中副高级职称4人、中级职称13人。

文物科研机构13个，从业人员150人。

其他文物机构64个，从业人员1738人，其中正高级职称15人、副高级职称22人、中级职称124人。

【对外交流与合作】

第四届尼山世界文明论坛11月16～17日在曲阜举办。论坛围绕“传统文化与生态文明——迈向绿色·简约的人类生活”的主题，举办了15场大会主题演讲、电视高端对话、圆桌对话活动。召开学习习近平总书记关于中华优秀传统文化重要论述学术座谈会。首次举行“尼山世界女性论坛”。

积极开展文物对外交流与合作。参加山东省赴台文化交流活动，在台北、台中举办“大哉孔子——圣像圣迹图展”“大空王佛——佛经摩崖石刻拓片展”。在韩国举办“孔子和他的故乡：山东展”“中华服饰艺术展”。在波兰举办“石上史诗——中国山东汉代画像石拓片展”。在台湾佛光山佛陀纪念馆举办“山东博物馆藏扬州画派精品展”。

河南省

【概述】

2016年，河南深入学习贯彻习近平总书记系列重要讲话精神，全面落实党中央、国务院决策部署，高度重视和支持文物事业发展。河南省委、省政府主要领导对河南文物工作多次作出批示，省政府组织召开全省文物工作会议，印发《关于进一步加强文物工作的实施意见》，对文物工作进行全面部署。河南文博系统干部职工以“两学一做”学习教育为动力，切实担负起推动文物事业繁荣发展的重要职责，统筹协调、开拓创新，推动河南文物事业发展取得显著成绩。

【法规建设】

完成《河南省行政执法条例（草案）》《〈中华人民共和国文物保护法〉修订草案（送审稿）》《河南省规章设定罚款限额规定（修订草案）》等7个法规草案的法制审核。河南省人大常委会审议通过《安阳市林州红旗渠保护条例》《商丘古城保护管理条例》《信阳市传统村落保护条例》等法规，进一步完善了河南省文物保护地方性法规体系。

【执法督察与安全保卫】

（一）执法督察

开展文物法人违法案件三年专项整治行动，加强执法督察力度，重点督办查处商城县擅自拆除南关民居案等26个违法案件。联合河南省公安厅督导侦破了国保单位信阳城阳城址楚墓被盗掘等案件。组织开展2016年度文物行政处罚案卷评查工作，推荐5份案卷参加全国文物行政处罚案卷评查，其中1份被评为十佳案卷，3份被评为优秀案卷。

（二）安全保卫

组织开展元旦、春节期间的文物安全专项检查，夏季消防安全集中整治等专项活动。召开打击文物走私工作座谈会，联合河南省公安厅、郑州海关开展文物专题调研，推进河南省级以上文物保护单位“三防”项目的申报与实施。印发《关于表彰2015年度文物安全责任目标完成单位的通报》，对郑州市文物局等29个单位进行通报表彰。组织开展2015年度优秀文物保护员评选表彰工作，对全省100名优秀文物保护员进行表彰奖励。

【不可移动文物的保护和管理】

（一）概况

2016年1月22日，省政府公布河南省第七批文物保护单位329处。截至2016年年底，河南共有全国重点文物保护单位358处，河南省文物保护单位1231处。

（二）大遗址保护

完善重点项目跟踪机制和日常检查机制，进一步提升大遗址保护管理水平。大遗址保护规划方面，启动郑韩故城文物保护规划修编，推进北宋东京城遗址文物保护规划编制，完成北阳平遗址群保护规划、邙山陵墓群保护规划纲要编制工作。大遗址考古方面，组织向国家文物局上报隋唐洛阳城明教坊遗址、宁人坊遗址、二里头遗址宫殿区等12个与大遗址保护有关的主动性考古发掘项目，均已获国家文物局批准，正在按计划实施，为下一步的保护展示奠定了基础。大遗址管理方面，贾湖遗址、庙底沟遗址、平粮台遗址等18处大遗址和丝绸之路、大运河等4个线性遗产河南段项目被国家文物局纳入《“十三五”大遗址保护专项规划》。

（三）全国重点文物单位

积极组织做好开封城墙、商丘归德府城墙等文物建筑保护修缮工程。审核全国重点文物保护单位保护规划9处。组织完成《郝家台遗址文物保护规划》等58部全国重点文物保护单位规划、方案编制工作。组织编制29个全国重点文物保护单位文物保护项目立项和20个保护规划立项。审核批复42处河南省文物保护单位维修保护工程设计方案、文物保护规划。完成29个全国重点文物保护单位修缮工程、保护设施建设工程和环境整治工程的立项申报工作。开展全国和省级文物保护单位保护规划和修缮方案编制情况调查、文庙书院等儒家文化遗产基本情况调查、全国重点文物保护单位石窟寺及石刻健康评估等工作，理清相关文物保护单位的保护状况。组织开展全省文物保护工程项目专项检查，认真落实开工备案、竣工验收等程序要求，确保工作质量。

（四）世界文化遗产

加强世界文化遗产监测工作，完成2015年度世界文化遗产监测数据上报。加大保护力度，对各遗产点进行全面巡查，完成《河南省世界文化遗产保护管理工作巡查报告》，组织编制丝绸之路河南段新安汉函谷关遗址本体抢险加固等重点项目立项和设计方案23项。配合河南省政协调研组，对5处世界文化遗产11个遗产点进行专题调研，完成《关于世界文化遗产大运河、丝绸之路河南段保护利用工作的调研报告》。全国政协调研组对河南省大运河申遗后的综合保护与利用情况进行实地调研，对河南工作给予充分肯定。

（五）其他

河南现有中国传统村落123处，河南省传统村落591处。积极开展传统村落内的文物保护工程，郏县临沣寨村、新县丁李湾村等8处传统村落列入国家文物局重点支持项目，焦作北朱村、郏县李渡口村传统民居等7个传统村落方案编制和保护维修项目由河南省财政给予支持。

加强革命文物的保护维修和管理工作，启动新县列宁小学、鄂豫皖军委兵工厂旧址、台前汪洋故居等20多处修缮工程设计方案规划的编制和审核审批工作。纪念建党95周年和红军长征胜利80周年，组织红二十五军长征河南沿线市县革命文物保护工作座谈会，在河南省各博物馆组织专项陈列展览及相关宣传活动。与湖北、安徽共同启动鄂豫皖革命根据地保护工程，加强鄂豫皖革命根据地各级文物保护单位的保护。

为贯彻落实《中共河南省委河南省人民政府关于加强和改进新形势下民族工作的实施意见》，河南省文物局组织开展少数民族不可移动文物普查工作，登记文物110处。

【考古发掘】

（一）概况

积极服务经济社会发展大局，组织实施河南省小浪底北岸灌区工程等15个大型建设项目的选址、选线文物调查工作；审核完成涉及文物保护的基本建设项目21个；配合基本建设申报考古发掘项目139项，其中108项获批准，发掘遗址8.8万平方米、墓葬1300余座。

组织2015年度河南省五大考古新发现评选，灵井许昌人旧石器遗址、信阳战国城阳城址八号墓、巩义东区唐宋墓等5个项目入选。“汉魏洛阳城太极殿项目”入选“2015年度全国十大考古新发现”。首届中国考古学大会在河南省郑州市举办，洛阳市汉魏故城北魏宫城四号建筑遗址考古发掘等两个项目荣获“2011～2015年度田野考古一等奖”。

（二）重要考古项目

1．安阳辛店商代晚期铸铜遗址

辛店遗址位于安阳市中华路北段辛店集西南地，东苏度村北地。2016年5～7月河南省文物考古研究院、安阳市文物考古研究所对高速公路占压的遗址进行了考古发掘。发现商代晚期的灰坑63处，房址5处，窑址2处，道路2条，铸铜相关遗迹多处。遗址内出土数量丰富的陶范、磨石、窑壁、炉壁等与铸铜有关的遗物，是近期商代晚期考古的重要发现之一。在本次墓葬出土的一些青铜器上，发现有“天”“戈”字铭文，这两个铭文代表的商代氏族在殷墟及其以外的地区都有发现，是商代重要的与铸铜有关的氏族。

辛店村商代晚期大型族邑聚落与铸铜遗址年代属于殷墟文化分期中的二期至四期，是在安阳市以北安阳县区域内的第一次发现，为研究殷墟布局及影响提供了新的资料。遗址中遗迹分布密集有序，族邑聚落、铸铜遗址与墓葬相互叠压，是殷墟文化中“居、葬、生产合一”社会形态的集中体现。辛店村商代晚期文化遗址文化内涵与殷墟遗址内发现的文化内涵相同，有着相同的族属。从大的区域来看，此地与殷墟相近，应该为殷都东北方向一处重要的军事、政治屏障。

2．新郑郑韩故城北城门遗址

2016年年初，为配合郑韩故城国家考古遗址公园建设，河南省文物考古研究院新郑工作站在报请国家文物局批准后，对位于郑韩故城东城北城墙与隔城墙交接处的一处缺口进行了发掘，并对两侧的城墙断面进行了清理。清理发现，城墙的主体部分为春秋时期，夯层较厚，夯窝小而密集。战国时期对墙体有大面积的修补，夯层较薄，夯窝大而疏散。在城墙缺口外侧约50米处，发现了一道大致呈东南—西北走向的夯土墙基，墙基顶部现保留宽度约15米，高度约2米，长度约70米。这条夯土墙基和城墙缺口两侧向外凸出的墙体有机地结合在一起，构成了完整的瓮城体系。在瓮城外侧约20米处发现有宽50米、深3.2米的城壕一条。城墙缺口处发现从春秋时期到明清时期的道路5条，其中春秋和战国道路各1条，汉代至明清时期3条。春秋时期的道路较窄，宽度为2米，而且路面上发现铺垫有碎陶片；战国时期道路直接打破春秋时期的道路，宽度在2.1～2.7米，路边发现有散乱石块。所有道路上都发现有宽窄、深浅不一的车辙痕迹。在春秋时期道路的东侧发现了一条深约4米的壕沟，宽度有14米左右，壕沟内填满了淤土，从清理的情况看，这条壕沟和道路并行进入了城内，初步推测应和当时城市的排水系统有关。

通过对郑韩故城北城门遗址的考古钻探和发掘，首次发现了战国时期郑韩故城的瓮城，对研究中国早期城市防御体系具有重大意义，各时期道路遗迹的发现为研究新郑城市的沿革和变迁提供了实物资料。

3．洛阳西朱村曹魏墓

墓葬位于洛阳市寇店镇西朱村南约650米，汉魏洛阳城南约18千米。墓葬于2015年7月在西朱村村民迁坟过程中被发现，因存在被盗掘的隐患，经国家文物局批准后，洛阳市文物考古研究院对墓葬进行抢救性发掘，同时对墓葬周边进行了大规模的考古调查和勘探。勘探总面积140余万平方米，发现大型墓葬两座（编号M1、M2），对遭到破坏的M1进行了考古发掘。

M1为长斜坡墓道明券墓，东西向，由墓道、甬道、前室、后室组成。墓圹周边发现39个柱础坑和3条排水沟，南北两侧的柱础坑排列规律，基本南北对称。墓葬土圹东西全长52.1米。墓葬出土遗物主要是陶器、铁器、铜器、漆木器、骨器和玉石器等，共计400余件，其中包括刻铭石牌200余件。石牌为平首斜肩六边形，长约8.3厘米，宽4.6～4.9厘米，上部有一圆形穿孔，一面有隶书阴刻的文字，文字内容为随葬品的清单，内容丰富，包括衣衾、葬仪、器用、陈设、文房用具、梳妆用具及饰品、食物、戏具、杂具等十几个门类，石牌的尺寸及书写内容、格式和安阳高陵所出刻铭石牌相似。

曹魏政权存在时间短，明确为曹魏时期的墓葬在全国范围内发现较少。M1虽被盗掘严重，但仍然出土了一批重要的遗物。此次考古发现为研究曹魏时期的陵墓制度，以及曹魏时期高等级墓葬的葬制提供了重要参考，同时也为理解曹魏时期都城、陵墓和祭祀遗址的关系提供了新的认识。西朱村M1墓葬出土的200余件刻铭石牌具有重要的史料价值，为复原墓葬的随葬品组合和丧葬礼仪提供了珍贵的资料。

4．荥阳明代周懿王壁画墓

明代周懿王壁画墓位于荥阳市贾峪镇鲁庄村，为配合基本建设，河南省文物考古研究院于2016年7～12月对已探明的古文化遗迹进行考古发掘。共清理西晋、唐、宋、金、明、清等各时期墓葬114座，明代寝园建筑1处，陶窑1座，灰坑10个。较为重要的是，此次考古发掘发现了明代周藩第三代第五任周王——周懿王墓。墓室内壁有大面积保存较好的彩色壁画，是目前国内首次通过正式考古发掘的明代亲王级壁画墓，具有重要意义。

通过发掘可知，周懿王墓由寝园建筑、主墓、祔葬墓等多部分组成。周懿王墓及其祔葬墓的排序方法系国内首见，为研究明代王墓制度提供了全新的材料；其位置的确定，解决了明代周藩亲王墓位的排序问题，推动了明代周藩王陵的研究工作。从发掘情况来看，周懿王墓寝园建筑最后是被大火焚毁，可能与明末农民起义军在荥阳的活动有关。此外，周懿王墓志系用王妃王氏墓志改刻，原因尚需进一步探讨。

（三）其他

组织专家对2013年以来丹江口库区文物保护工作进行总结自验，并与河南省移民办联合完成了初步验收。组织考古单位抢救发掘了丹江库区葛家沟、李沟墓群。完成淅川丹江口库区文物搬迁复建工程的配套项目建设，新发现并搬迁复建民居77间，搬迁焦作段渠道内明清民居7处，编制完成安阳韩琦家族墓地搬迁复建方案。

【博物馆与可移动文物保护】

（一）博物馆

1．博物馆建设

截至2016年年底，河南省新增博物馆15家，全省各级各类博物馆达303家。开封市博物馆、新县鄂豫皖首府革命博物馆成功申报为国家一级博物馆，河南省的国家一级博物馆总数达6家。

博物馆、纪念馆新建、改扩建工作持续推进，中原考古博物院、二里头遗址博物馆建设进展顺利，郑州博物馆、开封市博物馆、洛阳契约文书博物馆、漯河市博物馆、沁阳市博物馆、鲁山县博物馆等一批市县级博物馆新馆正在建设。商丘博物馆、郑州市大河村遗址博物馆、方城县博物馆等新馆已建成开放。

2．博物馆间的交流与合作

继续推进省际博物馆合作交流，组织河南博物院、中国文字博物馆、洛阳博物馆等单位的馆藏文物赴省外参加“纪念殷墟妇好墓考古发掘四十周年特展”“泥火幻彩——唐两京三彩精华展”“丝路对话与交流——十三省市区馆藏文物精品展”等展览20余个。组织参加秦晋豫冀四省博物馆理论与实践研讨会，四省文博单位共同举办“熠熠青铜光耀四方——秦晋豫冀两周诸侯国青铜文化展”。协调推进省内博物馆区域联盟相关工作，洛阳博物馆、焦作市博物馆、三门峡市博物馆、南阳市汉画馆、南阳市博物馆、济源市博物馆共同发起成立河南省博物馆汉文化区域联盟，是河南省首个博物馆区域合作组织，对促进区域联盟博物馆之间的相互合作，实现馆际业务交流、资源整合、成果共享、集群发展具有重要意义。

3．重要陈列展览

2016年河南省博物馆、纪念馆共举办展览1608个，其中常设展览360个，临时展览1248个。国际博物馆日期间，河南省文物局在洛阳博物馆举行宣传活动启动仪式，举办了河南省第一次可移动文物普查工作成果展。开展纪念中国共产党建党95周年和中国工农红军长征胜利80周年系列活动，河南博物院、郑州博物馆、安阳博物馆等文博单位举办了一系列的图文展、书画展、革命文物珍藏展。

河南博物院、浙江自然博物馆举办的“生命·超越——中原文化中的动物映像”获得“第十三届（2015年度）全国博物馆十大陈列展览精品奖”。隋唐洛阳城国家遗址公园“明堂基本陈列”等5个陈列展览荣获“河南省2015年度优秀陈列展览”；驻马店市博物馆“勿忘历史　珍爱和平——驻马店市纪念中国人民抗日战争暨世界反法西斯战争胜利70周年特展”等3个展览荣获“河南省2015年度纪念抗日战争胜利70周年优秀展览”；河南博物院“汉唐中原——河南文物精品展”等两个展览荣获“河南省2015年度国际及港澳台合作优秀展览”。

4．其他

为提升博物馆讲解队伍的整体水平，在信阳市举办“大别山杯”——河南省第七届讲解员讲解大赛，共评出个人奖50名，团体奖13个。

举办全省首届博物馆青少年优秀教育项目展演活动，实现博物馆青少年教育资源和学校教育的有效衔接。

（二）可移动文物保护

截至2016年年底，河南博物馆、纪念馆馆藏三级以上文物235938件／套，其中一级文物2107件／套、二级文物13947件／套、三级文物219884件／套。

全年投入200万元支持河南省文物科技保护中心、洛阳市文物考古研究院、安阳博物馆、新乡市博物馆等单位的文物保护实验室及可移动文物修复室建设。

扶持洛阳文物考古研究院、许昌博物馆、安阳博物馆等多家文博单位编制馆藏珍贵文物预防性保护方案，已有5个预防性保护方案获国家文物局批复，修复文物800余件。积极开展可移动文物保护修复项目申报工作，河南省共有8个可移动文物保护项目获国家文物局批准。进一步加强全省可移动文物修复单位资质认定管理工作，经层层审核，洛阳民俗博物馆、南阳市博物馆获得可移动文物修复资质。

扎实做好田野零散石刻文物集中保管工作，抢救保护明代书法家文徵明《七律诗碑》等重要石刻文物15800件。

（三）第一次全国可移动文物普查

经过4年多的努力，河南省第一次全国可移动文物普查数据顺利通过国家验收，普查工作圆满完成。截至2016年10月31日，河南省共登录国有文物收藏单位470家，藏品共计1773620件/套（4783457件），藏品总量位居全国前列。

【社会文物管理】

制定《推进河南省文物复仿制行业发展实施方案》，积极推动河南文物复仿制品行业的发展和文创产品的研发。对河南拍卖行有限公司5场文物艺术品拍卖会拍品审核，并上报国家文物局备案同意。对河南省17家文物拍卖企业开展年审换证。组织鉴定机构积极配合各级纪检监察、司法机关等开展涉案文物鉴定工作，组织开展文物司法鉴定96起，鉴定涉案物品16954件。

【科技与信息】

组织举办“2016国际动物考古协会理事会暨全球发展与中国视角动物考古学术研讨会”“会古通今——两岸唐三彩暨低温釉陶学术研讨会”等学术交流活动。

“城市考古与保护国家文物局重点科研基地”落户河南省文物考古研究院。

河南省文物考古研究院申报的“考古出土干缩变形木质文物润胀复原关键技术”获得“十二五”文物保护科学和技术创新奖二等奖。

【文博教育与培训】

加强人才队伍建设，举办河南省文博机构负责人培训、传统村落保护管理人员培训等专业培训10余项，组织人员参加国家文物局组织的各类培训活动20余项，参训人员业务水平得到较大提升，为各项工作的顺利开展提供了强有力的人才支撑。

【文博宣传与出版】

持续开展文物宣传工作，利用中国文化遗产日、国际博物馆日、中国共产党建党95周年和中国工农红军长征胜利80周年等重要时间节点，精心策划开展特色活动。

依托河南文物网，开展“河南省学习贯彻《国务院关于进一步加强文物工作的指导意见》专题访谈”等活动。

在《中国文物报》刊登公布第七批河南省省级文物保护单位、“大别山杯”——第七届河南省讲解员讲解大赛等重要新闻宣传专版。

编辑印发内部刊物《河南文物工作》，出版《河南文化遗产·全国重点文物保护单位（第二卷）》《南水北调河南省考古发掘出土文物集萃（四）——流过往事》等图录和《淅川阎杆岭墓地》等考古发掘报告。

【机构及人员】

2016年，河南全省共有文物保护机构564个，比2015年增加20个，其中文物保护管理机构123个。人员总数11755人，其中高级职称498人、中级职称1172人。

【对外交流与合作】

积极拓展对外文化交流与合作，与捷克斯洛伐克工艺美术博物馆、匈牙利布达佩斯历史博物馆签署合作协议；与英国斯特林艺术博物馆、匈牙利国家博物馆等达成合作意向。

圆满完成赴拉脱维亚、立陶宛“丝路瑰宝展”；赴加拿大“十二生肖迎新春”图片展；赴台湾地区“玉意深远——中原古代玉器文化展”等展览。成功引进意大利“马约里卡千年陶瓷精粹——意大利法恩扎国际陶瓷博物馆典藏展”，台湾地区“盛世风华——两岸唐三彩交流展”等展览。组织参加国家文物局赴日本“唯一的汉字、唯一的美——汉字的历史与美学”文物展，扩大了河南文物在对外文化交流中的影响力。

湖北省

【概述】

2016年，湖北省委、省政府高度重视文物工作，省政府印发《关于进一步加强文物工作的实施意见》，召开全省文物工作会议。全省文物系统认真落实全面从严治党要求，学习贯彻习近平总书记关于文物工作的重要指示批示精神和《国务院关于进一步加强文物工作的指导意见》，团结奋进，开拓创新，真抓实干，攻坚克难，围绕经济社会发展大局，推动文物事业取得新发展，实现了“十三五”的良好开局。

【法规建设】

湖北省政府于2016年7月印发《关于进一步加强文物工作的实施意见》。设区市对文化立法高度重视，《黄石工业遗产保护条例》《咸宁市古民居保护条例》《襄阳城墙保护条例》《荆州古城保护条例》获得湖北省人大批准，陆续由地方人大颁布施行。十堰市政府出台《十堰市汽车工业文化遗产保护和利用办法》。

【执法督察与安全保卫】

（一）执法督察

开展法人违法专项整治行动。根据国家文物局统一安排，积极动员部署，按照各地自查、省级抽查督导的工作步骤，对所有国保、省保单位现状进行排查，发现问题立刻整改，并视情节轻重予以相应处理。对于7月发生的国保单位红安七里坪革命旧址群之国共合作谈判处旧址被拆毁案件，省领导作出批示，省纪委直接督办，黄冈市迅速组织查明了案情，对相关责任人员进行处置；10月，省政府召开全省文物工作会议，通报案情，对参会人员及全省相关部门和地方政府进行警示教育。

加强文物案件执法督察，联合省公安厅开展全省打击文物犯罪专题行动，现场督办苏家垄古墓群被盗抢案件，抓获犯罪嫌疑人5名。依法调查处理赤壁摩崖石刻、鄂州吴王城遗址的违建情况和襄阳城墙南门西段墙体被破坏等案件。

（二）安全保卫

开展文物安全保护综治考核。自2014年以来，文物安全保卫工作每年被纳入市州政府综治考核体系。2016年，对考评办法和细则进行了修改完善，进一步突出防火、防盗等重点，同时加大明察暗访力度，通过多渠道及时全面掌握各地文物安全保护工作动态，确保年终考核评分时的公正性、客观性。

推行文物安全保护“一处一策”工作制度。落实《湖北省政府关于进一步加强文物工作的实施意见》中“文物建筑重点防火、古墓葬重点防盗掘、古遗址重点防破坏”的要求，在国保单位、省保单位中全面推行文物安全保护“一处一策”工作制度，抓实抓细政府主体责任、部门监管责任和使用管理单位的安全责任，推动县（区）政府出台专门文件，县（区）、乡镇、村组（社区）之间逐级签订《文物安全目标责任书》，县（区）文物部门、乡镇文化站或文管所、文物保护员或信息员之间逐级签订《文物安全管护协议书》，进一步健全文物安全责任体系和防护网络，确保田野文物的日常看护巡查工作落到实处。

加强安全监管和能力建设。组织召开全省田野文物安全工作会议，应用推广田野文物智能巡查装备，联合公安部门推动在全国重点文物保护单位古墓群设立专门警务室。年初和年中分别部署开展火灾隐患排查整治和消防安全专项检查工作，共检查文物保护单位、历史街区、传统村落508个，发现并整改安全隐患184处。提升省直文博单位安全能力，组织有关人员参加反暴恐培训和演练。

【不可移动文物的保护与管理】

（一）概况

2016年，湖北省加强文物保护单位“四有”工作，突出万里茶道保护与申遗、大遗址保护与考古遗址公园建设、传统村落保护、革命文物保护利用、儒家文化遗产保护利用等主题，规范文物日常管理与保护工程监管，推动全省不可移动文物保护总体状况得到进一步改善。

（二）大遗址保护

天门石家河、荆门屈家岭等9处遗址和“大遗址保护荆州片区”列入《国家大遗址保护“十三五”专项规划》。组织召开湖北省大遗址保护及考古遗址公园建设工作会，有关县市政府分管领导参加会议。武汉市成立“盘龙城遗址博物院”，启动盘龙城遗址博物馆主体建筑工程。潜江市龙湾遗址博物馆主体工程完工，宫殿遗址展示工程竣工。大冶市铜绿山遗址博物馆开工建设。盘龙城、龙湾、铜绿山考古遗址公园初步具备对外开放条件。

（三）全国重点文物保护单位

编制完成随州安居遗址、十堰大丰仓、荆州鸡鸣城遗址等6处国保单位文物保护规划。武汉湖泗瓷窑址群、宜昌凤凰山古建筑群等保护规划获得国家文物局批复。

国家文物局批复同意东坡赤壁危岩体抢险加固等14项国保单位文物保护工程。彭家寨、武汉大学早期建筑、湘鄂西革命根据地旧址等一批维修、展示项目启动实施。襄阳城墙（南湖宾馆段）抢险加固、咸宁王明璠府第修缮、武汉横滨正金银行大楼修缮等项目完成。

（四）世界文化遗产

召开武当山古建筑群之五龙宫文物影响评估专家咨询会，武当山太和宫金顶公厕与丹房改造工程方案、太和宫朝拜殿修缮工程方案获得国家文物局批复。明显陵明楼抢险加固工程竣工并通过省级验收，明显陵小皇陵展示工程方案获得国家文物局批复。唐崖土司城址保护展示园于2017年6月11日正式对外开放，唐崖土司城址文物保护工程一期、二期工程完成并通过竣工验收。

在武汉、张家口分别召开万里茶道申遗工作推进会，确定万里茶道申遗推荐点和节点城市名单；委托中国建筑设计研究院建筑历史研究所开展万里茶道申报《中国世界文化遗产预备名单》文本编制工作；完成万里茶道（湖北段）申遗推荐点专家考察工作。

推进世界文化遗产预备项目保护。召开黄石工业遗产保护利用咨询会和第一届中国工业遗产保护与利用高峰论坛，华新水泥厂旧址安防工程项目（一期）通过省级验收。召开荆州、襄阳城墙保护专家咨询会，襄阳城墙南段城墙抢险加固工程完成并通过竣工验收。

国家文物局批复《容美土司文物保护规划纲要》。

（五）其他

开展革命旧址基本信息调查，梳理革命文物资源状况及保护利用现状，形成工作报告。向全省印发《关于加强革命文物工作的通知》，全面部署加强革命文物保护工作。联合河南、安徽两省开展大别山红色文化遗产保护利用，形成鄂豫皖三省共同计划。武汉中共中央机关旧址修缮完工，纪念馆建成开放。围绕纪念长征胜利80周年，武汉、宜昌、黄冈、长阳等各地博物馆积极举办主题陈列展览，获得群众好评。完成鄂州北伐军二十军军部旧址维修、布展，于贺龙诞辰120周年纪念日（2016年3月22日）对外开放。

推进国保省保集中成片传统村落整体保护利用工作，批复利川鱼木寨张凤鸣文物保护工程、鹤峰五里村二期工程、赤壁羊楼洞文物保护二期工程和三期工程、罗田新屋塆、恩施滚龙坝文物保护工程技术方案。

完成文庙、书院等儒家文化遗产基本情况调查。建始五阳书院文物保护工程完成并通过竣工验收；实施利川如膏书院文物保护工程；审查通过蕲春金陵书院、浠水文庙、老河口光化黉学文物保护工程技术方案。

做好夏季汛期文物抢险救灾工作，组织专家赴鄂州、罗田、蕲春、浠水、英山、黄梅等灾情严重的市县现场查看，指导抢险救灾，迅速统计全省文物受灾情况，为文物救灾项目开辟绿色通道，批复6项省保单位抢救保护方案，统筹安排救灾经费200万元，将14项救灾后续项目优先纳入2017年省保单位修缮计划。成功举办中国文化遗产减灾对策研讨会。

【考古发掘】

（一）概况

2016年，湖北共开展各类考古发掘项目60余项，发掘面积35155平方米。主动性项目有石家河遗址、盘龙城遗址、苏家垄墓群等14项，发掘面积16680平方米；配合蒙华铁路、鄂北水资源配置等建设工程开展荆州凤凰地墓地、大冶五里界城址等40项考古发掘工作，发掘面积近2万平方米。大冶铜绿山古铜矿遗址四方塘墓葬区入选“2015年度全国十大考古新发现”。

（二）重要考古项目

1．天门市石家河新石器时代遗址

湖北省文物考古研究所实施主动性考古发掘，工作持续全年，主要工作区域在印信台、谭家岭古城、石家河古城南城垣缺口等地点。主要收获有以下几点：一是确认石家河古城始建年代距今约5200年；二是石家河遗址群呈现出从中心到外围逐步扩张的过程；三是遗址内部有专门的祭祀区、制陶作坊区，体现了较复杂的社会分工。

2．荆门市屈家岭新石器时代遗址

湖北省文物考古研究所实施主动性考古发掘，工作持续全年，清理房址4座、瓮棺3座和灰坑、灰沟若干等遗迹，找到了石家河文化地层、屈家岭文化地层和油子岭文化地层的直接叠压关系。

3．十堰市郧阳区吴家沟旧石器时代遗址

北京联合大学应用文理学院与湖北省文物考古研究所联合实施主动性考古发掘，2016年发掘500平方米，出土石制品15件。该遗址位于汉江的四级阶地，年代距今约80万年。通过与汉江上游30千米处的郧县人遗址、滴水岩遗址比较，进一步证明中国手斧文化历史悠久、自成一脉。

4．随州市庙台子商周遗址

湖北省文物考古研究所实施主动性考古发掘，清理房址、墓葬、窑址、环壕、灰坑等遗迹。遗址年代最早可达晚商，环壕和大型建筑基址的年代为西周早期，与其北面约1公里处的叶家山墓地时代相当，遗址性质应是早期曾国的政治中心。

5．荆州市凤凰地墓地

为配合市政建设，荆州博物馆对该墓地实施了考古发掘，清理的主要遗存有新石器时代房址4座、瓮棺18座，东周时期建筑基址2处，西汉墓葬64座。其中一座墓保存良好，出土漆木器、陶器、竹器、铜器、木牍等各类文物130件／套，下葬时间为公元前168年。

6．鄂州市瓦窑咀遗址

武汉大学历史学院实施主动性考古发掘，清理的主要遗存有窑炉8座、房址2座、灰坑42个等，出土遗物以陶器为主，另有瓷器、窑具、砖、瓦等。主要收获有以下几点：一是确认瓦窑咀遗址主体年代为三国时期，性质可能为孙吴政权官办的一处大型陶瓷手工业作坊；二是为探究湖北地区陶器向瓷器的转变过程和早期陶瓷史的研究增添了新资料。

7．丹江口库区水下考古调查项目

由国家水下文化遗产保护武汉基地暨湖北省水下文化遗产保护中心独立实施2016年度丹江口库区水下考古调查项目，工作目标是对整个库区水下进行全局覆盖式扫测调查。通过采取多波束声呐系统覆盖式物探调查方式，有效解决了在较短时间内准确完成大面积覆盖式调查的问题，最终实际调查面积30平方千米，发现水下文物20余处，绘制了水下三维图形和水下文物分布图。

（三）其他

国家文物局委托湖北省试点进行的“考古工地数字化平台运行支撑技术系统示范工程”通过国家验收。承担国家文物局《考古装备及设施配备导则》编制研究课题并基本完成。

2016年10月，湖北省承办国家文物局主办的全国考古工作会议。11月，省文物局组织召开全省考古工作会议，全省考古团体领队资质单位，各市（州）、直管市、神农架林区文物行政主管部门与考古所、博物馆，以及有关文物保护科研机构负责同志共50余人参加，学习贯彻全国考古工作会精神，系统总结“十二五”时期和2016年考古工作，科学分析湖北考古面临的新形势和新问题，研究部署“十三五”考古任务，推动湖北从考古大省向考古强省转变。

【博物馆与可移动文物保护】

（一）博物馆

1．博物馆建设

湖北省博物馆三期工程进展顺利，开始主体工程建设；文展大楼、深基坑支护基本完成，设备楼和控制中心交付使用。宜昌、天门等市博物馆新馆主体封顶；襄阳市博物馆启动主体建设工程招标。南漳、黄梅、红安等6家县级博物馆完成主体工程建设；秭归、蕲春、保康等10家博物馆建设项目正在实施。

辛亥革命武昌起义纪念馆、武汉市中山舰博物馆成功晋升国家一级博物馆，全国一级博物馆数量达到4家。组织对全省214家博物馆进行年检，并向社会公开博物馆名录。

2．博物馆间的交流与合作

推动建立全省博物馆展览联盟并充分发挥其积极作用，统筹馆藏资源整合利用，积极开展馆际交流合作，策划举办专题展，为观众提供丰富文化产品，让“文物活起来”。

湖北省博物馆、武汉博物馆和盘龙城遗址博物院合作举办“南方遗珍——商代盘龙城遗址出土文物特展”，首次将盘龙城遗址出土的商代精品文物集中展现；湖北省博物馆、湖北省文物考古研究所、长江文明馆、襄阳博物馆、枣阳市博物馆合作举办“穆穆曾侯——全国十大考古发现：郭家庙墓地特展”。

组织协调出省的展览交流，如湖北省博物馆“问鼎——楚式青铜器特展”在广东展出，“天地精灵——武汉博物馆馆藏玉器精品展”在大连展出，荆州博物馆“南方霸主——庄蹻故国楚文物展”在云南展出，中山舰博物馆“精神如见——中山舰出水文物特展”在沈阳展出，蕲春县博物馆“金玉默守——湖北蕲春明荆藩王墓珍宝”在浙江展出。

3．重要陈列展览

2016年，全省博物馆举办基本陈列展览及临时展览900余个，开展各类活动1000余场次，接待参观2300万人次。湖北省博物馆“铸鼎镕金展”获“第十三届（2015年度）全国博物馆十大陈列展览国际及港澳台合作奖”。

武汉市长江文明馆主题展览——“长江之歌　文明之旅”以生态长江、文化长江和经济长江为展示重点，选择了反映长江自然生态的珍稀动植物标本和反映长江历史文明的珍贵文物共计664件，讲好长江与文明两个故事，讴歌开拓进取、勇于创新的长江精神及人与自然和谐共生。

武汉市江汉关博物馆主题展览“江汉朝宗——武汉城市现代化历程”聚焦清末汉口开埠到21世纪武汉复兴的历史，展示武汉走向现代化艰难而曲折的发展历程，重点阐明江汉关开启并见证了武汉对外开放过程。

鄂州市博物馆主题展览“以武而昌——三国吴都历史文化陈列”分“两代创业”、“武昌建都”和“陪都岁月”三部分，以鄂州吴王城遗址、孙邻和孙述父子将军墓以及出土的汉末三国时期刀、剑、矛、弩机等实物为展示重点，辅以模型、场景、沙盘、雕塑、图片等方式，反映孙氏两代人创立东吴政权、在武昌（今鄂州）建都以及孙吴迁都建业后武昌作为东吴陪都的历史。

武汉博物馆、武汉市文物交流中心举办“南土遗珍——商代盘龙城遗址出土文物特展”，展出湖北省博物馆、盘龙城遗址博物院、武汉博物馆藏盘龙城遗址出土商代文物精品200多件，辅以视频、电子触控墙等科技展示手段，对盘龙城遗址数十年考古发掘的成果进行全景展示。

辛亥革命博物馆举办“武汉上空的鹰——纪念苏联空军志愿队特展”，通过200余幅珍贵档案、历史照片和84件／套苏联空军志愿队物品，结合近年学术研究成果，首次全面展示苏联空军志愿队在武汉地区奋勇抗击日本侵略者的英勇事迹。

宜昌市博物馆举办“宜昌记忆——三峡·宜昌民俗文物展”，展示架子床、柜、匾额、桌椅、民俗服饰及各种生产生活用具，体现宜昌地区古建筑、古民居、生产生活民俗文化等。

为纪念红军长征胜利80周年，全省各博物馆积极举办主题陈列展览，发挥博物馆爱国主义教育阵地的重要作用，如黄冈市博物馆举办“纪念建党95周年暨红军长征胜利80周年书画展”、宜昌市博物馆举办“纪念中国共产党成立95周年暨红军长征胜利80周年书画展”、长阳烈士纪念馆推出“长阳英烈事迹展览”、八路军武汉办事处旧址纪念馆举办“长征精神永存——纪念红军长征胜利80周年”临时展览等，获得群众一致好评，取得良好社会效益。

4. 其他

开展“百万学生走进博物馆”活动，接待未成年人参观超过600万人次。举办针对青少年的各类社会教育活动1200场次，参与青少年逾4万人次。礼乐学堂、首义寻踪、十博课堂、考古夏令营、小小讲解员、孝礼雅塾、博物馆游学等教育活动内容丰富，品牌效应逐步形成。

举办“全国博物馆文创展览——让文物活起来”活动，组织湖北省博物馆等单位参加“成都博博会”并荣获多个奖项。湖北省博物馆、中山舰博物馆纳入全国博物馆文化创意产品开发试点单位。积极推动武汉文旅投与博物馆合作开展“红色礼物”的文博创意产品开发。

（二）可移动文物保护

全省17个可移动文物保护项目获得国家文物局批复，省博物馆、襄阳市博物馆等12个项目通过验收，全年修复保护珍贵文物1000余件。1项数字化保护方案获得国家文物局批准，纳入“互联网+中华文明”总体计划。

设在湖北省的“出土木漆器国家文物局重点科研基地”（由湖北省文物保护中心和荆州文物保护中心组成），2016年完成湖北省博物馆、荆州博物馆、江西李洲坳等23个文物保护项目（其中木漆器保护修复项目13项、简牍保护修复项目4项、纺织品保护修复项目4项、青铜器修复项目2项）；修复文物3029件／套，其中木漆器948件／套、简牍1939件／套、纺织品85件／套、青铜器267件／套。承担的“出土有机质文物现场提取技术研究与应用示范”“《出土竹木漆器保护技术手册》编制”等9项省部级科研课题完成结题或验收。

（三）第一次全国可移动文物普查

完成第一次全国可移动文物普查，登录上报文物藏品数量153万余件，其中湖北省国有收藏单位收藏三级以上文物95357件／套。

【社会文物管理】

开展文物拍卖企业资质年审工作。开展文物拍卖标的拍前审核工作，共审核4075件／套。完成首届湖北文物艺术品拍卖周活动预展审查和现场监拍工作。开展文物进出境审核工作，共审核206件／套。湖北省博物馆成为湖北省首家被国家文物局认定的涉案文物鉴定评估机构。

【科技与信息】

建设“考古工地数字化管理平台”。该平台项目是经国家文物局批准、由湖北省率先在全国实施的重要科技支撑项目，整合空间信息采集、处理和分析技术，在考古发掘过程中采用低空无人遥感、地面三维激光扫描、田野记录电子表格化等方式对遗迹遗物现象和工作过程进行全方位数字化记录，将发掘资料在统一的时空框架下编目，实现基于三维地理信息平台的考古发掘过程的多源、多分辨率、多时空性数据的可视化平台，具备考古信息检索、统计分析和报告输出功能。2016年，该项目通过国家文物局验收，获“首届全国十佳文博技术产品”。

在大遗址保护中推广应用机载激光扫描测绘与三维信息技术。机载激光扫描测绘能够透过地表植被和无关建筑物，快速获取较大地理范围内的原始地形地貌数据，并通过数据建立地理三维信息系统，为大遗址保护利用、考古研究提供有力支撑。该技术由湖北省率先在荆州大遗址保护工作中应用，2014年获国家测绘科技进步二等奖，2016年，该技术进一步在石家河、屈家岭、容美土司遗址中推广应用。

【文博教育与培训】

2016年，湖北省文物局举办文物保护工程、文物行政执法、可移动文物普查等各类培训班9次，参加培训人员约900人次。

【文博宣传与出版】

围绕国际博物馆日开展系列活动。一是在武汉市长江文明馆举办主场活动，开展了“博物馆与文化景观”学术交流、长江流域典型器物专家鉴赏、文物知识有奖问答、社会教育“追随芈月看楚国”、湖北省博物馆《曾侯乙》动画首映式、长江文明馆免费讲解等活动。二是全省各级各类博物馆围绕“博物馆与文化景观”主题，举办各类活动百余场，包括临时展览近20个，博物馆进学校、社区、乡村，举办讲座、知识竞赛、主题摄影比赛等。

围绕中国文化遗产日开展系列活动。6月11日，在恩施州咸丰县举办全省主场城市活动暨唐崖土司城址世界文化遗址公园开园仪式，现场还举行了“中国文化遗产日邮票”首发式和非遗展演，数万群众参加活动并免费参观唐崖土司城址。作为湖北文化遗产日系列活动，第二届“唐崖论坛”也在咸丰县举办，各界学者和代表80余人参加论坛。

与中国文物报社合作系列宣传。对“十二五”期间湖北文物工作进行总结和宣传，在《中国文物报》上刊发10期专版、在北京北大红楼橱窗推出图片展、推出《中国文化遗产》湖北专刊。

期刊与图书出版。湖北省文物考古研究所主办的《江汉考古》编辑出版6期，荆州博物馆馆刊《荆楚文物》编辑出版1期。出版《襄阳考古探研》《红色记忆——黄冈近现代史迹辑录与研究》等图书。

【机构及人员】

截至2016年年底，湖北省有文物机构341个，其中文物主管部门67个、文物科研机构3个、文物保护管理机构48个、博物馆214个、文物商店1个、其他文物机构8个；从业人员共5173人，其中专业技术人才2306人，包括正高级职称97人、副高级职称261人、中级职称1036人、初级职称及以下912人。

为进一步做好文物工程招投标工作，湖北省文物局会同省公共资源交易管理局，建立文物博物馆行业的全省综合评标专家库，首批入库专家102人。

【对外交流与合作】

组织展览交流项目。如湖北省博物馆“皇家品味——15世纪明代藩王宫廷艺术展”在美国展出、“楚文物特展”在意大利展出、“铸鼎镕金展”在台湾地区展出等。

组织开展会议和学术交流活动。成功举办第十届国际音乐考古大会、纪念辛亥革命105周年国际学术研讨会等高端学术会议。

湖南省

【概述】

2016年，湖南省文物工作围绕贯彻落实习近平总书记、李克强总理重要指示批示和全国文物工作会议的精神，按照《国务院关于进一步加强文物工作的指导意见》要求，坚持统筹协调保护与利用的大保护大利用理念，务实奋进。省博物馆“双改”工程加快推进，第一次全国可移动文物普查基本完成，文物保护项目建设成效显著，文化遗产园区建设深入推进，湖湘特色博物馆事业快速发展，考古工作有亮点，古城古镇古村保护力度持续加大，文物安全工作创新作为及文物宣传和教育培训等方面都取得了一定成绩。

【执法督察与安全保卫】

（一）执法督察

文物行政执法力度不断加强。依法严肃查处全国重点文物保护单位南岳大庙火灾事故、龙山县省级文物保护单位捞车河古建筑群火灾事故等7起消防安全事故，严肃约谈当地政府相关领导，严格对事故相关责任人进行追责。依法调查督办涟源市省级文物保护单位老刘家违法建设、双峰县省级文物保护单位朱家大院违法建设案、永定区全国重点文物保护湘鄂川黔纪念馆违法建设案、岳麓书院保护范围违法建设案、岳麓山忠烈祠保护范围和建控地带违法建设案等系列文物违法案件；依法督察督办益阳市明清古巷建筑群被拆毁案、星子宫属地纠纷等群众信访和媒体曝光文物违法案件，积极回应民众和社会监督；蓝山县五里坪古墓群违法建设案案卷获评2014～2015年度文物行政执法十大指导性案例。

行政执法培训有序开展，按照省法制办统一安排，培训组织完成行政执法人员参加执法知识考核和执法证件换领，精心组织举办全省安全培训班，培训安全执法骨干100余人。积极参与长城执法专项巡查、文物行政执法骨干力量培训及江浙沪文物行政执法合作联席会议，主导筹备湘黔贵文物行政执法合作机制。联合湖南省公安厅部署文物犯罪专项打击活动，破获湘乡、茶陵等地文物被盗案件。积极推进涉案文物司法鉴定工作，湖南省文物交流鉴定中心与省文物考古研究所申报为涉案文物司法鉴定机构。

（二）安全保卫

国有文物安全绩效评估不断强化。在省委省政府大幅减少绩效评估指标的环境下，保留并争取加大了国有文物安全绩效评估指标分值，完成国有文物安全绩效评估指标数据的采集和上报。

汛期文物抗洪抢险工作积极作为，确保全省馆藏文物和文物本体无重大损失。及时汇总反馈文物受灾情况，有序组织开展灾后文物保护工作，取得实效。

密切与公安消防部门的联系，将文物消防安全工作纳入全省消防安全考核工作内容，首次实现文物消防安全工作升格纳入省政府专项工作范围管理；联合开展春节等重要节日文物消防安全大检查和全省文物古建筑消防安全专项治理等工作，贯彻落实《文物建筑消防安全管理十项规定》，开展文物消防安全管理达标工作。

【不可移动文物的保护和管理】

（一）概况

截至2016年年底，湖南省共有各类文物点20366处，其中全国重点文物保护单位183处、省级重点文物保护单位862处、世界文化遗产1处。

（二）大遗址保护

城头山国家考古遗址公园正式对外开放。

炭河里遗址本体保护与展示工程设计方案获国家文物局批复同意。长沙铜官窑遗址陈家坪—蓝岸嘴、蓝岸嘴—尖子山遗址区防洪护坡工程与环境整治及保护设施（一期）工程、城头山遗址西南城墙遗迹（1号遗迹馆内）本体保护及防渗工程立项。

炭河里遗址博物馆正式开馆，炭河里国家考古遗址公园配套设施建设项目已上报国家文物局，本体抢险加固工程通过验收，国家考古遗址公园配套设施建设项目已上报国家文物局。长沙铜官窑遗址博物馆陈列布展工作正在准备中，陈家坪遗址编制完成《陈家坪—蓝岸嘴—尖子山遗址区防洪护坡工程方案》。城头山遗址1号遗迹馆本体保护展示工程通过验收，遗址西南城墙遗迹（1号遗迹馆内）本体保护及防渗工程方案正在编制。彭头山、八十垱遗址环境整治工程通过验收。里耶古城遗址麦茶溪口片区本体保护展示工程正按计划实施，麦茶溪口片区和博物馆抢险维修方案编制完成。汉代长沙王陵墓群谷山片区环境整治工程正在进行前期准备工作。舜帝庙遗址正在实施本体保护展示工程。

（三）全国重点文物保护单位

刘少奇故居保护规划经湖南省人民政府审批公布，蔡和森蔡畅故居保护规划、慈氏塔文物保护规划、黔城古建筑群文物保护规划、王船山故居及墓保护规划通过国家文物局审批。

湖南省苏维埃政府旧址、岳阳教会学校、永顺县和龙山县湘鄂川黔革命根据地旧址、湘南起义旧址群——彭公庙联席会议旧址胡氏祠堂及八角亭、湘南起义旧址群——工农革命军第一军第一师第一团团部旧址洣泉书院、湘南起义旧址群——中共嘉禾南区支部活动旧址萧克故居、树德山庄等修缮工程方案通过审批。

夹山寺保护规划、零陵文武双庙保护规划完成编制立项。

城头山遗址1号遗迹馆文物本体保护及防渗工程，罗子国城遗址抢险加固工程，安化风雨桥——永锡桥、思贤桥、马渡桥、复古桥、燕子桥、仙牛石桥6座风雨桥修缮工程，朝阳岩石刻赋存崖体危岩体加固工程，慈氏塔塔龛佛像、铸铁塔刹保护展示工程，洞口宗祠建筑群第二期修缮工程，浏阳文庙展示利用工程，南岳摩崖石刻修缮工程（第一期），屈子祠展示工程，王船山故居及墓展示利用工程等10个保护方案立项报告通告国家文物局审批。谭嗣同故居及墓祠、湘南起义旧址群——汝城会议旧址朱家大院、湘南起义旧址群——中共湘南驻汝城特别工作委员会旧址、湘南起义旧址群——桂阳县苏维埃政府旧址、信义教会建筑群、湖南大学早期建筑群——湖南大学大礼堂、湘南起义旧址群——耒阳县苏维埃政府旧址培兰斋等修缮工程立项报告通过国家文物局审批。

秋收起义文家市会师旧址展示利用工程立项报告、谢觉哉故居展示利用工程立项报告、蔡锷公馆展示利用工程立项报告、红二军团长征司令部旧址展示利用工程立项报告，以及中共平江县委旧址修缮、展示利用和白蚁防治工程立项报告等通过国家文物局审批。

（四）世界文化遗产

在永顺县组织举办第六届中国土司制度与土司文化国际学术研讨会，湖南、湖北、贵州、广西、香港、台湾等13个省、市、地区及美国、韩国、日本等国家130余位专家学者参加会议。

凤凰区域性防御系、侗族村寨（通道、绥宁）等国家世界文化遗产预备名单申遗项目基础工作进一步夯实。

“中国万里茶道”（湖南段）项目前期准备充分，完成湖南省内遗产点的考察。

（五）其他

编制完成《湖南省全国重点文物保护单位和省级文物保护单位集中成片传统村落整体保护利用工作资料汇编》《湖南省全国重点文物保护单位和省文物保护单位集中成片传统村落整体保护利用工作实施方案》，指导全省传统村落整体保护利用工作。

积极组织参加中国文物保护基金会“拯救老屋行动”和“薪火相传——寻找传统村落守护者”活动，发动社会力量参与传统村落保护。永顺县双凤村获得社会组织资金支持，零陵区文管所获“薪火相传——寻找传统村落守护者”团体奖。

【考古发掘】

（一）概况

2016年，湖南省经国家文物局审批通过的抢救性考古发掘项目11个，主动性考古发掘项目8个。湖南省文物局审核通过基本建设考古勘探项目47个，抢救性考古发掘项目14个，其中包括张吉怀铁路等9个国家、省重点工程勘探项目，湖南华电平江电厂新建工程等4个国家、省重点工程的考古发掘项目，工程范围涉及铁路、高速公路、水库、电厂、机场、天然气管道等关系国计民生的工程。

积极推动万里茶道文物资源的调查与研究、澧阳平原与环洞庭湖生态经济圈文物资源调研、“中国武陵山区考古工作站”的立项申请。

（二）重要考古项目

1．孟加拉国毗诃罗普尔佛教遗址联合考古项目

经过近两年的考古发掘，基本完成了毗诃罗普尔佛教遗址核心区的发掘工作，从目前的考古发掘及研究成果来看，该遗址是孟加拉Chandra（公元900～1050年）、Varmana（公元1080～1150年）、Sena（公元1100～1230年）王朝的都城所在，也是南亚次大陆最后一个佛教中心所在地，对于建立孟加拉国的历史编年、研究佛教建筑的历史与艺术、探讨佛教文明的传播等具有重要的意义。

2．宁乡炭河里遗址抢救性考古发掘

2016年4～6月，为配合宁乡炭河里国家考古遗址公园配套设施项目建设，湖南省文物考古研究所联合宁乡县文物局对炭河里遗址建设控制地带内的新屋湾遗址、钟家湾遗址进行了抢救性考古发掘。发掘面积7894平方米，揭示出一批西周、战国、汉及唐宋时期遗存，发掘遗迹有建筑遗迹（成组柱洞）、沟状遗迹和坑状遗迹三大类。出土遗物有陶器和石器两大类。

新屋湾遗址发掘揭示出的一组建筑相关遗迹，代表着西周时期黄材盆地炭河里城址之外更普遍的普通居址聚落的基本形态，是了解黄材盆地以炭河里城址为中心的西周聚落形态的重要资料。钟家湾遗址揭示出的西周时期以6座原始地穴覆烧式陶窑为中心的一组制陶

业遗存，代表着这一时期黄材盆地炭河里城址之外制陶手工业作坊聚落的形态，是黄材盆地以炭河里古城为中心的聚落群的功能组成部分之一。

3．平江青峰山寺庙遗址考古发掘

2016年5～8月，湖南省文物考古研究所会同岳阳市文物考古研究所、平江县文物管理所等单位对位于华电平江电厂新建工程红线范围内的青峰山寺庙遗址进行了抢救性考古发掘。其中，青峰山寺庙遗址发掘面积1400平方米，峰山寺庙僧人墓群发掘面积1300平方米。

发掘显示青峰山寺庙遗址大体呈南北向纵长分布，坐南朝北，山门今已不存，寺庙为前后两进，两进之间有天井相隔，第二进中间为大殿，大殿两侧为禅堂、斋堂等。出土遗物分为陶器、瓷器、石碑、铜钱、砖瓦等。这些数量众多遗物的出土，尤其是大量醴陵瓷的出土，进一步证明晚清民国时期醴陵窑的兴盛和产品流布。寺庙遗址及出土遗物的发现，也为了解清代以来湖南寺庙的日常起居及宗教文化等提供了实证资料。

共发掘17座僧人墓，揭示出了青峰山寺庙的历史与传承，为临济宗在平江乃至湖南的传播增添了新的资料。墓志所载僧人的生卒年月可以与遗址出土遗物相互印证，进一步提升了遗物和遗迹的价值。

4．桂阳桐木岭矿冶遗址考古发掘

2016年7～12月，湖南省文物考古研究所联合北京大学考古文博学院、中国科学院自然科学史研究所、郴州市文物处、桂阳县文物管理所等单位对桂阳县境内14处大型炼锌遗址开展了专项调查，对明清时期的桐木岭遗址进行了主动性考古发掘。调查发掘成果丰硕，科学揭露了一批保存完整、规模宏大的炼锌及多金属冶炼遗迹，出土了一系列重要的冶炼遗物，深化了对明清时期冶炼技术的认识，有力推动了手工业考古研究。

炼锌术的产生是大量黄铜用于铸钱的基础，桂阳大规模的炼锌工场是为了满足当时政府铸币的需求应运而生的，桂阳作为“币材之都”有着深厚的文化底蕴和历史内涵。此次考古调查发掘成果对于研究中国矿冶史、铸币史、赋税史乃至政治社会史来说都是不可多得的资料。

【博物馆与可移动文物保护】

（一）博物馆

完成常德西洞庭管理区农垦博物馆、邵阳市博物馆、永顺县老司城博物馆、湖南党史陈列馆、益阳达人纺织工业博物馆等5家新馆的设立备案。截至2016年年底，全省依法依规设立的博物馆从134家增加到139家。

截至2016年12月，湖南省纳入中央免费开放范围的77家免费开放博物馆纪念馆运转良好，全年参观人数达5049万人次。

1．博物馆建设

湖南省博物馆改扩建工程建设累计完成投资7.458亿元，完成土建工程，展陈装修工程、陈列布展、文物回迁及新馆开馆等筹备实施，以博物馆理事会为核心的法人治理结构改革深化推进。

市州综合博物馆建设加快。长沙市博物馆、张家界市博物馆等新馆对社会开放；株洲市博物馆新馆正在实施基本陈列布展前期程序工作；娄底市博物馆新馆基本陈列内容方案和形式设计方案已编制完成，正在实施基本陈列布展；邵阳市博物馆正在实施基本陈列布展；常德博物馆老馆改造工程正在实施中；湘西州博物馆新馆土建工程已完成，正在实施内部装修，新馆基本陈列内容设计方案已编制完成定稿，形式设计方案已编制完成，正在进行深化设计；郴州市博物馆新馆主体工程正在实施；怀化市博物馆新馆已经确定建设规划并在进行选址工作；永州市博物馆新馆正在进行概念设计。

县域特色博物馆稳步发展。永顺县老司城博物馆、常德市西洞庭管理区农垦博物馆均建成对外开放；配合完成关于长沙市申请冠名“中国水稻博物馆”向中央的呈报工作。

2．博物馆间的交流与合作

为纪念中国共产党成立95周年、中国工农红军长征胜利80周年，2016年10月27日，刘少奇同志纪念馆把“刘少奇与中国共产党”流动展览送到了福建省长汀县博物馆。

2015年11月～2016年1月，湖南省博物馆与上海博物馆联合举办“酌彼金罍——皿方罍与湖南青铜器精粹”展览；2015年11月～2016年1月在嘉定博物馆举办“齐白石艺术大展”展览；2015年11月～2016年2月与深圳博物馆联合举办“稽古维新——湖南宋元明铜器与金银器”展览；2016年4～6月在海南省博物馆举办“酌彼金罍——皿方罍与湖南出土青铜器精粹”展览；2016年4～8月与河南博物院联合举办“天地之中——河南文物珍品展”；2016年7～10月与北京艺术博物馆等单位联合举办“诗意的彩瓷——长沙窑瓷器艺术展”展览；2016年9～10月与常州博物馆联合举办“神奇的马王堆汉墓珍品展”展览；参与浙江省博物馆“中兴纪胜——南宋风物观止”展览、三星堆博物馆“长江流域青铜对话展”、宁乡炭河里博物馆“南中国青铜文化主题展”等相关借展工作。

3．重要陈列展览

2016年4～8月，湖南省博物馆举办的“天地之中——河南文物珍品展”以“问祖寻根”“定鼎中原”“风云都会”三部分为历史脉络，荟萃180余件珍贵文物，充分展示了河南古代文明的辉煌成就，让观众领略中原先民巧夺天工的精湛技艺与卓绝智慧，感受华夏文明的源远流长与博大精深。

2016年9月～2017年1月，湖南省博物馆举办的“潇湘情怀——湖南现代名家绘画作品展”汇集近现代湖湘艺术家的近80幅绘画作品，反映他们鲜明的个性和大胆的创新，以及为弘扬中国绘画艺术、推动湖南美术发展做出的卓越贡献。

2015年11月19日～2016年1月31日，湖南省博物馆与上海博物馆联合举办“酌彼金罍——皿方罍与湖南青铜器精粹”展览，精选了湖南出土的众多商周青铜器，不仅囊括了湖南省博物馆馆藏的人面纹方鼎、豕尊、象尊、戈卣等青铜重器，更是青铜皿方罍器身与器盖完罍合璧、荣归故“湘”后首次赴外地公开展示。

4．其他

2016年6月22日，在湖北省博物馆举行由中国博物馆协会主办的“让文物活起来”——全国文博单位文化创意产品联展暨相关产品评选活动中，韶山毛泽东同志纪念馆自主研发的产品毛主席手书“天天向上”背包荣获“最受欢迎文创产品奖”，并在7月第24届（米兰）国际博物馆协会全体大会上进行展出。

（二）可移动文物保护

1．概况

截至2016年年底，全省可移动文物中馆藏文物总数670870件／套（181万件）。其中一级文物2692件／套，二级文物10148件／套，三级文物54711件／套，一般文物222608件／套，未定级文物380711件／套。

2．可移动文物保护科研基地建设

湖南省文物考古研究所实验室与文物保护基地项目启动，并通过湖南省发改委项目立项。

3. 可移动文物保护技术、方法及应用

2016年，湖南省文物局组织各相关单位编制的《益阳市博物馆馆藏青铜器保护修复方案》《长沙市博物馆馆藏油画保护修复方案》《城头山遗址竹编保护方案》《湖南株洲茶陵晓塘战国墓竹木漆器保护方案》等4个可移动文物保护修复方案通过国家文物局审批。

完成可移动文物保护技术应用项目2个，包括高压催化动态装置的安装、培训和验收，文物保护可移动实验平台搭载仪器（含激光拉曼、离子色谱、X-射线透射）的验收和培训。

（三）第一次全国可移动文物普查

全面完成第一次全国可移动文物普查。湖南省所辖下级收藏单位共562家，均已在全国可移动文物信息登录平台上完成登记注册。编制完成《湖南省第一次全国可移动文物普查验收报告》《第一次全国可移动文物普查湖南省工作报告》。2016年度，全省共举办“‘寻珍辑宝　典藏湖湘’湖南省第一次全国可移动文物普查成果展”等普查展览93个，参观展览人数达29万余人次。

【社会文物管理】

2016年，完成4场2392件鉴定拍卖标的审核，其中2368件标的通过审核。完成国家文物局文物拍卖经营资质审核权限下放后拍卖公司增加第一类文物拍卖经营资质的审核批复。

【科技与信息】

完成科研课题3个，包括国家文物局课题“湖南史前炭化水稻胚的研究”，湖南省科技厅课题“湖南古代灰浆样品成分及性质分析”、湖南省考古研究所课题“湖南城头山土遗址加固材料筛选及加固效果评估”。

【文博教育与培训】

2016年，湖南省文物局在怀化、株洲、长沙等举办“讲文物故事　知家乡历史——湖南文物价值解读与传播大赛”文博单位讲解词撰写人员及讲解员培训班四期。8月8日～11月10日，举办“服务‘两学一做’讲好特殊党课”讲解大赛，全省65家革命纪念类博物馆101个讲解项目参与比赛，全省革命纪念类博物馆160余人及中央、省三十余家媒体单位记者观摩比赛。10月9～14日，在长沙举办全省文物安全培训班，全省14个市州100多人参加培训。

【文博宣传与出版】

国际博物馆日期间，全省有80家博物馆面向103家学校、企业或社区开展“微展览进学校、进社区、进企业”送展活动，参观人数约37万余人。

文化遗产日期间，湖南省推出了“湖湘文化遗产月”系列活动。举办了城头山国家考古遗址公园开园暨文化遗产保护利用“五好”园区授牌仪式、数字技术与古文化遗址——2016年文化遗产智慧保护论坛、“讲文物故事　知家乡历史——首届湖南文物价值解读与传播”、“‘丹青绘遗产’走进通道侗寨大学生写生大赛闭幕式暨优秀作品展”等大型活动。

《湖南名人故居与遗迹图典》和《湖南革命文化遗产图典》正式出版。

【机构及人员】

湖南省文物局为湖南省人民政府设置的副厅级事业单位，由湖南省文化厅管理，受湖南省人民政府委托管理全省文物、博物馆工作，2016年核定事业编制人员32名。

【对外交流与合作】

2016年共派出6批次重要外事出访活动。包括赴德国明斯特漆器博物馆进行交流展览洽谈工作、赴美国纽约参加“欢乐春节”活动及展览工作、赴墨西哥参加国际区域博物馆委员会春季理事会、赴意大利米兰参加国际博协2017年大会、赴美国华盛顿参加2016年美国博物馆联盟年会、赴美国参加“推进公平教育理念：区域博物馆的发展及其博物馆教育”论坛研讨会、赴意大利就“在最遥远的地方寻找故乡——意大利与中国跨文化交流”开馆特展进行境外借展工作等。

2016年11月14日，第二届中俄红色旅游合作交流暨2016年中国（湖南）红色旅游文化节启动仪式在刘少奇同志纪念馆启动，湖南省人民政府外事侨务办公室、列宁纪念馆、刘少奇同志纪念馆联合主办“伏尔加河与长江——友谊之河大型图片展览”，刘少奇同志纪念馆与列宁纪念馆签订合作交流协议。

援助孟加拉国考古项目是2016年重要援外考古工作，发现的“十字形”中心圣地建筑是东印度金刚乘的典型，是孟加拉国考古史上一次重大发现。

广东省

【概述】

2016年，广东省文物系统深入贯彻党的十八大和十八届三中、四中、五中、六中全会精神，落实习近平总书记关于文物工作重要指示批示精神，紧紧围绕省委省政府关于文物工作的决策部署，坚持“保护为主、抢救第一、合理利用、加强管理”的文物工作方针，严格遵循文物保护规律，充分发挥政府的主导作用，妥善处理文物保护与经济发展、文物保护与城乡建设、文物保护与人民群众生产生活的关系，广泛动员社会力量参与，切实加大文物保护力度，推进文物合理适度利用，推动全省文物事业全面健康发展。

【法规建设】

2016年9月5日，广东省人民政府出台《广东省人民政府关于进一步加强文物工作的实施意见》（以下简称《意见》）。《意见》提出，力争到2020年，建立起相对完善、富有岭南特色的文物保护体系和利用模式，实现文物保护与利用工作的科学化、规范化、信息化、法治化。围绕《意见》要求，全省文物系统进一步加强组织领导、制定政策措施、加大资金投入、强化基础建设，逐步形成党委政府统一领导、文物部门主要负责、有关部门齐抓共管、全社会共同参与的文物工作新格局。

【执法督察与安全保卫】

以2016年广东省文物工作会议的召开为契机，督促各地建立文物安全工作长效机制，制定本辖区内重大文物安全事故的防范工作预案并组织落实。建立文物定期巡查制度，由文物行政管理和行政执法人员共同开展文物行政执法巡查工作，及时掌握文物违法犯罪案件与安全事故情况。同时，依托农村文体协管员，着手组建文物保护义务监督员队伍，发动社会力量参与文物保护工作。

2016年5月，广东省文物局对中国共产党第三次代表大会会址简园亭子因施工不当被拆事件进行处理；6月，对河源市和平县卢屋嘴遗址因道路施工遭受破坏事件进行了处理。

各级文物行政部门依法落实文物行政执法与安全监管责任，及时向当地人民政府和上级文物行政部门报告文物安全情况。2016年，广东省文物局业务指导的厅属文博单位以及行业管理的全省98处全国重点文物保护单位、615处省级文物保护单位和25000多处不可移动文物未发生一起消防安全事故，各级各类博物馆均安全运行。

【不可移动文物的保护与管理】

（一）概况

广东省现有文物普查登记点37156处，其中核定公布为不可移动文物的25159处。全省现有世界文化遗产1处；全国重点文物保护单位98处，省级文物保护单位615处（含水下文物保护区2处）；国家大遗址3处，省级大遗址8处；国家历史文化名城8座，省级历史文化名城15座，国家级、省级历史文化名镇名村91个（其中国家级名镇10个、名村15个），中国历史文化街区21处；中国传统村落126个，广东省传统村落186个。

（二）大遗址保护

广东省共有国家大遗址3处，省级大遗址8处，其中多处与所在地级市人民政府签订框架合作协议，包括狮雄山遗址、银岗古窑场遗址、笔架山潮州窑遗址、古椰贝丘遗址等等。2016年马坝人遗址环境整治方案获得国家文物局批复，已经完成招标工作，正在施工；狮雄山遗址保护规划已经公布，笔架山潮州窑遗址保护规划即将公布，银岗古窑场遗址及古椰贝丘遗址保护规划正在编制。

（三）全国重点文物保护单位

全年共审核、审批了南粤雄关与古道、古蓬村古建群、南磜观察第等76项文物保护单位保护工程勘察设计方案（含悦城龙母祖庙防雷、满堂围消防工程、肇庆古城墙安防工程等一批文物安全防范工程）。组织专家对司諌进士坊、广南医院旧址等10处文物保护工程的工程竣工验收。审核并向国家文物局呈报了南海神庙建设控制地带内黄埔电厂天然气管道工程、琶洲塔建设控制地带内10千伏电力架空线迁改工程等27处在文物保护单位保护范围和建设控制地带内进行的建设工程方案。

（四）世界文化遗产

3月，国家文物局在北京召开海上丝绸之路申遗工作会议，传达国务院海上丝绸之路申遗工作协调会议精神，确定将泉州、广州、宁波、南京四市的海上丝绸之路遗产点作为我国2018年申遗项目，其中泉州作为牵头城市。5月19日，四市在泉州召开联合申遗联席工作会议，建立了联合申遗工作机制。

7月12日，国家文物局向广州、江门、阳江市政府分别发出了《关于进一步加快海上丝绸之路保护和申遗工作的通知》，明确了各申遗城市的首批遗产点名单和关联点，广东省有3个城市8处遗产点入选，另有2处作为关联遗产点。

6～7月，广东省政府根据世界文化遗产申报程序和要求，成立了广东省海上丝绸之路申报世界文化遗产工作领导小组，对广州、江门、阳江三市的海上丝绸之路申遗点进行了现场调研和现场办公，召开了领导小组第一次会议，对下一步如何推进工作提出了具体要求。

（五）其他

广东省出台《粤东地区文物保护利用行动计划（2017～2020年）》。通过开展文物保护固本提升工程、潮汕文化遗产抢救保护工程等10项措施，力争在粤东地区建立起相对完善、富有潮汕特色的文物保护体系和利用模式。同时配套制定了《工作任务分解表》和《重点文物保护项目计划表》，对10项措施的任务进行详细分工，落实到具体部门；梳理汇总了未来四年粤东地区重点文物保护项目84项，并明确了各项目的经费来源、实施内容及完成期限。

【考古发掘】

（一）概况

2016年，广东省配合国家基本建设开展考古调查、勘探项目23个，调查总长度约900公里；水库、电厂、机场及开发区等块状项目9个，调查总面积近320万平方米。另配合文物保护、修缮及海上丝绸之路申遗等工作进行调查项目5个。配合基本建设开展的主要有东源龙尾排遗址、和平甲子岗遗址、电白碰岗岭遗址、德庆金鸡山墓地等发掘项目，合计清理各时期墓葬85座，灰坑、窑址、灰沟及柱洞等各类遗迹163个，出土随葬器物数百件。广东省郁南磨刀山遗址考古发掘项目获得“2011～2015年度田野考古三等奖”。

（二）重要考古项目

1．南海一号

“南海一号”发掘与保护工程完成阶段性发掘任务。由于配合“海丝”申遗工作，“南海一号”水下考古工作暂停，2016年进行资料整理工作。

2．南澳Ⅱ号

对“南澳Ⅱ号”的坐标点进行了水下探摸，基本确认沉船船体，发现个别凝结物，出水瓷器等遗物。

3．西樵山石燕岩古采石场遗址

该遗址是一个保存完整、规模宏大的水下采石场，是我国新石器时代三大石器制造场地之一，目前为省级文物保护单位。2016年开始，国家水下遗产保护中心会同省考古所开展了石燕岩水下考古调查项目，取得重大成果。

4．和平枫树墩遗址

2016年9～11月，广东省文物考古研究所同中山大学社会学与人类学学院对该遗址进行第二次发掘，发掘面积4230平方米。发现战国晚期墓葬8座，清理新石器时代晚期至宋元时期灰坑22个、灰沟7条、柱洞131个，出土文物近200件，包括10件青铜器。该遗址的发掘对研究岭南先秦时期社会历史具有重要意义。

5．英德青塘遗址

2016年6～10月，广东省文物考古研究所与北京大学考古文博学院等单位对青塘遗址黄门岩1号洞地点与黄门岩2号洞地点进行考古发掘，面积20平方米。黄门岩1号洞地点发现的M1为广东乃至岭南地区迄今确定年代最早的墓葬，为研究晚更新世晚期华南地区现代人行为复杂化增添了新的考古证据；出土的人骨化石是广东距今1万年以前保存最为完整的古人类化石，为晚更新世晚期至全新世早期岭南古人类体质特征研究、区域古人类演化与迁徙提供重要的材料。黄门岩2号洞地点至少在4个不同层位的文化层发现夹砂粗陶片，不仅发现了广东地区最早的陶器遗存，也为研究岭南地区早期陶器的出现、发展序列提供了地层依据。青塘遗址的新发现可望为研究岭南地区晚更新世晚期至全新世考古学文化演变建立翔实可靠的地层与年代序列，对研究东亚与东南亚地区新旧石器过渡阶段环境演变、现代人行为复杂化、农业起源、早期陶器的出现及早期聚落形态研究等前沿课题具有重要意义。

6．广州市深层隧道排水系统东濠涌试验段孖鱼岗竖井地块宋明清遗址

发掘面积300平方米。该遗址发掘清理的宋代城墙角台基址和唐末五代包边砖墙遗存是广州古城考古的重要发现，最终决定原址保护。

7．增城墨依山先秦墓地

发掘古墓葬127座，其中商时期墓葬76座，出土玉璋、T形玉环、大口尊等器物197件。这是广州地区发现的第一个具有相当规模的晚商时期墓地，填补了广州地区考古学文化序列的空白。以大口尊、T形玉环、牙璋等为代表的出土文物，表明增江流域晚商时期文化面貌与粤东闽南地区的浮滨文化有着密切关系，是黄河流域、长江流域的商文化南渐与岭南文化融合的历史见证，这对研究增江流域早期文明、研究广州地区历史文化源流有着十分

重要的意义。

【博物馆与可移动文物保护】

（一）博物馆

1．博物馆建设

2016年，广东省依法设立的博物馆共有263家，其中国家一级博物馆4家、二级博物馆20家、三级博物馆25家。全省国有博物馆共有194家，其中隶属文化文物系统的165家、隶属其他行业系统的29家。全省免费开放的博物馆共有245家。

根据《广东省国有博物馆运行评估标准（试行）》和《广东省文物局关于开展广东省国有博物馆运行评估工作的通知》要求，广东省文物局组成广东省国有博物馆运行评估委员会，对国家一、二、三级博物馆以外的各地申报的国有博物馆进行了评估。经评估委员会专家评估和集体复核，评定南越王宫博物馆等4家为优秀，辛亥革命纪念馆等12家为良好，佛山市禅城区博物馆等82家为合格，清新区博物馆等5家为基本合格，化州市博物馆等6家为不合格。

2．博物馆间的交流与合作

“海上瓷路——粤港澳文物大展”为粤港澳三方共同举办的大型文物展览，2016年1～2月在湖北省博物馆展出，6～9月在深圳博物馆展出。

“心闲神旺·书为心画——邓尔雅、黄般若艺术作品展”由东莞市博物馆及香港艺术馆合作，涵盖两地博物馆的收藏，于2016年5月17日～7月17日在东莞展出。

“辛亥革命时期漫画展”于2016年6～10月巡回至香港孙中山纪念馆。

国际博物馆日期间，粤港澳分别组织文博人员及博物馆展陈项目赴三地进行交流，有效加深了三地观众对中华优秀传统文化的认识。

3．重要陈列展览

全年各级博物馆共举办临时展览近千个，吸引观众4000余万人次，重要展览包括广东省博物馆“神之面孔——中非珍稀面具展”“问鼎——楚式青铜器特展”，广东省流动博物馆“纪念孙中山诞辰150周年展”，西汉南越王博物馆“中山王与南越王——河北汉代文物展”，深圳博物馆“琉光璃彩——欧洲玻璃艺术史珍品展”，东莞市博物馆“心闲神旺，书为心画——邓尔雅、黄般若艺术作品展”，广东革命历史博物馆“孙中山的实业计划与当代中国”。

（二）第一次全国可移动文物普查

截至2016年10月31日，广东省按照普查统一标准登录文物完整信息的可移动文物为875254件／套（1714122件）。

按文物古籍类级别统计，一级为1702件／套，占0.19%；二级为14699件／套，占1.68%；三级为62059件／套，占7.09%；一般为317703件／套，占36.3%；未定级为419168件／套，占47.89%。按自然类级别分，珍贵为550件／套，占0.06%；一般为25815件／套，占2.95%；其他为33558件／套，占3.83%。

按收藏单位性质统计，博物馆、纪念馆收藏可移动文物752152件／套，占85.94%；图书馆收藏可移动文物13514件／套，占1.54%；美术馆收藏可移动文物40434件／套，占4.62%；档案馆收藏可移动文物1460件／套，占0.17%；其他单位收藏可移动文物67694件／套，占7.73%。

【社会文物管理】

广东是改革开放的前沿地，是我国经济大省，也是文物市场较为活跃的省份之一。2016年，广东省进一步深入探索文物市场与文物鉴定“放管服”改革，取得一定成效。截至2016年10月30日，广东省经国家文物局和省文物局批准具有文物拍卖资质的拍卖企业共有24家，其中11家具有一类文物拍卖资质。全年共审核文物拍卖企业举办的拍卖活动29场，审核文物标的6314件。

广东省文物总店在近年来文物市场交易低迷的情况下，通过积极开拓购销渠道，向省内外博物馆提供藏品，2016年营业额达到760万元。

广州市文物总店注重发挥国营文物店在传承传统文化艺术，培育健康理性收藏市场方面的主导作用，秉承“藏宝于民”的宗旨，举办文物鉴赏培训咨询活动，不断满足广大文物爱好者的需求，受到了社会各界的广泛赞誉。

【科技与信息】

为进一步加强对南粤古驿道及其沿线的不可移动文物与传统村落的研究，广东省文物局发布了《关于开展广东海上丝绸之路——岭南古（驿）道调查与研究课题申报工作的通知》。8月，广东省文物局正式委托广东省社会科学院承担古驿道调查与研究课题，同时出版研究文集《南粤古驿道》。

【文博教育与培训】

7月20～29日，广东省文物局主办了广东省可移动文物修复（书画装裱）培训班开班，各地博物馆业务人员32人参加培训。

9月12～14日，广东省普查办（广东省文物局）主办了广东省第一次全国可移动文物普查第十二期培训班，省直、各地市普查办和普查单位人员248人参加培训。

12月15～17日，广东省文物局主办了广东省社会文物管理培训班，各地市文广新局、工商局、各经营单位业务人员60人参加培训。

11月25日～12月1日，举办粤港澳文物保护及修复专业培训班（第一期），主题为“石质文物与文物建筑的修复”，三地文博系统学员14人参加培训。

12月7～10日，举办广东名人故居及传统村落保护利用培训班，各地文化（文物）行政部门分管文物工作负责人、文物科长，部分名人故居和传统村落管理单位负责人，省文物考古研究所、广州鲁迅纪念馆负责人等共70人参加培训。

【文博宣传与出版】

国际博物馆日、中国文化遗产日期间，加大对习近平总书记、李克强总理对文物工作重要指示批示精神和《意见》的宣传力度，在《中国文物报》专版进行宣传。

联合南方日报开展六期文物保护系列专题报道《“国保”的启示》，贯彻落实习近平总书记、李克强总理重要指示，在全社会营造良好的氛围；推出《南粤工匠》系列报道，介绍坚守文物保护研究事业的顶尖专家和风餐露宿坚守一线的考古工作者。

编印出版《广东省各级文物保护单位名录》《广东文化遗产——海上丝绸之路史迹》等系列丛书，配合全省文物工作会议召开，出版两期《广东文化遗产》专刊。《石峡遗址：1973～1978年考古发掘报告》荣获首届中国考古学大会金鼎奖（研究成果奖）。

【对外交流与合作】

自2013年以来，粤港澳博物馆专业论坛已轮流在香港、广东和澳门举行。2016年年底，粤港澳博物馆专业论坛再度由香港主办，主题为“世代转变——博物馆未来方程式”。

12月16～17日，由香港历史博物馆、广东省博物馆、澳门博物馆以及香港浸会大学历史系合办的“海上丝绸之路史国际学术研讨会”在香港举行，进一步推动了粤港澳三地有关海上丝绸之路的研究。

【其他】

广东省文物局确立技术援藏的路线，确定一系列援藏项目和人员培训计划，包括全国重点文物保护单位扎木中心县委红楼旧址保护规划编制项目，林芝市博物馆新馆陈列展示项目，西藏自治区文物保护单位易贡将军楼和桑杰庄园，以及扎木中心县委红楼旧址三处文物保护单位的陈列展示项目等。10月，西汉南越王博物馆对口支援的易贡将军楼陈列布展项目进入具体实施阶段。

广西壮族自治区

【概述】

2016年，广西壮族自治区各项文物工作取得了突出成绩，文物执法工作、文物建筑消防安全工作效果明显，左江花山岩画文化景观列入《世界遗产名录》，国际博物馆日广西主会场城市活动成功举办，全区第一次全国可移动文物普查工作顺利完成，对坚定文化自信、维护国家文化安全、促进广西经济社会发展具有重要意义。

【法规建设】

12月26日，自治区人民政府印发《关于进一步加强文物工作的实施意见》。《实施意见》围绕解决当前广西文物工作存在的突出问题，在加强文物保护管理、推动文物合理利用、筑牢文物安全底线、强化保障措施等四个方面提出了明确要求和具体任务，成为指导广西未来几年文物工作的重要文件，将极大地推动广西文物事业的发展。

【执法督察与安全保卫】

2016年文物执法工作取得明显效果。督促北海市文化新闻出版广电局按照国家文物局的要求处理北海涠洲岛城仔教堂保护范围违建事件。妥善处理梧州海关楼和靖江王府“违建事件”、靖江王陵“乱葬民坟事件”以及群众举报富川风雨桥“维修违反文物保护原则事件”，并将处理情况上报国家文物局。组织督察组对左江花山岩画文化景观遗产区内的宁明珠连码头游客服务中心建设项目进行现场督察。积极处理德保县独秀峰上古建筑群“乱刻事件”、上思县琵琶会议旧址“重建事件”和武宣县郭松年庄园市民上访事件。完成“十二五”期间文物违法事件的摸底排查，收集了53条涉嫌文物违法事件的线索。

全面加强文物安全消防工作，部署开展全区文物消防安全隐患自查整改、夏季文物消防检查工作、全国重点文物保护单位施工工地消防检查工作，对存在的问题下发责令改正通知书，消除了安全隐患。召开全区文物建筑消防安全工作紧急会议，部署国务院对自治区政府消防工作考核中的文物建筑消防考核任务，涉及文物建筑的消防工作考核未扣1分。

10月19～21日，自治区文化厅、自治区公安消防总队在柳州市联合召开了全国首个文物建筑消防安全标准化管理的广西文物消防安全工作现场推进会，与会代表现场学习了柳侯祠标准化管理示范点建设经验。会议期间还举办了全区文物安消防知识培训班。

【不可移动文物的保护和管理】

2016年，合浦汉墓群与汉城遗址（含合浦汉墓群、草鞋村遗址、大浪古城遗址）、靖江王府及王陵、甑皮岩遗址、明清海防（广西段）列入国家大遗址保护“十三五”专项规划，为争取国家支持奠定了基础。

完成灌阳县湘江战役旧址、兴安县湘江战役旧址——红军街、灵川县八路军桂林办事处路莫村物资转运站旧址等一批革命遗址及革命纪念建筑的保护与展示工程，结合国家文物局开展《革命文物保护经费需求规划》调研，拟订广西革命文物三年行动计划，为传承长征精神和革命传统提供了丰富的载体。

完成富川县富川瑶族风雨桥群（二期）、全州县湘山寺塔群与石刻等一批文物保护、环境整治工程。完成大芦村古建筑群修缮工程（二期）、富川瑶族风雨桥群（三期）等一批国家、自治区重点文物保护单位维修保护技术方案审批，以及柳州旧机场及城防工事群旧址、田东高岭坡遗址等一批保护规划编制，其中合浦汉墓群、南宁顶蛳山遗址保护规划获得国家文物局批复。组织编制桂林甑皮岩遗址地下水害治理保护工程方案。开展湘江战役旧址（全州）、柳州白莲洞等一批文物保护工程验收。

配合自治区住建厅组织开展国家历史文化名镇名村、中国传统村落、广西传统村落申报，以及广西特色名镇名村建设、验收等工作。融水苗族自治县安太乡寨怀村新寨屯等72个村落列入第四批中国传统村落名录。9月26日，自治区住建厅、文化厅、财政厅、国土资源厅、农业厅、旅游发展委公布第二批广西传统村落227个。12月31日，自治区人民政府公布自治区历史文化名镇名村29个，其中名镇6个、名村23个。

2016年，将左江花山岩画文化景观申报世界文化遗产工作写入自治区政府工作报告并列入自治区领导联系推进的重大项目（事项）。完成宁明花山岩画监测站环境整治和监测预警系统试运行工作，严格控制遗产区村庄规划建设，加强对水上游船、网箱养鱼、采砂等的管控，巩固环境整治成果。在《中国文物报》《中国文化报》《中国文化遗产》进行花山岩画文化景观专版宣传，组织新闻媒体深入申遗工作一线进行采访、报道。配合中国文物保护基金会、中国文化遗产研究院、中国美术馆、中国文物报社等单位，组织中国著名书画家走近左江花山岩画采风、创作活动，举办美术展并出版《丹青记忆 守望家园——中国文化遗产美术展作品集2016（左江花山岩画文化景观）》。7月15日，左江花山岩画文化景观成功列入《世界遗产名录》，实现了广西世界文化遗产和中国岩画类世界文化遗产两个“零”的突破。

积极推进灵渠、海上丝绸之路·北海史迹、三江侗寨村寨等列入《中国世界文化遗产预备名单》的项目本体保护、环境整治、价值研究、项目申报、规划审批等工作，完成申遗工作材料的起草撰写等。

【考古发掘】

（一）概况

2016年，自治区考古机构配合水利、电力、铁路、公路等国家和自治区重点工程，组织实施了西津水利枢纽二线船闸工程、桂林至柳城高速公路、柳城县大埔至社冲（大埔至凤山段）高速公路、钦州至防城港段改扩建等20多项考古调查、勘探和发掘工作，发掘面积5000平方米，出土器物1300件／套。此外，结合海上丝绸之路、保护规划编制等课题研究，开展了合浦县英罗唐代窑址、上林县智城城址等主动性考古发掘。

（二）重要考古项目

1．合浦县英罗唐代窑址考古项目

窑址位于北海市合浦县山口镇英罗村委东面约300米塘尾水库东西两岸的斜坡上，1993年列为合浦县文物保护单位。2016年4～6月，为落实国家“一带一路”战略，探求海上丝绸之路的实物资料和展示原址，广西文物保护与考古研究所会同合浦县文物管理局对英罗窑址进行了考古调查及试掘，发现唐代及宋代遗存。残存的窑址主要位于堤坝以南敞开的东西两段斜坡上，东段约长50米，西段残长150米。英罗窑址的唐代文化堆积较为深厚，出土和散落的遗物大多属于这一时期，器物风格相近，且基本与窑口生产有关。宋代文化层较为浅薄，遗物较少但多样，除陶瓷器外还有铁器、砖瓦石构件等。与唐代瓷器相比，宋代瓷器釉少、胎质致密、胎体薄轻、模印纹样、釉色青白，二者风格迥异。英罗窑址是一处唐代的窑口和宋代的聚落遗址。目前在北部湾沿岸的防城港、越南等地发现有类似英罗窑址出土的唐代瓷器。

2．上林县智城城址考古项目

城址位于南宁市上林县白圩镇爱长村，包括东西相距4.5千米的两处唐代遗存，东为“智城垌古城垌遗址”（简称智城遗址），西为“六合坚固大宅颂碑”（简称“大宅颂碑”）。2016年10～11月，为配合智城城址保护规划编制，广西文物保护与考古研究所会同上林县文物管理所对智城外墙遗址进行了试掘及调查。智城遗址由内城、外城、护城河等部分组成，墙内东北角有摩崖石刻“智城碑”。根据土墙堆筑、城内堆积情况及碑文内容推知，智城建成时间应是武周万岁通天二年（697年）或之前不久，城主为检校廖州（澄州改名或析置）刺史韦敬辨，韦氏世袭官职，雄长一方。

3．横县西津贝丘遗址考古项目

遗址位于南宁市横县横州镇西竹坑村北部约200米的郁江南岸坡地上，为新石器时代遗址。2016年10～11月，为配合西津水利枢纽二线船闸建设，广西文物保护与考古研究所对遗址进行抢救性发掘，发掘面积200平方米。遗址原生文化层已被江水冲刷破坏，发掘部分地层均为次生堆积，出土少量陶片及石器。石器以体形较小的石斧及石锛为主，多通体磨制，器形有双肩和无肩两种，以无肩者居多；陶片较碎，均为夹砂粗绳纹陶，胎较厚，火候较低。西津遗址作为邕江流域诸贝丘遗址的重要组成部分，在邕江史前贝丘遗址研究中占有重要地位。

【博物馆与可移动文物保护】

（一）博物馆

广西博物馆改扩建项目写入自治区“十三五”规划中的文化项目、自治区政府工作报告和全区经济工作会议中，《广西博物馆改扩建项目建议书》获得自治区人民政府同意立项建设的批复和自治区发展和改革委员会批复同意立项，正在组织编制可行性研究报告和陈列展览规划。完成广西民族博物馆理事会建设试点工作，选举产生理事长、副理事长、理事，通过理事会工作章程。完成钦州古安州民俗博物馆的设立备案工作。

2016年，自治区共有112家博物馆、纪念馆免费向公众开放，其中中央、自治区财政补助的免费开放博物馆、纪念馆总数达到97家。自治区文化厅印发《关于进一步规范公共文化场所免费开放补助经费使用有关事项的通知》，对全区免费开放博物馆纪念馆的资金使用管理情况进行抽查，对查出的问题进行反馈并限期整改。

全年广西博物馆、广西民族博物馆、南宁博物馆等10余家博物馆举办“浴火重生——红军长征过桂北特别展览”“清玩雅韵——馆藏古代文房器物展”“蝶踪魅影展览”“锦行天下——中国织锦文化展”“汉风越韵——广西出土文物精品展”“邕容华桂——古代南宁历史陈列”“一座柳州城，一群博物馆——2016 · 柳州市54家博物馆建设成果联展”

等基本陈列和临时展览577个， 观众人数达到1951.57万人次，其中未成年人人数563.76万人次。广西博物馆、南宁博物馆等博物馆引进“穆穆曾侯——湖北郭家庙擂鼓墩出土文物特展”“丝绸之路——大西北遗珍”“草原盛装——中国蒙古服饰展”“丹青记忆 守望家园——中国文化遗产美术展”等展览。广西博物馆、广西民族博物馆“广西壮族历史文化展”、广西民族博物馆“广西岩纸朱画图片展”、广西自然博物馆“生命之美——走进斑斓的蝴蝶世界”等展览赴北京、江苏、广东、云南等地展出。自治区文化厅选送的崇左市壮族博物馆“百里岩画 骆越神工——左江花山岩画文化景观陈列”荣获"第十三届（2015年度）全国博物馆十大陈列展览优胜奖"。

（二）可移动文物保护

2016年，自治区各级各类博物馆、纪念馆、文物管理所收藏文物34.175万件／套，其中一级文物320件／套、二级文物5265件／套、三级文物27866件／套。

指导广西文物保护与考古研究所开展合浦县文昌塔汉墓出土金属文物保护修复，指导广西民族博物馆开展20件纺织品的保护修复工作，并对项目进行了验收。组织预防性保护项目实施单位赴重庆、成都等地调研，为预防性保护项目实施奠定工作基础。

（三）第一次全国可移动文物普查

全面完成全区第一次全国可移动文物普查工作。一是完成普查第三阶段的数据登录和数据审核任务，并将数据报送至第一次全国可移动文物普查登录平台。此次普查，自治区280家国有收藏单位申报可移动文物藏品327290件／套，已登录327290件／套（984588件），藏品报送进度为100%。二是组织开展全区文化系统国有收藏单位文物定级工作，全区共申请定级文物9869件。经自治区文化厅委派的专家集中初审、实地复核和最终审定，共认定二级文物390件、三级文物4040件， 国家委派专家审定一级文物17件。

【社会文物管理】

2016年，完成5家文物拍卖企业6场拍卖会文物拍卖标的的审核工作；换发广西邕华拍卖有限责任公司、广西正槌拍卖有限责任公司《文物拍卖许可证》，新设立广西泓历拍卖有限公司、荣宝斋（桂林）拍卖有限公司两家文物拍卖公司。

全年开展涉案文物鉴定工作5起，鉴定涉案文物37件，广西壮族自治区博物馆申报的涉案文物鉴定机构获得国家文物局资格认定。

【科技与信息】

10月28～30日，由中国社会科学考古研究所、中国考古学会、广西壮族自治区文化厅、北海市人民政府等单位联合主办的“汉代海上丝绸之路考古与汉文化国际学术研讨会”在北海市举行。来自德国、比利时、日本、韩国、越南等国内外的130余位历史学者和考古专家参加了研讨会，集中交流了汉代海上丝绸之路研究的最新进展情况以及合浦“海上丝绸之路”申遗相关成果。

【文博教育与培训】

全年选送文物管理和专业技术人员参加国家文物局、中国文化遗产研究院举办的各类文物修复技术、文物保护方案编制等专业培训班。11月15～18日，自治区文化厅在三江侗族自治县举办了2016年全区非国有博物馆馆长培训班，培训期间还举行了广西博物馆协会非国有博物馆专委会成立大会。

为进一步推进广西“三区”人才支持计划文化工作者专项工作，广西博物馆联合河南省博物院举办了“三区”文化人才宣教讲解培训班，并与河南省博物院组成专家团赴三江、龙胜、来宾等地开展“三区”文化人才支持项目帮扶工作。

广西博物馆与广西师范大学历史文化与旅游学院签署了《教育人才培养及资源开发合作意向书》，双方就博物馆教育人才培养、博物馆教育领域创新发展和广西本土历史文化资源的开发与利用达成合作；与广西财经学院共同开设长期精品课程，派出高级职称专业技术骨干为学生授课；继续开展与广西师范大学合作共建的硕士研究生联合培养基地工作。

【文博宣传与出版】

5月18日，由广西文物局、南宁市文化新闻出版广电局联合主办的国际博物馆日广西主场城市活动在南宁博物馆举行，活动期间为获得“第一届全区博物馆十大陈列展览精品”“第一届广西博物馆协会优秀学术成果”的单位和个人颁奖，举行了“南宁市骆越文化研究中心”挂牌仪式，举办了“博物馆与文化景观”主题论坛。中国文化遗产日期间，广西文物保护与考古研究所在三岸窑址考古现场举办了“跟着专家去考古”公众考古活动，取得良好社会效果。

2016年，自治区各级博物馆开展丰富的文化活动，如广西博物馆打造“馆长说宝”“文化遗产周周学”等，广西民族博物馆举办“为花山申遗助力”“走向世界的花山”“展厅寻宝——寻找文化景观活动”，桂海碑林博物馆举办亲子拓碑互动体验活动，罗城仫佬族博物馆与城区各学校开展“明日之苗”文化等，吸引了更多的观众走进博物馆。

加大图书出版力度，出版《广西合浦文昌塔汉墓》《2009～2013年合浦汉晋墓发掘报告》《左江花山岩画系列文集（第二辑）——左江右江流域考古》等。

【机构及人员】

自治区共有各级文物博物馆机构208个，其中文物行政主管部门7个，博物馆（纪念馆）125个（国家一级博物馆2个、二级博物馆6个、三级博物馆17个），文物管理所（站）68个，文物商店4个，文物考古研究所1个，文物考古工作队1个，文物管理处1个，文物保护研究设计中心1个，自治区、市、县三级文物保护网络健全。2016年新增博物馆（纪念馆）1个，新增文物管理所1个。

全区文博系统从业人员2575人，具有专业技术人员1108人，其中正高级职称42人，副高级职称87人，中级职称426人。

【对外交流与合作】

配合国家文物局完成2017年赴美国大都会艺术博物馆“秦汉文明展”中的广西参展文物的遴选工作。

广西文物保护与考古研究所派员参加日本东京第八届亚洲旧石器联合国际会议、中国西南地区冶金与盐业考古国际学术研讨会等，邀请美国华盛顿（圣路易斯）大学、越南社会科学院考古研究所和香港中文大学学者来广西进行学术交流。

【其他】

5月18日，自治区文化厅在南宁市召开贯彻落实全国文物工作会议及两份中央文物工作文件精神的座谈会，全区14个设区市文化（文物）行政管理部门分管领导和全区110个县（区、市）级文博单位负责人约160多人参加了会议。

海南省

【概述】

2016年，海南省文物系统认真贯彻落实习近平总书记关于文物工作的重要指示批示精神，坚持“保护为主、抢救第一，合理利用、加强管理”的文物工作方针，秉持正确保护理念，强化依法管理，积极改革创新，各项工作均取得了显著成绩。

【执法督察与安全保卫】

加强日常监督排查安全工作。2016年，联合公安消防等部门深入文保单位和文物收藏点进行认真排查。对24处全国重点文物保护单位，185处省级文物保护单位，469处市县级文物保护单位，其他不可移动文物和博物馆及文物收藏单位均进行了排查，共发现立行立改安全隐患150条，整改到位104条。

强化督办案件效果，狠抓追踪整改落实。涉嫌在洋浦盐田保护范围内修建宗祠的违法建筑，海南省文物局及洋浦开发区督促其在规定期限内拆除。澄迈县当地镇政府为保护遗址修建围墙，导致澄迈福安窑址文物本体及环境风貌遭到一定破坏，目前已经责令当地镇政府完全恢复。针对海南省华盛天涯水泥有限公司将大量沙石倒入信冲洞附近的南阳溪，造成信冲洞遗址周边水质地质环境遭破坏的问题，昌江县文体局联合县水务局、县环保局进行执法检查，已对华盛天涯水泥有限公司下达《责令停止水事违法通知书》并进行整改。

【不可移动文物的保护和管理】

（一）概况

2016年，海南省共有国家重点文物保护单位24处，省级文物保护单位185处，市县级文物保护单位469处，未定级文物3596处。

加强文物保护基础工作，进一步完善文物保护单位的“四有”工作，完成全省陆地上所有国保单位和省保单位的标志碑制作安装。

重点抓好儋州故城、蔡家宅、崖城学宫、张岳崧故居等一批文物保护工程。推进传统村落的保护工作，张岳崧故居、张氏宗祠、林家宅等传统村落中的文物保护工程在推进当中，澄迈县传统村落保护整体保护前期工作按计划开展。

指导市县做好省级以上文物保护工程项目报审及资金申报工作。做好全省国保单位安防、消防及防雷工程项目申报计划、实施情况汇总等工作。

（二）全国重点文物保护单位

2016年，海南省24处全国重点文物保护单位安全状况良好。儋州故城、海瑞墓、美榔双塔、丘浚故居、丘浚墓、东坡书院、五公祠、中共琼崖一大旧址设立了专门的管理处，其他单位由当地文体局设专职人员负责管理。

【考古发掘】

配合完成天角潭水利枢纽建设项目库区考古调查工作。完成三亚英敦遗址、陵水桥山遗址发掘工作，为构建海南新石器时代文化序列提供了关键证据。海南东南部沿海地区新石器时代遗存被评为“2015年度全国十大考古新发现”。

3～8月，开展了海南沿海考古调查工作，对海南省东部万宁、陵水、三亚海域开展水下考古调查，采取了陆地走访和实地物探与潜水调查等方法，为今后环海南岛沿海水下考古调查工作的开展积累了经验。

【博物馆与可移动文物保护】

（一）博物馆

2016年，全省有各类博物馆、纪念馆29家，其中有19家文化文物部门归口管理的公共博物馆、纪念馆列入国家免费开放名单，还有一批博物馆、纪念馆自行向社会免费开放。

1．博物馆建设

中国（海南）南海博物馆选址琼海市潭门镇，距离博鳌亚洲论坛会址约9公里，占地150亩，总建筑面积70593平方米，概算总投资为93296万元，建设内容包括陈列展览、业务保障、科研教育、后勤服务以及“一带一路”会议展览交流服务体系。该项目于2016年5月正式动工，主体工程于2016年9月实现封顶。

海南省博物馆二期工程作为海南省“十二五”规划的重大文化建设项目，工程主体结构于2014年完成，建筑面积约25000平方米。2016年，该馆二期工程建设展陈设计方案已经相关部门批准。共有三个基本陈列，分别是“南溟泛舸——南海海洋文明陈列”“封疆拓土——海南历史陈列”和“仙凡之间——琼州风情陈列”。目前，布展工程已全面铺开，计划2017年5月对外开放。

海南省民族博物馆改扩建一期项目主要包括主体工程、配套设施、陈列布展等三部分内容，于2014年动工。2016年主体工程已完成，配套项目和陈列项目同步顺利推进，预计2017年对外开放，进一步把省民族博物馆打造成民族文化交流的重要平台，民族文化旅游的主要景区，爱国主义教育和民族团结进步教育基地，以及东南亚及南海周边民族关系的研究、展示中心。

2．博物馆间的交流与合作

2015年12月1日～2016年1月10日，在海南省博物馆展厅展出“丝路帆远——海上丝绸之路七省联展”，该展特邀上海中国航海博物馆与江苏、浙江、福建、山东、广东、广西、海南七省联合举办。2016年4月24日，由海南省博物馆、南京博物院主办的“问海——华光礁Ⅰ号沉船特展”在南京博物院特展馆开展。2016年8月28日，由海南省博物馆、河北博物院主办的“南海归帆——西沙华光礁Ⅰ号沉船特展”在河北博物院对公众开放。2016年11月9日，由海南省博物馆、吉林省博物院主办的“大海的方向——西沙华光礁Ⅰ号沉船特展”在吉林省博物院正式对公众开放。

3．重要陈列展览

1月20日～2月23日，在海南省博物馆展出“跨越四十年——王隽珠艺术馆藏品展”。4月29日～7月31日，在海南省博物馆展出“酌彼金罍——皿方罍与湖南出土青铜器精粹”。

4. 其他

为充分发挥博物馆的社会教育职能，海南省博物馆举行的“走向深蓝”海洋科普进校园活动正式拉开帷幕，活动得到海口市内各中小学积极响应。此次活动加强了馆校的沟通与合作，兼顾到不同年龄段学生的知识接受能力，不仅让高年级同学受益匪浅，也培养了低年级学生热爱海洋、自主学习的优秀品质，丰富了同学们的课外活动，增强了学生对海洋的认识，增强国防意识，培养爱国主义精神。

4月30日～5月22日，为配合“酌彼金罍——皿方罍与湖南出土青铜器精粹展”的举办，海南省博物馆开展了9期青铜趣味小课堂系列活动。通过趣味知识小课堂活动，让观众在轻松愉快的氛围中，学习到中华源远流长的青铜文化和青铜器在我国文化传承中所起的艺术价值、历史价值和生活价值，了解了数千年前中国古人铸造青铜的高超技术和创造力，激发孩子们对祖国青铜文化的兴趣。

6月4～26日，为祝贺海南东南部沿海地区新石器时代遗存入围“2015年度全国十大考古新发现”，海南省博物馆举办9期“考古小能手”体验活动，让孩子们近距离体验考古文化，感受文化遗产的魅力。活动反响热烈，受到广泛好评。

（二）可移动文物保护

全省共有51家国有可移动文物收藏单位，可移动文物总量55482件／套，藏品108856件。

2016年，完成“华光礁Ⅰ号”沉船出水文物9525件瓷器的拍照整理、凝结物脱除、脱盐和瓷器的修复；完成108件铁器的保护修复工作，具体工艺包括清洗除锈、脱盐、缓蚀封护，并将铁器在密封袋内保存，保护修复效果良好，达到了预期目标。

【文博教育与培训】

2016年10月，举办全省文博干部培训班，根据全省文物工作的实际和当前文物保护工作存在的困难和问题，有针对性地设置培训课程，特别邀请了国家文物局法规司、督察司和中国文物学会的领导和专家，讲授文物保护法制建设、文物执法、世界遗产的理念与实践。各市县文化广电出版体育局、博物馆、文化市场行政执法队、国家文物进出境海南审核管理处共99人参加了培训。

【文博宣传与出版】

2016年4月30日～5月8日，海南省博物馆举办了“我的设计，我的博物馆”博物馆二期公共空间设计大赛，增加了博物馆建设的社会参与度。

【机构与人员】

2016年海南省有文物保护管理机构13个，博物馆16个，文物科研机构1个。省级文物保护管理机构1个，博物馆2个，文物科研机构1个。市级文物保护管理机构12个，博物馆2个，其他文物机构13个。县级博物馆12个。

截至2016年12月31日，海南省文物机构从业人员315人，其中高级职称13人、中级职称40人。

重庆市

【概述】

2016年，重庆市文物系统认真贯彻落实习近平总书记关于文物工作的重要指示批示精神，按照全国、全市文物工作会议部署和《国务院关于进一步加强文物工作的指导意见》《重庆市人民政府关于进一步加强文物工作的实施意见》要求，自觉服务全市经济社会发展大局，抓主抓重，强化管理，加快推进重大项目实施，充分发挥博物馆桥梁纽带作用，文物保护利用成效明显，文物工作实现“十三五”良好开局。

【法规建设】

1月29日，重庆市人民政府第116次常务会议通过《重庆市钓鱼城遗址保护办法》，自2016年3月1日起施行。

6月24日，重庆市人民政府发布《关于进一步加强文物工作的实施意见》。

9月28日，《重庆市大足石刻保护条例（草案）》提请重庆市四届人大常委会第二十八次会议审议，并向社会公开征求意见；重庆市政府办公厅发布《关于推进文化文物单位文化创意产品开发的实施意见》。

编制完成《重庆市文物博物馆事业发展“十三五”规划》《重庆革命文物保护利用总体规划》《川渝石窟寺及石刻保护利用规划》等专项规划，进一步明确了重庆市文物博物事业发展的目标定位，细化了工作路径和任务。推动南方石质文物保护示范工程纳入国家文物局“十三五”规划。

【执法督察与安全保卫】

（一）执法督察

依法追究南岸区、渝中区文物火灾事故责任，8名责任人分别受到党纪、政纪或免职、解聘处理，1名责任人和1家责任单位受到罚款处理。开展专项督察3次，发出督察（督办）通知18份。

重庆市文物局联合市公安局深入开展打击和防范文物犯罪专项行动，共破获各类文物案件46起，抓获涉案人员184人，判刑30余人；追回涉案文物587件，其中三级文物17件、一般文物560件、其他10件。加大打击文物犯罪宣传教育，将典型案例拍成专题教育片，在重庆电视台都市频道“拍案说法”栏目连续播放，震慑不法分子。

重庆市文物局、市文化执法总队联合开展“文物法人违法案件专项整治行动”，坚决查处六类法人违法案件。2016年依法查处文物法人违法案件3起。

（二）安全保卫

将文物消防安全纳入市政府对区县政府消防工作年度考核指标体系，市级以上文物保护单位火灾事故纳入对区县社会治安综合治理年度考核指标体系，重大文物违法案件、火灾事故、盗窃盗掘案件等纳入《全国文明城市创建动态管理措施》。

修订完善《重庆市文物安全巡查检查报告制度》，督促抓好贯彻执行。全市各级文物行政部门对不可移动文物安全检查2734次，巡查检查不可移动文物8279处次，发现各类安全隐患2566项，整改1848项。对文物收藏单位安全检查255次，检查文物收藏单位525处次，发现安全隐患37项，整改35项。

重庆市文物局联合市公安消防总队开展文物建筑消防安全专项治理，全市共排查文物建筑1301处，查找出消防安全隐患935项，整改896项，配置或更换灭火器2357具，张贴消防警示标志牌3516块。

完成全国重点文物保护单位“中美合作所”集中营旧址消防、涞滩二佛寺摩崖造像安防、大足石刻宝顶山摩崖造像安防、潼南大佛寺摩崖造像安防等10项安全技术防范工程。推进实施八路军重庆办事处旧址安防、嘉陵江三峡乡村建设旧址群消防、钓鱼城遗址消防等11项安全技术防范工程。文物消防安全百项工程之杨氏民宅、湖广会馆消防工程方案获批，酉阳县红三军司令部旧址消防工程设计方案完成编制。

组织75名基层文物管理人员进行文物安全管理培训，对3552处尚未核定公布为文物保护单位的建筑类不可移动文物实施挂牌保护。

【不可移动文物的保护和管理】

（一）概况

截至2016年12月，全市共有不可移动文物25908处，市级以上文物保护单位337处，其中全国重点文物保护单位55处。中国历史文化名镇18个，中国历史文化名村1个，中国历史文化街区1个，中国传统村落74处。市级历史文化名镇43个，市级历史文化传统街区4个。公布首批优秀历史建筑176处。

（二）大遗址保护

重庆市政府颁布出台《重庆市钓鱼城遗址保护办法》。合川钓鱼城范家堰考古发掘与保护展示等工作稳步推进。完成涪陵龟陵城和巫山高唐观遗址考古调查勘探。南宋衙署遗址高台建筑防风化保护工程完工，巫山龙骨坡遗址危岩抢险加固工程实施加快。《白帝城大遗址保护总体规划》获得首届中国考古学大会金尊奖。巫山龙骨坡、奉节白帝城、万州天生城等大遗址列入重庆三峡后续8个重大文化遗产项目。

（三）全国重点文物保护单位

全年实施全国重点文物保护利用工程19个，其中本体维修15个、抢险加固4个，涉及古遗址2个、古建筑2个、石窟寺及石刻5个、近现代重要史迹及代表性建筑10个，已完工11个，在建9个。编制八路军重庆市办事处旧址文物保护规划上报国家文物局审批。双桂堂保护修缮工程、世界佛学苑汉藏教理院旧址保护修缮工程、钓鱼城遗址危岩加固工程、八路军重庆办事处旧址（饶国模故居、宪兵楼）保护修缮、“中美合作所”集中营旧址（蒋家院子、梅园、狼犬室、收发室）保护维修、国民政府军事委员会政治部第三厅旧址（郭沫若旧居）修缮工程、同盟国驻渝外交机构旧址（法国领事馆旧址、法国水师兵营旧址）修缮工程、潼南大佛寺摩崖造像部分建筑修缮工程、杨氏民宅修缮工程、湖广会馆日常养护工程等顺利通过专家验收，梁平双桂堂、北碚世界佛学苑汉藏教理院旧址、湖广会馆、八路军重庆办事处旧址、“中美合作所”集中营旧址等实现对外开放。

（四）世界文化遗产

完成重庆市大足石刻世界文化遗产监测预警体系建设项目并通过专家验收；大足石刻宝顶山结界造像抢险加固保护工程、大足石刻石篆山摩崖造像佛惠寺修缮工程编制完成并获得国家文物局批准同意。启动大足石刻宝顶山大佛湾水害综合治理工程。大足石刻宝顶山卧佛、小佛湾保护修缮工程立项获得国家文物局批准，正式启动大足石刻宝顶山卧佛造像保护修复工程、大足石刻小佛湾造像修复工程方案编制工作。

合川钓鱼城遗址保护列入国家文物局大遗址保护“十三五”专项规划，完成申遗文本、保护规划、管理办法等法定要件，正式向国家文物局递交申报世界文化遗产申请。推进实施钓鱼城范家堰遗址考古发掘、危岩体加固、摩崖题刻及碑刻抢救保护等重点保护项目8个。

（五）其他

推进重庆市委市政府决定近期重点恢复的十八梯、湖广会馆东水门、慈云寺米市街龙门浩、丰盛镇、木洞镇等传统风貌街区文物保护，及时派驻文物保护专家加强技术指导，建立方案审批绿色通道。实施法国领事馆旧址、湖广会馆、谢家大院、胡子昂旧居、慈云寺、十全堂、仁寿茶馆等文物修缮项目。

启动南岸区弹子石大佛病害调查与研究评估、完成五佛殿修缮方案编制。完成江津区石门大佛寺摩崖造像危岩整治、合川区涞滩二佛寺北岩造像本体保护、潼南区千佛崖摩崖造像保护设施等方案设计。

全面摸清革命文物家底，完成重庆市革命文物保护三年行动计划编制工作。实施沙坪坝歌乐山烈士陵园地质灾害、綦江区王良故居6处重点革命文物保护，努力扩大革命文物对外开放力度，发挥传统教育作用。完成“抗战遗址基础史料研究”等5个研究课题。中苏文化协会旧址、广阳岛抗战遗址等年久失修、工作推进难度大的文物保护项目实现重点突破，启动了维修。

落实三峡文物保护资金14580万元，启动实施项目41个，完工18个。组织策划巫山龙骨坡遗址公园、奉节白帝城大遗址保护等重大项目8个，并列入2018～2020年三峡后续重点实施项目库。国家文物保护装备产业（重庆）基地和三峡数字博物馆等重点项目顺利推进，三峡文物科技保护基地项目取得市发改委立项批复。

2016年新增中国传统村落11个，总量达到74个。申报5个第七批中国历史文化名镇。继续推进传统村落国保省保集中成片保护，完成酉阳后溪、涪陵安镇陈万宝庄园维修项目，实施涪陵大顺乡、黔江阿蓬江镇大坪村、潼南双江镇金龙村3个传统村落文物保护项目。

【考古发掘】

（一）概况

2016年，全年开展考古调查30项，调查里程1972公里，调查面积22.42平方千米，勘探面积96600平方米，发现文物点330处；开展考古发掘48项，发掘文物点67处，发掘面积38193平方米，出土文物10898件／套。包括主动性考古发掘4项，发掘面积2575平方米，出土文物1351件／套；三峡消落区考古发掘19项，发掘面积14430平方米，出土文物3258件／套；开展三峡后续大遗址考古项目，完成涪陵龟陵城的调查、勘探及试掘，巫山高唐观遗址4200平方米发掘，助推大遗址保护立项。实施基建考古发掘25项，发掘文物点43处，发掘面积17000平方米，出土文物2900余件／套。

（二）重要考古项目

1．巫山县大水田遗址

2016年3～8月，重庆市文化遗产研究院对大水田遗址开展考古发掘工作。发掘面积1000平方米，发现大溪文化、战国中晚期至西汉早期、宋代、明清遗迹175处，其中灰坑118个、墓葬53座、沟4条，出土陶、石、瓷、铜、铁、骨质器物500余件／套。

此次考古发掘为探讨大溪文化葬俗提供了新的实物资料，有利于探索大溪文化先民工艺水平及艺术表现力。发现了多组玉溪上层文化晚期陶片与大溪文化晚期共存关系，为探讨二者之间的文化交流与影响提供了重要参考，同时为确定玉溪上层文化的年代提供佐证。

2．巫山县高唐观遗址

2016年2～8月，重庆市文化遗产研究院对高唐观遗址北部区域进行全面的考古勘探及发掘工作。实际发掘面积4200平方米，清理灰坑34个、灰沟4条、池2座、墓葬81座、房址8座，时代涵盖西周、战国、西汉、东汉、南朝、唐宋和明、清。

高唐观寺观建筑基址格局较清晰，建筑分布面积超过3000平方米，是复原明清时期寺观的重要实物基础。明清时期宗教遗存僧人墓葬是一项突破性的发现，对认识同时期僧人墓葬的选址、布局及丧葬行为具有重要的参考价值。战国、两汉时期墓葬遗存对研究楚文化在巫山地区的发展具有重要价值。

3．江津区石佛寺遗址

2016年10～12月，重庆市文化遗产研究院对江津区石佛寺遗址开展考古调查、勘探和试掘工作。调查面积约1平方千米，试掘300平方米，发现有宋至明清时期的寺庙建筑遗迹群、摩崖造像、僧人墓葬群等，出土各类文物标本50余件，种类主要有单体石造像、石构件、石碑刻、石经幢、陶瓦、陶建筑构件、瓷碗等。

石佛寺遗址集摩崖造像、寺庙建筑、僧人墓葬等于一体，特别是将自然山势和天然落石有机组合到寺庙建筑中，以天然落石为轴线的布局结构，是西南山地古代建筑技术和建筑规划的杰作。遗址中的摩崖造像和单体造像雕刻精美、技艺纯熟，是西南地区佛教造像中不可多得的艺术珍品。该遗址为研究西南地区的佛教史、宗教史、美术史、建筑史等提供了珍贵的实物资料。

【博物馆与可移动文物保护】

（一）博物馆

1．博物馆建设

2016年新增博物馆6家，全市登记备案博物馆达到87家。建成重庆三峡移民纪念馆（万州区博物馆新馆）并向社会试运行开放。重庆工业博物馆以及沙坪坝、大渡口、万盛等区县博物馆建设推进顺利。开州博物馆成立理事会，重庆自然博物馆理事会制度试点顺利推进。

组织开展2015年度全市免费开放博物馆（纪念馆）绩效考核，60家免费开放博物馆，考核合格以上等级的53家，奖励资金700余万元，首次将23家自行免费开放博物馆（包括9家非国有博物馆）纳入奖励范围。

2．博物馆间的交流与合作

重庆中国三峡博物馆与台湾鸿禧美术馆合作，于重庆三峡博物馆展出“澄怀观道：中国绘画的形象与美感”，充分体现了海峡两岸文博工作者共同守护中国传统文化的情感。

自然博物馆利用馆藏资源，策划专题展览，支援西藏文化建设，在昌都博物馆设计制作“盛世辉煌——侏罗纪恐龙展”。

3. 重要陈列展览

2016年，全市博物馆新引进或推出展览156个，年接待观众2365万人次，同比增长21%。

“革命理想高于天——中国工农红军标语展”于2016年9月30日～2017年2月28日展出。该展览整合6省市16个地区27家文博单位文物资源，共展出文物381件，照片资料220件，其中珍贵文物85件，首次系统运用红军标语这种文物形式原创策划推出，反映了红军将士对革命理想的伟大追求与革命初心。该展览入选国家文物局“纪念建党95周年和红军长征胜利80周年”10个主题展览。

“万川汇流”于2016年10月26日起在重庆三峡移民纪念馆展出。该展览全面展示了万州在历经数千年的光阴变化中，历史沿革、人文风貌、城市变迁等方面在不同时期呈现出的迷人魅力。

“澄怀观道：中国绘画的形象与美感”于2016年10月28日～2017年2月19日展出。该展览从中国绘画理论和中国书画中体现的人文精神等方面入手，用符号学的方法将特定画中主题和形式特征进行归类，对画作进行解析和阐述，开拓了中国书画展览内容及形式的新路。

“百年艺程——龙的美术馆（重庆馆）开馆展”于2016年5月27日～2016年8月28日展出。该展览通过观照一百年来颇具影响力的艺术作品在历史中的独特作用、文化魅力和时代内涵，展示中国艺术家百年来的实践与探索，以及中国艺术不断焕发出的生机与活力。

4. 其他

连续三年参与国家文物局博物馆青少年教育功能试点，在研学旅行、青少年教育项目库建设、配合青少年教育活动开发文创产品等方面进行重点探索。2016年，重庆市博物馆青少年教育项目库新增项目174个，提供博物馆研学旅行服务1000次以上，专门开发的青少年文创产品93种，与博物馆建立共建学校达127个。重庆红岩革命历史博物馆被确定为国家研学旅游示范基地，重庆中国三峡博物馆、重庆自然博物馆被列为重庆市中小学社会实践教育基地。

2016年9月，重庆市人民政府办公厅印发《关于推进文化文物单位文化创意产品开发的实施意见》。重庆中国三峡博物馆、重庆红岩革命历史博物馆、重庆自然博物馆成功申报为全国博物馆文化创意产品开发试点单位，全市各博物馆2016年新开发文创产品996种。举办“重庆市首届全国博物馆文化创意产品联展”“创意生活·传承文化——重庆首届文博创意产品展示”“重庆市首届十大文博创意产品评选”等活动。组织优秀文化创意产品参加国际博协第24届米兰大会、2016第七届中国博物馆及相关产品与技术博览会等国内外文化交流活动和知名展会，荣获“最佳展示奖”“全国博物馆文创产品最受欢迎奖”“最佳创意文创产品奖”等多个奖项。

（二）可移动文物保护

1. 概况

2016年实施可移动文物保护项目24个，其中馆藏珍贵文物和三峡出土文物修复项目18个、预防性保护项目5个、数字化保护项目1个。全年征集文物2627件，修复文物1373件。

2. 可移动文物保护科研基地建设

重庆中国三峡博物馆与中科院重庆绿色智能研究所、国家文物局出土漆木器重点科研基地荆州文物保护中心签订科研合作协议，共同开展有机质文物有害生物防治等研究工作。完成重庆社科项目“中国早期合金的冶炼工艺研究”结项验收，发布该项目相关论文3篇等研究成果，进一步佐证了中国冶金技术独立起源说。

3．可移动文物保护技术、方法及应用

重庆中国三峡博物馆积极开展文物保护修复新方法、新技术应用研究，全年获文物保护相关实用新型专利7项。重庆市文化遗产研究院开展了青铜器补铸研究、断层扫描技术在文物检测中的应用、青铜器鎏金层铜锈清洗研究等，2016年发表论文12篇、出版研究报告2部，与陕西师范大学合作获得国家知识产权局发明专利1项（鎏金层铜锈凝胶除锈剂）。

（三）第一次全国可移动文物普查

按照国务院部署，全面完成第一次全国可移动文物普查。全市国有收藏单位165家，登录可移动文物470234件／套（1482489件），其中新发现认定文物155576件。收录文物图片915479张，数据容量2584GB。登录珍贵文物42172件，其中一级文物2375件，二级文物5784件，三级文物34013件，一般文物266762件，未定级文物1173555件。

【社会文物管理】

重庆中国三峡博物馆和重庆市文化遗产研究院被国家文物局指定为全国第二批涉案文物鉴定评估机构。新增文物进出境责任鉴定员2名。全年开展文物鉴定33次，鉴定物品783件／套。开展文物拍卖企业标的审核3次，审核拍卖标的866件／套。完成2014～2015年文物拍卖许可证年审工作，重庆华夏文物拍卖有限公司、重庆恒升拍卖有限公司、重庆拍卖中心等3家拍卖公司均年审合格。

【科技与信息】

中国红村网正式上线，打造集红色旅游、红色教育、红色文化于一体的专业资源平台。建立中国红色资源公共数据库，推进云数据应用平台建设。全力推进“红岩文化展演与传播技术集成与示范”科技项目，有效增强展示、体验红岩革命历史文化的科技化水平。

重庆中国三峡博物馆信息化建设规范及基础软件开发项目完成设计开发和部署工作，已上线试运行，有效提升了博物馆各业务资源利用率及数字化综合管理能力。对老照片系统主要功能进行升级改造并进一步完善。顺利完成古籍数字化工作，完成了古籍扫描加工9213册，共计120万余页，完成古籍基本信息著录5085套，共372915条目信息采集录入。

重庆市文化遗产研究院启动动植物考古实验室、影像实验室建设，开展以大溪文化墓葬保护为代表的实验室科技考古工作。启动数字化文物保护，编制完成《“十三五”文化遗产保护数字化发展规划》。推广便携式小型遗迹正射影像合成技术，为考古项目数字信息化提供技术支撑。与多家数字遗产保护科技公司合作开展田野考古数字化平台建设，在巫山高唐观遗址、石柱古城坝遗址、永川汉东城遗址等成功实践。

举办“考古学、人类学与古动物学国际高端论坛”“全国第十三届科技考古学术讨论会”“手工业考古·重庆论坛——中国西南地区冶金与盐业考古学术研讨会”等国际或全国性重要学术活动17次。

【文博教育与培训】

2016年，重庆市承办全国文博单位“互联网+中华文明”三年行动计划、南方石质文物保护、全国文物单位文化创意产品开发与经营等培训班8个，培训人员600多人次。

【文博宣传与出版】

组织开展第七届文化遗产宣传月活动，推出“惠民活动”“走进文化遗产”等活动160余项，深受群众欢迎，宣传成效明显。

各博物馆专业人员撰写发表学术文章480篇，承担科研课题44个，编撰出版图书27本。重庆中国三峡博物馆出版《重庆抗战图史》《抗战时期西南大后方城市发展变迁研究》《远祖迷踪——巫山玉米洞发掘记》3部论著和《革命理想高于天——中国工农红军标语展》图录；重庆红岩革命历史博物馆出版《光辉历程　不朽丰碑——中共中央南方局致力于抗日民族统一战线的伟大实践画册》《红岩革命历史博物馆2015年论文集》《建馆60年记忆》等；重庆历史名人馆出版《抗战·人物——抗日民族统一战线与重庆名人》《万从木画集》等。

【机构及人员】

截至2016年年底，重庆市共有文博机构123个。包括市级文物行政主管部门1个、区县文物保护管理机构38个、博物馆87个、文物科研机构1个、文物商店2个、其他文物机构3个。

从业人员2681人。按单位性质分，文物科研机构157人，文物保护管理机构235人，博物馆2232人，文物商店18人，其他文物机构39人。按隶属关系分，市级文物单位从业人员786人，区县级文物单位从业人员1895人。共有专业技术人员931人，其中具有高级职称62人、副高级职称130人、中级职称294人。

【对外交流与合作】

联合东京中国文化中心开展“重庆文化年”主题活动，“汉风遗韵：馆藏中国汉代画像艺术展”“乡土圆梦：馆藏中国农民画展”“三峡文物保护成果图片展”等一批精品展览走出国门，重庆与世界文化交流合作日益加强。

四川省

【概述】

2016年，四川省文物事业繁荣发展，实现“十三五”良好开局，打击文物犯罪成绩显著，蜀道申遗基础工作有效进行，纪念红军长征胜利80周年等纪念活动扎实开展，各项工作取得新成绩。

【法规建设】

2016年10月20日，经四川省人民政府第131次常务会议审议通过，四川省人民政府出台《关于进一步加强文物工作的实施意见》。《实施意见》立足四川省情和文物工作实际，既对“十三五”时期文物事业发展目标任务进行了统筹部署，又针对当前文物工作中存在的问题提出了一些硬性措施，是当前和今后一个时期四川文物保护利用管理工作的指导性文件。

《四川省“十三五”文化发展规划》的子规划——《四川省文物事业发展“十三五”规划》基本编制完成，40个项目纳入国家“十三五”期间文物保护利用设施建设项目库，川渝石窟文物保护项目纳入《国家文物事业发展“十三五”规划》。

【执法督察与安全保卫】

2016年，认真开展文物法人违法案件专项整治行动，扎实抓好文物行政执法工作。文物安全巡查检查工作持续进行，配合完成国务院消防安全专项检查，抓好文物安全监管和安全隐患整治工作。继续加强与公安等部门协作配合，成功破获公安部挂牌督办的2016年全国最大文物案——彭山特大盗掘倒卖文物案，抓获违法犯罪嫌疑人75人，打掉犯罪团伙10个，摧毁倒卖文物网络9个，追回文物1000余件。

【不可移动文物保护和管理】

（一）概况

四川省人民政府公布16处全国重点文物保护单位和13处省级文物保护单位文物保护规划，截至目前累计公布文物保护规划87个。古蜀文明保护传承工作有序开展，编制完成《古蜀文明保护传承工程规划纲要》和实施方案。革命文物保护展示工作扎实推进，《四川省革命文物保护利用规划纲要》基本完成，相关本体保护、展示利用工作积极开展。

（二）全国重点文物保护单位

完成达扎寺、盐神庙、塔梁子崖墓群、曾家园等10余处全国重点文物保护单位保护规划和德格印经院、西充文庙、清凉洞摩崖造像、牛角寨石窟、邛崃石窟等30余项全国重点文物保护单位文物保护工程立项上报。完成灌口城隍庙、吴玉章故居、长青春科尔寺等20余处全国重点文物保护单位保护工程设计方案审核批复。完成广元千佛崖摩崖造像、杨升庵祠及桂湖等10余项文物保护工程并通过专家验收。

（三）大遗址保护

三星堆遗址、金沙遗址、邛窑、成都平原史前城址、明蜀王陵墓群、罗家坝遗址、城坝遗址、蜀道、茶马古道等9处大遗址被国家文物局列为“十三五期间重要大遗址”。编制完成《成都片区大遗址总体保护规划》，编制上报《蜀道（米仓道巴中段）2016～2018年度考古工作规划》等大遗址考古工作计划，实施罗家坝遗址、宝墩遗址、三星堆遗址等大遗址考古发掘工作。

（四）世界文化遗产

配合四川省住建厅持续推进蜀道申遗工作，召开蜀道申遗文化遗产点遴选专家咨询暨工作推进会，相关地方政府启动片区保护管理规划（文化遗产部分）和环境综合整治规划（文化遗产部分）编制。开展德格印经院申遗前期工作，完成德格印经院壁画数字化勘察测绘立项。完成乐山大佛保护性窟檐建设等工程立项申报，核准《乐山大佛左侧（天洞—麻洞）危岩治理工程设计方案》，完成《峨眉山—乐山大佛外围岷江航电老木孔枢纽工程对遗产地的影响评估报告（中英文）》和《岷江老木孔航电枢纽工程建设对乐山大佛影响的综合保护方案》编制上报。

（五）其他

141个村落列为第四批中国传统村落，四川中国传统村落总数达到225个。纳入全国首批国保省保集中成片传统村落整体保护利用的泸县方洞镇石牌坊村屈氏庄园文物保护工程基本完成；古蔺县二郎镇红军街社区文物保护工程顺利推进；棉蟹螺堡子文物保护工程顺利完成；巴中市平昌县白衣古镇、自贡市大安区牛佛镇文物保护工程有序开展；四川传统村落保护利用工作取得明显进展。

4月19日，全国重点文物保护单位三苏祠灾后文物抢救保护工程竣工暨开馆仪式举行。三苏祠灾后文物抢救保护工程系国家重点工程，总投资8600余万元，主要包括文物本体维修、展陈改造提升、安消防等7项工程，是三苏祠历史上规模最浩大、最全面、最彻底的一次维修工程。三苏祠重新开放后，仅“五一”期间就接待游客2.5万人次，超过了闭馆维修之前2013年全年游客数量，实现门票收入36万元。

12月3日，四川省文物局组织专家组对广元千佛崖摩崖造像灾害治理及重点龛窟保护修复工程、保护建筑试验段工程和文物环境监测系统工程进行了竣工验收。工程经验值得推广，为川渝石窟保护利用重点工程的实施起到了示范作用。

【考古发掘】

（一）概况

2016年，四川省文物考古研究院完成考古发掘勘探项目67项，发掘面积约35700平方米，出土各类文物和标本3240件／套；成都文物考古研究所完成考古发掘勘探项目200余项，发掘面积约50000平方米，出土各类文物1000余件／套。

（二）重要考古项目

1．成昆铁路扩能工程先秦时期聚落遗址群

2016年8月以来，为配合成昆铁路扩能工程建设，四川省文物考古研究院联合凉山彝族自治州博物馆、西昌市文物管理所等单位对沿线涉及的安宁场、羊耳坡、新庄等先秦时期遗址陆续开展了考古发掘，发掘面积逾20000平方米，清理500余座房址、灰坑、窑址、墓葬，出土3000余件/套陶器、石器、金属器标本。此次发掘为安宁河流域构建先秦时期考古学时空框架、厘清考古学文化因素和谱系关系及研究先秦时期文化交流等问题提供了十分重要的实物资料。

2. 罗家坝遗址新石器时期遗存

2015年12月～2016年6月，四川省文物考古研究院对罗家坝遗址进行考古发掘，发掘面积300平方米，发现了一批新石器时代遗存，包括70余座灰坑和大量的陶器、石器等遗物。此次发掘的新石器时期堆积较为深厚，堆积层次较多，遗迹较为丰富，出土器类较多，器型演化规律清晰，可能代表一种新的考古学文化类型，其年代应在距今5300～4500年。这一发现不仅填补了广元中子铺遗存与四川盆地及川东地区新石器时代晚期遗存之间的空白，而且为构建川东北地区新石器时代中晚期考古学文化序列提供了重要资料，也为探索四川盆地及峡江地区新石器时期考古学文化来源提供了新的方向。

3. 阆中市灵山遗址

2016年9月～2017年1月，四川省文物考古研究院、南充市文管所、阆中市文物管理局组成联合考古队对阆中市灵山遗址展开调查、勘探和抢救性考古发掘工作，发掘面积360平方米，发现灰坑、房址等遗迹38个，出土文物108件以及大量陶、瓷片等标本。灵山遗址是嘉陵江干流中游首次发现和发掘的新石器时代晚期遗存，为研究四川盆地以及盆地周边新石器时代晚期考古学文化的东西交流与南北融合提供了新的实物资料，将阆中有据可考的人类活动历史从距今约3000年提早到距今5000～4500年。

4. 城坝遗址

2016年，四川省文物考古研究院对城坝遗址进行了考古发掘，发掘面积约600平方米，发掘中小型竖穴土坑墓17座。这些墓葬均使用膏泥封护，共出土铜、铁、陶、漆木竹器等随葬品约240件。勘探与发掘结果均表明，该区域为一处大型汉代墓地，大量土坑墓、木椁墓及砖室墓呈点状密集分布于区域内山岭之上，这也是川东地区目前发现规模最大、分布最为密集的汉代墓地。

5. 汉源县娃娃窑唐宋墓地

2016年3～4月，为配合汉源县瀑布沟水电站建设，四川省文物考古研究院对该墓地进行了抢救性考古发掘，共揭露墓葬11座，其中8座墓葬为唐代墓葬，另外3座为北宋时期墓葬。此次娃娃窑唐代墓葬的发掘，丰富了四川地区的唐墓资料，尤其是出土了“开元通宝”金币和金冥币等随葬品，不仅填补了四川唐代壁画墓的发现空白，同时对唐代四川地区社会、经济、文化等研究也提供了新的实物资料。

6. 大邑县高山古城遗址

2016年，成都文物考古研究所继续对大邑县高山古城遗址进行主动性考古发掘，发现大量遗迹包括新石器时代（宝墩文化）墓葬89座、人祭坑1个、灰坑86个、灰沟12条，出土陶器、石器等丰富遗物，同时发现并确认了目前成都平原年代最早和最为完整的史前墓地。此次发掘为开展成都平原新石器时代古人口学、古人种学、古病理学以及成都平原史前社会复杂化等研究提供了珍贵的考古资料，特别是高山第一期遗存的发现，将进一步完善成都平原新石器晚期文化的分期研究。

7. 盐源县皈家堡遗址

2016年10～11月，成都文物考古研究所、凉山彝族自治州博物馆、盐源县文物管理所联合对皈家堡遗址进行了考古发掘，发掘面积600平方米，发现丰富的新石器时代遗存，揭露遗迹64处，同时开展了植物考古、动物考古、环境考古、石器岩性与生产分析等多项科技考古工作。此次发掘发现了目前川西南地区最早的新石器文化遗存，将盐源盆地人类活动历史上溯至距今4600年前，证明了“川西南走廊”是“南方丝绸之路”的重要组成部分。

【博物馆与可移动文物保护】

（一）博物馆

1．博物馆建设

成都博物馆、绵阳博物馆、甘孜州民族博物馆等市州级博物馆和“4·20”芦山强烈地震纪念馆等正式建成并对公众免费开放。2016年4月11日，四川攀枝花三线建设博物馆获国务院办公厅同意，冠名攀枝花中国三线建设博物馆。全省博物馆共258家，其中国有博物馆180家、非国有博物馆78家。

2．博物馆间的交流与合作

四川博物院先后赴云南省博物馆举办“茶马古道”文物特展、赴大连现代博物馆举办“格萨尔王唐卡及藏族艺术展”等展览。广汉三星堆博物馆、成都金沙遗址博物馆“神秘的古蜀文化”展赴武汉长江文明博物馆、大连现代博物馆、长沙博物馆展出。宜宾博物院、广汉市文物管理局、崇州市博物馆、温江区博物馆赴深圳博物馆举办“巴蜀汉代艺术生活展”。四川宋瓷博物馆赴宁波博物馆举办“天府遗珍——四川出土宋代文物精品展”。

3．重要陈列展览

成都博物馆“花重锦官城——成都历史文化陈列”以历史发展脉络为主线，通过大量精美的文物向观众全面展示了先秦时期至近现代成都地区历史发展的脉络。展览以新石器时代晚期的宝墩文化古城址群、夏商周时期的三星堆遗址、金沙遗址，战国时期的商业街船棺葬、老官山汉墓、汉代画像砖、南朝佛教石刻造像等为重点，共五个专题。

甘孜州民族博物馆基本陈列以“和美甘孜——历史文化”为主题，用四个专题全面展示了甘孜独具魅力的自然资源、历史文化、红色文化和康巴文化。

此外，四川博物院联合西部八省区精心策划推出“茶马古道”大型专题展，产生了良好的社会效应；成都博物馆联合故宫博物院举办的“盛世天子——清高宗乾隆皇帝特展”，创下近年来单个临时展参观人次最多纪录；成都金沙遗址博物馆举办的“九连墩的故事——湖北九连墩楚墓精品文物特展”，主题鲜明、制作精良，是奉献给观众的精品陈列展览。

4．其他

全省各博物馆结合自身馆藏特色和功能定位，积极开展博物馆青少年教育项目设计和博物馆青少年解说词及读物的编写工作，形成了50余个青少年教育项目、90余套青少年解说词及读物，出版博物馆青少年教育活动优秀案例。

（二）可移动文物保护

甘孜州建成四川民族地区首个区域文物中心库房，四川博物院、成都博物馆、成都金沙遗址博物馆、泸州市博物馆、雅安市博物馆、“5·12”汶川特大地震纪念馆等6家博物馆完成馆藏文物保存环境监测站建设。四川省10家可移动文物修复资质单位修复可移动文物6000余件。

（三）第一次全国可移动文物普查

2016年，四川省第一次全国可移动文物普查全面完成。全省594家国有文物收藏单位登录文物1078254件／套。四川博物院、成都博物馆荣获“第一次全国可移动文物普查先进集体”称号。四川省文化厅联合四川省人力资源和社会保障厅印发《关于表彰四川省第一次全国可移动文物普查工作先进集体、先进个人的决定》，对30个先进集体、127名先进个人进行了表彰。

【社会文物管理】

2016年，办理文物复仿制品出境1次12件，文物临时进境2次297件／套，文物临时出境1次12件，文物临时出境复进境1次12件。开展川内涉案文物鉴定73次，涉及古墓葬50座，鉴定物品1629件／套，其中一级文物6件、二级文物20件、三级文物109件／套。承接西藏自治区、青海省涉案文物鉴定20次，鉴定物品178件／套，其中二级文物1件、三级文物76件／套。鉴定馆藏文物1673件、拟征集文物77件。举办文物艺术品拍卖会20场，审核各类拍卖标的6220件，累计成交标的951件，成交金额5189.985万元。

【文博教育与培训】

4月13～15日，由四川省文化厅（四川省文物局）举办的全省博物馆青少年教育活动师资培训班在成都举办，各市州文广新局负责同志、经备案确认的国有博物馆馆长共170余人参加培训。

12月12～20日，中共四川省委统战部和四川省文物局在成都联合举办四川省藏传佛教寺庙文物保护与管理专题培训班，来自甘孜、阿坝、凉山3个自治州的寺庙民管会成员共85人参加了培训。

【对外交流与合作】

成都金沙遗址博物馆联合国内3家博物馆引进意大利“永恒之城——古罗马的辉煌展”。该展汇聚了罗马国家博物馆、佛罗伦萨考古博物馆等7家意大利博物馆的233件／套文物精品，在80天展出时间中吸引观众50余万人次。

四川博物院联合中国文物交流中心引进罗马尼亚国家历史博物馆“罗马尼亚珍宝展”。该展由罗马尼亚文化部牵头调集了该国31家博物馆的445件／套文物精品，是该国文物对外交流史上规模空前的一次文化盛典，受到中国观众的热烈欢迎。

【其他】

9月14～19日，第七届中国博物馆及相关产品与技术博览会在四川省成都市世纪城新国际会展中心举办。本届博览会主题是“博物馆新时代·创意发展·科技未来”，创造了活动规模、国际化程度和影响力三个方面的历届之最。期间共举办专题论坛11个、推介会12场，主展区面积4万平方米，参展博物馆275家，参展企业216家，14个“一带一路”沿线国家的博物馆带来了63个推介项目，国际博协和28个国家的专家学者和博物馆代表参加了国际论坛等多边国际交流活动，项目签约110多个，签约金额3.2亿元。

11月30日，四川省人民政府在成都召开全省文物工作会议，贯彻习近平总书记、李克强总理关于文物工作的重要指示批示和全国文物工作会议精神，表彰四川省第一次全国可移动文物普查先进集体和先进个人。此次会议是在“十三五”开局之年召开的一次重要会议，为四川实现由文物大省向文物强省跨越指明了方向。

贵州省

【概述】

2016年，贵州省文博系统深入学习贯彻党的十八大、十八届三中、四中、五中、六中全会，及习近平总书记对文物工作的重要指示和系列讲话精神，全面贯彻落实中共贵州省委第十一次党代会和十一届六次、七次全会精神。在国家文物局的大力支持和指导下，在贵州省文化厅党组的坚强领导下，围绕贵州省委、省政府的决策部署，正确处理好全省文物保护与经济社会发展的关系，主动适应新常态、积极应对新挑战，有效推进符合贵州省文物保护与合理利用之路取得新的成绩。

【执法督察与安全保卫】

（一）执法督察

2月1日，黔东南州文化综合执法支队对镇远舞阳文化产业发展有限责任公司《行政处罚决定书》处罚内容如下：在全国重点文物保护单位青龙洞古建筑群的保护范围和建设控制地带内祝圣桥桥面新修雕像撤除现状，恢复原貌；罚款5万元人民币。罚款5万元于2016年2月24日履行完毕；祝圣桥桥面新修雕像撤除现状，恢复原貌已于2016年3月18日履行完毕。

核查县级文物保护单位鸭溪会议会址因拆迁建设遭破坏一案。中革军委鸭溪会议会址采取遗址范围内进行原址保护的措施，恢复文物保护标志碑和部分石质物件到原址，划定文物保护单位保护范围和建设控制地带，会址交由县级文物主管部门主导开展中革军委鸭溪会议相关文史资料展陈工作。原址保护措施落实后立即恢复管委会棚户区改造拆迁施工。

3月18日，贵州省文物局向黔南州文物局下达《文物行政执法督办单〔2016〕第4号》，要求按国家文物局和贵州省人民政府的意见认真查处福泉城墙违法建设案。处理情况如下：福泉城墙文物违法案共处理党政负责同志3人；对施工企业贵州保利文物古建有限公司、湖北省大冶市明洋园林景观工程有限公司分别进行行政处罚罚款15万元；按照国家文物局和省文物局及专家指导意见抓好整改落实。

8月24日，贵州省文物局向黔南州文物局下达《行政执法督办单〔2016〕第8号》，并到现场核实“龙家民居”被拆案相关情况。8月26日，贵州省文物局以书面形式向国家文物局汇报。8月31日，国家文物局致函贵州省人民政府《关于请严肃查处贵州省福泉市福泉城墙违法建设案、独山县龙家民居被拆毁案的函》。处理情况如下：独山龙家民居（县级）文物违法案共处理党政负责同志6人；对涉事企业贵州银象乾坤置业发展有限公司行政处罚罚款45万元；对贵州银象乾坤置业发展有限公司及有关人员涉嫌犯罪进行调查，县公安局已将案件移送县检察机关起诉，目前该案正在县检察院审查办理中；启动龙家民居原址复建工作，在国家文物局、贵州省文物局及专家的指导下，启动复建及相关报批工作。

贵州省文物局与各市（州）文物行政部门签订2016年文物安全责任书，对各市（州）文物安全与行政执法巡查工作进行督导。按照国家文物局《文物安全与行政执法信息上报及公告办法》的相关要求，切实执行文物安全与执法督察公示公告制度，全面完成贵州省2016年上半年文物安全与行政执法信息统计上报工作。

【不可移动文物的保护和管理】

（一）概况

2016年，组织、指导编制全国重点文物保护单位文物保护、环境整治、“三防”及展示利用工程立项报告和方案100余个，获批90个，组织编制并申报15个全国重点文物保护单位保护规划。争取中央文物保护专项资金2.2亿余元。组织、协调、指导省考古研究所开展了铁路、高速公路、水电站等大型基本建设85个文物考古调查及保护项目。启动第六批省级文物保护单位的申报工作。

（二）全国重点文物保护单位

组织编制全国重点文物保护单位有关文物保护、环境整治、展示利用工程方案，包括马头寨古建筑群、阳明洞和阳明祠、隆里古建筑群等100余项。开展全国重点文物保护单位险情排查和专项资金使用工作，组织对险情较严重的文保单位抢险加固。全年投入不可移动文物修缮资金7.1亿元。完善第七批全国重点文物保护单位的“四有”工作。

（三）世界文化遗产

加强对海龙屯世界文化遗产的监测管理，推进文化旅游业全面发展，有效发挥世界文化遗产品牌的核心驱动力，为遵义市乃至全省经济社会发展注入新的动力。组织编制和向国家文物局申报海龙屯双回亭、双歇亭、两看亭设计方案，在批准的同时，完成以上3个附属设施的建设工作。

支持和指导黔东南州开展侗族村寨申报世界文化遗产。

（四）其他

围绕民族文化保护，结合精准扶贫的思路和目标，推进传统村落保护发展与生态博物馆建设，全力推进文化惠民工程。基本完成传统村落保护全国第一批试点（安顺云山屯、黎平地扪、榕江大利），继续推进第二批试点（开阳马头寨、锦屏隆里、石阡楼上、雷山上郎德），启动第三批试点（台江旧州、丹寨石桥、黎平肇兴中寨）保护利用工作。

【考古发掘】

（一）概况

2016年完成考古调查、勘探项目85项，调查面积逾300平方千米，发现地面和地下文物点100余处。“播州杨氏土司遗存考古项目”获得“2011～2015年度田野考古一等奖”。成功举办“文脉所系　人文贵安”考古论坛。完成了杨价墓实验室考古工作，初步完成了遵义播州杨氏土司调查资料的整理工作。出版考古报告1本，发表文章30余篇。

（二）重要考古项目

1．马场镇牛坡洞

2016年9～11月，对马场牛坡洞遗址进行第四期发掘。发掘面积近30平方米，出土石器、陶器、骨器等文物标本数百件。

2. 贵安新区招果洞

2016年7～10月，试掘面积5平方米，地层深度约4米，出土各类文物1000余件。

3. 习水宝寨遗址

发掘面积300平方米，共清理灰坑23个、墓葬2座、砖室墓1座、石室墓1座。墓葬破坏较为严重，仅残存墓道，在墓道出土有少量的遗物，均为陶器残片。石室墓内仅发现一块骨头，无陪葬品。墓葬封土外围用石块垒成，整体呈长方形，在外围的石头上发现陶甑底、五铢钱等遗物。

4. 夹岩水库塘边遗址

发掘面积1505平方米，遗迹有房址6座、灶坑10个、灰坑37个、灰沟4条，其中新石器时代晚期至商周时期遗迹有房址5座、灶坑5个、灰坑23个。出土文物标本约600件，包括燧石制品、砾石制品、陶器、铜器等。

5. 夹岩水库马场遗址

发掘面积2500平方米，共发现灰坑35个、房址7座、沟4条、灶5座。遗址范围内出土陶器多为碎片，发现两件较为完整的陶器，一件为灰陶小平底罐，另一件为盘口陶釜。石器有磨制石器、打制石器、磨石和少量燧石石片，磨制居多，石料大多采自河滩和周围山上，器形有石锛、石斧、石锤等。

6. 安顺宁谷遗址

试掘面积2500平方米，重点发掘350平方米。城址分三个时期堆积，分别为清代石墙、房址、灰坑、淬火炉；明代石砌围墙、房址；汉代夯土墙、灰坑、灰沟和排水沟所构成城址。其中城址始建年代为汉代，毁弃于魏晋时期。遗址内出土遗物有筒瓦、板瓦、瓦当、陶器、铜器、铁器和石器等。

7. 习水黄金湾遗址

发掘面积500平方米。清理新石器时代至商周时期灰坑10余座；汉代竖穴土坑墓1座、岩坑墓1座、崖墓2座、房址2座、灶坑1个、灰坑50余个。出土陶、石、铁、铜等器物千余件，其中完整和可修复器物200余件。

【博物馆与可移动文物保护】

（一）博物馆

1. 博物馆建设

加强博物馆建设和管理，提升博物馆服务质量和水平。开展47家免费开放博物馆纪念馆绩效考评工作，8家单位评为优秀，37家单位评为合格，达德学校旧址陈列馆、仁怀市博物馆评为基本合格。三都水族文化博物馆正式向社会开放。

2. 重要陈列展览

指导推进孔学堂王阳明主题展览工作和修文王阳明纪念馆陈列展览提升工作。在建党95周年和红军长征胜利80周年之际推出10余个精品展览。

1月，贵州省博物馆赴俄罗斯开展实用艺术装饰博物馆展览“霓裳服饰——贵州少数民族服饰展”。7月，贵州省博物馆举办临时展览“丹青溢彩　翰墨留香——贵州省博物馆馆藏名家书画展”“俏比琼琚——贵州省博物馆藏颜色釉瓷器展”。12月，赴东莞市博物馆展出“徐悲鸿、齐白石书画展”。

（二）可移动文物保护

组织实施贵州省博物馆、遵义会议纪念馆、黔东南州民族博物馆和黔西南州博物馆可移动文物保护修复项目。

贵州省博物馆完成200多件馆藏铁质文物的保护修复；完成11件馆藏鱼龙化石文物的保护修复；完成2件馆藏纸质文物的保护修复；与南京博物院合作完成“《新华日报》刊登毛泽东《论联合政府》报告”及“1946年《新华日报》”两件文物的修复，并交还本馆；与苏州丝绸博物馆合作完成1件馆藏纺织品文物的保护修复；完成贵州省博物馆藏纸质文物保护修复项目，包括书画文物修复装裱31件、42幅、80帧；完成1000册古籍图书的保护保养，利用干燥气候对古书进行晾晒、除尘；完成5000余件动物标本的除虫、除尘；完成馆藏甲秀楼铁柱等铁质文物保护修复项目；完成天柱三门塘红军标语墙保护修复；完成馆藏部分化石清洗。

（三）第一次全国可移动文物普查

全面完成第一次全国可移动文物普查工作，全省可移动文物藏品192345件／套，登录藏品148232件／套，所有数据已提交国家信息中心，导入全国普查平台。

【文博教育与培训】

加大文博人才培训力度，建设高素质的文博人才队伍，开展文博人才培训班4期，培训人员400余人次。

【文博宣传与出版】

加强与各大媒体的合作，利用国际博物馆日、中国文化遗产日等重大节庆日，做好普法宣传，增强文物保护的社会意识，扩大文化遗产工作影响力。《贵州日报》头版（头条）刊登了《唱响多彩贵州特色文化好声音》等6篇报道。

加强文物科研与出版，指导贵州省博物馆馆藏书画、瓷器、古籍等编纂与出版。

【机构及人员】

截至2016年年底，全省文物保护机构总数为187个，其中文物保护管理机构90个、博物馆95个，文物科研机构2个。文博从业人数为1896人。

云南省

【概述】

2016年，云南省文物局在云南省委省政府的带领下，在国家文物局和云南省文化厅党组的领导下，深入学习和贯彻落实中共十八届历次全会精神，学习习近平总书记系列重要讲话以及给国际博物馆高端论坛贺信的精神，紧紧围绕“两学一做”要求，狠抓文物保护、博物馆管理、文创产品开发，努力提升博物馆服务水平，让文物活起来。各项工作取得新成绩、实现新发展。

【法规建设】

落实国务院关于《加强文物工作的实施意见》中关于“将文物工作的考评纳入领导干部和领导班子综合考评体系”的要求，制定《云南省州市领导纳入领导干部和领导班子考核评价指标体系》，和云南省委组织部考评处共同讨论确定考评标准，建立州市领导纳入领导干部和领导班子考核评价指标体系，对文化遗产工作列入议事日程、建立健全文化遗产管理机构、安排文化遗产保护经费、文物保护融入经济社会发展规划、重大文物安全责任事故等方面进行考评。

【执法督察与安全保卫】

云南省文物局和云南省公安消防总队于2016年7～8月联合发出紧急通知，在全省范围内对文物消防安全“一项一策”落实情况进行督促。为扎实推进文物建筑消防安全专项督促工作，云南省文物局、云南省公安消防总队组成四个督察组，分赴全省各地进行专项督察指导，及时发现和解决存在的困难和问题，督促文物安全专项治理工作全面深入开展，使文物建筑消防安全专项治理任务落实到位，切实消除文物安全隐患，杜绝重大文物安全事故的发生。

【不可移动文物的保护和管理】

（一）文物保护工程

编制印发《关于申报2017年至2020年省级文物保护项目和经费需求的通知》，对古建筑和近现代建筑类、古遗址古墓葬及石窟寺石刻（彩画壁画）类和技防类经费需求进行统计汇总。经过认真筛选、转化论证、集体讨论、报厅领导同意，安排和追加文物保护单位保护经费和安全消防经费。积极编制和审核立项报告、维修方案，申请国家国家文物保护专项经费。落实2016年国家发改委和国家文物局文物保护基础设施建设项目经费。请第三方中介机构对元阳哈尼梯田之勐弄司署保养性维修工程等80余个方案进行专业评审，根据评审结果出具批复意见。对曼飞龙塔维修工程等6项全国重点文物保护单位维修保护工程进行验收，对富源胜境关关隘门楼抢救性维修工程等14个省级文物保护项目进行竣工验收，工程合格，根据专家意见出具验收意见及批复。办理云县至保山高速公路云县至凤庆习谦段等12个项目的文物评估报告审查，并出具文物保护意见书。

（二）世界文化遗产

上报《景迈山古茶林世界文化遗产申报文本》和《景迈山古茶林世界文化遗产申报地保护规划》，申请将景迈山古茶林列为申报世界文化遗产项目。组织专家评审和上报《景迈山古茶林全国重点文物保护规划》，检查和推进景迈山古茶林村落整治、环境整治、展示利用消防设施建设项目。

（三）其他

与云南省住房与建设厅联合发出通知，开展国家级历史文化名村镇的评选申报工作，报请国家住房和城乡建设部、国家文物局将通海列为国家级历史文化名城。

【博物馆和可移动文物保护】

（一）博物馆

1．博物馆建设

2016年云南省文物局继续宣传贯彻《博物馆条例》，推动博物馆事业单位法人治理结构改革，规范博物馆管理，改造博物馆展览，提升博物馆服务。积极支持民族自治县和边境沿线县区博物馆建设。截至10月31号，全省省级注册的博物馆达118家（其中文物系统博物馆82家，行业博物馆21家，非国有博物馆15家），比2015年增加了8家。全省各级博物馆全年共举办展览和主题活动800多个，组织省内外巡回展览60多个，观众2000多万人次。

博物馆事业单位法人治理结构改革云南省博物馆国家级试点完成，指定昆明市博物馆、大理州博物馆为省级试点单位，在省会中心城市和民族自治州作典型试点。截至2016年12月，完成《博物馆章程》的编写审定和理事会的组建。

积极推进云南省部分博物馆对展览进行提升改造。截至10月31日，有7个州市级馆、9个县区级馆完成展览提升改造并对社会免费开放，改善了博物馆环境，提升了展示效果。

对全省50多个重点博物馆的经费使用、文物保护、服务水平、场馆服务设施建设等进行专项督察，使全省博物馆的服务设施和服务水平上了一个新台阶。

2．文化创意产品开发

2016年云南省文物局举办文创产品开发馆长培训班，解读国家文创产品开发政策，推进文物文创产品开发。除督促国家级文创产品开发试点单位工作外，指定省级文创产品开发试点单位，制定了文创产品开发方案。截至2016年12月，全省各文博单位都制定了相关方案，50%的文博单位已经开发出相应产品。

3．志愿者服务

为配合服务提升年活动，云南省各文博单位积极组织“学雷锋志愿者活动”，全省70%的博物馆、纪念馆组织或者完善了志愿者团队，制定了志愿者相关规定和章程，使文博单位志愿者服务制度化、常态化。其中24家博物馆、纪念馆被云南省精神文明委员会办公室评为省级志愿者工作示范单位。

（二）第一次全国可移动文物普查

云南省第一次全国可移动文物普查自2012年10月开始，到2016年12月圆满结束，共普查国有单位33167个，摸底单位普查完成率达98.00%，全省共有945家单位反馈有收藏文物。经过各级普查办的现场实物认定，最终登录单位360家，共采集上报418405件／套文物信息（实际数量788481件）。通过本次可移动文物普查，云南省首次较为准确、科学、全面的掌握了全省各级单位的文物收藏状况，并初步建立了文物登录备案机制。

【社会文物管理】

对云南省内文物经营单位进行了年检。依法对文物拍卖进行监管，共鉴定审核拍卖标的21起。受各级纪检和司法部门委托，组织鉴定机构对涉案的1000多件文物艺术品进行了9次鉴定，为案件定性和司法裁定提供了支持。

【科技与信息】

在国家文物局领导的指导下，云南省文物局、四川省文物局和贵州省文物局在腾冲组织召开茶马古道保护管理工作座谈会，对全国重点文物保护单位茶马古道保存状况和保护对策研究课题的启动进行协调，对云南茶马古道保护管理规划编制工作的开展进行布置。

【文博教育与培训】

国家文物局第三批国保省保单位集中成片传统村落保护利用培训班在云南腾冲举办，来自湖南、广东、广西、四川、贵州、云南等6个省区的115名学员参加了培训。

【对外交流与合作】

积极和有关国家驻昆明领事馆联系，为国家文物局、云南省人民政府和老挝国家文化信息旅游部在昆明举办澜沧江湄公河流域国家文化遗产展示及推广研讨会开展前期筹备工作。

积极协同国家文物局、中国文化遗产研究院和陕西省文物部门开展缅甸蒲甘震后文物调查和评估工作。发挥云南面向南亚、东南亚开展文物交流工作的优势，派出云南省考古研究所和云南博物馆专家参与缅甸文物外援团队的工作。

西藏自治区

【概述】

2016年是“十三五”规划的开局之年，也是西藏自治区文物保护发展史上具有里程碑意义的重要一年。在西藏自治区党委、政府的坚强领导下，在国家文物局的有力指导下，西藏自治区文物系统广大干部职工认真贯彻党的十八大、十八届四中、五中、六中全会、中央第六次西藏工作座谈会精神，认真贯彻自治区第九次党代会、全区经济工作会议精神，认真贯彻全国文物工作会议、全国文物援藏工作会议和全区文物工作会议精神，紧紧围绕“五项重点”工作，努力克服工作头绪多、人员少、任务重的困难，团结拼搏、扎实工作，文物事业各项工作稳步推进，取得突破性进展，为推进西藏长足发展和长治久安发挥了重要作用。

【执法督察与安全保卫】

牢固树立“安全是文物工作生命线”的意识，深入贯彻西藏自治区党委、政府关于维护稳定、文物保护的一系列重要会议、文件精神，建立并落实了“日常检查、节假日、重要敏感时间节点以及重大活动专项检查、重大问题督办整改”的安全防范机制；首次以西藏自治区政府名义与各地（市）行署（人民政府）签订《2016年文物安全责任书》，组织3个考评组分赴7地市全面开展了2016年度文物安全责任考核工作；多次组织文物安全专项检查组，会同当地文物、消防和寺管会等部门，深入各地市40多处文物保护单位和文物维修工程施工现场，实地开展检查整治，及时消除安全隐患；加大对文物安全设施建设力度，全年共建立国保单位微型消防站20个。

除国家和西藏自治区规划内安排的文物安消防设施工程外，西藏自治区文物局安排近200万元专项资金，用于各文物点配备消防器材、安装监控设施。

加大执法检查力度，及时安排部署文物违法案件专项整治活动，实现了文物系统“三个确保”（确保政治安全、确保文化遗产安全、确保文物保护工程施工现场安全）“三不出”（大事不出、中事不出、小事也不出）的目标要求。

【不可移动文物的保护和管理】

（一）概况

截至2016年年底，西藏自治区已调查登记的各类文物点共有4277处，各级文物保护单位1424处，其中国家级55处、自治区级391处、县区级978处。世界文化遗产1处3个点（布达拉宫及其扩展项目大昭寺、罗布林卡）；国家级历史文化名城3处，国家历史文化名镇2处，国家历史文化名街1处，国家历史文化名村3个。。

（二）大遗址保护

截至2016年年底，西藏自治区大遗址共有3处（古格王国遗址、藏王墓、卡若遗址），其中卡若遗址被列入西藏“十三五”文物保护规划之中，工程（卡若遗址第一期）于2015年11月开工、2016年9月竣工，2016年12月通过西藏自治区文物局验收。

（三）全国重点文物保护单位

2014年国家重点文物保护专项补助资金项目31个，总投资3.0137亿元，已完成15个，正在实施的16个。古格王国遗址、扎什伦布寺、白居寺保护规划、萨迦寺保护规划正在编制。罗布林卡保护规划已通过国家文物局评审，设计单位正在修改完善。喜德寺本体已完成70%。扎什伦布寺高压喷雾设备安装已完成；色拉寺、哲蚌寺、强巴林寺、桑耶寺、雍布拉康高压喷雾设备正在开展相关工作。罗布林卡遗产地动态监测工程正在实施中。罗布林卡、布达拉宫可移动文物抢救性修复工程正在实施，西藏博物馆馆藏珍贵文物抢救性保护修复已完成，待申报验收。布达拉宫防雷工程目前在拉萨周边多处文物点安装采集数据设备，正在采集数据阶段。

2015年国家专项补助项目30个，总投资1.721亿元，已完成2个，正在实施的28个。贡嘎曲德寺哲蚌拉康、贡桑扎仓维修工程已完成60%，敏竹林寺曲果伦布拉康、朗杰颇章维修工程已完成65%，桑耶寺乌孜大殿维修工程已完成65%。贡嘎曲德寺壁画修复工程、扎塘寺壁画修复工程已完成招投标。甘丹寺措钦大殿工程2017年开工。敏竹林寺和昌珠寺保护规划已委托陕西省遗产院开展编制。布达拉宫二期墙体结构正在开展监测工作。布达拉宫、西藏博物馆、罗布林卡、日喀则博物馆、山南博物馆馆藏珍贵文物保护经费已下达所在单位，各单位正在组织开展相关工作。帕巴寺已完成招投标工作。

2016年度国家专项补助项目11个，总投资5277万元，目前各单位各地市正开展相关工作。由自治区文物负责组织实施哲蚌寺桑洛康村、哈东康村保护工程实施方案已报审。

申报2017年国家重点文物保护专项补助资金项目，计划安排项目14个，总投资1.94亿元，方案、前置手续等已报自治区发改委。

（四）世界文化遗产

2016年，西藏自治区全面启动了拉萨古城申报世界文化遗产工作，组织评审了《拉萨市古城申遗文本》并上报国家文物局。6月3日，自治区文物局在世界文化遗产布达拉宫召开《西藏自治区布达拉宫文化遗产保护管理条例》印发仪式，要求各级文物部门做好《条例》的宣传和普及工作，增强对世界文化遗产的保护意识。

布达拉宫历史建筑群常规性建筑保护管理是布达拉宫管理处一项重点工作任务，通过对布达拉宫主体建筑墙体、地垄、附属建筑等地段进行全面检查，及时发现建筑存在的险情并迅速排出险情；做好雨季期间建筑险情巡查工作，以不留任何死角的原则对建筑险情进行排查，发现问题立即解决；安排专职人员实施结构监测数据的采集与传送工作。

【考古发掘】

（一）概况

2016年实施的考古和科研项目共37项，其中主动性考古项目6项（调查4项，考古发掘2项），配合水电、交通、建筑等国家基建项目开展的考古项目14项（考古发掘项目7项），光伏发电站建设文物评估调查项目17项。

（二）重要考古项目

1. 申扎县娘木底遗址发掘

7月12日～8月9日，西藏自治区文物保护研究所与中国科学院古脊椎动物与古人类研究所、那曲地区文物局对娘木底遗址进行了考古发掘工作，目的在于研究青藏高原古人类生活状况，探讨人类起源与迁徙途径及有石叶技术打制特征的石器分布概况。

2. 邦嘎遗址考古发掘及琼结河流域调查

6～8月，西藏自治区文物保护研究所与四川大学历史文化学院合作继续开展琼结县2016年度邦嘎遗址考古发掘及琼结河谷流域调查工作。通过考古发掘，初步解决了遗址的不同层位堆积的年代问题，对遗址的性质有了初步认识。考古过程中发现大量的墓葬和岩画，进一步推动了邦嘎遗址的文化认识和琼结河流域的史前文化认识。

3. 琼隆遗址、阿里象泉河流域托林段考古调查

继2015年的考古调查工作，2016年7～8月，西藏自治区文物保护研究所联合陕西省考古研究院、阿里地区文物局、札达县文物局对琼隆遗址、阿里象泉河流域托林段进行了考古调查工作。在象泉河流域共调查了16处文物点。

4. 西藏高原冶金遗址考古调查

8月23～29日，西藏自治区文物保护研究所与四川大学考古系对西藏拉萨堆龙德庆县嘎冲遗址及其周围开展了调查。通过民族学、人类学研究方法对传统冶金工艺进行调查记录、摄影和录像，为复原古代冶金工艺采集了充足的参考资料。

5. 日喀则市石刻等遗存的调查

5月中旬，西藏自治区文物保护研究所前往谢通门县、拉孜县等地，对后藏石刻文物保护调查工作进行了实地指导。同时，对部分古建筑、古墓葬及古遗址进行了实地调查，并指导当地文物部门做好文物保护单位的申报工作。

6. 西藏拉林铁路沿线文物保护项目

色麦佛塔、擦擦洞窟遗址考古发掘工作。6月起进行调查，发现两座遗址，出土约50万擦擦。其中部分擦擦同西藏阿里地区发现的擦擦风格极其相似，初步推断可能与11世纪左右阿底侠大师在卫藏地区传法布道相关，具有极高的历史、艺术和科学价值。

那村建筑遗址发掘工作。6月20日～8月5日进行调查，发掘遗址面积达665平方米，清理出两座墓葬。出土大量陶片、石臼、石磨盘、动物骨头、人骨、瓮棺、陶碗等遗物。

赞日墓地的发掘工作。8月6～25日进行调查，对受影响的M2、M3封土墓进行了发掘，发掘面积200平方米，出土遗物包括陶片、动物骨头、人骨、陶罐等。

结萨石室墓考古发掘工作。西藏自治区文物保护研究所联合山南市文物局、四川大学考古系专家进行了发掘清理，发现12座墓葬，出土少量人和动物骨骸及陶罐、陶片等。

结萨墓地考古发掘工作。8月5日～9月28日进行调查，发现5座墓葬，分布面积约8.8万平方米。

【博物馆与可移动文物保护】

（一）博物馆

1. 博物馆建设

2016年，西藏博物馆接受文物及藏品捐赠352件，接受各类移交文物及藏品38件，征集藏文书法作品19件，进一步丰富了馆藏体系。

布达拉宫、西藏博物馆、罗布林卡等文物单位安全有序开放，共接待国内外游客、朝佛群众180万人次，外交使团、政府团队和中小学生学习团的接待服务安全圆满。

2．博物馆间的交流与合作

4月29日，西藏博物馆与山西博物院首次合作，共同策划了代表两地文化特色的“雪域梵音——西藏佛教艺术展”。

5月18日，由西藏博物馆和山西博物院联合举办“唐风晋韵——山西古代艺术展”。

5月26日，参加2016年中国博物馆协会“丝绸之路”沿线博物馆专业委员会年会；“茶马古道——八省区文物联展”在西藏展出。

6月25～29日，举办“第二届全国少儿美术教育学术展——全国少儿美术作品展巡回展”。

3．重要陈列展览

布达拉宫管理处积极承担第三届藏博会展览展示工作任务，推出了独具特色的布达拉宫珍宝馆文物精品展。西藏博物馆、深圳博物馆、布达拉宫管理处、罗布林卡管理处、林芝市藏东南文化遗产博物馆共同举办的“祥云托起珠穆朗玛——藏传佛教艺术展”。

6月7日，推出“叶星生民间珍藏捐赠馆展览”。

6月11日，由西藏自治区文物局主办，西藏博物馆承办的“西藏自治区可移动文物普查成果展”开展。

7月1～7日，举办“西藏自治区庆祝中国共产党成立95周年——美术书法摄影展”。

7月12日，举办“妙笔回春——勉冲罗布斯达布达拉宫壁画复原作品展。

8月2日，举办“海拔5000米——西藏题材绘画精品展”。

8月17日，举办“贤者遗墨 亘古同今——格芒·江白个人书法展”。

8月18日，举办“张伟元西藏黑白版画展”。

8月25日，西藏博物馆和西藏涂鸦团体Ying工作室联合举办了“迸发的色彩——西藏博物馆首届涂鸦作品展”。

9月8日，举办“西藏自治区一级造像师次嘎个人作品展”。

9月14～17日，举办“中国梦·赤子心——海峡两岸当代名人名家书画巡展西藏大型书画展”。

10月12～17日，举办“祖牛·拉巴次仁藏文书法作品展”。

（二）可移动文物保护

西藏博物馆完成了国家文物局重点科研基地——西藏联合工作站的建设及终验工作，相关设施设备已到位。对博物馆平台监测系统、各类手持设备及电子胶片扫描系统、X光探伤设备、激光清洗机等文物保护装备进行培训学习及操作使用，工作站及单位相关业务步入常态化；与首都博物馆合作，完成部分唐卡绘画矿物颜料的拉曼、X射线衍射、三维视频分析检测，为建立数据库做前期准备；完成锦绣中华项目中数字化保护项目的申报工作；开展了馆藏书画、陶瓷、法器三大类建档工作，截至2016年10月26日已完成3000余件文物建档工作。

（三）第一次全国可移动文物普查

西藏自治区第一次全国可移动文物普查工作取得阶段性成果，已完成全区1305处国有单位文物收藏情况调查，采集文物数据127726件，登录109182件；贝叶经调查整理保护工作顺利完成，确定西藏迄今珍藏有梵文贝叶经写本共1000多个函（种），近6万叶。

为向社会各界展示西藏自治区普查工作阶段性成果，进一步宣传可移动文物普查的重要意义。西藏自治区文物局结合第11个文化遗产日在西藏博物馆成功举办“西藏自治区可移动文物普查成果展”，展出52件 / 套珍贵文物。展览还发放了《西藏自治区可移动文物普查工作手册及宣传资料汇编》《文物鉴赏小知识》《西藏自治区可移动文物普查——国宝大调查（1）》《西藏珍宝——国宝大调查图录集萃》等宣传资料3000余份。

【社会文物管理】

2016年，西藏文物总店实现经济效益150424.97元。

【科技与信息】

4月23～24日，由西藏自治区文物局主办、四川大学中国藏学研究所协办的“一带一路与高原丝路学术研讨会”在四川成都召开。

8月5日，《西藏自治区文物局与西藏民族大学战略合作框架协议》在布达拉宫雪城珍宝馆正式签署。

【文博教育与培训】

西藏自治区全年共选派41名干部和专业技术人员参加国家文物局等部门举办的培训班。与山西省文物局共同举办西藏自治区文物保护工程管理技术培训班。完成了可移动珍贵文物保护项目网报网申培训工作。

7月30日，由国家文物局主办、西藏自治区文物局承办的全国重点文物保护单位（西藏自治区）管理机构负责人培训班在拉萨开班，来自全区7地市文物系统的80余名学员参加了培训。

【文博宣传与出版】

不断拓展对外交流渠道，广泛宣传西藏自治区文物事业取得的巨大成绩。充分利用国际博物馆日、文化遗产日、“11 · 9”消防日和“12 · 4”法制宣传日等平台，全方位加大对文物法律法规及文物事业发展成就的宣传。配合中央媒体深入拉萨、山南等地市采访报道文物保护工作。会同西藏电视台摄制组赴7地市取景拍摄，基本完成了西藏文化遗产保护成就专题片制作工作。

编辑出版《西藏文物》（季刊）4期，《布达拉宫馆刊》（半年刊）2期，《西藏博物馆》（半年刊）2期，《西藏文物保护研究所年报》1期。

【机构及人员】

截至2016年年底，自治区文物局内设处室5个，机关行政编制23名、事业编制4名。下设事业单位6个（布达拉宫管理处、罗布林卡管理处、西藏博物馆、区文物保护研究所、区文物鉴定中心、西藏文物总店），事业编制275名。5市2地区文物局核定编制27名，与文化局合署办公，由1名副局长分管文物工作；74个县文物局与文化局合署办公。文物工作人员478名，其中藏族占85%。文博研究馆员3人，副研究馆员18人，馆员37人，助理馆员98人。

【对外交流与合作】

不断拓展对外交流渠道，出访日本、韩国取得圆满成功，广泛宣传了西藏自治区文物事业取得的成绩。

陕西省

【概述】

2016年，是“十三五”规划的开局之年，陕西省文物局深入学习贯彻党的十八届三中、四中、五中、六中全会和习近平总书记系列重要讲话精神，重点围绕习近平总书记和李克强总理关于文物工作的重要指示批示，立足陕西省经济社会发展大局，按照陕西省文物事业发展“十三五”规划总体目标和年度目标任务，坚持文物工作方针，统筹推进事业发展，超额完成年度目标任务，为陕西省进一步追赶超越作出积极贡献。

【法规建设】

2016年，《陕西省石峁遗址保护条例》经陕西省人民政府常务会讨论通过并提交陕西省人大常委会审议，石峁遗址立法保护取得实质性突破。积极推动陕西省人民政府出台《陕西省人民政府关于进一步加强文物工作的实施意见》，制定下发《关于推动全省文博单位文化创意产品开发的实施意见》《关于加强全省文博专业人才队伍建设的实施意见》，榆林市政府印发了《关于进一步加强全市长城保护工作的实施意见》，编制完成《陕西省文物保护总体规划（2016～2030）》和独立的1046处省级以上文物保护单位保护管理规划。全省各地市积极开展“十三五”文物事业发展规划编制，其中汉中等市“十三五”文物事业发展规划印发实施。

【执法督察与安全保卫】

（一）执法督察

2016年，加大文物违法案件督察力度，督促地方政府落实属地管理职责，全年下达督察通知22份，督促地方查处郑国渠首违法建设、榆林204省道建设破坏长城、渭城区渭陵砖厂侵害文物保护单位等案件，及时纠正违法建设行为。组织开展《长城保护条例》实施情况专项督察和2016～2018年度文物法人违法专项整治行动。开展行政处罚案卷评查工作，推荐的两份案卷分别获评“2016年度全国文物行政处罚案卷评查十佳案卷”和“优秀案卷”，陕西省文物局被评为“优秀组织单位”。

承办全国文物行政执法骨干力量培训班，举办基层文管所负责人培训班，进一步规范执法行为、落实监管责任。

（二）安全保卫

2016年累计投入1617万元用于重点文博单位消防安全系统、教育训练中心建设和安全培训、安全演练、设备购置。启动全省古建筑火灾风险评估及消防系统建设规划编制工作。全国首座文物消防安全训练中心正式揭牌，陕西省文物局与陕西省公安消防总队签订战略合作协议，举办全省文物安全暨消防应急综合演练。与各市文物行政管理部门及直属单位签订年度文物安全责任书和消防安全责任书。根据文物安全重点工作季节性特点及时召开安全形势研判会，有针对性地组织开展文物安全检查、节假日期间加强对基层一线文物安全的突击检查。全年共下发隐患整改通知书22份、整改隐患87项。先后接受国务院和陕西省人民政府两次消防工作考核，再获省考“优秀”。陕西省文物局督察与安全处和陕西历史博物馆分别荣获陕西省第二届“119”先进集体奖。

继续推动全省文物安全大防控体系建设，陕西省文物局与陕西省公安厅共同组织召开“全省打击防范文物犯罪工作会议”，表彰2015年度文物和公安系统45个先进集体以及30名群众文保员。连续六年开展联合打击文物犯罪专项行动，有力震慑犯罪分子。为全省基层文物稽查队、群众文物保护员、长城保护员配发巡查装备及防护器材。继西安市后推动咸阳市正式启动文物安全大防控体系建设。承办全国打击和防范文物犯罪工作研讨会议，承接国家文物局“文物单位安全应急预案体系编制”和“被盗（丢失）文物流失海外数据库建设”两项课题研究，巩固全省文物安全工作在全国的领先地位。

【不可移动文物的保护和管理】

（一）概况

截至2016年年底，陕西省共有49058处文物古迹。包括古遗址23453处，古墓葬14367处，石窟石刻1068处，古建筑6702处，近现代史迹等文物点3468处。其中全国重点文物保护单位235处，省级文物保护单位811处，县级文物保护单位2090处。

（二）大遗址保护

2016年，开展秦雍城遗址、丰镐遗址、龙岗寺遗址、秦咸阳城遗址、西汉帝陵等大遗址的考古勘探、发掘和研究工作。在雍城遗址西北部约15公里发现西汉初期设立的国家最高等级祭祀场所——血池遗址，面积达470万平方米。完成石峁遗址皇城台门址的考古发掘，出土铜器对研究河套地区在中国铜器起源和传播中的地位具有重要学术价值。编制完成《石峁遗址保护规划（2016～2030）》并由省政府公布实施。编制完成《石峁石城遗址公园建设规划》，及时开展石峁遗址墙体和皇城台南侧边坡抢险加固支护等临时保护工程。在周原遗址贺家北域发现四合院式建筑遗存，为周原遗址范围内西周早期遗存中面积最大的一个建筑群。

（三）全国重点文物保护单位

文保单位保护规划逐步完善，光陵、景陵、定陵、泰陵、庄陵、端陵、献陵等7项保护规划经国家文物局批准立项，茂陵保护规划待国家文物局审批。编制完成延安革命旧址群总体保护规划，陕西段早期长城和魏、明长城保护总体规划。

加快推进秦始皇陵文化景区建设，北大门及广场正式对外开放，秦陵内城垣及相关遗址展示项目设计方案、秦陵博物院铜车马博物馆项目选址方案等已经国家文物局批准。完成统万城遗址城墙遗迹保护围栏工程，遗址博物馆及相关设施选址已获国家文物局批复。

（四）世界文化遗产

按照世界文化遗产管理规定，组织开展《汉长安城遗址保护总体规划（2015～2030）》编制工作。

组织实施明长城榆阳建安堡保护加固工程、明长城镇靖堡抢险加固工程。编制完成宜君、澄城魏长城、靖边段明长城等14处保护维修和抢险加固方案。召开全省长城保护工作会议，省政府与5个长城所在地政府签订责任状，明确属地管理责任。

（五）其他

编制完成全省革命文物保护经费需求规划报告。完成革命旧址调查，全面掌握672处革命旧址的保存管理情况。实施鲁艺文化园区东、西山旧址保护维修工程，完成东山108孔窑洞、西山50孔窑洞本体维修及院子平整等工作。完成照金陈家坡会议旧址、延安县委县政府旧址、陕甘宁边区政府旧址的保护维修工程和西安事变旧址新城黄楼的工程验收。承办全国长征文物保护利用工作会议，组织编制《陕西省长征遗迹保护总体规划》。

编制完成包括71处国家级传统村落和126处省级传统村落的《陕西省传统村落保护规划》。编制完成国保省保集中连片村落《米脂县杨家沟革命旧址保护修缮工程方案》。实施高家堡古城、尧头村等11项文物保护工程。在国家文物局开展的首批国保省保集中成片传统村落文物保护工程检查中，党家村民居院落维修工程获得检查组专家认可。

【考古发掘】

（一）概况

2016年，配合大型建设项目考古调查34项、线路343公里、面积约1362万平方米；勘探项目277项、线路541公里、面积约2000万平方米，发现古墓葬1812座、遗迹708处；考古发掘项目20余项，发掘古墓葬、古窑址等遗迹340余处，遗址4500余平方米，出土各类文物1800件／套。配合西安地铁建设开展5号线二期、6号线二期、临潼线、机场线和第三期建设规划的文物影响评估，以及地铁穿越或绕行全国重点文物保护单位振动及沉降监测的年度评估。配合宝汉高速、西延高速、斗门水库、西安北至机场城际铁路等60余项建设项目开展考古调查勘探工作。石峁遗址发掘项目获得“2011～2015年度田野考古一等奖”，石鼓山墓地、韩休墓发掘项目分别获得“2011～2015年度田野考古三等奖”。周原遗址入选“2015年度全国十大考古新发现”。

（二）重要考古项目

1．陕西凤翔雍山血池秦汉祭祀遗址

2016年4～12月发掘。雍山血池秦汉祭祀遗址位于凤翔县柳林镇半坡铺血池村以东至沟南村之间的山梁与山前台地上，东南距秦雍城遗址12千米，遗址面积达470万平方米。本年度分别遴选出两处遗迹性质不同的工作点进行发掘，发掘面积2000平方米。

雍山血池遗址作为秦汉时期国家专门设在雍城郊外的固定祭祀场所，是迄今为止考古所发现时代最早、规模最大、遗存性质最明确、持续时间最长的“皇家祭天台”；作为考古学上首次大规模开展的国家祭祀遗存考古，对血池遗址的发现和发掘，不仅系正史记载中关于在雍地开展的一系列国家祭祀行为之印证，而且成为从东周诸侯国到秦汉大一统国家祭祀活动的最重要物质载体和实物体现。从“透物见人”的角度，此次考古发掘出的实物资料，对于深化秦汉礼制、秦汉政治、中国古代礼制文化等方面的研究均具有重要的学术价值。

2．陕西西安汉唐昆明池水系

昆明池是汉武帝在元狩三年（公元前120年）和元鼎元年（公元前116年）于上林苑中先后两次兴建而成的大型湖泊，它除在当时有训练水军的作用外，还实际性地成为汉长安城的调蓄水库，较稳定的解决了都城长安的蓄水供水，并兼有了防洪排涝、水产养殖、观光巡游等作用。

2012年秋至2016年夏，受西安昆明池投资开发有限公司委托，由中国社会科学院考古研究所与西安市文物保护考古研究院联合组成的阿房宫与上林苑考古队，为配合陕西省斗门水库项目建设，先后对水库项目的起步区、试验区和库区地块进行了多年连续的考古勘探。较完整地确定了汉唐时期昆明池池岸的准确走向，确定了昆明池的进水河、进水口及庞大的进水系统，发现并确定了池岸走向的早晚变化及出水口、出水渠变化。在勘探中发现并经试掘确定的镐京东、南侧沟渠，以及在沟渠西、北侧的镐京遗址中不存在城墙等情况，为镐京遗址研究及遗址保护规划的制定提供了及时准确的科学信息。而在昆明池东侧勘探并试掘确定的夏商遗址，填补了西安地区夏及商代前期遗存发现的空白，是近年来关中地区夏及商代前期遗存的最重要发现。

【博物馆与可移动文物保护】

（一）博物馆

1．博物馆建设

2016年，全省新增博物馆17家，博物馆总数达到270家，其中文物系统148家、国有行业博物馆50家、非国有博物馆72家。位居全国前列。宝鸡青铜器博物院和西安大唐西市博物馆入选国家一级博物馆，陕西省国家一级博物馆数量位列北京之后，居全国第二。

陕西省文化重点工程陕西考古博物馆建设取得实质性进展，完成土地征收。市级博物馆建设取得重要进展，渭南市博物馆正式开放，咸阳博物院7个区的主体建设已经完成，铜川市博物馆开工建设，杨凌中国农业历史博物馆完成初设审批和古邰国遗址公园项目的环境影响评价。指导延安博物馆修改完善陈列大纲，指导凤县革命纪念馆、山阳县博物馆、宜君旱作梯田农业生态博物馆等县级新建和改扩建博物馆的陈列工作。

2016年，法人治理结构改革继续深入开展，全国试点单位汉阳陵博物馆完成《汉阳陵博物馆章程》修订，厘清权责关系，强化理事会的决策权和监事会的监督权，启动人事制度改革，顺利接受省全面深化改革督察组督察；西安博物院成立理事会和监事会，地市级试点工作取得突破性进展。

2．博物馆间的交流与合作

2016年，组织召开秦晋豫冀四省博物馆理论与实践研讨会并举办“熠熠青铜　光耀四方——秦晋豫冀两周诸侯国青铜文化展”主题展览。组织省内博物馆20个展览赴省外展出。

3．重要陈列展览

陕西全省博物馆举办各种展览638个，其中围绕纪念建党95周年和长征胜利80周年举办63个系列主题展览。以“复兴之路”“伟大历史、光辉史诗”以及“照金精神”“延安精神”巡展为代表的主题展览成为陈列展览亮点，其中“伟大历史、英雄史诗——纪念中国工农红军长征胜利80周年展览”为国家文物局集中推介的10个主题展览项目之一。安康博物馆基本陈列“秦巴明珠”荣获“第十三届（2015年度）全国博物馆十大陈列展览精品奖”。

4．其他

陕西省文物局制定下发《关于推动全省文博单位文化创意产品开发的实施意见》，陕西历史博物馆等5家单位为全国博物馆文化创意产品开发试点单位，西安半坡博物馆等5家单位为省试点单位。在第七届中国博物馆及相关产品与技术博览会上，陕西历史博物馆的展馆设计荣获“弘博奖”之“最佳展示奖”。在全国文博单位文化创意产品联展中，陕西历史博物馆“梦幻三彩”系列荣获“最佳创意文创产品”奖。在第二届广州国际文物博物馆版权交易会上，汉阳陵博物馆的“皂访长安”汉风古典天然皂荣获“十大最佳文博创意奖”，“阳陵泾乡”被选为“G20农业部长会议”特色礼品。

陕西省文物局与陕西省教育厅联合成立全国首家“陕西省博物馆教育联盟”，101所学校、45家博物馆成为会员。汉阳陵博物馆被全国社会科学普及工作组委会评为“全国优秀社会科学普及基地”。西安碑林博物馆被中国孔庙保护协会授予“优秀传统文化教育实践基地”。

（二）可移动文物保护

1. 概况

经国家文物局发布的数据和陕西省第一次全国可移动文物普查成果显示，陕西省国有可移动文物收藏单位共522家，国有可移动文物收藏量3009455件／套（7748750件），总数位列全国第二名、总量占全国12.09%。

2. 可移动文物保护科研基地建设

砖石质文物保护国家文物局重点科研基地：2016年，强化了基地科研工作的管理和督促，加大了砖石文物保护成果的推广应用，组织了“十二五”文物保护科学与技术进步奖的申报、答辩和获奖宣传等工作，其中“石质文物保护关键技术研究”“遗址博物馆环境监控关键技术研究”分别获得一等奖和二等奖。基地积极开展相关科研课题的研究工作，2016年承担的“文物多孔隙材料超声断层扫描技术研究”等3项国家文物局课题全部结项。先后承担了《西安碑林博物馆藏石质文物保护方案》和《乾陵石刻保护及环境治理方案》编制，以及《成都江南馆唐宋街坊遗址的预防性保护方案立项书》编制，另外还配合茂陵石刻保护廊坊建设工程开展了石刻保护、地基隔水处理等前期保护工作。

陶质彩绘文物保护国家文物局重点科研基地：2016年，基地主持承担国家级课题1项，省部级课题4项。国家基础研究“973计划”课题“脆弱性硅酸盐文化遗产保护关键科学与技术基础研究——保护材料与工艺的系统评价方法及其应用示范”顺利通过了国家科技部组织的结项验收；国家文物局课题“《博物馆藏陶质彩绘文物保护修复手册》编撰”“拉曼光谱在陶质彩绘文物保护中的应用及方法学研究”和“陶质彩绘文物规范化保护预研究”顺利结项；“秦俑坑大气气溶胶及其与陶质彩绘文物劣化关联研究”通过了国家文物局组织的中期验收。主持承担的国家科技支撑课题“出土陶质彩绘文物保护关键技术研究”和参与的“遗址博物馆环境监测与调控关键技术研究”成果分别获得国家文物局文物保护科技创新奖一、二等奖。

考古发掘现场文物保护国家文物局重点科研基地：2016年，基地开展文物保护科研项目6项，其中“法门寺地宫出土髹漆平脱秘色瓷器保护前期研究”“考古现场有机质文物残留物保护材料研究”以及“中国古代车舆价值挖掘及复原研究”3个科研项目顺利结项，“中国古代车舆价值挖掘及复原研究”获国家文物局科技保护二等奖。全年开展室内保护修复项目近10项，考古发掘现场文物保护项目3项，保护修复各种材质文物300余件／套，完成新疆喀拉苏墓地出土2具棺木遗存和2具马骨遗存的室内清理保护工作。完成恒大雁鸣湖别墅工地出土文物陶俑提取与室内修复、丹凤古城古路整体搬迁、河北平山王母唐墓壁画现场调查3项考古现场文物保护技术应用示范。“西安市唐代李倕墓冠饰的室内清理与复原”和“张家川马家塬墓地发掘现场保护及实验室考古”两个项目获“考古资产保护金尊奖”。

馆藏壁画保护修复与材料科学研究国家文物局重点科研基地：2016年6月，由陕西历史博物馆与西北工业大学联合申报“馆藏壁画保护修复与材料科学研究”国家文物局重点科研基地，经过资料收集整理、申报文本编写、组织召开专家评审会及汇报等一系列工作。11月，该基地作为国家文物局第六批重点科研基地之一获得批准，正式成立。

3．可移动文物保护技术、方法及应用

2016年，启动陕西省珍贵文物3D建模项目，完成366件一级文物的建模。开展文物科技鉴定项目，完成300余件青铜器文物样品的分析检测及数据采集。开展全省博物馆馆藏环境下文物病害研究。在与西安质检院共建“博物馆空气质量研究检测实验室”的基础上，面对全省博物馆开展环境质量检测工作，旨在广泛普查的基础上积累环境有害因素基础数据并查找共因。

【社会文物管理】

2016年，开展全省文物商店运营现状调研，召开全省文物商店管理工作座谈会，积极探索“互联网+”与社会文物流通的融合发展，指导西安市成立全国首家国有文物商店线上交易平台——长安文博文物商店。指导陕西省拍卖行业协会成立文化艺术品专业委员会，并承办中国拍卖行业协会的首届年会。支持省内9家文物拍卖企业举办陕西文物艺术品首届联合拍卖会，在社会上产生广泛影响。

【科技与信息】

2016年，在全国首次召开省级文物系统科技保护工作会议，陕西省文物局与西安交通大学等8所高校签约组建业内第一个“陕西省文物保护科技创新联盟”。实施国家科技惠民计划“博物馆公共安全管理与服务物联网技术集成应用示范”项目，做好智慧文博云平台系统研发工作，数字博物馆总数达到140个，数字博物馆口袋版新增20个、总数达到25个。开展陕北石窟数字化保护研究展示项目，开发文物网络电台并试运行。争取延安革命遗址、陕西历史博物馆等10家文博单位列入国家文物局“互联网+中华文明”行动项目。

【文博教育与培训】

全年举办文物鉴定、馆藏文物管理、文物商店管理、讲解员等7类业务培训，700余人次接受培训。依托新建成的全省文博系列专业技术人员继续教育基地，开展教育培训8期、培训1400多人次，其中3人通过全国文物进出境责任鉴定员资格考试。

指导成立全国行业首家青年文博志愿者联合组织——陕西青年文博志愿者联合会，推动陕西文博事业和青年志愿者事业协调发展，省文物局与团省委联合举办“陕西省志愿者管理培训班”，全省文博志愿者超过10000人。

【文博宣传与出版】

2016年，组织各类新闻媒体宣传陕西文物工作发表各类新闻报道和宣传文章6000余篇，召开“陕西文物对外交流50年”新闻发布会取得良好社会反响。在博物馆日、文化遗产日、陕西历史博物馆新馆建成开放25周年等重大事件和重要节点主动开展全方位宣传，在全社会掀起关注文物工作的热潮。全年全省博物馆开展公众服务项目和活动1800余场次，开展流动博物馆进校园、进社区、进农村、进军营、进机关、进企业等活动800余场次。主动运用新媒体普及文化遗产知识、宣传陕西文物，汉唐网微博营运至今已拥有27万余粉丝，连续第五年居全国文博系统微博影响力第一。汉唐网微信荣膺2016年陕西政务微信“创新突破奖”。

重修《陕西省志·文物志》出版。该志分上、中、下3册，共4编34章360万字，图版3600余幅，文物条目5900余则，大体囊括陕西全省重要文物古迹遗存。这是陕西第二轮修志中卷帙最大和有史以来记录陕西文物遗存最为系统完备的志书，对提升陕西文物事业整体管理水平具有积极的借鉴和指导意义。

【机构及人员】

2016年，制定下发《关于加强全省文博专业人才队伍建设的实施意见》。针对专业人才相对紧缺的情况，积极争取省政府批准，公开招录具有专业背景的公务员4名，组织招聘直属事业单位工作人员涉及8个专业共30人，专业人员招录数量为全国同行业第一，大大增强了专业人员队伍实力。

【对外交流与合作】

2016年，组织“始皇和大兵马俑展”等文物出境展览9个、“梵音东渡——日本醍醐寺国宝展”等入境展览6个，其中“始皇和大兵马俑展”是兵马俑首次在日本三大国立博物馆巡展，观众共计90万人次。“丝路起点　灿烂文明——陕西文化遗产”图片展是陕西省文物局在中亚地区举办的第一个展览，为今后与哈萨克斯坦开展更为广泛深入的合作交流奠定了良好基础。配合国家外交大局全力支持中拉文化年重要项目“天涯若比邻——华夏瑰宝展”，参展的121件/套文物中有69件/套来自陕西历史博物馆，11月21日，习近平主席携夫人与秘鲁总统库琴斯基夫妇共同出席闭幕式并参观展览。

全年派出64个团组222人次赴美国、英国、德国以及港澳台等21个国家和地区进行交流；接待来自港澳台的客人及美国、加拿大、英国、德国等64个国家外宾和国际组织官员192批4852人次。完成德国总统、几内亚总统、柬埔寨国王、英国文化大臣等重要接待。积极加强同中亚、欧洲主要国家的沟通，围绕文化遗产保护、科研教育、展示利用等方面开展合作交流，签署各类合作协议、意向书、备忘录28个，主办重要国际会议6个。2016年8月缅甸发生强烈地震后，按照国务院要求，在国家文物局组织下选派专业技术人员，第一时间抵达缅甸蒲甘开展震后文物受损勘察和评估，圆满完成任务。

陕西省文物局与香港驻成都办签订关于香港学生到陕西省文物局直属单位进行暑假实习的框架性合作协议，安排15名香港学生到秦始皇帝陵博物院等单位实习。举办陕台文博人员交流研习班和第三届“中华历史文化研习营”，向来访的台湾教师全方位的展示中华文明和陕西文物。举办第七届海峡两岸文化遗产保护论坛，该论坛已成为两岸文化遗产领域交流与合作的品牌，是国台办和文化部对台工作重点项目。

举办“一带一路”沿线国家文化遗产保护交流合作论坛，与国际古迹遗址理事会、哈、吉、俄等23个国家官员、学者共商“一带一路”沿线世界文化遗产保护大计。发起成立“丝绸之路沿线国际博物馆友好联盟”，发表《西安宣言》。积极指导西北大学、陕西省考古研究院与乌兹别克斯坦科学院考古研究所合作开展“中亚考古与文化遗产保护”项目。

【扶贫工作】

2016年，陕西省文物局及时更换选派1名处级干部到山阳县挂职扶贫副县长、21人到各扶贫村任第一书记和驻村干部。牵头扶贫团8个单位共向山阳县各帮扶村直接投资193万元、引进投资166余万元。西安碑林博物馆等4家单位和5名扶贫干部在陕西省扶贫办的考核中被评为先进单位和个人。组织召开扶贫工作专题会议，编制完成《扶贫攻坚“十三五”文物专项实施规划》。全年共支持8个地市的18个“国家扶贫开发工作重点县”文物保护项目33个，投入资金2300万元。将汉阴凤堰古梯田移民生态博物馆、宜君旱作梯田农业生态博物馆两处博物馆列为陕西文物扶贫示范项目，有效促进当地经济发展。

甘肃省

【概述】

2016年，甘肃省文博系统认真学习贯彻习近平总书记、李克强总理对文物工作的重要指示批示精神和国务院《关于进一步加强文物工作的指导意见》及全国文物工作会议精神，深入贯彻党的十八大及十八届三中、四中、五中、六中全会精神，积极融入“一带一路”倡议，全力推进华夏文明传承创新区和文化遗产“历史再现”工程建设，实现了全省文物事业“十三五”良好开局。

【法规建设】

《甘肃永靖炳灵寺石窟保护条例》经甘肃省政府常务会议审核并提请省人大常委会进行了第一次审议，《甘肃省长城保护条例》完成初稿及立法说明。

【执法督察与安全保卫】

组织开展了全省长城执法专项督察和文物法人违法案件专项整治行动，查处了一批违法案件。

巩固文物安全长效工作机制，落实文物安全责任，组织完成了2016年全省文物安全目标责任考核和安全大检查。加强文博单位“三防”（安防、消防、防雷）工程建设，组织编制报审批复重点“三防”工程方案86项，组织实施“三防”工程24项。开展全省文博单位消防安全专项检查，消除安全隐患。加强业余文物保护员和长城保护员队伍建设管理和教育培训，及时发放补助和巡查服装。

【不可移动文物保护管理】

（一）概况

划定公布第七批全国重点文物保护单位，开展第一至四批全国重点文物保护单位记录档案续补和省级文物保护单位记录档案编制工作；公布全省3852个点段的长城保护范围和建设控制地带。与甘肃省住房与城乡建设厅联合开展全省第七批中国历史文化名镇名村评选。

（二）大遗址保护

敦煌沙州古城城市遗址公园基本建成，大堡子山遗址及墓群保护展示工程启动实施，武威皇娘娘台城市遗址公园开工建设。大地湾国家考古遗址公园建设稳步推进，F901保护大厅土建工程完工，开始实施内部陈列展示项目。

（三）全国重点文物保护单位

拉卜楞寺文物保护工程持续推进，念智仓囊欠等10处古建筑本体修缮工程完工，25处佛殿电路照明改造工程及壁画保护修复工程开工实施；榆林窟第6窟抢险修缮、武威海藏寺保护维修、会宁红军会师旧址建筑基础保护等21项全国重点文物保护单位保护工程正在实施。

（四）世界文化遗产

嘉峪关文化遗产保护工程基本竣工。修复莫高窟、西千佛洞、榆林窟等重点石窟壁画1674平方米，修复出土和馆藏文物2834件／套。敦煌莫高窟第98窟壁画保护修复工程入围2015年度全国优秀文物保护利用工程终评名单。

（五）其他

2016年，甘肃省文物局报请省编委批准，将省直管理的麦积山石窟、炳灵寺石窟、北石窟寺等重要石窟类文物保护单位交由敦煌研究院统一管理。将大地湾遗址及大地湾博物馆交由天水市管理。依托敦煌研究院成立甘肃省古代壁画与土遗址保护标准化委员会。成立甘肃省第二个国家文物局重点科研基地——“石窟文物保护技术集成与应用研究国家文物局重点科研基地”。

【考古发掘】

（一）概况

以马家塬遗址为中心深入开展“早期秦文化调查与研究”项目，继续实施“黑水国遗址河西走廊冶金史调查”“马鬃山遗址古代玉矿遗址调查发掘”等主动性考古研究项目。武威亥母寺遗址发掘出土4万多枚“擦擦”等西夏时期佛教文物；宁县石家墓群发现春秋时期车马坑2座、中型墓葬13座。配合国家重大基本建设开展文物调查、考古发掘及抢救性保护项目72项，其中配合全省“6873”交通突破行动开展48项，比2015年增长20%。

（二）重要考古项目

1. 早期秦文化考古调查、勘探、发掘与研究

一是礼县大堡子山遗址考古发掘项目。渭河两岸及其支流藉河等地区考古调查，共发现遗址42处，新发现遗址4处，赵坪村及圆顶山区域考古勘探面积29万平方米，共发现遗迹现象389处，其中墓葬247座、灰坑26个、砖范围2处、疑似马坑3处、枯井1眼、踩踏层2处、夯土墙6处、红烧土范围2处、活土坑100处；M32附属车马坑K32下藏2车，形制相似，均系驾2匹马。

二是张家川马家塬战国墓地考古发掘项目，发掘面积约1500平方米，共清理12座墓葬，包括次中型墓2座、小型墓10座。其中，5座墓葬内随葬有6辆车。

2. 河西走廊早期冶金遗址考古调查、发掘和研究

发掘面积750平方米，发现遗迹单位50余处，其中房址2处、灰坑48个、沟1条、烧面2处。从遗迹单位出土器物来看，西城驿文化早、中、晚各段都有发现，以西城驿文化中期遗存为主。通过本次发掘，进一步揭示了西城驿时期的聚落结构。

3. 临洮马家窑遗址的考古发掘与研究

联合中国社会科学院考古研究所在遗址高部、巴马峪沟北侧两处台地（瓦家坪）上进行考古发掘，发掘面积约400平方米，清理出各种不同类型遗迹49处，包括不同时期房址2处、灰坑36个、墓葬9座、沟2条，收集了大量陶、石、骨等人工遗物和自然检测样品。此次发掘进一步丰富了对马家窑遗址不同时期文化堆积及各类遗存的认识，为马家窑遗址的保护、开发及相关学术问题的研究提供了重要资料。

4. 肃北马鬃山玉矿遗址考古调查、勘探、发掘与研究

考古勘探及测绘面积40万平方米，发现遗迹59处，其中房址9座、灰坑40个、活土坑

1个、红烧土范围3处、沟3条、矿渣堆积1处、石块范围2处。对2011～2016年发掘区域进行航测航拍，航拍面积1万平方米，获得了正射影像、线图、三维视频、高程晕染、3D影像图等数据；在发掘区东部和北部继续布方发掘，发掘面积1000平方米，清理遗迹单位70处，其中石料堆积7处、灰坑20处、房屋43座。出土遗物主要有陶器、石器、铜器、铁器、石器、玉料等。联合中山大学对玉矿遗址的地质结构、宝石学特征、矿物学特征、地球化学特征及成矿年代等展开了研究。联合兰州大学西部环境教育部重点实验室对2016年采集土样进行了浮选，获取了大量炭化作物，其中以大麦为主。进行了碳十四测年，年代集中在战国晚期至西汉时期。

5. 泾川佛教遗址考古调查、勘探、发掘与研究

发掘面积约1300平方米。出土遗物主要为瓦当、建筑构件、铜钱等，亦见少量铁质构件，如铁钉等。出土佛教造像残件6件，均残毁严重，除1件为青铜质地外，其余约为石质，部分施以彩绘。造像残件的出土对遗址的性质研究起到一定的指示作用。

6. 武威亥母寺遗址的考古发掘与研究

对01号窟窟外及窟内进深13米范围进行支护加固，03号窟整体进行加固支护，对04号窟窟外加固及窟口塌落岩体进行清理。根据支护加固的进度，对01、03号窟进行考古发掘。出土遗物以文献、佛教遗物、生活用品及建筑构件为主，兼有少量兵器、碑刻等物。其中，文献以西夏文文献为主，兼有少量汉文、藏文文献。佛教遗物主要为擦擦，共发现4万余枚，还有部分佛造像、画像及唐卡等。生活用品有陶纺轮、瓷碗、木筷、木勺、木碗、角梳、针等。建筑构件为长方形青砖、瓦当、板瓦、筒瓦、滴水、铁钉及木构件等。

7. 漳县墩坪遗址考古调查、勘探、发掘与研究

勘探面积约5万平方米，采集了大量遗物，发现多处文化层、灰坑、房址、陶窑等。采集遗物以陶片为主，还有少量其他遗存，如玉璧、铜钱、绿松石珠等。

8. 宁县西头村遗址的考古勘探、发掘与研究

勘探面积7.5万平方米，发现墓葬120余座，车马坑9处。发现车马器、铜（泥）礼（容）器、丧葬器、棺饰组合等。纹饰流行重环纹、夔龙纹、垂鳞纹、窃曲纹等。北京大学考古文博学院、陕西省考古研究院、山西省考古研究所、荆州文物保护中心相关专家对宁县石家墓群及M216发掘清理与现场文物保护进行论证，形成诸多建设性意见，对墓葬发掘与现场文物保护提出了指导性建议。

【博物馆与可移动文物普查】

（一）博物馆

2016年，全省“历史再现”工程新增各类博物馆105家，博物馆总数达到490家，其中通过国家文物局审核并在全国博物馆名录公布的有190家，市、县（区）国有博物馆覆盖率均达到100%。敦煌研究院和天水市博物馆晋升为国家一级博物馆，酒泉市等6家市级博物馆、天祝县等10家县级博物馆、永靖县黄河水电博览馆等4家行业博物馆以及天庆博物馆等6家非国有博物馆新馆建成开放。

甘肃省文物局与省财政厅联合组织实施了2015年度全省博物馆免费开放绩效考评工作，修订了《甘肃省博物馆免费开放绩效考评办法》和指标体系。印发《国有博物馆对口帮扶非国有博物馆工作方案》，全省4家非国有博物馆通过备案。

各级各类博物馆改造提升陈列展览14个，甘肃省博物馆基本陈列“甘肃丝绸之路文

明”展完成改陈；30多家博物馆和省直有关文博单位的2000多件／套文物参加国内外的40多个展览。赴台湾“大秦文化特展”、四川“丝路之魂：敦煌艺术大展暨天府之国与丝绸之路文物特展”、河南“梦回秦汉——秦汉简牍特展暨简牍书风全国名家邀请展”产生了较大社会影响。

全省各级各类博物馆组织开展“四进”、青少年教育等社会教育活动400余次，接待观众1500余万人次。甘肃省博物馆智慧博物馆建设试点取得阶段性成果，全省大部分国有博物馆开通了门户网站，推出特色藏品和陈列展览在线展示。

（二）第一次全国可移动文物普查

完成甘肃省第一次全国可移动文物普查工作。330个收藏有文物的国有单位全部完成数据采集登录及审核上报工作，采集登录423444件／套（1958351件）文物信息。

【社会文物管理】

甘肃省博物馆和甘肃省文物考古研究所被国家文物局指定为第二批涉案文物鉴定评估机构，制定了《甘肃省涉案文物鉴定评估机构工作规范（草案）》，全年承接5起涉案文物鉴定工作。共受理9个博物馆、纪念馆流散文物征集方案，向11家博物馆投入170万元开展流散文物征集工作。组织完成两次拍卖会503件／套文物类标的审核、备案工作。

【科技与信息】

“敦煌莫高窟风沙灾害预防性保护体系构建与示范”和“中国古代车舆价值挖掘及复原研究”两个项目被国家文物局评为“十二五”文物保护科学和技术创新奖二等奖。“敦煌翟氏研究”“西戎遗珍——马家塬战国墓地出土文物”等5项学术成果荣获甘肃省第十四次哲学社会科学优秀成果三等奖。

【文博教育与培训】

2016年10月，甘肃省文博机构讲解员专题培训班在北京举办，敦煌研究院、酒泉市博物馆和敦煌市博物馆的10名讲解员参加了为期8天的培训。

【文博宣传与出版】

组织全省文博单位积极开展文化遗产日、国际博物馆日、国际古迹遗址日文物宣传活动，成功举办敦煌莫高窟创建1650周年系列纪念活动。

《敦煌研究》杂志荣获“中国最美期刊”和甘肃省首届“十佳社科期刊”称号；《敦煌石窟艺术简史》入选中国图书评论学会和中央电视台科教频道合办的“2015中国好书”。

一批市、县级博物馆和省直有关文博单位编辑出版了馆藏精品文物图录，《敦煌佛教图像研究》等一批敦煌学研究成果出版，《肩水金关汉简（第五卷）》以及《居延新简集释》出版。《甘肃省志·文物志》编纂工作全面启动。

【机构及人员】

甘肃省设文物局的市州8个：兰州、嘉峪关、酒泉、张掖、武威、天水、定西、平凉市文物管理局；设文物局的县市区19个：礼县、会宁、景泰、靖远、平川、清水、张家川、秦安、武山、民乐、高台、肃南、临泽、山丹、敦煌、瓜州、金塔和甘州区、肃州区。

全省文物、博物馆从业人员6348人，其中专业人员1334人，中级及以上职称676人。

【对外交流与合作】

2016年，以敦煌研究院为龙头，与国际组织和国外文博机构的项目合作与学术交流继续保持良好势头。敦煌研究院在美国盖蒂博物馆举办的“敦煌莫高窟：中国丝绸之路上的佛教艺术”展创造了敦煌艺术首次在北美主流博物馆展出和盖蒂博物馆单个展览参观人数最多两项纪录。

青海省

【概述】

2016年，青海省文物系统认真贯彻落实习近平总书记系列重要讲话精神和全国文物工作会议精神，理顺思路、围绕重点，以保护工作为主线，以项目工作为突破口，全力做好项目申报、重点文物保护单位修缮工程、文物安全执法检查督察、喇家国家考古遗址公园建设、青海省第一次全国可移动文物普查等重点任务，扎实推进基础工作，文物工作呈现诸多亮点，青海省文物保护事业迈上新台阶。

【法规建设】

通过完善各项规章制度、推动依法行政，全省文物工作逐步走上法制化、规范化、制度化的轨道。起草了《青海省人民政府关于进一步加强文物工作的实施意见（代拟稿）》《关于加强青海省明长城保护管理工作的意见》《青海省省级重点文物保护专项资金管理办法》等规范性文件。完成《青海省文物事业发展“十三五”规划》编制工作。

【执法督察与安全保卫】

（一）执法督察

2016年，经与公安部门通力合作，青海省打击文物犯罪工作成效显著，侦破文物案件5起，追缴文物92件，抓获文物犯罪分子27人，有效打击了文物犯罪活动，遏制了文物盗掘势头。海西州都兰县香加乡艾里斯台村哈日赛墓地被盗案抓获11名犯罪嫌疑人，追回双虎纹饰件等62件唐代文物。破获了2015年10月发生在果洛藏族自治州达日县宗教活动场所“狮龙宫殿”的盗窃案，找回27件被盗物品。8月20日，青海省文物管理局与青海省公安厅就打击和防范文物犯罪联合执法达成一致意见，建立了打击和防范文物犯罪联合执法长效工作机制，为确保全省文物安全工作、预防文物犯罪提供了有力保障。

9月21～23日，国家文物局长城执法专项督察组赴青海，对西宁市湟中县、大通县等6处长城点开展执法督察工作。

11月18日，青海省文物管理局召开专题会议，安排部署文物法人违法案件专项整治工作。制定了《青海省文物法人违法案件专项整治工作实施方案》，并下发《关于部署开展“青海省文物法人违法案件专项整治行动（2016～2018年）”的通知》，安排部署相关工作。

（二）安全保卫

2016年，青海省文物安全工作整体形势良好，没有发生重大文物安全事故。全年分别安排部署了冬春季节文物安全大检查、汛期文物安全检查、节假日前安全大检查、文物保护工程项目安全专项督察等工作。2月，重点对西宁市北禅寺、南禅寺和东关清真大寺及湟中县塔尔寺等人员密集场所的文物安全管理制度、巡查制度的制定落实情况和安防、消防设施的配备情况进行了检查。7月，建立了《汛期文物安全检查台账》《夏季文物消防安全检查台账》，对区域内的文物保护单位、博物馆、纪念馆等文物收藏单位以及文物保护工程施工现场开展洪涝灾害及火灾隐患排查。多次开展不定期检查巡查，重点检查了文物保护工程施工现场、宗教类文物古建筑、古遗址、古墓葬、博物馆、考古研究所等。通过重要时段和重要场所的安全检查，有效地降低了青海省文物保护单位的灾害风险系数，保证了全省文物安全。

【不可移动文物的保护和管理】

（一）概况

2016年，青海省不可移动文物保护工程管理制度不断建立健全，文物保护修缮逐步实现规范化、制度化管理。重点围绕全国重点文物保护工程、省级文物保护工程、大遗址保护利用、传统村落保护、项目申报工作，积极推进"十三五"开局之年各项重大文物保护工程。

（二）大遗址保护

统筹推进喇家国家考古遗址公园建设。一是多渠道筹措资金。截至2016年11月，考古遗址公园建设共到位资金21220万元，已支付10826万元，主要用于公园各类规划、方案编制、征地拆迁、博物馆、保护棚、大门、围栏、移民安置新村建设等工作。二是做好各类规划方案的审核把关。督促各类规划、工程方案编制工作，严格把关，做好审批。三是督促落实好园区工程建设。考古发掘、文物本体或载体保护工程继续实施，园区基础设施及配套工程正在建设当中。四是开展联合考古。青海省文物考古研究所与四川大学考古系组成喇家遗址联合考古队，按计划完成公园建设考古任务。

根据国家文物局《大遗址保护"十三五"专项规划》的通知，积极申报新建沈那考古遗址公园、热水墓群等考古遗址公园，启动开展省级考古遗址公园建设，进一步推动大遗址保护利用工作。根据热水墓群的保护需要，积极与青海省发改委协调，从文化与自然遗产保护项目中争取到1500万元资金用于基本设施建设和环境整治工作。

长城保护工作力度不断加大。编制完成《青海明长城保护规划》并上报国家文物局。青海明长城互助段（二期）抢险加固工程、民和弘化寺古城修缮工程争取到国家重点文物保护专项资金1208万元；大通县境内明长城抢险加固工程（一期二阶段）、乐都县境内明长城抢险加固工程、平安段部分烽燧抢险加固保护工程进入施工阶段。青海明长城古鄯古城修缮工程、青海明长城卡地卡哇古城、明长城乐都段部分烽火台保护工程已由国家文物局批复立项。

（三）全国重点文物保护单位

2016年，共上报全国重点文物保护单位立项报告及安防、消防、防雷项目计划51项，国家文物局同意批复和确认34项。截至2016年12月，收到全国重点文物保护单位保护工程设计方案78项，国家文物局同意批复38项。2016年度落实全国重点文物保护单位项目资金24808万元，涉及5类62个项目。

（四）世界文化遗产

根据历史文献记载、考古调查研究、三普工作成果、专家学者的研究成果等，搜集梳理唐蕃古道和茶马古道古遗址相关资料，实地进行调查，做好"唐蕃古道"和"茶马古道"申遗前期基础工作。

开展"丝绸之路"申遗名录拓展前期准备工作。对热水墓群、西海郡故城、日月山

（赤岭）遗址和伏俟城遗址4处丝绸之路文化遗产点实施保护维修工程。

（五）其他

传统村落和古民居保护工程顺利实施。积极申报全国历史文化名镇名村维修工程项目，2016年争取国家文物局资金1112万元，完成保安古屯田寨堡古建筑群——郭麻日古堡保护维修、年都乎寺和郭麻日寺壁画修复工程设计方案编制。《青海省玉树市仲达乡电达村历史文化名村保护规划的请示》《青海省玉树市安冲乡拉则村历史文化名村保护规划的请示》获省政府批准。

【考古发掘】

（一）概况

2016年主要围绕喇家国家考古遗址公园建设开展考古发掘及资料整理工作，配合公路、水库、电厂等基本建设完成相关区域抢救性考古调查、勘探、发掘及文物保护工作。

（二）重要考古项目

1．喇家遗址考古发掘

喇家遗址位于黄河上游的青海省民和县官亭镇喇家村，总面积约40万平方米，是一处新石器时代的巨大聚落，也是迄今为止发现的我国唯一一处大型灾难遗址。2016年考古发掘工作时间为6～11月，发掘面积约600平方米。发现遗迹35处，其中灰坑25个、房址4处、壕沟1段、墓葬1座、灰沟4条。出土遗物丰富，有陶器、石器、玉器、骨器等。2016年度发现有马家窑文化、齐家文化、辛店文化时期遗存，其中以齐家文化遗存为主。

在喇家遗址等田野考古发掘过程中，广泛运用RTK、全站仪、3D扫描、航拍等现代设备与技术，结合植物考古学、动物考古学、环境考古学、体制人类学、古DNA分析、食谱分析、残留物分析、微量元素分析、同位素分析、地质学、地球物理等学科，通过现场保护与实验室保护相结合，不仅更大程度地获取科学资料，并在第一时间对遗迹遗物进行了有效的保护。

2．共和县151遗址考古发掘

共和县151遗址位于青藏高原东北部的青海湖南岸，是一处旧石器时代晚期至中石器时代遗址。7～8月发掘面积25平方米，发现了丰富的石制品、动物骨骼和炭屑，采集了大量的测年、浮选和环境样品，对青藏高原人类活动历史研究具有重要意义。

出土石制品主要表现为中国北方传统的小石片石器和细石器，显示古人类的生产工具类型和制作技术与中国北方地区密切相关。研究结果综合分析显示，距今1.5万年和8500～6500年间，史前人类从中国北方地区扩散至青藏高原东北部。

3．化隆县沙隆卡遗址发掘

完成了化隆县沙隆卡遗址发掘工作。批准发掘面积100平方米，2016年发掘面积75平方米。发掘清理了齐家文化、仰韶文化庙底沟期文化堆积和多个细石器地层，充实了青海地区新石器时代早中期的考古资料。

【博物馆与可移动文物保护】

（一）博物馆

1．博物馆建设

2016年，青海省国有博物馆、纪念馆共36家，其中文化文物系统内博物馆、纪念馆

23家，国家一级博物馆1家、三级博物馆5家。列入国家文物局免费开放博物馆名单的有16家，落实年度免费开放金额2744.13万元。

青海省博物馆升级改造工作正式启动。主要以馆舍基础建设及配套设施建设、展陈创新设计、馆藏资源共享、文创产品开发为重点；青海喇家遗址博物馆主体工程封顶，建筑面积7591平方米；格尔木市博物馆（新馆）建成，建筑面积6500平方米；海西州博物馆（新馆）工程开工，计划2018年建成，建筑面积27000平方米。

组织开展了青海省免费开放博物馆纪念馆绩效考核工作。首次开展青海省非国有博物馆藏品建档备案工作，完善了藏品管理机制，加强了非国有博物馆监督管理。

2．博物馆间的交流与合作

2016年，青海省博物馆、青海省考古研究所、青海柳湾彩陶博物馆共挑选169件／套文物，分别赴四川、西藏等地进行“茶马古道——西北八省区联展”巡回展，赴海西州参加“青海史前文明——马家窑文化彩陶展”。全省20件／套珍贵文物分别赴成都、甘肃、河南参加“天府之国与丝绸之路文物特展”“丝绸之路对话与交流——十三省市区馆藏文物精品展”“丝路遗韵——丝绸之路沿线音乐文物展”等展览。

3．重要陈列展览

2016年，全省博物馆、纪念馆陈列展览共105个，其中基本陈列46个、临时展览59个，观众总数310万人次，其中未成年观众62万人次。

青海省博物馆举办了“江河源文明——青海历史文物展”“青海省非物质文化遗产展”“丝绸之路——文物精品大展”“见证历史珍藏　谱写文物篇章——青海省第一次全国可移动文物普查成果汇报展”“青海省‘十二五’发展成就展”“齐鲁墨韵——明清书画名家展”“清风拂面　正气浩然——廉政文化图片展”等展览。中国工农红军西路军纪念馆、原子城纪念馆举办了“纪念建党95周年和红军长征胜利80周年”主题展览。青海藏医药文化博物馆举办了“藏医藏药基本陈列”展览。

（二）可移动文物保护

1．概况

为进一步加强青海省可移动文物保护工作力度，改善全省国有单位馆藏可移动文物保存展示环境，2016年，全省组织申报可移动文物本体修复、预防性保护、数字化保护、陈列展览项目18个。

对2012年以来实施的可移动文物预防性保护、本体修复、陈列展览项目进行检查验收工作。2016年完成验收项目13个，验收率为86%，验收通过率92%。

2．可移动文物保护修复

2013～2016年，青海省考古研究所与秦始皇帝陵博物院合作，按照国家文物局制定的文物保护行业标准，修复彩陶160余件。青海省博物馆文物保护中心完成青海省博物馆“馆藏纸质文物的保护修复项目”“纺织品保护修复项目”“金属文物的保护修复项目”修复任务。编制了海西州民族博物馆（含都兰县、格尔木市博物馆）可移动文物预防性保护方案和海北州民族博物馆可移动文物预防性保护方案。

（三）第一次全国可移动文物普查

青海省第一次全国可移动文物普查工作从2012开始，至2016年结束。通过此次普查，基本掌握了青海省国有收藏单位及县级以上文物保护单位及宗教活动场所的可移动文物数量、分布、本体特征、人文信息和保存情况。截至2016年10月31日，青海省在全国可移动文物信息平台登录可移动文物69960件/套（312793件），其中珍贵文物2746件/套；登录可移动文物信息的收藏单位254家。完成上报国家文物局《第一次全国可移动文物普查青海省工作报告》。

【社会文物管理】

2016年，青海省文物商店总营业收入238万元。多次参加文物大联盟专场文物拍卖活动，首次参加上海华夏拍卖有限公司2016艺术品拍卖会。征集和收购民间流散文物199件，收购金额73.36万元。

【科技与信息】

2016年6月，青海省考古研究所派员赴美国参加第七届东亚考古学会国际年会，介绍了喇家国家考古遗址建设考古近年来的重要学术成果，引起了与会专家的广泛关注。10月，派员参加在西安召开的“西北五省一校考古协作会”，对今年的文物保护的新成果进行了交流；派员参加中国文物学会纺织文物专业委员会第二届学术研讨会。

青海省博物馆派员参加了“丝绸之路音乐文物展”暨中韩人文交流学术论坛、“丝绸之路对话与交流——十三省市区馆藏文物精品展”座谈会、丝绸之路文化遗产国际论坛、一带一路沿线城市合作发展论坛会等研讨会。

青海省文物管理局积极筹措资金，做好青海省文物基础信息数据库管理系统建设前期咨询工作。

【文博教育与培训】

4月25～29日，举办青海省首届文物保护工程专业技术人员培训班，对青海省内已批准的8家文物保护工程勘察设计、施工单位的65名专业技术人员进行了培训。5月2日，青海省第一次全国可移动文物普查数据审核与普查工作报告编制培训班开班。6月26日～7月3日，在北京中央文化管理干部学院首次举办了青海省文博干部培训班，青海省各市（州）、县级文博单位的36名干部参加了培训。

4月29日，青海省博物馆主办、青海省文物商店承办的为期四天的“全省文博系统文物鉴赏知识培训班”开班，来自青海省内文管所及部分博物馆业务人员70余人参加了培训。

依托国家文物局“金鼎工程”，积极推荐各市（州）文物部门、省直文博单位及文物保护工程相关企事业单位30余人参加国家文物局举办的各类培训班。

【文博宣传与出版】

结合国际博物馆日、文化遗产日等节庆活动，开展文物宣传工作。国际博物馆日当天，在全省分设立五个会场，开展寓教于乐、内容丰富的宣传活动。以文化遗产日为契机，在玉树设主会场，组织各地文物部门开展形式多样的宣传活动。积极与媒体沟通合作，《中国文物报》《文化报》《青海日报》《西宁晚报》以及青海民族文化网、大美青海微信官网等都对活动进行了报道。通过积极宣传，有效提高了全社会对文化遗产的认识和了解，发挥了文物事业引导社会、服务经济、教育人民、推动发展的重要作用，提高了群众保护文化遗产的意识。

完成《青海文物》复刊前期各项准备工作。完成《青海文化艺术志》考古相关章节内容的撰写。出版《贵南尕马台》一书。

【机构及人员】

截至2016年12月31日，青海省文物保护机构共33个，编制人员144人。其中省级文物行政部门1个，编制16人；市（州）级文物保护机构6个，编制18人；县级文物保护机构26个，编制110人。

全省有考古研究所1个，文物商店1个，博物馆、纪念馆36家。

【对外交流与合作】

从2002年开始，青海考古所与瑞士阿贝格基金会纺织品研究所建立了长期合作关系，每年由外方派遣专家前来青海考古所指导纺织品文物保护修复工作。2016年，完成都兰尕海墓地出土10件丝织品文物保护工作和2014年都兰热水洼沿水库发掘出土的46件纺织品碎片的保护工作。

宁夏回族自治区

【概述】

2016年是文物博物馆事业发展“十三五”规划开局之年，在自治区党委、政府的正确领导下，在国家文物局的大力支持下，宁夏全区文物系统深入贯彻党的十八届三中、四中、五中、六中全会和习近平总书记系列重要讲话精神，以习近平总书记文物保护重要论述为统领，认真贯彻落实《国务院关于进一步加强文物工作的指导意见》，为圆满完成全区文物博物馆事业发展“十三五”规划的目标任务夯实了基础。

【法规建设】

《银川市西夏陵保护条例》经6月29日银川市第十四届人民代表大会第二十七次会议修订，并经9月1日宁夏回族自治区第十一届人民代表大会常务委员会第二十六次会议批准后颁布实施。

组织《宁夏回族自治区长城保护条例》立法前期调研工作，完成《宁夏长城保护利用立法工作的研究报告》。

【执法督察与安全保卫】

2016年，组织文物执法人员参加全国文物行政执法骨干力量培训班和长城保护培训班，培训执法人员56人次。

大力加强文物执法与监管工作，成效明显。办理涉及文物案件2起：宁夏海原县“墩墩梁烽火台”遭破坏案，宁夏中新能电力建设有限公司擅自在文物保护单位的保护范围内进行建设工程或者爆破、钻探、挖掘等作业案。续办涉及文物案件1起：宁夏石嘴山市惠农区庙台乡省嵬城址遭盗掘案件，因案情复杂、重大，涉嫌盗掘古文化遗址，符合追究刑事责任，2015年6月5日将现场检查情况及收集的证据移交石嘴山市公安局进一步调查处理。2016年2月17日，惠农区人民检察院向惠农区人民法院就该案提起公诉。该案经惠农区人民法院审理，多人判刑，被文化部列为全国文化市场十大案件。本案为宁夏地区文物执法涉及追诉刑事责任开了先河，也为今后文物行政执法涉及追究刑事责任、“两法衔接”、联合办案等打下坚实基础，对惩治文物领域犯罪和保障文物安全具有重大意义。

积极推进第七批全国重点文物保护单位“三防”建设。承天寺塔、宏佛塔的防雷工程竣工并通过验收。田州塔防雷工程、平罗玉皇阁消防和安防工程、中卫高庙防雷和安防工程获得国家文物局立项批复，建设方案经自治区文物局批准，陆续开工建设。

2016年6月和12月开展全区文物安全督察两次，对排查出的安全隐患，责成相关单位实施整改。7～10月，按照国家文物局统一部署，开展全区长城执法专项督察自查行动，在国家文物局组织的专项督察中综合排名第三。

【不可移动文物的保护和管理】

（一）概况

截至2016年年底，宁夏登记不可移动文物3818处，其中全国重点文物保护单位35处（古遗址14处、古墓葬3处、古建筑15处、石窟寺及石刻2处、近现代重要史迹及代表性建筑1处），自治区级文物保护单位125处（其中古遗址类59处、古墓葬6处、古建筑18处、石窟寺及石刻24处、近现代重要史迹及代表性建筑17处、其他1处），市县级文物保护单位344处。

（二）全国重点文物保护单位

安装了全区长城保护界桩、保护标识和安全护栏；编制完成了《宁夏境内长城保护总体规划》和全国重点文物保护单位菜园遗址、鸽子山遗址、张家场城址保护规划，并报国家文物局审批；完成了固原古城（一期）、明长城盐池高平段等修缮加固工程；实施了吴忠董府保护性设施建设项目和宁夏文物考古研究所固原工作站及考古整理基地建设项目；启动了明长城银川五虎墩段、中卫姚滩段、战国秦长城原州区长城梁段、白岔村段和西吉明台村段、火家沟段抢险加固保护工程。

（三）世界文化遗产

西夏陵申报世界文化遗产。宁夏回族自治区党委、政府高度重视西夏陵申遗工作，将西夏陵申遗列为自治区重大文化工程，编制申遗文本和专项规划方案，实施文物本体保护、环境整治、遗址博物馆建设等工程。完成了西夏陵保护规划的修编和西夏陵申遗文本，并将申遗文本上报国家文物局；完成了5、7、8、9号帝陵和陵区安全防护系统工程与陵区的环境整治工作；完成了西夏博物馆新馆主体馆舍建设，博物馆文物征集、陈列展览、环境绿化等各项工作有序开展；有序推进西夏陵基础信息数据库建设等基础工作。

丝绸之路（固原段）申报世界文化遗产扩展项目。编制完成了《固原北朝—隋唐墓地保护总体规划》；完成了开城遗址长虫梁1号基址考古发掘、须弥山石窟相国寺区调查测绘和固原博物馆丝路展览提升工程；召开了“丝绸之路与秦汉时期固原区域文化”和“早期丝绸之路与中西文化交流”两次国际学术研讨会；开展了北朝隋唐墓地和开城遗址环境整治工作，实施须弥山石窟文物本体保护和环境整治工程。

【考古发掘】

（一）概况

2016年，文物考古科研机构积极开展文物调查、勘探和考古发掘工作。全年围绕课题研究开展考古发掘工作7次，配合基本建设考古调查16次，抢救性考古发掘2次。

10月25～26日，宁夏文物局选派各考古工地专业技术人员，参加了“第六届黄淮七省考古论坛与西北五省一校考古联席会议”，就宁夏地区近年来考古调查与发掘、文物保护科技、资料管理、公众考古等方面工作与收获进行了交流，深入研讨开展多领域广泛合作的模式。

（二）重要考古项目

1．固原市旧城改造城西墓地发掘

为配合固原旧城改造建设，8～12月，宁夏文物考古研究所对该工程所涉墓葬进行了抢救性考古发掘。清理发掘古墓葬125座，其中汉代47座、北朝1座、唐代1座、宋代19座、明清15座，其余为近代。出土遗物包括陶器160件、铜器270件、铁器70件、骨器15件、玉石器190件、钱币500余件。复杂多变的墓葬形制、葬式葬具等反映了不同时期的丧葬习俗，也反映了早期居民流寓古城的事实。汉墓中发现大量的殉牲现象，可能与长城沿线半月形地带的青铜文化有关。

2．鸽子山遗址第10地点考古发掘

6～9月，宁夏文物考古研究所联合中国科学院古脊椎动物与古人类研究所，对该遗址第10地点东部的核心区域进行考古发掘。发掘面积200平方米。出土文物8000余件，包括7760件石制品、633件动物化石。发现疑似灰堆／火塘遗迹超过30处。

3．水洞沟遗址第2地点考古发掘

9～11月，宁夏文物考古研究所联合中国科学院古脊椎动物与古人类研究所，对水洞沟遗址第2地点继续进行发掘。发掘面积100平方米左右，揭露6个文化层。发掘全程采用全站仪对每件器物进行测量，并对每个探方内的土样进行浮选水洗，采集了大量碎屑。出土石制品2252件，哺乳动物化石374件，鸵鸟蛋壳碎片563件，其中包含鸵鸟蛋壳串珠。遗物与遗迹位于第1、2、3、5文化层，主要集中于第3文化层。

4．隆德沙塘北塬遗址考古发掘

在2013年和2015年发掘的基础上，宁夏文物考古研究所对该遗址继续进行发掘。发掘面积700平方米，共清理房址6座、灰坑85个、墓葬2座、窑址1座、晚期灰沟1条。房址均为半地穴式，灰坑多为圆形灰坑，墓葬均为长方形竖穴土圹墓，仰身直肢葬。出土遗物以小口罐、大口罐、单耳罐、双耳罐为主，其次为盆，还有尊、斝等。石器有石镞、石刀、石斧、石锛等。发掘中出土了数件玉器和玉料残片。骨器有骨锥、骨针、骨镞、穿孔蚌壳等。通过对整个遗址遗迹现象和出土遗物的分析，沙塘北塬遗址应属于齐家文化早期文化遗存。

5．开城安西王府长虫梁城址1号基址考古发掘

2016年，在完成上年度探方发掘同时，宁夏文物考古研究所根据遗迹分布走向，在发掘区北侧及南侧布探方2个，累计发掘面积1200平方米。清理揭露了1号基址的东侧夯土边缘，在其外侧清理出包砖基槽以及登台踏步、台基东南角折拐结构、大面积的地面踩踏面等重要遗迹现象。发掘出土遗物主要为砖瓦石块等建筑材料。大量的琉璃砖瓦、龙纹瓦当、滴水、台沿螭首等高规格材料显示了遗址的地位与规模，其中东侧踏步附近出土的4件青石质台沿螭首与元上都遗物造型一致。通过以上考古发现，结合此前勘探工作，判定1号基址为安西王府主殿基址，长虫梁城址即为安西王府宫城。

6．须弥山石窟相国寺区调查测绘工作

宁夏文物考古研究所与浙江大学文化遗产研究院合作进行为期5年（2012～2017年）的须弥山石窟联合调查测绘工作。2016年主要对相国寺区51～57窟及53附窟8座洞窟进行调查测绘。完成了洞窟和地理信息三维数字化采集和计算，对该区域进行了航空摄影测量，对范围内的石窟类型、时代与形制有了初步的认识，为了解该地区佛教石窟寺历史及对须弥山石窟进行分期提供了新的资料。

【博物馆与可移动文物保护】

（一）博物馆

2016年，宁夏共有博物馆75家，其中国有博物馆60家、非国有博物馆15家。全年参观人数达324.8万人次，其中未成年人63.8万人次。宁夏博物馆连续三次被中国博物馆协会表

彰为十佳通讯员单位。

1．博物馆建设

积极推进固原博物馆、盐池博物馆展览提升工程及同心县新建博物馆陈列布展工作。

2．博物馆间的交流与合作

宁夏博物馆与贵州民族博物馆、甘肃省博物馆、安徽博物院、河南博物院、杭州博物馆、呼伦贝尔民族博物馆等单位联合举办各类展览20项，推出“丝绸之路上的神秘王国——西夏文物精品展”“民族瑰宝　书苑奇葩——中国阿拉伯文书法艺术展”“朔地恋歌——宁夏岩画特展”“回乡漫步——宁夏回族民俗文物展”分别赴俄罗斯莫斯科和北京、云南、安徽、西安、杭州等省市展出10场次。

固原博物馆与云南省博物馆、大连现代博物馆、邯郸市博物馆、山西晋祠博物馆等单位联合举办各类展览8个，推出“青铜之路——宁夏固原两周时期北方青铜器特展”“胡风东来——宁夏固原丝绸之路文物精品展”等展览4个。

银川市文物局、银川市贺兰山岩画管理处联合新疆昌吉州博物馆、博尔塔拉蒙古自治州博物馆和玛纳斯县博物馆组织“宁夏贺兰山岩画拓片精粹展”。

3．重要陈列展览

全年推出和引进“千年固原　丝路华章”“丝绸之路上的神秘王国——西夏文物精品展”“民族瑰宝　书苑奇葩——中国阿拉伯文书法艺术展”“朔地恋歌——宁夏岩画特展”“回乡漫步——宁夏回族民俗文物展”“青铜之路——宁夏固原两周时期北方青铜器特展”“胡风东来——宁夏固原丝绸之路文物精品展”等大型展览36个，自办“红旗漫卷——宁夏革命文物陈列视频展”“博物馆与文化景观流动展”“红军长征在固原——纪念中国工农红军长征胜利80周年”等展览12个。

“千年固原　丝路华章”展：展览为固原通史展，精选固原本地出土的2280件／套珍贵文物，分为五个单元，结合新的展陈手段，再现自新石器时期以来固原几千年悠久厚重、丰富多彩而又灿烂辉煌的历史文化，是博大精深、源远流长的中华文明的缩影。

“丝绸之路上的神秘王国——西夏文物精品展”：2016年1月7日～9月30日，赴俄罗斯莫斯科和北京、云南、安徽、西安、杭州等省市展出，展示了西夏在不足两百年的时间内创造的辉煌艺术和文化。通过对西夏艺术精品的展示，全面揭示西夏艺术文化的独特魅力，反映出西夏在丝绸之路上的重要作用。

“久远的记忆——宁夏岩画特展”：2016年分别在山西、福建、澳门、广西、北京、山东多地举办，将宁夏岩画这一历史瑰宝呈现在世人面前。通过不同历史时期北方游牧民族所刻制的岩画文物本体、岩画拓片、岩画文物复制品，多形式、多角度反映古代先民的日常生活和精神世界，展示了宁夏岩画独特的艺术魅力和深厚的文化内涵，体现了宁夏岩画文化的繁荣景象。

“丝绸之路——大西北遗珍”：2016年9月1日～12月1日在宁夏博物馆举办，通过对丝绸之路沿线出土文物的展览，让人遥想千年古道的来来往往，感受丝绸之路曾经的繁盛。

“胡风东来——宁夏固原丝绸之路文物精品展”：2016年1月19日～3月10日在晋祠博物馆董寿平美术馆展出。展品包括北魏漆棺画、北周鎏金银瓶、凸钉玻璃碗、镶宝石金戒指、波斯银币、罗马金币及北周、隋唐墓壁画等固原博物馆馆藏文物150件，集中展示了固原诸多独特的历史文化。

（二）可移动文物保护

截至2016年年底，宁夏全区馆藏文物75362件／套，其中一级文物367件／套，二级文物3756件／套，三级文物6962件／套。2016年全年征集文物1828件／套，其中草原青铜器1371件／套，回族文物31件／套，西夏文物175件／套，丝路金币、民国钱币、金饰等其他文物250件／套。

宁夏文物考古研究所、宁夏博物馆、宁夏固原博物馆启动实施预防性保护项目。与地方高校合作开展“西夏文物三维数字化扫描与虚拟修复”科研合作项目，现已扫描瓷器200多件。积极做好文物保护修复工作，保护修复文物272件，其中陶瓷器41件（瓷器39件、陶器2件），金属器176件（青铜器137件、铜器28件、铁器11件），纸质书画类34件，丝织品16件（唐卡2件、其他丝织品14件），木器5件。测试572件金属文物成分。完成“馆藏西夏千佛龛唐卡”的本体保护修复实施阶段工作；开展“馆藏西夏铁器”“馆藏珍贵纸质文物”等项目的本体保护修复工作；完成“唐梁元珍墓壁画保护修复项目”的结项验收。

（三）第一次全国可移动文物普查

2016年，宁夏普查办组织专家对全区数据逐一进行审核，国家普查办组织专家对全区数据进行了预审核，审核结论为整体良好。4～7月，宁夏普查办组织了三次数据审核和质量控制培训班、一次可移动文物普查报告编制培训班，累计培训200人次。6月举办了全区第一次全国可移动文物普查报告编制培训班，对全区21个县（区）级普查办、5个地市级普查办进行了培训，就普查报告的主要内容、具体要求做了详细说明。8月，宁夏普查办组织了自治区级数据审核终审会，审核结论全部符合国家标准，并于9月底前将全部数据报至国家文物局信息中心。截至2016年年底，全区国有单位采集69246件／套（28万余件）文物信息，全部审核上报，上传照片30余万张，藏品报送进度达100%，完成《全区第一次全国可移动文物普查工作报告》《西夏可移动文物保护和利用调研报告》和《全区第一次全国可移动文物普查国有单位名录》填报。全区第一次全国可移动文物普查工作数据经国家文物局验收合格。

【文博教育与培训】

2016年5月，固原博物馆选派讲解员参加2016年宁夏科普讲解竞赛，荣获二等奖1个、三等奖2个；参加固原市举办的“家风家训与党风政风”主题青年演讲比赛，获优秀奖。

6月，由国家文物局主办，自治区文化厅承办，中国文化遗产研究院协办的全国首期长城保护管理培训班在银川举行，来自长城沿线的地市级文物行政部门长城管理机构负责人代表70多人参加了培训。

【文博宣传与出版】

利用国际博物馆日、文化遗产日和宁夏长城保护宣传日等开展主题宣传活动。为助推西夏陵申报世界文化遗产，银川市整合全市文博力量，在西夏陵景区西夏博物馆广场开展国际博物馆日宣传活动，精心安排了一场以西夏文化为背景的大型演出，并组织观众免费参观西夏博物馆。活动现场，全市17家文博单位通过摆放主题展板、悬挂宣传标语、发放宣传材料、市民咨询等方式宣传文物保护政策法规。固原市作为文化遗产日宁夏主场城市，推出了文化遗产保护成果展、非遗保护成果图片展等系列展览，邀请文物专家进行免费文物鉴定咨询。青铜峡市利用文化遗产日开展北岔口长城绿色徒步公益行动和鸽子山遗址考古发掘现场公众开放日活动，组织“文化遗产融入我的生活”主题征文活动，在景区、社区、广场等人口聚集区开展文物法规政策宣传解读活动，制作《走过铁桥》口述历史纪录片，多措并举助推文化遗产融入现代生活。宁夏博物馆充分发挥地区行业中坚的优势，组织专业力量积极开展各类宣传活动，坚持“馆内”“馆外”一起抓：在馆内，大厅大屏滚动播放主题宣传口号，为公众提供义务讲解，为残障人员提供专门服务，利用电教室和临时展厅举办文物保护法规和全国重点文物保护单位知识讲座，协调相关部门组织银川市近千名中小学生参观博物馆；在馆外，积极组织人员送知识送政策送展览到社区到学校，组织授课和举办展览10余次，发放宣传册8000余份。

2016年出版考古著作四本，分别为《粟特人在中国——考古发现与出土文献的新印证》《王大户与九龙山——北方青铜文化墓地》《岩画研究（2015）· 中国岩画青年论坛》《宁夏石嘴山岩画考察报告》。首届中国考古学大会上，《水洞沟：2003～2007年度考古发掘与研究报告》荣获研究成果奖（金鼎奖）。宁夏第十三届社会科学优秀成果评选中，《西夏六号陵》《彭阳海子源墓地发掘报告》分别荣获著作一等奖、三等奖。

【机构及人员】

2016年，宁夏共有文博单位39个，其中文物保护管理机构22个；从业人员709人，其中专业技术人员293人，具有高级职称的49人、中级职称的107人。

【对外交流与合作】

9月22～25日，宁夏文物考古研究所联合吉林大学边疆考古学研究中心、中国考古学会丝绸之路考古专业委员会，举办了“早期丝绸之路与东西文化交流国际学术研讨会暨中国考古学会丝绸之路考古专业委员会成立大会”。来自中国（包括台湾地区）、日本、美国等高校、科研院所及文博单位的80余位专家学者参加了会议。

9月17～27日，宁夏文物局邀请美国哥伦比亚大学东亚系终身教授、吉林大学长江学者李峰先生实地考察，并就北方青铜文化研究项目达成合作意向。

与日本奈良橿原考古所签订了合作框架协议，派遣2名业务骨干赴日本进行交流学习。

新疆维吾尔自治区

【概述】

2016年，自治区文物局聚焦自治区社会稳定和长治久安总目标，狠抓自治区第九次党代会精神落实，着力发挥文物工作在维护稳定、推动发展、服务公众、宣传教育和增进团结等方面的独特作用，推动文物工作创新发展，推进新疆由“文物大区”向“文物强区”科学发展。

【执法督察与安全保卫】

根据《关于印发〈新疆维吾尔自治区文化厅所属事业单位分类改革方案〉的通知》，成立新疆维吾尔自治区文化文物综合执法局，专项负责指导自治区文化市场稽查、文物行政执法、相关案件查处等工作。

开展全疆文物安全及行政执法巡查工作，各地州市文物部门完成了对区级（含区级）以上文物保护单位每年至少进行一次文物执法巡查的工作任务，对县级文物行政部门开展的文物保护单位执法巡查工作进行了督察。

完善综合治理和安全生产责任制，建立值班制度和维稳应急制度，严格落实重要敏感节点综治维稳和平安建设工作。由文物局领导带队，相关处室人员共同组成文物安全检查组深入区属文博单位、重点考古工地进行安全检查。强化人防、物防、技防“三位一体”防控体系建设。扎实开展综合治理、平安建设和安全生产宣传活动。

【不可移动文物的保护和管理】

（一）概况

2016年，新疆维吾尔自治区不可移动文物保护与管理工作进展顺利，2016年按计划启动开展保护项目36项，使用项目资金8255万元。全年开展项目检查3批次，检查项目33项。

加强文物保护单位“四有”基础工作，整理补充完善第一至七批全国重点文物保护单位和第一至七批自治区级文物保护单位记录档案。组织完成了革命文物保护经费需求统计报告的编制和申报工作。

加强新疆维吾尔自治区文物保护工程行业管理，完成文物保护工程施工、监理资质申报单位的审核工作，颁发了一批文物保护工程施工、监理资质单位，其中施工二级资质14家，监理乙级资质5家，监理丙级资质2家。

（二）大遗址保护

根据国务院长城保护工作座谈会会议精神，自治区启动长城资源保护规划编制工作，组织技术专业团队，编制完成《新疆维吾尔自治区长城资源保护规划（初稿）》。在国家文物局的大力支持下，统筹推进昌吉州境内烽燧群信息采集项目等3个长城保护项目，配合国家文物局完成哈密烽燧保护工程（一期）竣工验收。按照国家文物局统一部署，开展长城专项执法督察工作。从长城资源分布的9个地州市中遴选出能够发挥保护作用、履行保护职责的长城保护员50名，统一发放了长城保护证书和服装。安排部署长城所在地州市开展“长城公开课”等宣传活动，宣传普及长城保护知识，弘扬社会主义核心价值观。

（三）全国重点文物保护单位

加强全国重点文物保护单位的保护管理工作。继续推进国家专项经费支持的项目，完成雅尔湖石窟壁画保护、克斯勒塔格佛寺遗址、乌鲁木齐市峡口古城、惠远钟鼓楼修缮工程、扎库齐牛录关帝庙修缮等保护项目；继续推进吐鲁番烽燧、巴州烽燧、吐鲁番坎儿井、哈密白杨沟佛寺遗址保护项目；启动苏巴什佛寺遗址抢险加固工程、惠远新老古城防洪工程、红山核试爆指挥中心旧址——影剧院修缮工程、通古斯巴西古城遗址抢险加固工程等保护项目。

完成莎车加满清真寺、默拉纳额什丁麻扎、陕西大寺大殿、伊犁将军府、惠远古城遗址、昭苏圣佑庙等保护项目立项报告的报送工作。全年累计上报文物保护工程立项45项，规划立项6项，编制上报规划4项，上报文物保护工程技术方案29项。委托新疆文物古迹保护中心，组织区内外相关领域的专家，完成了吐鲁番市老粮仓抢救性维修加固方案等17项保护维修设计方案的评审，并根据评审结果完成相关审批。

完成全国重点文物保护单位热瓦克佛寺遗址、速檀·歪思汗麻扎、靖远寺、吐峪沟石窟、米兰遗址、白杨沟佛寺遗址、吐虎鲁克·铁木尔汗麻扎规划编制工作，并报自治区人民政府公布。组织开展新疆全国重点文物保护单位中石窟寺及石刻健康评估，完成了规定材料的整理汇总，编制了《新疆维吾尔自治区全国重点文物保护单位石窟寺及石刻健康评估工作的报告》。

加大对文物保护项目的监督管理。先后赴乌鲁木齐市、昌吉州、吐鲁番市、阿克苏地区、巴州、伊犁州、和田地区实地督促指导项目实施，涉及吐鲁番烽燧维修保护工程、惠远新老古城防洪坝工程、雅尔湖石窟壁画保护工程、哈密烽燧保护工程、七个星佛寺遗址保护工程、克斯勒塔格佛寺遗址保护工程、苏巴什佛寺遗址保护工程、交河故城遗址监测工程等保护项目。

根据国家文物局《全国重点文物保护单位文物保护工程竣工验收管理暂行办法》，组织实施了克孜尔千佛洞防洪工程、森木塞姆千佛洞安防工程、纳达齐牛录关帝庙修缮工程、奴拉赛铜矿遗址抢险加固工程、昭苏圣佑庙油饰彩绘清洗加固工程、吐虎鲁克·铁木尔汗麻扎修缮工程等23处全国重点文物保护单位保护工程。柳中古城遗址抢险加固工程、惠远钟鼓楼修缮工程、塔城红楼修缮工程、巴仑台黄庙修缮工程等全国重点文物保护单位保护工程进入竣工验收阶段。

（四）世界文化遗产

1月，新疆6处世界文化遗产地被纳入国家发改委“十三五”时期国家文化和自然遗产保护利用设施建设规划”重点项目库，将进一步完善遗产地展示利用基础设施。

继续组织实施保护工程，启动北庭故城遗址数字化展示利用项目、克孜尔石窟危岩体抢险加固等保护工程，完成克孜尔石窟山区防洪工程等3项保护工程竣工验收，开展苏巴什佛寺遗址、北庭故城遗址考古发掘工作。

健全展示利用配套设施。交河故城游客服务中心建成并投入使用，高昌故城游客服务中心开工建设。吐鲁番市举办“夜游交河——体验世界文化遗产”活动，受到广大国内外游客一致好评。新疆龟兹研究院推出环塔里木盆地公共文化宣传与流动博物馆活动，相继走进南疆9个县市偏远村镇和学校。

6月，吉木萨尔县北庭学研究院成立，新疆至此已有3个世界文化遗产管理部门拥有专门研究机构。

【考古发掘】

（一）概况

2016年，自治区开展主动性考古发掘项目17个，共核拨经费2075万元；配合基本建设，在阿克苏地区、博州、和田、喀什等8个地州的公路、水库等重点工程开展抢救性考古发掘16项，发掘墓葬450余座，清理遗址2800余平方米，年代早到青铜时代，晚至清代。

（二）重要考古项目

1．吉木乃通天洞遗址考古发掘

2016年7～9月，新疆文物考古研究所考古队对吉木乃县通天洞遗址实施考古发掘，出土标本约400件，初步认定通天洞遗址年代可达旧石器时代晚期之初，甚至更早。通天洞位于阿尔泰山南麓，属于欧亚大陆的中心地带，是旧石器时代古人类迁徙的重要路径，该遗址的发现为研究东西方早期人类与旧石器文化的迁徙交流等课题提供了非常重要的资料。遗址自下而上有旧石器时代、青铜时代、早期铁器时代堆积，对了解新疆地区旧石器时代以来古人类演化、确立区域文化发展编年框架等都具有十分重要的意义。从发掘出土的旧石器组合来看，汇聚刃边刮器、勒瓦娄哇石核与石片等均与典型莫斯特文化的同类制品一致。通天洞作为新疆境内首次发现的旧石器时代洞穴遗址，不仅填补了新疆史前洞穴考古的空白，同时也是中国旧石器考古的重大发现。

2．博乐达勒特古城遗址考古发掘

2016年8月，新疆文物考古研究所考古队对博乐达勒特古城遗址实施考古发掘。发掘面积270平方米，揭露遗迹40余处，出土小件遗物近60件，初步确定为宋元时期遗存。此次考古发现为进一步探究达勒特古城的形制、年代、历史沿革等问题提供了思路，为进一步厘清古城遗址与文献唐代双河都督府和宋元时期孛罗城（bolat）所在地提供了依据。

3．奇台石城子古城遗址考古发掘

2016年，新疆文物考古研究所考古队继续对古城西北部进行发掘。发掘面积约640平方米，清理房屋8间，房址瓦片下有红烧土、炭粒、灰烬等火烧痕迹，推测古城应毁于火灾。通过考古勘探、实地调查和发掘，逐渐廓清了古城的形制布局、建筑风格、建筑设施等，同时结合周边相关遗存，基本构建出丝绸之路北道沿线军事防御体系的框架，极大丰富了中央王朝对西域管辖治理体系的相关内容。

4．塔什库尔干石头城遗址考古发掘

2016年9～11月，新疆文物考古研究所考古队继续对石头城遗址北部8处遗迹实施考古发掘，发现唐代古墓群，应为古代石头城居民墓地。出土的箱式木棺做工考究，工艺复杂，具有鲜明的地域与时代特色，从纹饰内容和箱式结构上看，此类木棺明显受到了汉文化的影响，反映了中原文化在帕米尔高原地区的传播。出土有开元通宝、双半月形耳陶罐、马鞍形石磨盘等。从出土遗物来看，遗址主体的年代暂定为唐代。

5．布尔津县海流滩墓地M2发掘

2016年9～10月，新疆文物考古研究所考古队对海流滩古墓群M2墓葬实施考古发掘。封堆下有内外卵石双石圈，宽度约0.6米。墓葬在石圈中央，墓穴内无遗骨，仅出土一尊素面鹿石和少量的金箔。古墓群规格较高，墓葬分布有规律，年代延续时间较长，保存较好，具有重要的学术价值。此次发掘为明确海流滩古墓群年代、文化内涵奠定了基础，使研究者以更广阔的视野审视阿勒泰地区史前考古学文化的起源和形成，以及与周边地区的联系。

6．尼勒克吉仁台沟口遗址

2015～2016年，配合尼勒克县基本建设实施考古发掘。2016年遗址区发掘面积约1500平方米，发掘房址15座、灶址10余座、灰坑40余座、墓葬4座，发现目前为止新疆最大的青铜时代单体房屋遗址。遗址内用煤遗迹的发现，将人类用煤记录前推千年；冶铜铸铜遗迹遗物的发现，使得吉仁台沟口遗址存在冶铜和铸铜活动的证据链得以证实和充实；遗址内铁块的出土不仅将新疆铁器出现的年代大大提前，还为铁器传播路线研究和冶铁史研究提供了新材料和新方向。吉仁台沟口遗址的继续发掘和对出土资料的深入研究，将对探索伊犁河谷文明源头起到至关重要的作用。

7．洛浦县比孜里墓地

2016年3～4月，为配合墨玉县至和田市高速公路工程建设，新疆文物考古研究所对洛浦县比孜里墓地实施考古发掘。发掘墓葬40座，时代约为汉至魏晋。出土文物数量较多且类型丰富，为新疆汉唐考古学研究提供了一批珍贵资料。

8．巴州长城资源考古发掘

为配合巴州长城资源维修保护工程建设，新疆文物考古研究所考古队于2015年10月、2016年10月对巴州境内坚达铁日木、脱西克、脱西克西、克亚克库都克、拉依苏、喀拉亚、千间房南七处烽火台实施考古发掘。发掘期间，在敦里克烽火台南新发现烽火台一处，根据形制推测其年代也为汉唐时期。此次考古发掘有助于了解巴州地区不同时代长城资源本体的结构以及建筑材料、建筑方法等，了解汉唐时期军政建置的形制、规制、布局规律，探讨军事设施与周边城池的关系。

【博物馆与可移动文物保护】

（一）博物馆

1．博物馆建设

组织完成自治区博物馆二期项目可研报告的编制工作，落实项目资金3.7亿元。完成全区博物馆备案工作，为全区各地州市配发新版《博物馆建筑设计规范》。吐鲁番市博物馆被评为国家一级博物馆。

完成阿克苏地区博物馆新建或改扩建事宜评估工作等。和田地区博物馆、温泉县博物馆、阜康市博物馆、呼图壁县博物馆、和静县博物馆、温宿县博物馆、福海县博物馆完成新馆主体工程建设。昭苏县博物馆、吐鲁番市高昌区博物馆、于田县博物馆新馆建成并对外开放。

2．博物馆间的交流与合作

新疆维吾尔自治区博物馆引进“丝路远帆——海上丝绸之路七省文物精品展”“民族遗珍 书香中国——中国少数民族古籍珍品暨保护成果展”。吐鲁番博物馆引进“陕西汉阳陵出土文物精华展”“四川少数民族文化展”。阿克苏地区博物馆引进“书道圭臬——中原汉唐名碑名志拓片展”“杭州工艺美术大师作品展”。哈密博物馆引进“拓传华夏——中国南北朝时期石刻艺术拓片展”“读城：追寻历史上的北京城池展”。巴音郭楞蒙古自治州博物馆引进“共产党人与黄埔军校展”“饮食男女——从科技考古看仰韶先民的饮食与婚姻生活展”等。

3．重要陈列展览

推出“丝路于阗——文化与艺术的交融：新疆古代和田艺术精品文物展”“西域回响——新疆古代舞乐文物展”“逝者越千年——新疆古代干尸陈列”“吐鲁番出土钱币陈列展”等。

选送文物参加故宫博物院“梵天东土 并蒂莲花：公元400～700年印度与中国雕塑艺术大展”，选送文物参加敦煌研究院“对话与交流——中国丝绸之路沿线十三省区市文物精品展”。

（二）可移动文物保护

截至2016年12月31日，自治区各级博物馆、纪念馆馆藏珍贵文物6084件／套，其中一级文物707件／套、二级文物1339件／套、三级文物4038件／套，馆藏珍贵文物全部实现了信息化管理。

新疆维吾尔自治区博物馆“纺织品文物保护国家文物局重点科研基地新疆工作站”文物保护修复工作顺利进行，完成山普拉墓地出土纺织品文物保护修复一期、二期项目，修复纺织品文物200余件。7月，与南京博物院合作建立“纸质文物保护国家文物局重点科研基地新疆工作站”，完成馆藏纸质文书文物保护修复一期项目，修复纸质文书文物30余件。

2016年，共有11个可移动文物保护项目得到国家文物局批复，包括伊犁哈萨克自治州博物馆馆藏纺织品修复保护、尉犁县博物馆馆藏纺织品修复保护、尉犁县博物馆可移动文物预防性保护、且末县博物馆可移动文物预防性保护等。积极与敦煌研究院合作，联手对泥塑及壁画文物进行保护修复；在金属文物修复保护项目上得到中国国家博物馆、西北大学、陕西历史博物馆的技术支持；与上海博物馆合作开展可移动文物预防性保护项目，成果显著。

【社会文物管理】

截至2016年12月31日，新疆尚没有文物拍卖企业，没有进行过文物拍卖活动；文物商店1家（新疆文物总店），文物库存数量24188件，无珍贵文物。

【科技与信息】

召开“舞韵·乐魂——丝绸之路舞乐文化研讨会”和“丝路于阗——文化与艺术的交融”学术研讨会。

国家课题“西域佛教造像”研究成果进入收尾阶段，“新疆古代丝绸与丝绸服饰艺术研究”获得国家社科基金艺术项目立项。

组织实施了“丝绸之路天山道枢纽路网大型综合实地考察”，考察活动涵盖历史考古、地理环境、遥感科学等众多领域，行程近万公里、实地考察遗址点20余处，新获“那热德太阳崇拜”“青铜高圆足环牛祭盘”等发现。此次科考首次综合采用VR技术（虚拟现实）、GPS定位、航空拍摄等诸多科技手段，结合实地勘察、局部物探等传统方式，实现了传统考古向科技考古转变，推动了文物保护与现代科技的融合创新。

【文博教育与培训】

组织协调全疆文博单位参加第四届丝绸之路文化创意产业博览会、第七届中国博物馆及相关产品与技术博览会、第二届广州国际文物博物馆版权交易博览会。全年选派30余人次参加国家文物局及相关单位举办的各类业务培训。

组织完成文物保护工程施工、监理资质遴选及从业人员培训工作，遴选出拟从事文物保护工程施工、监理工作的企业，对新遴选的企业，已具有文物保护工程施工、监理资质单位的学员代表80余人进行了业务培训。

【文博宣传与出版】

2016年新疆维吾尔自治区文物局加强与新闻媒体的合作交流，进一步加大文物宣传工作力度。围绕国际博物馆日、文化遗产日组织开展了图片展等宣传活动。对符合文物法规的文物拍摄宣传活动给予积极支持，及时办理有关审批、报批手续。保证《新疆文物简讯》、新疆文物局官方网站正常出版和运转。

与新疆电视台联合制作的较少民族文化遗产专题片《箭入西土》正式播出，社会反响良好。积极配合参与自治区党委宣传部组织的大型纪录片《新疆》的有关拍摄工作。整理、出版《新疆莫呼查汗墓地》《带你走进博物馆——昌吉州博物馆》等图书。新疆文物考古研究所编写的考古报告《新疆萨恩萨伊墓地》和《新疆下坂地墓地》分别获得新疆维吾尔自治区第十一届哲学社会科学奖一、三等奖。

【机构及人员】

截至2016年年底，新疆维吾尔自治区共有文物业机构195个，包括文物保护管理机构99个、博物馆92个、文物科研机构2个、文物总店1个、文物古迹保护中心1个；文物行业从业人数1849人，其中文物保护管理机构308人、博物馆1098人、文物科研机构83人、文物商店26人、其他单位334人，专业技术人员中具有高级职称的66人、具有中级职称的187人。

【对外交流与合作】

派员参加了中宣部、文化部在德国、意大利举办的外宣活动，通过交流讲座的形式向国外民众正确介绍新疆的历史以及中国政府对新疆各民族文化遗产的保护力度。配合中拉建交25周年、中国—中东欧国家人文交流年，选送文物参加在拉脱维亚举办的“丝绸之路”展览。

新疆生产建设兵团

【概述】

2016年，新疆生产建设兵团文物局深入贯彻党的十八大和十八届三中、四中、五中全会精神，认真学习贯彻落实习近平总书记、李克强总理关于文物工作的重要指示批示精神和《国务院关于进一步加强文物工作的指导意见》，紧紧围绕协调推进“四个全面”战略布局，按照国家文物局的统一部署，切实加强兵团文物工作，推动兵团文物管理和保护工作更好地适应兵团经济社会事业发展要求。新疆生产建设兵团各级党委高度重视文物工作，加大对兵团文物工作的宣传力度，组织实施重点文物保护项目，加强文物人才队伍建设工作。

【法规建设】

根据国家文物局的总体部署，新疆生产建设兵团文物局结合兵团实际，认真组织开展文物保护工作。兵团办公厅印发了《兵团关于进一步加强文物工作的实施意见》，兵团文广局印发了《兵团“十三五”期间文物事业发展规划》。

【不可移动文物的保护和管理】

（一）概况

积极申报文物保护项目，建立新疆生产建设兵团“十三五”文物保护项目数据库，组织实施5项重点文物保护项目，启动第二次兵团重点文物保护单位评审命名工作。

（二）全国重点文物保护单位

新疆生产建设兵团文物局指导八师石河子市文体局、十三师文物局、十四师文物局组织实施小李庄军垦遗址修缮保护项目、十三师柳树泉农场坎儿井抢救性保护工程、十四师皮山农场吐尔地·阿吉庄园修缮工程、焉不拉克古墓群保护规划、图木舒克市七处烽燧保护加固等项目。

（三）其他

按照国家发展改革委、国家文物局有关要求，兵团文物局初步建立了“十三五”文物保护项目数据库，上报44个项目（其中重点项目8项、一般项目36项），经审批有9项文物保护利用项目进入国家规划。启动第二次兵团重点文物保护单位评审命名工作，截至11月底，已有10个师（市）上报85项兵团级文物保护单位，待审核后报兵团审批。

【博物馆与可移动文物保护】

在国家文物局的支持下，新疆生产建设兵团文物局联合财务局向兵团军垦博物馆、一师阿拉尔市三五九旅屯垦纪念馆、六师五家渠市博物馆、周恩来纪念馆、二师渤海教导旅纪念馆、三师图木舒克市西域屯垦史馆、九师孙龙珍纪念馆、十四师47团解放军进军和田纪念馆、塔里木大学西域文化博物馆下拨免费开放专项补助资金共计400万元，用于博物馆场馆基本运转。

【文博教育与培训】

2016年9月，在石河子市军垦博物馆举办文博干部培训班。国家文物局将2016年兵团文博干部培训班纳入年度计划，高度重视，精心组织，授课专家为学员全面系统地讲解了古迹保护、田野考古、博物馆管理及文物保护政策法规等方面的文博知识。各师（市）、重点文物团场（镇）以及石河子市周边县市的文物管理者120人参加培训。这是兵团历年来规模最大、层次最高的一次文博培训。

【其他】

新疆生产建设兵团文物局积极与自治区文物局联系沟通，协调兵地文物保护管理问题，8月4日召开文物工作联席座谈会，达成几项共识。双方一致认为，“共享文物资源、共建美好家园”是兵地共同的政治责任，要共同加快推进新疆和兵团的文物事业发展。

大连市

【概述】

2016年，大连市文物工作以习近平总书记关于加强文物保护的系列重要论述为指导，在大连市委、市政府的正确领导下，积极围绕国家文物局和辽宁省文物局的工作部署，认真贯彻落实文物保护法律法规，坚持“保护为主、抢救第一、合理利用、加强管理”的文物方针，有效促进了文物的保护传承和展示利用。

【执法督察与安全保卫】

根据国家文物局制定的《文物保护单位巡查办法》相关规定，大连市文物局组织大连市文化市场综合执法总队，在上、下半年各进行了一次主要针对市级以上文物保护单位保护情况的专项执法大检查。在两次检查中，对违反《文物保护法》行为的单位下达了《责令整改通知书》，对符合立案标准的案件予以立案查处，对因管理不到位致使文物遭到严重破坏、情节恶劣的，依法追究相关单位和人员的责任。通过巡查，文物本体及其周边环境的违法行为、安全隐患，能被早发现、早制止、早处理，起到了“以预防为主，防患于未然”的作用。检查人员在执法检查的同时开展普法宣传工作，积极向文物保护管理及所有人、使用人、看护人宣传文物保护法律法规，提高相关人员依法保护文物的意识。按照国家、省文物局的要求认真开展文物法人违法案件专项整治行动。指导大连市文化市场综合执法总队严格依法对案件进行查处，对文物违法破坏案件形成高压态势，确保文物本体安全。

【不可移动文物的保护和管理】

（一）概况

截至2016年年底，大连市共有全国重点文物保护单位35处，辽宁省级文物保护单位84处，大连市级文物保护单位109处，区县级文物保护单位185处。

（二）全国重点文物保护单位

2016年，大连市争取全国重点文物保护专项补助资金4056万元，用于旅顺监狱旧址中部牢房和西部牢房修缮工程、旅顺监狱旧址监狱成品库和澡堂修缮工程、旅顺监狱旧址排水系统维修改造工程、营城子汉墓群（东汉壁画墓）加固修缮工程等修缮项目。

（三）其他

争取大连市财政资金375万元用于阎福升故居、朝阳寺、观音阁、牧城驿等省、市级文物保护单位文物保护工程项目。

积极组织落实第九批省级文物保护单位保护范围和建设控制地带核准、文物保护工程档案检查、长城档案编制、革命文物排查和革命文物保护经费需求规划申报等国家、省文物局部署的各项工作。

协助辽宁省文物局在大连成功召开三省一区中东铁路保护工作联席会议，形成会议决议。对中东铁路辽宁段的保护规划争取了国家专项补助资金120万元用于方案的编制工作。

配合大连市规划局做好城市紫线控制规划工作、指导罗振玉旧居文物修缮工作，按时完成市政府考核项目。

全年参与东关街保护性改造涉及的文物保护工作，为东关街保护性改造提供技术支持和文化支持。

【考古发掘】

为配合地方经济建设，2016年大连市文物局组织市考古所开展大连液流电池储能调峰电站规划厂址、大连地铁4号线、大连湾海底隧道等大型建设项目选址区域范围内考古调查勘探工作，配合地方经济建设；配合辽宁省文物考古研究所完成明清海防设施金州区的调查。

【博物馆与可移动文物保护】

（一）博物馆

截至2016年年底，大连市有各类博物馆、纪念馆32家。其中，国有博物馆11家，即旅顺博物馆、旅顺日俄监狱旧址博物馆、大连现代博物馆、大连汉墓博物馆、大连自然博物馆、大连武术文化博物馆、大连金州博物馆、普兰店市博物馆、瓦房店市博物馆、庄河市博物馆、大连大学博物馆；纪念馆2家，即旅顺万忠墓纪念馆和关向应纪念馆；美术馆1个，即大连美术馆；陈列馆1个，即大连金石滩毛泽东像章陈列馆。国有博物馆馆藏文物中，国家一级文物239件，二级文物2568件，三级文物25493件。

2016年，大连市文博系统所属各博物馆、纪念馆除基本陈列展览外，举办各类临时展览50个，其中市财政专门列支350万元，引进了包括“神秘的古蜀王国——三星堆和金沙遗址出土文物菁华展”“天地精灵——武汉博物馆藏玉器精品展”“虹叟墨魂——浙江省博物馆藏黄宾虹作品展”“鲁迅的艺术世界”“相映成辉——草原丝绸之路文物精华展”“舞动生命　乐扬心声——新疆古代舞乐艺术展”等精品展览11个。全年接待参观人数231.9万人次，其中未成年人15.1万人次。

5月17日～7月31日，日本帝国主义的侵略和西大门刑务所专题展览在旅顺日俄监狱旧址博物馆举办。本次展览由大连市文化广播影视局主办，旅顺日俄监狱旧址博物馆和韩国西大门刑务所历史馆联合承办，主题是“博物馆与文化景观”，旨在宣传“博物馆是人类促进文化交流、文化丰富性、推进多元理解发展、合作与和平的重要手段”的思想。此次展览共展出200余幅图片和80余件文物展品，讲述近代时期日本帝国主义的侵略和殖民统治，以及西大门刑务所的建立、收监情况和变迁过程。

（二）第一次全国可移动文物普查

2016年12月，大连市第一次全国可移动文物普查工作完成。本次普查共调查大连市国有收藏单位4757家，确认收藏文物的国有单位25家，藏品总数86308件／套，数据全部采集审核上传。

【科技与信息】

启动并推进不可移动文物管理平台建设，使文物保护与信息技术相结合，推进文物管理工作规范化、智能化。

由旅顺博物馆申报、国家文物局批准的国家重点文物保护专项资金项目——“旅顺博物馆珍贵文物预防性保护方案”正式启动，内容包括组建文物保存监测系统、配置匣囊和文物消毒装备、展柜玻璃改造等。“旅顺博物馆藏新疆出土汉文文书整理与研究”课题获批教育部人文社会科学重点研究基地重大项目，于11月3日正式立项。

【科技与信息】

10月19～20日，“学人罗振玉学术研讨会”在旅顺博物馆举办。本次研讨会由大连市文化广播影视局主办，旅顺博物馆、故宫博物院、辽宁省博物馆、天津博物院、深圳博物馆、辽宁省图书馆、大连市图书馆共同承办。与会专家学者针对罗振玉的学术地位、学术贡献、学术成就、罗振玉旧藏品的学术价值等专题展开交流与研讨。

2016年12月24日，大连市首届“汉字·艺术·文化”学术论坛在旅顺博物馆举办。本届论坛由旅顺博物馆、大连市甲骨文学会主办，中国致公党大连市委文化工作委员会、中国致公党大连市旅顺口区基层工作委员会、中国民主促进会大连市旅顺口区基层工作委员会承办。论坛的成功举办为汉字文化、书法艺术，以及大连地区历史文化的推广提供了崭新平台。

【文博宣传与出版】

2016年，大连市文博系统先后编撰出版了《旅顺博物馆学苑（2016）》《带你走进博物馆——大连现代博物馆》《大连现代博物馆年鉴（2015）》《灯影的魅力——大连现代博物馆藏辽南皮影》《金州影像》等图书；出版纪录片《大连往事》。

11月2～4日，第十九届（2015年度）华东地区古籍优秀图书评奖会议在江苏省扬州市举办，旅顺博物馆编《梦影红楼——旅顺博物馆藏全本红楼梦》获古籍优秀通俗读物奖。该古籍由晚清孙温、孙允谟绘制，是旅顺博物馆收藏的国家一级文物。

【机构及人数】

2016年，大连市共有文物机构31个，其中文物保护管理机构15个，国有博物馆、纪念馆15个，文物商店1个。

文物机构从业人员293人，其中文物保护管理机构33人，国有博物馆、纪念馆241人，大连文物总店19人。

【对外交流与合作】

4月12～16日，旅顺博物馆馆长赴台湾佛光山佛陀纪念馆参加第二届两岸博物馆双年会——“2016两岸博物馆新能量价值论坛”。论坛以“博物馆经营方式及社会定位”为会议主题，内容分为“管理与经营”“产业与文化”“资源与共享”“典藏与维护”。会中探讨了博物馆与文化产业的省思转型、重新定位等议题。

9月25～28日，旅顺博物馆馆长应邀赴美国参加“2016·中美博物馆馆长高层论坛”。本次论坛由中国博物馆协会、美国艺术联盟、美国亚洲协会联合举办，来自中美两国博物馆界的50多位馆长参会，内容涉及中美博物馆交流、博物馆事业发展、政策和法规、观众参与及中美博物馆合作案例等议题，旨在加强中美两国博物馆行业间的交流与联系。

10月12日，旅顺日俄监狱旧址博物馆馆长赴俄罗斯卫国战争纪念馆参加国际二战博物馆协会首届年会，并在“二战抗日战场”主题学术研讨会上发言。

11月14～17日，旅顺博物馆一行赴日本北九州市立自然史·历史博物馆参加第六届东亚友好博物馆馆长会议。与日本北九州市立自然史·历史博物馆、韩国仁川广域市立博物馆围绕日本北九州市立自然史·历史博物馆巡回展《和服传递的日本之心》事宜进行了磋商，并就下一阶段旅顺博物馆的推出展“筷意生活——中国箸文化展”等问题开展深入交流。三馆馆长签署了《有关东亚友好博物馆举办巡回展的协议》，勾勒出未来五年三馆交流合作的新框架。有效地促进了文物的保护传承和展示利用。

青岛市

【概述】

2016年是青岛市文物工作不断开拓创新，文物保护利用的广度、深度、层次和水平不断赢得新突破的一年。青岛市文物局以习近平总书记、李克强总理关于文物保护工作的重要指示批示精神为指导，以国务院《关于进一步加强文物工作的指导意见》和全国文物工作会议精神为引领，创新思路、锐意进取，文物保护工作不断迈上新的台阶。

【法规建设】

加强城市历史文化遗产保护立法工作，完成了《青岛市历史文化遗产保护条例》调研报告的编写工作，正在制定条例正式条款，有望将文物保护正式上升为地方法规。

以青岛市政府名义出台了《关于进一步加强文物保护工作的通知》《关于加强不可移动文物使用管理的通告》，《青岛市人民政府关于贯彻国发〔2016〕17号文件精神进一步加强文物工作的实施意见》已送市政府办公厅进入办文程序。

《关于进一步扶持社会力量博物馆建设的实施意见》已经完成了各部门的征求意见和向市委宣传部的汇报，正按程序积极推进发文工作。《意见》的发布实施将为进一步鼓励扶持民间资本和社会组织等社会力量参与博物馆城建设工作创造良好的政策和社会环境。

【执法督察与安全保卫】

认真落实文物安全工作。协调公安、消防、气象、市文化市场执法局等联合机制成员单位，全面开展文物安全检查，安全隐患整改等工作，全年未发生重点文物安全事故。积极推进文保单位“三防”工程建设，8个项目的设计方案通过国家文物局初审。积极配合国家文物局省文物局督促查办全市三起文物违法案件。

【不可移动文物的保护和管理】

（一）概况

文物保护工作纳入全市控规，实现“多规合一”的“一张图”管理，实现与城乡规划、国民经济和社会发展规划、土地利用规划等的融合。

建立文物保护单位年度报告制度，涵盖文物保护单位基本情况、文物资源普查、文保单位“四有”工作、一般不可移动文物、文物保护工程、文物利用6个方面的内容，并要求填报区（市）级及以上文物保护单位保存现状及维修保养计划。

建立健全文物保护工程工地检查办法、文物保护工程竣工验收办法等，不断提高文物保护工程监管的水平。

（二）大遗址保护

2016年，国家文物局颁布出台了《大遗址保护“十三五”专项规划》，并公布了“十三五”国家重要大遗址名录，青岛市两处全国重点文物保护单位——即墨故城遗址及六曲山墓群、琅琊台遗址，以及齐长城遗址和明清海防遗址两处拓展遗址进入名录。以此为契机，青岛市积极推进考古遗址公园建设相关工作，即墨故城遗址及六曲山墓群考古遗址公园建设已进入规划编制阶段，琅琊台遗址考古遗址公园建设也已启动。

（三）全国重点文物保护单位

编制完善重点文物保护单位专项规划。《青岛德国建筑文物保护规划》《三里河遗址保护专项规划》《琅琊台遗址保护专项规划》《崂山道教建筑群保护专项规划》等先后完成了专家论证并上报国家文物局。东岳石遗址、板桥镇遗址、祓国都城遗址、西沙埠遗址、大泽山石刻和智藏寺墓塔林等保护规划正在编制当中。联合市财政局申报年度中央专项资金16个项目，共计8700余万元，实际落实12个项目，共计4725万元。

（四）其他

在全国率先提出了打造“滨海历史文化长廊”的概念和思路。由青岛局牵头，完成了《青岛市滨海历史文化长廊行动纲要》的编制工作，推动历史文化遗产的全域统筹、整体保护和线性发展。

全面启动国家近现代建筑保护利用示范区建设工作。通过对接国家文物局，全面开启示范区创建工作，制定了《青岛市国家近现代建筑保护利用示范区规划方案》，为进一步发挥近现代文物建筑资源在传承城市文脉、彰显城市特色方面的重要作用，探索近现代文物建筑保护利用新方式、新途径，实现文物保护与城市发展共赢。

配合规划部门，开展青岛市历史文化名城保护规划报批，认真做好观海山历史文化街区、中山路历史文化街区、四方路历史文化街区控制性详细规划编制，历史风貌保护要素认定，胶济铁路沿线工业遗产保护规划编制等工作，历史文化名城保护工作不断推进。

会同市财政局、市城乡建设委，落实专项资金1050万元，对雄崖所、凤凰村、西三都河村等7处首批省“乡村记忆”工程传统村落进行传统民居保护修缮和村庄环境风貌整治。

【博物馆与可移动文物保护】

（一）博物馆

青岛市文物局全面推进“博物馆城”建设。自青岛市在全国率先提出建设“博物馆城”构想以来，经过多年的扶持、培养和打造，目前博物馆数量和展示水平均走在全国前列。2016年，继续引导兴建一批体现区域优势、民俗特色的非国有博物馆，博物馆总数突破70家。

推进重点博物馆项目建设。指导协调胶州市加快推进大沽河博物馆布展开放工作；青岛山一战遗址博物馆年底前完成博物馆主体建设，正在进行展品征集工作；崇汉轩汉画像艺术博物馆完成迁址、内部装修、展陈调整等工作，新馆已对外开放；电影博物馆建设顺利推进，协助黄岛区落实前期专项经费613万元，开展电影博物馆的选址，展陈方案设计等各项工作。

加强对全市乡村记忆博物馆的挖掘、整理和建设提升工作，全面推进“乡村记忆”建设工程，指导相关区市开展灵珠山农耕文化、崂山王哥庄特色民俗、平度旧店红色记忆、莱西城市文脉记忆等乡村记忆博物馆建设和设立备案工作，进一步提升乡村记忆博物馆建设水平。

（二）第一次全国可移动文物普查

青岛市文物局是第一次全国可移动文物普查唯一市级试点单位，在全力推进文物普查数据登录和审核工作过程中，共登录完成95家单位的199136件／套（528875件）文物藏品，基本摸清全市可移动文物家底。青岛市普查发现拥有文物的国有单位数量位居全省首位。《中国文化报》以《山东青岛：第一次可移动文物普查讲述岛城故事》进行了专题报道。青岛市文物局被山东省文物局评为全省第一次文物普查先进工作单位。

【水下文化遗产保护】

国家文物局水下文化遗产保护中心北海基地建设项目加紧推进。经多方面协调及合理推进，截至2016年12月31日，项目主体已顺利施工完成，并基本完成主体结构抽检、验收和二次结构砌筑。在此基础上，对接国家文物局水下文化遗产保护中心，启动水下文物科研、修复和办公设施设备购置事宜及预算申报工作。

宁波市

【概述】

2016年是宁波建城1195周年，天一阁建阁450周年，也是宁波被授予历史文化名城30周年。全市文物系统围绕习近平总书记重要指示和国务院的指导意见，贯彻落实全国、全省文物工作会议精神，主动对接市委市政府中心工作，突出重点强化落实，扎实开展各项文物工作，较好地完成了全年工作任务。

【法规建设】

2016年，根据国务院指导意见和浙江省实施意见，拟定完成《宁波市人民政府关于进一步加强文物工作的实施意见》，计划由市政府正式发布；制定完善了《宁波市文物事业发展“十三五”规划》，明确“十三五”期间宁波市文物保护、文物利用、考古发掘、博物馆建设等方面的工作方向和具体任务，指导“十三五”期间全市文物工作。调研全市海上丝绸之路申遗情况，完成《宁波市海上丝绸之路史迹保护办法（草案）》并征求意见。

9月21日，宁波市海曙区发布了全国首个历史文化街区地方标准规范——《历史文化街区建设活动和服务管理指南》，填补了全国历史文化街区地方标准规范的空白。

【执法督察与安全保卫】

2016年，宁波继续实施日常文物安全巡查月报工作，重点文物联合执法检查，健全责任文保员制度，做到技防工程智能化、消防工程户籍化和人防工作社会化。

《宁波市文物消防安全检查工作方案》编制完成。该方案从组织领导、工作规划、规范标准、制度建设等基础环节入手，对文物安全检查的时间、方式、范围、内容，特别是整治办法与责任追究等方面作出了更为明确、详细的规定，以建立起严密、完整、有序的文物安全管理体系，使安全工作常态化、规范化、标准化，保证文物安全形势稳定。

继续开展节假日和季度文物安全检查工作，2016年开展迎春节文物安全大检查、春季文物消防安全检查、冬季文物安全检查等工作，并于8月开展了迎接G20峰会文物安全大排查专项行动，开展了全市古建筑类全国重点文物保护单位重大险情排查工作。市县两级文物部门组织力量对宁波市省级以上古建筑类文物保护单位安全隐患进行逐一排查，重点掌握古建筑类全国重点文物保护单位重大险情状况。

【不可移动文物的保护和管理】

（一）概况

截至2016年年底，宁波市有世界文化遗产1处（大运河宁波段），各级文物保护单位590处，其中全国重点文物保护单位31处、省级文物保护单位58处、市级文物保护单位10

处、县（区）级文物保护单位491处，各级文物保护点1067处。

2016年，宁波市积极推动文物与名镇、名村、历史建筑的认定与公布，开展第三批市保认定工作，完成第七批省保申报工作，协同规划等部门共同认定第四批市历史文化名村14个、第二批市历史建筑349处；完成省级以上文物保护单位“四有”档案和“两划”编制工作，周尧故居、锦堂学校旧址、通济桥与舜江楼档案获评浙江省文物保护单位优秀记录档案。

稳步推进重点文保建设项目。建设实施“十三五”文物保护项目数据库管理平台项目，规范文物保护项目日常管理；先后实施天主教堂、灵桥、郡庙、天封塔等文保单位重点修缮项目；指导各地实施文保维修、修缮工程20多项，协助相关职能部门推动姚江二通道（慈江）工程等市重点工程建设。

积极探索和推进文物建筑的合理利用工作。海曙督学行署、奉化溪口蒋氏故居武山庙获评浙江省不可移动文物保护利用优秀案例。海曙区出台国有文物和历史建筑利用统筹办法，通过公开征集文化项目的方式，引进民间资本，先后在芳草洲、杨宅、逸仙楼、宁波商会旧址、花果园庙等文物建筑引进了甬商文化园、月湖美术馆、宁波当代名人陈列馆、甬商文化小驿站、四明史氏文化陈列馆等项目，由社会主体投入运营并向市民免费开放。

（二）世界文化遗产

大运河（宁波段）遗产保护与管理工作步入常态化。多部门、多方式、多手段的协同联动管理机制进一步完善，正式启动《大运河（宁波段）保护管理规划》编制工作，完成了监测预警平台一期工程和遗产标志性雕塑的选址与制作工作。

海上丝绸之路申遗工作稳步推进，进入正式实施阶段。2016年成立了由市委书记担任组长的申遗工作领导机构，完成了申遗政府规章的编制并由市政府发文实施，开展申遗文本和管理规划的编制工作，启动建设宁波展示分中心。各史迹点的保护整治方案已通过专家评审，史迹点所在地政府积极落实和推进各项申遗任务。开展申遗宣传工作，拍摄“海丝”申遗宣传片，组织开展“讲海丝故事——宁波首届少儿主持人大赛”等宣传活动。

【考古发掘】

（一）概况

2016全年共完成抢救性考古调查项目40项、考古勘探与发掘项目18项，其中，大榭遗址Ⅰ期考古发掘面积4000平方米，是宁波首次在海岛上发现并发掘的史前文化遗址；上水岙窑址和望京门段明州罗城城墙的发现与发掘为唐宋时期越窑青瓷三大生产中心之一东钱湖窑场瓷器的生产与外销，以及明州古城的建设与发展提供了新的实物资料；压塞堰勘探取得重大收获，被专家评价为大运河浙江段保存最完整的古堰。

“小白礁Ⅰ号”水下考古项目获评“2011～2015年度田野考古三等奖”。宁波市大榭遗址、明州罗城遗址、宁波市上水岙窑址等项目和上林湖后司岙秘色瓷窑址项目获评“2016年度浙江考古重要发现”。

（二）重要考古项目

1．北仑大榭遗址Ⅰ期发掘

2016年4～12月，在与宁波大榭开发区管委会商定保护范围的基础上，宁波市文物考古研究所联合浙江省文物考古研究所、中国人民大学、南京大学、上海市文物保护研究中心和北仑区文物保护管理所等，在大榭开发区管委会的大力支持与配合下，多学科介入，对占地约20000平方米的大榭遗址实施了Ⅰ期考古发掘。总发掘面积4000平方米，共发现史前至宋元时期各种遗迹现象50余处，出土陶、瓷、铜、石、玉质遗物（小件）200余件。

2．东钱湖上水岙窑址发掘

2016年2～11月，宁波市文物考古研究所对东钱湖上水岙窑址进行了抢救性清理发掘，共发现窑炉遗迹2条，出土大批精美的越窑青瓷器和窑具等遗物。上水岙窑址所在区域地层堆积厚0.6～1米，地势西北高、东南低，上部为缓坡，下部为平地。发现的窑炉遗迹位于缓坡凹处，开口处距离地表0.2～1米，地层堆积较浅。本次发掘仅发现了窑场的烧成区——窑炉遗迹，备料区、成形区、上釉区、存储区等作坊遗迹和配套设施由于早期平整农田和修筑原沙山公路已被损毁。

3．明州罗城城墙遗址（望京门段）发掘

2016年8～9月，为配合宁波市中山路综合整治工程9#地块望京门文化公园工程建设，宁波市文物考古研究所联合厦门大学对该工程建设范围进行了探沟式重点勘探和试掘，发现夯土、包砖、包石、桩柱等城墙遗迹。2016年10月对该遗址进行了正式发掘，发掘面积1368平方米，发现城墙遗址1处、建筑基址3组、灰坑8个、水井2口、墓葬10座，出土大量唐宋以来陶瓷、砖瓦、铜钱类遗物。根据探沟解剖和出土遗物分析，明州罗城始建于唐代晚期。文献记载宋元丰、宝庆年间曾对明州罗城进行过较大规模的修缮，此次考古发掘印证了这一史实。

4．上林湖后司岙窑址发掘

2015年10月起，浙江省文物考古研究所在慈溪主持了上林湖后司岙窑址发掘项目。此次考古发掘面积近1100平方米，揭露了包括龙窑炉、房址、贮泥池、釉料缸等在内的作坊遗迹，清理了厚5米多的废品堆积，出土了包括秘色瓷在内的大量晚唐五代时期越窑青瓷精品，基本理清了晚唐五代时期秘色瓷的基本面貌与生产工艺、秘色瓷窑场基本格局以及秘色瓷的产地等问题。

【博物馆与可移动文物保护】

（一）博物馆

截至2016年年底，宁波市共有博物馆、纪念馆、陈列馆158家，其中独立建制博物馆68家（国有博物馆16家、非国有博物馆52家）。

国有博物馆办馆水平不断提升。宁波博物馆进一步完善理事会制度，召开理事会选举产生新一任理事长，完成展馆提升改造工程；天一阁实现“东扩西建”规划目标，与月湖景区共同推动5A级景区创建；保国寺完成科技保护展示与交流中心项目基建工程，数字化展示项目获国家文物局立项，编制完成控制性详规和山林景观提升方案；庆安会馆编制完成保护规划，实施消防设施提升工程，开展砖雕石刻维修保护工程。象山县博物馆、宁波金融史馆、甬曹铁路宁波站纪念馆等各类博物馆、纪念馆先后正式开馆。河海博物馆完成前期论证和陈列大纲第五稿修改工作，慈溪、奉化、宁海博物馆新馆正式启动建设。2月25日，宁波帮博物馆被中国侨联授牌成为“中国华侨国际交流文化基地”，为宁波市唯一入选单位。

非国有博物馆的规范化建设继续推进。开展第二届非国有星级博物馆评选，对于上星级的博物馆展览、活动项目给予资金补助。宁波市非国有博物馆协会工作进一步推进，设立宁波非国有博物馆网站，出版《宁波市非国有博物馆协会会刊》。根据《博物馆条例》和推进非国有博物馆规范化建设的相关规定，初步拟定宁波市非国有博物馆设立备案意见。积极引导非国有博物馆参加2016年度博物馆年检，进行非国有博物馆运行状况调研工作。

博物馆公共文化服务水平稳步提升。2016年继续推行博物馆“双百”惠民计划，宁波市属博物馆和各县（市）区博物馆共举办临时展览188场，讲座、沙龙及博物馆进学校、社区等活动250余次。宁波博物馆、保国寺古建筑博物馆、宁波中国港口博物馆的“阿拉小宁波暑期夏令营”等项目荣获“浙江省首届博物馆十佳青少年教育项目”称号；宁波教育博物馆、宁波中国港口博物的“甬上文教开先声”等陈列展览荣获“第十届浙江省博物馆陈列展览精品奖”；宁波博物馆网上博物馆被评为“2015宁波市网上文化家园优秀项目”。

（二）第一次全国可移动文物普查

2016年，宁波市圆满完成了第一次全国可移动文物普查工作，在全国可移动文物信息登录平台维护收藏单位103家，报送文物205143件／套。同时，积极策划开展普查成果转化工作，加强宣传，筹划出版藏品图录。

【科技与信息】

2016年，宁波市考古研究所继续开展“小白礁Ⅰ号”船体保护修复（Ⅰ期）项目，组织召开“小白礁Ⅰ号”船体复原研究暨报告编写专家论证会。编制慈溪潮塘江元代沉船保护修复方案，并针对脱盐保护步骤制定了具体的保护方案。受上海市文物保护研究中心委托，承担了“长江口Ⅰ号”沉船部分出水文物的保护修复工作。

12月3日，天一阁博物馆和复旦古籍研究所联合举办了“明代的书籍与文学”国际学术研讨会。

古籍资源库查阅平台梨洲文献馆上线，该平台依托族谱、志书、珍贵古籍、姚江名人著作等馆藏，向社会提供数字化在线检索及网络版全文阅览。文化部公布第五批《国家珍贵古籍名录》，天一阁申报的38种古籍入选。

【文博教育与培训】

8月3日，中国城市遗产保护志愿者工作营在鄞江古镇举办开营仪式。

9月9日，宁波市文物考古博物馆学会举办“博物馆陈列与展览”主题讲座。

【文博宣传与出版】

6月11日，宁波市举办文化遗产日系列活动，活动分“文化遗产的魅力”“沟通传统文化与现代生活”“向文保员致敬”三大板块，共33项。主场活动是宁波博物馆“甬城金名片——画说宁波重点文物保护单位”特展，展出画家王利华绘制的保国寺、天一阁、河姆渡遗址等31处全国重点文物保护单位的画作，集中表现宁波历史文化名城的魅力。“文化遗产的魅力”板块主要是各大博物馆举办的临展、特展以及考古专家论证会和考古讲座。“沟通传统文化与现代生活”板块包括讲座《留住家族记忆——大家来做小家谱》，线装书活动“古籍装帧的形制之美”，少儿汉服实景表演“丝海·梦”等。“向文保员致敬”板块，鄞州区举办了“薪火相传话文保”主题讨论和“乡愁里的文化遗产”业余文保员授课轮训，并成立了“业余文保员之家”。

2016年，天一阁博物馆编《天一阁藏〈四明丛书〉珍稀文献图录》由浙江古籍出版社出版，宁波市文物考古研究所、国家水下文化遗产保护宁波基地编著的《发现——宁波地域重要考古成果图集（2001～2015）》由宁波出版社出版发行。

【机构及人员】

2016年，宁波市共有各类文物机构61个，其中文物保护管理机构15个，具有独立建制或法人资格的国有文博事业单位68个（包含系统外纪念馆）。全市国有文博事业机构从业人数561人，其中市本级325人，具有高级职称的47人。

【对外交流与合作】

1月26日，韩国博物馆代表团访问宁波博物馆。

4月8日，蒙古国青年代表团到中国港口博物馆参观考察。

7月3～9日，浙东海事民俗博物馆赴意大利参加第24届国际博协大会。

7月12日，法国敦刻尔克港口博物馆代表团访问中国港口博物馆。

9月14日，日本元兴寺文化财研究所代表团访问保国寺古建筑博物馆。

10月25日，由宁波市文化广电新闻出版局、香港康乐及文化事务署与中国文物交流中心联合主办，宁波博物馆与香港历史博物馆共同策划，蓬莱、扬州、福州、泉州、漳州、广州、北海等海上丝绸之路主要城市共同参与的“跨越海洋——中国海上丝绸之路”展览在香港历史博物馆开展。

12月20日，“中马关系：从古代到未来”在宁波博物馆三楼南特展馆开展。本次展览共展出200多件马来西亚附近水域出水的中外历代沉船遗物和富有“娘惹文化”特征的马来西亚传统器物，真实再现了中马两国早期贸易活动。此次展览是马来西亚国家博物馆在中国的首个文物类专题展览。

厦门市

【概述】

2016年，厦门市文物工作全面贯彻党的十八大和十八届三中、四中、五中、六中全会精神，深入贯彻习近平总书记关于加强文物保护工作一系列重要指示精神，深入贯彻落实《国务院关于进一步加强文物工作的意见》，按照党中央、国务院和福建省委、省政府部署，坚持创新、协调、绿色、开放、共享的发展理念，坚持“保护为主、抢救第一、合理利用、加强管理”的文物工作方针，紧扣重点工作，狠抓落实、扎实推进，较好地完成了各项工作任务，有力推动了厦门文化遗产保护工作再上新台阶。

【法规建设】

认真贯彻落实习近平总书记、李克强总理关于文物保护工作的重要指示批示和《国务院关于进一步加强文物工作的意见》，研究制定了《厦门市关于进一步加强文物保护工作的实施意见》。继续全力推进鼓浪屿申遗工作，研究出台《厦门市鼓浪屿文化遗产核心要素保护管理办法》，不断为文化遗产地保护提供法律法规保障。

【执法督察与安全保卫】

建立健全与厦门市公安局联动的文物执法监督机制，向全市公布全国统一举报电话“12359”。持续加强市文化市场综合执法支队关于文物保护监控平台建设，扩大监控单位数量，监控范围拓展到部分省级以上文物保护单位。落实文物安全巡查“双随机”检查机制，每月组织文化市场综合执法部门、文物行政主管部门进行文物保护情况检查。

认真贯彻落实文物保护“属地管理”要求，强化区级文物保护主体责任，落实工作协调机制。指导各区以厦门市公布第六批市级文物保护单位和第三批涉台文物古迹为契机，调整充实文物保护员队伍，实行网格化管理。继续推进全市不可移动文物纳入全市“多规合一”一张图工程，在2015年完成思明、集美两区不可移动文物保护规划范围划定基础上，2016年完成海沧区文物保护范围划定专家评审，同步推进湖里、同安、翔安三区文物保护范围划定工作。继续加大文物安全投入，及时更新改造了部分文物保护单位老化电路和消防器材。超强台风“莫兰蒂”过后，第一时间组织实地检查、指导灾后恢复，迅速申请国家文物局下拨经费80万元用于抢险救灾。全年全市各级文物保护单位没有发生火灾事故，没有出现坍塌、毁损现象。

【不可移动文物的保护和管理】

（一）概况

厦门市共普查登记不可移动文物2122处，纳入文物保护单位名单的不可移动文物226处

（共261个点）。其中，全国重点文物保护单位7处（34个点），省级文物保护单位39处（44个点），市级文物保护单位110处（113个点），县、区级文物保护单位70处（70个点）。

（二）世界文化遗产

厦门市于2008年启动鼓浪屿申报世界文化遗产工作。2012年，鼓浪屿被列入中国世界文化遗产预备名单。2015年7月14日，国家文物局正式发出函告，原则同意推荐鼓浪屿作为我国2017年申报世界文化遗产项目。2015年9月30日，向联合国教科文组织提交预审文本并通过格式审查。2015年12月23日，向国家文物局递交正式文本并通过专家评审。2016年1月29日，国务院签发了中国鼓浪屿申报2017年世界文化遗产的文本函，鼓浪屿向联合国世界遗产中心正式递交了申请。2016年起，厦门全面进入鼓浪屿申遗冲刺阶段。

围绕鼓浪屿申遗工作，厦门市委、市政府成立了鼓浪屿整治提升工作领导小组，全力推进鼓浪屿整治提升和申遗工作。

完善机制。对原鼓浪屿整治提升工作领导小组办公室及其下设的4个工作组、鼓浪屿申遗工作领导小组办公室及其内设的6个工作部进行整合。建立例会制度，定期通报工作进展，协调解决问题。推进鼓浪屿整治提升总体规划与文化遗产地保护规划制定。市文化广电新闻出版局专门成立由局主要领导挂帅，主管领导主抓、业务处室具体抓、相关处室和基层单位配合抓的工作体系。

强化保障。加强建设保障，明确开元国投为代建公司，编制2016年度申遗专项资金预算共计4.25亿元。强化专业人员保障，市规划、建设、外办等部门也抽调规划、建设、文保、外语等专业人员充实申遗干部队伍。

沟通协调。建立与国家、省文物局和相关专业机构高效的沟通协作机制，及时报（审）各类维护、保养、环境整治、道路景观改造、展示和安消防方案，协调各类专家实地检查指导300余人次，组织代建、监理、施工等单位业务培训5批500多人次，提出工程质量、安全监督检查情况报告19份。

加强整治。大力开展环境治安专项治理，坚决打击小木船私载、“黄牛”、“野导”和占道经营等违法行为，维护旅游秩序。集中开展建筑外立面、广告店招清理整顿和油烟烧烤整治，拆除不和谐构筑物近5000处，保护建筑风貌。启动“垃圾不落地”和垃圾分类试点工作，缓解鼓浪屿垃圾清运难的问题。启动噪音整治和“无声导览”工作，全面禁止导游小喇叭和高分贝音响。制定龙头路、福州路商业业态控制导则，压缩过度商业氛围，保护鼓浪屿自然环境和人文环境。建立综合巡查队伍，实行违规行为“黑名单”制度，实现全岛统一、协调管理。

宣传展示。成立“鼓浪屿国际研究中心”，系统分析比对鼓浪屿特色文化，全面实施“全岛博物馆”计划，编制完成《鼓浪屿申遗核心文化价值阐释与展示规划》，开展申遗文物征集、文史资料整理、过程档案梳理等工作，完成遗产地综合展示馆、主题馆及专题馆等各类展示场馆建设36处。着力打造以名人、音乐、美术、体育、诗歌等多张主题文化名片，推动家庭音乐会等融入居民生活方式的群众文化活动，将文化遗产“活化”呈现给世人，让人文气息重回鼓浪屿。

共建共享。不断推进改善居民生活环境和居住条件，改造提升市政、环境、城市管理等29项基础设施，改善居民用水、用电、排涝条件，拓展笔架山、燕尾山公园等居民公共空间，建成市民服务中心、家庭综合服务中心、社区医疗服务中心等平台，改善社区环境。紧密结合核心要素修缮保护，搬迁安置100多户住户，改善居住条件。实施游客航线分离，实行最大承载量控制，为居民提供便捷的交通条件。

抗灾抢险。2016年9月超强台风“莫兰蒂”正面袭击厦门，岛上干部、官兵、群众联合组建了1000多人的抢险队，在大型机械设备无法上岛情况下，两周内快速完成水电恢复、道路疏通、建筑排险、卫生消杀和古树抢救等工作，确保顺利迎接国际专家现场评估。

（三）全国重点文物保护单位

在积极推进鼓浪屿53个申遗核心要素保护修缮和日常维护的同时，完成国家级文物保护单位集美学村中集美大学允恭楼群维修工程、集美学村养正楼保养维护工程，完成厦门大学建南楼群、陈化成墓、集美中学南薰楼群等“莫兰蒂”台风抢险工程。

（四）其他

全面启动大嶝金门县政府旧址二期维修工程，全年完成工程量90%以上。启动省级文物保护单位福海卢厝修缮工程前期方案编制、招标工作以及同安孔庙方案补充设计工作，完成了第四至第七批国家级文物保护单位保护范围及省级以上文物保护单位建控地带划定工作。第六批市级文物保护单位和第三批涉台文物古迹保护标志碑打制工作、第九批省级文物保护单位申报工作按序时推进。委托上海同济大学完成“8·23”炮战遗址群保护规划，会同市规划委完成了中山路、集美学村、厦港、同安旧城四个片区的历史文化街区保护规划编制，将中山路、集美学村两个项目作为省级历史文化街区申报项目予以上报。

【考古发掘】

（一）概况

2016年主要配合基本建设项目开展文物调查、勘探和考古发掘，围绕课题研究开展水下文物考古和水下文化遗产保护相关工作。对基建中发现的黄其晟墓进行了抢救性考古发掘。

配合厦门市轨道交通建设，进行轨道交通3号线、6号线前期文物摸底调查，查阅相关资料，制定勘探区域和线路方案。对海沧区东孚北路一期工程建设项目进行文物考古调查和勘探，提交报告。与福建省文物考古研究所配合，进行了福厦铁路厦门段前期调查。

（二）重要考古项目

1．水下文化遗产调查

与国家文物局水下文化遗产保护中心合作进行“2016年厦漳海域水下文化遗产调查项目”，厦门博物馆文保中心主要负责陆上调查等工作。国家海洋局海洋三所在前期陆上调查的基础上，对疑似海区进行测扫，水下考古队员进行水下探摸，取得了一定成果。9月召开了“2016年厦漳海域水下文化遗产调查项目”总结汇报会。继续开展国家海洋局“水下文化遗产保护对策研究”课题工作，修改完善报告，并根据要求对平潭海域水下文化遗产保护工作现状进行实地调查，提出有针对性保护对策，在2016年年底召开的项目年度汇报总结会议上提交调查报告。

2．集美“黄其晟墓”调查

2016年5月，受集美区文体广电出版旅游局委托，厦门市博物馆文保中心对位于灌口镇莲头社井城安置小区建设工程范围内的“黄其晟墓”进行了考古调查，并在建设单位配合下，对墓区范围内地表杂土进行了清理，揭露出残存的墓埕，7月提交了调查报告。

该墓葬因地势而建，墓区地势由东北向西南倾斜，坐东北朝西南。墓葬上有长方形封土，保存基本完整。封土外有三合土夯筑的墓围，大部分已被破坏。墓前有新立墓碑。墓葬前部的西南方向为墓埕，三合土夯筑而成，但是东部的局部和西部的大部分已经被破坏。墓埕前部左右两侧各竖立一根截面为六角形的望柱，但已从根部折断，上部不存。从墓葬的形制、地表遗迹、建筑材料及保存状况等特征上判断，该墓葬应为明代所建，规模较大。但是，由于没有对墓葬进行考古发掘，并且缺乏相关文献和史料的记载，对墓主人的生平和墓葬保存的具体状况还无法判断。“黄其晟墓”系当地群众对该墓葬的俗称。

该墓葬未被公布为文物保护单位，也不在第三次全国文物普查的登记范围，属于新发现的文物遗存。其墓室位于建筑红线之外，而墓埕的大部分位于建筑红线之内，且大部分已被毁坏，望柱也仅剩根部，无法完整修复出墓埕和墓上建筑的原状。经集美区文体广电出版旅游局与施工方、当地群众协调，对现存墓葬本体进行原址保护。

【博物馆与可移动文物保护】

（一）博物馆

1．博物馆建设

2016年，厦门市国有博物馆进一步加强基础建设。厦门市博物馆文物库房改造基本完成。华侨博物院完成库房办公区空调通风系统改造、文物修复室内部装修，完成临时展厅恒温恒湿空调系统调试与安装，完成图片信息资源建设和数字期刊数据库建设，庭院改造暨新建学术报告中心工程项目正式开工建设。

厦门市博物馆征集文物19件／套，接收字画、陶瓷等捐赠资料35件／套；华侨博物院积极开展海外和侨乡的侨史文物资料征集工作，全年征集侨史文物和古生物化石503件／套；陈嘉庚纪念馆接收了马来西亚陈瑜莹女士捐赠的《义成公司约章》和校委会鳌园管理处移交的10余件大型文物，以及陈文确陈六使纪念馆转赠的大量名人遗物与研究文集，包括书籍65本、日用品65件／套、家具9件、其他物品11件。

陈嘉庚纪念馆和中国科学院陈嘉庚科学奖基金会联合主办2016年度“嘉庚讲坛”，邀请中科院院士、著名数学家杨乐教授，以《数学、应用、创新》为题为集美中学、双十中学的师生作科普讲座；邀请央视主持人白岩松到集美大学诚毅学院作《我眼中的这些老头》讲座，畅谈知名校友黄永玉等一批文化老人。十余家新闻媒体对讲座进行了宣传报道，有效扩大了陈嘉庚纪念馆的影响力。

非国有博物馆建设取得明显成效。6月，福建省鼓浪屿盘古文化博物馆主体装修完毕。11月，福建省鼓浪屿盘古文化博物馆经福建省民政厅、福建省文物局正式批准成立。

至此，厦门市共有10家经福建省文物局登记备案的国有博物馆和非国有博物馆。其中，国有博物馆4家（厦门市博物馆、同安区博物馆、厦门市陈嘉庚纪念馆、厦门市华侨博物院），非国有博物馆6家（厦门奥林匹克博物馆、厦门观复博物馆、福建省源古博物馆、厦门市九朝汇宝博物馆、福建省鼓浪屿盘古文化博物馆、鼓浪屿馅饼食品文化博物馆）。目前，10家博物馆均积极响应国家免费开放号召，常设展览实现100%免费开放，全年共举办93场临时展览，免费参观人数达330万人次，其中未成年人86.79万人次。

2．博物馆间交流与合作

厦门市博物馆坚持“引进来，走出去”原则，与景德镇御窑博物馆合作，举办“陶烟五色永乐瓷——景德镇御窑出土明永乐瓷器特展”，展出景德镇御窑厂遗址出土的明永乐瓷器精品。展品是研究明永乐时期政治、经济、文化等方面极为珍贵的实物资料，在业内引起轰动。

华侨博物院引进展览2个，包括“留得残荷听雨声——吴孙权书法作品展”以及与建阳博物馆联合举办的“建阳博物馆馆藏建窑瓷器精品展”；送出展览4个，将基本陈列“华侨华人”以图片和文物实物相结合的方式赴省内巡展2次，先后在南平建阳博物馆、蒲城县福建海丝外销瓷博物馆展出。为纪念孙中山先生诞辰150周年，华侨博物院还协助省侨联举办了“肝胆相照——福建华侨与孙中山”专题展览。

陈嘉庚纪念馆引进展览3个，分别为“我的文学行当——黄永玉作品展”“紫玉涵光——当代端砚精品展”“古生物化石展”；和伊春市博物馆共同主办“侨之魂　华之光——陈嘉庚与南侨机工”图片展，于伊春市博物馆展出；赴台湾参加“丝路帆远”布展。

3．重要陈列展览

厦门市博物馆举办的“开天辟地——中国共产党创建史图片展”吸引了厦门市许多机关事业单位组织党员前来学习，效果良好。

陈嘉庚纪念馆举办“道南风薰学子情——纪念陈嘉庚先生诞辰142周年校友书画展”，展出100多件作品，对于弘扬嘉庚精神，提升公众艺术教育水平具有重要的推动作用。

（二）可移动文物保护

在可移动文物保护方面，厦门市博物馆积极组织力量，做好清代圣旨、闽台字画、瞰青别墅、鹭江号等文物的修复工作；华侨博物院制定报批了“华侨博物院可移动文物的预防性保护方案”及预算，认真做好馆藏可移动文物预防性保护工作。

（三）第一次全国可移动文物普查

全面完成第一次全国可移动文物普查工作，全市共普查登记可移动文物32442件／套。厦门市博物馆举办“厦门市第一次全国可移动文物普查成果展”，展出了新发现的一些珍贵文物，取得很好的社会效益。

【社会文物管理】

协助公安、海关进行涉案、涉嫌文物鉴定5次411件（含银元）；协助厦门市文广新局对翰嘉拍卖行、博乐德艺投、华夏拍卖行、张雄美术馆等数家机构进行字画拍卖预前监管和拍品鉴定，涉及6场拍卖600多件拍品。日常对社会进行民间文物鉴定40多次200多件（包括线上鉴定）。

【科技与信息】

参与厦门市社科联课题调研纂写，申请并完成了“城市风貌视野下的厦门工业遗产保护再利用研究”课题。

【文博教育与培训】

2016年厦门市文物局会同鼓浪屿管委会在厦门举办鼓浪屿文物保护工程业务培训班，组织代建、监理、施工等单位业务培训5批500多人次，达到了规范文物保护工程管理，提升企业和专业技术人员技能的目的。各区均组织了业务文物保护员培训。

【文博宣传与出版】

组织开展了国际博物馆日和文化遗产日活动，围绕活动主题开展各种宣传和文化活动。坚持文化遗产宣传进社区、进校园、进课堂、进军营，着力强化全体市民文化遗产保护意识。

厦门市博物馆出版了《唐厦门陈元通夫妇墓》《厦门陶瓷之路》《厦门历史文物精粹》等图书；华侨博物院启动“华博60年”院史编写工作，出版《华侨博物院五十周年院庆论文集刊》等。

【机构及人员】

2016年，厦门市国有文博机构共19个，其中文物保护管理机构7个、博物馆10个、文物商店1个、其他文物机构1个；文物从业人员349人，其中专业技术人员82人，包括中级职称37人、副高级职称18人、正高级职称14人。

深圳市

【概述】

2016年，深圳市大力发展博物馆事业，举办国际博物馆高级别论坛，积极推进文物保护工程建设，传承城市文化根脉，文物保护成效显著。

【执法督察与安全保卫】

文物安全稳步推进。编拟了《深圳市文物建筑消防安全标准化管理规则》，进一步规范和明确文博行业消防安全管理要求。结合文博单位风险点、危险源的排查，深圳市文物局组织开展了两次全市文博单位安全隐患大整治、大排查行动，及时排查整治安全隐患。各区文物行政部门也组织检查辖区内的各级文物保护单位、各类未定级不可移动文物和各博物馆，对检查中发现的安全隐患，依法督促相关单位予以整改。

【不可移动文物的保护和管理】

（一）概况

2016年，深圳市不可移动文物保护工作进展顺利，全国重点文物保护单位大鹏所城等重点文物保护工程项目持续推进。继续执行《深圳市文物保护补助经费使用管理暂行办法》，做好非国有不可移动文物的保护工作。

（二）全国重点文物保护单位

全国重点文物保护单位大鹏所城二期保护工程的23处不可移动文物修缮已完成验收，并移交使用；赖恩爵将军第修缮工程已竣工，拟向国家文物局申请验收；路面修缮工程、街区立面修缮工程、市政工程、所城内景观整治工程和北门外环境整治工程已完成。

（三）其他

各项文物保护工程进展顺利。广东省省级文物保护单位大万世居文物保护工程已竣工，正在开展验收准备工作；茂盛世居文物保护工程已开工，正开展倒座部分的维修。

非国有不可移动文物保护补偿机制逐步实施。按照《深圳市文物保护补助经费使用管理暂行办法》，完成全市区级及以上非国有文物保护补偿经费的申报和核拨工作，核拨文物保护经费240多万元。

【考古发掘】

配合城市基础建设，深圳市文物考古鉴定所完成了400千伏核深线增容改造工程、南方科技大学校园内扩建工程、惠盐高速的改扩建工程的文物考古调查及勘探工作。广深沿江高速公路（深圳段）项目二期工程、哈工大深圳校区扩建工程、大鹏东涌水库搬迁安置房建设等项目的考古勘探和墓葬清理等工作正在进行。

【博物馆与可移动文物保护】

（一）博物馆

1．博物馆建设

截至2016年12月31日，深圳市登记在册的博物馆共有46家，其中非国有博物馆30家，每年接待观众400多万人次。深圳市现有三级以上博物馆6家，其中深圳博物馆为国家一级博物馆，深圳中英街历史博物馆、深圳市南山区南头古城博物馆、深圳（宝安）劳务工博物馆、深圳市大鹏新区大鹏古城博物馆、深圳古生物博物馆为国家三级博物馆。

深圳博物馆新馆2008年12月开馆，是全国首座以改革开放史为核心内容的博物馆，常年展出“深圳改革开放史”等展览，现有文物藏品3万余件。2016年，深圳博物馆接待国内外观众130多万人次。其中单批次最多接待观众达1200人次，刷新深圳博物馆单批接待观众人数记录。2016年，深圳博物馆共征集近代深圳文物6件／套、改革开放史实物资料700多件，包括深圳经济特区管理线变迁物证、深圳获得的首个“鲁班奖”奖杯、第十二届文博会实物资料以及大量记录深圳发展的照片、视频、文件；接收福建省博源文献艺术基金会委托深圳博物馆保管的近现代名家手稿、古籍文献善本、红色革命文物等1550箱。馆藏体系进一步完善。

2．重要陈列展览

2016年，深圳市各博物馆除常设展览外，还策划举办各类展览25个。举办高质量专题展览8个，包括原创性展览“巴蜀汉风——川渝地区汉代文物精品展”；从捷克布拉格国家工艺美术博物馆引进举办的“琉光璃彩——欧洲玻璃艺术史珍品展”，这是国内首个较完整展示欧洲玻璃制造工艺发展历程的展览；深化珠三角及粤港澳交流合作，举办“海上瓷路——粤港澳文物大展”；继续做好当代艺术大师系列展览，举办“内美静中参——黄宾虹书画精品展”；整合民间收藏资源，举办“心事浩茫连广宇——鲁迅诞辰135周年暨茅盾诞辰120周年纪念收藏展”；配合国际博物馆高级别论坛举办“鹏城撷英——馆藏文物精品展”；举办年度大展“祥云托起珠穆朗玛——藏传佛教艺术展”及“曼荼罗——法门寺与唐代密教艺术展”。展览珍品荟萃、特色鲜明，受到社会各界高度评价。

3．其他

举办国际博物馆高级别论坛，国家主席习近平发来贺信，对论坛召开表示热烈的祝贺。作为联合国教科文组织第一次在中国举办的有关博物馆的高级别会议，论坛通过了《深圳宣言》，进一步扩大了深圳的城市影响。

继续对非国有博物馆进行门票补贴。根据2012年12月印发实施的《深圳市民办博物馆扶持办法》，2016年拨付非国有博物馆门票补贴总计636万元。

博物馆志愿者增至2300人，其中注册个人志愿者900人，团体志愿者1400人，参与服务7000多人次，累计服务时间2万多小时，成为博物馆公共文化服务的重要补充力量。志愿者活动丰富多彩，如组织“文化志愿宣讲团”赴四川宣讲交流；与深圳市儿童医院合作，组织志愿者关爱脑瘫儿童；推出“深圳博物馆专家志愿者系列讲座”；举办“2015年深博志愿者总结表彰暨文艺汇演”；寒假举办小志愿者提升培训班，暑假开展“深博小研究员”夏令营赴敦煌学习；举办“快乐六一·与爱童行”及“我最喜爱的深博小讲解员”评选活动，激发小志愿者的服务热情。深博志愿者团队获得中国博物馆协会授予的“第八届中国博物馆十佳志愿者之星提名奖”。

（二）可移动文物保护

深圳博物馆积极做好展厅、库房等重点部位文物保存环境的监测，确保文物藏品安全。修复馆藏文物、专题展览文物及河源市博物馆馆藏文物23件，并编制文物保护档案。完成河源市博物馆、中山大学19件文物的分析检测。建立红外光谱数据库。对馆藏文物及南山博物馆馆藏古籍进行熏蒸消杀。采购补充文物保护修复设备。完成可移动文物修复资质及文物修复检测设备年检。

（三）第一次全国可移动文物普查

如期完成第一次全国可移动文物普查数据录入和验收工作。第一次全国可移动文物普查是国务院安排部署的一次重大国情国力调查，深圳市共有20家国有单位列入普查范围，已如期完成数据录入工作，并通过省普查办验收。全市可移动文物登记数量为35355件／套（61026件），其中一级文物50件／套、二级文物有282件／套、三级文物5330件／套。

【科技与信息】

深圳市文物考古鉴定所成功举办“知白守黑——北方黑釉瓷器文物精品展暨研讨会”。研讨会邀请了国内文博界及港台等地区的著名专家学者近60人参加，共同探讨中国北方黑釉瓷器的发展历史，及其与中国古代社会、文化、科技、宗教等领域的关系，此次展览和研讨会的成功举办对促进黑釉瓷器的研究具有深远的学术意义，在学界和业界引起了广泛的关注。此外，配合研讨会的召开出版了《知白守黑——北方黑釉瓷器文物精品》一书。

【文博宣传与出版】

深圳博物馆举办品牌教育活动近70场，保持了对市民观众的吸引力。举办第七届小讲解员培训班，75名学员通过考核；举办“历史文化大讲堂”讲座9场，并推出深博专家讲座和古琴系列公益讲座；“非遗手工坊”连办36期；开展“博物馆小讲堂”活动18场，连续第7个学期在莲花小学开设校本课程。专题教育活动深入开展，举办“缪斯少年寒假体验营”，各种手工体验活动场场爆满。连续第4年承办“环球自然日”深圳分站活动，选拔出的15支队伍在全球总决选获得一等奖4个、二等奖5个、三等奖6个，深圳博物馆获“组织奖”。举办国际博物馆日系列活动，并派员参加“澳门国际博物馆日嘉年华”和广东主会场宣传活动，展示了深圳博物馆丰富的文博资源。此外，展览配套教育活动如“拓拓乐”“汉服试穿活动”“古代帆船制作体验”也深受观众好评。

坚持开放办馆，开展观众调查。拓展与社会各界的合作，实现优势共享、合作共赢，为公众提供优质的公共文化服务。如与市曲艺家协会推出“博笑堂”小剧场；与深圳报业集团、深圳晚报社合办“走进博物馆”公益活动；在南山中英文学校建立“深圳博物馆社会教育基地”，签订馆校共建协议；与磨房网合作推出“发现深圳——时光隧道 寻古深圳活动”和讲座《“创造”身边的自然》；与市民间文艺家协会、龙岗区文联等单位合办第十届客家文化节。

2016年，深圳博物馆出版专著《文物保护修复理论与实践》，对可移动文物保护工作具有重要指导意义。此外，还出版了《深圳博物馆2015》《吉州窑学术论文集》，以及《封邦建霸——山西翼城大河口墓地出土西周霸国文物珍品》《内美静中参——黄宾虹书画精品集》《心事浩茫连广宇——鲁迅诞辰135周年暨茅盾诞辰120周年纪念收藏展》等图录6部。

研究人员在国内外重要学术刊物发表高质量研究论文19篇。

【机构及人员】

管理机构：市级层面为深圳市文体旅游（文物）局，下设深圳市文物管理办公室专职负责文物保护工作；区级层面，福田、罗湖、南山、宝安和龙岗等区设置文物管理办公室专职负责文物保护工作，其他各区基本由文化科或文体科兼职负责文物工作。

文物保护专业机构：包括深圳博物馆等46家各类博物馆、深圳市文物考古鉴定所、深圳宝安区文物保护所。

文物工作从业人员：文物管理机构和博物馆从业人员400余人。在专业人员中，正高级职称10人，副高级职称32人，中级职称70人。人才专业结构包括考古学、博物馆学、文物保护、文物研究、文物鉴定和文物行政管理等。

故宫博物院

【概述】

2016年，故宫博物院全年接待中外观众16018540人次，再次刷新年度最高观众数量纪录，门票收入7亿余元，获国家旅游局“中国人文旅游示范基地”称号、第十五届“首都旅游紫禁杯”先进集体奖、第二届全球华人国学传播奖之“年度公共服务大奖”，“十一”期间被国家旅游局评为北京市唯一一家“秩序最佳景区”。

【“平安故宫”工程】

召开“平安故宫”工程领导协调小组第四次全体会议，研究重大项目进展情况，确定了2016年重点工作任务。“平安故宫”工程七个子项目发展如下：

北院区建设项目：国务院已同意建设选址，正在进一步完善工程前期各项工作。

地下文物库房改造：项目初步设计已报文化部。

基础设施维修改造一期（试点）工程：于2016年开工。

世界文化遗产监测：完成木材材质状况勘查项目、中和殿变形监测、观众动态监测一期改造工程。

故宫安全防范新系统：视频监控系统无缝隙加密工程、门禁系统升级改造项目、立体安防喷雾器项目、消防报警系统改造工程、消防高压给水系统改造工程先后竣工并投入使用。

院藏文物防震：完成陶瓷类、珐琅类大体量文物搬迁移库，完成钦安殿防震对策研究报告和故宫博物院防震应急预案报告验收工作。

院藏文物抢救性科技修复保护：院内修复保护文物530件，合作修复保护文物171件，与意大利文物保护修复高级研究院、瑞士卡地亚、陕西历史博物馆等开展保护修复合作。“故宫文物医院”竣工并投入使用。

【文物保管】

根据第一次全国可移动文物普查要求，2014～2016年分批将院藏文物数据上报国家文物局，累计提交影像504611张。截至2016年12月31日，故宫博物院文物总数达1862690件。年内收购孟宪章藏《宋拓兰亭续帖》和《旧拓萧思亮墓志帖》，接受唐益年捐赠唐兰手稿121卷，以及其他捐赠39件／套。

【完整保护与整体维修】

故宫四大古建筑研究性保护项目进展顺利。大高玄殿研究性修缮保护项目第一期工程竣工，对外发布最新研究成果。养心殿研究性保护项目开展33项课题研究。城墙保护修缮工程开工，乾隆花园（遂初堂、萃赏楼、古华轩区）修缮工程准备开工。毓庆宫建筑群修缮工程竣工。在推进研究性项目的同时，加强官式古建筑营造技艺人才培养，完成9名派遣制学员的培养、考核。

为期三年的环境整治工作完成22项室内外环境整治，拆除临时建筑12000平方米，确保开放面积从65%增至76%。

【陈列展览】

以“讲好故宫故事，展示中国文化”为宗旨，制定故宫博物院2017～2020年展览规划。举办“梵天东土　并蒂莲华：公元400～700年印度与中国雕塑艺术大展”“明代御窑瓷器——景德镇御窑遗址出土与故宫博物院藏传世成化瓷器对比展”等10项高质量展览。

点亮中轴线上六大宫殿室内照明，满足保护文物和优化参观效果的双重要求。

在成都博物馆举办的“盛世天子：清高宗乾隆皇帝展”，在首都博物馆举办的“走进养心殿”展等均出现观众踊跃参观盛况。

【安全保卫与开放管理】

组织反恐处突演习2次，开展联合安全大检查5次。在寿康宫进行消防实战演习，共出动消防官兵、志愿消防队、驻院武警中队、驻院派出所100余人；故宫博物院成立91周年之际，组织太和殿消防实兵演习，参演武警官兵、故宫职工约500人，参演规模为历年之最。

继续扩大开放面积，年内新开放西部断虹桥至慈宁宫区域、东部箭亭南至文华殿区域，将两处之间的南北向通道打开，首次向公众开放断虹桥、十八槐古迹。建于清乾隆年间的冰窖变为故宫西部区域的观众服务区，在充分尊重古建筑现存状况的前提下，结合冰窖的建筑特色进行完全可逆的环境改造提升。

【学术科研与出版】

故宫研究院成立中国书法研究所，在景德镇建立景德镇陶瓷考古研究所。国家社科基金重大项目“新中国出土墓志”（二期工程）阶段性成果《新中国出土墓志·陕西卷（叁）》出版，《故宫博物院藏文物精品集》（英文十卷版）已出版四卷五册。故宫学院在景德镇、西安、深圳成立分院，并与卢浮宫学院、法国国立遗产学院等开展交流合作。

《赵孟頫书画全集》《文徵明书画全集》《唐寅书画全集》《徐渭书画全集》《故宫博物院藏戏本与戏画研究》入选“十三五”国家重点图书出版规划项目。《明式家具经眼录》获评“2015年度全国文化遗产十佳图书”；《浅谈博物馆陈列展览》《石渠宝笈特展图录》获评“2015年度全国文化遗产优秀图书”。

【数字故宫与文创研发】

发布“故宫展览”APP，“紫禁城祥瑞”“每日故宫”两款APP全面改版提升。在第四届文化遗产保护与数字化国际论坛上，“故宫出品系列APP+V故宫”荣获首届数字遗产最佳实践案例大赛最高奖——最佳实践奖。故宫博物院官方微博在新浪微博“2016年政务V影响力峰会”上荣获全国十大中央机构微博奖。

举办首届“紫禁城杯”中华老字号文化创意大赛，与阿里巴巴集团、腾讯集团、凤凰卫视集团开展合作。文化创意产品赴“美国国际品牌授权博览会”“2016东方文化元素国际特展”参展。在安徽省黄山市建立“故宫博物院驻安徽省黄山市徽州传统工艺工作站”。

【宣传教育与培训】

建立故宫博物院教育中心、故宫儿童文化创意体验馆，面向青少年和儿童开展符合其年龄特征和需求的教育项目。除国际博物馆日、文化遗产日的主题活动及“故宫知识课堂”等常规活动外，还与北京市妇联合办“看我的”2016环卫子女成长计划·故宫艺术实验等活动。故宫宣教团队教育项目输送至马耳他和新加坡中心及当地其他机构，对传播中华文化起到良好推动作用。

故宫学院承办文化部、国家文物局、地方市级文物局等单位委托的培训班7个，涉及明清瓷器鉴定、博物馆管理、中美博物馆策展等主题，学员近200人。故宫书画教育中心先后举办书法类、篆刻类等课程30期。与北京市旅游发展委员会共同对600名持有中高级导游资质人员进行系统培训。

【对外交流】

举办“2016世界古代文明保护论坛”，与70位中外代表联合探讨人类文明可持续传承的有效途径，共同发起《太和宣言》。

国际博协国际博物馆培训中心举办春、秋季培训班，学员60人。国际文物修护学会培训中心举办第二期培训班，学员24人。在国际文物修护学会2016美国洛杉矶会议上，故宫博物院被授予“荣誉机构会员”证书。

与希腊研究与技术基金会合建“文物激光技术联合实验室”，携手柏林国家博物馆成功举办“中德博物馆论坛”。举办赴智利“盛世繁华——紫禁城清代宫廷艺术展”等多项外展。

2016年12月23日，香港特别行政区与故宫博物院在北京签署合作备忘录，兴建香港故宫文化博物馆。

中国国家博物馆

【概述】

2016年，中国国家博物馆领导班子积极贯彻落实中央和部党组各项工作部署，坚持“人才立馆、藏品立馆、学术立馆、服务立馆”的办馆方针，全面落实从严治党主体责任，积极推进各项工作。根据2016年公布的《2015 TEA / AECOM主题公园指数和博物馆指数报告》，全球前20家最受观众欢迎的博物馆中，中国国家博物馆位居第二。

【组织建设】

按照文化部党组部署，以学习贯彻党的十八届六中全会精神和习近平总书记系列重要讲话为核心，落实全面从严治党要求和中央巡视意见，严格落实党委主体责任，以一流党建为目标，不断加强党建和廉政建设。认真开展中央精神学习活动，大力加强馆领导班子建设和党组织建设。深入开展“两学一做”学习教育实践活动，开展具有国博特色的党性教育活动。在中央国家机关学习品牌展示活动中，国家博物馆“国博讲堂”是文化部上报的四个学习品牌之一，在紫光阁网站展示。社会教育宣传部党支部被国家工委推选为先进基层党组织。国家博物馆还被评为首都文明单位标兵。

【制度建设】

2016年，国家博物馆继续加强制度建设，着力加强细节管理，规范内部工作流程，各项管理工作扎实推进。新制定的全馆性规章制度包括《中国国家博物馆关于贯彻执行“三重一大”制度和议事决策规则的暂行规定》《中国国家博物馆发票管理办法（试行）》《中国国家博物馆收入管理办法（试行）》《中国国家博物馆文物藏品征集捐赠奖金管理办法（试行）》《中国国家博物馆劳务派遣用工管理办法》《中国国家博物馆劳务派遣制员工考核实施办法》《中国国家博物馆人事档案工作管理办法》《中国国家博物馆职工因私事出国（境）管理办法》《中国国家博物馆保密工作管理办法（试行）》《中国国家博物馆对外文物艺术品鉴定管理办法（试行）》《中国国家博物馆互联网信息稿酬管理办法（试行）》《中国国家博物馆机要文件管理规定（试行）》《中国国家博物馆文物藏品征集专家鉴定费发放细则（试行）》《中国国家博物馆出版物报酬管理办法》等。

【安全保卫】

2016年，国家博物馆继续保持新馆开馆以来安全运行，没有发生大的安全事故。全年共接待完成各类勤务595次，查处管制刀具、警械等各类禁、限带物品1700余件，处置突发事件45起。在重大活动及应急处突等安防措施方面取得显著的成绩，为确保国家博物馆馆舍、人员和文物展品的安全，为天安门地区的安全做出了贡献。由于安全工作表现突出，天安门地区社会治安综合治理委员会授予中国国家博物馆“2016年度天安门地区群防群治工作先进单位”。11月7日，中国国家博物馆成功举行了大型消防及应急处突综合演练活动。

【考古发掘】

2016年，国家博物馆继续开展山西绛县周家庄遗址发掘、中国古代矿冶遗址遥感考古调查与研究、三峡考古等项目，所有项目均有重要收获，部分项目顺利结项。

（一）田野考古项目

包括山西绛县周家庄遗址考古发掘；江苏泗洪县韩井遗址考古发掘；山西滹沱河流域考古调查；陕西宝鸡千河流域东周、秦汉聚落考古调查与勘探；河北坝上地区新石器时代早期遗址调查和试掘；继续参与早期秦文化研究项目等。

（二）遥感考古项目

国家科技支撑计划“中华文明探源及其相关文物保护技术研究（2013～2015）”子课题“遥感技术在中华文明探源中的应用研究（2013BAK08B06）”顺利结项并通过验收。继续推进中国古代矿冶遗址遥感考古调查与研究、中国古代港口及海防设施遥感考古调查，太行山东麓史前文化考古研究，中国近世城镇与古代城迹、齐长城遥感考古调查，国家科技支撑计划课题——“我国典型遗址遥感与地球物理综合考古研究课题（2015BAK01B01）”等项目。在考古研究方面，9月18～19日，在北京成功主办“2016首届国博遥感考古年会——遥感考古与古代城市研究”；11月15日，与山西省考古研究所等单位联合主办了“闻喜千金耙遗址发掘成果汇报及保护论证会”。

【博物馆与可移动文物保护】

（一）文物征集与保护

2016年，古代文物征集工作成果显著。工作人员积极主动开拓征集渠道，征集了16件古代珍贵文物，进一步丰富了国家博物馆的藏品体系，弥补了国家博物馆藏品的缺项，具有十分重要的展陈价值和学术研究价值。

大力开展近现代艺术类、历史类实物藏品以及珍贵图片的征集与收藏工作，共计收藏1485件／套，其中艺术类藏品825件（包括工艺美术作品23件）、近现代历史类实物194件／套、民族文物14件、历史图片321张，接收中央礼品131件／套。

国家博物馆注重对艺术家的作品进行批量收藏，收藏工作呈现系统性特点。2016年分别入藏谢云书画作品71件，张海书法作品55件，星云大师作品42件，沈启鹏绘画作品178件，范曾书法作品150件，李延生绘画作品160件，高冀生钢笔建筑速写60件等。这种系统性的收藏能够更为完整地保存艺术家的艺术观念和表现形式，同时为举办主题展览提供可支撑的素材，是具有前瞻性的收藏方式。

继2012年第一次捐赠后，2016年石鲁家属再次向国家博物馆捐赠第二批142件（89套）和第三批412件石鲁重要作品。此次捐赠后，国家博物馆接受捐赠的石鲁作品达700余件／套，成为全世界最权威的石鲁作品收藏机构。这是国家博物馆近年来最重大的艺术品收藏项目之一，也是国家博物馆第一个近代美术大师全系列收藏项目。

在新入藏作品中，146件／套“中华文明历史题材美术作品”具有重要意义。经中央宣传部批准，由中国文联、财政部、文化部共同主办实施，于2011年年底正式启动的“中华文明历史题材美术创作工程”，是一次大规模、全方位、多层面以美术的形式再现5000年中华文明光辉灿烂历史故事史诗般的重大工程。最终评审共计163件作品入围，主题涵盖了150个代表性选题，其中中国画、油画、版画、雕塑各占一定比例。这批精品的入藏，不仅有效弥补了国家博物馆馆藏历史题材美术作品的不足，更能有效借助国家平台发挥其培育和弘扬民族精神，进行爱国主义和中华文化历史传统教育的巨大作用。

2016年，国家博物馆文物科技保护部门完成了包括馆藏文物和合作项目任务中的文物保护、修复、复制等工作。在文物保护日常工作方面，始终保持馆展厅、文物库房温湿度实时监测系统的正常运行，完成综合监测更新换代的计划，保证文物贮存、展览在安全环境之中，完成对馆藏受虫霉害侵蚀文物的封装处理及现场的应急处理。初步开展金属重点科研基地地方工作站实施计划，与河北省文保中心、山东省文保中心签署建立重点科研基地工作站合作协议。同时，继续开展对传统文物修复保护技术的有序传承和对专业技术干部进行多种模式培养的尝试。

（二）第一次全国可移动文物普查

在全馆统筹协调和相关部门的艰苦努力下，经过近三年的努力，国家博物馆在规定的时间节点内顺利完成馆藏文物普查工作，取得丰硕成果。藏品总量精确确定为1397247件，在建馆百年史上第一次摸清了家底，完整统一的藏品管理系统基本建成，藏品管理水平有了历史性的提高。这次普查工作，从统筹规划、制度建设到普查人员培训、细化工作流程、确保文物安全等各方面，都体现了藏品管理的专业水平。2016年上半年，组织专家对藏品信息进行抽检和审核，完善藏品信息管理系统，迎接国家对普查工作的审核验收。11月30日，北京市文物局普查办到馆验收，高度评价国家博物馆文物普查工作。

（三）陈列展览

2016年，国家博物馆具有“国博特色”的展陈体系不断完善，全年开放陈列展览61个，新办陈列展览39个。

为纪念红军长征胜利80周年和孙中山诞辰150周年，举办了“信念·精神·传承——纪念红军长征胜利80周年大型馆藏文物展”“天下为公大道行——纪念孙中山诞辰150周年大型馆藏文物展”“领袖·人民——馆藏现代经典美术作品展”等大型馆藏文物展。举办了多个具有中国传统文化艺术特色的临时展览，有力地传承和弘扬了中华优秀传统文化。

为纪念中国共产党成立95周年，大力宣传“中国梦”，以一流展览助推“两学一做”，与上海、辽宁、山东、福建、陕西、广东、云南、西藏等地方有关博物馆合作，举办“复兴之路”全国巡展。

以34位近现代传统文化名人为主题，推出“中国现代文化名人蜡像艺术展”，接待观众9万多人。

“中华文明历史题材美术创作工程”顺利验收，全部作品由国家博物馆收藏，举办“中华史诗美术大展”。

举办“追梦之旅——张海书法展”“谢云书画艺术展”“佛光菜根谭——星云书法展”“范曾著《锦文撷英——学研习近平用典心得》书法作品捐赠展”“高冀生钢笔建筑速写画展”“徐培晨白猴展”“迎丙申猴年——楹联书法展”“美丽中国·和谐家园——美术作品展”“时代心象——沈启鹏绘画六十年回望”“中国艺术研究院著名艺术家系列精品展”“庆祝中国共产党成立95周年全国美术作品展”“李延声艺术展”“大年百年——纪念祝大年百岁诞辰艺术展”“纪念红军长征胜利八十周年美术作品创作展”“远山呼唤——李宝林八十艺术展”“中华史诗美术大展”“美林的世界——韩美林艺术大

展”等多个具有中国传统文化艺术特色的临时展览。

【科技与信息】

2016年，国家博物馆网站平均月点击量94.6万，访问量位列国内文博网站前列，ALEXA网站排名始终位于大中华区博物馆网站榜首。截至12月31日，网站总访问人数达2652306人次。5月，国家博物馆网站手机版上线运行，设置展览、资讯、参观、导览、简介5个栏目，具有展览介绍、展品导览、门票预约等功能。

新浪、腾讯、人民三个微博粉丝总数近451万，“国家博物馆”和“小博”两个微信订阅人数达44.7万，国家博物馆头条号订阅人数6.8万、累计阅读量394万，网易新闻客户端订阅人数1.4万。

在2016年文化部政府网站群绩效评估中，国家博物馆网站再次获得“年度最佳奖”，服务台栏目在电子政务理事会组织评选的2016年度政府网站评选中获得“政民互动精品网站栏目”，国家博物馆头条号获今日头条“2016年政务头条号全国‘特别贡献奖’”。

制作多个展览的展品二维码共计671个，累计访客量169721人次，访问量1172499次。

“国博典藏《乾隆南巡图》长卷数字展示专题展览”全年播放超过550场，累计播放时长约280小时。5月14日起闭展，完成《乾隆南巡图》第六卷和第十二卷数字化影片制作。

【文博教育与培训】

2016年，国家博物馆观众接待量保持平稳增长，接待观众755万人次，其中未成年人观众数量有较大增长，达137万人次。“古代中国”参观人数约500万人次，“复兴之路”参观人数约400万人次。

国家博物馆以青少年教育工作为重点，与史家小学合作，先后出版《中华传统文化——博物馆综合实践课程》和《博悟之旅——小学全学科博物馆综合实践课程》丛书（15册），依托博物馆藏品资源，把传统文化送到中小学课堂，受到北京市政府和教委的高度评价。7月，依托“复兴之路”基本陈列，与北京教育科学研究院基础教育教学研究中心共同设计开发近现代史的博物馆学习实践课程。9月，与北京四中签署合作协议，计划在未来3年时间内合作开发中学段博物馆综合实践课程。国家博物馆录制的教学片《漫步国博史家课程》（34课），已经制作成网络教学资源，通过远程方式服务在校中小学生。在北京市教委支持下，与20多所中小学校建立素质教育合作机制，推出教育活动近千场。为接待来馆上课的中小学生，国家博物馆特意将一间展厅改造成11间教室，全年提供国博课程服务4593小时，接待上课学生超过19万人次。

全年为社会观众提供专职讲解服务8218批次，志愿讲解服务3398批次。同时，充分发挥平台、人才和资源优势，先后赴新疆多个地方文博机构和社区开展志愿服务工作，把中华民族优秀传统文化和中国共产党的光辉发展历程以流动图片展览、专题讲座等丰富多彩的服务形式，送到基层人民群众尤其是边疆少数民族地区，惠及群众5万余人。2月，国家博物馆志愿者协会被全国宣传推选志愿服务“四个100”先进典型活动组委会推选为“最佳志愿服务组织”。

2016年，“国博讲堂”举办讲座15场，包括《西汉海昏侯墓考古发掘的收获和价值》《罗马尼亚学术代表团学术演讲》《隐蔽的主题：从一幅明代的雅集图说起》等。这些讲座的内容涵盖历史、艺术、文物、考古、博物馆等多个领域，主讲人分别是来自国内外博物馆界、科研院所、高等院校等机构的著名专家、学者，充分体现了国家博物馆作为公益性文化机构的重要价值。

【学术科研】

新馆开馆5年来，“历史与艺术并重”的发展定位和“学术立馆”办馆方针不断得到落实，全馆出现了“无处不历史、无处不艺术、无处不学术”的浓厚氛围，取得了丰硕的成果。5月16日，国家博物馆隆重召开建馆以来第一次学术工作大会。学术工作大会对2011～2015年全馆学术工作进行了全面总结，为获得“学术成果特别奖”“优秀著作奖”“优秀论文奖”的专家学者颁奖，并对下一步学术工作进行部署。

全年参与科研项目32个，获得科研奖励6项，参加学术交流110人次，发表论文238篇。

【文博宣传与出版】

全年组织新闻发布32次，监测到各类宣传报道66445篇，其中广播电视媒体报道440篇、平面媒体报道4850篇、网络媒体报道33408篇、新媒体报道27747篇。完成拍摄新素材524小时，成片85部697小时。

以公益鉴赏活动常态化为目标，继续立足面向社会、服务群众，国际博物馆日、文化遗产日及其他重要节日前夕均组织举办公益鉴赏活动。全年举办公益鉴赏活动近10次，参与人数近千人，鉴定收藏品3000余件。

全年出版图书49部，其中《海外藏中国古代文物精粹·日本泉屋博古馆卷》和《中国国家博物馆馆藏文物研究丛书》获得广泛好评。《中国国家博物馆馆刊》发表文章164篇。

【对外交流与合作】

中国国家博物馆作为国家的文化客厅，文化交流活动和影响力不断扩大。全年接待外宾团组180余个，约4000人次。派出展览和交流团组19个，56人次。德国三家国立博物馆派出13名业务人员来馆交流。与罗马尼亚、意大利、俄罗斯、卡塔尔、沙特阿拉伯等国家相关机构合作举办了“罗马尼亚珍宝”“威尼斯与威尼斯画派”“丝绸之路与俄罗斯民族文物”“珍珠：来自江河海洋的珍宝”“阿拉伯之路——沙特出土文物展”等国际交流大展，与日本韩国国家博物馆共同举办了“东方画艺——15至19世纪中韩日绘画”展，在国内外产生了巨大反响。

恭王府管理中心

【概述】

2016年，恭王府博物馆以文物保护为各项工作的前提，以旅游开放、特色博物馆建设为履行公共服务职能的手段，以文化空间营造为弘扬中华优秀传统文化的平台，以文化产业发展作为各项事业的保障，通过深入挖掘恭王府资源，协调社会上各种优质资源，进一步丰富了恭王府的内涵，扩大了外延和影响力，业务建设迈向一个新的台阶，各项工作日趋常态化、规范化、制度化。

【安全保卫】

高度重视文物保护和文物安全，完成安防、消防改造。恭王府全面开放已近10年，接待了数千万观众，参观人数的增长和业务的不断发展对基础设施提出了更高的要求。中心启动了“消防、安防系统改造工程”，从2015年11月底动工至2016年4月完工，历时137天。改造工程有效地消除恭王府景区内的消防、防盗方面的安全隐患，大大提升了文物保护安全防范工作的技防和物防水平，为可持续发展打下坚实基础。

【博物馆】

（一）藏品管理

恭王府博物馆以研究为基础，有重点、有计划、有针对性地开展藏品征集工作，形成了从研究到征集、保管，从“以展代藏”到学术研究、成果汇集的馆藏体系，藏品数已达54063件。

2016年是溥心畬先生诞辰120周年，据此确定文物征集重点，共征集到《溥儒手拓及收藏拓片》《溥儒书毛诗证诂册》《恭亲王冬岭诗轴（溥伟）》等书画作品和相关文物总计522件／套，极大地丰富了馆藏，恭王府的溥心畬藏品无论是数量还是质量在国内均居于前列。在此基础上举办了溥心畬诞辰120周年特展，集中展现了溥氏的生平、交游、师承及诗文、书画创作，推出了一系列开创性研究成果。

为弥补文物库房的短板，恭王府建立起“以展代藏”模式，让文物收藏与景区开放相融合。利用现有条件，逐步形成以锡晋斋为主要核心区，以多福轩为以展代藏衔接区的文物展示体系，将文物置于历史空间中，立体展示文物的历史价值和功能作用。

加强文物、古建、环境巡查，将科技手段广泛应用于文物保护和库房环境监测。2016年的防汛安保工作中，刚刚通过文化部科技司验收的“基于物联网和云计算技术的文物保护单位系统研究与示范”项目，实现了文物库房提前预警，经受住了汛期暴雨的考验，保证了文物安全和文化遗产安全。

整理北京海关集中划拨的10393件罚没文物，逐件分类、建档、标注、拍照、鉴定，为今后更好地利用、展示打下基础。与北京海关合作建立当代艺术品暂存库房，首批为其代管138件／套俄罗斯油画和中国当代艺术品。

（二）陈列展览

展览体系日趋完善，特色鲜明形式多样，让中外观众在欣赏古建园林之美的同时，还能感受到中国优秀传统文化的博大精深。

秉持“专业水准、注重品质、加强学术”的宗旨，以“恭王府艺术系列展”为核心，注重文物展、非遗展、影像展、园林展以及各类文化活动的创新和实践，五大展览体系的展览水平不断提高，展览已系列化、品牌化、专业化、国际化。全年共举办不同形式的新展览42项，其中艺术系列展18项、国际交流展5项、学术邀请展3项、文物特展1项、非遗展8项、影像展4项、园林展2项。新增“福文化”常设展览，打造以“福”文化为核心的民俗牌。

【学术研究】

设立学术研究委员会，发挥知名专家的传帮带作用，重视专业人才的培养。2016年出版专著2部，于各类报纸、杂志等发表文章20余篇，入选住房和城乡建设部研究项目课题1项，举办研讨会活动8场。

北总布文化创意与交流中心业务活动蓬勃开展，与中国昆曲古琴研究会等共建单位合作交流深化，与社科院研究生院等院校的学术交流日益加强，唐卡研究中心等研究平台举办的各项学术活动有深度有内涵，恭王府的学术能力和学术水平不断提升。

【文化活动】

打造“活态文化空间”，举办“丙申猴年福文化节祈福大典”；利用恭王府建筑，展示与舞蹈艺术相结合的实景环境舞剧——“四时长歌·恭王府”；以纪念“中国共产党成立九十五周年”“长征胜利八十周年”为主题，举办“海棠雅集”盛会；举办1949年以来昆曲界第一次大规模的全国性曲友雅集“雅乐正声——首届全国昆曲曲社曲友雅集”等。以恭王府为传统文化展示舞台，扩展文化空间，充分履行公共文化机构的职责与担当。

【非物质文化遗产】

加强与中国非物质文化遗产传承人群研培院校和传统工艺工作站的合作，延续“四展三研”工作模式，打造永不落幕的非物质文化遗产展示空间。

在恭王府举办“文化部传统工艺工作站阶段性成果展”，新疆哈密、湖南湘西、贵州雷山三个工作站成果丰厚。设立“传统工艺创意生活馆”，连同中华传统技艺精品馆以及中华传统技艺精品长廊一起，形成“四点一线”的展览展示规模。

密切与北京建筑大学等院校合作，成为这些院校的研究基地和合作伙伴，在传统营造技艺项目及人才培养等方面形成资源共享和优势互补。

加强非遗展品收藏和整理，以2016年举办的“传统年画精品展”为基础，收藏“画中有戏”“画中有福”两个主题的木版年画作品300余件。

开展非遗研究与非遗文创研发系列品牌宣传活动。积极开展“非遗进校园”活动，获北京市公园绿地协会颁发的“2016服务民生项目优秀奖”。

【文创产品开发与经营】

制定创意产品开发、人才共享、品牌建设以及吸引社会力量参与产品研发生产经营等四个方面的措施，采取引进、合作、授权等形式，加强与院校、企业及相关机构的合作，打开了恭王府文创工作新局面。2016年，恭王府被文化部批准为文创产品开发试点单位，并入选首批十个“全国博物馆文化创意示范单位”。

开发了恭王府红楼钗群、恭王府阿狸、恭王府新绎爱特、王府书院等系列品牌产品；结合“互联网+”战略，将恭王府文创产品通过互联网推向更大市场。2016年推出全新的“福气包”。合作开发的“恭王府×阿狸”系列文创产品，参加第十三届“北京礼物”旅游商品大赛并荣获景区主题类银奖。

亮相浙江义乌文交会、福建福州展交会、四川成都博博会，与上千家文创单位和机构、参展商，交流学习最前沿的先进经验，同时也把恭王府的文创成果展示给文博界同行和大众。

【队伍建设】

开展淡季学习培训。采取专题辅导、研讨交流方式，在全体职工中开展了政策规定、日常规范、办公技能等应知应会内容学习，举办了博物馆建设标准、景区服务规范等专业培训。结合培训内容和工作实际，分别召开了业务、文创、青年职工等系列研讨座谈会，征集到60余条意见建议。

组织近两年新入职员工到售票、验票等岗位进行锻炼。不仅使他们增进了对恭王府一线岗位的了解认知，而且较快适应了本职工作。

协调做好文化部文艺工作者培训班的报名和参训工作。截至12月9日，45名同志参加了十二期文艺工作者培训班。

中国文物学会

【概述】

2016年，中国文物学会认真学习贯彻习近平总书记关于文化遗产保护重要指示精神，学习贯彻《国务院关于进一步加强文物工作的指导意见》和全国文物工作会议精神，指导学会各项工作的开展。在民政部和国家文物局的领导下，中国文物学会围绕文物事业发展的中心，积极开展工作和活动，取得一定成绩。

【组织建设】

坚持民主集中制的领导制度。2016年3月22日，中国文物学会召开第七届理事会第四次会议暨2016年分支机构负责人会议。文化部党组成员、国家文物局局长刘玉珠，文化部党组成员、故宫博物院院长、中国文物学会会长单霁翔出席会议并讲话。中国文物学会第七届理事会理事以及学会各分支机构负责人参加会议。文博界老专家谢辰生、彭卿云、张忠培、李晓东、黄景略、黄克忠、夏燕月等出席会议。同日，召开中国文物学会第七届常务理事会第九次会议，讨论决定学会建设重要事项。

领导班子不断完善。根据中国文物学会第七届理事会第三次会议选举结果，报请民政部批准郭旃、安泳锝为中国文物学会副会长，杨晓波为秘书长（法定代表人）。

分支机构不断健全。中国文物学会信息化专业委员于2016年12月召开会员代表大会，进行了换届改选，改变了该专委会一度存在的领导班子不健全、工作难以开展的局面。中国文物学会仿复制专业委员会召开第三届理事会，健全专委会机构。

【学术活动】

（一）重点学术活动

1月20日，根据国务院法制办的要求，中国文物学会在北京柏林寺召开《文物保护法修订草案》征求意见座谈会。中国文物学会会长单霁翔出席座谈会并讲话。与会专家学者谢辰生、傅熹年、彭卿云、张忠培、张廷皓、闫振堂、马自树、李晓东、郭旃、黄克忠、王丹华、夏燕月等围绕《文物保护法修订草案》畅所欲言、各抒己见，发表了十分中肯的意见。

9月29日，中国文物学会、中国建筑学会在故宫博物院宝蕴楼召开“致敬百年建筑经典：首届中国20世纪建筑遗产项目发布暨中国20世纪建筑思想学术研讨会”。会议得到文物界、建筑界专家学者的高度关注。两院院士吴良镛、中国文物学会会长单霁翔、国家文物局副局长顾玉才、中国建筑学会理事长修龙在会议上讲话，中国工程院院士马国馨、张锦秋、孟建民，全国工程勘察设计大师刘景樑、柴裴义、张宇，中国建筑学会副理事长庄惟敏等出席会议。会议公布“首批中国20世纪建筑遗产”名录共98处，发布了《中国20世纪建筑遗产保护与发展建议书》。

11月23日，中国文物学会主编，谢辰生口述，李晓东、彭蕾整理的《新中国文物保护史记忆》出版发行座谈会在故宫博物院建福宫召开。该书以谢辰生先生亲身经历，记述了新中国成立以来党中央、国务院对文物工作的亲切关心和正确领导，以及新中国成立后到20世纪90年代中期文物事业的发展历程，详尽阐述了新中国成立以后文物工作重要文件的起草出台过程、重大方针政策的研究颁布过程、重大文物保护工程的策划实施过程。参加座谈会的专家学者倡议，全国文博系统各级领导干部，特别是青年同志，都应该认真仔细研读《新中国文物保护史记忆》，重温新中国文物事业发展的风雨历程，体会老一辈文博工作者筚路蓝缕的艰辛，感受文博系统多年传承下来的优秀传统，认清我们文博人肩上担负的历史使命，做到不忘初心，继续前进。

（二）专题学术活动

1．专题研讨论坛

中国国际文化交流中心、中国文物学会、北京大学高等人文研究院、河南省华夏历史文明传承创新基金会联合主办的“嵩山论坛——华夏文明与世界文明对话”，以“转化与创新：迈向对话文明”为主题，促进世界各国人民在文化上的相互尊重、相互理解、相互交融，为华夏文明与世界文明的传承与创新作出积极贡献。

中国文物学会文物修复专业委员会举办第十四届全国文物修复研讨会，以“文物修复与工匠精神”为主题，交流文物修复知识和经验。

中国文物学会玉器专业委员会举办“历史和文化视野下的玉器收藏研讨会”，针对流传有序的馆藏玉器、考古发掘出土的玉器以及历史上玉器收藏名家之史实，从玉文化的角度深入探讨玉器收藏的历史与内涵。

中国文物学会20世纪建筑遗产委员会举办“重走刘敦桢古建之路徽州行暨第三届建筑师与文学艺术家交流会”，沿着刘敦桢先生1952年的考察路线，探访世界文化遗产西递村，以及西溪南村、潜口民居、唐模、棠樾、歙县古城等传统村镇，就传统村落保护与环境保护、建筑遗产的文化表现与解读、传统建筑文化的传承与弘扬等热点话题进行了交流讨论。

中国文物学会大运河专业委员会与联合国教科文组织亚太地区世界遗产中心古建筑保护联盟共同主办的“中国大运河保护常州论坛”，围绕大运河的历史文化、生态文化、传统文化与现代城市文化相融合等热点问题展开深入研讨。

2．学术年会

中国文物学会纺织文物专业委员会第二届学术年会，以“我与纺织之缘”为主题，研讨纺织文物保护课题。

中国历史文化名楼第十三届论坛，以“移动智能时代下，历史文化名楼的运营与管理”为主题，研讨中国历史文化名楼的保护和利用，为传承、发挥名楼品牌价值出谋划策、建言献计。

中国文物学会会馆专业委员会2016年年会暨第八届（自贡）学术研讨会通过《中国明清会馆保护与利用自贡共识》，明确对会馆保护的真实性、完整性、永续传承、多方受益等原则，要求专委会各成员单位共同引领会馆的研究、保护、管理工作，充分发挥中国会馆传承文明、铭记历史、教育人民、服务社会、推动发展的积极作用。

中国第七届工业遗产学术研讨会以“工业遗产的科学保护与创新利用”为主题，探讨从宏观理论到具体设计实践对工业遗产进行科学保护，对工业资源进行适应性和创新性再利用。

中国文物学会历史文化名街专业委员会2016年年会以“走可持续发展之路——传统街区的保护与管理”为主题，专家学者发表了案例翔实、阐述精深的演讲，与会人员围绕传统街区的保护与管理开展座谈研讨。

3．咨询服务

中国文物学会世界遗产委员会组织专家学者深入广东、福建边远山区，对连南排瑶古寨、永泰庄寨、尤溪土堡等传统村落民居保护开展调查研究、技术咨询。

4．业务培训

中国文物学会法律专业委员会举办文博法律培训班，围绕《文物保护法》《博物馆条例》的贯彻实施进行阐释和解读，帮助学院增强法制意识。

中国文物学会漆器珐琅器专业委员会举办漆器珐琅器培训班，通过参观考察、专题讲座、切磋研究等方式，提高学会理论水平与实践能力。

【文化宣传】

文化遗产日之际，中国文物学会与中国文物报社联合向社会推介2015年全国文化遗产十佳图书10种和优秀图书12种。这些图书在内容、编校、设计、装帧等方面都体现出较高水平，展示了文化遗产保护成果。

中国文物学会传统建筑园林委员会与青海仁俊热贡艺术传习院联合在首都博物馆举办“青海仁俊热贡唐卡传承，虔心万相——夏吾角热贡艺术精品展”，展示藏族人民创造的光辉灿烂的宗教文化，以及热贡地区丰富的非物质文化遗产，向首都人民奉献出一幅热贡艺术珍品的绚丽画卷。

中国文物学会历史文化名楼保护专业委员会与《两岸关系》杂志社主办的“中华历史文化名楼图片展”，于2016年11月在台湾大学展出，全方位、多角度地展示了16座中国历史文化名楼的发展历史与现状面貌，为海峡两岸青年架起了一座沟通了解的桥梁。

中国文物学会青铜器专业委员会在长沙简牍博物馆面向公众举办学术讲座，与江苏省扬州博物馆合作举办唐代铜镜展，普及文物保护知识。

【科研课题】

中国文物学会高校历史建筑专业委员会、武汉大学国家文化发展研究院启动“全国高校历史建筑的保护和利用”课题，课题组成员分别赴广州黄埔军校旧址、厦门集美学村和厦门大学、四川大学进行实地调研，取得收获。

由中国文物学会文物安全专业委员会和公安部沈阳消防研究所共同承担的“国家文物局文物建筑消防物联网远程监控前期研究及相关试点项目”开题。文物安全专业委员会还在天津召开课题调研会。会议提出消防物联网应该着眼全国建立一个数据中心、一个备用中心，扶持从事消防物联网专业的领军企业，在天津结合消防物联网开展古建筑保护物联网示范工程等建议。

中国文物学会纺织文物专业委员会会长王亚蓉研究员牵头的“中国文化遗产纺织考古科学体系创新研究”项目圆满结项。课题组在纺织文物专委会第二届学术年会上汇报了研究成果。

中国文物学会历史文化名街专业委员会承担“历史文化名街保护发展评价体系研究之

一——大数据支持下的活力指标”项目取得初步成果，课题组在专委会2016年年会上汇报了项目研究进展初步成果。

【书刊园地】

中国文物学会与中国文化遗产研究院合作编辑《中国文物科学研究》刊物4期，圆满完成《中国文物科学研究》5年合作办刊协议。与故宫博物院协商签署5年合作办刊协议。传统建筑园林委员会编印《传统建筑园林通讯》，书画雕塑专业委员会编印《艺术》。

各个专业委员会编印论文汇编9册，包括《中国工业遗产调查研究与保护（第6卷）》《中国早期铜镜研究》《城镇化与古村落保护论文集》《丝绸之路与玉文化研究》《文物修复研究（2015～2016）》和《中国历史文化名楼系列丛书散文诗赋卷》等，汇集了多方面学术成果。

【专家活动】

重阳节期间，中国文物学会举办老专家联谊会。参加联谊会的老专家欢声笑语，畅谈文物事业发展的大好形势，共同追忆往事，相互祝愿健康，充满温馨气氛。

中国古迹遗址保护协会（ICOMOS/China）

【概述】

2016年，中国古迹遗址保护协会围绕国家文物局重点工作，发挥专家优势，继续服务我国世界文化遗产申报、管理工作；进一步加强行业协会的管理能力，继续承担文物保护工程资质单位的日常管理和有关文物保护工程专业人员的信息管理工作；积极配合文化部有关党的组织和党的工作在社会组织的全覆盖工作；加强协会自身建设，严格遵守有关社会组织的法律法规，遵照《章程》，召开协会常务理事会，推动发展、建立与国际古迹遗址理事会科学委员会专业对接的中国专业委员会；积极发展团体会员，举办全国优秀文物保护利用工程推介活动等，开展了大量工作。

【世界文化遗产项目申报】

7月10～17日，联合国教科文组织第40届世界遗产委员会会议在土耳其伊斯坦布尔召开。“广西左江花山岩画”以文化景观成功列入《世界遗产名录》，成为我国第35处世界文化遗产，这也是广西壮族自治区的第一项世界文化遗产。该遗产的列入，填补了我国没有岩画类世界遗产的空白，体现了中国为构建代表性、平衡性和可信性的《世界遗产名录》所做出的努力和贡献。

【世界文化遗产申报项目咨询与服务】

3月23日，理事长童明康参加在苏州召开的江南水乡古镇申报世界文化遗产工作会议暨申遗领导小组第一次会议，听取了申遗文本编制单位有关江南水乡古镇阶段性研究成果，并结合当前形势对申遗工作提出指导意见。

6月30日，理事长童明康出席由四川省文物局主办的德格印经院申遗专家座谈会并提出指导意见。他强调，世界遗产申报专业性强，要有专业人员和经费保障；要以充分的研究为基础，在突出普遍价值的梳理和提炼、价值载体的认定、适用标准的论证、对比分析、完整性、保护管理和监测，以及价值的展示和阐释方面开展工作。应加紧编制世界遗产保护和管理规划，尽快出台德格印经院的专项保护法规，早日从法律法规层面保护好遗产地。

10月31日～11月2日，理事长童明康参加肇庆古城墙申报世界文化遗产专题研讨会，对肇庆城墙申遗提出了指导意见。

11月19～20日，协会团体会员单位北京大学考古文博学院与扬州市人民政府、UNESCO世界遗产培训与研究中心在扬州共同举办了大运河与海上丝绸之路国际学术研讨会，国家文物局副局长宋新潮出席开幕式并讲话。

为翻译《海上丝绸之路——中国史迹》“泉州”部分提供技术支持；组织和参与译校《古泉州刺桐史迹保护管理规划》、“泉州申遗宣传片”、“泉州申遗文本”等申报材料。参与“海上丝绸之路”申遗之中东/西亚板块古代海上贸易发展的专题研究。

核对鼓浪屿申遗文本补充信息及专家意见的英文，提交国际古迹遗址理事会（ICOMOS）。

协助济南市城市园林绿化局，在国际泉水文化城市联盟年会大型国际活动中策划召开济南泉水文化景观世界遗产价值国际研讨会，联络有关国际专家、搜集论文、制定议程、与文本团队共同确定国际专家考察路线等。

完成景德镇御窑厂遗址申报《中国世界文化遗产预备名单》的材料资格和格式审查。

为北京市北海公园编写“北海公园在推动中轴线申遗和打造‘一轴一线’文化魅力走廊中的实践与思考——基于遗产价值保护利用的历史城市景观发展构想”课题研究工作计划和大纲，为北海公园推动申遗和文化产业的项目提供技术支持。

完成《中国世界文化遗产管理手册（送审稿）》的编写工作。

完成《中国文物志》“事业篇·中国世界文化遗产”的撰写；完成《中国文物志》“资源篇·中国世界文化遗产”模板的撰写。

【国际古迹遗址理事会（ICOMOS）相关活动】

参加国际古迹遗址理事会（以下简称“ICOMOS”）2016年代表大会，会前对ICOMOS顾问委员会、执行委员会、科学理事会和科学研讨会的工作文件进行搜集整理和翻译，提炼出重点议题，制定相关预案和材料汇编。

发动团体会员单位响应ICOMOS“4·18”国际古迹遗址日活动号召，围绕“运动遗产”开展有关宣传纪念活动。北京大学考古文博学院、北京市北海公园、西安碑林博物馆、承德市文物局、山西省古建筑保护研究所等单位，以“参与运动、感悟文化、传承遗产”等为主题，举办了“古代运动嘉年华”、专题讲座、展览展示等形式多样的纪念活动。

完成ICOMOS会员会费的统一收缴和会员卡的发放。

向ICOMOS推荐中国世界遗产评估专家，参与亚太地区多个世界遗产申报项目的书面评估和现场考察工作。

【《中国文物古迹保护准则》推广】

协会领导多次为国家文物局和省文物局举办的培训班讲授《中国文物古迹保护准则》，包括国家文物局举办的全国重点文物保护单位西北地区管理机构负责人培训班和新疆生产建设兵团文物干部培训班、西藏自治区全国重点文物保护单位管理机构负责人培训班，云南省、湖北省和广东省文物局举办的培训班，四川省、吉林省、浙江省和广东省古迹遗址保护协会举办的培训班。

【文物保护工程资质管理】

完成文物保护工程甲（一）级资质单位的日常管理，包括证书换发和信息变更等工作。

完成各省年检材料的收集、整理与分析。

完成第七批89家文物保护工程甲（一）级资质申报单位申报材料和59家特定范围施工一级资质申请材料的整理、汇总归档、总结分析。

组织有关文物保护工程资质管理法律咨询。

建设全国文物保护工程甲（一）级资质单位管理数据库，11月底完成数据库初版系统，12月完成系统的改进。

完成首批2358份2015年文物保护工程责任设计师、责任工程师资质证章，2006年国家文物局公布专业人员证章制作及相关工作。

【重要活动】

与中国文物报社联合启动2016年度全国优秀文物保护利用工程推介活动。本活动旨在宣传推广文物保护利用工程的典型做法和成功经验，充分发挥文物保护成果推动经济社会发展的积极作用，并及时向社会报告每年文物保护利用工程进展和重要成果，普及文物保护利用知识，吸引广大公众对文化遗产事业的关注和支持。

【基础工作】

完成协会年检工作和财务审计工作，结论合格。

配合上级主管部门，完成文化部《所属单位主要业务情况调查表》和相关材料，以及《文物保护工程专业人员考核有关情况》《社会组织两个全覆盖工作台账》《关于落实两个全覆盖要求工作方案》等材料的上报。

发展团体会员5家，个人会员19人。

服务会员，协商同济大学《建筑遗产》杂志社，无偿赠送团体会员单位《建筑遗产》创刊号，并达成会员优惠订阅该杂志的协议。

【二级机构活动】

1月，中国古迹遗址保护协会石窟专业委员会和龙门石窟研究院合办的《石窟寺研究》第六辑由科学出版社出版。收录文章21篇，近31万字，400余张图片，集中展示了中国石窟寺研究及保护、寺院遗址考古及佛教美术等领域取得的新成果。

1月6～8日，中国古迹遗址保护协会文化线路（西南片区）遗产保护研究专业委员会成立暨考古探险中心成立十周年会议在成都召开。

3月10日，中国古迹遗址保护协会文化遗产防灾减灾专业委员会成立大会暨学术研讨会在北京工业大学召开。大会成立以侯卫东为会长，戴俭、苏经宇、赵强为副会长，郭小东、齐杨为秘书的文化遗产防灾减灾专业委员会组织机构。

10月22日，中国古迹遗址保护协会文化遗产防灾减灾专业委员会第二届年会暨文化遗产灾情交流与减灾对策研讨会在湖北明清古建筑博物馆召开。大会内容涉及防灾减灾情况介绍、文化遗产灾情评估、建筑遗产群落火灾防控、工程建设中文化遗产灾害应对等方面，系统展示了我国在文化遗产减灾防灾方面的应对措施和最新研究成果。

12月7日，2016年中国古迹遗址保护协会石窟专业委员会年会暨乐山大佛学术报告会在四川省乐山市召开，国家文物局副局长宋新潮出席会议并发表重要讲话。会议期间还举办了乐山大佛学术报告会，来自中国文化遗产研究院等单位的70余名专家学者及石窟文物工作者参加会议。

12月，中国古迹遗址保护协会历史村镇专业委员会主席张杰，出席了在韩国举行的国际古迹遗址理事会历史村镇科学委员会（CIVVIH）2016年度大会。张杰教授在会上介绍了中国历史村镇保护工作情况，并与国际专家交换了推动历史村镇保护与加强国际合作的设想。

中国博物馆协会

【概述】

2016年，中国博物馆协会主动顺应博物馆事业发展的新形势，紧密围绕国家文物局的中心工作，团结各行业、各类型的博物馆工作者和其他关心支持博物馆事业的社会人士，在学科建设、行业指导、会员服务以及对外交流合作等方面取得了积极进展。截至2016年年底，中国博物馆协会共有团体会员938个、个人会员8778名，下属专业委员会36个。

【学术研究】

（一）综合性学术活动

5月，根据中国博物馆协会和加拿大洛德文化资源管理有限公司签订的合作谅解备忘录相关内容，在2015年三期研讨会的基础上，协会举办了“为儿童规划博物馆”研讨会，来自全国30多家常务理事单位的代表参加会议，取得了预期效果。

7月国际博协米兰大会期间，由国际博协中国国家委员会（即中国博物馆协会）牵头完成的《亚太地区博物馆发展现状调查研究报告》完整版正式出版发布。此项目的完成将为亚太地区各个国家与地区之间的合作提供更加充分的事实基础，为亚太地区国际博协的成员提供行业的概貌，为促进博物馆信息与数据交流、支持亚太地区博物馆间的文化活动联系发挥积极作用。

11月10～12日，由联合国教科文组织主办的国际博物馆高级别论坛在深圳召开。刘延东副总理在会上宣读习近平总书记的贺信，并作相关主旨发言。论坛分四场从不同角度对联合国教科文组织《2015年建议书》的实施情况进行了解读，论坛最后发布了《深圳宣言》。中国博物馆协会受邀为论坛提供学术支持，参与起草《深圳宣言》及会议学术文件。

（二）专业委员会学术活动

2016年，中国博物馆协会所属各专业委员会通过举办学术年会，结合本专业的热点、难点问题展开讨论，取得了可喜的学术成果。华侨博物馆专委会和航海博物馆专委会合作举办了“丝路·行舟·越洋人——2016年中国涉海类博物馆馆长论坛”；博物馆建筑空间与新技术专委会召开了“博物馆建筑·新技术应用”学术论坛、2016年年会暨“智慧博物馆”国际学术研讨会；乐器博物馆专业委员会承办了第十届国际音乐考古大会、“舞韵·乐魂——丝绸之路舞乐文化研讨会”；法律专业委员会召开2016年文博法律论坛等。

除了上述学术活动，各专业委员会还在9月中国博物馆协会举办的“第七届博物馆及相关产品与技术博览会”上举办了学术年会等活动。

【学术出版】

2016年，中国博物馆协会共完成主办的信息性月刊《中国博物馆通讯》12期、学术性季刊《中国博物馆》4期。两种刊物优势互补，成为博物馆界发表学术论著，交流业务成果的平台。

继续开展《中国博物馆大百科·博物馆卷》的编纂工作。协会于6月14日组织召开了第一次编委会会议，9月14日召开了第二次编委会会议，相关工作正在稳步推进。

启动《中国博物馆发展》一书的编纂工作。中国博物馆协会与加拿大洛德文化资源管理有限公司签有谅解备忘录，在此框架下，双方将合作出版中文版《中国博物馆发展》一书。全书框架大致已定，英文版出版商也已确定，相关工作正在稳步推进。

【服务行业和会员】

（一）第七届博物馆及相关产品与技术博览会

为更好地为会员和行业服务，在国家文物局、成都市人民政府指导下，由中国博物馆协会、中国自然科学博物馆协会联合主办的第七届“博博会”于9月14～19日在成都成功召开。本届“博博会”以“博物馆的新驱动：科技引领、创意未来”为主题，是自2004年创办以来参展规模最大的一届。展区总面积40000平方米，16个板块设置涵盖了文物保护和利用工作的众多领域，多个专题展区突出文博界服务国家重大战略和举办地的特色。参展机构491家，其中博物馆275家、企业及科研机构216家。除国内博物馆外，来自14个国家，特别是“一带一路”沿线国家的63家博物馆带来了推介项目，使“博博会”国际化趋势逐步显现。

除了展览，“博博会”期间还举行了各项重大活动，如中国博物馆协会第六届六次理事会、主论坛——丝绸之路和博物馆合作国际论坛、国际博物馆高层圆桌会议和各种专题研讨会议等。此外，本届“博博会”组委会还举办了7场公共讲座，让大众在参观展览的同时分享专家学者的精彩讲述。

（二）专业培训

为满足会员单位的培训需求，中国博物馆协会在2016年组织实施了不同层次和类别的培训课程。如4月和11月在故宫培训中心先后举办两期与故宫博物院和国际博物馆协会共同主办的“国际博协培训中心培训班”，10月和11月在西安分别举办讲解员高级研讨班和讲解员培训班等。

在协会的指导下，各专业委员会也举办了本专业相关的各类培训班。如市场推广与公共关系专委会举办的2016博物馆英文讲解员（含外事人员）培训班，法律专业委员会举办的博物馆法律培训班等。

（三）服务行业管理

中国博物馆协会连续第五年组织了“全国最具创新力博物馆”年度评选活动。经过推荐和评选，2016年获得最具创新力博物馆称号的两家博物馆分别是广东省博物馆和常州博物馆。

在国家文物局的指导下，协会与中国文物报社共同主办了“第十三届（2015年度）全国博物馆十大精品推介活动”，评选出精品奖10个，优胜奖10个，国际及港澳台合作奖2个，国际及港澳台合作入围奖2个。5月18日，颁奖仪式于国际博物馆日全国主会场内蒙古博物院举行。

按照《全国博物馆评估办法》和《博物馆评估标准》，协会组织开展了第三批国家一级博物馆定级评估工作。通过评审会和实地复核，确定了北京天文馆等34家国家一级博物馆。

开展2016年“博物馆陈列展览设计、施工单位资质评估推介”工作。为引导协会会员单位陈列展览设计施工行为，提升陈列展览设计和施工项目的专业化水平，为国家相关主管部门正式出台本领域专门标准奠定良好基础，中国博物馆协会于6月开展了2016年“博物馆陈列展览设计、施工单位资质评估推介”工作。

【国际交流合作】

2016年，中国博物馆协会对外交流的深度和广度实现了新的突破，为中国博物馆学习借鉴国外先进博物馆理念和经验和扩大中国博物馆的国际影响力做出了贡献。在国家文物局的指导下，以协会为代表的中国博物馆界在参与国际博物馆决策管理事务、提高中国博物馆的国际话语权方面继续保持良好势头，取得了可喜的成绩。

7月3～9日，国际博协第24届大会在意大利米兰举行。通过协会行之有效的组织宣传工作，国内共有近200名代表参加大会。会议期间，中国博物馆协会主要参与或组织了国际博协北京培训中心管委会会议、国际博协亚太地区联盟理事会会议及亚太地区联盟大会、国际博协执委会会议和国际博协大会展览会等。在全体大会上，中国博物馆协会副理事长兼秘书长安来顺当选国际博协副主席，这是国际博协70年历史上亚洲国家第二次进入最高领导层。在中国博物馆协会组织的亚太地区联盟全体大会上，来自亚太地区20余个国家的90余名代表选举了新一届联盟理事及主席，广东省博物馆馆长魏峻当选亚太联盟理事。国际博协大会展览会上，中国博物馆协会联合湖北省博物馆组建了中国博物馆协会展位，集中展示了中国博物馆的发展成就。

与美国艺术联盟共同主办“合作的力量：中美博物馆峰会”。峰会在美国纽约召开，共有48位博物馆馆长、副馆长参加，其中16位来自中国，32位来自美国和加拿大，龚良副理事长代表协会在峰会上致辞。

与英国文化协会合作组织国内博物馆代表11人参加英国博协2016年大会及中英博物馆对话活动。石金鸣副理事长代表协会在中英博物馆馆长专场活动上致辞。

延续前期与相关国外机构的合作，推选会员参加国际专业培训。包括组织推荐两名会员代表参加美国盖蒂领导力学院博物馆高级管理人员培训，组织推荐5名会员代表参加英国国家博物馆学院2016年培训项目等。这些举措切实有效地促进了中国博物馆中青年管理人才更多地接触国际博物馆先进理念，使他们学习到更多实用的专业知识。

纪事篇

1月

1月4～8日　国家文物局督察司组织专家赴河北多地检查河北文物安全防护工程。

1月6日　国家文物局局长刘玉珠一行到中国文物交流中心调研，指出要“发扬成绩、勇于创新、开创文物交流工作新局面”。

1月7日　由陕西省文物局和甘肃省文物局联合主办的“帝国之路·陇东记忆：秦文化与西戎文化考古成果展”在秦始皇帝陵博物院开幕。

1月8日　中国古迹遗址保护协会文化线路（西南片区）遗产保护研究专业委员会成立大会在四川成都召开。会议表决通过了《中国古迹遗址保护协会文化线路（西南片区）遗产保护研究专业委员会议事规则》，并选举出专委会主任委员、副主任委员及秘书。

1月9日　由国家文物局水下文化遗产保护中心、广东省文物局、阳江市人民政府主办，广东省文物考古研究所、广东海上丝绸之路博物馆承办的“南海Ⅰ号”保护发掘项目阶段性工作通气会在广东海上丝绸之路博物馆召开，会上公布了“南海Ⅰ号”保护发掘阶段性成果，确定船体结构、出土文物14000余件／套。

1月12日　“中国社会科学院考古学论坛·2015年中国考古新发现”在北京举行。论坛公布了2015年六大考古新发现，江西南昌西汉海昏侯墓，辽宁“丹东一号”清代沉船遗址，海南东南部沿海地区新石器时代遗址，江苏兴化、东台市蒋庄良渚文化遗址，陕西宝鸡市周原遗址，汉魏洛阳城宫城太极殿遗址获评。

1月13日　国家文物局就河北遵化清东陵景妃园寝被盗案约谈唐山市、遵化市人民政府及清东陵管委会。

文化部在江苏苏州召开中国非物质文化遗产传承人群研修研习培训计划试点工作总结会，公布清华大学、中央美术学院、南京艺术学院、西藏大学等首批57所入选2016年度中国非物质文化遗产研修研习培训计划的高校名单。

1月17～18日　由国家文物局指导、中国文物保护基金会主办的第二届古建筑保护与利用学术研讨会暨古建筑保护成果及材料展在北京召开。大会评出了中国文物保护示范工程奖，这是中国文物保护基金会关于文物保护工程的最高奖项。

1月19日　在沙特阿拉伯进行国事访问的国家主席习近平与沙特阿拉伯王国国

王萨勒曼共同见证国家文物局局长刘玉珠和沙特旅游与民族遗产总机构副主席哈班签署《中华人民共和国国家文物局与沙特阿拉伯王国旅游和民族遗产总机构关于促进文化遗产领域交流与合作的谅解备忘录》。该谅解备忘录是我国与沙特间首个政府层面的文化遗产合作文件，也是中国与海湾阿拉伯国家首个政府层面的文化遗产合作文件，标志着中阿文化遗产合作迈入机制化轨道。

由中华文物交流协会指导、河南省文物局主办、河南博物院与台北·历史博物馆及鸿禧艺术文教基金会合作举办的“会古通今——两岸唐三彩暨低温釉陶学术研讨会”在河南博物院举行。两岸双方共同举办的“盛世风华——两岸唐三彩交流展”配合此次学术研讨会在河南博物院展至3月20日。

侵华日军南京大屠杀遇难同胞纪念馆获得由抗战老兵家属和四川抗日老兵救助会捐赠的各类史料200余件。截至目前，纪念馆已在全世界范围内征集各类藏品17万余件。

由太原市文物局、宁夏回族自治区文化厅、宁夏回族自治区文物局主办的“胡风东来——宁夏固原丝绸之路文物精品展”在晋祠博物馆开展。

1月20～24日　国家文物局局长刘玉珠率团访问摩洛哥，与摩洛哥文化大臣斯比希就进一步加强中摩两国文化、文物领域的交流与合作举行会谈，会后双方共同签署《中华人民共和国文化部和摩洛哥王国文化部关于在摩洛哥设立中国文化中心的谅解备忘录》。代表团访摩期间，刘玉珠还与驻摩洛哥大使孙树忠就推进与摩洛哥在文化、文物领域的交流与合作交换意见。

1月21日　国家主席习近平和埃及总统塞西共同出席卢克索神庙广场举办的中埃建交60周年庆祝活动暨2016中埃文化年开幕式。

1月21～22日　国家文物局水下文化遗产保护中心2016年年会在北京召开。

1月22日　由北京新文化运动纪念馆与天津戏剧博物馆共同举办的“天津——京剧艺术的重镇”展览在北大红楼开幕。

1月22～23日　国家文物局副局长宋新潮一行赴河北省平山县中山古城遗址进行实地考察和专题调研。

1月25日　中国文化部部长雒树刚在卡塔尔伊斯兰艺术博物馆会见卡塔尔博物馆管理局主席玛娅萨公主。双方对互办文化年、互换文物展览、在卡塔尔社里中国文化中心与孔子学院等文化交流工作给予了充分的肯定和支持。

1月26日 故宫博物院与景德镇人民政府共建的“景德镇陶瓷修复与研究中心”“故宫研究院景德镇陶瓷考古研究所”及“故宫学院（景德镇）”揭牌仪式在江西景德镇御窑厂遗址举行。

由成都金沙遗址博物馆、天津博物馆、山东博物馆和云南省博物馆联合举办的大型境外文物特展——来自意大利的“永恒之城——古罗马的辉煌”展在成都金沙遗址博物馆开展。

1月27日 国家文物局局长刘玉珠在北京会见罗马尼亚文化部国务秘书亚历山德鲁·奥普瑞恩，就进一步加强中罗两国文化遗产领域的交流与合作深入交换意见。

1月28日 国家文物局印发《长城保护员管理办法》。

国家文物局印发《长城执法巡查办法》。

中国文物保护基金会换届大会在北京举行，同时召开第五届理事会第一次会议，讨论通过《中国文物保护基金会章程》修改草案。

2月

2月1日 国家文物局召开会议，传达十八届中央纪委六次全会精神。

国家文物局局长刘玉珠一行到中国文物报社调研，强调《中国文物报》要在提高舆论引导能力中更好地服务大局。

国家文物局局长刘玉珠一行到文物出版社调研，强调出版社要迎接传统媒体和新媒体融合发展的春天，充分发挥文物出版社国家队作用，以新的成绩迎接建社60周年的到来。

2月3日 北京首都机场公安分局将侦办“6·24”特大文物盗窃案中罚没的15件珍贵文物等移交给国家文物局，这是民航公安系统近年来首次向文物部门移交涉案文物。

2月4日 国家文物局在北京发布了“2014～2015文物行政执法十大指导性案例”，这是国家文物局针对全国文物行政执法案例进行的首届遴选推介活动。北京市西城区文化委员会办理的天宁寺塔保护范围内违法建设案、内蒙古自治区阿尔山市文化局办理的阿尔山车站北侧平房被擅自拆除案等十大文物行政执法案例入选。

国家文物局在北京召开新闻通气会，通报近期抽查文物消防安全工作情况。

2月5日 国家文物局局长刘玉珠一行赴北京国子监、北京孔庙、雍和宫、崇礼住宅等全国重点文物保护单位检查文物安全工作，慰问坚守在工作岗位的干部职工。

2月17～19日　国家文物局局长刘玉珠一行赴河北调研文物工作，先后考察了张家口堡、大境门长城、察哈尔都统署、泥河湾遗址、泥河湾博物馆和正定古城保护工程现场，参观了河北博物院，并就正定文物工作进行了座谈。

2月18日　文化部党组书记、部长雒树刚到北京鲁迅博物馆调研工作，指出鲁迅博物馆要切实肩负起传承鲁迅精神的使命责任，要与时代紧密结合，将鲁迅先生的革命精神发扬光大，把博物馆建设成为全国鲁迅研究的高地。

国家文物局在北京举办2015年部门决算编制培训暨资产清查工作布置会议。

2月21日　星云大师捐赠北齐佛首造像回归启程典礼在台湾佛光山佛陀纪念馆藏经楼举行。

2月22日　国家文物局召开局党组会议专题研究党的建设工作。

2月24日　国务院总理李克强主持召开国务院常务会议，部署加强文物保护和合理利用、传承文化根脉凝聚民族精神等工作。

2月25日　全国文物拍卖管理工作座谈会在广东广州召开。

国家文物局局长刘玉珠主持召开《中国文物志》2015年编纂工作专题汇报会。

2月26日　国家文物局党组召开2016年党风廉政建设工作会议。

国家文物局副局长顾玉才出席国务院政策例行吹风会，解读国务院加强文物工作的政策性文件并回答记者提问。

台湾佛光山星云大师携其捐赠的北齐佛首造像抵达北京首都国际机场，国家文物局局长刘玉珠以及国务院台湾事务办公室有关负责人在机场迎接。

2月29日　国家文物局局长刘玉珠，副局长关强，国家文物局第一次全国可移动文物普查办公室负责人一行调研故宫博物院第一次全国可移动文物普查情况。

由陕西省文物局主办的“中国秦始皇兵马俑”展览开幕酒会在美国芝加哥市富地自然历史博物馆举行。

3月

3月1日　国家文物局在北京召开文物系统全国人大代表、全国政协委员通气会。

国家文物局在国家博物馆举办“星云大师捐赠北齐佛首造像回归仪式”。国家文物局局长刘玉珠与星云大师分别代表中华文物交流协会与佛光山文化教育基金会签署了《关于合作举办文物展览的框架协议》。

3月2日　中央第六巡视组专项巡视国家文物局党组工作动员会召开。

江西南昌汉代海昏侯墓考古成果在首都博物馆正式发布，国家文物局局长刘玉珠等出席发布会并讲话。由江西省文物局、北京市文物局联合主办的“五色炫曜——南昌汉代海昏侯国考古成果展”在首都博物馆开幕。

3月4日　“陕西青年文博志愿者联合会”成立大会暨第一届会员代表大会在陕西历史博物馆举行，这是全国首家青年文博志愿者联合组织。

3月8日　国务院印发《关于进一步加强文物工作的指导意见》。

文化部党组成员、国家文物局局长刘玉珠做客人民网《两会E客厅》栏目，以“如何让文物资源更好地传承文明、服务社会”为题与网友在线交流。

由中国社会科学院考古研究所、北京市文物局、河南省文物局主办，首都博物馆、河南博物院共同协办的“王后　母亲　女将——纪念殷墟妇好墓考古发掘四十周年特展”在首都博物馆开展。

由福建民俗博物馆、北京鲁迅博物馆（北京新文化运动纪念馆）联合主办的“瓷国明珠　海丝琨瑜——福建德化瓷展”在北京鲁迅博物馆开展。

3月9日　国家文物局在北京召开学习贯彻《国务院关于进一步加强文物工作的指导意见》座谈会。

3月11～13日　浙江杭州召开良渚古城外围水利系统专家咨询会，论证良渚古城外围水利系统的性状、功能及其在中华文明、中国乃至世界水利史上的历史地位和价值。

3月13日　联合国教科文组织世界记忆项目专家瑞·埃德蒙森先生应国家档案局邀请到曲阜市文物局孔府文物档案馆考察《孔子世家明清文书档案》世界记忆亚太地区名录申报工作。

3月14日　文化部在北京召开文化体制改革工作领导小组会议。会议深入学习贯彻习近平总书记系列重要讲话精神和中央全面深化改革领导小组、中央文化体制改革和发展工作领导小组有关会议精神，审议并原则通过了《2016年文化系统体制改革工作要点》，部署2016年文化体制改革重点工作。
经山东省人民政府同意，山东省人民政府办公厅印发《关于加强齐长城保护管理工作的意见》。

3月15日　第二届国家古代壁画与土遗址保护工程技术研究中心管理委员会暨工程技术委员会第一次会议在北京召开。

3月16日　十二届全国人大四次会议在人民大会堂举行记者会，国务院总理李克强会见中外记者，就加强文物保护工作回答提问，表示保护文物实际上也是在推动文化事业的发展,来滋润道德的力量,传承我们的传统优秀文化，来推动经济和社会协调发展。

3月20日　由文化部非遗司指导，文化部恭王府管理中心举办的“国家级非物质文化遗产——‘画中有戏’传统年画精品展”在恭王府开展。

3月21～23日　国家文物局与英国文化教育协会在中国妇女儿童博物馆举办中英博物馆治理与发展高层对话，就中英博物馆治理与发展的异同展开对话和交流，并参观了南昌汉代海昏侯国考古成果展。

3月22日　国家文物局在北京召开京津冀文物保护协同推进会。研究推动北京、天津、河北三省市文物保护优势互补、协同发展。
“泥火幻彩——唐两京三彩文物精华展”在陕西历史博物馆开展，该展是国家文物局全国12个“2016年‘弘扬优秀传统文化、培养社会主义核心价值观’主题展览”之一。

3月23日　中国博物馆协会主办的第一届全国博物馆学优秀学术成果终评会在浙江杭州召开，39篇（部）学术成果获得殊荣。
由中国文物信息咨询中心承建的“国家文物局网报网审平台2015年度建设项目”通过国家文物局验收。

3月23～26日　中国文物学会世界遗产研究委员会等单位联合主办的福建永泰庄寨文化遗产保护研讨会在福建永泰召开。

3月24日　国家文物局召开文物行政执法与安全监管工作情况通报会，统计显示，2015年度文物火灾事故呈上升趋势，盗窃、盗掘文物案件仍然频发，文物安全隐患较为突出。
国家文物局、公安部刑侦局、辽宁省及朝阳市有关部门联合出品的反映破获共和国涉文物第一大案的大型公益纪录片《红山大案》在朝阳牛河梁国家考古遗址公园开机。
应国家主席习近平邀请，德意志联邦共和国总统约·阿希姆·高克一行80人在中国驻德大使史明德、陕西省副省长杜航伟、省外办主任张宝文的陪同下参观了秦始皇帝陵博物院。

3月26日　尼泊尔总理奥利率多名政要在中方领导陪同下一行80余贵宾参观访问了“5·12”汶川特大地震映秀震中纪念馆。奥利总理表示，此行目的重点是关注四川灾后建设伟大成果，学习重建先进经验。

3月28日　在国家文物局指导下，由北京市文物局、天津市文化执法总队、河北省文物局共同举办的“2016年度全国文物行政执法人员培训班（京津冀片区）”在北京拉开帷幕，这是三省市文物行政执法协作开展工作的起点。

3月29日　国家文物局举办的2016年考古绘图培训班在陕西西安开班。

3月31日　为深入学习贯彻习近平总书记系列重要讲话精神，落实十八届中央纪委六次全会和国务院第四次廉政工作会议要求，文化部召开2016年党风廉政建设工作视频会议，研究部署2016年文化部党风廉政建设和反腐败工作。

宁夏银川海关将2015年在河东机场出境检查中查获的“古泉剑”移交宁夏博物馆保管。

4月

4月1日　由陕西省文物局主办的“黄帝文化寻踪——杨官寨、石峁考古发现的启示”展在陕西历史博物馆开展。

4月6～7日　国家文物局在北京召开长城保护编制研讨暨工作推进会。

4月8日　文化部召开“两学一做”学习教育工作座谈视频会议，国家文物局在分会场参加会议。随后，国家文物局召开“两学一做”学习教育动员会。

中国文物报社和全国文博技术产品发展联盟举办文博沙龙，就“博物馆与新技术”展开热烈研讨。

4月10～29日　由国家文物局主办、故宫博物院故宫学院承办、美国世界建筑文物保护基金会协办的古建筑装饰表面涂层保护培训班在故宫博物院举办。

4月12日　全国文物工作会议在北京召开。中共中央政治局委员、国务院副总理刘延东出席会议，传达习近平总书记、李克强总理的重要指示批示，并发表重要讲话。

国家文物局印发《关于学习贯彻习近平总书记、李克强总理重要指示批示和全国文物工作会议精神的通知》。

4月12～13日 贯彻落实全国文物工作会议精神座谈会在北京召开。

4月14日 文化部部长雒树刚在“展望十三五”系列报告会第四场报告会上作了题为“加快文化改革发展 建设社会主义文化强国”的报告。

国家文物局在北京召开第一次全国可移动文物普查2016年省级普查办主任工作会议，举办数据审核与管理培训班。

辽宁省朝阳市中级人民法院对新中国成立以来最大盗墓系列案件作出一审判决，盗掘牛河梁红山文化遗址等古墓葬的头号主犯姚玉忠被判死缓。

4月14～17日 中国收藏家协会、湖南省文化厅、长沙市人民政府共同主办的“2016湖南（长沙）国际收藏产业博览会”在湖南长沙举行。

4月15日 新疆维吾尔自治区文物局与浙江大学就文化遗产保护签署战略合作框架协议。

4月16日 《清华大学藏战国竹简（陆）》成果发布会暨首发仪式在清华大学召开。

东南考古发展论坛在厦门大学召开。

4月16～17日 故宫博物院与美国弗吉尼亚美术馆联手推出“玲珑万象——来自美国的俄罗斯皇家法贝热装饰艺术展”，这是法贝热珍品首次在北美之外的国家展出。

4月17日 著名建筑考古学家、中国建筑史学家、中国建筑史学会名誉会长、全国历史文化名城保护专家委员会委员、中国社会科学院考古研究所研究员杨鸿勋逝世，享年85岁。

4月18日 国家文物局主办的“道法唯真——第二届全国优秀文物保护工程巡礼”在北大红楼橱窗开展。

故宫博物院召开故宫考古发掘与文物保护专家咨询会，介绍故宫考古首次发现元明清故宫“三叠层”。

4月19日 全国重点文物保护单位四川眉山三苏祠自“4 · 20”芦山地震后，经过近三年的整体修缮，重新对外开放。

4月23日 武汉中山舰博物馆与华中科技大学国防生大队联合举办纪念中国人民解放军海军建军67周年主题活动，开展海防宣传教育，提高全民海防意识。

4月25日　中国文化遗产研究院举办中法两国文化遗产保护和考古机构交流对接活动。

中国文物保护基金会理事长励小捷会见法国遗产科学基金会代表安娜·朱莉·恩特和法国艺术与历史城镇和地区及市镇内保护区全国协会代表苏菲·梅达蒂，就进一步加强中法两国文化遗产机构间交流与合作深入交换意见。

4月26日　故宫博物院与北京科技大学签署战略合作协议，将在教育培训、人才培养、科研合作与交流等方面开展合作。

4月26～27日　武汉市政府、湖北省文物局主办的万里茶道申遗工作推进会在武汉召开。

4月27日　国务院总理李克强主持召开国务院常务会议，确定推动文化文物单位文化创意产品开发的措施，提升社会文明水平和国家软实力。

国家文物局召开党组中心组学习会，认真、系统、深入地学习《中国共产党章程》。

4月27～30日　由文化部、浙江省人民政府、中国国际贸易促进委员会主办的第十一届中国（义乌）文化产品交易会在浙江义乌举办。

4月28日　故宫雕塑馆的“佛教造像馆”和“砖石画像馆”展室对公众开放。至此，作为故宫博物院常设展览的雕塑馆全面开放，共展出文物397件。

陕西省政府第六次常务会议通过《石峁遗址保护规划（2016年～2030年）》和《姜寨遗址保护规划（2016年～2025年）》。

4月29日　中共中央政治局就历史上的丝绸之路和海上丝绸之路进行第三十一次集体学习。中共中央总书记习近平在主持学习时强调，借鉴历史经验创新合作理念　让“一带一路”建设推动各国共同发展。

国家文物局局长刘玉珠率队赴陕西调研文物工作。

铜绿山古铜矿遗址国家考古遗址公园建设咨询会在湖北大冶召开。

5月

5月1日　“数字敦煌”资源库平台向全球发布。

5月3～16日　由国家文物局宋新潮副局长任组长的国务院第八考核组实地考核

了西藏自治区、陕西省、青海省人民政府2015年度消防工作完成情况。
国家文物局督察司负责人作为国务院第九考核组成员实地考核了广东省、广西壮族自治区、海南省人民政府2015年度消防工作完成情况。

5月4日　国家文物局团委主办的“坚定理想信念、立足岗位工作”主题团日活动在首都博物馆开展。来自局机关和各直属单位的团员青年百余人参观了“古都北京历史文化展”和“五色炫曜——南昌汉代海昏侯国考古成果展”，并召开团员青年座谈会。
国务院批复同意将浙江省温州市列为国家历史文化名城。

5月5日　国家文物局召开鼓励民间合法收藏文物工作座谈会。
故宫研究院宣布成立中国书法研究所并发布多项科研新成果。
国家水利部批准重庆白鹤梁水下博物馆为首批国家水情教育基地。

5月10日　国家文物局副局长刘曙光会见英国国家海事博物馆馆长凯文·福斯特，双方就未来的合作和交流交换了意见。
为纪念“九·一八”事变85周年，由沈阳“九·一八”历史博物馆，南京抗日航空烈士纪念馆联合主办的“雄鹰出击·共捍和平——抗日空战图片展”在“九·一八”历史博物馆开展。

5月11日　国务院办公厅转发《关于推动文化文物单位文化创意产品开发的若干意见》。

5月12日　国家文物局组织举办消防安全培训活动。
国家文物局副局长顾玉才会见爱沙尼亚文化部负责文化遗产的秘书长塔维·希茨，就加深两国文化遗产保护和博物馆领域的交流与合作交换意见。

5月13日　国家文物局和陕西省人民政府共同主办的“‘一带一路’沿线国家文化遗产保护交流合作论坛”在陕西西安开幕。国家文物局副局长刘曙光在论坛期间宣布成立“‘一带一路’沿线国家博物馆友好联盟”倡议书、启动“一带一路”沿线国家博物馆教育资源合作《西安宣言（草案）》。
俄罗斯第18届国际博物馆节在莫斯科马涅日中央展览馆开幕，中国文物交流中心首次应邀参展，推介中国博物馆精品展览。

5月16日　2015年度全国十大考古新发现在北京揭晓。
国家博物馆举行中国国家博物馆学术工作大会。本次会议是国博历史上首次以学术工作为主题召开的全馆大会，会议期间举行了“中国国家博物馆学术成果展”。

5月17日　国家文物局举办的中国古代建筑油饰彩画传统工艺及修复保护培训班在陕西西安开班。

5月17～18日　国家文物局副局长顾玉才一行赴四川成都、汶川等地考察调研文物工作。

5月18日　国家文物局和内蒙古自治区人民政府共同主办的国际博物馆日主会场活动在内蒙古博物院举行，主题为“博物馆与文化景观”。

第十三届（2015年度）全国博物馆十大陈列展览精品推介活动颁奖仪式在内蒙古博物院举办，24个展览分别获得精品奖、优胜奖、国际及港澳台合作奖、国际及港澳台合作入围奖。同时公布“第一届全国博物馆学优秀学术成果奖”“2016年全国最具创新力博物馆”和首批“全国博物馆文化创意产品示范单位”。

国家文物局主办，中国文物报社、陕西历史博物馆承办的“千年中国看西安——陕西历史博物馆新馆建成开放25周年纪念展”（图片展）在北大红楼橱窗推出。

5月19日　文化部与国家文物局召开新闻发布会，通报出台《关于推动文化文物单位文化创意产品开发的若干意见》的相关情况和落实举措。

国家文物局副局长刘曙光在北京会见乌兹别克斯坦文化和体育部文化遗产保护和利用科研生产总局副局长、首席建筑师拉赫蒙洛夫·阿布都萨菲·拉提可维奇，双方就加强两国在文化遗产保护、考古、历史以及非物质文化遗产等方面的合作交流交换了意见。

国家文物局副局长宋新潮就世界文化遗产平遥古城连续发生违法建设案件，约谈山西省晋中市、平遥县人民政府。

第七届联合国教科文组织世界记忆工程亚太地区委员会大会在越南召开，山东曲阜申报的《孔子世家明清文书档案》成功入选《世界记忆亚太地区名录》。

5月19～21日　国家文物局局长刘玉珠一行到河南调研指导文物工作。

5月21日　故宫博物院与西北大学联合成立“故宫学院（西安）”签约暨揭牌仪式在西北大学举行。

5月21～23日　首届中国考古学大会在河南郑州召开。大会以“面向未来的中国考古学、面向世界的中国考古学”为主题，来自国内高等院校、科研院所及美国、英国、埃及、印度等10多个国家和地区的数百名专家学者聚集一堂，就中国考古学和世界考古学的发展、考古学领域重点和前沿课题进行深入探讨和交流。开幕式上颁发了11项首届中国考古学大会研究成果奖（金鼎奖），11项首届中国考古学大会青年学者奖（金爵奖），中国考古学会田野考古奖一、二、三等奖。宿白先生荣获中国考古学会终身成就奖。

5月22日　国家文物局举办的博物馆教育培训班在陕西西安开班。

5月23日　国家文物局党组组织“两学一做”集中学习。
国家文物局举办的清代书画鉴定培训班在故宫学院开班。
国家文物局举办的国家文物进出境玉石器文物鉴定培训班在江苏苏州开班。

5月23～28日　国家文物局举办的2016年展览策划暨陈列设计培训班在山西大同开班。

5月24日　文化部举行新闻发布会，公布第五批《国家珍贵古籍名录》899部和14家全国古籍重点保护单位。
中国博物馆协会主办的“丝绸之路”沿线博物馆委员会2016年年会在西藏拉萨举行。

5月25日　中国文化遗产研究院与浙江大学签订《战略合作框架协议》。

5月26日　首届中法文化论坛在人民大会堂开幕。国家主席习近平和法国总统奥朗德分别致贺信。
文化部部长雒树刚、国家文物局局长刘玉珠一行到中国文物报社、文物出版社调研，强调文物新闻出版要办出特色权威，扩大社会影响力。

5月27日　中国文物信息咨询中心和中国收藏家协会共同发起成立的“民间文物艺术品备案中心”在北京揭牌。

5月29～31日　国家文物局副局长顾玉才一行赴江西省宜黄县调研对口支援宜黄县苏区建设工作。

5月30日　内蒙古自治区十二届人大常委会第二十二次会议表决通过了《内蒙古自治区元上都遗址保护条例》。

5月31日　“LED在博物馆、美术馆的应用现状与前景研究”课题研发工作学术研讨会在中国国家博物馆举行。该项目由国家博物馆申报，是2015年文化部审核立项的科技创新项目。

6月

6月1日　国家文物局印发《关于开展2016年度全国文物行政处罚案卷评查工作的通知》。

6月2日　中宣部副部长景俊海到国家文物局调研，强调文物工作要坚持统筹规划，保护为主，保用结合。
中央第六巡视组向国家文物局党组反馈专项巡视情况。

6月5日　国家文物局与罗马尼亚文化部、罗马尼亚驻华大使馆联合主办的“罗马尼亚珍宝展”在四川博物院开幕。
国家文物局水下文化遗产保护中心主办的全国沿海地区水下考古工作方法与成果座谈会在国家水下文化遗产保护宁波基地召开。

6月6日　国家文物局印发《关于暂停河北省文物保护中心文物保护工程施工一级资质的通报》。

6月6～9日　国家文物局主办的海上丝绸之路国际学术研讨会在福建泉州召开。

6月7日　2016文博人才培养“金鼎工程”联络员会议在四川成都召开。
城头山国家考古遗址公园开园暨文化遗产保护利用“五好”园区授牌仪式在湖南常德举行。
辛亥革命武昌起义纪念馆与北京鲁迅博物馆（北京新文化运动纪念馆）联合主办的“流年似水——旧上海广告月份牌特展”在北大红楼展出。

6月8日　国家文物局局长刘玉珠一行在北京调研文物拍卖市场，召开文物拍卖市场调研座谈会。
荷兰法院受理福建章公祖师肉身像追索案，诉讼正式启动。

6月10日　国家文物局主办的“唤醒沉睡的水下记忆——回眸中国水下文化遗产保护30年”图片展在北大红楼橱窗开展。

6月11日　2016年中国文化遗产日主场城市活动在河北承德举行，此次文化遗产日主题为“让文化遗产融入现代生活”。
2015年度全国文化遗产十佳图书评选结果公布。
唐崖土司城址世界文化遗址公园开园仪式在恩施州咸丰县唐崖镇举行。
“西安市文化遗产监测管理中心”正式揭牌，这是全国首个同时管理5处世界文化遗产点的监管机构，承担着“丝绸之路：长安—天山廊道的路网”世界遗产项目中位于西安的文物点的监控任务。

6月12日	国家文物局举办的2016年全国博物馆专业人员陶瓷鉴定培训班在北京开班。
6月13日	中国文物信息咨询中心、台湾佛光大学、北京市西城区文化遗产教育中心就教学培训、文化遗产研究、文献资源交流等方面在北京签订合作框架协议。 第三期“科技考古 · 宁波讲坛”在国家水下文化遗产保护宁波基地开讲。 由安徽省文物局主办的“无酸纸囊匣设计制作培训班”开班仪式在安徽合肥举行。
6月13～18日	国家文物局在北京举办“新材料在文物保护修复中的研究与利用研修班”。
6月14日	中国博物馆协会与中国大百科全书出版社在北京召开《中国大百科全书》（第三版）博物馆学科第一次编委会会议，正式启动编纂工作。
6月14～15日	宁波市文物考古研究所（国家水下文化遗产保护宁波基地）组织召开了“小白礁Ⅰ号”船体复原研究专家论证会。
6月15日	由文化部非物质文化遗产司指导，文化部恭王府管理中心、中国非物质文化遗产生产性保护系列活动组委会主办的“文房砚为首——国家级非物质文化遗产——传统文房制砚技艺精品展”在恭王府开展。同日举行了“振兴传统工艺”学术论坛第3场——“传统文房制作技艺分类保护传承学术研讨会”。 国家文物局举办的2016年文物保护规划编制培训班在北京开班。
6月18～19日	由重庆市文物局主办的“手工业考古 · 重庆论坛——中国西南地区冶金与盐业考古学术研讨会”在重庆召开。
6月20日	文化部部长雒树刚考察中国援助乌兹别克斯坦花剌子模州历史文化遗迹修复项目。 陕西历史博物馆主办的中国博物馆协会区域博物馆专业委员会2016年年会暨“博物馆协同创新发展之路”国际学术研讨会、承办的管理专业委员会2016年年会暨换届大会在陕西西安召开。 西藏自治区文物局在成都召开全国文物援藏工作座谈会预备会。
6月21日	国家文物局副局长关强一行调研盘龙城国家考古遗址公园的建设工作。 由文化部、国家文物局联合主办的“民族记忆　精神家园——国家

珍贵古籍特展”在国家图书馆开幕。
受国家文物局委托，由中国文化遗产研究院与北京市颐和园管理处共同承办的“ICCROM世界遗产监测管理培训班”在北京开班。这是首次针对我国不可移动文物的培训班。

6月21～23日　国家文物局局长刘玉珠一行赴山东济南、青岛两地调研文物工作。

6月22日　国家文物局主办的全国文博单位文化创意产品开发工作推进会在湖北省博物馆召开。
由国家文物局指导，中国博物馆协会和湖北省博物馆举办的“让文物活起来——全国文博单位文化创意产品联展”在湖北省博物馆开幕。

6月22～23日　全国打击和防范文物犯罪工作研讨会在陕西西安召开。

6月22～24日　中国西南博物馆联盟第四次会议暨“博物馆青少年教育”研讨会在四川博物院召开。

6月25日　攀枝花中国三线建设博物馆在四川攀枝花举行揭牌仪式。

6月27日　文化部组织“两学一做”学习教育专题党课，部长雒树刚为文化系统党员领导干部讲党课。
由中国国家博物馆、中共山东省委宣传部、中共山东省委党史研究室、山东省文化厅、山东省文物局主办的“‘复兴之路’山东展暨光辉的历程 伟大的成就——山东省庆祝中国共产党成立95周年主题展”在山东博物馆开幕。
国家文物局主办的长城保护管理培训班（第一期）在宁夏银川开班。

6月29日　国家文物局印发《关于加强革命文物工作的通知》。
国家文物局副局长顾玉才一行走访慰问老党员、困难党员。
中国文物保护基金会第五届理事会首次专家工作座谈会在北京召开，围绕“如何进一步发挥中国文物保护基金会专家的作用”开展讨论。

6月30日　国家文物局在北京发布“纪念建党95周年和红军长征胜利80周年”主题展览项目征集结果。
在国务院副总理刘延东与法国外交和国际发展部部长让-马克·艾罗共同见证下，中国文化遗产研究院与法国远东学院签署科研合作协议。

7月1日 中共一大会址纪念馆基本陈列改造完成，正式对公众开放。

7月4日 中国共产党第六次全国代表大会会址常设展览馆建成仪式在俄罗斯莫斯科举行。国家主席习近平和俄罗斯总统普京分别致贺辞，国务院副总理刘延东和俄罗斯副总理戈洛杰茨为中共六大会址常设展览馆揭幕，该馆是迄今为止中国在海外的唯一一个关于中共党史的常设展览馆。

国务院总理李克强和希腊总理阿莱克西斯·齐普拉斯在人民大会堂共同见证国家文物局与希腊文化和体育部签署《中华人民共和国国家文物局与希腊共和国文化和体育部关于水下文化遗产合作的谅解备忘录》。

国际博物馆协会第24届大会在意大利米兰开幕。本次大会主题为“博物馆与文化景观”，会上一致通过了“博物馆与文化景观保护”等4项决议并发布新的国际博协标志。中国代表安来顺等当选新一届执委会副主席。

7月5日 故宫博物院与希腊电子结构与激光研究所联合筹建的文物激光技术联合实验室成立。

7月6日 国家文物局举办的2016年度全国大遗址保护管理培训班在山东淄博开班。

7月7日 国家文物局印发《关于做好汛期文物抢救保护工作的紧急通知》。

纪念全民族抗战爆发79周年仪式在中国人民抗日战争纪念馆举行。

中国世界文化遗产监测2016年年会在北京召开。

7月8日 中国文物保护基金会在北京召开专项基金工作座谈会。

中国国家博物馆蜡像艺术馆正式开馆。

7月10日 第40届世界遗产委员会会议在土耳其伊斯坦布尔召开。此次世界遗产大会审议通过了21处新的世界遗产地，其中包括中国广西左江花山岩画文化景观和湖北神农架。至此中国拥有世界文化遗产50处，继续保持世界第二的领先地位。

7月13日 国家文物局召开党组中心组学习会，专题学习习近平总书记在庆祝中国共产党成立95周年大会上的重要讲话。

国家文物局副局长刘曙光在土耳其安卡拉会见土耳其文化与旅游部文化遗产与博物馆总司代理总司长穆拉特·居诺尔，双方就促进两国文化遗产交流合作等议题深入交换了意见。

国家考古遗址公园第六届联席会议暨殷墟申遗成功十周年座谈会在河南安阳召开，会上发表了《安阳共识》。

7月18日 住房城乡建设部办公厅印发《历史文化街区划定和历史建筑确定工作方案》。

为纪念三星堆遗址两个商代大型祭祀坑发现发掘30周年，三星堆博物馆联合中国社科院考古研究所、湖北省博物馆、湖南省博物馆、殷墟博物馆、武汉盘龙城遗址博物馆、长沙市博物馆、岳阳市博物馆、成都金沙遗址博物馆等8家单位举办“青铜的对话——黄河与长江流域商代青铜文明展”，同时举办“三星堆与世界上古文明暨三星堆祭祀坑发现三十周年国际学术研讨会”。

7月19日 国家文物局向安徽、湖北、湖南、江西、江苏、福建六省紧急下拨抢救保护专项资金395万元，主要用于受损文物保护单位的应急抗洪抢险等工作。

国家文物局印发《关于开展长城执法专项督察的通知》。

7月20～21日 由中国博物馆协会法律专业委员会、中国文物学会法律专业委员会、吉林省博物馆协会联合主办的2016年度文博法律培训班在吉林长春举办。

7月21日 国家文物局党组召开巡视整改专题民主生活会。

由国家文物局主办，中国文物报社和中国考古学会承办的“金铲问地展露辉煌——2015年度全国十大考古新发现”图片展在北大红楼橱窗开展。

7月21～22日 第二届全国十佳文博技术产品终评会在北京举行，评审选出“全国十佳文博技术产品奖”10项、“全国十佳文博技术产品优秀奖”11项。

7月22日 国家文物局局长刘玉珠一行调研北京历史文化名城文物保护工作，就北京历史文化名城与文物保护工作进行了专题座谈。

7月23日 文化部部长雒树刚到故宫博物院调研安全工作。

由北京市文物局、湖南省文物局主办的“诗意的彩瓷——长沙窑瓷器艺术展”在北京艺术博物馆开展。

7月25日 国家文物局就世界文化遗产、全国重点文物保护单位河北清东陵整改工作及昭西陵隆恩殿台基护栏柱头被盗案，再次约谈唐山市、遵化市人民政府及清东陵管委会。

7月27日　国家文物局局长刘玉珠一行调研西藏拉萨文物保护、展示工作。
陕西省文物局主办的中日博物馆交流与合作馆长论坛在陕西西安举办，同日，“梵音东渡——日本醍醐寺国宝展”在陕西历史博物馆开展。

7月28日　2016年全国文物局长座谈会在西藏拉萨召开。
国家文物局和西藏自治区人民政府共同召开第五次全国文物援藏工作会议。

7月29日　国家文物局印发《关于部署开展“文物法人违法案件专项整治行动（2016～2018年）”的通知》。
《中国文物志》编纂委员会第三次全体会议在西藏拉萨召开。

7月31日　国家文物局举办的2016年度全国文博系统文化创意产业高端人才培训班在北京开班。

8月

8月1日　在国务院副总理刘延东和印尼人类发展与文化统筹部部长布安共同见证下，国家文物局副局长刘曙光与印尼教育和文化部文化总司长希尔玛·法瑞德签署《中华人民共和国国家文物局与印度尼西亚共和国教育和文化部关于促进文化遗产领域交流与合作的协议》。

8月1～2日　国家文物局检查组赴甘肃省检查拉卜楞寺和五泉山建筑群文物保护工程实施情况。

8月1～10日　国家文物局在北京举办首届“文化遗产保护与数字化培训班”。这是国际文化遗产保护与记录科学委员会首次在亚洲地区举办的国际青年专家暑期训练营。

8月2日　国家文物局人民防空办公室荣获中央国家机关人民防空先进单位称号。
由黑龙江省文化厅、黑龙江省妇女联合会主办，东北烈士纪念馆、东北抗联博物馆承办的“纪念抗日民族女英雄赵一曼殉国80周年座谈会”在东北烈士纪念馆召开。

8月3日　由中国博物馆协会传媒专业委员会、中关村物联网产业联盟智慧创新设计专委会主办的“工艺营造·推陈出新”——传统工艺美术在博物馆中的创新应用研讨会在北京博展联盟创新基地召开。

8月3～5日	国家文物局局长刘玉珠一行调研浙江文物工作。
8月8日	国家文物局局长刘玉珠在北京会见国际古迹遗址理事会主席古斯塔夫·阿罗兹一行。
8月8～9日	第四届文化遗产保护与数字化国际论坛主会议在清华大学举行。
8月9日	“影印文津阁本《四库全书》捐赠仪式”在故宫博物院举行。
8月10日	中国文物保护基金会与北京国文琰文物保护发展有限公司在北京举行捐款签字仪式，成立全国文物系统首个扶贫济困专项基金。
8月12日	国家文物局委托中国文化遗产研究院承担的《文物修复师职业培养标准》编制项目启动。
8月14日	由中国秦汉史研究会、宁夏固原市政府、宁夏固原市委宣传部、宁夏文化厅主办的“丝绸之路”暨秦汉时期固原区域文化国际学术研讨会召开。
8月16～17日	由中国化学会应用化学委员会、考古与文物保护化学委员会联合主办的全国第十四届考古与文物保护化学学术研讨会在甘肃兰州召开。
8月16～19日	由陕西省文物局、榆林市人民政府主办的“早期石城和文明化进程——中国陕西神木石峁遗址国际学术研讨会”在陕西神木举行。
8月17～18日	首届丝绸之路（敦煌）国际文化博览会系列活动之“简牍学国际学术研讨会”在甘肃兰州举行。
8月18日	由国家文物局主办，中国文物报社、沈阳故宫博物院承办的“砥砺奋进铸华章——纪念沈阳故宫博物院建院九十周年”图片展在北大红楼橱窗推出。
8月18～20日	由秦始皇帝陵博物院与伦敦大学考古学院联合举办的“国际视野下的秦始皇与秦始皇帝陵国际学术研讨会”在伦敦召开，同时签署了战略合作协议，标志着双方在开展秦陵研究保护合作10年后再次以国际视野开启合作，推动秦陵历史文化研究进入国际视野常态化。
8月20～22日	敦煌研究院携手中国敦煌吐鲁番学会等单位举办以“交融与创新”

为主题的国际学术研讨会纪念莫高窟创建1650周年。

8月22～23日　国家文物局副局长宋新潮一行赴河北张家口调研文物保护工作。

8月22～26日　国家文物局在江苏南通举办全国文物安全管理人员培训班（江苏片区）。

8月25日　为纪念中国人民抗日战争胜利暨世界反法西斯战争胜利71周年、中国人民正义审判日本战犯60周年、九一八事变85周年，由沈阳“九·一八”历史博物馆主办的“九一八事变85周年暨九一八事变历史背景研究学术研讨会”在沈阳召开。

8月26日　国家文物局印发《中共国家文物局党组关于巡视整改情况的通报》，表示国家文物局党组将以务实管用的措施，切实扭转文物保护的被动局面。

天津市原文化局文物保护处副处长，国家文物鉴定委员会委员、天津市文物鉴定委员会委员田凤岭同志逝世，享年78岁。

8月26～29日　由长沙市人民政府与故宫博物院联合主办、长沙简牍博物馆与故宫研究院古文献研究所承办及北京大学历史学系与日本长沙吴简研究会等十余家单位协办的“纪念走马楼三国吴简出土20周年长沙简帛研究国际学术研讨会”在湖南长沙召开，与会代表同时参观了临时展览“湖南地区出土简牍展”。

8月27日　中国旅法勤工俭学主题纪念馆在法国中部城市蒙塔日举行开馆仪式。

8月28日　由北京市文物局、北京市慈善义工联合会主办，中共北京市委社会工作委员会、北京市文化局、北京市文学艺术界联合会等共同主办的“守护瑰宝·筑梦长城——文物安全保护志愿服务系列活动”在北京市密云区蟠龙山长城举行。

8月29日　国家文物局举办的2016年度非国有博物馆馆长培训班在山东济南开班。

8月30日　国家文物局通报“文物法人违法案件专项整治行动（2016～2018）”首批（共4起）督办案件。

8月31日　国家文物局委派专家实地调查宁夏“8·21”特大暴雨山洪灾害中文物受损情况。

9月

9月1日　联合国教科文组织2016年度亚太地区文化遗产保护奖在泰国曼谷揭晓，“中国四川省理县桃坪羌寨保护与复原”获“杰出项目奖”，另有4个项目荣获“荣誉项目奖”。

全国文物与博物馆专业学位研究生教育指导委员会暨培养单位教学研讨会在上海复旦大学召开，会上通过了《文物与博物馆专业硕士学位授权点申请基本条件》，并就文博专业学位研究生案例教学的编写工作进行了专题讨论。

9月2日　中国酒泉卫星发射中心历史展览馆新馆在东风航天城开馆。

9月5日　国家文物局举办的东盟国家文博考古专业人员培训班在广东广州开班。

扬州市文物局组织有关专家在陕西西安召开“扬州隋炀帝萧后冠实验室考古与保护”项目验收会。

9月6日　中国国家文物局和卡塔尔国博物馆局联合主办的“华夏瑰宝展”在卡塔尔伊斯兰艺术博物馆开幕。该展是我国在中东地区举办的第一个大型文物展，也是秦兵马俑首次赴海湾国家展出。

9月6～26日　国家文物局在江苏南京举办田野考古高级研修班。

9月7日　国家文物局副局长刘曙光在北京会见缅甸宗教与文化部考古与国家博物馆司副司长古古奈一行，双方就合作开展蒲甘地区震后文物修复工作进行了会谈。

首届丝绸之路国际博物馆友好联盟大会在陕西西安大唐西市博物物馆召开。

9月8日　“第十四届全国文物修复技术研讨会”在内蒙古包头召开，本次研讨会主题为“文物修复与工匠精神”。

9月8～9日　国家文物局赴甘肃检查榆中县青城镇城河村传统村落文物保护工程。

9月9～13日　全国政协常委、全国政协文史和学习委员会主任王太华带领全国政协调研组赴甘肃就“丝绸之路经济带建设中的文化遗产保护”进行专题调研，期间召开了“丝绸之路经济带建设中的文化遗产保护”调研座谈会。

9月11日　由文化部恭王府管理中心主办的“赤心西迁　忠诚戍边　锡伯代代

传奇——新疆察布查尔锡伯自治县文化遗产精品展”在北京恭王府开幕。

9月12日　国家文物局在北京召开文物保护援外工程与联合考古工作座谈会。
国家文物局印发《关于2017年“高层次文博行业人才提升计划”的通知》。

9月13日　国家文物局在吉林长春召开革命文物工作座谈会。

9月15日　国家文物局局长刘玉珠在四川成都会见国际博物馆协会主席苏埃·阿克索伊一行。
中国博物馆协会第六届二次理事会在成都举行，会上通过了理事长和副理事长调整人选。
中国博物馆协会藏品保护专业委员会2016年学术研讨年会在成都召开，主题为“藏品预防性保护和藏品科技保护进展”。

9月16日　国家文物局与成都市人民政府签订《关于加强文物保护工作，支持成都建设世界文化名城战略合作协议》。
中国博物馆协会第七届博物馆及相关产品与技术博览会在四川成都开幕。

9月16～19日　由国家文物局、成都市人民政府指导，中国博物馆协会、中国自然科学博物馆协会主办的“第七届中国博物馆及相关产品与技术博览会”在四川成都举办，期间包括两场高规格国际论坛：“丝绸之路与博物馆国际合作论坛”和“国际博物馆高层圆桌会议”。

9月17日　“第二届文物保护装备发展论坛暨‘互联网+’时代的文化遗产传播与服务研讨会”在四川成都召开，期间举行了第二届全国十佳文博技术产品颁奖仪式和《文物保护装备标准汇编》首发式。
由中国博协志愿者工作委员会主办的第八届“牵手历史——中国博物馆十佳志愿者之星”公布评选结果。

9月18日　中国古陶瓷学会传承专业委员会在河北磁县召开成立大会以及第一次理事会，同时举办“磁州窑传承创新作品研讨会”。

9月18～20日　由中国考古学会新石器时代考古专业委员会、安徽省文物考古研究所、宿州市文广新局（旅游局）及宿州市博物馆共同主办的“淮河中下游地区的龙山时代学术研讨会”在安徽宿州成功召开。

9月19日　国家文物局组织组成的缅甸蒲甘佛塔震后修复联合专家工作组抵达缅甸，开展震后文物受损勘察和评估工作。

9月19～21日　北京鲁迅博物馆（北京新文化运动纪念馆）召开“鲁迅文化遗产与当代中国”国际学术研讨会，纪念鲁迅诞辰135周年、逝世80周年及北京鲁迅博物馆建馆60周年。

由中国古陶瓷学会、河北省文物局、磁县人民政府共同主办的“第四届国际磁州窑论坛”在河北省磁县举办。

9月20日　首届丝绸之路（敦煌）国际文化博览会在甘肃敦煌举行，刘延东副总理出席开幕式，宣读习近平主席对大会的贺信并致辞。敦煌文博会是目前唯一以“一带一路”国际文化交流为主题的综合性博览会。

《长城保护条例》颁布十周年之际，国家文物局在北京举办2016年长城公开课，面向青少年普及文化遗产知识，并联合15省启动长城公开课系列活动。

国家文物局在北京召开“长城执法专项督察”督察组行前集训会，启动实地督察工作，集中督察长城沿线15个省（自治区、直辖市）长城保护工作。

9月21～22日　国家文物局副局长宋新潮一行赴福建考察指导灾后文物保护工作。

9月21～25日　文化部和山东省人民政府共同主办的第四届中国非物质文化遗产博览会在山东济南召开，主题是“非遗走进现代生活”。

9月22日　中国国家博物馆主办的“信念·精神·传承——纪念红军长征胜利80周年大型馆藏文物展”在北京开幕，文化部部长雒树刚宣布展览开幕并参观展览。

9月23日　中国工农红军长征胜利80周年之际，国家主席习近平前往中国人民革命军事博物馆，参观“英雄史诗不朽丰碑——纪念中国工农红军长征胜利80周年主题展览”，强调要铭记红军丰功伟绩，弘扬伟大长征精神。中共中央政治局常委俞正声、刘云山、王岐山、张高丽一同参观展览。

“锦绣世界”国际丝绸艺术展开幕暨中国丝绸博物馆新馆启用仪式在新落成的中国丝绸博物馆时装馆大厅举行。

9月23～25日　宁夏回族自治区文化厅主办的第三届丝绸之路国际学术研讨会暨中国考古学会丝绸之路考古专业委员会成立大会在宁夏银川举行。

9月25～29日　国家文物局在陕西西安举办全国文物新闻宣传骨干培训班。

9月26日　“领秀荆楚——湖北省文化遗产‘十二五’回顾展”在北大红楼橱窗开展。

9月26～27日　由文物保护装备产业化及应用协同工作平台（以下简称“协同平台”）联合全国文物保护标准化技术委员会文物保护专用设施分技术委员会秘书处举办的“馆藏文物预防性保护装备系列标准培训班（第一期）”在北京举办。

9月27日　国家文物局在北京召开新闻发布会，公布辽宁绥中锥子山长城大毛山段抢险工程调查情况。

国家重点基础研究发展计划（973计划）“脆弱性硅酸盐质文化遗产保护关键科学与技术基础研究”课题在上海通过专家验收。

由文化部、中国国家博物馆与卡塔尔博物馆管理局联袂推出的“珍珠：来自江河海洋的珍宝”大型展览在中国国家博物馆开展。该展是2016中国卡塔尔文化年系列活动之一，也是国博首次推出的以西亚地区历史文化和传统艺术为主题的国际交流展。

9月28日　国家文物局党组中心组按照“两学一做”学习教育实施方案安排，深入学习《中国共产党问责条例》。

“部长进校园”首都大学生系列形势政策报告会在对外经济贸易大学举行，国家文物局局长刘玉珠以“保护文化遗产 传承中华文明”为主题作报告。

9月29日　“致敬百年建筑经典：首届中国20世纪建筑遗产项目发布暨中国20世纪建筑思想学术研讨会”在故宫博物院召开，会上公布了首批（98处）中国20世纪建筑遗产名录。

10月

10月7日　由文化部、国家文物局、中国驻秘鲁大使馆和秘鲁文化部主办的“天涯若比邻——华夏瑰宝秘鲁行”展览在秘鲁国家考古人类学历史博物馆开幕。

10月11日　国家文物局印发《关于促进文物合理利用的若干意见》。

“第十五届中日韩博物馆国际学术研讨会”在辽宁沈阳召开，本次研讨会的主题为“文化创意及产品在博物馆发展中的作用”。

宋庆龄基金会、敦煌研究院和台湾沈春池文教基金会共同主办的“丝路拾珍——敦煌文化艺术展”在台湾师范大学开幕。这是敦煌艺术文化首次“走进”台湾高校。

10月11～12日　全国考古工作会在湖北武汉召开，期间举办了7场公众考古讲座。

10月12日　文化部部长雒树刚一行赴上海调研中共一大会址纪念馆等单位。

国际二战博物馆协会2016年年会开幕式在俄罗斯卫国战争纪念馆举行，同时召开了“二战抗日战场”主题学术研讨会。由国际二战博物馆协会主办，俄罗斯卫国战争纪念馆与中国人民抗日战争纪念馆联合承办的“二战抗日战场”国际专题展览在俄罗斯卫国战争纪念馆开幕。

古田会议纪念馆与福建省革命历史纪念馆联合举办的“长征从闽西出发——纪念红军长征胜利80周年展览”古田会议纪念馆举行。

10月13日　中国博物馆协会社会教育专业委员会2016年年会暨“带路——博物馆教育的行动与思考”研讨会在敦煌研究院召开。

10月14日　“2016国际动物考古协会理事会暨全球发展与中国视角动物考古学术研讨会”在河南郑州召开，这是国际动物考古协会首次在欧美以外的国家和地区举办国际理事会。

10月16～21日　中国文化遗产研究院海丝申遗项目组成员赴土耳其参加ICOMOS年会，与有关国际专家就海丝研究与申遗及大会其他议程进行交流。

10月18日　中共中央宣传部、中央文明办、教育部、民政部、文化部、国家文物局和中国科学技术协会印发《关于公共文化设施开展学雷锋志愿服务的实施意见》。

国家文物局在陕西延安召开长征文物保护利用工作会议。

“伟大长征 辉煌史诗——纪念中国工农红军长征胜利80周年展览”在陕西延安革命纪念馆开幕。

中国人民对外友好协会、中国文物交流中心与日中文化交流协会、黄山美术社共同合作举办的“唯一的汉字，唯一的美——汉字的历史与美学”日本巡展首展在东京富士美术馆开幕。

10月18～21日　国家文物局在陕西西安举办全国文物行政执法骨干力量培训班。

10月19日　“纪念鲁迅诞辰135周年、逝世80周年暨北京鲁迅博物馆建馆60周年座谈会”在北京鲁迅博物馆召开。会后，与会代表参观了“含英咀华——北京鲁迅博物馆馆藏文物精品展”和北京鲁迅旧居。

10月19～20日　由文化部、新华通讯社、国家文物局支持，故宫博物院、北京故宫文物保护基金会联合主办的“世界古代文明保护论坛”在故宫博物院举办，与会各方共同签署《太和宣言》。

10月20日　国家文物局印发《文物拍卖管理办法》。

为纪念中国工农红军长征胜利80周年，由中共上海市委宣传部、上海市文化广播影视管理局指导，中共一大会址纪念馆、上海广播电视台、上海歌剧院联合主办的“萧华《长征组歌》文物文献展”在中共一大会址纪念馆开幕。

“飘扬的红旗——纪念建党95周年暨红军长征胜利80周年主题展”在安徽博物院新馆开展，该展览入选国家文物局“纪念建党95周年和红军长征胜利80周年”10个主题展览项目。

10月20～21日　国家文物局水下文化遗产保护中心等共同主办的首届“港通天下”国际港口文化论坛暨“行舟致远”国际航海论坛2016年会在宁波中国港口博物馆举行。

10月21日　纪念红军长征胜利80周年大会在北京人民大会堂隆重举行。中共中央总书记、国家主席、中央军委主席习近平在会上发表重要讲话。

“伟大征途上的中国梦——红军长征在四川”展览开幕式在四川博物院举行。

中国文化遗产研究院与浙江大学签订联合举办硕士研究生课程进修班协议。

10月21～31日　中国博物馆协会在西安举办2016年讲解员高级研讨班。

10月22～24日　湖北省博物馆召开第十届国际音乐考古大会，会议通过了《东湖宣言》。

10月24日　国家文物局副局长刘曙光在北京会见沙特阿拉伯王国旅游和民族遗产总机构副主席阿里·易卜拉欣·贾班一行，双方就加强文化遗产领域的交流与合作交换了意见，并签署了《阿拉伯之路——沙特阿拉伯出土文物展补充协议》。

国家文物局在重庆举办2016年文物单位文化创意产品开发与经营专题培训班。

10月25日　文化部2016年度对港澳文化交流重点支持项目“跨越海洋——中国海上丝绸之路”展览在香港历史博物馆开幕。

“明代御窑瓷器——景德镇御窑遗址出土与故宫博物院藏传世成化瓷器对比展”“明清御窑瓷器——故宫博物院与景德镇陶瓷考古新成果展”在故宫博物院开幕。

10月25～26日　由陕西省文物局主办，陕西省考古学会和陕西省考古研究院承办的第六届黄淮七省考古论坛与西北五省一校考古联席会议在陕西西安举办。

10月25～27日　陕西、山西、河南和河北四省文物局联合主办的“秦晋豫冀四省博物馆理论与实践研讨会——何以智慧‘互联网+’时代背景下的博物馆”在陕西西安召开。

10月27日　中国文物学会纺织文物专业委员会主办的“中国文物学会纺织文物专业委员会第二届学术研讨会”在四川成都召开。
2016北京·中国文物国际博览会在北京保利国际会展中心拉开序幕。

10月28日　中国文物保护基金会罗哲文基金管理委员会成立大会在北京召开，会上举行了罗哲文基金管理委员会授牌仪式和捐赠仪式。
国家文物局副局长顾玉才在北京会见阿富汗伊斯兰共和国驻华大使贾楠·莫萨扎伊，双方就加强文化遗产领域的交流与合作交换了意见。
由全联民间文物艺术品商会主办的第十九届北京中国古玩艺术品博览会在京开幕，同时举行了“首届全国古玩文化群英会暨首届古玩文化论坛”。

10月29日　“锦绣中华”国家级非物质文化遗产——传统刺绣技艺精品展在北京恭王府开幕。

10月29～31日　中国社会科学院考古研究所、中国考古学会公共考古专业指导委员会、湖北省文物考古研究所主办的第四届“中国公共考古·荆楚论坛”在湖北天门召开。

10月30～31日　“新目标、新愿景：增强博物馆公共服务能力”国际高端研讨会在上海复旦大学举办。

10月31日　中国博物馆协会主办的博物馆业务培训工作座谈会在西安召开。

11月

11月1日　国家文物局党组召开中心组学习扩大会，传达学习十八届六中全会精神。

11月1～2日　由国家文物局指导，中华文物交流协会与台湾沈春池文教基金会共同主办的“第七届海峡两岸文化遗产保护论坛”在陕西西安召开，论坛主题为“推进文物保护修复人才培养，促进两岸合作共赢”。

11月2日　文化部党组成员、中央纪委驻文化部纪检组组长迟耀云一行到国家文物局调研“两个责任”落实工作。

11月3日　中国文物保护基金会和光明日报社共同主办的“更多参与　更好保护——首届社会力量参与文物保护论坛”在北京举行。

11月4日　国家文物局印发《关于公布全国博物馆文化创意产品开发试点单位名单的通知》，遴选出首都博物馆、中国人民革命军事博物馆等92家单位作为全国博物馆文化创意产品开发试点单位。

国家文物局主办的“为民·唯实　再现伟人风范——陈云纪念馆巡礼”专题图片展在北大红楼橱窗推出。

11月4～7日　由中共中央台办、文化部、国家新闻出版广电总局主办的第九届海峡两岸文化产业交易博览会在福建厦门举行，本届海峡两岸文博会以“一脉相承　创意未来”为总主题，以“弘扬中华文化、推动两岸文化市场融合”为宗旨。

11月5日　中国文物学会大运河专业委员会和联合国教科文组织亚太地区世遗中心古建筑保护联盟主办的“中国大运河保护利用常州论坛”在江苏常州举办。

11月7日　中国国家博物馆举行大型消防及应急处突综合演练活动。

11月7～9日　国家文物局副局长刘曙光率团赴法国出席中法“打击盗窃与非法贩卖文化财产”主题研讨会，期间，刘曙光一行还与法国多位相关专家就下步中法文化遗产领域全面合作的形式、路径深入交换了意见。

11月8日　国家文物局智慧博物馆建设调研组到安徽博物院调研。

11月8～10日　“大运河世界文化遗产监测培训班”在国家文物局重点科研曲阜基地举办。

11月9日　四川省馆藏文物保存环境监测区域中心暨四川博物院珍贵文物预防性保护项目结项验收会在四川成都召开。这一项目的结项标志着全国首个馆藏文物保存环境监测区域中心在四川建成。

由中国文物学会世界遗产研究委员会、中国国土经济学会国土与文化资源委员会主办的“福建尤溪土堡文化遗产保护论坛”在福建尤溪县举办。

中国博物馆协会文创产品专业委员会2016年年会与“博物馆与文化创意”论坛在上海博物馆举行。

11月10日　国家文物局组织全国博物馆代表召开专题座谈会，学习贯彻习近平总书记关于博物馆工作的重要指示精神。

11月10～12日　由联合国教科文组织、中国联合国教科文组织全国委员会、国家文物局、深圳市人民政府联合主办的“国际博物馆高级别论坛”在广东深圳召开。刘延东副总理在开幕式上宣读了习近平主席发来的贺信并致辞。论坛最后通过《关于博物馆和藏品的深圳宣言》。

11月10～13日　国家文物局刘曙光副局长应邀率中国文物代表团赴意大利交流访问。

11月12～15日　由郑州大学、河南博物院、东亚音乐考古学会主办的“2016第八届东亚国际音乐考古学会年会暨丝绸之路沿线音乐文物展演”活动在河南郑州、洛阳举办。

11月13～14日　东亚文化遗产保护学会纸质文物保护专业委员会、纸质文物保护国家文物局重点科研基地和南京博物院主办、联合国教科文组织驻华代表处支持的“东亚纸质文物保护学术研讨会”在江苏南京召开。

11月14日　中国博物馆协会博物馆学专业委员会2016年年会暨“博物馆的社会价值研究”学术研讨会在安徽博物院召开。

11月14～18日　国家文物局党组举办学习贯彻党的十八届六中全会精神培训班。

11月15～16日　中国文化遗产研究院、中国文物信息咨询中心、湖北省文物局和黄石市人民政府共同主办的第一届中国工业遗产保护与利用高峰论坛在湖北黄石举办。

11月16～18日　“革命理想高于天——纪念中国工农红军长征胜利80周年”学术研讨会在重庆中国三峡博物馆举行。

11月18日　国家古籍保护中心中华优秀传统文化实践基地挂牌暨国家图书馆（国家古籍保护中心）与曲阜市文物局战略合作框架协议书签约仪式在曲阜举行，孔府文献全面纳入“中华古籍保护计划”。

11月20～27日　中国文化遗产研究院海上丝绸之路申遗项目组赴马来西亚和斯里兰卡两国进行调研并开展学术交流。

11月21日　国家主席习近平和夫人彭丽媛同秘鲁总统库琴斯基夫妇共同出席在秘鲁利马举行的中拉文化交流年闭幕式，并参观“天涯若比邻——华夏瑰宝展”。

秘鲁国家工程大学“中国馆”正式落成开馆。中宣部常务副部长、中央文明办主任黄坤明出席启动仪式并致辞。这是拉美地区建成的首个“中国馆”。

11月22日　国务院批复同意将江苏省高邮市列为国家历史文化名城。

由国家文物局指导、中国文物保护基金会主办的第八届“薪火相传——传统村落守护者”颁奖仪式在浙江松阳举行。10位传统村落守护者杰出人物、5家传统村落守护者杰出团队受到表彰。

中国文物信息咨询中心与西藏自治区文物局在京签订“文物援藏框架协议”。

11月22～24日　中国文物保护技术协会和重庆市文物局主办的中国文物保护技术协会第九次学术年会在重庆举办，会议的主题是“新时期文物保护的理念、任务与方向”。

11月23日　中国文物保护基金会、中国文物报社、北京绿十字主办的“传统村落守护与激活论坛”在浙江松阳举行。

由北京鲁迅博物馆（北京新文化运动纪念馆）与延安鲁艺文化园区管理办公室共同主办的“抗战中的延安鲁艺”展览在北大红楼开幕。

11月24日　沈阳“九·一八”历史博物馆儿童体验馆建成开馆仪式在该馆举行。这是国内第一家以抗战历史为主题、全面反映抗战史的儿童体验馆。

11月27日　中华文物交流协会与佛光山文教基金会主办的“紫禁佛光——清宫佛教艺术展”在台湾高雄佛光山佛陀纪念馆开幕。

11月28日　著名考古学家、广州现代考古发掘与研究工作的主要开拓者、广州博物馆名誉馆长麦英豪先生逝世，享年88岁。

“周原国际考古研究基地建设项目开放仪式”在陕西扶风县召陈村举行。该基地项目是依托周原遗址建设的国内首座国际化考古研究机构。

11月29日　国家文物局、国家发展和改革委员会、科学技术部、工业和信息化部、财政部五部门联合印发《“互联网+中华文明”三年行动计划》。

11月29～30日　中国博物馆协会保管专业委员会第21届学术研讨会暨藏品管理与保护研讨会在西安召开，此次研讨会主题为“信息化下的文物管理工作”与“文物的预防性保护”。

11月30日　国家文物局在河北金山岭长城举行《长城保护条例》实施十周年

活动。
中国文物保护基金会发起首个海外公募项目，用于修缮位于英国的北洋水师水兵墓。
中国申报的“二十四节气”项目在埃塞俄比亚举行的联合国教科文组织保护非物质文化遗产政府间委员会第11届常会通过审议，正式列入联合国教科文组织人类非物质文化遗产代表作名录。
浙江苍南县矾山镇获联合国教科文组织颁发的“亚太地区文化遗产保护荣誉奖”。

12月

12月2日 作为“中埃文化年”的收官之作，由开罗中国文化中心及甘肃省文化厅共同主办的“甘肃文化周”活动在埃及开罗歌剧院拉开序幕。

12月2～3日 国家文物局局长刘玉珠出席在阿联酋阿布扎比举行的保护濒危文化遗产国际会议，会议一致通过《阿布扎比宣言》。

12月3～5日 中国文物交流中心与英国文化教育协会在广东省博物馆联合举办“中英博物馆文创运营管理暨版权授权培训班”。

12月5日 国家文物局印发《关于进一步规范文物建筑保护工程施工组织设计相关工作的通知》。
中国文物交流中心与广州市文化广电新闻出版局（版权局、文物局）共同主办的第二届广州国际文物博物馆版权交易博览会开幕。本展博览会以“文博创意 · 版权交易 · 品牌授权”为主题。
国家文物局举办的“国家文物局生物遗存采样及实验室操作系列标准培训班”在甘肃兰州开班。

12月5～9日 由国家文物局主办、中国文物信息咨询中心（国家文物局文博人才培训示范基地）在广州承办的“2016年文物博物馆行业信息化部门主管培训班”在广东广州举办。

12月6日 中英高级别人文交流机制第四次会议在上海召开。在刘延东副总理的见证下，故宫博物院院长单霁翔和英国杜伦大学副校长大卫 · 考林代表双方共同签署了《中国故宫博物院与英国杜伦大学合作谅解备忘录》。

12月6～9日 由国际文化财产保护与修复研究中心（ICCROM）主办、韩国文化财厅资助、国家文物局和清华大学共同承办的亚太地区国家文化遗产保护政策论坛在清华大学举行。

12月7日 科学技术部、文化部、国家文物局联合印发《国家“十三五”文化遗产保护与公共文化服务科技创新规划》。
国家文物局副局长刘曙光会见联合国教科文组织驻华代表处代表欧敏行一行。
俄罗斯莫斯科市政府举办“2016莫斯科修复”颁奖典礼，莫斯科中国文化中心因中共六大会址修复工程荣获“修复项目优秀组织工作奖”和“优秀修复项目奖”。

12月9日 国家文物局通报《长城保护条例》实施情况专项督察结果。

12月10日 全国文物科技工作会议在北京召开，发布了《国家“十三五”文化遗产保护与公共文化服务科技创新规划》和《“互联网+中华文明”三年行动计划》。

12月12日 国家文物局副局长关强一行调研重庆潼南文物保护与利用工作。

12月13日 国家文物局副局长宋新潮一行调研北京市城市副中心建设文物保护与考古工作。

12月13～17日 国家文物局在重庆举办“互联网+中华文明”三年行动计划培训班。

12月16日 北京海关向北京市文物局移交罚没文物暨《海关罚没文物移交工作办法》签字仪式在北京举行，北京海关将多年来罚没的一万多件文物移交给北京市文物局。
贵州三门塘刘氏宗祠保护与修复项目获联合国教科文组织颁发的亚太地区文化遗产保护荣誉奖。
“陕西省文物消防安全训练中心”揭牌，这是全国文物系统首家专业性消防训练场所。

12月17～18日 中国文物学会20世纪建筑遗产委员会、中国三线建设研究会等单位联合主办的“致敬中国三线建设的‘符号’816暨20世纪工业建筑遗产传承与发展研讨会”在重庆举办。

12月19日 中央宣传部部长刘奇葆在国家文物局局长刘玉珠陪同下专程视察中国政府援助尼泊尔政府加德满都杜巴广场九层神庙修复项目。

12月19～22日 国家文物局副局长宋新潮一行到江苏苏州和浙江松阳、莫干山等地调研考古和文物保护工作。

12月20日 中国国家博物馆举办“阿拉伯之路——沙特出土文物”展览，文化部部长雒树刚和沙特阿拉伯王国旅游与民族遗产总机构主席苏尔坦亲王共同出席开幕式并致辞。
中国文物交流中心引进的“中马关系：从古代到未来”展在宁波博物馆开展。

12月21日　国家文物局副局长刘曙光和沙特旅游与民族遗产总机构副主席哈班在北京签署《中华人民共和国国家文物局与沙特阿拉伯王国旅游与民族遗产总机构塞林港联合考古发掘合作协议》，这是中国与沙特以及海湾阿拉伯国家的首份考古合作协议。

12月23日　2016年全国文物局长会议在北京召开。
香港特别行政区政府政务司司长兼西九管理局董事局主席林郑月娥与故宫博物院院长单霁翔在北京签订合作备忘录，正式启动合作兴建香港故宫文化博物馆项目。签字仪式由香港特别行政区行政长官梁振英与国家文化部部长雒树刚共同见证。

12月24日　2016年度“文物保护装备产业化及应用协同工作平台”理事会会议暨会员大会在陕西西安召开，大会全票通过了《文物保护装备产业化及应用协同工作平台自律公约》。

12月26日　国家文物局召开2016年度预算执行等情况审计进点会。

12月27日　国家文物局印发《全国重点文物保护单位文物保护工程检查管理办法（试行）》。

12月28日　中国共产党国家文物局直属机关第六次代表大会召开。

12月29日　“丹东一号”沉舰水下考古调查项目成果汇报会在北京召开。经考古、军事、舰船专家研究认定，该舰为中日甲午海战沉舰——北洋水师致远舰。

12月29日　国家文物局局长刘玉珠在北京会见香港特别行政区政府政务司司长林郑月娥。
故宫文物医院、故宫教育中心、“建福榜”揭幕仪式在故宫博物院举行。国家文物局局长刘玉珠出席并宣读刘延东副总理的贺信。

12月30日　国家文物局印发《关于公布2016年度全国文物行政处罚案卷评查结果的通知》。此次评查工作最终确定“十佳案卷”10个、“优秀案卷”20个，浙江、江苏、陕西、湖南、吉林省文物局荣获“优秀组织单位”称号。

附录

2016年全国文物业主要指标

	机构数（个）	从业人员（人）					文物藏品（件／套）	
			专业技术人才					
				正高级职称	副高级职称	中级职称		一级品
总　计	**8954**	**151430**	**47895**	**2300**	**6170**	**18929**	**44558807**	**109768**
按单位性质分								
文物科研机构	122	4763	2734	342	586	1021	1187938	1703
文物保护管理机构	3318	33407	9226	175	916	3814	2521238	7721
博物馆	4109	93431	34177	1680	4465	13404	33293561	98832
文物商店	68	1364	558	3	50	262	6997098	52
其他文物机构	1337	18465	1200	100	153	428	558972	1460
按隶属关系分								
中　央	12	3285	1807	180	463	662	3324574	22630
省区市	300	18616	8594	709	1593	3289	14815094	32357
地　市	1622	47140	16113	737	2255	6834	9219349	23683
县　市	7020	82389	21381	674	1859	8144	17199790	31098

	参观人次（万人次）		本年收入合计（千元）		本年支出合计（千元）	实际使用房屋建筑面积（万平方米）		
		未成年人参观人次		经营收入			展览用房	文物库房
总　计	**101267**	**26298**	**47148302**	**7282925**	**43690262**	**3722**	**1153**	**219**
按单位性质分								
文物科研机构	408	26	2924636	309173	2450580	84		8
文物保护管理机构	15798	2713	9953573	3073444	8356643	1334	93	17
博物馆	85061	23558	23485213	3900308	22869509	2185	1059	185
文物商店			543826		511727	16		8
其他文物机构			10241054		9501803	103	1	0
按隶属关系分								
中　央	2683	456	2155571	1128403	2324584	60	8	4
省区市	10131	2759	9827727	1189618	8857170	292	97	47
地　市	34680	8567	15559574	2815496	13787338	930	380	68
县　市	53773	14516	19605430	2149408	18721170	2439	668	100

2016年各地区文物业机构数情况

地区	总计（个）	文物科研机构（个）	文物保护管理机构（个）	博物馆（个）	文物商店（个）	其他（个）
全国	**8954**	**122**	**3318**	**4109**	**68**	**1337**
北京	113	2	26	41	2	42
天津	39	0	8	22	1	8
河北	309	5	166	111	3	24
山西	348	11	140	105	1	91
内蒙古	187	2	90	87	1	7
辽宁	144	4	60	65	3	12
吉林	140	3	52	77	1	7
黑龙江	268	2	87	176	0	3
上海	109	0	5	99	1	4
江苏	426	4	50	317	8	47
浙江	443	5	94	275	9	60
安徽	277	1	95	171	1	9
福建	146	2	38	98	1	7
江西	239	2	67	138	4	28
山东	587	13	112	393	5	64
河南	564	15	123	270	5	151
湖北	310	3	48	183	1	75
湖南	268	3	85	115	2	63
广东	269	4	33	177	3	52
广西	208	4	68	125	4	7
海南	44	0	10	18	0	16
重庆	117	1	29	82	2	3
四川	480	4	178	239	2	57
贵州	186	2	74	73	1	36
云南	225	2	127	90	2	4
西藏	1183	1	1044	7	1	130
陕西	654	15	213	274	1	151
甘肃	319	5	60	152	1	101
青海	108	1	29	23	1	54
宁夏	39	3	22	13	0	1
新疆	193	2	84	90	1	16

2016年各地区文物业从业人员数情况

地　区	总计（个）	文物科研机构（个）	文物保护管理机构（个）	博物馆（个）	文物商店（个）	其他（个）
全　国	**151430**	**4763**	**33407**	**93431**	**1364**	**18465**
北　京	4711	94	2546	1196	226	649
天　津	973		132	760	81	
河　北	8745	206	3962	3764	11	802
山　西	7632	301	1968	3303	16	2044
内蒙古	2429	59	684	1625	6	55
辽　宁	3686	108	1221	2159	46	152
吉　林	1572	71	164	1218	10	109
黑龙江	3232	52	301	2867		12
上　海	3273		61	3096	68	48
江　苏	7805	61	456	6524	196	568
浙　江	9106	162	2816	4960	82	1086
安　徽	3243	45	467	2641	36	54
福　建	2580	27	236	2259	22	36
江　西	4191	55	499	3007	54	576
山　东	12253	150	3159	7152	54	1738
河　南	11755	690	2851	6209	77	1928
湖　北	5162	133	733	3556	65	675
湖　南	4813	134	875	3035	57	712
广　东	4546	163	321	3615	71	376
广　西	2575	100	338	2013	32	92
海　南	606		200	285		121
重　庆	2681	157	235	2232	18	39
四　川	8781	101	1897	6452	33	298
贵　州	2161	30	341	1465	11	314
云　南	1970	36	740	1139	36	19
西　藏	2335	24	1430	226	7	648
陕　西	15075	400	3163	8947	7	2558
甘　肃	6867	1056	748	3371	10	1682
青　海	691	44	65	281	10	291
宁　夏	709	64	312	324		9
新　疆	1987	118	354	1162	22	331

2016年各地区文物业藏品数

地区	总计（件／套）	文物科研机构（件／套）	文物保护管理机构（件／套）	博物馆（件／套）	文物商店（件／套）	其他文物机构（件／套）
全　国	**44558807**	**1187938**	**2521238**	**33293561**	**6997098**	**558972**
中　央	3324574	—	12489	3299804	—	12281
北　京	3684368	12341	26210	1235102	2400824	9891
天　津	986885	—	2813	635938	348134	—
河　北	558198	45498	79889	427332	—	5479
山　西	1458367	63921	188985	984459	130147	90855
内蒙古	731444	14779	69765	645516	1384	—
辽　宁	827168	5842	39776	534003	243568	3979
吉　林	482126	8559	5377	437300	30890	—
黑龙江	1013359	5186	16694	991479	—	—
上　海	4005831	—	2970	2253481	1749380	—
江　苏	2519959	7570	28749	1767257	716133	250
浙　江	1446109	—	90845	1315047	21929	18288
安　徽	1006694	12044	43410	743837	206576	827
福　建	541462	—	4165	496026	41271	—
江　西	517401	1438	67882	402972	26665	18444
山　东	4306999	26888	820522	3301398	153228	4963
河　南	1963555	735163	215798	935827	59647	17120
湖　北	1980655	7425	19831	1570685	196915	185799
湖　南	976723	51001	86590	576151	218944	44037
广　东	1290857	51114	12565	953330	237089	36759
广　西	342356	12168	25748	265803	38031	606
海　南	75795	—	608	73945	—	1242
重　庆	603577	21217	36723	508431	37206	—
四　川	4455953	—	177573	4199935	63156	15289
贵　州	149523	2359	8984	105956	19683	12541
云　南	1345420	2453	114971	1227996	—	—
西　藏	278587	—	195831	67961	5656	9139
陕　西	2617470	51925	94519	2409927	750	60349
甘　肃	573857	27042	2529	522853	20984	449
青　海	189988	6853	2273	163393	7084	10385
宁　夏	75362	2948	24559	47855	—	—
新　疆	228185	12204	1595	192562	21824	—

2016年各地区文物业举办陈列、展览情况

地　区	总计（个）	文物保护管理机构（个）	博物馆（个）	文物科研机构（个）
全　国	**24 621**	**1 463**	**23 109**	**49**
中　央	141	32	109	0
北　京	298	49	249	0
天　津	184	4	180	0
河　北	718	52	664	2
山　西	352	15	337	0
内蒙古	518	65	446	7
辽　宁	490	64	426	0
吉　林	364	12	352	0
黑龙江	912	23	889	0
上　海	1 103	9	1 094	0
江　苏	2 013	27	1 986	0
浙　江	2 198	227	1 968	3
安　徽	944	77	867	0
福　建	928	17	909	2
江　西	589	64	517	8
山　东	2 520	46	2 474	0
河　南	1 156	20	1 133	3
湖　北	1 031	43	988	0
湖　南	500	76	424	0
广　东	1 824	91	1 733	0
广　西	577	59	517	1
海　南	133	21	112	0
重　庆	467	30	437	0
四　川	1 266	105	1 161	0
贵　州	290	36	254	0
云　南	603	96	507	0
西　藏	32	3	29	0
陕　西	1 259	76	1 183	0
甘　肃	718	4	702	12
青　海	67	2	65	0
宁　夏	121	16	97	8
新　疆	305	2	300	3

2016年全国各地区文物业收入来源构成情况

	本年收入合计（万元）				
		财政拨款	事业收入	经营收入	其他（除以上三项外）
总　计	**4714830**	**3545406**	**430155**	**149258**	**590011**
中　央	215557	157448	40992	1108	16009
地　方	4499273	3387958	389163	148150	574002
北　京	373333	269136	49536	30394	24267
天　津	32565	24576	2975	259	4755
河　北	168989	116078	44658	1305	6947
山　西	197361	164157	17581	1295	14329
内蒙古	80703	76896	920	—	2887
辽　宁	83246	72968	2446	10	7822
吉　林	47340	44676	1540	—	1124
黑龙江	61997	45236	156	344	16261
上　海	202208	120622	57387	4509	19692
江　苏	193490	152934	7568	6782	26207
浙　江	430556	253928	35007	3378	138242
安　徽	67353	51223	4733	939	10458
福　建	75435	66494	1318	240	7382
江　西	96369	72591	1479	924	21376
山　东	308404	166351	29644	36127	76283
河　南	185933	141654	29470	3161	11649
湖　北	158020	122534	9606	3544	22336
湖　南	163080	142867	4212	600	15400
广　东	209604	190858	8629	409	9708
广　西	74595	64920	2742	2431	4501
海　南	27706	26822	453	112	320
重　庆	89222	66773	4482	720	17248
四　川	226334	178258	26137	1119	20819
贵　州	52752	42593	2172	25	7962
云　南	51379	42238	4025	54	5063
西　藏	115882	100516	8285	1357	5725
陕　西	424130	307771	14878	45822	55659
甘　肃	177777	156311	15903	1661	3902
青　海	29396	27556	551	—	1289
宁　夏	37842	34905	183	615	2139
新　疆	56275	43516	490	16	12253

2016年全国各地区文物业支出来源构成情况

	本年支出合计（万元）				
		基本支出	项目支出	经营支出	其他（除以上三项外）
总　计	**4369026**	**1578331**	**2501744**	**116967**	**171985**
中　央	232458	86923	137202	82	8251
地　方	4136568	1491408	2364541	116884	163734
北　京	344869	85113	235073	12404	12280
天　津	32078	20026	7527	225	4301
河　北	160773	77070	79360	2867	1475
山　西	181669	54673	122929	2452	1615
内蒙古	81726	27572	54080	35	40
辽　宁	83916	47519	34665	122	1610
吉　林	42180	15250	26053	20	857
黑龙江	53818	24562	26111	3073	72
上　海	177872	75001	94375	2482	6014
江　苏	188843	82408	85534	5887	15014
浙　江	342645	133469	198709	4937	5530
安　徽	72565	26495	41969	3027	1074
福　建	62635	19924	41758	256	698
江　西	74063	32296	37885	865	3016
山　东	299184	103073	116367	29288	50456
河　南	172445	83462	84045	4316	622
湖　北	158562	38641	97110	2406	20406
湖　南	141308	42901	94072	1010	3326
广　东	199878	72854	121499	804	4721
广　西	55707	15709	37900	1732	366
海　南	28273	8526	19590	157	—
重　庆	75494	22608	50898	1344	643
四　川	222239	66692	148732	4697	2117
贵　州	44360	15464	28295	222	379
云　南	62407	21487	39982	280	657
西　藏	129486	24852	81096	840	22697
陕　西	371519	151190	188956	28725	2649
甘　肃	170191	73811	94822	1209	349
青　海	24407	6228	17935	6	239
宁　夏	23510	6802	16030	678	—
新　疆	57948	15732	41184	519	513

2016年全国各地区文物机构基本建设投资情况

	项目个数（个）	计划总投资（万元）	建筑面积（万平方米）	本年资金来源总计（万元）	本年国家预算内资金	本年完成投资额（万元）	竣工项目个数（个）	竣工项目面积（万平方米）
总　计	**608**	**2864560**	**516**	**646873**	**292433**	**349530**	**174**	**85.5**
中　央	9	276248	36	20692	5847	16286	1	0.8
北　京	7	64991	3	30262	10144	10232	4	0.4
天　津	4	3832	0	396	68	148	1	0.2
河　北	24	95364	23	57224	17263	14035	2	3.2
山　西	100	408795	65	33046	16931	21091	35	20.9
内蒙古	17	71539	19	11802	9467	5885	4	2.7
辽　宁	5	13682	3	5716	1073	5097	—	—
吉　林	9	44324	2	5809	950	3536	2	0.1
黑龙江	25	25951	33	13381	5030	5543	10	7.5
上　海	5	52773	3	52773	51031	33643	2	0.3
江　苏	8	47120	4	12904	5447	5735	2	1.0
浙　江	41	271690	32	59145	29251	37085	7	1.5
安　徽	4	342	0	319	223	269	3	0.1
福　建	6	43261	3	9323	9240	930	2	0.1
江　西	9	16396	2	5082	3036	4108	2	0.0
山　东	14	218093	19	19255	2909	13336	6	1.4
河　南	34	76797	25	9649	3881	5593	4	1.7
湖　北	39	187290	21	45398	26180	19242	9	1.6
湖　南	16	114312	26	25318	8109	13310	6	2.1
广　东	17	295429	20	14643	7318	6497	3	0.2
广　西	18	36046	14	9671	6210	8183	5	1.1
海　南	9	8274	1	3325	3245	1661	2	0.6
重　庆	7	1516	0	1059	786	753	4	0.1
四　川	70	131609	41	34111	18020	27455	28	6.6
贵　州	5	105834	6	7464	1600	5758	—	—
云　南	22	78809	8	57964	6240	7758	11	0.6
西　藏	4	3646	0	3155	3155	639	—	—
陕　西	30	49149	18	22264	19604	18733	5	7.1
甘　肃	24	56822	24	21040	11454	13861	6	1.0
青　海	—	—	—	—	—	—	—	—
宁　夏	17	61548	64	52287	6849	42208	4	22.7
新　疆	9	3078	1	2395	1872	923	4	—

2016年全国各地区文物保护科学研究机构基本情况

	机构数（个）	本年完成科研成果						
		省部级及以上科研课题数（个）	专利（个）	专著或图录（册）	论文数（篇）	古建维修、考古发掘报告（册）	获国家奖（个）	获省、部奖（个）
总　计	**122**	**187**	**20**	**125**	**934**	**278**	**9**	**51**
中　央	1	19	1	12	56	37	—	2
北　京	2	—	—	—	—	—	—	—
天　津	—	—	—	—	—	—	—	—
河　北	5	—	—	—	31	46	—	—
山　西	11	3	—	6	66	3	—	7
内蒙古	2	—	—	—	3	—	—	—
辽　宁	4	—	—	4	36	1	—	—
吉　林	3	—	—	—	1	—	—	—
黑龙江	2	—	—	—	13	7	—	4
上　海	—	—	—	—	—	—	—	—
江　苏	4	1	—	3	4	1	1	1
浙　江	5	3	—	2	53	15	2	3
安　徽	1	—	—	—	8	5	—	—
福　建	2	3	—	—	5	—	—	—
江　西	2	—	—	6	16	3	—	3
山　东	13	2	—	9	33	3	—	—
河　南	15	32	—	29	129	44	1	3
湖　北	3	4	1	6	30	2	—	—
湖　南	3	4	—	5	107	3	—	—
广　东	4	—	—	—	—	—	—	—
广　西	4	2	—	3	10	20	—	1
海　南	—	—	—	—	—	—	—	—
重　庆	1	—	1	3	15	8	—	11
四　川	4	4	—	2	13	13	—	2
贵　州	2	—	—	1	13	53	—	—
云　南	2	—	—	1	16	—	—	—
西　藏	1	1	—	—	3	5	—	—
陕　西	15	9	2	7	82	2	3	6
甘　肃	5	91	15	20	137	—	2	3
青　海	1	4	—	—	3	6	—	4
宁　夏	3	5	—	2	11	1	—	—
新　疆	2	—	—	4	40	—	—	1

2016年全国各地区文物保护管理机构基本情况

	基本陈列（个）	举办展览（个）	参观人次（万人次）		门票销售总额（万元）	本年收入合计（万元）	本年支出合计（万元）
				未成年人参观人次			
总　计	864	599	15798	2713	307344	995357	835664
北　京	28	21	1345	285	40796	104612	113198
天　津	2	2	23	7	703	5748	4079
河　北	40	12	835	202	28154	65357	68653
山　西	9	6	822	89	10242	31942	31651
内蒙古	47	18	94	28	1085	17614	15273
辽　宁	43	21	364	64	4831	24471	22929
吉　林	5	7	2	1	—	5605	4263
黑龙江	14	9	16	6	—	5483	5194
上　海	1	8	8	3	—	2828	2865
江　苏	14	13	278	43	192	13294	12306
浙　江	126	101	2592	292	29188	206398	121385
安　徽	46	31	198	88	1285	11456	11095
福　建	3	14	43	14	33	8029	9335
江　西	32	32	290	109	459	15106	7083
山　东	30	16	1499	113	74791	86131	81306
河　南	17	3	1032	214	33877	43930	39349
湖　北	23	20	1019	200	1246	15222	12002
湖　南	47	29	582	207	2171	30923	29205
广　东	51	40	284	46	2868	10163	9441
广　西	32	27	177	47	40	13290	9739
海　南	18	3	144	20	409	1665	2382
重　庆	13	17	74	22	3	10961	7391
四　川	54	51	691	86	25430	61159	55605
贵　州	24	12	133	42	30	9966	7113
云　南	61	35	471	122	1319	19869	29838
西　藏	2	1	320	68	18432	16912	19680
陕　西	63	13	1569	177	7868	83567	58518
甘　肃	3	1	354	45	12154	20278	14751
青　海	2	—	64	6	121	5740	2261
宁　夏	8	8	134	16	1640	25603	9503
新　疆	2	—	32	2	583	10144	7994

2016年博物馆主要指标

	机构数（个）	从业人员（人）	藏品数（件／套）	本年收入合计（万元）		基本陈列（个）
					财政拨款	
总　计	**4109**	**93431**	**33293561**	**23485213**	**19020416**	**11321**
其中：免费开放	3393	69530	24072561	16193815	14250068	9496
按机构类型分						
综合类	1569	38588	15277363	10355229	9019840	4492
历史类	1493	37809	6798964	9406408	7324819	3362
艺术类	371	5221	2326854	894438	648942	903
自然科技类	135	3019	2882173	1109234	702539	480
其他	541	8794	6008207	1719904	1324276	2084
按隶属关系分						
中　央	3	2588	3299804	1432286	1202109	35
省区市	121	12501	8205352	6024259	5287324	440
地　市	960	29795	7169162	7690425	6661670	2705
县　市	3025	48547	14619243	8338243	5869313	8141
按隶属关系分						
文物部门	3024	76125	24204137	20594413	17464156	7990
其他部门	446	10043	2242265	2432473	1507477	1228
民　办	639	7263	6847159	458327	48783	2103

	临时展览（个）	参观人次（万人次）		资产总计（万元）	实际使用房屋建筑面积（万平方米）
			未成年人参观人次		
总　计	**11788**	**85061**	**23558**	**9956370**	**2185.48**
其中：免费开放	10474	67806	20170	7630069	1718.11
按机构类型分					
综合类	6281	28092	8668	4136266	1006.53
历史类	3066	42306	10735	2937556	722.70
艺术类	1204	4324	1193	848511	125.63
自然科技类	224	3380	1196	1082763	94.43
其他	1013	6960	1766	951274	236.19
按隶属关系分					
中　央	74	2375	406	508484	48.45
省区市	960	9843	2755	2450302	247.42
地　市	4229	29025	7840	2476262	734.35
县　市	6525	43818	12556	4521322	1155.27
按隶属关系分					
文物部门	9879	68200	19073	7093451	1680.93
其他部门	838	11786	3187	1490735	263.88
民　办	1071	5075	1298	1372185	240.67

2016年全国各地区博物馆基本情况（一）

	机构数（个）	从业人员（人）	安全保卫人员（人）	藏品数（件/套）	基本陈列（个）	举办展览（个）	参观人次（万人次）		门票销售总额（万元）
								未成年人参观人次	
总　计	4109	93431	22888	33293561	11321	11788	85061	23558	390031
中　央	3	2588	355	3299804	35	74	2375	406	105444
北　京	41	1196	297	1235102	98	151	649	128	1241
天　津	22	760	134	635938	69	111	1013	284	1389
河　北	111	3764	969	427332	240	424	2724	851	10042
山　西	105	3303	948	984459	177	160	1460	335	20417
内蒙古	87	1625	354	645516	277	169	1124	316	229
辽　宁	65	2159	407	534003	207	219	1389	369	12076
吉　林	77	1218	238	437300	115	237	943	348	4335
黑龙江	176	2867	640	991479	468	421	2201	663	5038
上　海	99	3096	515	2253481	671	423	2218	520	23975
江　苏	317	6524	1741	1767257	870	1116	8512	2181	17760
浙　江	275	4960	1244	1315047	717	1251	5957	1628	2756
安　徽	171	2641	758	743837	481	386	2798	844	610
福　建	98	2259	603	496026	270	639	2545	907	—
江　西	138	3007	797	402972	277	240	3391	1079	38
山　东	393	7152	1715	3301398	1439	1035	5836	1984	16738
河　南	270	6209	1821	935827	561	572	4964	1592	7002
湖　北	183	3556	816	1570685	541	447	2671	858	1302
湖　南	115	3035	695	576151	202	222	4784	1434	108
广　东	177	3615	866	953330	713	1020	4727	1082	20250
广　西	125	2013	523	265803	267	250	1773	516	167
海　南	18	285	99	73945	41	71	104	15	—
重　庆	82	2232	489	508431	224	213	2528	724	11119
四　川	239	6452	1599	4199935	630	531	5976	1591	38659
贵　州	73	1465	354	105956	145	109	1654	451	30
云　南	90	1139	288	1227996	270	237	1912	517	76
西　藏	7	226	28	67961	11	18	55	8	—
陕　西	274	8947	2093	2409927	729	454	5338	948	88133
甘　肃	152	3371	951	522853	348	354	2317	683	1074
青　海	23	281	102	163393	40	25	247	52	—
宁　夏	13	324	85	47855	36	61	188	48	—
新　疆	90	1162	364	192562	152	148	686	196	24

2016年全国各地区博物馆基本情况（二）

	本年收入合计（万元）					本年支出合计（万元）				
		财政拨款	事业收入	经营收入	其他（除以上三项外）		基本支出	项目支出	经营支出	其他（除以上三项外）
总　计	**2348521**	**1902042**	**162322**	**105845**	**178313**	**2286951**	**917990**	**1261089**	**86584**	**21288**
中　央	143229	120211	17447	1108	4463	165683	59639	105962	82	0
北　京	78498	73804	2766	—	1927	77912	25174	52738	—	—
天　津	22508	21055	1051	—	403	23699	17479	6220	—	—
河　北	57732	46471	9080	1033	1148	54128	31407	20130	2591	—
山　西	55552	45953	6426	519	2653	47940	19722	27643	576	0
内蒙古	57426	56136	388	—	902	60798	18254	42509	35	—
辽　宁	48000	47922	48	10	20	49331	30048	19248	35	—
吉　林	32806	31647	743	—	416	26058	12451	13587	20	—
黑龙江	55046	39534	156	335	15021	47157	20942	23126	3048	42
上　海	188970	113357	57370	4509	13735	165452	73332	88724	2482	915
江　苏	143770	121824	7218	6282	8447	144755	72342	66706	5654	54
浙　江	141286	122449	4330	3198	11309	138345	50588	83182	4575	—
安　徽	45920	36200	1508	734	7479	52136	20675	28611	2748	102
福　建	54890	48708	1044	240	4899	44330	15885	28195	251	—
江　西	63284	50328	540	923	11492	51359	25654	24832	834	39
山　东	128396	77427	1178	34762	15029	135274	59412	51769	23662	432
河　南	69312	56874	5637	922	5879	72283	37854	32885	1543	1
湖　北	96202	80878	4912	1438	8974	105772	26216	60206	868	18481
湖　南	99901	94391	1077	520	3913	84949	25699	58627	623	—
广　东	134981	127329	4444	388	2820	127015	55324	70909	728	53
广　西	44058	40251	888	325	2595	36106	11647	24100	347	12
海　南	7290	6871	138	—	281	7462	2081	5380	—	—
重　庆	68064	50541	3102	720	13701	60364	20394	38606	1324	39
四　川	147156	108654	21697	1119	15686	149812	45405	99026	4675	705
贵　州	25520	20762	28	25	4706	25067	7601	17201	128	138
云　南	24987	23059	164	54	1710	25822	9930	15718	143	32
西　藏	3667	3547	20	60	40	2517	1500	1007	10	—
陕　西	203488	139936	6869	45247	11437	198802	81804	88963	27970	66
甘　肃	65285	58353	1558	1240	4134	66031	24129	40684	1042	177
青　海	9660	9295	180	—	186	9570	3425	6144	—	2
宁　夏	9425	8541	174	128	582	10543	3301	7161	81	—
新　疆	22217	19736	143	9	2328	20483	8680	11291	512	—

2016年全国各地区博物馆免费开放情况

地区	免费开放数量	财政拨款（千元）	参观人数（千人次）	未成年人参观人数（千人次）	陈列展览数
总　计	**3393**	**14250068**	**678063**	**201698**	**19970**
中　央	2	489504	7728	1428	86
北　京	21	305097	3179	633	119
天　津	17	200360	9686	2799	161
河　北	91	431872	23534	7405	615
山　西	51	308679	8487	2725	256
内蒙古	86	544955	11240	3158	444
辽　宁	56	341682	9537	2912	348
吉　林	73	224017	7991	3287	345
黑龙江	163	372821	20356	6241	854
上　海	78	690147	11037	2240	808
江　苏	239	872889	64786	17284	1538
浙　江	254	1148082	50743	15201	1789
安　徽	154	355768	25565	7547	818
福　建	98	487076	25454	9068	909
江　西	134	499419	33254	10369	501
山　东	341	663171	47483	17050	2217
河　南	230	478009	40808	13139	995
湖　北	169	790595	25652	8293	941
湖　南	100	918510	46345	13898	386
广　东	151	914863	38452	9259	1516
广　西	102	306128	16352	4940	472
海　南	15	67048	1023	134	103
重　庆	66	385612	21435	6631	387
四　川	188	589415	44374	13114	873
贵　州	67	203339	16401	4502	247
云　南	83	228181	17557	5118	492
西　藏	5	35127	545	82	28
陕　西	108	468953	16228	3787	611
甘　肃	131	553577	22207	6595	654
青　海	22	92947	2475	521	65
宁　夏	11	85211	1417	385	94
新　疆	87	197014	6731	1954	298

2016年全国各地区文物商店基本情况

	库存文物数（件/套）	资产、负债、所有者权益（千元）			损益（千元）					
		资产总计	负债合计	所有者权益合计	营业总收入	营业总成本	营业利润	营业外收入	营业外支出	利润总额
总　计	**6997098**	**2320753**	**465792**	**1854961**	**527773**	**508776**	**18997**	**16053**	**2951**	**32099**
中　央	—	—	—	—	—	—	—	—	—	—
北　京	2400824	455395	61435	393960	81847	75003	6844	653	1482	6015
天　津	348134	260859	14466	246393	42657	43006	-349	433	—	84
河　北	—	4909	234	4675	50	309	-259	2	—	-257
山　西	130147	10906	2781	8125	9626	9858	-232	339	—	107
内蒙古	1384	713	300	413	2	7	-5	—	—	-5
辽　宁	243568	74825	26004	48821	21854	15885	5969	1123	190	6902
吉　林	30890	4881	6981	-2100	146	2677	-2531	917	80	-1694
黑龙江	—	—	—	—	—	—	—	—	—	—
上　海	1749380	317655	932	316723	31048	26508	4540	—	—	4540
江　苏	716133	307402	110160	197242	145675	142158	3517	3198	75	6640
浙　江	21929	90524	29476	61048	25519	17791	7728	275	16	7987
安　徽	206576	23878	2639	21239	10041	9717	324	137	5	456
福　建	41271	12941	5019	7922	8176	6963	1213	91	1	1303
江　西	26665	9572	4200	5372	11499	11676	-177	—	7	-184
山　东	153228	131894	100104	31790	9732	11621	-1889	358	1	-1532
河　南	59647	26822	5176	21646	6648	6214	434	460	—	894
湖　北	196915	204551	1352	203199	11337	19244	-7907	100	—	-7807
湖　南	218944	120300	24169	96131	20748	23073	-2325	5468	6	3137
广　东	237089	98786	11536	87250	49421	46672	2749	117	1	2865
广　西	38031	11140	5506	5634	2760	3085	-325	584	324	-65
海　南	—	—	—	—	—	—	—	—	—	—
重　庆	37206	15564	2256	13308	4183	4102	81	278	3	356
四　川	63156	42841	23109	19732	14723	14116	607	32	1	638
贵　州	19683	22192	1638	20554	1452	2178	-726	172	—	-554
云　南	—	46130	15256	30874	8282	6245	2037	100	—	2137
西　藏	5656	5636	1767	3869	905	905	—	755	755	—
陕　西	750	3240	1159	2081	970	698	272	4	—	276
甘　肃	20984	9363	6094	3269	1845	1714	131	—	—	131
青　海	7084	1689	279	1410	2408	2223	185	21	—	206
宁　夏	—	—	—	—	—	—	—	—	—	—
新　疆	21824	6145	1764	4381	4219	5128	-909	436	4	-477

图书在版编目（CIP）数据

中国文物年鉴．2017 / 国家文物局编．-- 北京 ：
文物出版社，2017.12
ISBN 978-7-5010-5382-7

Ⅰ．①中… Ⅱ．①国… Ⅲ．①文物工作－中国－
2017－年鉴 Ⅳ．①K87-54

中国版本图书馆CIP数据核字（2017）第275811号

中国文物年鉴·2017

编　　者：国家文物局

责任编辑：王　媛
责任校对：安艳娇
责任印制：张道奇

出版发行：文物出版社
社　　址：北京市东直门内北小街2号楼
邮　　编：100007
网　　址：http://www.wenwu.com
邮　　箱：web@wenwu.com
经　　销：新华书店
制　　版：北京文博利奥印刷有限公司
印　　刷：文物出版社印刷厂
开　　本：787mm×1092mm　1/16
印　　张：33.25
版　　次：2017年12月第1版
印　　次：2017年12月第1次印刷
书　　号：ISBN 978-7-5010-5382-7
定　　价：300.00元